VERGIL

WERKE IN EINEM BAND

KLEINE GEDICHTE · HIRTENGEDICHTE
LIED VOM LANDBAU
LIED VOM HELDEN AENEAS

AUFBAU-VERLAG
BERLIN UND WEIMAR
1987

AUS DEM LATEINISCHEN ÜBERTRAGEN
VON DIETRICH EBENER

2. Auflage 1987

Einbandgestaltung Horst Erich Wolter
Lichtsatz INTERDRUCK Graphischer Großbetrieb
Leipzig–III/18/97
Druck und Binden LVZ-Druckerei „Hermann Duncker", Leipzig III/18/138
Printed in the German Democratic Republic
Lizenznummer 301. 120/134/87
Bestellnummer 612 717 0
01680

ISBN 3-351-00464-8

EINLEITUNG

DER AUGUSTEISCHE FRIEDE

Im letzten Drittel des 2. Jahrhunderts v. u. Z. hatten die Gracchen versucht, die offen zutage liegenden gesellschaftlichen Mißstände des bereits zu einer Weltmacht aufgestiegenen Römischen Reiches zu beseitigen. Der Stand der freien Bauern war die tragende Kraft der Republik gewesen; seine Angehörigen hatten die ökonomische Grundlage des Staates gesichert und zugleich den Kern der siegreichen Armeen gebildet. Jetzt trugen gerade Sieg und wachsende Macht Roms zum Untergang seines Kraftquells bei und drohten schon auf die Nutznießer der Expansionspolitik selbst zurückzuschlagen: Der wachsende Großgrundbesitz vernichtete die Arbeits- und Lebensgrundlage der Bauern, die als Folge der nur selten unterbrochenen Kriege ihre Höfe verfallen, ihre Äcker verwildern sahen. Und jene, die den Hauptanteil der nach Rom strömenden Beute in Anspruch nahmen, in erster Linie die Angehörigen des Amtsadels und des Ritterstandes, vermochten zwar auf ihrem anschwellenden Grundbesitz zahlreiche Sklaven einzusetzen, die in der Folge der Eroberungen als relativ billige Arbeitskräfte nach Italien verschleppt wurden. Aber das Instrument, dem sie ihren Reichtum verdankten, das Heer, begann seine Schlagkraft zu verlieren. Der seiner sozialen Sicherheit beraubte, unter Waffen stehende Bürger erkannte die Hauptgewinner der Früchte seiner Anstrengungen. Die stets weitergreifende Raffgier und vielfach vor schamlosen Mitteln nicht scheuende Rivalität der Machthaber lähmte auch ihm die moralische Stärke, deren es bedurft hätte, um weit von der Heimat entfernt den Strapazen der Kämpfe gewachsen zu sein. Militärische Niederlagen waren die unausbleibliche Folge, zu einer Zeit, da in Rom bereits Zehntausende persönlich freier, aber durch Verlust ihrer Grundstücke mittellos gewordener Bürger zusammenströmten: ökonomisch notdürftig versorgt durch die auch ihnen infolge Steuerfreiheit und öffentlicher Spenden gewährte Anteilnahme am Beutegut, aber im übrigen eine untätige, schwankende, für die Machtkämpfe innerhalb der Führungsschicht willkommene und hemmungslos ausgenutzte Gruppe von Drohnen der Gesellschaft.

Als in dieser Situation die Gracchen den Versuch unternahmen, gestützt auf ältere Ackergesetze, eine Begrenzung des Grundbesitzes, eine Beschränkung der Zahl der in der Landwirtschaft tätigen Sklaven, schließlich eine Neuaufteilung des Bodens zugunsten mittelloser Bürger zu erzwingen, lösten sie damit eine demokratische Bewegung aus, wie Rom sie noch nicht erlebt hatte. Doch kein noch so selbstloser persönlicher Einsatz vermochte darüber hinwegzutäuschen, daß die Entwicklung nicht mehr rückgängig zu machen war. Der Aufbau einer auf der Sklaverei beruhenden Produktion war eingeleitet. Die Folgen waren tragisch, aber unausweichlich: Die demokratische Bewegung scheiterte. Und als jetzt Marius das Heerwesen reformierte und neben das Bürgerheer eine taktisch neu organisierte Söldnerarmee stellte, deren Angehörige nach sechzehnjähriger Dienstzeit mit einer Landzuteilung abgefunden werden sollten, schien auch, angesichts wiederum errungener militärischer Erfolge, die Behauptung der eroberten Gebiete und die Fortführung der Expansion, die Grundlage der römischen Sklaverei, gesichert zu sein.

Aber der Schein trog. Die auf das Territorium des alten Stadtstaates zugeschnittene Verfassung der römischen Republik zeigte sich den Anforderungen des Weltreiches nicht mehr gewachsen. Die Anstrengungen, die es kostete, aufständische Sklaven niederzuringen; die Sicherung der weitgespannten Handelswege gegen Piraten und Räuber; die verzweifelte, aber letzten Endes fruchtlose Bemühung, den aufbegehrenden bisherigen „Bundesgenossen" auf italischem Boden das römische Bürgerrecht mit seinen ökonomischen und juristischen Vorteilen zu verweigern; die Expansionspolitik selbst, die von der brutalen Unterwerfung bis zur Schaffung sorgsam abgestufter sogenannter Freundschafts- und Bündnisverhältnisse reichte und nicht nur einer schlagkräftigen Armee, sondern auch einer einheitlichen, zentral gelenkten Diplomatie bedurfte: all diese Aufgaben erforderten einen geschlossenen Einsatz von staatlichen Mitteln, wie ihn lediglich eine dauernde Diktatur ermöglichte. Aber Amtsadel wie Ritterstand scheuten vor ihr zurück. Gewiß, sie trugen der seit Vertreibung der altrömischen Könige aufs strengste verpönten, doch nunmehr unabdingbar gewordenen außergewöhnlichen Machtbefugnis einzelner mittelbar dadurch Rechnung, daß sie nicht nur oftmals wiederholte Konsulate und Diktaturen im Rahmen der republikanischen Formen zuließen, sondern auch darüber hinaus Politikern und Heerführern auf gesetzlichem Wege zur Erfüllung bestimmter Aufträge Sondervollmachten einräumten. Doch eine Legalisierung einer wie auch immer gearteten Dauerdiktatur mieden sie. Die Furcht vor den erwarteten Auswüchsen einer aus ihr entstehenden Tyrannenherrschaft und die Sorge, die eigenen Privilegien zu verlieren, bedeuteten zunächst noch unübersteigbare Hemmnisse – ganz abgesehen von der Frage, wie denn die Diktatur überhaupt staatsrechtlich zu gestalten sei.

So bahnten denn nicht Einsicht in das Erforderliche, nicht weise, auch zu Verzichten bereite Beschränkung, schon gar nicht Erwägungen der Menschlichkeit den Weg zu jener Form der Militärdiktatur, die im römischen Kaisertum gipfelte. Die Blutströme, in denen die von den Gracchen erweckte demokratische Bewegung erstickte, leiteten ein Jahrhundert wechselvoller Kämpfe und eines grauenhaften von Bürgern gegen Bürger geübten Terrors ein. Wie die Machtkämpfe im einzelnen auch motiviert wurden – dem Tieferschauenden konnte es nicht verborgen bleiben, daß es schwerlich nur um ein Ringen der Optimaten gegen die Popularen ging, wie es Marius und Sulla und ihre Parteigänger noch empfanden und den Sieg Sullas als einen Erfolg des Senates teils aufatmend begrüßten, teils zähneknirschend hinnahmen; daß Pompeius in seinem Kampf gegen Caesar zwar persönlich überzeugt sein mochte, ein Verteidiger der Republik gegen die Anmaßungen eines künftigen Diktators zu sein, daß er aber im Falle seines Sieges das im grundsätzlichen Gleiche unternommen hätte, was der siegreiche Caesar tat, nämlich eine wenn auch noch so verbrämte Alleinherrschaft zu errichten; daß die Ermordung Caesars eine Torheit war, die eine begonnene Entwicklung ihres wohl weitestschauenden und am stärksten befähigten Staatsmannes beraubte, ohne sie aufhalten zu können; daß vielmehr die jetzt beginnende letzte Phase der Bürgerkriege, der Kampf um das Erbe Caesars, zwischen den anfangs verbündeten, später verfeindeten Hauptkontrahenten Antonius und Oktavian, der republikanischen Bemäntelungen schon weitgehend entriet; daß die Hoffnungen der Millionen persönlich freier Bürger des Römischen Reiches sich auf den Sieg eines Mannes richteten, der über die blutgetränkten Schlachtfelder Italiens und Griechenlands, Galliens, Spaniens, Afrikas und Kleinasiens, über die zertrümmerten Städte, die zerstörten Dörfer und verwahrlosten Äcker endlich wieder einmal den milden Glanz einer Sonne des Friedens leuchten lassen werde.

Freilich eines Friedens, der den erreichten Stand römischen Besitzes, römischer Macht, römischen Rechtes unangetastet ließ. Denn die Expansion des Reiches war während des Jahrhunderts der Bürgerkriege keineswegs zum Stillstand gekommen. Im Gegenteil, Marius und Sulla, Pompeius und Caesar, Antonius und Oktavian sowie die in ihrem Namen operierenden Feldherren sind als Kämpfer der Bürgerkriege ebenso wie als herausragende Vertreter römischer Eroberungspolitik in die Geschichte eingegangen. „Innerer“ und „äußerer“ Kampf hatten einander diplomatisch wie militärisch in einem Maße durchdrungen, das eine Trennung kaum möglich macht. Vielseitige, freundschaftliche, feindliche, völlig oder teilweise neutrale Beziehungen zu auswärtigen Mächten, immer wieder geschickte, auf politisches wie moralisches „Recht“ pochende Ausnutzung bestehender Spannungen und Gegensätze hatten in wechselnder Weise die inneren Ereignisse mitbestimmt. Und selbst die große Masse der völlig Rechtlosen, der Sklaven, war nicht ohne Einfluß auf das Geschehen geblieben. Vielen aus ihren Reihen war von den kämpfenden Parteien für die Teilnahme mit bewaffneter Hand als Lohn die Freiheit versprochen worden; viele hatten die Proskriptionen, die „Ächtungen“ ihrer Herren, zur Flucht benutzt oder sich durch Denunziation das Wohlwollen führender Angehöriger der Gegenpartei, in manchen Fällen die Freiheit erkauft; nicht wenige waren sogar zu mittleren militärischen Rängen aufgestiegen.

Zwei Hauptaufgaben waren also nach Beendigung des Bürgerkrieges durch den Sieger von Actium zu lösen: die Übernahme einer von der freien Bevölkerung nach den Greueln der Kämpfe ersehnten, den Frieden sichernden Alleinherrschaft in einer Form, die den staatsrechtlichen Ansprüchen einer soliden Mehrheit genügte und nicht die Fortsetzung des Bürgerkrieges im Keime in sich barg, und die Wahrung des Besitzstandes mit allen dafür erforderlichen Voraussetzungen, zu denen die künftige Stellung der Armee nicht weniger gehörte als etwa die für das Wirtschaftsleben unabdingbare Rückführung der Sklaven in einen Zustand, der sie zur Arbeit nötigte, ohne die unmittelbare Gefahr von Aufsässigkeit heraufzubeschwören. Würde der zweiunddreißigjährige Oktavian, der in den letzten Jahren des Bürgerkrieges Hunderte gefangener römischer Bürger der Gegenpartei abschlachten ließ und nicht davor scheute, sich am Besitz der Ermordeten persönlich zu bereichern – würde er sich den Aufgaben gewachsen zeigen?

Die Geschichte bejaht die Frage. Der Sieger erkannte die ihm zugewiesene Rolle und wußte sie so vortrefflich zu spielen, daß die von seinem Biographen Sueton (Augustus 99) überlieferte Anekdote, selbst wenn sie nicht mehr als eine solche sein sollte, dennoch die innere Wahrheit auf ihrer Seite hat: Als nämlich der Kaiser auf dem Sterbebett lag, fragte er die um ihn stehenden Vertrauten, ob er nicht ihrer Meinung nach die Lebenskomödie wacker durchgehalten habe, und zitierte in griechischer Sprache die üblichen Schlußworte der Schauspieler:

Gefiel das Lustspiel euch, so klatscht doch, bitte, Beifall …

Die Leistung Oktavians bestand in weitgehender Beherrschung der Kunst, das Machbare konsequent zu verwirklichen. Dazu gehörte die Einsicht in die seiner eigenen Person gezogenen Grenzen, die Entschlußkraft also, „nicht alles allein tun zu wollen", sondern sich auf den Gebieten relativer eigener Schwäche, etwa im Militärwesen, vertrauenswürdiger, befähigter Mitarbeiter zu versichern. Auf sie gestützt, verstand er es, ein kühler, selbstbeherrschter Rechner und geschickter Demagoge, dem Römischen Reich mit der Pax Augusta, dem „Augusteischen Frieden", eine Epoche verhältnismäßiger innerer wie äußerer Stabilität zu sichern, deren Grundlagen für die kommenden Jahrhunderte dauerhaft, entwicklungsfähig und elastisch genug zum Bestehen selbst harter Zerreißproben bleiben sollten.

Die Republik blieb erhalten – als Fassade. Die Stellung des Monarchen, die Oktavian in der Tat innehatte, ergab sich aus einer Reihe republikanischer Ämter, die ihm vom Senat schrittweise übertragen wurden und den Rang des Princeps, des „ersten Mannes" im Kreise der „Kollegen", verliehen, ihn, nach seinen eigenen Worten, an auctoritas, an „Autorität", die anderen überragen ließen. Dreizehnmal bekleidete er das Konsulat. Die wichtigste juristische Grundlage seiner Macht bildete jedoch das Imperium, das dem Imperator, dem Oberbefehlshaber der Armee, das Verfügungsrecht über die Streitkräfte sicherte. Das nunmehr im alten Sinne gegenstandslos gewordene Amt des Volkstribunen, das dem Princeps die persönliche Unverletzlichkeit garantierte und zugleich eine Art volkstümlichen, „demokratischen" Anstrichs aufrechterhielt, hatte er auf Lebenszeit inne. Und schließlich war er Pontifex maximus, übte also neben der militärischen und zivilen auch die religiöse Macht aus. Diese und weitere staatsrechtliche Maßnahmen bildeten den Rahmen, innerhalb dessen sich der Herrscher auf die ökonomisch tragenden Kräfte in Rom, Italien und in den Provinzen stützte: Das waren – am deutlichsten zu erkennen – die Senatoren, die jene durch Einführung des Prinzipats, der „Stellung des ersten Mannes", hervorgerufene Einbuße an politischer Macht durch Aufrechterhaltung, ja Erweiterung ihrer juristischen und ökonomischen Privilegien und die Übernahme der höchsten Offiziersstellen belohnt sahen, sowie der Ritterstand, aus dessen Reihen die Senatoren sich ergänzten. Dazu gehörte die stadtrömische Plebs, die sich in steigendem Maße aus freigelassenen Sklaven ergänzte und teils im Handwerk oder im Handel wirkte, teils wie früher ohne produktive Tätigkeit auf staatliche Unterstützung angewiesen war, aber als eine Art öffentlichen Stimmungsbarometers nicht ohne Einfluß blieb und weniger durch gelegentliche gewaltsame Unterdrückung als vielmehr durch Zuwendung von Getreide und Geld, durch prächtige Schauspiele und Feste sowie die Ausübung mannigfacher Kulte beschäftigt, beschwichtigt und abgelenkt werden mußte. Auch die nach der Vernichtung des kleinen Grundbesitzes landwirtschaftlich wichtigste Schicht der zahlreichen mittleren wie bereits bemerkenswert angeschwollenen Menge der großen Grundbesitzer auf italischem Boden, die sämtlich ihre Fluren durch Sklaven bebauen ließen, gehörten zu den Stützen des Systems, ebenso wie die ökonomisch jeweils stärksten Kräfte der sehr unterschiedlichen Provinzen des Ostens wie des Westens, im wesentlichen die in differenzierter Weise bevorzugten Städte und Veteranenkolonien sowie – in den stadtarmen Gebieten, die noch keine voll entwickelte Schicht von Sklavenhaltern besaßen – der Adel der einheimischen Volksstämme. Daß Oktavian in der Sklavenarbeit die entscheidende Grundlage der Wirtschaft erkannte, bewies er schon während des Bürgerkrieges, indem er Zehntausende von Sklaven, die auf der Gegenseite kämpften, durch das Versprechen der Freiheit zum Überlaufen verlockte, um sie später ihren Herren zurückzugeben oder, falls diese sich nicht mehr ermitteln ließen, hinzurichten. Auch die Strenge, mit der er das durch die Bürgerkriege gelockerte Verhältnis zwischen Herren und Sklaven erneut festigte und die Zahl der einem Sklavenhalter gestatteten Freilassungen begrenzte, belegt das ebenso wie seine Weitsicht, mit der er bestehende Möglichkeiten, Sklaven materiell am Ergebnis ihrer Arbeit zu interessieren und zu beteiligen, förderte.

Die republikanische Fassade dieser Grundzüge der Militärmonarchie präsentierte sich in der von Oktavian propagierten und teilweise durch Gesetze geforderten Rückkehr zu den „altrömischen Tugenden" der Sittenreinheit, insbesondere der Unantastbarkeit der Ehe: Erbrechtlich und in der Ämterlaufbahn wurde den Kinderlosen gegenüber den Kinderreichen Benachteiligung angedroht; Ausschweifungen aller Art und Ehebruch wurden mit Strafen belegt, Ehescheidungen erschwert, Beschränkungen des Luxus festgelegt. Diese Forderungen bestimmten auch die rasch aufblühende, vom Herrscher nach Kräften geförderte Kultur, die unter ihm den Höhepunkt der römischen Entwicklung überhaupt darstellt. Architektur und bildende Kunst verwandelten Rom aus einer „Backstein- in eine Marmorstadt" und strahlten befruchtend und anregend bis in fernste Gebiete des Reiches aus. Die Dichtung erlebte mit den Werken eines Vergil und Horaz und der jüngeren Tibull, Properz und Ovid ihr „Goldenes Zeitalter". In der Prosa entrollte Livius mit seinem Geschichtswerk ein umfassendes farbenprächtiges Panorama der an dramatischen Ereignissen reichen Entwicklung des römischen Staates von den bescheidenen Anfängen bis zum Weltreich.

Diese bedeutenden Leistungen kamen allerdings nach wie vor nur einer Minderheit zugute. Die Massen der wirtschaftlich schwachen wie der verelendeten Freien sowie der Sklaven führten ein Dasein, das von Resignation und Verzweiflung, aber auch von Protest und nicht selten offenem Aufbegehren gekennzeichnet war. Religiöse Strömungen mannigfacher Art und verschwommene Prophezeiungen, in denen immer wieder die tiefe Sehnsucht nach einem Leben in Gerechtigkeit und Würde Ausdruck fand, bereiteten den Boden vor, aus dem das Christentum als Lehre der Unterdrückten erwachsen sollte. Aber über Protest und Aufbegehren hinaus kam es auch zu bewaffneten Aufständen, die mit erheblichen Anstrengungen niedergeschlagen wurden. In Kleinasien, Syrien und Nordafrika wie in Gallien und Spanien gab es blutige Kämpfe. Die Bevölkerung der Provinzen Pannonien und Dalmatien erhob sich zu einem besonders erbitterten Widerstand. Versuche der Römer, auf dem rechten Rheinufer Fuß zu fassen, endeten mit verlustreichen Niederlagen. Die bislang bewährte römische Taktik, die einheimischen Oberschichten der Unterworfenen auf ihre Seite zu ziehen oder wenigstens zu spalten, führte nicht mehr überall zum Erfolg. Und wenn es dem diplomatischen Geschick des Kaisers auch gelang, die Parther zu feierlicher, propagandistisch weidlich genutzter Rückgabe der einst durch sie bei Karrhai erbeuteten römischen Feldzeichen zu bewegen, so blieben die äußeren und inneren Schwächen der Pax Augusta doch deutlich genug für jeden, der sich von ihrem Glanz nicht blenden ließ.

VERGILS LEBEN UND WERK

Publius Vergilius Maro wurde am 15. Oktober des Jahres 70 v. u. Z. in dem nahe Mantua gelegenen Dorfe Andes geboren. Ob der Vater ein Bauer, ein Handwerker oder ein Tagelöhner war, ist nach den reichlich fließenden, aber von Legenden umsponnenen Quellen nicht mit Sicherheit festzustellen. Nach einer Version hat der Vater die Tochter des im staatlichen Auftrag tätigen Boten Magius, bei dem er im Dienste stand, geheiratet, Magia Polla, die Mutter des Dichters. Offenbar sind die Eltern Inhaber des römischen Bürgerrechts gewesen und wohlhabend genug, ihrem begabten Sohn eine nach den Umständen der Zeit gute Ausbildung angedeihen zu lassen. Den ersten Unterricht erhielt er in Cremona. Nach Anlegen der Toga virilis setzte er seine Studien in Mailand fort. Hier wie wenig später in Rom widmete er sich der Rhetorik, ohne sich von ihr angezogen zu fühlen. Seine Scheu vor öffentlichem Auftreten und seine Unbeholfenheit im persönlichen Umgang mit seinen Mitmenschen, wohl auch Kränklichkeit – er soll lungen- und magenleidend gewesen sein –, hielten ihn davon ab, dem Wunsche seiner Eltern folgend, Anwalt zu werden, und der vielfach dogmatisch und formalistisch betriebene Unterricht tat ein übriges, ihn abzustoßen. Dafür zog ihn die Dichtkunst an. Er lernte die Werke Homers und Hesiods wie die des Ennius kennen und schätzen und wurde tief ergriffen von dem Epos des Lukrez, der nach der Legende in dem Jahre gestorben war, in dem Vergil die Toga virilis anlegte. Auch die zeitgenössischen Poeten erregten seine Aufmerksamkeit, insbesondere die Neoteriker, die „Neuerer", junge Römer aus den Kreisen der Wohlhabenden, die – inspiriert vor allem von der hellenistischen Lyrik, vorzugsweise des Kallimachos und des Theokritos, aber auch von den Schöpfungen älterer griechischer Lyriker, etwa Sapphos – ihre Bemühungen der kleinen Form widmeten und sich in mancherlei metrischen Gestaltungen versuchten. Hier fand der junge Vergil Geselligkeit und anregenden Austausch, schloß auch Freundschaften, unter anderen mit dem gleichaltrigen Gallus, und bewunderte die Gewandtheit und Frische der Schöpfungen des Catull. Daß er diesen in allzu jungen Jahren aus dem Leben geschiedenen größten Lyriker des republikanischen Rom noch persönlich kennengelernt hat, ist wenig wahrscheinlich, aber nicht ausgeschlossen; die Begegnung hätte dann etwa in Vergils Mailänder Zeit erfolgt sein können. In jedem Falle hat Vergil in diesem Kreise seine ersten eigenen poetischen Versuche unternommen. Die unter seinem Namen überkommene Sammlung kleiner Gedichte, das Catalepton, enthält zweifellos einige echte Stücke, die an sprachlicher Gewandtheit, persönlicher Aussage und bewegendem Stimmungsgehalt (man denkt besonders an die Gedichte 7, 8, 11 und 13) den späteren Meister erkennen lassen.

Freilich vermochte das Schaffen der Neoteriker einen Vergil nicht lange zu fesseln. Die vorwiegend formalartistische Kunstauffassung dieses Kreises und das Ausweichen vor den gesellschaftlichen Fragen der Zeit, das Betreiben der Kunst um ihrer selbst willen (wobei die als Ausnahme geltenden gelegentlichen ganz auf die Person zugeschnittenen Seitenhiebe gegen einen der handelnden Staatsmänner keine Spur tieferschürfender Kritik, sondern lediglich boshaft-geistreiches Spielen erkennen ließen) – all dies war seine Sache nicht. Ihn drängte es, sein Talent, dessen er sich in steigendem Maße bewußt wurde, in den Dienst einer höheren Thematik, einer gewichtigen Aussage zu stellen. Sicherlich hat ihn, den die rauhe Wirklichkeit des Krieges bis dahin noch verschont hatte, die Persönlichkeit Caesars (1) stark beeindruckt (vgl. die später geschriebenen Verse 466ff. im Ersten Gesang des Liedes vom Landbau). Aber zu einer klaren Parteinahme ist es nicht gekommen. Das Ringen des jungen Menschen um eine bestimmte Weltsicht wurde zu dieser Zeit noch stärker von der Theorie als von der Praxis, mehr von dem Eindruck poetischer Gestaltungsmöglichkeit als von unmittelbarem Erleben ausgelöst. Er entschloß sich zum Studium der epikureischen Philosophie, begab sich nach Neapel (Catalepton 8) und schloß sich dem Kreise Siros an. Daß die Freundschaft, die sich zwischen ihm und Siro entwickelte und infolge deren der alternde Lehrer dem Schüler seinen kleinen ländlichen Besitz überließ, sehr bald für Vergil und die Seinen eine Rettung bedeuten würde, konnte er in der ersten glücklichen Zeit der Hingabe an die Lehre Epikurs nicht ahnen.

Im Jahre 42 v.u.Z. errangen auf den Schlachtfeldern von Philippi die Anhänger Caesars (1) Oktavian und Antonius den Sieg über das Heer der Caesarmörder Cassius und Brutus (2). Die Sieger beschlossen, den Veteranen ihres Heeres die von diesen lange ersehnte Entlassung und Ausstattung mit Grundbesitz zu gewähren. Unter den überwiegend von Anhängern der Caesarmörder bewohnten Gebieten Italiens, die man zur Enteignung und Neuzuteilung bestimmte, befand sich die Umgebung von Cremona; diese erwies sich als nicht ausreichend, man mußte, um die Ansprüche der Soldaten zu befriedigen, noch das Gebiet von Mantua hinzuziehen. Damit verloren auch die Eltern Vergils und dieser selbst die Grundlage ihrer Existenz. Tumultuarisch, kaum anders als feindliche Eroberer, ergriffen die durch den jahrzehntelangen Kriegsdienst verrohten Veteranen von den ihnen zugeteilten Ländereien, den Gebäuden und dem Vieh Besitz, verjagten die bisherigen Eigentümer und Pächter, mißhandelten, ja erschlugen diejenigen, die sich nicht rechtzeitig durch Flucht in Sicherheit brachten oder gar Widerstand zu leisten wagten. Glücklich noch priesen sich jene, die der jeweilige neue Herr weiter wohnen ließ und lediglich zu Abgaben nötigte (Hirtengedichte 1 und 9). In ihrer Bedrängnis fanden Vergils Eltern ein Obdach auf dem ehemaligen Besitztum Siros. Damit waren sie fürs erste untergekommen. Offen blieb freilich die Frage nach ihrem und des Dichters fernerem Lebensunterhalt.

Welche Antwort diese Frage im einzelnen gefunden hat, ist aus den bis heute vorliegenden Quellen nicht zu erschließen. Die Gestalt des Hirten Menalcas im Hirtengedicht 9, 10 ist schon seit der Antike wiederholt als poetische Verkleidung des Dichters gedeutet worden; so wie Menalcas soll Vergil selbst versucht haben, mittels seiner Poesie den für die Landverteilung zuständigen Statthalter um Schonung für sich und seine Nachbarn zu bitten. Schließt man sich dieser Deutung an, müßte man auch zugestehen, daß der Versuch scheiterte (Vers 11ff.). Abgesehen von diesem Widerspruch – der zu der Folgerung nötigte, Vergil (Tityrus im Hirtengedicht 1) hätte sich nach dem Scheitern nach Rom begeben und unmittelbar an Oktavian gewandt (Vers 42–44) –, wäre es aber ohnehin bedenklich, in den Hirtengedichten derartige Hinweise auf konkrete Einzelereignisse aufspüren zu wollen. Mit Sicherheit kann man den überlieferten Andeutungen nur eines entnehmen: Der zu dieser Zeit bereits wegen seines Talentes zum mindesten in literarischen Kreisen ziemlich bekannte Dichter hat dank der Fürsprache ihm befreundeter einflußreicher Gönner wie Gallus, Pollio und Varus durch Eingreifen Oktavians entweder sein väterliches Gut zurückerhalten oder eine Entschädigung bekommen. In jedem Fall war es ihm vergönnt, in den Jahren 42 bis etwa 39 v.u.Z. der Poesie zu leben und die Hirtengedichte zu schaffen.

Das Erscheinen dieser Sammlung legte den Grund für die allgemeine Anerkennung Vergils als eines bedeutenden Poeten. Die Wahl der Thematik, die auf eine Ebene gültiger Lebenswerte gehobene Darstellung der Hirtenwelt, die Verflechtung dieser Welt mit den Nöten, Sorgen und Erwartungen der zeitgenössischen Wirklichkeit, nicht zuletzt die meisterlich-sorgfältige Versgestaltung verliehen den Gedichten einen Bewunderung, ja Begeisterung weckenden literarischen Rang. Maecenas wurde auf den Dichter aufmerksam und zog ihn in seinen Kreis, dem Vergil seinerseits den ihm bereits befreundeten Horaz zuführte. Die Verbindung mit Maecenas verstärkte zugleich die schon bestehende Beziehung zu Oktavian. Damit waren ideelle wie materielle Voraussetzungen geschaffen, die es dem Dichter gestatteten, aus regem geistigem Austausch mit Persönlichkeiten des kulturellen und politischen Lebens Anregungen zu gewinnen und alle seine Kräfte dem poetischen Schaffen zu widmen. Und er enttäuschte die Erwartungen seiner

Förderer nicht. Im Jahre 30 v. u. Z., als Oktavian den Machtkampf mit Antonius zu seinen Gunsten entschieden hatte, schloß er sein zweites Werk ab, das Lied vom Landbau, den epischen Lobgesang auf den arbeitenden Menschen, der seines Daseins Bestätigung darin findet, der Natur ihre Reichtümer abzuringen, den Lobgesang auf das gesegnete Heimatland Italien, das einem harten, genügsamen und fleißigen Menschenschlage alle Möglichkeiten erfolgreicher Tätigkeit verschaffe, Ausdruck des Dankes schließlich an den Staatsmann, der einer geplagten Menschheit den Frieden schenkte. Der Dichter gedachte Oktavians, der in den Stunden, da Vergil die letzten Verse des Werkes niederschrieb, am Euphrat „funkelnde Blitzstrahlen schleuderte" (IV 561), und erinnerte sich zugleich der Zeit, da er selbst noch bei Neapel an den Hirtengedichten arbeitete,

> als in der Stille ich, unbekannt, glücklich der Dichtkunst
> mich weihte,
> spielerisch Hirtenlieder verfaßte und, jung noch und mutig,
> dich pries, Tityrus, unter der mächtigen Krone der Buche.
> (IV 564 ff.)

Der auf dem Dorfe angesichts der harten Arbeit des Bauern, im Bewußtsein der reizvollen Schönheiten und Schätze wie der zerstörerischen Gewalten der Natur Aufgewachsene nahm in diesen Versen Abschied von der ländlichen Dichtung. Aber nicht nur das. Er bezeichnete sich als einen, der in der Zeit, da er die Hirtenlieder schrieb, „blühte", mit jenem Ausdruck, der in lateinischer Prosa wie Poesie mit dem der Natur entnommenen Bild den Höhepunkt eines Menschenlebens nach physischer wie psychischer Kraft, nach Leistung, Macht, Ansehen und Glück anzeigte. Er tat dies als Vierzigjähriger, nach Abschluß des Werkes, das nicht wenige seiner Leser und Verehrer im Altertum wie in neuerer Zeit als sein eigentliches Meisterwerk anerkannten, das sie als in sich abgeschlossene, ausgefeilte, über das engere Thema hinaus das Weltall umspannende Schöpfung über die Aeneis stellten. Er sah sich blühen zu der Zeit, da er noch „unbekannt" war, aber „jung" und „mutig". Ein Ton wehmütiger Entsagung klingt aus diesem Rückblick des Dichters, das unüberhörbare Eingeständnis, jenes Glück verloren zu haben – und dies zu dem Zeitpunkt, der ihn, nach dem Äußeren zu urteilen, eben erst auf jene Höhe hob.

Denn – um einen modernen Ausdruck zu gebrauchen, der auf antike Verhältnisse nur bedingt anwendbar ist, aber das für die Zeit des Dichters Wesentliche ebenfalls allgemein trifft – der „Erfolg" des Liedes vom Landbau übertraf noch jenen der Hirtengedichte. Im Jahre 29 v. u. Z., noch vor der Veröffentlichung des Werkes, kehrte Oktavian, zwei Jahre, bevor der Senat ihm den Titel Augustus verlieh, siegreich aus dem Orient zurück und verbrachte, um von einem Halsleiden zu genesen, einige Tage in der kampanischen Stadt Atella. Hier, so berichtet Sueton in seiner Lebensbeschreibung des Dichters (27), ließ sich der Herrscher von Vergil das Lied vom Landbau aus dem Manuskript vorlesen, vier Tage hintereinander, wobei immer dann, wenn des Dichters Stimme unter der Anstrengung versagte, Maecenas als Vorleser einsprang. Als das Werk später in der Öffentlichkeit erschien, konnte Vergil, über die Zustimmung des Herrschers hinaus, auch mit dem Beifall und der Begeisterung des größten Teiles der ökonomisch wie politisch tragenden Schichten seines Volkes rechnen. Angebrochen war für den nach wie vor äußerst zurückhaltenden, im Umgange etwas linkischen, jeden lautstarken Beifall scheuenden Dichter die Zeit, da er nicht mehr unbekannt – freilich auch nicht mehr glücklich war. Damals wurden, nach dem Bericht des Tacitus im „Gespräch über die Redner" (13), die Verse Vergils im Theater vorgetragen, und als das Publikum plötzlich bemerkte, daß der Dichter selbst unter den Zuhörern weilte, erwies es ihm die höchste, sonst nur dem Augustus erwiesene Ehre: Es erhob sich von den Plätzen. Damals konnte es geschehen, daß der Dichter sich auf der Straße unvermutet von einer jubelnden Volksmenge umdrängt sah und nichts Besseres zu tun wußte, als rasch in einem Haus Zuflucht zu suchen. Damals auch unternahm er es, wie er schon wiederholt in seinen bisherigen Werken teils zweifelnd und ablehnend, teils entschlossener andeutete (besonders im Hirtengedicht 6,2–5 sowie im Dritten Gesang des Liedes vom Landbau 16 und 46ff.), jenes Werk in Angriff zu nehmen, das als Nationalepos der Römer in die Kulturgeschichte eingegangen ist, das Lied vom Helden Aeneas. Auf der Grundlage der in Rom schon längere Zeit populären Mythenversion, nach der das zum Siegen und Herrschen bestimmte Rom in der Nachfolge Trojas stünde, erhob er die von den Juliern (→ Iulus) propagierte Theorie, ihr Geschlecht stamme vom Sohne des Aeneas ab, zu einem Kernpunkt seiner Darstellung.

Ein volles Jahrzehnt arbeitete der Dichter daran, den Stoff zu gestalten und das Werk zu einem vorläufigen Abschluß zu bringen. Leicht ist es ihm nicht gefallen. Augustus, der aus begreiflichen Gründen der Arbeit starke Anteilnahme entgegenbrachte, spornte den Dichter unablässig an. Macrobius zitiert einen Antwortbrief, den Vergil an den Kaiser richtete (Sat. I 24,11): „... Hätte ich von der Aeneis schon wirklich etwas deiner Ohren Würdiges vorliegen, würde ich es dir gerne schicken; aber das Unterfangen ist derart umfangreich, daß es mir vorkommt, als hätte ich ein so gewaltiges Werk in einer Art von Geistesverwirrung in Angriff genommen ...“ Immerhin war die Arbeit in der zweiten Hälfte des Jahrzehnts so weit gediehen, daß der Dichter den zweiten, vierten und sechsten Gesang dem Kaiser im engsten Kreise vorzulesen vermochte.

Im Jahre 19 v. u. Z. lag das Epos im wesentlichen vor. In der Absicht, vor dem Anlegen der letzten Feile an der Wiege des epischen Gesangs und an zahlreichen Stätten des Geschehens der Aeneis noch Anregungen zu sammeln, brach der Dichter zu einer Reise nach Griechenland und Kleinasien auf. In Athen begegnete er dem aus dem Orient heimkehrenden Augustus, dem er sich auf dessen Einladung zur Rückkehr nach Italien anschloß. Bei einem Abstecher nach Megara überfiel ihn bei glühender Hitze eine plötzliche Schwäche. Während der unverzüglich angetretenen Überfahrt nach Italien verschlimmerte sich sein Zustand. Lebend noch erreichte er die heimische Küste bei Brundisium. Aber eine Genesung war ihm nicht mehr beschieden. Wenige Tage nach der Landung, am 21. September, schloß er die Augen für immer. Beigesetzt wurden seine sterblichen Reste bei Neapel; auf dem Grabstein las man die ihm zugeschriebenen Verse

Mantua sah mich erwachen, Kalabrien sterben; Neapel
birgt mich im Grab. Ich besang Hirtenwelt, Landbau
und Krieg.

Wiederholt hatte der Dichter vor seinem Tode die engsten Freunde gebeten, das unausgefeilte Lied vom Helden Aeneas nicht zu veröffentlichen; er soll sogar den Wunsch geäußert haben, ihm das Manuskript zu bringen, damit er es den Flammen übergeben könne. Die Freunde aber weigerten sich, dem Dichter Folge zu leisten. Varius und Tucca gaben das Werk auf Weisung des Kaisers ohne nennenswerte Änderungen heraus.

STOFF UND GESTALTUNG

Ein Versuch, die Leistung des Dichters zu würdigen und die in seinem Werk beschlossenen auch für unsere Zeit gültigen Werte zu erkennen, bedarf zunächst einer Antwort auf die Frage nach den handwerklichen Voraussetzungen seines Schaffens, nach den von ihm behandelten Stoffen und nach den von ihm gewählten Formen.

Auf den ersten Blick scheint es nicht schwer zu sein, diese Antwort zu finden. Sehen wir von den wenigen, ohnehin in bezug auf ihre Echtheit umstrittenen und im wesentlichen dem Kreise der Neoteriker verhafteten kleinen Gedichten ab, so bleiben, wenn man das Grabepigramm zitieren will, „Hirtenwelt, Landbau und Krieg". Letzterer Begriff ist eine freie, verallgemeinernde Wiedergabe des im Original stehenden „duces", was im Zusammenhang soviel wie „Heerführer", „Feldherren und ihre (kriegerischen) Taten" bedeutet.

Die Hirtengedichte erweisen sich als Nachahmung vorrangig der entsprechenden Schöpfungen des Theokritos. Das Lied vom Landbau steht, im Grundaufbau ein „Lehrgedicht", in der Nachfolge prosaischer bzw. poetischer Werke vor allem der Griechen Aristoteles, Aratos, Theophrastos und Nikandros sowie des Römers Varro; weniger im Gehalt, dafür stark in der poetischen Gestaltung erscheint es beeinflußt von Homer und Hesiod sowie von den hellenistischen Dichtern, in erster Linie Apollonios von Rhodos, Theokritos und Kallimachos, schließlich von dem Epos des Lukrez. Dabei reicht der Spielraum der Nachahmung bzw. der inhaltlichen wie formalen Abhängigkeit von allgemeinen Anklängen über die Nutzung zahlreicher von den genannten Quellen gebotener sachlicher Einzelheiten bis zur annähernd wörtlichen oder sogar wörtlichen Übernahme einzelner Verse. Natürlich ist die Wahl beider dem Landleben entnommener Themen nicht zu trennen von dem Umstand, daß der Dichter selbst auf dem Lande aufgewachsen ist und die Arbeit des Hirten wie des Bauern aus eigener Anschauung und Erfahrung kannte. Sicher hat Maecenas, wenn er den Dichter zum Lied vom Landbau anregte oder in dem gefaßten Plan bestärkte, einmal mehr sein feines Empfinden für die Möglichkeiten der von ihm geförderten Poeten bewiesen. Die eigene Anschauung und Erfahrung Vergils aber prägt sich bezeichnenderweise selten im Stofflichen aus; sie äußert sich überwiegend in anderen Bereichen (vgl. S. XXIX f.) und mindert die quantitative Stärke der Nachahmung und Abhängigkeit keineswegs.

In höherem Grade kompliziert und sinnfällig, jedoch im Wesen gleich, zeigen sich die genannten allgemeinen Voraussetzungen Vergilischen Schaffens in der Aeneis. Die weiterführende Sage von dem Helden, der nächst Hektor als der tapferste Verteidiger Trojas galt, gründet sich auf Homerische Verse. Im Zwanzigsten Gesang der Ilias berichtet Homer vom Zweikampf zwischen Achilleus und Aineias (158–318). Der dem Trojaner an Kräften überlegene Grieche drohte seinen Gegner trotz dessen tapferer Gegenwehr zu überwältigen. Es folgt ein kurzer Dialog zwischen Poseidon und Hera, während dessen Poseidon, gleich Hera ein Befürworter der Zerstörung Trojas (→ Laomedon), auf die Gründe hinweist, die eine Errettung des Trojaners nicht nur rechtfertigen, sondern sogar erfordern:

… warum soll Aineias völlig unschuldig leiden
für ein Vergehen, das andre verübten? Willkommene
Gaben
brachte den Göttern er stets, die den weiten Himmel
bewohnen.
Auf, wir wollen ihn gleich dem drohenden Tode entreißen,
daß der Kronide nur ja nicht grollt, sofern jetzt Achilleus
den Aineias erschlägt! Der muß den Krieg überleben:
Nachkommen soll das Geschlecht des Dardanos haben
und niemals
spurlos verlöschen; den Dardanos liebte ja Zeus von
den Kindern,
die ihm sterbliche Frauen gebaren, weitaus am meisten.
Heute bereits ist des Priamos Stamm verhaßt dem
Kroniden;

über die Troer soll weiterhin herrschen der starke Aineias,
nach ihm die Kindeskinder, die seinem Geschlechte entsprossen.
(297–308. Zu 307f. vgl. Aeneis III 96ff.)

Und Poseidon rettet den Bedrängten, indem er die Augen des Achilleus mit Dunkelheit blendet, seinen Schützling aber vom Schlachtfeld entführt und eindringlich ermahnt, gegen jeden beliebigen anderen Griechen den Kampf aufzunehmen, doch Achilleus als Gegner zu meiden; lediglich diesem müsse er unterliegen, und geschähe dies, so vollzöge es sich „gegen den Willen der Moira" (XX 336).

Die Iliasstelle zeichnet von dem troischen Helden ein Bild, das drei wesentliche Komponenten der späteren Vergilischen Darstellung enthält. Die erste: Aeneas hat mit der „phrygischen Tücke", mit der Schuld eines Laomedon und eines Paris, nicht das geringste zu tun, er ist ein Verteidiger seiner Heimatstadt, sein Kampf damit ein gerechter. Die zweite: Er hat seine Pflichten gegenüber den Göttern stets nach Kräften erfüllt und beweist derart einen Zug jener Pietas (vgl. S. XXXV), die Vergil als Römer zum Wesenskern des Helden erhebt. Und die dritte: Sein vorzeitiger Tod wäre für Zeus ein Grund zum „Grollen"; denn Zeus hat den Helden zur Erfüllung späterer Aufgaben ausersehen. Troja, aber nicht die Trojaner schlechthin sind zum Untergang bestimmt, und dem Aeneas ist die Pflicht vorbehalten, künftig über sie und ihre Nachkommen zu herrschen.

Bereits im 6. Jahrhundert v. u. Z. finden sich auf italischem Boden Zeugnisse dafür, daß dort lebende Volksstämme in trojanischen Helden, die der Katastrophe ihrer Vaterstadt entronnen und aus ihrem Heimatland ausgewandert waren, ihre Ahnherren verehrten. Das war die Zeit, in der die Etrusker auf dem Höhepunkt ihrer Macht standen und ihren Herrschaftsbereich auf Latium und den nördlichen Teil Kampaniens ausgedehnt hatten, aus römischer Sicht also die legendäre Königszeit. Ausgrabungen förderten Stücke etruskischer plastischer Kleinkunst zutage, die Aeneas, den greisen Vater Anchises auf dem Rücken, den kleinen Ascanius an der Hand, während seiner Flucht aus dem brennenden Troja darstellen. Griechische Dichter und Prosaschriftsteller, darunter der Lyriker Stesichoros, kannten in der Zeitspanne vom 6. bis zum

4. Jahrhundert v. u. Z. in mancherlei Versionen die Geschichte des Aeneas, der an der Spitze der Überlebenden des trojanischen Krieges nach abenteuerlichen Irrfahrten die Küste Hesperiens erreichte und dort eine neue Heimat fand. Bei den Dichtern der älteren römischen Literatur, Naevius und Ennius, wird des troischen Flüchtlings Aeneas gedacht, der in Latium seßhaft wurde und als Großvater des Romulus zur Gründung Roms in eine sehr nahe Beziehung trat. Der älteste Repräsentant der römischen Prosa, Cato (1), ordnet in seinem fragmentarisch erhaltenen Geschichtswerk „Ursprünge", d. h. Geschichte von Stadtgründungen, dieses Grundschema genauer in die antike Mythenchronologie ein. Nach ihr wurde Troja im Jahre 1184 v. u. Z. zerstört, während die Gründung Roms erst im 8. Jahrhundert v. u. Z. erfolgte; als legendäres Datum entspricht das von Varro berechnete Jahr 753 nur annähernd der Wirklichkeit. Cato bzw. seine Quelle sucht das halbe Jahrtausend Zwischenzeit zu überbrücken. Danach landete Aeneas in Latium, wurde von dem einheimischen König Latinus freundlich aufgenommen, erhielt ein Gebiet zu Besiedlung, überdies die Hand der Tochter des Königs, Lavinia, und gründete die Stadt Lavinium. Später kam es zu Streitigkeiten und verschieden überlieferten Kämpfen, in denen auch Turnus und Mezentius als Gegner des Aeneas eine Rolle spielten. In jedem Fall überstand Ascanius siegreich alle Gefahren und gründete von Lavinium aus die Stadt Alba Longa, in der nunmehr 300 Jahre lang Nachkommen des Aeneas regierten. Eine Angehörige dieses Geschlechts, Rhea Silvia bzw. → Ilia, wurde dann durch Mars Mutter der Zwillinge Romulus und Remus (vgl. Vergils Version I 263–282). Auf diese Weise war nicht nur die Zeitspanne plausibel überbrückt, sondern gleichzeitig der stolzen Tradition der Römer, Nachkommen des Mars zu sein, hinreichend Rechnung getragen.

So fand denn Vergil für den Haupthandlungsstrang seines Epos die Elemente in einer schon anerkannten Tradition vor. Aber auch die Theorie der Herkunft des Geschlechts der Julier, nach der Caesar (1) und Augustus von Aeneas und damit von Venus abzustammen behaupteten, ist weder eine Erfindung des Dichters noch eine außergewöhnliche „Propagandamaßnahme" eines findigen Politikers. Bereits in der Gentilgesellschaft Griechenlands hatten die führenden Geschlechter ihren Stammbaum auf Zeus oder andere

Götter bzw. Heroen zurückgeführt. Die Homerischen Epen legen Zeugnis davon ab. Je mehr die führenden Schichten der römischen Gesellschaft mit der griechischen Kultur in Berührung kamen und deren auf manchen Gebieten unleugbare Überlegenheit erkannten, um so stärker regte sich bei ihnen der Wunsch, die einheimische Kulturentwicklung nicht zurückstehen zu lassen, sie und damit sich selbst sowie ihre politischen Ziele aufzuwerten. So griffen sie einerseits italische Traditionen auf, zum anderen übernahmen sie brauchbare Teile des griechischen Mythos und machten sie in mancherlei Kombinationen dem Ansehen ihres Geschlechts und seiner politischen Tätigkeit dienstbar. Das Verfahren Caesars (1), insbesondere der Kunstgriff, sich der Person des Ascanius durch das Namenspiel Ilos-Iulus zu versichern, ist nur *ein* Beispiel aus einer größeren Anzahl ähnlich gearteter Bemühungen anderer Geschlechter. Historisch interessierte Zeitgenossen nahmen solcherlei Bestrebungen sehr ernst; Varro gab eine – leider verlorene – Schrift mit dem Titel „Troische Familien" heraus. Nach einer weiteren antiken Notiz betrug allein die Zahl der Geschlechter, die sich als Nachfahren troischer Helden ausgaben, etwa fünfzig. Daß von diesen Geschlechtern lediglich das julische in das helle Licht der Geschichte getreten ist, verdankt es der historischen Rolle, die seine beiden größten Vertreter spielten – aber in gewissem Grade auch dem Werk des Dichters, für den die Abstammungslegende der willkommene Ausgangspunkt seiner das Epos durchziehenden, der Person seines fürstlichen Gönners Augustus erwiesenen Schmeicheleien war.

Was für die Fundamente des dargestellten Geschehens gilt, läßt sich auch auf die weniger zentralen Bereiche des herangezogenen Mythos ausdehnen: etwa auf den Untergang Trojas, die Begegnung des Aeneas mit Dido, die Rolle Euanders und seines Sohnes Pallas, die Amazonengestalt der Camilla. Orientalische, griechische, italische Sagen verschmelzen. Aber sie lagen dem Dichter vor, zum Teil sogar schon literarisch geformt. Die nachhomerischen Dichter hatten in ihren dem troischen Sagenkreis gewidmeten – uns nicht erhaltenen – Epen die List mit dem hölzernen Pferd und den Brand Trojas besungen; Naevius schon nutzte die Landung des Aeneas in Afrika als begründende Vorgeschichte der späteren Feindschaft zwischen Puniern und Römern.

Lassen wir es bei einer derartigen Aufrechnung des behandelten Stoffes bewenden, so rückt der Verdacht nahe, es handle sich bei Vergil um einen geschickten „Redaktor", der es verstand, eine von der Überlieferung gebotene Mythenmasse zu sichten, zu ordnen und unter einem einheitlichen Gesichtspunkt zusammenzufassen, wobei die durchgehende Ergebenheitsbeteuerung gegenüber den Gönnern, vorrangig dem Kaiser, nicht zur kurz kam. Daraus ergibt sich die Frage, ob er in der poetischen Gestaltung eigene Wege gegangen ist oder in gleicher Weise „Vorlagen" nutzte.

Auch hier wird eine quantitativ aufrechnende Prüfung den Verdacht keineswegs entkräften. Der Dichter, der die Absicht hatte, den sizilischen Hirtengesang in Rom heimisch zu machen, folgt seinem Vorbilde Theokritos nicht nur im Gesamtaufbau der „Eidyllia", er folgt ihm bis zur wörtlichen Übertragung einzelner Verse und Wortgruppen. Gewiß, man hat nicht zu Unrecht von einer Gruppe gleichsam echter Hirtenlieder gesprochen – man denkt hierbei an die Gedichte 2, 3, 5, 7, in gewissem Sinne auch 8 –, denen eine Gruppe unechter gegenüberstehe, in denen die geschilderte Hirtenwelt nur die Rolle einer Kulisse übernehme, vor deren Hintergrund als Hirten verkleidete Zeitgenossen Vergils bzw. der Dichter selbst sich in Klage oder Freude äußerten – etwa die Gedichte 1, 9 und 10. Ein Sonderfall seien die Gedichte 6 und 4, die zwar ebenfalls bukolische Elemente enthielten, deren Gesamttendenz aber über die Hirtenwelt hinausweise. Insgesamt ergibt sich bei dieser Betrachtungsweise eine relativ geringe Eigenleistung des Dichters.

Ein ähnliches Bild bieten die vier dem Landbau gewidmeten Gesänge. Die in der Tradition des Lehrgedichts gegliederten und abgehandelten Themenbereiche lassen sich zum weitaus größten Teil quellenmäßig belegen. Selbst die in den Lehrstoff eingestreuten „Exkurse" bzw. „Episoden" entbehrten, so mag man urteilen, zwar nicht des poetischen Reizes, entsprächen aber, sofern sie sich nicht gleichfalls unmittelbar als Entlehnung enthüllten – wie etwa die norische Viehseuche am Ende des Dritten Gesanges aus dem Vorbilde des Lukrez – allesamt jener von den hellenistischen Literaten bevorzugten und von den Neoterikern weitgehend übernommenen Gepflogenheit, zum Zwecke der Abwechslung den Gang der Darstellung durch eingeschobene Bilder, Genreszenen, Gleichnisse und Abschweifungen verschiedener Art zu beleben. Für eine individuelle Gestaltungskraft des Dichters finde man dementsprechend allenfalls Einzelproben.

Dehnt man die Prüfung auf die Aeneis aus, so zeigt sich schon die Gliederung als ein Versuch, die Grundzüge der Ilias und der Odyssee innerhalb *eines* Werkes zu vereinen. Die ersten sechs Gesänge bilden, seit der Antike unumstritten, eine Parallele zur Odyssee: Wie Odysseus bei den Phaiaken erreicht der Held nach langen Irrfahrten zwar noch nicht das letzte Ziel, aber eine Stätte der Rast, wo er, freundlich aufgenommen, Gelegenheit hat, von seinen bisherigen Schicksalen zu berichten. Wie Odysseus bei Kirke oder bei Kalypso sieht sich Aeneas in Liebesbande verstrickt, und göttliche Weisung erst vermag sie zu lösen. Wie Odysseus muß er schließlich in die Unterwelt hinabsteigen und die düsteren Wohnstätten der Schatten in Augenschein nehmen. Ebenso unbezweifelbar bedeuten die letzten sechs Gesänge die Parallele zur Ilias, schildern die blutigen Kämpfe, die Aeneas ausfechten muß, ehe die neue Heimat sich ihm öffnet: Wie dort um Helena, wird hier um den Besitz Lavinias gerungen. Wie dort werden die auf jeder Seite kämpfenden Streiter und ihre Feldherrn aufgezählt. Wie dort zeichnen sich einzelne Helden im Schlachtgetümmel wie im Zweikampf aus, schleichen mutige Späher nächtlich unter die Feinde, werden Verträge geschlossen und wieder gebrochen, erheben einsichtige Bürger, vergeblich, ihre warnende Stimme gegen einen Krieg, der zum Verderben des eigenen Volkes geführt wird, werden die Reliefdarstellungen eines neugeschmiedeten prachtvollen Schildes beschrieben. Und wie die Ilias mit dem Tode Hektors endet und damit den Untergang Trojas zur Gewißheit macht, ohne ihn zu erzählen, so schließt die Aeneis mit dem Fall des Turnus und entläßt einen Leser, der nunmehr nicht daran zweifelt, daß die wesentlichen Widerstände, die sich den Trojanern entgegenstellten, aus dem Wege geräumt sind. Wie in den Homerischen Epen schließlich ergreifen Götter Partei für die eine und die andere Seite, intrigieren gegeneinander und versuchen, teils versteckt, teils unverhohlen, ihren jeweiligen Schützlingen Vorteile zuzuschanzen; der allmächtige Jupiter hat zuweilen seine liebe Not, sich gegenüber den Bestrebungen seiner göttlichen Kollegen durchzusetzen – er, der selbst, wie der Homerische Zeus die Moira, das Fatum zu respektieren hat, dessen Weisungen er allenfalls verzögern, niemals vereiteln, mit dem er sich aber zustimmend identifizieren kann.

Aber auch jenseits der Gesamtgliederung zeigt sich des Dichters Anlehnung an seine Vorlage. Die Nachgestaltung der Homerischen Epen läßt sich bis in Szenen und Situationen des Kampfes wie in Tätigkeiten des Alltags in Krieg und Frieden, in die Bilder und Gleichnisse, in den Gebrauch von wiederkehrenden Eigenschaftswörtern wie in Versteile und ganze Verse, ja Versgruppen verfolgen. Vergil ist bestrebt, jene stilistischen Eigentümlichkeiten, die sich aus dem der Stufe der Schriftlichkeit vorangegangenen ausschließlich mündlichen Vortrag der Homerischen Gesänge ergaben, in eine Zeit zu übertragen, die eine entsprechende Übergangsphase gar nicht mehr kannte. Diese Anlehnung Vergils an sein Vorbild hat gleichsam ein Spezialthema der Forschung gebildet und bildet es noch; die Untersuchungen haben, von gelegentlichen formalistischen Überspitzungen abgesehen, die Kenntnis der Werke Vergils, in einigen Fällen auch jener Homers um wertvolle Einsichten bereichert. Allerdings gewährt lediglich ein Teil der betreffenden Stellen dem auf die Lektüre einer Übertragung angewiesenen Leser einen Einblick in die Arbeitsweise Vergils. Diesem Ziel dienen die in die Anmerkungen dieser Ausgabe aufgenommenen Vergleichshinweise zu ausgewählten Stellen.

Die sprachliche und stilistische Formung der Verse allerdings rechtfertigt das Urteil, das den Dichter Vergil neben seinem Freund Horaz als den Vollender und eigentlichen Schöpfer der klassischen römischen Dichtersprache preist. Hatte Cicero die lateinische Kunstprosa auf ihren Höhepunkt geführt, so leistete Vergil ähnliches auf dem Gebiet des epischen Verses. Sein Versbau vereint Eleganz und Flüssigkeit mit Kürze und Treffsicherheit des Ausdrucks. Freilich fließt er nicht aus der Feder eines Ovid, der von sich behaupten konnte, was auch immer er schreibe, es werde ein Vers daraus. Wie Vergil seine Werke stofflich nach langsamer und gründlicher Sichtung und Auswahl einer kaum übersehbaren Fülle von Material mit Sorgfalt und stets selbstkritischer Planung Stück für Stück gleichsam zusammenzimmerte, so erwies er sich auch beim Bau seiner Verse als ein nimmermüder, auf Wohlklang wie möglichst geballte Ausdruckskraft bedachter Bastler. Hier gewinnt jenes Gleichnis seinen Sinn, das der Dichter selbst für sein

Schaffen gebraucht haben soll: Er gebäre seine Verse wie eine Bärin ihre Jungen und bringe ihre eigentliche Form erst durch nachträgliches Lecken ans Licht. Für Vergil bedeutete die Sprache ein lebendes Wesen, dessen Dynamik in behutsamer, zugleich strenger wie zärtlicher, ausdauernder Arbeit entwickelt werden müsse. Aus dieser Auffassung und Arbeitsweise des Dichters, die im übrigen eine bewußt gepflegte Eigenart zahlreicher hellenistischer, aber auch römischer Poeten der Augusteischen Zeit war, erklärt sich zum Teil der verhältnismäßig geringe äußere Umfang seines Gesamtwerkes – wobei zu berücksichtigen ist, daß es Vergil vergönnt war, sich unbelastet von anderen Verpflichtungen dem Dienste an den Musen zu widmen.

Im ganzen zeichnet sich die Vergilische Sprache durch Mannigfaltigkeit aus. Unter weitgehendem Verzicht auf neue Wortbildungen scheut der Dichter weder, meist nach Ennius und Lukrez gewählte, altertümliche Wendungen noch umgangssprachliche Fügungen seiner eigenen Zeit. Entscheidend für die Formung bleibt stets der darzustellende Sachverhalt, dem die Ausdrucksmittel in steter Bereitschaft zur Variation angepaßt werden. Das gilt auch für die wörtliche bzw. annähernd wörtliche Übernahme von Stellen anderer Autoren, für Selbstzitate wie für dem epischen Stil angemessene Wiederholungen, bei denen meist fein nuancierte Sinnunterschiede zu beobachten sind. Daß rastloses Kunstwollen in einigen Fällen zur Künstlichkeit umschlägt und das Verständnis erschwert – zuweilen bereits für antike Leser erschwert hat –, braucht nicht wunderzunehmen.

Freilich wird das Verständnis einiger Stellen der Aeneis auch durch den unfertigen Zustand des Werkes erschwert. Sicher würde der Dichter, wäre es ihm vergönnt gewesen, die letzte Feile anzulegen, noch diese oder jene sprachliche Härte beseitigt haben. Lange Zeit sind die zahlreichen unvollständig gebliebenen Verse der Aeneis als einer der Hauptnachweise für die Unfertigkeit der Arbeit angesehen worden. Indessen läßt sich zum mindesten für einige dieser „Teilverse“ feststellen, daß sie inhaltlich einen Sinneinschnitt markieren, aus diesem Grunde also vielleicht auch mit Absicht unvollständig geblieben sind. Wie dem auch sei: Für den heutigen Leser, insbesondere den, der das Werk aus einer Übersetzung zur Kenntnis nimmt, wirkt in höherem Grade störend die an mehreren Stellen spürbare Unstimmigkeit des Sinns, die vor allem bei der Widersprüchlichkeit einiger für das Verständnis des Ganzen so wichtiger Orakelsprüche zutage tritt. Auf mehrere der wichtigsten Unstimmigkeiten dieser Art wird in den Anmerkungen hingewiesen; auch auf sachliche Unklarheiten bzw. Ungenauigkeiten in der Darstellung bestimmter Realien im Bereich des Bauwesens sowie in der Schilderung von Landschaften, bei Kampf- und Schlachtszenen sowie in geographischen Angaben. Lassen sich bei letzteren die noch lückenhaftigen Kenntnisse der damaligen Zeit zur Erklärung heranziehen, so wäre bei den anderen folgendes zu bedenken: Der Dichter konnte einmal bei den Lesern seiner Zeit Detailkenntnisse voraussetzen, die wir entweder gar nicht oder nur durch weitere – möglicherweise lückenhafte – schriftliche Quellen sowie archäologische Funde besitzen. Zum anderen kam es dem Dichter in erster Linie auf das Verhalten der Menschen und auf die jeweilige Situation im ganzen, vor allem auf den Stimmungsgehalt an; man sollte ihm in Einzelheiten, die für seine Absicht ohne Belang sind, keine Versäumnisse vorwerfen.

Im ganzen erwecken Stoff und formale Gestaltung vorerst den Eindruck einer nur begrenzten, allenfalls auf stilistischem und sprachlich-metrischem Gebiet stärker spürbaren eigenständigen poetischen Leistung. Beruht der durch die Jahrhunderte hallende Ruhm Vergils auf einer Überschätzung? Behalten jene Kritiker recht, die angesichts des Natur- und Originalgenies eines Homer, der in ursprünglichem Schöpfertum die Wirklichkeit des Daseins in ihrer Fülle packte und seine Poesie unmittelbar aus ihr bezog, Vergil als einen vergleichsweise schwächlichen, sicherlich begabten, aber an seinen Vorlagen klebenden, gedankenschwer und mühsam konstruierenden Nachahmer abwerteten?

LEISTUNG UND AUSSAGE

Schon die Hirtengedichte lassen bei einem Vergleich mit ihrer Hauptvorlage, den Eidyllia des Theokritos – sofern der Vergleichende sich bemüht, über eine Registrierung der stofflichen Abhängigkeit hinaus die qualitativen Unterschiede zu erkennen –, bestimmte Wesenszüge der Vergilischen Poesie deutlich werden. Bei

Theokritos eröffnet sich uns die in kräftigen Farben leuchtende, wirklichkeitsgesättigte Welt der sizilischen Hirten, literarisch geformt und in gewissem Sinne gehoben zwar durch die natürlich fließende, maßvoll gebundene Sprache ihres Dichters, aber durchweg den Realitäten des Lebens verhaftet. Fassen wir zunächst Vergils „echte“ Hirtengedichte ins Auge, so finden wir ähnliche Wirklichkeitsbezüge vor. Aber sie erscheinen in einer Art Dämmerlicht, in dem die Umrisse zu verschwimmen beginnen und neben den Bergweiden Siziliens jene eines vom Dichter als Arkadien bezeichneten Landes sichtbar werden. Beide Gebiete verschmelzen zu einem einzigen, nicht allein in den knapp gezogenen Strichen ihrer Landschaft, sondern vor allem durch die Stimmung, mit der sie die in ihnen lebenden Menschen umfangen. Mag diese Landschaft ein Land des Traumes sein, das nur in der Phantasie des Dichters existiert: die Sehnsüchte, die Erwartungen, die Hoffnungen, die in ihm Gestalt gewinnen, sind unbezweifelbare Realität, sind Äußerung einer gequälten Menschheit, die aus einem von Waffen durchklirrten, bluttriefenden, von Angst und Grauen geschüttelten Dasein einen Ausweg sucht. Und je stärker die „unechten“ Hirtengedichte der aus ihnen quellenden Wirklichkeit, nunmehr schon mit namentlich erfaßten Bezügen, ihren Ausdruck leihen, um so klarer schält sich aus den Empfindungen und Wünschen jenes Ziel heraus, dem das vierte Gedicht gewidmet ist: ein Reich des Friedens, der Würde, des Wohlstandes, keineswegs das Geschenk eines Augenblicks, sondern das Ergebnis einer als unerläßlich gezeigten Entwicklung. Und was an Persönlichem in das allgemeine Schicksal hineinverwoben erscheint – ob das dem Dichter stets gegenwärtige Bild der geliebten Heimat, ob das bedrohte, verlorene und wiedergewonnene Besitztum, ob der Glauben an das Wirken einer rettenden, mit göttlicher Kraft begabten Persönlichkeit –, es dient nur dazu, gleichsam als individuelles Siegel die Wahrheit des Erlebten und Empfundenen sowie des zu Erwartenden zu bekräftigen.

Wer sich dieser Aussage der Hirtenlieder, der Grundlage des Anklangs, den sie in kurzer Zeit bei dem zeitgenössischen Publikum fanden, bewußt bleibt, wird keine Mühe haben, auch dem Lied vom Landbau den ihm eigentümlichen Wert abzugewinnen. Es geht nicht schlechthin um Vermittlung eines Lehrstoffs, der durch eingestreute Episoden reizvoll belebt und vor langweiliger Trockenheit bewahrt werden soll. Zweifellos hat der Dichter die *Form* eines Lehrgedichts beibehalten, nicht allein in der im großen und ganzen durchgehenden Gliederung nach Sachgruppen, sondern auch in der ausgesprochenen Zielsetzung (besonders I 40ff.). Aber das von ihm propagierte Schaffen des Bauern, das es im zeitgenössischen Italien kaum noch gab, das nur noch in Provinzen mit sozialökonomisch auf niedrigerer Stufe stehenden Völkerschaften unter ganz anderen Voraussetzungen materieller und geistiger Kultur existierte, bedeutet lediglich einen Versuch, den Sinn des menschlichen Daseins inmitten eines nach bestimmten Gesetzen ablaufenden Weltgeschehens an *einem* Beispiel unerläßlichen produktiven Wirkens zu erhärten. Dieses Beispiel lag dem Dichter nahe, einmal auf Grund seiner bäuerlichen Herkunft und der Gefühlsbande, die ihn von Kindheit an mit dem Landbau verknüpften, zum anderen, weil er in einem gesunden Bauernstand den Kraftquell seines Volkes erkannte. Im Sinne seiner Zielsetzung handelt der Dichter nicht den fachwissenschaftlichen Gegenstand unter Einsatz poetischen Zierates ab, sondern nutzt den Stoff als tragfähige Grundlage, die es ihm gestattet, seine Weltsicht und seine Daseinsauffassung voll zu entwickeln. Die Gliederung Ackerbau – Baumzucht – Viehzucht – Bienenzucht wird zwar konsequent eingehalten; aber die Unterabschnitte ergeben sich nicht mehr aus einer Systematik, die eine auch nur annähernde Vollständigkeit erstrebte, sondern aus dem Ethos, das der Autor anhand des Stoffes dem Leser nahebringen will. Diesem Ethos dienen ausgewählte Beispiele des jeweiligen Sachbereichs und die sogenannten Episoden als untrennbare Einheit. Die einen bedingen die anderen. Unmittelbare Anschauung des Gegenstands, mythische wie historische Bilder, Reflexionen und immer wieder der Segen und die Gefahren der Natur leiten den Leser in enger Verflechtung auf dem Wege voran, den der Dichter ihm weist.

Dieser Weg ist dem Werk des Lukrez zutiefst verpflichtet, zeigt aber auch den entscheidenden Unterschied, der Vergil von jenem trennt. Wo der poetische Gestalter der materialistischen Lehre Epikurs um eine natürliche Erklärung der Welt und ihres Geschehens ringt und sein Ziel darin erblickt, dem Menschen die Furcht vor den Göttern zu nehmen, bleibt der gläubige Vergil, der die Mühsal, die dauernde Gefährdung und das Grauen der menschlichen Existenz keineswegs leugnet, dennoch bemüht, einen sinnvollen Zusammenhang zwischen göttlichem Walten und irdischen Abläufen zu erkennen und zur Richtschnur verantwortungsvollen Handelns zu machen (vgl. besonders II 475ff. und IV 219ff. sowie die Anm. dazu). Der Untergang des Goldenen Zeitalters ist nicht als Verhängnis, nicht als Strafe zu verstehen. Vater Jupiter

> wollte durch Nöte und Sorgen den Menschengeist
> schärfen,
> duldete nicht, daß sein Reich in leidiger Trägheit erstarrte.
> (I 123f.)

Diese Ansicht vom Sinn menschlichen Mühens rückt den Glauben Vergils in die Nähe jener Forderung, die Jahrhunderte früher Aischylos in dem Grundsatz „durch Leiden lernen" ausdrückte. Und wie dieser Grundsatz in dem Werk des Tragikers ein letzten Endes optimistischer war, so ist es auch Vergils Auffassung: In der Mühsal, im Tragen und kritischen Auswerten des Mißerfolgs, in dem auf stetige Erfahrung sich gründenden Kampf gegen Unbilden und Schläge aller Art, im maßvollen Auskosten der errungenen Früchte liegt das wahre Glück des Menschseins beschlossen. So genießt es der alte Mann aus Corycus, „reich wie ein König" (IV 132), so preist es der Dichter an einem der Höhepunkte des Werkes, im „Lob des Landlebens" (II 513–531), im Gegensatz zum „grausamen Ringen um Rechte", dem „Wahnwitz des Forums", dem schrankenlosen Streben nach Macht und Reichtum (495 bis 499; 501–512). Und wenn Vergil, der jedem Lande seine ihm eigentümlichen Schätze und Vorteile zubilligt (II 109 bis 135), sein Vaterland Italien rühmend hervorhebt (136 bis 176), dann geschieht es nicht in überheblichem Chauvinismus, sondern aus Dankbarkeit dafür, daß dieses Land „Menschen voll Tatkraft" hervorbringt, denen es alle Voraussetzungen zur Bewährung bietet. Freilich, hier scheint ein Widerspruch aufzuklaffen: Der Lobpreis Italiens klingt aus in die Verherrlichung von Helden, die, wie die Scipionen und der unmittelbar angesprochene Oktavian, fern von Italien siegreich kämpften. Aber nicht ausdrücklich von Eroberung und Machterwerb ist die Rede; eher läßt die Wendung „die ... Inder vom römischen Kernlande fortjagst" an eine Verteidigung denken.

Das von Vergil gezeichnete Glück des Landlebens beruht keinesfalls auf Eigensucht. Der Dichter weiß um die Bedeutung gesellschaftlicher Ordnung und Arbeitsteilung im Rahmen eines Staates, wie er ihn im Bienenstaat beispielhaft verkörpert sieht, einem Staat, der Mühe und Segen der Arbeit mit einigen Vorteilen des Goldenen Zeitalters vereint, aber auch der Autorität des Herrschers bedarf, wie der Bauer selbst sie in seiner Arbeit ausübt (IV 210–218. I 99. II 276–283). Der alte Mann aus Corycus entbehrt nicht den „Kreis der zechenden Freunde" (IV 146), und einen Höhepunkt des Glücks bedeutet dem Landmann die festliche Geselligkeit (I 300 f. II 527–531). Wie sich häusliche Arbeit bei Nacht zur Winterszeit, wenn der Bauer Kienspäne schneidet und seine Frau am Webstuhl oder am Herde tätig ist, einem Idyll beschaulicher Ruhe annähert, erholsame Beschäftigung eher als harte Anstrengung (I 291–296), so entbehrt auch die Feier im größeren Kreise nicht friedlich-patriarchalischer Züge: „Gefährten" bekränzen den Mischkrug (II 528), der „Hirte" wird angewiesen, das Ziel für den Wettkampf im Speerwurf aufzustellen, und es besteht kein Zweifel, daß am „Ringkampf" (530) alle männlichen Gäste und Mitgestalter des Festes unterschiedslos teilnehmen: Von sozialen Unterschieden ist keine Rede.

Damit berühren wir eine wesentliche Eigenheit des Werkes. Wenn dieses auch auf Grund seiner Zielstellung nicht einem üblichen Lehrgedicht gleichgesetzt werden kann, so gehört es doch im allgemeinen Sinne durchaus zur Landwirtschaftsliteratur. In dieser Eigenschaft nimmt es aber nicht allein durch Gestaltung und Ethos eine Sonderstellung ein, sondern unterscheidet sich von allen bekannten römischen Schriften dieser Art, vom älteren Cato über Varro bis zu dem späteren Columella, durch einen weiteren kennzeichnenden Zug von größter Tragweite: Es kennt keine Sklaven! Nur an einer einzigen Stelle wird, im Zusammenhang mit den Glück bzw. Unglück bringenden Tagen, an Sklaven erinnert, ohne Nennung des Begriffs; dort heißt es vom neunten Monatstag, er begünstige „flüchtende Sklaven" (I 286), wobei im Original lediglich vom „Fortlaufen" die Rede ist; jeder Zeitgenosse Vergils verstand, was damit gemeint war. Aber selbst hier wird der nur angedeutete

Begriff in einer Aufzählungsreihe erwähnt, die Beispiele für einen alten Bauernglauben bietet, also auf den sozialen Status kein Gewicht legt.

Was bedeutet das? Zur Zeit des älteren Cato, für den der Sklave zur Landwirtschaft gehörte wie der Pflug oder der vor ihn gespannte Stier, hat es immerhin noch bäuerliche Kleinwirtschaften gegeben, die ohne Sklaven ausgekommen sein mögen. Zur Zeit Vergils waren sie auf italischem Boden so gut wie ausgestorben. Will der Dichter das Rad der Entwicklung zurückdrehen, will er die – für seine Zeit sozial wie ökonomisch illusionäre – kleine Einzelwirtschaft wieder eingeführt sehen? Er, der gerade auch in diesem Werk immer wieder Oktavian als Bringer des Friedens und eines dem Goldenen angenäherten Zeitalters preist? Jenen Oktavian, der eine seiner Hauptaufgaben darin sah, die durch den Bürgerkrieg ins Wanken geratene Stellung der Sklavenhalter gegenüber den Sklaven zu festigen?

Man könnte sagen, Vergil wolle mit der Nichterwähnung der Sklaverei dem Ethos seines Werkes dienen, dem die Gleichsetzung der Bauernarbeit mit Sklavenarbeit abträglich sein müsse. Dann allerdings wäre die Welt des Liedes vom Landbau nicht vergleichbar dem Arkadien der Hirtengedichte, dessen Stimmung jener einer Mehrheit der Zeitgenossen entsprach, sondern eine reine Utopie, der Sache wie dem Ethos nach, an deren Verwirklichung den ökonomisch tragenden und politisch führenden Schichten nicht gelegen war. Über den lautstarken Beifall, den das Lied seitens dieser Schichten einschließlich des umschmeichelten Kaisers fand, sollte man sich dabei keineswegs wundern – am wenigsten in einem Jahrhundert, in dem auch jene heuchlerisch nach Menschenrechten schreien, die diese Rechte mit Füßen treten, falls eigene Macht und Pfründe bedroht scheinen.

Wäre demnach das von unserem Dichter geschaffene Hohelied des arbeitenden Menschen Ausdruck eines Wunschtraums, dessen Tendenz im ganzen den Herrschenden genehm war? Altrömische Sittenstrenge und -reinheit gehörten ja zu den Maximen des Augustus, soweit sie die Stellung der Sklavenhalter nicht antasteten. Da hat eben, könnte man argumentieren, der Dichter die Augen zugedrückt und die Sklaverei aus dem Spiel gelassen, um einerseits das Ethos nicht allzu stark zu belasten, andererseits die Zustimmung seiner Gönner nicht zu verscherzen. Wer es sich leisten konnte, nahm es ja in der Wirklichkeit seines Privatlebens mit der Einhaltung der kaiserlichen Erlasse, wenn auch mit gebotener Vorsicht, ohnehin nicht übertrieben ernst, und die Verbannung Ovids beweist, daß auch Angehörige der kaiserlichen Familie Verlockungen erliegen konnten.

Aber wenn es wahr ist, daß ein Poet, der den Namen verdient, bei allen Schwankungen, bei gelegentlichem Abweichen vom vermeintlichen Hauptwege, bei aller Vielfalt und Unterschiedlichkeit seiner Themen, dennoch ein im Grunde und in seiner allgemeinen Zielrichtung geschlossenes Werk schafft, dann bedürfen wir, ehe wir eine Vermutung oder gar ein Urteil äußern, noch eines Blickes auf die Aeneis.

Gegenstand und Tendenz dieses Epos sind seit zwei Jahrtausenden, bei kritischem Meinungsstreit in vielerlei Einzelfragen und mancherlei Nuancen in der jeweiligen Formulierung, im wesentlichen unumstritten: Vom Fatum geleitet, bringt Aeneas an der Spitze der gleich ihm der Katastrophe Trojas entronnenen Landsleute die Penaten seines Vaterlandes nach langen Irrfahrten in die ihm verheißene neue Heimat Italien. Dort errichtet er nach harten Kämpfen eine Herrschaft, aus der Rom hervorgeht. Dieses Rom soll sich zu einer Weltmacht entwickeln, deren Grundlagen Gerechtigkeit und Frieden sind. Als Vollender dieser Aufgabe wird Augustus verherrlicht.

Sehen wir von einigen Unstimmigkeiten ab, die sich teils aus der Unfertigkeit des Werkes erklären, teils aus unserer eigenen, durch die Quellenlage bedingten, nur unvollkommenen Fähigkeit der Interpretation, so werden wir dem Autor zwei Hauptleistungen zuerkennen: Die Grundlinie eingehalten und dabei die stets neue Spannung erweckende Verzögerung des Ablaufs in einer aus den jeweiligen Voraussetzungen natürlich erwachsenden Folge entwickelt zu haben. Dabei ist der kompositionsmäßig vielleicht schwierigste Teil, der Einbau der wechselvollen römischen Geschichte mit dem Gipfelpunkt der Machtergreifung Oktavians, gerade unter Nutzung und Umarbeitung der Homerischen „Vorlage“ geschaffen worden: in der Zukunftsschau des Sechsten und in der Schildbeschreibung des Achten Gesanges, den beiden sinnfälligsten Zeugen der Eigenständigkeit des Dichters. Unterweltsgang und der neu für den Entscheidungskampf geschmiedete Schild, Glanzpunkte der Homerischen Epen, erwachsen auch zu Höhepunkten des Vergilischen Werkes. Aber sie sind das Eigentum des Römers geworden und erhärten derart, was – zweifellos in unterschiedlichem Grade, aber durchgehend – für sämtliche „Entlehnungen" aus Homer gilt: Was in der vorvergilischen Epoche der römischen Literatur tatsächlich ein aus der Einsicht in die beispielhafte Leistung griechischer Autoren erwachsener „Anschluß" an das große Vorbild war, aus dem sich schrittweise römisches Denken und Dichten zur Eigenleistung emporrang, das erreicht bei Vergil die Krönung in der einmaligen schöpferischen Huldigung, die ein Genius dem von ihm bewunderten anderen Genius erweist.

Aber auch ein Vergil hat für eine solche Leistung zu zahlen. Es war ihm vergönnt, mit äußerster Konsequenz bis zu seinem Ziele vorzustoßen. Held Aeneas verkörpert die – historisch weniger bewährten als vielmehr lautstark propagierten und geschickt zur Erringung und Aufrechterhaltung der Macht eingesetzten – „Römertugenden": die mit dem deutschen Wort Frömmigkeit nur unzureichend wiedergegebene Pietas, den Inbegriff des Festhaltens an den als unabdingbar anerkannten, einer hohen Aufgabe dienenden Pflichten, die Justitia, die Gerechtigkeit, und die Clementia, die Milde. Plagen den Helden Zweifel, Sorgen, Ängste über die Richtigkeit des eingeschlagenen Weges, so läßt ihm das Fatum alsbald durch eine Erscheinung, einen Traum, ein Wunderzeichen, auch durch einen von Jupiter geschickten Boten oder durch seine göttliche Mutter Venus selbst die Erleuchtung zuteil werden, die ihn das Erforderliche tun läßt. Doch diese Erleuchtungen erleichtern dem Helden seinen Gang keineswegs, im Gegenteil, sie schließen Hemmnisse aller Art, schmerzliche innere Überwindung wie blutige Kämpfe mit ein. Jupiters Grundsatz in der Lenkung des irdischen Daseins, bereits deutlich geworden in dem Ringen des Menschen um die physische Existenz, fordert mit unverminderter Härte seinen Tribut auch im Bereich der historisch-gesellschaftlichen Tat. Noch am letzten Tag des entscheidenden Kampfes auf italischem Boden, als die gütliche Einigung in greifbare Nähe gerückt ist, droht der Bruch des Waffenstillstandes alles Gewonnene zunichte zu machen. Es kommt aufs neue zu grausigem Gemetzel, Aeneas selbst wird von einem Pfeil getroffen, durch

Eingreifen der Venus nur notdürftig geheilt und sagt vor dem Auszug aus dem Lager zu seinem Sohn:

> Lerne, mein Junge, von mir, dich in Mühsal als Mann zu bewähren,
> lerne von anderen, glücklich zu sein! (XII 435f.)

Er, der in beinahe rührender Weise nach dem Bruch der Vertragsbedingungen inmitten der einander mordenden Menschen allein noch von der Teilnahme am Kampfe Abstand nimmt und fast verzweifelt versucht, sein feierlich von beiden Seiten beschworenes Recht auf den Zweikampf durchzusetzen, empfindet sein Dasein, als er notgedrungen wieder in die Schlacht eingreift, als glücklos. Ihm, der angesichts der tobenden See voller Entsetzen wünscht, vor Troja gefallen zu sein (I 94–101), der in schwieriger Lage den Gefährten Mut zuspricht (I 198–207), das Grauen der Unterwelt zutiefst empfindet (VI 290f.), im Kampfrausch erbarmungslos unter den Gegnern wütet (X 510–603), aber auch den tapferen, ihm an Kraft nicht gewachsenen Feind zu ehren weiß (X 810–832), ihm ist es nicht einmal vergönnt, nach dem endgültigen Siege kurz aufzuatmen. Selbst seine letzte Tat fügt sich seiner Mission ein: Der kampfunfähige Turnus liegt wehrlos auf den Knien vor ihm, bittet nicht um Schonung, sondern gesteht seine Schuld und läßt allenfalls in der Alternative (XII 934–936: ... *mich* ... *oder den toten Körper*) die Möglichkeit einer Begnadigung erkennen. Bezeichnenderweise haben Erklärer – denen es offenbar erspart geblieben ist, einmal blutend auf einem Schlachtfeld zu liegen – in diesem Verhalten ein Versagen des Turnus erkennen wollen, der jetzt endgültig beweise, daß er unwürdig sei, die Hand einer Lavinia und das Erbe des Latinus zu gewinnen. Der Dichter aber hatte anderes im Sinn. Aeneas ist geneigt, edle Clementia walten zu lassen. Doch da fällt das Auge des Siegers auf das Wehrgehenk des Pallas, das der einst siegreiche, jetzt geschlagene Gegner prahlerisch dem toten Feinde entriß, und er kann der „wilden Rachgier" (946f.) nicht widerstehen. Er, der Großherzige, hatte ja seinerseits den heldenmütigen Lausus durch Verzicht auf dessen ihm als Beute zustehende Rüstung geehrt – nachdem er vorher freilich einige Dutzend anderer Gegner wie Vieh niedergemetzelt hatte. Er tötet den Wehrlosen, und diese letzte Tat läßt noch einmal die ihm vom Dichter zugewiesene Rolle aufleuchten: Er darf stöhnen, jammern, seufzen, Angst, ja Entsetzen empfinden, Mitleid haben, sich selbst überwinden, sich auch vom Racherausch packen lassen – aber er muß „gerecht und pflichtbewußt" sein und dem Fatum parieren.

Man ist versucht, an Homer zu denken. Da diskutiert (Ilias IX) die Gesandtschaft der Griechen mit dem grollenden Achilleus, um ihn zu erneuter Teilnahme am Kampf zu bewegen. Doch der Groll des Helden flammt, bei allem Verständnis für die Lage der Bittenden, nur noch heftiger auf, die Verhandlungen verlaufen ergebnislos, Achilleus will sich noch eine Weile an der Bedrängnis seiner Landsleute weiden. Die Gesandtschaft zieht ab, und der Dichter läßt die dramatische Szene in entwaffnend lebensnaher, sinnenfroher Natürlichkeit ausklingen (663–668).

Diese Welt ist nicht die des Aeneas. Seine Gattin Krëusa hat ihm den Sohn geboren, den Bürgen des künftigen Rom. Als Person ist sie kaum mehr als das, als was sie, nachdem sie dem Fatum gemäß auf der Flucht spurlos verschwunden ist, ihrem „teuren Gefährten" (II 776) prophetisch erscheint, ein Schatten. Und Lavinia erhält von dem Dichter, damit man nicht daran zweifelt, daß sie von Fleisch und Blut ist, das Attribut „volljährig schon und reif zur Vermählung" (VII 53), einmal senkt sie die „reizenden Augen", allerdings als „Ursache allen Unglücks" (XI 480), und darf schließlich sogar einmal (XII 64–69) weinen und vor Schamgefühl erröten. Man könnte darüber diskutieren, ob dieses Erröten der Liebe zu ihrem Verlobten oder gar schon zu dem ihr vom Fatum bestimmten Aeneas oder auch nur der Verlegenheit gilt, aus ihrem behüteten Mädchendasein in das Blickfeld der Öffentlichkeit gezerrt zu sein. Aber man braucht schwerlich daran zu zweifeln, daß sie – die angesichts des Selbstmordes der Mutter „als erste" (XII 605) sich die Haare rauft und das Gesicht zerkratzt – sich mit dem Schattendasein einer Krëusa zufriedengeben wird, sie, im Rahmen des Geschehens mit einer entfernt ähnlichen Aufgabe betraut wie Helena im Trojanischen Krieg, aber durch eine Welt von dieser getrennt. Homer zeichnete seine „Ursache allen Unglücks" schon allein mit zwei Versen treffend und nicht ohne hintergründigen Humor als Menschen (Ilias III 156f.).

Und Aeneas selbst? Der beispielhafte Held der Pietas bleibt nicht frei von „Schuld". Der Dichter läßt ihn mit Dido zusammentreffen. Im Sinne des traditionellen Epos geschieht es auf Grund einer von Juno gesponnenen und von Venus gebilligten Intrige. Anlaß genug, darüber nachzudenken, inwieweit Vergil wenigstens stellenweise das Handeln seiner Götter psychologisch tiefgründiger dem Verhalten der Sterblichen verhaftet sein läßt als Homer. Denn das Erwachen der Liebe einer großen und dabei natürlich empfindenden Frau, die Erfüllung, die auf sie folgende Ernüchterung und der Umschlag zum Haß offenbaren, jenseits des Wirkens des Fatums und der Götter, die reife Kunst eines der Aufgabe gewachsenen epischen Gestalters. Hier, wo menschliches Gefühl auch einen Aeneas überrumpelt, es allerdings nur eines durch Merkur übermittelten Winkes des Jupiter bedarf, um den für einen Augenblick ins Straucheln gekommenen Pflichtmenschen zur Vernunft zu bringen, hier, auf dem Höhepunkt einer echten Tragödie, zwingt Vergil seinen Helden zur Selbstentlarvung: In dem Manne, der „den bohrenden Kummer kraftvoll unterdrückt" (IV 332) und in wohlgesetzten Worten von seiner historischen Mission zu reden weiß, kann eine Dido nichts anderes sehen als einen erbärmlichen Verräter. Nur sie? Reicht die Gestaltung des Mannes, der „schmerzlich stöhnend, erschüttert" ... (395) ... „im empfindsamen Herzen unsäglich litt" ... (448), aber ungehemmt auf seinem Wege weiterstampft, nicht in größere Tiefen? Und der Tragödie, in der einer Dido nur der Weg in den Tod bleibt, folgt jenes Nachspiel in der Unterwelt, in dessen Verlauf der Held wiederum, weinend, „voll inniger Liebe" (VI 455), es an schönen Worten nicht fehlen läßt, ja sogar – was Jupiter wie Augustus ihm als ideologischen Lapsus ankreiden müßten – eingesteht

> nur widerstrebend, Herrin, schied ich von deinem Gestade. (460)

Und mit Recht erreicht er damit nicht mehr, als daß Dido sich voller Verachtung von ihm abwendet: eine der großartigsten Szenen des Werkes.

Einem Euripides gebührt der Ruhm der Pionierleistung, in den Gestalten der Medeia wie der Phaidra weibliche Leidenschaft literarisch geformt zu haben. Apollonios ist ihm in hellenistischer Manier bei der Medeia seines Epos gefolgt, und schon die Homerische „Vorlage" bot in der Trennung des Odysseus von Kalypso (Odyssee V) eine Anregung. Aber die Art, in der Vergil den Mythos im Sinne der historischen Realität, des späteren Ringens zwischen Karthago und Rom, und gleichzeitig als Höhepunkt menschlicher Tragik wie Begrenztheit deutet und ausbaut, erweist einmal mehr ein auch ihm eigenes Schöpfertum.

Von solchem Dichter könnte man erwarten, daß er auch den Gegner des Meisters der Pietas zu einem tragischen Helden erhebt. Aber die Aufgabe erforderte die Beachtung mehrerer Gesichtspunkte. Einerseits ist Turnus Vertreter der italischen Völkerschaften, deren urwüchsige Kraft, Tüchtigkeit und Kühnheit Vergil wiederholt hervorhebt (etwa IX 598–620), in der gleichen Tendenz, mit der er Juno in ihrem letzten Gespräch mit Jupiter ausdrücklich und durchaus mit Erfolg für die Rechte der einheimischen Bevölkerung eintreten läßt: Bei der Vereinigung der Trojaner und Latiner bleiben letztere in ihrer Eigenart unbeeinträchtigt:

Unverwandt herrsche das Römergeschlecht *dank italischer Tatkraft!*
Troja sank, so lasse versunken es sein samt dem Namen!
(XII 827f.)

Es gilt also, zu erwartendem antitrojanischem Groll keine Nahrung zu bieten. Andererseits stemmt Turnus sich gegen das Fatum, er tritt ein für das Unrecht, wird zu einem Feind schlechthin. Auch die Römer waren Meister in der Kunst, den Feind zum Verbrecher, den Freund zum edlen Vertreter einer guten Sache zu stempeln. Es war für Vergil nicht leicht, hier einen Mittelweg zu finden, der für alle Seiten annehmbar war. Turnus pocht auf das gute Recht, das die Verlobung mit Lavinia ihm einräumt; allerdings hätte er beizeiten die warnenden Vorzeichen beachten sollen (VII 58). Er, der Tapfere, vor dem Kampf nicht Scheuende, denkt zunächst gar nicht an Widerstand gegen die Troer (VII 436–444). Es bedarf des vollen Einsatzes der von Juno aufgehetzten Allekto, um ihn für den Krieg zu gewinnen, dem er sich dann mit aller Leidenschaft hingibt (VII 445–474). Vor Beginn des Kampfes ist er überzeugt, Juno auf seiner Seite zu haben, und richtet verantwortungsbewußt sein Gebet an die Götter (IX 16–24), hat sich freilich schon vorher eines Vertragsbruches schuldig gemacht (VII 595f.), dem er noch einen zweiten folgen läßt, nicht aus Scheu vor dem vereinbarten Zweikampf, sondern unter dem Eindruck der – zunächst ohne sein Wissen – von Juturna mit Billigung Junos erneut zum Widerstand gereizten Rutuler (XII 216–327). Als ihn Juno gegen seinen Willen dem Toben der Schlacht entzieht, um sein Leben zu retten, fühlt er sich in seiner Verantwortung für die ihm anvertrauten Männer und in seiner persönlichen Ehre getroffen; nur Junos Eingreifen bewahrt ihn vor dem Selbstmord (X 606–688). Im Kampfe erweist er sich als hitziger, unwiderstehlicher Streiter, dem Homerischen Achilleus ähnlich, steigert aber, über die Kampfwut des Aeneas noch hinaus, seine Mordgier ins Maßlose (etwa XII 508–512). Seinen letzten Waffengang besteht er, vom Dichter gegen Ende des Epos hin immer stärker zum schicksalsträchtigen Widersacher des Aeneas erhöht, nicht ohne Würde. Er bekennt sich als Schuldigen (XII 694ff. 931), gibt, von seinen bisherigen göttlichen Beschützerinnen im Stich gelassen, trotz nachlassender Kräfte den Kampf erst als schwer Verwundeter auf und bietet sich gefaßt dem tödlichen Stoße dar. Turnus erwächst nicht zu einer tragischen Gestalt; aber seinem Kämpfen und Sterben sind tragische Züge schwerlich abzusprechen.

So bleibt denn die Gestalt des Aeneas wegen ihrer einseitigen, ihren Grundsätzen allzu stark verhafteten Denk- und Handlungsweisen im Verhältnis zu Dido und Turnus blasser, obwohl auch der König der Rutuler nur in wenigen, wenngleich stark herausgearbeiteten Charakterzügen sichtbar wird. Letzteres gilt übrigens auch für andere Gestalten des Epos: für die kampfesfrohe, jedem Gegner überlegene, doch schließlich einer fraulichen Schwäche zum Opfer fallende Camilla und das einander bis in den Tod getreue Freundespaar Nisos und Euryalos ebenso wie für die jugendlichen Helden Pallas und Lausus, für den bedächtigen, vom besten Willen beseelten, aber entschlußschwachen Latinus und den redegewandten, zur Einsicht in die Realitäten fähigen, aber auch anfechtbaren Beweggründen ausgesetzten Drances. Weniger in der Darstellung der Individuen zeigt sich die Stärke des Dichters als in der stimmungsmäßigen Durchdringung, im wohlerwogenen Auf- und Abschwellen, im Wechsel von Spannung und Entspannung, von Beschleunigung und Verlangsamung, von Stauung und Weiterfluß des Gesamtgeschehens. So hat Vergil mit dem Vierten Gesang eine Art in sich geschlossener, beinahe in Form von Akten gegliederter

„epischer Tragödie" geschaffen, deren Katastrophe den End- und Höhepunkt darstellt. Umgekehrt ließ er im Zehnten Gesang auf die stürmische Folge wilder Einzel- und Massenkämpfe den Götter wie Menschen verachtenden Despoten Mezentius angesichts des Opfertodes seines Sohnes nach verlorenem Kampf im standhaften Erwarten des Todes Einsicht in die eigene Schuld gewinnen, setzte an das Ende der grausigen, von Waffenklirren und Geschrei durchdröhnten Schlacht einen versöhnlichen, zu stiller Besinnung mahnenden Abschluß. Diese Fähigkeit, dem Stoff gleichsam eine „poetische Seele" einzuhauchen, dient zwar einer kunstreichen Überhöhung, macht aber andererseits die Erfahrung und realistische Einschätzung des Dichters im Hinblick auf die gesellschaftliche Wirklichkeit seiner Zeit um so deutlicher: Er läßt nacherleben, wie die Furie des Krieges wohlmeinende, vernunftbegabte, zu friedlicher Tätigkeit bestimmte und entschlossene Menschen in den Blutrausch reißender Tiere versetzt; er gestaltet, wie der Krieg sittliche und materielle Werte, die oft das Ergebnis des Lebens und Wirkens von Generationen sind, binnen kürzester Frist vernichtet; er verdeutlicht, wie bei der Lösung gesellschaftlicher Probleme Eigensucht und Machtgier, Einsicht und Verantwortungsbewußtsein, rücksichtsloses Streben nach vermeintlich eigenem Vorteil und weise Beschränkung einander in einem auf den ersten Blick verwirrenden Kräftespiel durchkreuzen, und er stellt dar, wie der Mensch, gerade im Irrtum wie im Leid, bewunderungswürdige Eigenschaften entwickelt, die einer besseren Sache als der verfochtenen würdig wären.

Einer besseren Sache als der verfochtenen? Hat der Dichter selbst nicht sein Gesamtwerk der besten Sache verschrieben, die es für ihn geben konnte: einer friedlichen und gerechten, von Oktavian gelenkten Welt? Hat er ihr nicht in den Hirtenliedern, im Lied vom Landbau, im Lied von Aeneas überdeutlich Ausdruck geliehen – und damit zugleich zwei Jahrtausende lang vielen Sklavenhaltern, weltlich orientierten Fürsten der christlich-kirchlichen Hierarchie, absoluten Herrschern des Feudalsystems, schließlich modernen Diktaturen faschistischer Prägung und ihren jeweiligen „Hofdichtern" einen höchstwillkommenen ideologischen Stützpfeiler zur Behauptung und Erweiterung errungener Machtpositionen geliefert?

Damit stehen wir vor der Frage: Hat Vergil tatsächlich an das von Oktavian beherrschte Friedensreich geglaubt, entspricht die Verherrlichung der Römer, „der Herren der Welt, der Träger der Toga" (Aeneis I 277), als deren Herrscher Augustus „das Goldne Zeitalter wiederum bringen" wird (VI 793f.), seiner ehrlichen Überzeugung?

Servius überliefert in seiner Erklärung zum ersten Vers des Zehnten Hirtengedichts wie zum ersten Vers des Vierten Gesanges des Liedes vom Landbau eine Notiz: Vergil hätte ursprünglich im zweiten Teil des Vierten Gesanges anstelle der Aristaeusgeschichte (bzw. der Orpheussage) ein Lob auf seinen Freund Gallus geboten, den Text aber, nachdem Gallus in Ungnade gefallen und von Augustus im Zorn dem Tode überantwortet worden war, „auf Befehl des Augustus geändert", d. h. in den Zustand versetzt, in dem wir ihn noch heute lesen. Gelehrte haben daraufhin wiederholt den Vierten Gesang auf Spuren dieser Umarbeitung hin untersucht, und zwar, besonders in der Darstellung des Orpheusmythos, Unstimmigkeiten und Anstöße, aber keinen zwingenden Beweis für eine nachträgliche Änderung gefunden. Im übrigen kann, eine ungenaue Formulierung in der Notiz vorausgesetzt, das Lob auf Gallus ja in einem einzigen Vers, vielleicht auch in einigen Versen bestanden haben, die der Dichter etwa bei der Erwähnung Ägyptens (Lied vom Landbau IV 287–294), dessen Präfekt Gallus war, dem Epos eingefügt hatte. Deren nachträgliche Tilgung hätte keine oder leicht zu beseitigende Spuren hinterlassen. Ungeachtet solcher Einzelheiten wirft die Notiz ein Schlaglicht auf den am Hofe des Augustus waltenden Geist, den Tacitus in seinen Annalen (I 4,1) mit den Worten charakterisiert: „Jedermann achtete, nach dem Verlust der politischen Gleichberechtigung, nur auf die Weisungen des ‚ersten Mannes'." Auch das Verhältnis Vergils zu seinem fürstlichen Gönner und damit seine Rolle, seine Möglichkeiten und Grenzen als Dichter werden dadurch blitzartig erhellt.

Bleibt man sich dieser Möglichkeiten und Grenzen bewußt, wird man zweifellos dem jugendlichen, „unbekannten, glücklich und spielerisch" der Hirtendichtung hingegebenen „mutigen" Poeten, der die Härten der Bürgerkriegswirren soeben am eigenen Leibe erfahren hatte, aber durch Eingreifen einflußreicher Persönlichkeiten vor dem Schlimmsten bewahrt worden war, eine ehrliche, von

Dankbarkeit und Friedenssehnsucht getragene Bewunderung für Oktavian zutrauen. Wenn aber der gleiche Dichter nach Abschluß des Werkes, das seinen Ruhm recht eigentlich begründete und die persönliche Bindung an den Kaiser zur Folge hatte, ein entschwundenes Glück betrauert, dann sollte man diese Worte ernst nehmen: Jetzt erst wurde dem Dichter klar, daß Poesie kein Spiel, sondern eine gesellschaftliche Aufgabe ist, die den, der sich ihr aufrichtig zu widmen entschlossen ist, mit unlösbaren Ketten an die harte Wirklichkeit fesselt. Materielle Zuwendungen großen Ausmaßes – Vergil war bei seinem Tode ein sehr reicher Mann, der seinen Freunden beträchtliche Geldsummen vererben konnte –, glänzender Ruhm und Aufträge des Inhabers der höchsten Staatsgewalt sicherten ihm eine gehobene Existenz. Aber sie kosteten ihn sein Glück. Das Eingeständnis des Aeneas, glücklos zu sein, dürfte Vergils eigenem entsprechen. Offenbar hatte der Kaiser von ihm eine direkte Verherrlichung als Held des geplanten „Nationalepos" erwartet, wenn nicht gefordert. Ob die Verse 16ff. im Dritten Gesang des Liedes vom Landbau (vgl. die Anm. dazu) mit ihren vorsichtigen, mehr verhüllenden als erklärenden Formulierungen allein den Kaiser bewogen haben, von seinem Wunsch Abstand zu nehmen und sich mit dem in der Aeneis in den Gang des mythischen Geschehens eingebauten Lobpreis seiner Taten zufrieden zu geben, oder ob es Aussprachen (vielleicht unter Hinzuziehung des Maecenas und anderer Freunde und Kenner des Dichters) gegeben hat, wissen wir nicht. In jedem Fall hat der Herrscher mit seinem Nachgeben sich wiederum als Diplomat und als Meister des Möglichen erwiesen in der Einsicht, daß die Qualität des erwarteten Epos eben nicht nur von seinem Auftrag und der allgemeinen poetischen Potenz des Beauftragten, sondern von dessen innerer Bereitschaft abhing.

Andererseits sah sich Vergil der Aufgabe einer direkten Darstellung des Bürgerkriegsendes und des Siegers nicht gewachsen; nach seinen uns vorliegenden Werken zu urteilen schwerlich wegen mangelnder gestalterischer Fähigkeit. Ihm, dem in einer Bauernwirtschaft Aufgewachsenen, der sich, wie unter anderem seine Dido beweist, so tief in die Psyche eines leidenden Menschen hineinzufühlen vermochte, konnten schon während seiner Arbeit am Lied vom Landbau die Grundlagen der von den Römern errichteten Weltmacht nicht verborgen geblieben sein. Daher seine Scheu, das System der Sklaverei offen zu nennen; daher seine, als Theorie auch vom Kaiser propagierte, Mahnung zur Einfachheit und Bescheidenheit (Lied vom Landbau II 461–466); daher seine gegenüber Oktavian bis an die Grenze des Erträglichen gehende Verurteilung jedes Machtstrebens und jeder Unterdrückung anderer Völker (II 495–498. 503–512); daher die mit dem Lobpreis des Herrschers verbundene, in der Wirklichkeit gar nicht praktizierte Wiedereinführung des Goldenen Zeitalters (Aeneis VI 792),das er an dieser Stelle auf Latium begrenzt, ohne die Reaktion der von der Unterwerfung Bedrohten zu verschleiern (798f.); daher die genial-mehrdeutige poetische Rechtfertigung des römischen Weltherrschaftsanspruchs (847–853); daher schließlich die gegenüber einer Dido, ja selbst noch gegenüber einem Turnus so blaß anmutende Gestalt des Hauptthelden Aeneas, den zu einem wirklichen Menschen zu formen dem Poeten nicht gelingen konnte, soviel an Seufzen und Stöhnen, an Furcht und Entsetzen, an Mitleid und sogar innerem Widerstreben bis zum Geständnis der Glücklosigkeit der Dichter ihm mitgab und wie rückhaltlos er auch die gesellschaftlichen Realitäten im Spiegel des Mythos seinen Zeitgenossen vorzuhalten wußte.

Rührt etwa daher auch der von den Quellen übereinstimmend angeführte Wunsch des Dichters vor seinem Tode, man möge das Manuskript vernichten? Dieser Wunsch wurde bisher seit der Antike von den Interpreten einhellig in dem Sinne ausgelegt, daß der gewissenhafte Poet es unerträglich gefunden habe, ein unausgefeiltes, sozusagen im Entwurf steckengebliebenes Epos zu hinterlassen. Das ist möglich; die Arbeitsweise Vergils läßt darauf schließen, daß er ein Pedant gewesen ist, dem solch ein Wunsch angesichts seiner sinkenden Kräfte durchaus zuzutrauen wäre. Aber ebenfalls nicht von der Hand zu weisen scheint eine andere Vermutung: die Einsicht des Dichters in die seinem Werke anhaftenden Spuren der letzthin unbewältigt gebliebenen Kluft zwischen Ideal und Wirklichkeit. Er, der sich mit der Aussage seiner Hirtenlieder voll und ganz und mit jener seines Liedes vom Landbau noch fast völlig in Übereinstimmung wußte, litt unter dem Bewußtsein der Rolle, die der gesellschaftliche Zwang ihm bei der Ausarbeitung des großen Epos aufgenötigt hatte, und die physischen Nöte seiner letzten

Tage taten ein übriges, den verzweifelten Entschluß in ihm reifen zu lassen. Und wiederum – zum Gewinn für die Nachwelt – erwies sich Augustus als der Realist und Pragmatiker, der er war, als er sich über den Wunsch des Sterbenden hinwegsetzte und, pietätvoll genug, keine Zeile des Werkes anrührte.

Damit erwächst Vergil selbst zu einer tragischen Gestalt. Er wußte um sein Talent, zu dessen Bewährung es Opfer zu bringen galt. Das Schicksal seines Freundes Gallus wie das ungezählter anderer, die namenlos vermoderten, redete eine deutliche Sprache. Er hat seine Entscheidung getroffen, begünstigt vom Wirken eines Herrschers, der, was auch immer man ihm zu Recht vorwirft, nüchternen Blickes Fähigkeiten zu erkennen und geschickt zu nutzen verstand. Beiden verdankt man ein dichterisches Werk, aus dem, in unvermeidbarer Auseinandersetzung mit unmenschlichen Realitäten, das Streben nach Wahrung echter Menschlichkeit zu uns spricht.

NACHLEBEN

Die Werke Vergils haben bereits bei den Zeitgenossen einen tiefen Eindruck hervorgerufen. Neben der Fülle positiver, ja begeisterter Zustimmung, wie sie insbesondere von den Poeten der Augusteischen Epoche zu vernehmen war, regte sich auch Kritik, die dem Dichter unschöpferische Nachahmung Homers, darüber hinaus grammatische und stilistische Mängel vorwarf. An der allgemeinen Anerkennung änderten die Kritiker freilich nichts. Wurden im Schulbetrieb bisher die altrömischen Dichter Livius Andronicus, Naevius und Ennius vorrangig gepflegt, so trat jetzt Vergil an ihre Stelle, bildete für junge Römer nach Form und Gehalt die Hauptgrundlage der sprachlichen und rhetorischen Ausbildung und erwuchs zum Vorbild für jegliche Poesie. Dies wirkte sich auf die römische Literatur der Folgezeit, insbesondere die epische, aus: befruchtend auf schöpferische Talente, wie auf Lucan, der aus ideologisch wie gesellschaftspolitisch anderer Sicht sein Bürgerkriegsepos der Opposition gegen die Militärdiktatur widmete, ohne den Einfluß Vergils zu verhehlen, doch hemmend auf schwächere, die, wie Valerius Flaccus, Silius Italicus und Papinius Statius in ihrer Verehrung für den großen Vorgänger über das Mittelmaß kaum hinausgelangten. Als Vertreter landwirtschaftlicher Prosaliteratur erwies sich vor allem Columella als Bewunderer Vergils. Das Lied vom Landbau regte ihn im Sachlichen vielfach an, und im Zehnten Buch seiner Schrift, in dem er unter ausdrücklicher Berufung auf Vergil (IV 147f.) den Gartenbau behandelte, verwandte er als Mittel der Darstellung ausnahmsweise den Hexameter.

Im 1. Jahrhundert u. Z. setzte die wissenschaftlich-philologische Betreuung des Vergilischen Werkes ein. Textkritische Ausgaben erschienen. Zahlreiche Kommentare bemühten sich um die Erklärung. Neben vorwiegend sachlichen, schulmäßig verfahrenden, teilweise für die moderne Forschung sehr nützlichen Interpretationen, wie wir sie etwa dem Servius verdanken, finden sich seit dem Ausgang des 3. Jahrhunderts – ausgehend von der Vorstellung, die in Vergil nicht nur einen großen Poeten, sondern auch einen Gelehrten, schließlich einen Verkünder allgemeiner Lebensweisheit erblickte – auch allegorische Deutungen. Vor allem christliche Schriftsteller, die schon früh in dem geheimnisumwitterten Knaben des Vierten Hirtengedichts den Messias erkennen wollten (vgl. die Anm. zu 4,8), trieben solcherlei Deutungen bis in einzelne Verse und Worte hinein und zu immer phantastischeren Ausmaßen. Dabei wurde manchen Versen prophetischer Sinn untergelegt, so daß man schon in der Zeit des Übergangs von der Antike zum Mittelalter in dem Werk des Dichters eine Fundgrube für Orakelsprüche zu haben wähnte.

Daß dieser Weg ein Irrtum war, mindert nicht seine gesellschaftliche Bedeutung. Vergil wäre ohne ihn ein Dichter der Gebildeten, also vorwiegend der herrschenden Schichten geblieben; auch Inhaltsangaben seiner Werke in griechischer Sprache, die sich seit dem 1. Jahrhundert nachweisen lassen, und späterhin Übersetzungen ins Griechische vermochten die breiten Massen nur spärlich zu erreichen. Aber der Name des *Propheten* Vergil, der auch von Mönchen und Predigern des Christentums gepriesen wurde, erhielt im Ohr gerade der niederen Volksschichten einen guten Klang. Dieser Vergil war nicht der von den Herrschenden propagierte und protegierte Verherrlicher der Macht und der zu ihrer Ausübung Berufenen, sondern der Sänger ehrlicher Arbeit und Verkünder einer Welt des Friedens, der Gerechtigkeit und eines bescheidenen Wohlstands für alle. Diese volkstümliche Seite seines Nachlebens erhielt weitere Stärkung durch die ursprünglich auf die Stätte seines Grabes begrenzte, dem antiken Heroenkult nahekommende Verehrung, die ihm die Neapolitaner voll Stolz auf den bei ihnen ruhenden großen Toten zollten. Sie sahen in dem Dichter einen guten Geist ihrer Stadt und einen Erretter aus irdischen Nöten. In dem Maße, in dem das Christentum in der römischen Form West- und Mitteleuropa erfaßte, verbreitete sich dieses Bild des Nothelfers Vergil, der den Bedrängten Beistand leistete und dabei magische Kräfte einzusetzen vermochte. Vergil als beinahe allmächtiger Zauberer: So lebte er in der Legende als Gegenstand der Sehnsüchte und Hoffnungen des Volkes weiter. Auch hervorragende Gelehrte des Mittelalters, als einer der ersten Johannes von Salisbury (um 1115–1185), der christliche Philosoph und Staatstheoretiker, nahmen sich dieser Legende an. Sie hielt, entsprechend dem Zwiespalt, der des Dichters Werk durchzieht, die humanistischen Züge seines Schaffens lebendig.

Stark wirkte Vergil auf die sich seit dem frühen Mittelalter langsam herausbildenden europäischen Nationalliteraturen, wobei nicht übersehen werden darf, daß er, selbst in der Nachfolge Homers stehend, mittelbar auch das Nachleben der Ilias und der Odyssee förderte. Eines der ältesten Zeugnisse der deutschen Literatur in lateinischem Gewand, das in Hexametern verfaßte Waltharilied aus dem 9. Jahrhundert, lehnt sich an Vergils Aeneis an. Zu den ältesten von Vergil beeinflußten Werken der französischen Dichtkunst gehört die um 1050 entstandene Heiligenlegende des Alexiusliedes. Gleiches gilt für das am Anfang des 12. Jahrhunderts nachweisbare französische Nationalepos Chanson de Roland; als Rolandslied wurde es in anderen europäischen Ländern mehrfach nachgedichtet, in Deutschland vom Pfaffen Konrad. Benoit de Sainte-More schrieb um 1160 für Eleonore, die Königin von England, in Versen einen Roman de Troie, den später Herbort von Fritzlar in deutscher Sprache bearbeitete, und als Fortsetzung einen Roman d'Éneas, den noch im 12. Jahrhundert Heinrich von Veldeke in deutschen Versen wiedergab.

Einen Höhepunkt literarischer Würdigung Vergils bildet die 1321 abgeschlossene Divina Commedia des italienischen Dichters und Schöpfers der italienischen Literatursprache Dante Alighieri, der in dem römischen Poeten den Inbegriff menschlicher Weisheit und den unerreichten Meister aller Dichtkunst pries; von ihm als Führer ließ er sich in dem genannten Werk durch die Hölle und über den Berg der Läuterung geleiten. Seitdem galt Vergil als wichtigster lateinischer Dichter, als poetischer Gegenpol des Prosaschriftstellers Cicero, schließlich als größter Dichter der Antike überhaupt, und übte, nach Dante vor allem von Francesco Petrarca (1304–1374) um seiner sprachlichen Schönheiten und seiner Gefühlsstärke willen geschätzt, einen nachhaltigen Einfluß auf die Bewegung der Renaissance und des Humanismus aus. Neben ihm, dessen Leistung dem aufkeimenden Nationalstolz der romanischen Völker schmeichelte und den die Kirche nach dem Erscheinen der Divina Commedia erst recht als heidnischen Vorläufer des Christentums und Propheten des Messias wertete, vermochte sich Homer, seit etwa 1450 in ersten lateinischen Übersetzungen, seit 1488 auch im Originaltext bekannt, aber als moralisch bedenklich und sprachlich weniger formgerecht abgestempelt, nicht durchzusetzen. Noch in der zweiten Hälfte des 16. Jahrhunderts schrieb der Portugiese Luis Vaz de Camões das Nationalepos seines Volkes, „Die Lusiaden“ (1572), in enger Anlehnung an die Aeneis Vergils, ähnlich der Italiener Torquato Tasso sein „Befreites Jerusalem“ (1581).

Das aufstrebende Bürgertum und die infolge seiner Wirksamkeit aufblühenden republikanischen und demokratischen Ideen trugen entscheidend dazu bei, Zweifel an der ideologischen Haltung Vergils und zugleich Kritik an seiner formalen Gestaltung zu wecken. Nachdem in England durch die dichterischen Homer-Übersetzungen George Chapmans (1611–1615) und Alexander Popes (1715) eine breite Öffentlichkeit mit dem Werk des Schöpfers der Ilias und der Odyssee bekanntgemacht worden war und in zunehmendem Maße auch in Deutschland in den Kreisen der Gebildeten das „Original-Genie“ Homers gerechte Würdigung und begeisterte Anhänger fand, nahm das Interesse für Vergil ab und schlug teilweise in offene Ablehnung um. Zwar hielten die romanischen Nationen überwiegend an ihrem poetischen Idol fest, und in Deutschland ließen sich Denker wie Leibniz und Kant ihre Vorliebe für Vergil nicht nehmen. Aber unter den deutschen Klassikern ist Schiller der einzige gewesen, der zu dem römischen Dichter ein engeres Verhältnis gewann, weniger im Hinblick auf Vergils Ideologie als vielmehr auf Grund seiner Formkraft und meisterhaften Stimmungsmalerei; sein auf zwei Gesänge beschränkter Übersetzungsversuch der Aeneis, in dessen Mittelpunkt bezeichnenderweise die Dido-Episode steht, bezeugt dies. Lessing und Herder legten dem Römer unverblümt höfische Unterwürfigkeit und Eintreten für die römische Eroberungspolitik zur Last. Goethes Verhältnis zu ihm blieb verhältnismäßig kühl und distanziert, oft von leichter Ironie getränkt, wie etwa in seinem Lob des Romans „Daphnis und Chloë" von Longos, den er Eckermann gegenüber am 9. März 1831 als Meisterstück voll „Verstand, Kunst und Geschmack" pries, „wogegen der gute Virgil freilich ein wenig zurücktritt".

Die Tendenz der Abwertung Vergils setzte sich durch das 19. Jahrhundert fort und schlug sich auch in der Forschung nieder. Dagegen ist die Hinwendung zum Themenkreis der Aeneis in der bildenden Kunst in Plastik und Malerei seit der Antike, in der Musik seit dem 17. Jahrhundert unvermindert stark gewesen, wobei das Schicksal Didos in besonderem Grade zur Gestaltung reizte. Mehr als dreißig Opern wurden der karthagischen Königin gewidmet, unter ihnen Vertonungen von Scarlatti (1724), Jomelli (1747) und Haydn (1778). Die Zahl der Gemälde namhafter Meister, die Aeneas oder Dido bzw. beide darstellen, übersteigt ein halbes Hundert; zu den Künstlern gehören Tintoretto, wiederholt Rubens, ferner Poussin, Lorrain, Giordano, Tiepolo, Tischbein d. Ä., wiederholt Turner. Unter den gleichfalls zahlreichen literarischen Bearbeitungen des Didostoffs überwiegen die dramatischen. Von den Autoren seien hier Marlowe und Nash (1599) genannt, Scudéry (1637), Johann Elias Schlegel (1744) und Charlotte von Stein (1794). In epischer Form gedachten der Königin u. a. Hans Sachs (Historia. Die Königin Dido, 1557) und Platen (Die Gründung Karthagos, 1832).

Populär wie die Epen Homers sind die Werke Vergils in der Neuzeit außerhalb der romanischen Nationen freilich nie geworden, und ihr ideologischer Mißbrauch wird dazu nicht weniger beigetragen haben als, besonders im deutschen Sprachgebiet, das Fehlen von Übersetzungen, die über den Kreis speziell literarisch Interessierter hinaus weitere Leserschichten fesseln könnten. Zahlreiche Deutsche haben Vergil lediglich mittelbar aus Prosanacherzählungen antiker Sagen kennengelernt, deren Autoren die Eroberung Trojas und die Vorgeschichte Roms überwiegend nach der Aeneis erzählten. Hier ist besonders der „Schönsten Sagen des klassischen Altertums“ von Gustav Schwab zu gedenken, die, seit 1838–1840 immer wieder aufgelegt, auch teilweise bearbeitet, sich eines starken Zuspruchs bis in die Gegenwart erfreuen; aus neuester Zeit der Nacherzählung „Das hölzerne Pferd“ von Franz Fühmann (1968).

Die Erfahrungen des 20. Jahrhunderts haben unseren Blick für die Vielzahl der Probleme künstlerischen Schaffens geschärft, haben gelehrt, uns nicht mit dem ersten Blick zufriedenzugeben. Sie ermutigen stets aufs neue, wenigstens zu versuchen, hinter dem oft verwirrenden bunten Rankengespinst vermeintlicher Werte den Kern zu entdecken. Und wie oft solche Versuche auch enttäuschen mögen – bei einem Vergil werden sie sich lohnen. Die Palme schöpferischer Ursprünglichkeit werden wir Homer überlassen; im Ringen um die Erkenntnis und Entfaltung wahrer Menschlichkeit, in beispielhafter Formkraft und ergreifender Gefühlstiefe steht ihm der größte Dichter Roms schwerlich nach.

KLEINE GEDICHTE

1

Rosen im Frühling, Baumobst im Herbste und Ähren im Sommer
strömen mir zu; wie die Pest schreckt mich der Winter allein.
Fürchte ich doch die Kälte, desgleichen die Dummheit der Bauern:
daß sie mich hölzernen Gott auch noch verheizen zum Schluß!

2

Ich, lieber Wanderer, ein Stück der Bauernkunst,
aus trocknem Pappelholz geschnitzt, ich biete Schutz
dem kleinen Acker – gradeaus und links vor dir –,
der Hütte und dem Gärtchen eines armen Herrn,
und halte freche Räuberfäuste fern von ihm.
Mir opfert man im Frühling einen bunten Kranz,
goldschimmernd eine Ähre, wenn die Sonne glüht,
dann eine Traube, köstlich süß, in grünem Laub,
tiefblau auch die Olive, reif nach strengem Frost.
Die Ziege trägt, auf meinem Weideland verwöhnt,
ihr Euter, mächtig von der Milch gestrafft, zur Stadt;
das wohlgenährte Lamm aus meinem Schafstall gibt
der Rechten reichlich Geld für den Nachhauseweg;
und unter dem Gebrüll des Muttertiers vergießt
das zarte Kälbchen vor dem Heiligtum sein Blut.
Los, Wanderer, erweise Ehre mir, dem Gott,
und halte hoch die Hand: Das bringt dir Vorteil nur.
Denn, Vorsicht, fertig ist dein Kreuz: Mein Steifer steht!
„Na los, beim Pollux“ sagst du. Da, beim Pollux, kommt
schon der Verwalter, und mein Schmuck, von starkem Arm
mir abgebrochen, wird zum Stock in seiner Faust!

3

Jungen, den Platz hier, das kleine Landhaus neben dem Sumpfe,
binsengeflochten das Dach und mit Riedgras gestopft, den ernähre
ich, ein Eichenholzkloben, von ländlichem Beile behauen.
Deshalb gedeiht er auch prächtig, von einem Jahre zum andern.
Denn die Besitzer, Vater und mannhafter Sohn, sie verehren,
grüßen mich auch als göttlichen Herrn der armen Behausung;
jener, indem er beharrlich und gründlich den Boden beackert,
frei mir zu halten die Weihstatt von Unkraut und stachligen Ranken,
dieser recht freigebig immer mit manchen bescheidenen Gaben.
Während des blühenden Frühjahrs schenkt man mir leuchtende Kränze,
dann die zuerst sanft grünende Spitze auf zärtlicher Ähre,
weiter Levkojen, gelbschimmernd, und Mohnblumen, milchhell im Glanze,
gelbliche Kürbisse später und köstlich duftende Äpfel,
Weintrauben schließlich, tiefrot, gereift im Schatten des Laubes.
Bärtig ein Böckchen, auch eine Ziege mit stattlichen Hufen
netzen mein Werkzeug mit Blut – ihr schweiget doch, bitte, darüber!
Dafür zum Danke muß ich, Priapus, manches auch leisten,
habe das Gärtchen und habe die Weinpflanzung wachsam zu schützen.
Deswegen, Jungen, verzichtet, bitte, auf leidigen Diebstahl!
Dicht in der Nachbarschaft wohnt ein Reicher, stets schläft sein Priapus.
Dorther bedient euch, der Pfad hier geleitet euch sicher zum Ziele!

4

Sie, die ich oftmals dir nannte, sie kam. Doch sehen, mein Tucca,
  kann man sie nicht; denn ihr Mann hält sie im Hause versteckt.
Sie, die ich oftmals dir nannte, sie kam nicht für mich. Als Versteckte
  weilt sie ja ferne – als fern gilt Unerreichbares uns.

Mag sie gekommen denn sein, wie ich hörte. Was nutzt mir die Botschaft?
Richtet sie jenem doch aus, der sich des Eintreffens freut!

5

Er ist verliebt für immer in Korinths Phrasen,
der Kerl, der Rhetor, spielt Thukydides nämlich,
den strengen Meister in dem Attisch-Kult-Fieber,
mischt gallisch Tau und Min und Sphin zum Gift, alles
für seinen Bruder – er verrecke dran selber!

6

Schau hier den Toten: Gloria hatte ihn einstmals durch stolze
Machtfülle glanzvoller als Fürsten des Himmels erhöht.
Kräftig erschütterte er durch Feldzüge weithin den Erdkreis,
bändigte und überwand Asien, Herrscher wie Volk.
Dich auch gedachte er, Rom, in das Joch der Knechtschaft zu spannen –
alle anderen schon hatte bezwungen sein Speer;
doch im entscheidenden Treffen, ganz plötzlich, sollte er stürzen,
sah aus dem Vaterland sich in die Verbannung gejagt.
Derart waltet die Gottheit, derart opfert die Stunde
trügerisch menschlichen Ruhm einem geschwinden Moment.

7

Wohin auch immer die Zeit im Wechsel des Lebens uns leitet,
was für Länder sie uns, was auch für Menschen sie zeigt:
Sterben möchte ich, sollte ein andrer mir teurer als *du* sein.
Wer denn vermag uns noch mehr Freuden zu bieten als du?
Schon in der Jugend gewährten die Götter und ihre Geschwister
dir, mein Musa, mit Recht jedes erdenkliche Gut,
alles, woran sich Phöbus, woran auch sein Chor sich erfreuen.
Wer, mein Musa, besitzt höhere Bildung als du?

Wer übertrifft dich auf Erden an Reiz des mündlichen Vortrags?
Klio, die glänzende, auch redet so eindrucksvoll nicht.
Deshalb genügt es, wenn du die Erlaubnis erteilst, dich zu lieben;
woher stünde mir auch Liebeserwiderung zu?

8

Verschwindet, los, ihr hohlen Redekunst-Flaschen,
pathetisch aufgeblähten Worte, ungriechisch!
Ihr, Selius, Tarquitius, auch du, Varro,
Schulmeistersippschaft, von dem Stumpfsinnsspeck träge,
verschwindet, leerer Klapperklang für die Jugend!
Auch du, mein liebster, allerliebster Freund, Sextus
Sabinus, lebe wohl, lebt wohl auch ihr Hübschen!
Wir segeln zu den Häfen ab, die Glück spenden,
vom großen Siro wollen Weisheit wir hören
und unser Leben völlig sorgenfrei führen.
Verschwindet gleichfalls, Musen, geht, jawohl, gleichfalls,
die ihr mich liebtet – denn ihr liebtet mich, offen
gestehe ich's –; doch schaut euch manchmal noch meine
Gedichte an, mit Maßen freilich und selten!

9

Du, Schwiegervater, Unglückswurm dir selbst und andren,
du, Schwiegersohn, Nachteulerich, du fauler Knülch,
als Opfer eurer beider Dummheit wird jetzt solch
ein Mädchen fort aufs Land geschleppt! Für mich jedoch –
der Vers trifft ganz genau die Lage – habt ihr alles,
ihr, Schwiegervater, Schwiegersohn, kaputtgemacht.

10

Offen, mein teuerster Varius, darf ich dir sagen: „Ich möchte
sterben, hat mich nicht dein Pothos ins Unglück gestürzt."
Wenn mir die Regeln das freilich verbieten, so muß ich mich anders
äußern: „Der Bursche dort hat jäh mich ins Unglück gestürzt."

11

Landhaus du, kleines, einst Siros Besitztum – du dürftiger Acker,
gleichwohl dem Herren auch du teuer als kostbarer Schatz:
Mich und desgleichen die Menschen, die immer von Herzen ich liebte,
die vertrau ich dir an – sollte vom Heimatland ich
Unglücksbotschaften hören –, vor allen den Vater: Ersetz ihm,
was er in Mantua einst und in Cremona verlor!

12

Weniges, aber dem leuchtenden Phöbus Bekanntes erzählt mir,
Mädchen vom Pegasusquell, klug und geschult wie ihr seid!
Siegreich nahte der Held, die Zierde des stolzen Triumphes,
siegreich im Kriege, zur See wie auf dem Land: überall!
Schaudererregende Ruhmesbeweise vom Kampf mit Barbaren
bringt er, wie Eryx so stark, wie Diomedes so groß,
freilich deswegen nicht minder befähigt zum Vortrage eurer
Lieder, zur Teilnahme an eurem erhabenen Chor.
Härter indessen noch muß ich deshalb mich quälen, mein Bester,
was ich über dich und für dich zu schreiben vermag.
Denn ich gestehe es: Was mich am stärksten abschrecken sollte,
eben das spornte zugleich mich auf das heftigste an.
Wenige deiner Gedichte, gut attisch nach Sprache und tiefem
Sinngehalt, fanden bei mir Zugang zur Bibliothek,
Verse, der Zukunft noch teuer und würdig, den Ruhm der Trojaner
zu übertreffen, den Geist, den einst Held Nestor besaß.
Angenehm, unter der mächtigen Krone der grünenden Eiche,
saßen Hirt Moeris, bei ihm Hirt Meliboeus. Zu zweit
trugen beglückende Verse sie vor im Wechselgesange,
wie sie der junge Poet einst auf Sizilien schuf.
Wetteifernd schmückten sämtliche Götter die Heldin, auch alle
Göttinnen, jede mit dem, was sie zu eigen besaß.
Ausnehmend glücklich das Mädchen, dank deinem poetischen Wirken!
Keine erfreute sich wohl eines noch höheren Ruhms,

nicht Atalánte, die einst den Hippómenes schlug in dem Wettlauf,
hätten die Äpfel aus Gold sie nicht zum Halten verlockt;
nicht die vom Schwanenei stammende schöne Tyndareostochter;
Cassiopea auch nicht, leuchtend vom himmlischen Pol;
nicht das so lange durch Pferderennen behütete Mädchen,
Rennen, darin sie als Preis reichen Bewerbern gewinkt,
oftmals der schurkische Vater dem Freier das Leben entraffte,
oftmals die Rennbahn vom Blut triefte in purpurnem Rot;
nicht das Königskind Sémela, nicht die Akrisiostochter,
denen sich Zeus mit dem Blitz oder als Regen genaht;
auch nicht die Jungfrau, die einst die Tarquinier schändeten, schamlos,
doch mit Verbannung dafür büßten, Vater wie Sohn:
Damals entledigte Rom sich erstmals despotischer Willkür,
setzte zu friedlichem Amt jährlich die Konsuln sich ein,
zeichnete auch durch Belohnungen aus verdienstvolle Bürger,
vorrangig Freunde des Volks aus dem Messalageschlecht.
Wozu erwähnen die endlosen Mühen, die treu du und standhaft
während der schrecklichen Zeit grausamer Kriege ertrugst?
Daß du die Hauptstadt, dein Vaterland aufgabst zugunsten des Kampfes,
der so ferne dem Sohn, ferne der Heimat getobt;
eisiger Kälte dich aussetztest, dann der glühenden Hitze,
auch auf hartes Gestein nieder dich strecktest zum Schlaf;
oft auch auf drohenden Fluten kreuztest bei widrigem Wetter,
oftmals mutig das Meer, oftmals den Sturmwind bezwangst;
unter die dichtgescharten Feinde dich stürztest, nicht daran
dachtest, wie blindwütig Mars jeden im Kampfgewühl trifft;
Afrikas flinke Bewohner aufsuchtest, zahllos wie treulos,
dann auch den reißenden Strom Tagus, der Gold mit sich führt;
während der Feldzüge mancherlei Völker erforschtest und jenseits
des Okeanos noch glänzende Siege errangst.
Anmaßen darf ich mir nicht, solch gewaltige Leistung zu rühmen,
möchte behaupten sogar, daß wohl kein Mensch es vermag.
Nein, die Leistungen wirken selber als Denkmäler, weltweit,
lassen den herrlichen Ruhm leuchten aus eigener Kraft.

Kann ich für jene Gesänge, die Götter wie Phöbus, die Musen,
Bacchus, Aglaie mit dir schufen, ein ehrliches Lob
sprechen, gering wie ich bin, kyrenischer Lyrik mich nähern,
Spuren des griechischen Geists bannen ins Römergewand:
dann schon erreichte ich mehr, als ich hoffte, und bin es zufrieden;
mit dem geistlosen Volk habe ich gar nichts gemein.

13

Hier der Sabinus, euch vor Augen, Wanderer,
war einst – nach seinem Wort – der flinkste Maultiertreiber.
Er habe jede Kutsche, wäre sie auch noch
so schnell gewesen, überholt, ob Mantua,
ob Brixia im Fluge er erreichen sollte;
das stritten der Betrieb des Konkurrenten Tryphon,
die Mietskasernen auch des Cerylos nicht ab,
wo er, nachmals Sabinus, früher Quinctio,
mit seiner doppelt scharfen Schere von dem Hals
die Mähnen abnahm: Sollte doch der Haarpelz nicht,
gepreßt von dem Cytorus-Joch, die Nacken scheuern.
Dir, frostiges Cremona, dir auch, Lehmloch Gallien,
sei dies – behauptet er – sehr wohl bekannt gewesen;
er habe ja von Anfang an in deinem Matsch
gestanden, habe auch in deinem Modder das
Gepäck abladen, selbst die Fracht dann über viele
tiefeingefurchte Räderspuren schleppen müssen,
gleich ob das rechte oder linke Maultier oder
gar alle beide störrisch ihren Dienst versagten.
Auch habe er den Wegegöttern Opfer nie
gebracht, das letzte ausgenommen: Hier das Zaumzeug,
des Vaters Nachlaß, und zum Abschluß diesen Striegel.
Das freilich liegt zurück. Jetzt sitzt er auf dem Stuhl
von Elfenbein und bringt sich selbst zur Weihe dar
euch Zwillingsbrüdern, Kastor, dir, wie Pollux, dir.

14

„Was für ein Gott, Octavius, raubte dich uns? Wie man munkelt,
allzu starker Genuß etwa von lauterem Wein?"
„Gilt mir der Vorwurf: So trank ich in eurer Gesellschaft! An jedem
haftet sein Schicksal. Die Schuld trifft doch den Trinkbecher nicht!"
„Aufrichtig werden wir deine Werke bewundern und weinen:
Du nicht nur wurdest entrafft, auch die ‚Geschichte von Rom'!
Freilich, dein Leben erlosch …" – Gesteht nur, mißgünstige Manen:
Starb vor dem Vater der Sohn, weil es der Neid euch befahl?

15

Nachteulerich, du stolzer Freier, fauler Knülch,
dein wird das Mädchen, das du haben willst, wird dein,
jawohl, Nachteulerich, dein wird, die du begehrst.
Doch siehst du nicht, Nachteulerich, du stolzer Freier,
daß der Atilius zwei Töchter hat, ja, zwei,
und daß du beide kriegst, die eine wie die andre?
Kommt alle her: Nachteulerich, der stolze Freier,
führt sich, mit Recht, als Frau die – Hirnea ins Haus!
Talassio! Talassio!

16

Ich läge schwach am Boden, wähnst du, weil ich nicht,
wie einst, die hohe See befahren,
nicht mehr den Frost, die Sommerglut ertragen, nicht
dem Heer des Siegers folgen könnte?
Noch regt mein Zorn sich, die Erbitterung von einst,
die Zunge auch, dich zu entlarven:
Mag von der schimpflich-feilen Hurerei der Schwester
die Rede sein – warum regst du
mich auf, du, den selbst Caesar schmäht und heftig tadelt? –,
von deinen Schlichen, deinem wüst

verpraßten Erbe, deiner späten Sparsamkeit,
für die dein Bruder zahlen muß,
Gelagen, wo als Junge du mit Männern spieltest,
von dem im Schlaf bespritzten Arsch,
vom Aufschrei, den du plötzlich über dir vernahmst:
„Talassio, Talassio!“
Warum erblaßt du, Weib? Tun dir die Scherze weh?
Erkennst du, was du angerichtet?
Mich wirst du, Schönheit, am Cotyttofest nicht locken
zur allgemeinen Schwänzelfeier,
ich will auch sehen nicht, wie du, an den Altar
geklammert, mit dem Hintern wackelst,
wie du am lehmverdreckten Tiber stinkende
Matrosen rufst, dort, wo die Schiffe
im seichten Wasser dicht am Lande schwappen und
die Kiele in den Unflat pressen;
du schleppst mich nicht zum fetten Compitalienschmaus,
zum schmutzigen, gemeinen Fraß!
Du freilich schlägst mit solchem Schleim den Bauch dir voll,
schiebst dann zur feisten Frau nach Haus,
stopfst ihr zur Nacht den Schlund im Unterleib und leckst
ihn küssend ab, dem Haß zum Trotze.
Nun schlag mich, reiz mich, los, besitzt du Kräfte noch!
Ich schreibe deinen Namen hin:
Mannhure Luccius! Dein Geld zerrann, laut klappern
vor Hunger deine Backenzähne,
ich will dich sehen, nur mit deinen schlappen Brüdern,
dem Zorne Jupiters, dem Bauch
voll Runzeln, deines bruchgequälten Onkels Füßen,
die aufgequollen sind vom Fasten!

17

Sollte Erfüllung der übernommenen Pflicht mir vergönnt
sein,
Göttin von Paphos und vom hohen idalischen Berg,
sollte der Troer Aeneas doch noch durch römische Städte
ziehen mit dir, im Gesang, wie ihn sein Streben verdient,

schmücke ich deine Tempel nicht nur mit Weihrauch und Bildern,
reiche dir nicht nur den Kranz dankbar mit ehrlicher Hand:
Nein, als geringstes Opfer röte ein Widder mit stolzen
Hörnern, als größtes ein Stier deine Altäre mit Blut!
Marmorn oder vielfarbig stehe, wie üblich, mit kunstreich
zierlichem Köcher dein Sohn Amor an heiligem Ort.
Komm, Kythereia! Dich ruft vom hohen Olympos dein Caesar,
ruft von der Küste Sorrents auch dein geweihter Altar.

18

Lieblicher als Syracusaes Poet, an Erhabenheit reicher
als Hesiod, dem Homer völlig an Wortgewalt gleich,
schuf einst am Anfang der göttliche Meister auch diese Gedichte;
urwüchsig, wechselnd im Stil, hub einst Kalliope an.

HIRTENGEDICHTE

ERSTES GEDICHT

MELIBOEUS · TITYRUS

MELIBOEUS

Hingestreckt hast du dich unter die mächtige Krone der Buche,
Tityrus, spielst auf der Flöte dein Hirtenlied sanft und behaglich.
Aber ich mußte verlassen die lieblichen Fluren der Heimat,
wurde verjagt – du, im Schatten, preist Amaryllis, die Schöne,
lockst mit den friedlichen Klängen das Echo hervor aus den
Wäldern.

TITYRUS

Mir, Meliboeus, vergönnte ein Gott die Stunde der Muße –
will ich ihn ständig doch achten als Gottheit, stets wieder aus
meiner
Hürde auf seinem Altar ihm ein zartes Lämmchen verehren:
Er gestattet es mir, wie du siehst, die Rinder zu weiden,
läßt mich auch selber dem Schilfrohr nach Herzenslust Töne
entlocken.

MELIBOEUS

Keineswegs Neid, mehr Staunen ergreift mich: Solch furchtbarer
Aufruhr
tobt hierzulande ringsum. Wie mühselig treibe ich vorwärts
meine paar Ziegen! Die eine dort bringe ich kaum von der Stelle:
Eben erst warf sie zwei Junge im Dickicht und quälte sich, aber
ließ dann zurück den Zuwachs der Herde auf steinigem Boden!
Oft, ich erinnere mich, schlug flammend der Blitz in die Eichen,
sagte voraus mir mein Unglück – ich wollte es, leider, nicht
glauben!
Aber wer ist denn der Gott, der dich, Tityrus, derart begünstigt?

TITYRUS

Unsere Hauptstadt Rom, Meliboeus, hielt ich in meiner
Dummheit für ähnlich dem Neste, in das wir Hirten gewöhnlich
unsere jungen Schafe, hinab von den Bergweiden, treiben.
So wie die jungen Hunde und Böcke dem Muttertier ähneln,
glaubte ich Hauptstadt und Landstadt einander vergleichen zu
sollen.
Rom überragt indessen so weit die übrigen Städte
wie die Zypressen das schwerfällig kriechende Buschwerk des
Schneeballs.

MELIBOEUS

Hattest du einen gewichtigen Grund, dich nach Rom zu begeben?

TITYRUS

Sicher, mich lockte die Freiheit, die spät erst dem Faulpelz sich
öffnet,
lockte mich, als schon mein Barthaar unter dem Messer ergraute,
als Galatea im Stiche mich ließ, Amaryllis indessen
lieb mich gewann und alsbald, auf ihre Art, mich beherrschte.
Denn ich gestehe: Solange mich fest Galatea umstrickte,
reizte die Freiheit mich nicht, und mir fehlte der Ansporn zum
Sparen.
Manches stattliche Stück zwar verließ mir die Hürden zum
Schlachten,
üppigen Käse verkaufte ich auch in dem knickrigen Städtchen;
aber beim Heimwege hatte ich keine Geldlast zu schleppen.

MELIBOEUS

Neugierig war ich, warum, Amaryllis, du traurig die Götter
anflehtest, wem du das Obst an den Bäumen ausreifen ließest!
Tityrus weilte ja ferne. Die Fichten sogar und die Quellen,
Tityrus, riefen zurück dich, desgleichen die Pflanzen des Gartens.

TITYRUS

Was blieb übrig? Dem Sklavenstand konnte ich schwerlich entrinnen,
schwerlich auch anderswo gnädige Gottheiten hilfsbereit finden.
Aber in Rom bekam ich den kraftvollen Helden vor Augen,
dem an zwölf Tagen im Jahr ich den Opferduft aufsteigen lasse,
hörte als ersten auf mein Ersuchen ihn Antwort erteilen:
„Weidet die Rinder und hütet die Zuchtstiere, Sklaven, wie früher!“

MELIBOEUS

Glückskind im Alter noch bist du: Dir bleibt dein Boden erhalten!
Ausreichend ist er für dich, und bestünde er gänzlich aus Steinen,
spannte der Sumpf auch sein Unkraut, die Binsen, über die Weiden.
Kein ungewohntes Futter gefährdet die trächtigen Ziegen,
Vieh aus der Nachbarschaft wird sie mit Ansteckung schwerlich bedrohen.
Glückskind im Alter, jawohl: Von vertrauten Gewässern umgeben,
wird dich an heiligen Quellen kühlender Schatten erquicken.
Dort von der Grenze des Grundstücks wird dich das Weidengehege,
für die hybläischen Bienen köstliche Nahrung, wie immer
künftig auch leise mit seinem Summen zum Schlummer verlocken.
Dorther, vom Fuße des Felshanges, wirst du den Baumscherer singen
hören, das Gurren der Holztauben auch, die du sorglich betreutest,
schließlich das Seufzen der Turteltäubchen von ragender Ulme.

TITYRUS

Eher noch nährt sich der flüchtige Hirsch in den Weiten der Lüfte,
ziehen die Fische vom Meer sich zurück aufs trockene Festland,
wandern Germanen und Parther vom Vaterland fort in die Fremde,
schöpfen die ersteren Wasser vom Tigris und diese vom Arar,
als daß ich meinen Wohltäter jemals, voll Undank, vergäße!

MELIBOEUS

Doch wir Vertriebenen pilgern hinaus in Afrikas Wüsten
oder nach Skythien oder zum wilden Oaxes auf Kreta,
bis nach Britannien auch, weit getrennt vom übrigen Festland.
Ach, ob ich einmal noch sehe das Land, das den Vätern ich danke,
fern in der Zukunft, das Strohdach meines bescheidenen Hauses,
nicht zu begreifen vermag, wie dürftig die Saatflächen tragen?
Das, was ich fleißig bebaut, soll einem Schurken von Söldner,
einem Barbaren vielleicht gehören? In welch ein Verderben
stürzte die Zwietracht uns Bürger! Wir pflügten und säten für Fremde!
Du, Meliboeus, pfropfe die Birnen und setze die Reben!
Weiter, ihr Ziegen, einst meine gesegnete Herde, los, vorwärts!
Niemals mehr werde ich liegen in grün umsponnener Höhle,
zuschauen euch aus der Ferne beim Weiden am buschigen Felshang,
werde auch singen nicht wieder, nicht meines Hirtenamts walten,
wenn ihr vom blühenden Schneckenklee freßt und vom würzigen Weidicht.

TITYRUS

Trotzdem: Du könntest die Nacht bei mir in Ruhe verbringen,
schlafen auf grünender Laubschütte! Obst steht uns zur Verfügung,
köstlich gereift, und weiche Kastanien, Käse in Fülle.
Rauchfahnen wirbeln empor von den Dächern benachbarter Häuser,
längeren Schatten werfen bereits die Höhen der Berge.

ZWEITES GEDICHT

Hirte Corydon sehnte sich heiß nach dem hübschen Alexis,
den der Gebieter schon liebte; so winkte ihm keinerlei Hoffnung.
Daher auch suchte er oftmals das schattige Laubdach des dichten
Buchenhains auf, und einsam, umgeben von Bergen und Wäldern,
schuf er sich Luft in schlichtem Gesang, wenn auch ohne
Erfüllung:

„Grausamer Junge, Alexis, du willst, was ich singe, nicht hören?
Hast kein Erbarmen mit mir? In den Tod noch wirst du mich
treiben!
Heute drängen sich Herden sogar in den kühlenden Schatten,
grünliche Eidechsen halten sich unter dem Dornbusch verborgen,
Thestylis stampft für die Schnitter, die unter dem Gluthauch
erschlafften,
Thymian, andere Würzkräuter auch, zu erfrischender Speise.
Aber ich höre unter der brennenden Sonne, solange
ich dich verfolge, im dichten Gehölz nur die Baumgrillen zirpen.
Soll man nicht lieber die Sprödigkeit der Amaryllis ertragen,
ihren so bitteren Stolz? Nicht die Launen eines Menalcas,
des von der Sonne gebräunten, wie weiß du auch selber noch
leuchtest?
Baue, du stattlicher Junge, zu stark nicht auf äußere Schönheit!
Weißer Liguster verblüht, doch man pflückt Hyazinthen, die
dunklen.
Du verachtest mich, fragst nicht nach meinem Werte, Alexis,
nicht nach dem Reichtum an Vieh, nach der schneeweißen Milch,
die mir zufließt:
Lämmer, an tausend, ziehen mir über Siziliens Berge;
weder bei Sonnenglut fehlt mir die Frischmilch noch während des
Frostes.
Flöten auch kann ich wie damals Amphion vom Dirkequell spielte,
wenn er die Rinder lockte am attischen Berg Aracynthus.
Aber ich bin auch nicht häßlich; ich sah mich erst neulich am
Strande,

als bei der Windstille ruhig das Meer sich erstreckte, und scheue,
sah ich nur richtig, deinen Vergleich mit Daphnis durchaus nicht.
Wolltest du doch, gemeinsam mit mir, die ‚schmutzigen' Fluren,
‚niedrigen' Hütten bewohnen, beim Jagen Hirsche erlegen,
scharenweise die Böcke ins grünende Malvenfeld treiben!

Nacheifern wirst du als Spieler dem Pan mit mir in den Wäldern.
Lehrte doch Pan uns als erster mit Wachs aus Schilfrohr die
Flöte
basteln; Pan kümmert sich auch um die Schafe und ihre Betreuer.
Keinesfalls sollst du es jemals bereuen, die Syrinx zu blasen:
Was unternahm Amyntas nicht alles, das Spiel zu erlernen!
Selber besitze ich eine aus sieben verschiedenen Rohren
kunstreich gefertigte, die mir Damoetas sterbend verehrte,
dabei noch sagte: ‚Ihr zweiter Besitzer bist du und Spieler.'
Neid auf die Auszeichnung quälte den wenig geschickten
Amyntas.
Weiter zwei junge Gemsen – helleuchtend gesprenkelt die Felle
heute noch –, die ich entdeckte an schroffer, gefahrvoller Talwand;
beide, gesäugt von zwei Schafen täglich, seien dein eigen.
Thestylis bittet schon lange, sie selbst übernehmen zu dürfen –
was auch geschieht, wenn du fernerhin meine Gefälligkeit
ablehnst!

Komm doch zu mir, mein strahlender Junge! Körbe voll Lilien
bringen die Nymphen dir mit, und die jugendlich-schöne Najade
pflückt dir zartgelbe Levkojen und blühenden Mohn und
Narzissen,
angenehm würzige Dille auch, ordnet sie alle zum Kranze,
flicht noch den Seidelbast ein und andere duftende Kräuter,
mischt Hyazinthen mit Ringelblumen, Hauchzartes mit Goldnem.
Selber dann will ich gereifte Äpfel mit flaumiger Schale
sammeln, Kastanien auch, wie einst Amaryllis sie schätzte,
zusätzlich Wachspflaumen; sie auch verdienen gebührende Ehren.
Lorbeeren schließlich und Myrten, die ihr mir aufs engste vertraut
seid:
Reiht man im rechten Verhältnis euch ein, so duftet ihr köstlich.

Landmann bloß bist du, Corydon: Alexis verachtet die Gaben,
allenfalls zieht die Geschenke er vor, die Iollas ihm bietet.
Was nur, ich Armer, lud ich mir auf? Ich opferte meine
Blüten dem Südwind, die reinen Quellen dem rasenden Eber!
Narr, wen verschmähst du? Götter sogar bewohnten die Wälder,
auch der Dardaner Paris. Nur Pallas soll in den Städten,
die sie einst gründete, hausen. Wir geben den Waldungen Vorrang.
Grimmig verfolgt die Löwin den Wolf, doch dieser die Ziege:
mutwillig nascht die letztere blühenden Klee. Dir, Alexis,
folgt ein Corydon: Jeden reizt das eigne Verlangen.
Schau doch die Stiere im Joch, sie schleppen nach Hause das Pflugschar –
schau doch die Sonne, sie sinkt und verdoppelt die wachsenden Schatten:
Trotzdem verzehrt mich die Liebesglut weiter. Wer könnte sie löschen?

Welche unsinnige Leidenschaft hat dich gepackt, mein Corydon?
Halb erst beschnittest die Weinranke du an der laubreichen Rüster.
Raffe dich lieber doch auf, aus geschmeidigen Binsen und Ruten
Dinge zu flechten, wie du sie zum Leben, zur Arbeit benötigst!
Weist er dich ab, so findest du einen andren Alexis!“

DRITTES GEDICHT

MENALCAS · DAMOETAS · PALAEMON

MENALCAS

Sag, wem gehört die Herde, Damoetas? Vielleicht Meliboeus?

DAMOETAS

Aegon gehört sie. Er gab erst vor kurzem sie mir zur Betreuung.

MENALCAS

Elend geht es dem Vieh: Der Besitzer verliebt in Neaera,
dazu gequält von der Furcht, sie könne mich inniger lieben –
fremd der Betreuer, er melkt die Tiere gleich zweimal die Stunde,
raubt den Tieren die Säfte, betrügt um die Nahrung die Lämmer!

DAMOETAS

Vorsichtig solltest du sein mit solchem Vorwurf bei Männern.
Wer dich, an welcher geheiligten Stätte, das wissen wir ... Neidisch
schielten die Böcke, es lachten die Nymphen, die Späße verstehen.

MENALCAS

Damals wohl, als sie mich Ekel die neuesten Pflanzungen Micos
einschneiden sahen, die frisch erst gesetzten Weinreben
gleichfalls!

DAMOETAS

Oder als, unter den uralten Buchen, den Bogen des Daphnis
jäh du zerbrachst und die Flöte! Es wurmte dich, Daphnis mit
diesen
Preisen geehrt zu erblicken, du neidischer, falscher Menalcas.
Hättest du nicht ihm geschadet, du wärest vor Ärger gestorben.

MENALCAS

Was bleibt übrig den Herren, wenn Diebe so dreist schon verfahren?
Schurke, ich sah dich den Ziegenbock Damons mit Hinterlist rauben!
Aufgeregt bellte Lycisca dazu, und als ich laut aufschrie:
„Heda, wohin so eilig? Halte dein Vieh beieinander,
Tityrus!", da erst suchtest im hohen Riedgras du Deckung.

DAMOETAS

Nicht doch: Geschlagen im Wettspielen, hatte den Bock er, den meine
Flöte durch ihre Leistung erwarb, als Preis mir zu liefern.
Nimm es zur Kenntnis: Der Bock war meiner! Das hatte mir Damon
selber versprochen, behauptete nur, ihn nicht liefern zu können.

MENALCAS

Du ihn besiegt im Wettgesang? Hattest du jemals denn eine
richtige Wachsflöte? Du, der an Kreuzwegen, elender Stümper,
immer aufs neue mit schnarrendem Rohr Melodien verpfuschte?

DAMOETAS

Wollen wir, bitte, im Wechselgesang ein jeder beweisen,
was wir zustande bringen? Ich setze die Kuh hier, die junge;
zweimal füllt sie den Melkeimer, nährt auch zwei stattliche Kälber.
Nenne mir deinen Einsatz für unsern Gesang um die Wette!

MENALCAS

Von der Herde ein Stück zu setzen, das darf ich nicht wagen.
Vater und kleinliche Stiefmutter weilen zu Hause, sie zählen
zweimal am Tage das Vieh, und der Vater gesondert die Böcke.
Aber ich setze, was zweifellos du weit höher bewertest,

wo du nun einmal aus Torheit Verlierer sein möchtest: Zwei Becher,
Buchenholz, von Alkimedon geschnitzt, dem göttlichen Meister;
hier, von geschicktem Stichel gestaltet, windet sich eine
Weinrebe rings um die Dolden, verstreut im hellgrünen Efeu.
Bildnisse sind in der Mitte, hier Conon – wer war bloß der andre,
der mit dem Zeichenstab sinnreich den Erdkreis beschrieb für die Menschheit,
Zeiten bestimmte für Schnitter und über das Pflugschar Gebeugte?
Niemals benutzte zum Trunk ich die Becher, ich hüte sie sorglich.

DAMOETAS

Ebenso hat Alkimedon für mich auch zwei Becher geschaffen:
Rings um die Henkel ganz locker Akanthus sich schmiegend, inmitten
Orpheus, der Sänger, die Bäume dazu, die sein Lied um ihn scharte.
Niemals benutzte zum Trunk ich die Becher, ich hüte sie sorglich.
Siehst du die Kuh, vergeht dir die Lust, die Becher zu loben.

MENALCAS

Heute entkommst du mir nicht. Ich gehe, wohin du mich forderst.
Könnte Palaemon doch zuhören – aber da naht er ja selber!
Keinen mehr wirst du, ich sorge dafür, zum Wettgesang reizen.

DAMOETAS

Los jetzt, vermagst du etwas zu bieten! Ich werde nicht säumen,
brauche auch niemandem je zu „entkommen". Nur, Nachbar Palaemon,
höre sehr aufmerksam zu: Es geht um beträchtlichen Einsatz!

PALAEMON

Singt jetzt, wir haben ja Platz schon behaglich im Grase
genommen!
Jeglicher Acker und jeglicher Baum beginnt jetzt zu sprießen,
Blattspitzen keimen im Walde, die schönste Jahreszeit winkt uns.
Mache den Anfang, Damoetas, erteile ihm Antwort, Menalcas,
abwechselnd: Wechselgesänge werden geschätzt von den Musen.

DAMOETAS

Jupiter zeugte die Muse, Jupiter lebt auch in allem,
sorgt für die Länder, betreut recht liebevoll meine Gesänge.

MENALCAS

Mich liebt Phöbus, und immer aufs neue beglücken mich seine
Gaben, der Lorbeer, die Hyazinthe mit prachtvollem Schimmer.

DAMOETAS

Schäkernd umwirbt mit dem Apfel mich Galatea, versteckt sich
hinter den Weiden und wünscht doch, daß ich sie vorher erspähe.

MENALCAS

Freiwillig bietet sich mir mein geliebter Amyntas, ihm schenken
mehr als der Freundin Delia noch meine Hunde Vertrauen.

DAMOETAS

Meine Geschenke für Venus besitze ich, habe ganz deutlich
mir schon den Nistplatz der Tauben gemerkt, die hoch droben sich
tummeln.

MENALCAS

Was ich vermochte, das schickte ich meinem Jungen, zehn goldne
Äpfel, im Walde gepflückt. Die übrigen schicke ich morgen.

DAMOETAS

Die Plauderei Galateas genoß ich so oft und so glücklich.
Proben daraus, ihr Winde, entbietet den Ohren der Götter!

MENALCAS

Was, mein Amyntas, nützt es mir, daß du von Herzen mich gern hast,
wenn du auf Eberjagd gehst, ich aber die Netze belaure?

DAMOETAS

Schicke die Phyllis mir, bitte, Iollas: Ich habe Geburtstag!
Opfre zwecks reichlicher Ernte ein Kalb ich, so komme persönlich!

MENALCAS

Phyllis ist mir die liebste von allen. Sie weinte beim Abschied,
rief wiederholt: „Gehabe dich wohl, mein hübscher Iollas!“

DAMOETAS

Stallungen schadet der Wolf, den reifen Früchten der Regen,
Bäumen der Sturmwind – doch uns Amaryllis, wenn Jähzorn sie stachelt.

MENALCAS

Süß schmeckt Wasser den Saaten, die Erdbeerbaumfrucht den entwöhnten
Böckchen, der Weidentrieb trächtigem Vieh, und mir – nur Amyntas.

DAMOETAS

Pollio achtet mein Musengeschenk, auch im ländlichen Kleide.
Weidet für euren Leser das Kalb, ihr pierischen Mädchen!

MENALCAS

Pollio dichtet ja selber neuartige Lieder; so weidet,
Musen, den Stier, der mit Hörnern schon stößt und Staubwolken aufstampft!

DAMOETAS

Wer dich verehrt, mein Pollio, komme zur Stätte auch deiner
Freude: Mild fließe ihm Honig, ihm spende der Dornenstrauch Balsam!

MENALCAS

Wer den Bavius gern hat, der schätze auch Maeviuslieder,
spanne sich Füchse ins Joch und versuche Böcke zu melken!

DAMOETAS

Jungen, die Blumen ihr pflückt und Erdbeeren sammelt vom Boden,
fliehet von hier, denn im Grase lauert die schaurige Schlange!

MENALCAS

Vorsicht, ihr Schafe, nicht allzuweit vorwärts! Man darf nicht dem Ufer
trauen. Der Widder sogar bewahrt sein Fell vor der Nässe.

DAMOETAS

Tityrus, scheuche die weidenden Ziegen zurück von dem Flusse!
Rechtzeitig werde ich selber am Quell sie alle noch waschen.

MENALCAS

Sammelt die Schafe, ihr Jungen: Trocknet die Hitze, wie neulich
noch in den Eutern die Milch, so werden vergeblich wir melken.

DAMOETAS

Weh mir, wie mager mein Stier, und er weidet in üppigen Wicken!
Ein und dieselbe Liebe verzehrt das Vieh wie den Hirten.

MENALCAS

Mein Vieh krankt nicht an Liebe; besteht nur aus Fell noch und Knochen.
Irgendein Unbekannter verhext mit dem Blick mir die Lämmer.

DAMOETAS

Sage mir, wo – und ich will dich als großen Apollon verehren –
sich das Gewölbe des Himmels nur über drei Ellen hin ausdehnt!

MENALCAS

Sage mir, wo die Blumen ersprießen, die fürstliche Namen
inschriftlich tragen – und du allein sollst Phyllis besitzen!

PALAEMON

Unfähig bin ich, in eurem Wettstreit ein Urteil zu fällen.
Beide verdient ihr die Kuh – und ein jeder, der Freude und Qualen
inniger Liebe erprobt hat oder noch, zaghaft, erwartet.

Schließet, ihr Jungen, die Schleusen: Die Wiesen erhielten ihr Wasser!

VIERTES GEDICHT

Musen Siziliens, wir wollen ein höheres Thema besingen.
Pflanzungen und Tamarisken bereiten nicht jedermann Freude.
Wenn wir von Wäldern schon singen, seien des Konsuls sie
würdig.

Nunmehr erschien, nach dem Liede von Cumae, die letzte der
Zeiten.
Machtvoll aufs neue erhebt sich der Zug der Epochen zum
Kreislauf.
Nunmehr kehren die Jungfrau zurück und das Reich des Saturnus,
steigt auch ein neues Menschengeschlecht vom Himmel hernieder.
Zeig dich nur gnädig, du keusche Lucina, dem kommenden Kinde:
Endet mit seiner Geburt doch das Eiserne Zeitalter, leuchtet
über die Erde das Goldne; schon waltet dein Bruder Apollo.

Pollio, dein Konsulat erlebt die herrliche Wende,
unter ihm nimmt der gewaltige Umschwung der Zeiten den
Anfang.
Gibt es noch Spuren unsrer Verbrechen, so wird er in deiner
Amtszeit sie tilgen, erlösen die Welt vom dauernden Schrecken.
Göttliches Leben erhält der kommende Knabe, Heroen
sieht er und Götter vereint, tritt selber auch ihnen vor Augen,
lenkt dann, der Tatkraft des Vaters es dankend, im Frieden den
Erdkreis.

Freiwillig, lieber Junge, wird dir die Erde Geschenke
spenden, geringe zunächst noch, rankenden Efeu, Duftwurzeln,
indische Wasserrosen, vermischt mit heitrem Akanthus.
Freiwillig tragen die Ziegen ihr strotzendes Euter zur Stallung,
länger nicht braucht sich das Vieh vor reißenden Löwen zu fürchten.
Liebliche Blumen streut dir die Wiege aus eigenem Antrieb.
Aussterben werden tödliche Schlangen und giftige Pflanzen,
überall wird assyrischer Balsam köstlich ersprießen.

Aber sobald du die ruhmvollen Taten der Helden und deines
Vaters Verdienste erkennst und den Umfang der Leistungen
würdigst,
werden die Felder von wogenden Ähren zu schimmern beginnen,
Dornsträucher auch, wildwuchernd, rötliche Weintrauben tragen,
trotzige Eichen sogar von taufrischem Honigseim triefen.

Wenige Spuren einstiger Übel werden noch bleiben,
Schiffahrt weit über das Meer, mit Mauern umgürtete Städte,
ebenso notwendig wie das den Boden aufwühlende Pflugschar.
Ausspähen wird aufs neue ein Tiphys, ein Schiff mit dem Namen
Argo erwählte Heroen dahinfahren, Schlachtenlärm dröhnen,
auch ein Achilleus gewaltig zum Kampfe nach Ilion ziehen.

Später, wenn dich die Jahre heranreifen ließen zum Manne,
werden die Seefahrer weichen, kein Schiff wird Waren zum
Austausch
bringen: Die Erde erzeugt das Erforderte überall selber.
Nie mehr verspürt dann der Boden die Hacke, der Weinstock das
Messer;
frei von dem Jochriemen läßt den Stier der rüstige Pflüger.
Nicht mehr lügnerisch färben zu lassen braucht sich die Wolle,
sondern der Schafbock trägt auf der Wiese bereits in verschiednen
Farben das Fell, tiefrot bald vor Purpur, bald leuchtend wie
Krokus.
Scharlach bekleidet aus eigenem Antrieb die weidenden Lämmer.

„Solche Jahrhunderte sollt ihr durchlaufen!" befahlen die Parzen
ihren Spindeln, getreu der sicheren Weisung des Schicksals.

Nimm in Empfang jetzt – die Stunde verlangt es – die herrlichen
Ehren,
Göttersproß, teurer, der machtvoll du Jupiters Leistung ergänzest!
Sieh doch, wie unter dem schweren Gewölbe die Erde erschauert,
Länder und Weiten des Meeres und niemals ergründlicher Himmel,
sieh doch die Freude des Weltalls beim Anblick der kommenden
Zeiten!

Könnte so lange ich leben und schwungvoll schaffen als Dichter,
wie es die richtige Würdigung deiner Taten verlangte!
Orpheus, der Thraker, sollte mich nicht im Gesang übertreffen,
Linus nicht, leisteten ihnen dort Mutter, hier Vater auch Hilfe,
jenem die Kalliopeia und diesem der stattliche Phöbus.
Stellte selbst Pan, vor Arkadiens Richterthron, mir sich zum Wettstreit,
würde er sich, vor Arkadiens Thron, zum Besiegten erklären.

Richte, mein Junge, mit Lächeln den forschenden Blick auf die Mutter –
brachten zehn Monate ihr doch mancherlei arge Beschwerden:
Wer nicht als Kind durch sein Lächeln den Eltern ein Lächeln entlockte,
speist nie an göttlichem Tische und teilt nie ein göttliches Lager.

FÜNFTES GEDICHT

MENALCAS · MOPSUS

MENALCAS

Beide, mein Mopsus, trafen wir uns als Freunde der Musen,
du als Meister der Rohrflöte, ich als eifriger Sänger.
Setzen wir uns doch zwischen die Ulmen und Haselnußbüsche!

MOPSUS

Dir als dem Älteren habe ich Folge zu leisten, Menalcas,
ob wir den zephyrdurchwehten zitternden Schatten des Laubdachs
oder die Grotte dort aufsuchen. Sieh, wie der Wildling von
Weinstock
eng mit den spärlichen Trauben den Höhleneingang umwuchert!

MENALCAS

Einer nur singt so wie du in unseren Bergen: Amyntas.

MOPSUS

Wenn der nun etwa im Singen Apollon, den Gott, überträfe?

MENALCAS

Mach schon den Anfang, mein Mopsus, von Liebesgluten der
Phyllis
oder vom Ruhme des Alcon oder vom Hader mit Codrus,
singe schon! Obacht aufs weidende Vieh wird Tityrus geben.

MOPSUS

Nein doch, die Verse, die ich in die saftige Rinde der Buche
neulich erst einritzte, dabei sie abschnittsweise vertonte,
möchte ich vortragen: Laß dann mit mir den Amyntas sich messen!

MENALCAS

Neben dem frischgrünen Ölbaum verblaßt die geschmeidige Weide,
neben den purpurnen Rosen die niedrig wuchernde Narde:
Ebenso, meine ich, dürfte vor dir auch Amyntas verblassen.
Aber jetzt Schluß mit den Vorreden! Wir betreten die Grotte.

MOPSUS

Daphnis, den grausam vom Tode Entrafften, beweinten die Nymphen –
Haselnußbüsche und Flüsse, ihr dientet als Zeugen den Tränen;
innig umarmte die Mutter den traurigen Leichnam des Sohnes,
nannte gefühllos die Götter und nannte gefühllos die Sterne.
Keiner der Hirten trieb in diesen Tagen die Rinder
satt von der Weide zum kühlenden Flusse, mein Daphnis, und keines
unter den Tieren trank aus dem Wasser und rupfte die Kräuter.
Daphnis, dein Sterben beklagten sogar die punischen Löwen,
wie uns die Berge und Wälder berichten. Lehrmeister wurde
Daphnis für uns, armenische Tiger vor Wagen zu schirren,
lehrte uns auch die festlichen Reigen zu Ehren des Bacchus,
dazu das Schwingen der efeu- und weinlaubumwundenen Stäbe.
Schmücken die Weinreben Bäume, die Trauben aber die Rebe,
Stiere die Herde und Saaten die fruchtbare Flur, so bedeutest
du für die Deinen den einzigen Schmuck. Als der Tod dich ereilte,
ließen Pales, Apollo mit ihr, die Fluren im Stiche.
Furchen, in die wir so oft großkörnige Gerstensaat streuten,
lassen jetzt giftigen Lolch und wertlosen Wildhafer sprießen.
Weder die zarten Levkojen noch purpurroten Narzissen
wachsen, nein, Disteln und der von Stacheln starrende Kreuzdorn.
Hirten, bestreut den Boden mit Blättern, Schatten verbreitet
über die Quellen – das fordert Daphnis als würdige Ehrung –,
schüttet den Grabhügel auf und beschriftet den Stein mit den Versen:

„Hier ruht Daphnis, Bewohner der Wälder, bekannt auch den Sternen,
Hüter des stattlichen Viehs, indessen noch stattlicher selber.“

MENALCAS

Göttlicher Dichter, dein herrliches Lied erquickt uns wie einen
völlig Erschöpften der Schlummer im Grase, wie einen bei Hitze
Dürstenden köstliches Wasser aus munter springendem Wildbach.
Nicht nur im Flötenspiel, nein, im Gesang auch erreichst du den Meister.
Glücklicher Hirt, als den zweiten nach jenem wird man dich rühmen.
Meinerseits möchte, nach Kräften, ich nunmehr ein Lied für dich singen,
möchte jetzt deinen Daphnis hinauf zu den Sternen erheben,
Daphnis, jawohl, zu den Sternen; denn mich auch liebte Hirt Daphnis.

MOPSUS

Könnten wir eine noch höhere Auszeichnung ernten als diese?
Daphnis verdiente, als junger Hirte, besungen zu werden;
früher schon lobte Stimichon vor uns das Lied, das du nanntest.

MENALCAS

Strahlend vor Schönheit, bewundert Daphnis das Tor zum Olympos,
das er noch niemals erblickt, sieht unter sich Wolken und Sterne.
Herzliche Freude empfinden daraufhin die Wälder und Fluren,
Pan und die Hirten desgleichen, mit ihnen die Nymphen der Bäume.
Wölfe beschleichen nicht länger die Ziegen, auch lauern nicht Netze
tückisch auf Hirsche. Daphnis, der Gütige, liebt ja den Frieden.
Rauhe Gebirgswälder lassen freudig die Stimmen ertönen

bis zu den Sternen hinauf; sogar die felsigen Schroffen,
struppige Büsche auch singen: „Ein Gott ward Daphnis, Menalcas!"

Gnade erweise, Glück bringe den Deinen! Hier schau: vier Altäre!
Zwei gehören dir, Daphnis, und zwei gehören Apollon.
Jeweils zwei Becher voll schäumender Frischmilch im Jahre und jeweils
einen gefüllten Ölkrug möchte ich dankbar dir widmen,
aufheitern auch die Gelage vor allem durch Ströme des Bacchus,
winters am Herde, zur Erntezeit aber im Schatten, und neuen
Nektar, den Wein Ariusiums, reichlich aus Trinkschalen spenden.
Vorsingen werden Damoetas mir, neben ihm Aegon aus Lyktos,
heitere Tänze der Satyrn mir vorführen Alphesiboeus.
Immer genießt du derartige Ehren, mögen den Nymphen
Dank wir zum Erntefest sagen, mögen die Fluren wir weihen.
Immer, solange Eber die Bergwildnis, Fische die Ströme
lieben, vom Thymian Bienen, vom Tau die Zikaden sich nähren,
werden dir Name und Würden und rühmliche Auszeichnung bleiben.
Ebenso wie zu Bacchus und Ceres werden alljährlich
Landleute beten zu dir; du wirst ihr Flehen erhören.

MOPSUS

Was nur vermag ich für solchen Gesang als Geschenk dir zu bieten?
Weder das Pfeifen des nahenden Südwindes noch die ans Ufer
brandenden Wogen, auch nicht das Rauschen der Wildbäche zwischen
felsigen Talwänden können mich derart mit Freude erfüllen.

MENALCAS

Fange ich an denn mit Schenken: Nimm die zerbrechliche Flöte!
Lehrte sie uns doch „Corydon liebte den hübschen Alexis",
lehrte auch „Wem gehört die Herde? Vielleicht Meliboeus?"

MOPSUS

Nimm hier den Knotenstock, den schon Antigenes oft sich
erbeten,
wenn auch vergeblich – obwohl er doch meine Liebe verdiente!
Form wie Beschläge bewirken die Schönheit des Stückes,
Menalcas.

SECHSTES GEDICHT

Erstmals in Rom entschloß sich meine Thalia zu Liedern
nach syrakusischer Art und scheute nicht Wälder als Heimstatt.
Fürsten und Schlachten wollte zuerst ich besingen. Doch Phoibos
zupfte am Ohr mich und warnte: „Ein Viehhüter, Tityrus, sollte
Schafe erfolgreich weiden und weniger anspruchsvoll singen!"
Deswegen möchte ich – wirst du doch, Varus, schon Dichter für deine
ruhmreichen Taten und für die blutigen Kriege bekommen! –
ländliche Lieder anstimmen, Weisen zur Flöte des Hirten,
treu dem Befehl. Doch finden sich auch für diese Gedichte
ehrlich begeisterte Leser, verherrlichen die Tamarisken,
sämtliche Wälder auch, dich, mein Varus, und Verse, die deines
Ruhmes gedenken, bereiten Apollon herzlichste Freude.

Auf denn, pierische Mädchen: Die Hirten Mnasylos und Chromis
sahen in einer Grotte Silenus sorgenlos schlummern,
stark, wie gewöhnlich, die Adern vom gestrigen Zechen geschwollen,
seitlich vom Haupte herabgeglitten die Kränze; der Weinkrug,
abgewetzt weidlich am Henkel, lag gewichtig daneben.
Oft schon hatte der Alte sie mit dem Versprechen, zu singen,
schalkhaft vertröstet. Jetzt packten sie, banden sie ihn mit den Kränzen,
freilich behutsam. Auch Aegle gesellte sich hilfreich zu ihnen,
Aegle, die schönste der Nymphen, und strich dem eben Erwachten
blutroten Beerensaft über die Stirn und die Schläfen. Silenus
lächelte über den Streich und fragte: „Was flechtet ihr Fesseln?
Bindet mich los! Euch genügt der Triumph, mich gebunden zu haben.
Hört mich jetzt singen, was immer ihr wollt; dies belohne euch beide –
anderes freilich die Nymphe!" Und schallend erhob er die Stimme.
Faune und Tiere begannen sich gleich nach dem Takte zu wiegen,
trotzige Eichen bewegten die Wipfel: Ein Anblick zum Staunen.

Derart erfreut nicht Apollo den ragenden Fels des Parnassus,
wird auch nicht Orpheus von Ismaros und von Rhodope bewundert.
Sang er doch über den mächtigen leeren Weltraum, in welchem
Keime der Länder, der Lüfte, des Meeres, des lauteren Feuers
wogend sich ballten; sang, wie aus ihnen, den Grundstoffen, alles,
alles erwuchs, darunter der weiche, noch formbare Erdkreis;
wie dann der Boden allmählich verhärtete, Festland und Meere
deutlich sich trennten und ihre Formen hervortreten ließen,
staunend die Länder erstmals den Sonnenkreis aufleuchten sahen,
aufwärts die Wolken stiegen, der Regen aus ihnen herabfloß,
gleichzeitig Wälder emporzusprießen begannen und Tiere
einzeln die ihnen noch schwerlich bekannten Gebirge durchirrten.

Darauf besang er die Steinwürfe Pyrrhas, das Reich des Saturnus,
den kaukasischen Adler, den Raub, den Prometheus verübte,
die Argonauten, die den an der Quelle verlassenen Hylas
riefen, so daß die Gestade ringsum vom Klang widerhallten,
weiter Pasiphaë, die in der Liebe zum schneeweißen Stiere
Trost fand – glücklich indessen, sofern es Rinder nicht gäbe –:
Mädchen, vom Unglück geschlagen, welch furchtbarem Wahne verfielst du!
Einstmals brüllten die Töchter des Proitos im Irrsinn gleich Kühen.
Aber so schmachvoll wie sie hat keine den Beischlaf mit einem
Tiere gesucht, obwohl vor dem Joch des Pfluges sie bangte,
oft auf der Stirn auch nach Hörnern tastete, ohne Ergebnis.
Mädchen, vom Unglück geschlagen, du irrst jetzt allein durch die Berge,
während der Stier die schneeige Flanke auf Hyazinthen
streckt, das verschlungene Gras wiederkäut im Schatten der Eiche
oder ein weibliches Tier in der Herde verfolgt.

„Jetzt beendet,
bitte, diktäische Nymphen, das Thema der Wälder und Triften!
Möglicherweise erblicken wir sonst noch die Spuren des Stieres,
die sich im Fernen verlieren; vielleicht auch würden ihn Kühe,

mag er vom Futter verleitet sein oder an Herden sich hängen,
bis zu den Stallungen von Gortynia locken!“

Silenus
sang von dem Mädchen dann, das bei den Äpfeln der Hesperiden
stutzte; den Schwestern Phaëthons, die, von vermooster und bittrer
Rinde umfangen, als schlanke Erlen dem Boden entsproßten;
ferner von Gallus, den beim Spaziergang längs des Permessus
eine der Musen hinauf zum Helikon führte; voll Achtung
grüßte durch Aufstehen dort ihn der ganze Chor des Apollo,
sagte ihm Linus, der Hirt und göttlich begnadete Sänger,
Blumen und würziges Selleriekraut als Schmuck in den Haaren:
„Nimm hier die Rohrflöte, Gabe der Musen, die einst sie dem alten
Dichter von Askra verehrten. Auf dieser spielte er immer,
lockte damit von den Bergen die sonst so gefühllosen Eichen.
Spiele du selber auf ihr vom Ursprung des grynischen Haines;
sollte sich dann doch Apollo keines Wäldchens mehr rühmen!“

Warum ausführlich erwähnen die Skylla, die Tochter des Nisus,
die nach der Sage, den stattlichen Körper umgürtet mit furchtbar
bellenden Hunden, sich wild auf das Schiff von Dulichion stürzte
und die entsetzten Matrosen zerriß auf strudelnder Tiefe,
oder das Lied der Verwandlung des Tereus, der gräßlichen Speise,
die Philomela zur Rache ihm anbot, ihres Entrinnens
fern in die Einöde, der ihr gewachsenen Schwingen, mit denen
vorher die bitter Geprüfte noch ihre Wohnstatt umschwirrte?

Alles, was einst der beglückte Eurotas vom Künstler Apollo
hörte und was er dem Lorbeer aufgab als wichtigen Lernstoff,
sang Silenus, der Widerhall drang vom Tal zu den Sternen.
Endlich gebot der Abend den Hirten Viehzählung und Heimkehr,
wandte sich dann, nicht gern gesehen als Gast, zum Olympus.

SIEBENTES GEDICHT

MELIBOEUS · CORYDON · THYRSIS

Eben schon hatte sich Daphnis unter der rauschenden Eiche
niedergelassen, als auch Corydon die Ziegen mit ihren
prallvollen Eutern und Thyrsis die Schafe zum gleichen Platz trieben,
beide Arkader, jugendlich blühend, im Singen einander
völlig gewachsen, auch schlagfertig schon zum Wechselgesange.
Während im Garten ich zarte Myrten mit Frostschutz bedeckte,
hatte mein Leitbock hierher sich verirrt, und als ich ihn suchte,
sah ich den Daphnis und er mich desgleichen. „He, Meliboeus",
rief er, „schnell, komme! In Sicherheit sind der Bock und die Böckchen.
Kannst du ein wenig verweilen, so ruhe dich aus hier im Schatten!
Finden die Stiere allein doch den Weg durch die Wiesen zur Tränke,
hier, wo der Mincius seine grünenden Ufer mit schlankem
Schilfrohr bekränzt und die Bienen im heiligen Eichbaume summen."

Wie mich verhalten? Ich hatte weder Alkippe noch Phyllis,
die mir zu Hause entwöhnte Lämmer einsperren konnten.
Wettsingen zwischen Corydon und Thyrsis – das war ein Ereignis:
Hinter den heiteren Kunstgenuß stellte zurück ich die Pflichten.

Nunmehr begannen die beiden wetteifernd im Wechsel zu singen,
so wie die Musen ihnen die Verse zum Vortrage liehen,
jeweils Corydon als erster, zur Antwort Thyrsis als zweiter.

CORYDON

Gönnt mir, geliebte Musen Libethrions, ebenso schöne
Verse wie meinem Gefährten Codrus, der fast so vortrefflich
singt wie Apollo – andernfalls, sollte mein Können nicht reichen,
wird mein Blasrohr sogleich an der heiligen Pinie hier hängen.

THYRSIS

Kränzt, ihr arkadischen Hirten, den machtvoll sich steigernden Dichter
ruhmreich mit Efeu: Der Bauch soll platzen dem Codrus vor Mißgunst!
Andernfalls, wenn er sein Lob übersteigert, so nehmt zum Bekränzen
Baldriankraut, um den Sänger künftig vor Neidern zu schützen!

CORYDON

Micon, der junge Jäger, widmet dir, Delia, diesen
zottigen Eberkopf und das Geweih des zählebigen Hirsches.
Hält ihm dies Jagdglück die Treue, so wirst du als Standbild aus glattem
Marmor emporragen, purpurne Jagdstiefel über den Waden.

THYRSIS

Ausreichen muß dir, Priapus, die Schale voll Milch und alljährlich
diese Kuchen: Du hütest einen sehr ärmlichen Garten.
Jetzt, nach den Umständen, ließ ich in Marmor dich aufstellen; sollte
reichlich mein Vieh sich vermehren, wirst du im Goldglanz noch schimmern.

CORYDON

Tochter des Nereus, du, Galatea, mir süßer als Hyblas
Thymian, weißer als Schwäne und schöner als zartgrüner Efeu:
Gleich, wenn die Stiere zurück von der Weide zum Stall sich begeben,
komme doch, bitte, sofern du deinen Corydon noch liebhast!

THYRSIS

Bitterer will ich dir gelten als jemals sardonische Kräuter,
spitzer als Dornen und wertloser als die Algen am Strande,

wenn nicht der heutige Tag so lang wie ein Jahr sich mir hinzieht.
Könnt ihr euch schämen noch, Rinder, so trottet vom Weidegrund
heimwärts!

CORYDON

Quellen, vom Moose umschmeichelt, ihr Grashalme, sanfter als
Schlummer,
grünender Erdbeerbaum, kärglich das Moos wie das Gras nur
beschattend:
Schützt vor der Sonnenwende das Vieh! Des Hochsommers
schlimme
Gluthitze naht, schon schwellen die Knospen am biegsamen
Weinstock.

THYRSIS

Herd und harzige Kienspäne, loderndes Feuer, verrußte
Türpfosten haben wir immer: Wir brauchen den Eishauch des
Nordwinds
ebenso wenig zu fürchten wie jemals ein Wolf des gezählten
Herdenviehs Nummer, die brausende Hochflut des Stromes ein
Ufer.

CORYDON

Kräftig gedeihen Wacholder, mit stachligen Früchten Kastanien;
reichliches Obst liegt unter den Bäumen, vor heiterer Fülle
lacht die Natur. Wenn freilich der hübsche Alexis aus unsren
Bergen verschwände, dann sähe man trocken die Flußbetten
lechzen.

THYRSIS

Trocken erstreckt sich die Flur, vor Dürre verschmachten die
Kräuter,
Bacchus vergönnt nicht den Hügeln die Schatten des Weinlaubs.
Wenn meine
Phyllis freilich herannaht, grünen sämtliche Bäume,
steigt als erquickender Regenguß Jupiter nieder vom Himmel.

CORYDON

Herkules schätzt die Pappel, Iacchus die Rebe, die schöne
Venus den Myrtenstrauch, Phöbus Apollo den Lorbeer; doch Phyllis
liebt den Haselbusch. Und solange sie diesen noch liebhat,
wird ihn kein Myrtenstrauch, wird ihn kein Lorbeer Apolls übertreffen.

THYRSIS

Eschen gedeihen am besten im Walde, Pinien im Garten,
Pappeln am Flusse, Tannen im hohen Gebirge: Besuchtest
öfter du mich, mein Lycidas, Wohltat dem sehnenden Auge,
räumten den Platz dir die Esche im Walde, die Pinie im Garten.

MELIBOEUS

Daran erinnre ich mich, und daß Thyrsis im Wettstreit den ersten
Preis nicht errang. Doch Corydon gilt mir seitdem als – Corydon.

ACHTES GEDICHT

DAMON · ALPHESIBOEUS

Von dem Gesange der Hirten Damon und Alphesiboeus
will ich berichten. Bei seinem Erklingen vergaßen die Kühe
voller Erstaunen ihr Futter, stutzten bezaubert die Luchse,
hemmten die Flüsse den Lauf sogar und strömten nicht weiter.
Preise ich also die Lieder des Damon und Alphesiboeus!

Hast du die Felsen des Stromes Timavus bereits überwunden
oder segelst entlang an Illyriens Küste – ach, werde
ich es erleben, deine Taten besingen zu dürfen?
Werde ich über den ganzen Erdkreis hin aussagen dürfen,
daß als Dramatiker *du* nur dem Sophokles gleichkommst? Als Anfang
giltst du, als Schluß mir! Wo immer, vernimm das Gedicht, das in deinem
Auftrag ich schuf, und gestatte mir, neben dem Lorbeer des Siegers
auch noch den Efeu des Dichters um deine Schläfen zu winden!

Eben verzog sich das kühlende nächtliche Dunkel vom Himmel,
spürte das Vieh am saftigen Grase den Tau mit Behagen;
da schon begann, gelehnt an den Ölbaum, Damon zu singen:

„Zeige dich, Lucifer, Vorbote eines erquickenden Tages!
Bitter enttäuscht in meiner verblendeten Liebe zu Nysa,
rufe ich klagend die Götter, obwohl sie mir Hilfe versagten,
dennoch in meiner letzten Stunde, den Tod schon vor Augen.
Flöte, geliebte, begleite jetzt meine mänalischen Verse!

Ständig erfreut sich der Maenalus rauschender Bäume und lieblich
raunender Pinien, hört auch die Liebeslieder der Hirten,
gleichfalls den Pan, der als erster die Syrinx unverwandt spielte.
Flöte, geliebte, begleite jetzt meine mänalischen Verse!

Mopsus heiratet Nysa! Was blüht uns noch alles beim Lieben?
Pferde und Greifen werden sich paaren und Hirsche in Zukunft,
wenn auch voll Furcht, gemeinsam mit Hunden die Tränke
benutzen.
Schneide dir frisch die Fackeln, mein Mopsus, geleite die Gattin,
streue, als Ehemann, Nüsse: Der Hesperus weicht dir vom Oeta!
Flöte, geliebte, begleite jetzt meine mänalischen Verse!

Ja, du verdienst schon den Mann, wo du jeden andern verachtest,
Abscheu nur hegst für mein Flötenspiel, meine Ziegen und meine
buschigen Brauen, den wuchernden Bart, und du weiter nicht
glauben
möchtest, daß einer der Götter des Treibens der Menschen sich
annimmt!
Flöte, geliebte, begleite jetzt meine mänalischen Verse!

Taufeuchte Äpfel sah ich dich pflücken in unserem Garten,
dich und die Mutter; ich selber war es, der heiter euch einwies.
Damals warst du noch klein, ich soeben zwölf Jahr alt geworden,
konnte vom Erdboden aus schon die schwankenden Äste
erreichen.
Wie entflammte dein Bild mich! Welch bitterem Irrtum erlag ich!
Flöte, geliebte, begleite jetzt meine mänalischen Verse!

Heute weiß ich, was Amor bedeutet. Auf grausamen Felsen
zeugten ihn Tmaros, Rhodope oder, am Rande der Erde,
die Garamanten, ein Wesen, nicht unsres Geschlechtes und Blutes.
Flöte, geliebte, begleite jetzt meine mänalischen Verse!

Amor, der Furchtbare, lehrte die Mutter, die Hand in dem Blute
eigener Kinder zu baden. Grausam, gewiß, auch die Mutter.
Wer zeigt grausamer sich? die Mutter? der schamlose Knabe?
Eben der schamlose Knabe! Grausam auch, freilich, die Mutter …
Flöte, geliebte, begleite jetzt meine mänalischen Verse!

Fortlaufen soll jetzt von selber der Wolf vor den Schafen, der herbe
Eichbaum von goldenen Äpfeln prangen, die Erle Narzissen
treiben, die Rinde der Tamariske ergiebig von Bernstein

triefen, die Eule mit Schwänen wetteifern; Tityrus möge
Orpheus werden im Walde und Arion unter Delphinen.
Flöte, geliebte, begleite jetzt meine mänalischen Verse!

Alles verwandle, von mir aus, zu offenem Meere sich. Wälder,
lebet mir wohl! Ich will mich vom Gipfel hinab in die Wogen
stürzen – dies werde das letzte Geschenk des Toten für Nysa!
Flöte, begleite nicht länger meine mänalischen Verse!“

Damon verstummte. Singt jetzt die Antwort des Alphesiboeus,
Mädchen Pieriens: Keiner von uns bringt alles zustande!

„Weihwasser bringe, umkränz den Altar mit wollener Binde,
stecke die saftigen Kräuter in Brand und den kräftigen Weihrauch!
Austreiben will ich durch magische Opfer die kühle Beherrschtheit
meinem Geliebten. Jetzt fehlen nur noch die Zaubergesänge.
Führt von der Stadt mir den Daphnis ins Haus, ihr
magischen Sprüche!

Zaubergesänge vermögen den Mond vom Himmel zu locken,
haben aus Kirkes Munde die Schar des Odysseus verwandelt,
lassen die eiskalten Schlangen sogar auf den Wiesen zerbersten!
Führt von der Stadt mir den Daphnis ins Haus, ihr
magischen Sprüche!

Nunmehr umwinde dein Bild ich mit Fäden, dreifarbigen,
dreien,
trage es dreimal um den Altar dann, derart umwickelt.
Über die ungrade Zahl empfindet die Gottheit ja Freude.
Du, Amaryllis, verknüpf zu drei Knoten die dreifachen Farben,
knüpf nur und sage: ‚Ich flechte hiermit die Fesseln der Venus!‘
Führt von der Stadt mir den Daphnis ins Haus, ihr
magischen Sprüche!

Wie hier der Lehm sich härtet, das Wachs zerschmilzt in der *einen*
Flamme, so mag in der Liebe zu mir es Daphnis ergehen.
Streue das Schrotmehl, entflamme mit Erdpech den prasselnden
Lorbeer!

Daphnis, der Treulose, brennt mich – ich brenne mit Lorbeer sein Bildnis.
Führt von der Stadt mir den Daphnis ins Haus, ihr magischen Sprüche!

Wie die brünstige Kuh, die im niedren Gehölz wie im Hochwald
unentwegt streifend den Stier sucht, endlich am Flusse im grünen
Schilfgrase hinsinkt, ein Opfer verzweifelter Liebe, die langsam
schleichende Kälte des Morgens nicht scheuend: So möge die Liebe
Daphnis auch fesseln – ich denke nicht dran, ihm die Bande zu lösen.
Führt von der Stadt mir den Daphnis ins Haus, ihr magischen Sprüche!

Diese Gewänder ließ er zurück mir, der Treulose, teure
Pfänder für seine Person; ich vertraue sie unter der Schwelle,
Erde, dir an: Sie verbürgen mir sicher die Rückkehr des Daphnis.
Führt von der Stadt mir den Daphnis ins Haus, ihr magischen Sprüche!

Moeris persönlich gab mir die Kräuter hier und die in Pontus –
wo es in Massen sie gibt – gesammelten Gifte. Den Spender
sah ich mit ihrer Hilfe sehr oft zum Wolf sich verwandeln
und sich in Wäldern verstecken, sehr oft auch aus Gräbern die Seelen
locken und Saaten in einen anderen Ackergrund hexen.
Führt von der Stadt mir den Daphnis ins Haus, ihr magischen Sprüche!

Bring, Amaryllis, die Asche hinaus, in das Wasser des Flusses
schütte sie, über den Kopf dir, und blicke nicht rückwärts! Ich gehe
Daphnis ans Leben. Ihn lassen die Götter so kalt wie die Sprüche.
Führt von der Stadt mir den Daphnis ins Haus, ihr magischen Sprüche!

‚Schau doch, noch ehe ich zufasse, schlägt aus der Asche die
Flamme
züngelnd empor und ergreift den Altar: Ein günstiges Omen!'
Was das bedeutet, das weiß ich nicht. Hylax kläfft an der Schwelle.
Darf ich es glauben? Oder ersinnen Verliebte sich Träume?
Schweigt doch, ihr Sprüche, da kommt aus der Stadt
– so schweigt doch – mein Daphnis!"

NEUNTES GEDICHT

LYCIDAS · MOERIS

LYCIDAS

Moeris, wohin? In die Stadt, aus der Richtung des Weges zu
schließen?

MOERIS

Lycidas, ach, wir mußten erleben, was niemals wir dachten:
Daß uns ein Fremder, als Inhaber unsres bescheidenen Hofes,
anschreit: „Das ist jetzt mein Eigentum, schert euch, ihr früheren
Siedler!"
Völlig geschlagen, erschüttert vom Umschwung unseres Schicksals,
liefern wir ihm hier die Böckchen – hoffentlich ihm zum
Verderben!

LYCIDAS

Allerdings hörte ich eines: Von dort an, wo sich die Höhen
senken zum Flachland und sanft der Rücken des Höhenzugs
abfällt,
bis zu dem Fluß und den alten, schon stark gelichteten Buchen,
hätte Menalcas euch alles durch seine Gedichte gerettet.

MOERIS

Was du da hörtest, das war ein Gerücht. Nein, unsre Gedichte,
Lycidas, richten nicht mehr aus im waffenklirrenden Kriege
als, nach dem Sprichwort, chaonische Tauben bei Ankunft des
Adlers.
Hätte mich, linkseit des Weges, nicht eine Krähe auf hohem
Eichbaum gewarnt, mich noch einmal zum Streite verleiten zu
lassen,
wäre dein Moeris, Menalcas auch selber, nicht länger am Leben.

LYCIDAS

Kann denn ein Mensch so verbrecherisch handeln? Sollte man deine
Tröstungen uns und mit ihnen dich selber entreißen, Menalcas?
Wer besingt dann noch Nymphen? Bestreut mit blühenden Kräutern
lieblich den Boden? Beschattet mit grünendem Laubdach die Quellen?
Singt uns ein Lied, wie ich neulich von dir es mitanhören durfte,
als Amaryllis du, unsere reizende Kleine, besuchtest?
„Tityrus, bis ich, von kurzem Wege, zurückkehre, hüte,
bitte, die Ziegen, führ von der Weide zur Tränke sie. Dabei
komme mir ja nicht mit dem Bock in die Quere, der stößt mit den Hörnern!“

MOERIS

Auch, was dem Varus er vortrug – es war noch nicht völlig gestaltet:
„Varus, die Schwäne werden besingen dein rühmliches Walten,
hoch zu den Sternen es tragen – wenn uns nur Mantua bliebe,
Mantua, ach, zu nahe gelegen dem armen Cremona!“

LYCIDAS

Mögen denn deine Bienen die korsische Eibenfrucht meiden,
mögen den Kühen die Euter vom nahrhaften Schneckenklee schwellen!
Kennst du ein Liedchen, so singe es! Mich auch erhoben die Musen
wohl zum Poeten, auch mir gehören Gesänge, die Hirten
rühmen auch mich als Dichter. Doch möchte ich ihnen nicht glauben.
Varius nicht noch Cinna kann ich als Sänger erreichen,
meine ich, schnattere eher als Gans vor kunstreichen Schwänen.

MOERIS

Singen, mein Lycidas, möchte ich schon und prüfe im stillen,
was mein Gedächtnis noch hergibt; gerühmt ward manchmal mein Vortrag.
„Komme hierher, Galatea! Was soll das Getändel im Wasser!
Hier glüht purpurn der Frühling, hier streut um die Flußufer bunte
Blumen der Boden, hier reckt vor der Grotte sich silbern die Pappel,
schmiegsame Weinranken weben erquickenden Schatten. So komme!
Lasse die Wogen nur peitschen den Strand in tobendem Spiele!"

LYCIDAS

Singe doch, was ich einmal in sternklarer Nacht von dir hörte!
Die Melodie behalte ich noch, wenn den Text ich nur wüßte.

MOERIS

„Weshalb erwartest du, Daphnis, das Aufstrahlen alter Gestirne?
Sieh, dort erscheint der Stern des Sohns der Dione, des Caesar,
Freude an ihm entlockt den Saaten reichliche Ernten,
schenkt auf den sonnigen Hängen den Weinbeeren leuchtende Farben.
Pfropfe die Birnbäume, Daphnis: Die Enkel pflücken die Früchte!"
Alles entrafft uns das Alter, auch geistige Frische. Als Junge
konnte – ich weiß noch – ich lange Tage durch Singen verkürzen.
Heute vergaß ich die Lieder, so viele! Dem Moeris versagt auch
kläglich die Stimme. Wölfe erspähten ihn sicher als erste!
Doch zur Genüge noch singt dir Menalcas solcherlei Lieder.

LYCIDAS

Hinhalten willst du durch Vorwände nur, was ich sehnlich mir wünsche.
Hingestreckt liegt jetzt das Flachland schweigend vor dir, und die Lüfte –

achte darauf – sind völlig verstummt, sie säuseln nicht länger.
Halb schon zurückgelegt haben den Weg wir; das Grabmal Bianors
taucht in der Ferne schon auf. Hier schneiden die Bauern sich reichlich
Laub von den Bäumen, für uns die richtige Stätte zum Singen.
Setze die Böckchen nur ab, wir erreichen die Stadt noch beizeiten.
Sollten wir einen Regenguß für den Abend befürchten,
können wir auch, das erleichtert den Fußmarsch, beim Gehen noch singen.
Gerne auch möchte zu diesem Zweck ich die Last dir erleichtern.

MOERIS

Laß das, mein Guter, wir kümmern uns lieber um unsere Pflichten!
Singen wir besser doch, ist Menalcas persönlich zugegen.

ZEHNTES GEDICHT

Dieses Gedicht, Arethusa, vergönn mir als letztes, nur wenig
Verse für meinen Gallus, doch soll Lycoris sie selber
lesen: Wer könnte sich weigern, dem Gallus den Wunsch zu
erfüllen?
Wenn du dahingleitest über den Grund des Sizilischen Meeres,
soll auch die bittere Doris nicht Salz in dein Süßwasser mischen!
Auf denn, die qualvolle Liebe des Gallus will ich besingen,
während stumpfnasige Ziegen vom Buschwerk die Blattspitzen
nagen.
Zuhörer habe ich auch: Zur Antwort hallen die Wälder.

Quellnymphen, welche Haine und Waldschluchten boten euch
Wohnstatt,
als aus verblendeter Liebe sich Gallus so bitterlich härmte?
Weder der Kamm des Parnaß noch des Pindus gewährten euch
Obdach,
auch nicht der heilige Quell Aganippe im Land der Böoter.
Lorbeerbäume sogar, Tamarisken beweinten den Armen,
der in den Bergen ganz einsam lagerte, Maenalusfichten,
auch die gewaltigen Felsen des eisig kalten Lycaeus.
Schafe umringten ihn gleichfalls: Die Tiere sind uns nicht böse,
deinerseits zeig dich auch ihnen nicht böse, du göttlicher Sänger;
weidete Schafe am Flusse doch auch der schöne Adonis!

Nunmehr erschienen der Schäfer und, zögernd, die Hüter der
Schweine;
triefend aus taufeuchtem Walde der Wintereicheln Menalcas.
„Woher ergriff dich dies Liebesleid?" fragten sie. Phöbus auch
nahte:
„Gallus, was bist du so traurig? Deine Geliebte Lycoris
zog schon mit einem andern von dannen, durch Gletscher und
Kriegslärm!"
Nach ihm erschien Silvanus im Kopfschmuck nach ländlicher
Weise,

schüttelte blühende Doldengewächse und prächtige Lilien.
Pan auch, die Gottheit Arkadiens, sahen wir eintreffen; rötlich
glänzte er von Holunderbeeren und leuchtendem Mennig.
„Willst du nicht aufhören?“ rief er. „Den Amor beeindruckt kein Jammern;
Tränen bekommt er nicht satt, der Grausame, schlürft sie wie Kräuter
Wasser, wie Bienen vom Schneckenklee naschen und Ziegen vom Laubwerk.“

Traurig erwiderte Gallus: „Dem Amor zum Trotz, ihr Arkader,
werdet, als Meister im Singen, ihr euren Bergen mein Schicksal
vortragen. Sollen doch meine Gebeine angenehm ruhen,
preist ihr im Flötenspiel einst, was mir als Liebendem zustieß!
Wäre ich einer von euch doch gewesen, ein Hüter von euren
Herden oder ein Winzer, Betreuer der reifenden Trauben!
Zweifellos wäre ich dann in Phyllis verliebt, in Amyntas
oder in einen andern – was schert es mich, wäre Amyntas
schwarzbraun? Dunkel sind ja auch Heidelbeeren und Veilchen!
Neben mir ruhtest du zwischen den Weiden, im Schatten von Reben,
Phyllis pflückte mir Kranzblumen, lieblich sänge Amyntas.
Kühlung verbreiten hier Quellen, Lycoris, hier schmeicheln die Wiesen,
locken die Haine; hier möchte mein Leben mit dir ich verbringen.

Aber jetzt fesselt mich mitten im Kriegslärm die brennende Liebe,
mitten im Schwirren der Lanzen, angesichts grausamer Feinde:
Ferne dem Vaterland weilst du – ach, wenn ich mich irrte! –, vor Augen
hast du die Alpen im Schneekleid, die schaurigen Fluten des Rheinstroms,
du ganz allein, so gefühllos! Möge der Frost dich verschonen,
mögen nicht Eiskanten dir die zarten Füße zerfleischen!

Aufbrechen will ich und meine chalkidisch gestalteten Lieder
nun auf der Rohrflöte spielen, der Syrinx sizilischer Hirten.
Fest entschlossen bin ich, im Walde, in Höhlen der Tiere

lieber mein Leid zu ertragen, den Kummer der Liebe in weiche
Rinden zu ritzen: Vereint mit den Bäumen wachse die Liebe!
Während des Wachsens durchstreife den Maenalus ich mit den Nymphen
oder erlege auch grimmige Eber. Nicht hemmt mich die Kälte,
rings mit der Jagdmeute den parthenischen Wald zu umstellen.
Pirschen schon sehe ich mich durch felsige Schluchten und eifrig
raunende Haine; kydonische Pfeile von parthischem Bogen
schnelle ich gern – als könnte ich damit mein Liebesleid heilen
oder als ließe sich Amor durch Qualen der Menschen erweichen.

Aber jetzt will ich von Baumnymphen gar nichts mehr wissen, von Liedern
ebenfalls nichts; verschwindet aus meinem Gesichtskreis, ihr Wälder!
Kann doch mein Ringen das Wesen des grausamen Gottes nicht ändern,
selbst wenn im bittersten Frost vom Wasser des Hebros ich schlürfe,
thrakischen Schnee auch durchstapfe im flockenstiebenden Winter
oder zur Zeit, da die Rinde verdorrt an der ragenden Rüster,
unter dem glühenden Krebs äthiopische Schafherden hüte.
Amor bezwingt doch jeden, ich räume ihm willig den Kampfplatz."

Ausreichend habe jetzt damit, pierische Göttinnen, euer
Dichter gesungen, während er sitzt und ein Körbchen aus wilden
Malven sich flicht. Begeistert für diese Verse den Gallus,
bitte, für den ich stündlich stärkere Liebe empfinde,
ebenso rasch, wie im Frühjahr grünend der Erlenbaum austreibt.
Aufstehen möchte ich. Schatten, besonders vom dunklen Wacholder,
ist für die Früchte gefährlich, bedrückt auch meistens den Sänger.
Hesperus leuchtet schon: Zieht denn, gesättigt, zur Stallung, ihr Ziegen!

LIED VOM LANDBAU

ERSTER GESANG

Landarbeit will ich besingen, Maecenas, den Fleiß, der uns heitre
Saaten beschert; den Zeitpunkt zum Pflügen, zum Anbinden zäher
Reben an Ulmen; die Zucht von Großvieh, die Pflege von
Kleinvieh;
schließlich die Kenntnisse noch, die man braucht zur Betreuung
der sparsam
waltenden Bienen.

Ihr, Sonne und Mond, ihr herrlichsten Leuchten
unserer Welt, die das Jahr ihr über den Himmel geleitet –
ihr dann, Liber und gütige Ceres, so wahr einst dank eurer
Gnade die Erde chaonische Eicheln mit Ähren vertauschte,
in acheloische Becher erstmals auch Weintropfen mischte –
Faune ihr, göttliche Wesen, die ihr den Landleuten beisteht –
Baumnymphen, naht euch, vereint mit den Faunen: euren
Geschenken
gilt mein Gesang. Neptunus, auch du, der mit mächtigem Dreizack
zustieß, aus klaffendem Erdreich den ersten schnaubenden Renner
vortraben ließ – du Pfleger der Triften, dem dreihundert Rinder,
schimmernd wie Schnee, auf Ceos die saftigen Büsche benagen –
Schafhüter Pan, verlasse die heimischen Weiden und rauhen
Waldschluchten des Lycaeus, sofern du den Maenalus hochschätzt,
komme in Gnaden, du Gottheit Tegeas – Minerva, des Ölbaums
Spenderin – Jüngling, der du uns lehrtest, den Boden zu pflügen –
du, der du trägst, samt der Wurzel, den Stamm der Zypresse,
Silvanus –
Gottheiten alle, die ihr dem Schutze der Fluren euch widmet,
die ihr, auch ohne zu säen, Ernten heranreifen lasset,
reichlichen Regen den Saaten auch spendet aus Höhen des
Himmels!
Schließlich du, Caesar, gleich, welchem Rate der Götter du
einstmals
beitreten wirst: ob du Städte aufsuchen oder um Länder
sorglich dich kümmern möchtest, ob der gewaltige Erdkreis

dich als den Schöpfer der Früchte und als Gebieter des Wetters
aufnehmen soll, um die Schläfen die Myrte der Mutter dir
windend,
ob du als Gott des unendlichen Meeres waltest und alle
Seeleute dich nur verehren, dir Thule gehorcht fern im Norden,
Tethys mit sämtlichen Wogen dich eifrig als Schwiegersohn
ködert;
ob du dich einreihst als Sternbild im langsam ziehenden Tierkreis,
wo sich ein Platz für dich öffnet zwischen Jungfrau und Waage –
der Skorpion zieht vorzeitig rückwärts die Arme zu deinen
Gunsten und räumt dir die überreichlich bemessene Stelle –,
was du auch immer betreibst – kein Hades ersehnt dich als
Herrscher,
selber verzichte doch, bitte, auf solchen schrecklichen Posten,
mögen die Griechen auch tief die Elysischen Fluren bewundern,
mag auch Proserpina sich den Bitten der Mutter versagen –:
Bahne mir gnädig den Weg, unterstütze mein kühnes Beginnen,
Mitgefühl widme, wie ich, dem der Straße nicht kundigen
Landmann,
geh mir voraus und zeig dich geneigt dem Flehen der Menschen!

Wenn sich bei Frühjahrsbeginn auf den Bergen die weißgraue
Schneeschicht
auflöst und unter dem Hauche des Zephyr der Boden sich lockert,
soll unverzüglich mein Stier vor dem in das Erdreich gepreßten
Pfluge zu schnaufen, das schneidende Pflugschar zu glänzen
beginnen.
Dann erst entspricht das Saatbett dem Wunsch des auf Ernte
bedachten
Bauern, wenn zweimal die Sonnenglut wie auch den Nachtfrost es
spürte;
reicher Ertrag wird dann im Ergebnis die Scheuern ihm sprengen.
Aber noch ehe in fremdem Gelände die Schollen wir brechen,
müssen wir uns unterrichten über Winde und Klima,
über bisherige Arten des Anbaus und über den Boden,
über die Früchte, die er hervorbringt und die er verweigert.
Hier gedeiht das Getreide, da kommen die Weintrauben besser,
anderswo Baumobst; dort grünen ohne Bearbeitung Gräser.

Spendet der Tmolus uns doch die Düfte der Safranessenzen,
Indien das Elfenbein, Saba, das Land der Verweichlichung,
Weihrauch;
Chalybern danken wir, nackten Schmieden, das Eisen, dem Pontus
stinkendes Bibergeil, siegreiche Rennpferde aber Epirus.
Immer aufs neue verlieh die Natur bestimmten Gebieten
derlei Verpflichtungen, seit Deukalion einstmals die Steine
hinter sich warf auf die leeren Gefilde, die Steine, aus denen
Menschen erwuchsen, dies harte Geschlecht.

So sollen denn starke
Stiere sogleich den ertragreichen Boden zum Anfang des Jahres
aufbrechen, soll in der Folge der staubige Sommer mit praller
Sonnenglut gründlich die aufgeworfenen Erdschollen dörren.
Aber bei magerem Boden genügt es, im Licht des Arcturus
leicht nur, mit flachen Furchen, die Oberfläche zu lockern;
gilt es doch dort, die üppigen Saaten vor Unkraut zu schützen,
hier, in dem ohnehin dürftigen Erdreich die Nässe zu halten.

Laß nach der Ernte das Brachfeld unbestellt liegen, durch langes
Ruhen vergönn dem erschöpften Acker die rechte Erholung.
Oder säe, zu anderer Jahreszeit, goldgelben Weizen,
wo du vorher die Hülsenfrucht, heiter mit klappernder Schale,
einbrachtest oder die schmächtige Wicke und herbe Lupine,
sämtlich zerbrechliche Halme und dichtes, raschelndes Buschwerk.
Zehrt doch der Flachs übermäßig vom Boden, stark zehrt auch der
Hafer,
stark auch der Mohn, der Spender eines lethäischen Schlafes.
Fruchtwechsel macht die Feldarbeit leichter, doch muß man
beizeiten
düngen die ausgelaugten Fluren mit nährendem Miste,
stäubende Asche auch über erschöpftes Ackerland streuen.
Freilich können sich auch durch den Fruchtwechsel Felder
erholen,
während die Brache sich gleichfalls dankbar erweist für die Pause.
Oftmals erwies es sich nützlich, auf abgeernteten Flächen
wertlose Stoppeln von prasselnden Flammen verzehren zu lassen,
mag nun das Erdreich dadurch verborgene Kräfte und reiche

Nährstoffe einsaugen, mag vermittels des Feuers ein jeder
Schadstoff verglühen und überflüssige Nässe verdampfen,
mag auch die Hitze mehr Wege und bisher verborgene Poren
öffnen, durch die sich der nährende Saft ergießt in die Triebe,
oder schon offene Adern in höherem Grade verdichten:
Soll doch kein nieselnder Regen, kein heftiges Glühen der Sonne,
kein durchdringender Frost aus dem Norden dem Erdboden schaden.

Nützliches leistet, wer klumpige Schollen mit Hacken zerkleinert,
dann mit der Egge sie glättet – ihm spendet die hellblonde Ceres
Blicke voll hilfreichen Segens vom hohen Olympos –, auch jener,
der nach vollzogenem Pflügen die Richtung des Pflugschars verändert,
nochmals, querüber, durchmißt die umbrochene Fläche und derart
rührig bestellt die Flur, wie ein Feldherr die Kampftruppen tummelt.

Betet um sonnige Winter und feuchte Sommer, ihr Bauern;
trockener Winter zeigt dem Getreide sich äußerst willkommen,
segnet den Acker; so rühmt sich Mysien, ohne Bebauung,
Gargara wundert sich selber über die üppigen Ernten.

Rühmliches leistet der Fleißige, der nach der Aussaat den Acker
emsig begeht und die ungenutzt fettigen Brocken zerkrümelt,
darauf den Saaten das Flußwasser zuleitet durch die Kanäle,
schließlich, wenn Sonnenglut tödlich bedroht die darbenden Triebe,
Wasser herabläßt vom Wehr, zu dem ein Steilpfad hinaufführt.
Über die Kiesel sprudelt das Naß laut rauschend herunter,
bietet mit heiterem Sprühen den dürstenden Fluren Erquickung.
Rühmliches leistet der Praktiker auch, der – damit nicht die Ähren
lastend knicken den Halm – durch Abweiden kräftigt das Grüne,
wenn es hinauswächst über die Furche, und stauende Nässe
ableitet hin zu dem Sande, der gierig sie einsaugt, besonders
dann, wenn der Strom bei schwankendem Wetter weit über die Ufer

tritt und die Fluren sämtlich bedeckt mit schmutziger
Schlammschicht:
stinkende Lachen dunsten danach von lauwarmer Feuchte.

Mühen sich derart sachkundig Menschen und Stiere beim Ackern,
stiften doch lästige Gänse, Kranichschwärme vom Strymon,
wilde Zichorien mit bitteren Wurzeln, auch Schatten der Bäume
mancherlei Schaden. Vater Jupiter wollte den Feldbau
schwierig gestalten, bewußt: Er ließ als erster die Schollen
aufbrechen, wollte durch Nöte und Sorgen den Menschengeist
schärfen,
duldete nicht, daß sein Reich in leidiger Tätigkeit erstarrte.
Jupiters Herrschaft erst nötigte Bauern zum Pflügen und Ernten.
Vorher galt es als Unrecht, die Flur durch Markierung von Grenzen
aufzuteilen; Gemeingut erstrebte man, freiwillig schenkte
alles der Erdboden, niemand brauchte sein Teil zu verlangen.
Jupiter lieh den schaurigen Schlangen die tödlichen Gifte,
lehrte den Wolf das Rauben, peitschte die Wogen mit Stürmen;
Blättern entriß er den Honig, erschwerte die Nutzung des Feuers,
brachte die überall rieselnden Bäche des Weines zum Stocken.
Sollten die Menschen doch schrittweise mittels des Denkens sich
mühsam
Kenntnis und Fertigkeit schaffen, Getreide dem Boden entringen,
aus den geäderten Kieseln die tief verborgenen Funken
schlagen. Erst jetzt begannen die Flüsse Kähne zu tragen,
zählten die Seeleute Sterne und gaben den Sternbildern Namen,
so den Plejaden, Hyaden, der leuchtenden Bärin Lykaons,
lernte man, Wild in Schlingen, mit Leimruten Vögel zu fangen,
mächtige Waldstücke auch zu umzingeln mit Meuten von Hunden,
schleuderte mancher schon klatschend den Fangtrichter tief in das
Flußbett,
schleppte manch andrer auf See die Netze durch rollende Wogen.
Grausames Eisen gebrauchte man, kreischende Blätter der Säge –
spalteten doch die Menschen der Frühzeit die Stämme mit
Keilen –,
übte sich in verschiednen Verfahren. Rastloses Schaffen
setzte sich durch und der Zwang des gnadenlos drängenden
Mangels.

Ceres zuerst unterwies die Menschen im Pflügen des Erdreichs,
als in den heiligen Wäldern bereits die Eicheln und Beeren
ausgingen und Dodona sich weigerte, Nahrung zu spenden.
Bald auch erlitt das Getreide Einbußen, fraß an den Halmen
gierig der Brand und starrten die Felder von lähmenden Disteln;
Saaten erstickten, zwischen sie drängte sich struppiges Buschwerk,
Kletten und Stachelkraut; über gepflegte Kulturen begannen
giftiger Lolch und wilder, wertloser Hafer zu wuchern.
Gehst du dem Unkraut nicht durch beharrliches Hacken zu Leibe,
scheuchst nicht durch Lärmen die Vögel, stutzt nicht mit schneidender Sichel
Spender verderblichen Schattens und flehst zu den Göttern um Regen,
wehe, dann musterst umsonst du die üppige Ernte des Nachbarn,
schüttelst, um deinen Hunger zu stillen, im Walde die Eiche.

Aufzählen muß ich nunmehr das Rüstzeug des kraftvollen Landmanns,
das unabdingbar zum Säen ihm dient und zur Pflege der Saaten:
Pflugschar vor allem und Pflug, der schwer in den Erdboden eindringt;
langsam rollende Wagen der Mutter vom Städtchen Eleusis;
Druschschlitten, Dreschwalzen, überaus schwere und wuchtige Hacken;
Rutengeflechte sodann und der preiswerte Hausrat des Celeus,
Eggen aus Erdbeerbaumholz, die Mysterienschwinge des Bacchus,
alles, was frühzeitig du in kluger Vorausschau bereitstellst,
möchtest verdienten Ruhm des göttlichen Landbaus du ernten.

Schon in den Wäldern biegt sich die junge Ulme zum Krummholz,
formt sich auf diese Art selber zu einem handlichen Pfluge.
Ihm entreckt sich der Pflugbaum, beträgt acht Fuß in die Länge;
seitlich von ihm zwei Bretter, darunter zweischenklig das Pflugschar.
Linden und ragende Buchen fällt man zum Joch, auch zum Sterze,
der von hinten ein Lenken der niedrigen Räder ermöglicht;
über dem Herde im Rauch erprobt man die Güte des Holzes.

Zahlreiche Vorschriften kann ich dir nennen, bewährt bei den Ahnen,
möchtest du gern die Sorgfalt im kleinen auch gründlich erfahren.

Klüglich planiere, vor allem, mit mächtigen Walzen die Tenne,
grabe sie vorher noch um, überzieh sie mit haltbarer Tonschicht;
soll sie doch unkrautfrei bleiben, nicht Risse durch Trockenheit bilden,
Ursprung verschiedener Plagen: Oftmals richteten Mäuse
unter der Erde sich ein und horteten üppigen Vorrat,
wühlten sich Maulwürfe, schwach an Sehkraft, Gänge und Lager,
hausten auch Kröten in Löchern und sonstige Schädlinge, zahlreich,
Kinder des Bodens; vernichteten Kornwürmer riesige Mengen,
Ameisen gleichfalls, getrieben von Furcht vor dem Darben des Alters.

Ebenso wachsam betrachte genau den in unseren Wäldern
häufigen Mandelbaum, blüht er und neigen sich duftend die Zweige:
Trägt er reichliche Früchte, so erntet man reich auch Getreide,
freut sich in heißer Erntezeit guter Erträge beim Dreschen;
trägt er jedoch mehr schattenspendende Blätter als Früchte,
fördert der Drusch auf der Tenne nur Stroh von den Halmen zutage.

Zahlreiche Bauern, ich weiß es, behandeln den Samen mit Sorgfalt,
tauchen in Lauge ihn ein und danach in dunkelnden Ölschaum;
soll doch der Inhalt oft trügerisch stattlicher Schoten sich mehren,
leichter sich garkochen lassen, sogar auf kleinerer Flamme.
Selber schon sah ich erlesenes, gründlich durchmustertes Saatgut
dennoch zum Schlechten sich wandeln – es sei denn, die tätigen, klugen
Menschen erwählten nur jeweils das Beste –: Wie alles, dem Schicksal
fügsam, zum Schlimmeren fortgleitet, tief in den Ursprung zurücksinkt.
Ebenso sinkt auch der Ruderer, der sein Fahrzeug stromaufwärts

mühsam voranstemmt, den aber, sobald er die Arme ein wenig
ausruhen läßt, der mächtige Strom unaufhaltsam hinwegreißt.

Außerdem müssen genau wir den Stern Arcturus beachten,
weiter die Tage der Böckchen, genauso die glühende Schlange,
ähnlich dem Seemann, der mutig auf stürmischer Flut durch den Pontus
heimfährt, den Sund auch passiert des durch Austern berühmten Abydus.

Spendet die Waage dem Tag wie der Nacht die gleiche Zahl Stunden,
taucht auch in Licht und in Schatten ebenmäßig den Erdkreis,
tummelt, ihr Männer, die Stiere und säet die Körner der Gerste,
ehe der unbändig-rauhe Regen des Winters noch einsetzt;
Leinsaaten auch und den Mohn, die der Ceres heilige Pflanze,
bergt in der Erde, durchfurcht auch sofort mit dem Pfluge den Boden,
wenn es die Trockenheit euch noch erlaubt und der Regen noch wartet.
Legt im Frühjahr die Bohnen; die trockenen Rillen empfangen
nunmehr auch dich, Luzerne; man sät, wie üblich, die Hirse,
zeigt den Beginn des Jahres der Stier, goldleuchtend mit Hörnern,
während, ihm gegenüber, das Sternbild des Hundes zurückweicht.
Willst du jedoch den Boden rüsten für Weizen und festes
Brotkorn, erstrebst vor allem den Drusch ertragreicher Ähren,
lasse im Morgengrauen die Töchter des Atlas erst sinken,
lasse auch schwinden das Sternbild von Knossos, die glühende Krone,
ehe du in die Furchen die nötigen Saatkörner ausstreust,
derart die Hoffnung des Jahres der spröden Erde anheimgibst.
Mancher beginnt vor dem Untergang Majas bereits; doch ihn narren
statt der erwarteten Ernte des Wildhafers dürftige Ähren.
Möchtest du freilich Wicken und billige Schwertbohnen säen,
möchtest pelusischen Linsen auch deine Bemühungen widmen,
wird dir Bootes im Sinken deutlich den Zeitpunkt bestimmen;
dann erst beginne die Aussaat und setze sie fort bis zum Froste.

Deswegen herrscht die goldene Sonne über das Weltall,
das durch ein Dutzend Tierkreiszeichen sich eindeutig gliedert.
Zonen umfassen den Himmelsraum, fünf im ganzen; die eine
leuchtet blutrot von der blitzenden Sonne, stets glühend vor Hitze;
zwei verlaufen zur Rechten wie Linken am äußeren Rande,
düster, erstarrt vor Eis, verfinstert von Niederschlagsfeldern;
zwischen den dreien die zwei, die göttliche Gnade den schmerzlich
leidenden Sterblichen zugestand, beide durchschnitten von einem
Wege, auf dem sich schräghin die Tierkreiszeichen entwickeln.
Steil ragt über das Skythenland und die rhipäischen Berge
aufwärts das Weltall, senkt sich herab dann nach Afrikas Süden.
Über uns hebt sich der Nordpol ständig; den Südpol erblicken,
uns zu Füßen, die finstere Styx und die Schatten der Tiefe.
Nördlich entgleitet, vielfach gekrümmt, die riesige Schlange,
windet sich wie ein Strom um die beiden Bären, die immer
ängstlich sich scheuen, hinab in die Fluten des Meeres zu tauchen.
Südlich soll die schaurige Nacht ihr Schweigen bewahren,
soll sich noch immer stärker die nächtliche Finsternis ballen,
oder Aurora kommen von uns und Tageslicht spenden.
Wenn uns der Morgenwind trifft mit dem Schnauben der
Heliosrosse,
dann erst beginnt im Süden der Abendstern rötlich zu leuchten.
Daraus vermögen wir, auch bei bewölktem Himmel, das Wetter
deutlich vorauszubestimmen, den Zeitpunkt zum Säen, zum
Ernten,
wann wir den tückischen Spiegel des Meeres durch Ruderschlag
trüben,
fertig gerüstete Schiffe vom Land in die Salzfluten ziehen,
rechtzeitig Bäume zur Nutzung auch schlagen dürfen im Walde.
Folglich beobachten wir das Steigen und Sinken der Sterne
wie auch die gleichlangen Jahreszeiten zu unserem Vorteil.

Nötigt der eiskalte Regen den Bauern, im Hause zu bleiben,
läßt sich so manches – bei heiterem Wetter sehr oft Überstürzte –
ruhig und vorzeitig tun: Dann schärft der Pflüger des Pflugschars
schartig gewordene Schneide und schnitzt sich aus Baumstämmen
Tröge,
zeichnet sein Vieh und klassifiziert die geborgene Ernte.

Andere spitzen sich Pfähle und Gabeln zum Stützen der Reben,
wickeln, zum Halten der Weinranken, auch amerinische Ruten.
Flechtet euch nunmehr auch leichte Körbe aus Erdbeerbaumzweigen,
röstet Getreidekörner, zermalmt sie dann unter dem Mühlstein.

Selbst an den Feiertagen gestatten uns Kult und Gesetze
mancherlei Arbeiten; fromme Gebete verwehren es niemals,
Flußläufe abzuleiten, die Saaten durch Zäune zu schützen,
Vögeln Fallen zu stellen, Dornengestrüpp zu verbrennen,
blökende Herden der Reinlichkeit halber zur Schwemme zu treiben.
Oftmals belädt auch der Teiber mit Öl und billigem Obste
schwer den Rücken des trottenden Esels und bringt bei der Rückkehr
Mahlsteine mit aus der Stadt, auch Pech in schwärzlichen Klumpen.

Glückstage bietet der Monat uns an für bestimmte Geschäfte.
Meide indessen den fünften: Er brachte die Heimstatt der bleichen
Schatten, den Orkus, hervor, die Erinyen dazu, und zum Unglück
hat uns die Erde Coeus, Iapetus, Typhon geboren
nebst den Brüdern, die sich entschlossen, den Himmel zu stürmen.
Dreimal wollten den Ossa sie auf den Pelion türmen,
darüber noch, man bedenke, den waldreichen hohen Olympus;
dreimal zersprengte der Vater durch Blitzschlag den riesigen Haufen.
Glückbringend zeigt sich der siebzehnte, möchtest du Weinstöcke pflanzen,
eingefangene Stiere zähmen, ein Webstück beginnen.
Flüchtende Sklaven begünstigt, Räuber behindert der neunte.

Manches erledigt man besser in kühlen nächtlichen Stunden,
auch, wenn der Morgen die Fluren betaut mit dem Aufgang der Sonne.
Stoppeln schneidet man tunlich zur Nachtzeit, auch trockene Wiesen;

nächtliche Feuchtigkeit hält sich und macht geschmeidig die Halme.
Mancher verzichtet im Winter bei Licht noch lange auf Schlafen,
schneidet sich Zacken mit scharfem Schnitzmesser rings in den Kienspan,
während die Gattin, durch Singen die lange Arbeit sich würzend,
knisternd mit ihrem Weberkamm fährt durch den Aufzug des Webstuhls
oder den Süßmost einkocht über der Glut des Vulcanus,
dabei mit Blättern den Schaum vom brodelnden Kessel herabstreicht.
Aber im glutheißen Hochsommer mäht man das gelbe Getreide,
drischt auf der Tenne bei Hitze die trockenen Ähren. In leichter
Kleidung pflüge und säe! Im Winter rastet der Bauer.
Ihres Ertrages freuen sich Landleute meistens beim Froste,
pflegen Geselligkeit untereinander bei heiterem Mahle.
Fordert der Winter zur Freude doch auf, scheucht Sorgen von dannen,
so wie die Seeleute, wenn die befrachteten Schiffe den Hafen
glücklich erreichten, freudig das Deck mit Kränzen umwinden.
Aber die Zeit gestattet jetzt ebenfalls, Eicheln zu sammeln,
Früchte des Lorbeers, Oliven, auch blutrote Beeren der Myrte,
Schlingen für Kraniche auszulegen und Netze für Hirsche,
eifrig langohrige Hasen zu jagen und Rehe zu schießen
unter dem Einsatz flächsener balearischer Schleudern,
wenn sich die Schneemassen häufen und Flüsse die Eisdecke sprengen.

Nunmehr zum Wetter jedoch, zur Bahn der Gestirne des Herbstes,
damit zur nötigen Vorsicht, wenn kürzer die Tage schon werden
und sich die Sommerglut mäßigt – der Lenz mit dem Regen davonzieht –,
schon auf den Äckern die Saaten ersprießen, auf grünendem Halme
Ähren vom nahrhaften Safte mächtig zu schwellen beginnen!
Oftmals bereits, wenn der Landmann auf seinen goldgelben Fluren
Schnittern die Arbeit anwies und Gerstenähren vom schwachen
Halme schon trennte, sah ich die Winde zum Sturme sich rüsten,
der die gereiften Saaten dann weithin herausriß samt ihren

Wurzeln und aufwärts wirbelte; ebenso fegt auch der Winter
stiebende Halme und Stoppeln in düsterem Schwunge von dannen.
Oft auch bedecken endlose Wassermassen den Himmel,
brauen die Wolken, vom Meer aus sich ballend, mit finsterem Regen
schrecklich ein Unwetter; jählings ergießt sich von oben der Äther,
schwemmt in gewaltigem Schwall die von Stieren gezogenen Furchen
nebst der üppigen Saat auseinander. Voll laufen die Gräben,
brausend schwellen die Flüsse, es gären wild kochend die Fluten.
Jupiter selber schleudert aus nachtschwarzen Schleiern mit seiner
Rechten wildzuckende Blitze; die riesige Erde erzittert
unter dem Aufruhr. Die Tiere der Wildnis versuchen zu fliehen,
Furcht überwältigt die schwachen Menschen. Der Vater indessen
trifft mit den feurigen Speeren Athos, Rhodope, die hohen
Spitzen der Donnerberge. Laut heult der Südsturm, noch stärker
prasselt der Guß. Im Orkane tosen die Wälder und Küsten.
Schreckt dich solch Unwetter, dann beobachte Mond und Gestirne,
schau auf den Weg, den der frostige Stern des Saturnus zurücklegt,
schau auf die Kreisbahnen der von Kyllene stammenden Flamme!
Ehren erweise vor allem den Göttern, opfre der großen
Ceres auf heiterer Flur alljährlich die schuldigen Gaben
kurz vor dem Ausgang des Winters, schon unter dem Lächeln des Frühlings!
Wohlgenährt sind dann die Lämmer, dann munden die Weine am besten,
köstlich erqickt uns der Schlaf, dicht lagert auf Bergen der Schatten.
Möge, zu deinen Gunsten, die Landjugend beten zu Ceres;
mische der Göttin den Honig und Milch mit köstlichem Weine;
dreimal umschreite das Opfertier segenbringend die Neusaat,
laut von dem Jubel umhallt, den die Schar der Freunde ihm spendet;
rufe ihr Chor dir Ceres ins Haus! Und wage es keiner,
sich mit der Sense zur Mahd den reifen Ähren zu nahen,
ehe er, festlich umkränzt mit Eichenlaub, Ceres zu Ehren
schlicht aus dem Stegreif heiter dem Tanzen und Singen sich hingab.

Um uns aus deutlichen Merkmalen sicher die Hitze, den Regen,
Winde desgleichen, die Boten des Frostes, erkennen zu lassen,
setzte der Vater die monatlich wechselnden Mahnungen Lunas
fest, auch die Warnung vor drohendem Südsturm, die Zeichen, bei deren
Anblick der Bauer sein Vieh in den Ställen zurückhalten möge.
Naht ein Orkan aus der Ferne, so gehen die Wogen des Meeres
höher sogleich, auf den Bergen vernimmt man das Krachen des trocknen
Holzes, die Küsten hallen wider vom Aufruhr der Wellen,
zunehmend stärker erhebt sich im Walde das Rauschen der Bäume.
Kaum noch verschonen die Wogen nunmehr den bauchigen Schiffsrumpf,
wenn von der hohen See die geschwinden Taucher mit lautem
Kreischen zur Küste zurückfliegen, Wasserhühner am trocknen
Strande sich tummeln, fluchtartig Reiher die ihnen vertrauten
Sümpfe verlassen und aufwärts sich über den Wolkendunst schwingen.
Oft auch erblickt man beim Anzug des Sturmes Sternschnuppen; jählings
gleiten vom Himmelsgewölbe sie nieder und ziehen in ihrem
Rücken hellfunkelnde Flammenschweife durch nächtliches Dunkel;
oftmals erblickst du auch Spreu, die dahinstiebt, und fallende Blätter,
siehst auf den Schaumkränzen brechender Wellen Flaumfedern tanzen.

Zucken die Blitze jedoch vom schrecklichen Norden und donnert
dröhnend der Himmel im Osten und Westen, dann laufen die Gräben
über und schwimmen die Fluren, dann rollen die Seefahrer ihre
triefenden Segel zusammen. Nur Unerfahrenen schadet
Regen: Die Kraniche, Vögel der Höhe, suchen bei seinem
Anzuge Zuflucht in Tälern, zum Himmel schauen die jungen
Kühe, voll Argwohn, und schnaufen durch ihre geweiteten Nüstern;
lärmend umflattern die Schwalben auch tief die Gewässer, die Frösche

lassen im Sumpfe ihr uraltes Klagelied quakend erschallen.
Oftmals auch schleppen die Ameisen ihre Eier auf engem
Pfad aus den Gängen des Baus; der Regenbogen, gewaltig
hoch, zieht Wasser; zurück vom Fressen schrecken in dichtem
Schwarme die Raben und krächzen mit aufgeregt flatternden Schwingen.
Vielerlei Vögel des Meeres, auch jene, die rings am Caystrus
emsig in Süßwasserteichen die asischen Wiesen durchstöbern,
spritzen sich nunmehr im Wetteifer Tropfen über die Körper,
strecken die Köpfe entgegen dem Naß und laufen zuweilen,
gierig aufs Baden, des Spiels nie müde, hinein in die Wellen.
Lautstark ruft dann den Regen herbei die schamlose Krähe;
langsam spaziert sie allein umher auf noch trockenem Sande.
Mädchen sogar bei nächtlichem Spinnen ahnen das Kommen
stürmischen Regens: Sie sehen das Öl in der brennenden Lampe
Funken versprühen, am Dochte lockere Schnuppen sich bilden.

Ebenso sicher vermag man, noch während des Regens, auf Rückkehr
strahlender Sonne und wolkenlos heiteren Himmel zu schließen.
Sternenlicht flimmert dann kaum, wird nicht im geringsten verdunkelt,
Luna erstrahlt nicht im Sonnenlicht, leuchtet im eigenen Glanze,
keinerlei Schäfchenwolken bewegen sich über den Himmel.
Die von der Thetis geliebten Eisvögel spreizen die Schwingen
nicht in der wärmenden Sonne am Strand, die schmutzigen Schweine
werfen mit ihren Rüsseln nicht länger das Heu auseinander.
Andrerseits fällt der Nebel und lagert sich tief auf den Fluren.
Hoch auf dem Baum, das Erscheinen der sinkenden Sonne erwartend,
läßt der Steinkauz, Gutwetterbote, den Spätruf ertönen.
Hoch in der klaren Luft wird sichtbar der Seeadler Nisos;
gleichzeitig büßt die Skylla den Diebstahl der purpurnen Locke;
wo sie im Fluge die freien Lüfte flüchtig durchschneidet,
schießt ihr erbittert sogleich, lautschwirrend, der grimmige Nisos
nach; doch wohin er auch strebt auf der luftigen Bahn, die Verfolgte

schwingt sich quer über den Himmel in reißendem Fluge von dannen.
Dreimal und viermal stoßen die Raben jetzt hellstimmig ihren
Freudenruf aus und lärmen ununterbrochen in hohen
Nestern, vom Laubdach umschirmt, mit außergewöhnlicher heitrer
Munterkeit; jetzt, wo der Regenguß aufhörte, halten sie fröhlich
Ausschau nach ihren im Horste wohlig geborgenen Jungen.
Freilich, ich glaube nicht recht, daß die Götter oder auch eine
schicksalhaft höhere Einsicht die Tiere zu Wetterpropheten
machten. Nein, ändern Wetter und schwankende Luftfeuchte ihre
Richtung und ballt, vom Südwind noch triefend, Jupiter machtvoll
eben noch lockere Lüfte und lockert zugleich die geballten,
wandeln sich auch die Geschöpfe und leihen ganz andren Gefühlen
Ausdruck als dann, wenn der Wind die lastenden Wolken heranfegt.
Deswegen hallen die Fluren harmonisch vom Vogelchor wider,
tummelt sich heiter das Vieh, frohlocken auch lauthals die Raben.

Schenkst du vor allem gebührende Achtung dem Umlauf der Sonne
wie auch den Phasen des Mondes, so wird dich der kommende Morgen
nie überraschen, nie werden auch heitere Nächte dich täuschen.
Wenn der Neumond gerade zu leuchten beginnt und mit seiner
trübe verfinsterten Sichel düstere Luftmassen eingrenzt,
steht ein gewaltiger Regen dem Bauern bevor wie dem Seemann.
Wenn sich das Antlitz der Luna mädchenhaft rötet, dann drohen
Stürme: errötet die goldene Phöbe doch stets vor den Winden.
Zieht sie am Vierten des Monats – ein wahrhaft untrügliches Zeichen –
klar und mit unverschleierten Hörnern über den Himmel,
bleiben der folgende Tag und sämtliche anderen dieses
Monats vollkommen verschont von Regen und Sturm. Dann vollziehen
Seeleute Rettungsgelübde am Strand für die Götter, für Glaukos,
für Panopea sowie Melikertes, den Sprößling der Ino.

Vorzeichen gibt auch die Sonne, beim Aufgang sowohl wie zur Stunde,
da sie versinkt in der See; sie erteilt die sicherste Auskunft
zeitig am Morgen genauso wie spät beim Erscheinen der Sterne.
Zeigt sie beim Aufgehen Flecke und hüllt sich in dunstige Wolken,
weckt auch den Eindruck, sie sei in der Mitte der Scheibe durchlöchert,
muß man mit Regen rechnen; der Südwind drängt von dem Meere
Wolken heran, für das Vieh, für Bäume und Saaten gefährlich.
Blitzen aus dichtem Gewölk, ganz kurz vor dem Aufgang der Sonne,
Strahlen nach wechselnden Richtungen oder erhebt sich Aurora
auffallend bleich vom safranleuchtenden Bett des Tithonos,
schwerlich vermag dann das Weinlaub die reifenden Trauben zu schützen:
Derart gewaltig prasselt aufs Dach der schaurige Hagel.
Größeren Vorteil noch bietet genaue Betrachtung der Sonne,
wenn sie den Himmel durchmaß und zum Untergang rüstet; denn oftmals
sehen auf ihrer Scheibe wir Farben mannigfach wechseln:
Blau prophezeit uns Regen, feurige Röte Südoststurm;
aber durchdringen sich Flecke allmählich mit leuchtenden Flammen,
siehst du die ganze Natur vor Sturmwind und Wolkenbruch toben.
Während solch furchtbarer Nacht wird niemand zum Fahren auf hoher
See mich bewegen, auch nicht zum Lösen der Taue vom Lande.
Leuchtet die Sonne jedoch auf dem Wege von Osten nach Westen
ungetrübt rein, so brauchst du dich nicht vor dem Regen zu fürchten,
siehst vor dem Nord, der die Wolken verjagt, die Baumwipfel schwanken.
Kurz, was der Abend noch spät dir beschert, woher dir der Luftzug
harmlose Wolken heranführt, was triefend der Südwind sich ausdenkt:
Alles enthüllt dir die Sonne. Wer wagt ihr Betrug vorzuwerfen?
Oftmals warnt uns die Sonne vor heimlich glühendem Aufruhr,
warnt vor dem offenen Ausbruch der Tücke, des lauernden Krieges.

Sie auch bedauerte Rom, als man Caesar umgebracht hatte,
hüllte ihr leuchtendes Haupt in undurchdringliches Dunkel,
ließ die verdorbene Welt vor ewiger Finsternis zittern.
Sicher, die Erde, die Fluten des Meeres, heulende Hunde,
Vögel, zur Unzeit flatternd, verrieten damals desgleichen
kommendes Unglück. Wir sahen den Ätna die feurigen Schlünde
oftmals zersprengen und über das weite Kyklopenland brausen,
sahen ihn lohende Bälle und wilde Gesteinsfluten wälzen.
Hoch vom Himmel vernahm Germanien das Klirren von Waffen;
früher von Beben verschont, begannen die Alpen zu wanken.
Dröhnendes Rufen auch hörte das Volk in sonst schweigsamen Wäldern;
merkwürdig bleiche Gespenster wurden im Dunkel der Nächte
deutlich gesehen, und Tiere sprachen mit menschlicher Stimme,
widernatürlich; Flußwasser staute sich, Erdrisse klafften,
Elfenbeinbildnisse weinten in Tempeln vor Kummer, es schwitzten
bronzene Statuen. Wälder entwurzelte, rasend in wilden
Strudeln, der König der Ströme. Erídanos; über die Fluren
raffte das Vieh er hinweg und die Ställe. Und immer aufs neue
zeigten die Eingeweide der Opfer nur Fasern, die Unheil
drohten, sprudelte Blut aus den Brunnen und hallten zur Nachtzeit
ragende Städte vom lauten Geheul der Wolfsrudel wider.
Niemals sonst flammten vom heiteren Himmel so zahlreiche Blitze,
glühten so oft hoch droben, Vorboten des Unheils, Kometen.
Folgerecht sah jetzt Philippi zum zweiten Mal römische Heere,
die aufeinanderprallten zum Kampf mit gleicher Bewaffnung;
Götter verschmähten es nicht, Emathien und die Gefilde
weithin am Heamus zweimal mit unserem Blute zu tränken.
Sicherlich kommt einst die Zeit, da der Landmann in diesen Gebieten,
wenn er den Acker durchfurcht mit dem Pflugschar, im Erdreich auf Speere
stößt, die der zehrende Rost schon aufrauhte; da er mit seiner
wuchtigen Hacke auf leere Schutzhelme trifft, in zerwühlten
Gräbern die sterblichen Reste tapferer Kämpfer bewundert.

Heimische Götter – Heroen der Ahnen – du, Romulus – Mutter
Vesta, die du den Tiber und Roms Palatium hütest:
Hemmt nicht den Jüngling hier, bitte, der fast schon verlorenen Menschheit
unsres Jahrhunderts Rettung zu bringen! Wir sühnten mit unsrem
Blut zur Genüge den Bruch des spartanischen Gastrechts durch Troja.
Längst schon mißgönnen uns, Ceasar, die Herrscher des Himmels dein Wirken,
klagen darüber, daß du dich bemühst um irdische Siege.
Freilich, hier tauschte man Unrecht und Recht: So zahlreiche Kriege
toben auf Erden, so viele Verbrechen werden begangen!
Ehren versagt man dem Pflug, die Bauern schwanden, die Äcker
wurden zur Wüste, aus Sensen schmiedet man grausame Schwerter.
Kämpfe bedrohen uns, dort vom Euphrat und hier aus Germanien;
eng benachbarte Städte brechen Verträge und fechten
gegeneinander. Weltweit wütet der heillose Kriegsgott,
ganz wie ein Rennwagen, der aus den Schranken hervorbrach und fortrast
über die Bahn: Vergeblich sucht der Fahrer zu lenken,
wird von den Rossen entführt; das Gespann gehorcht nicht den Zügeln.

ZWEITER GESANG

Soviel zum Ackerbau, zu den Gestirnen des Himmels, zum Wetter.
Nunmehr besinge ich dich, mein Bacchus, daneben des freien
Waldes Gehölze wie auch das langsame Wachstum des Ölbaums.
Komme hierher doch, Vater der Kelter – füllen doch deine
Gaben hier alles, dich grüßt im weinlaubleuchtenden Herbste
lachend die Flur, hoch schäumen die Kufen vom Safte der
Trauben –,
komme doch, Vater der Kelter, aus ziehe die Jagdstiefel, bitte,
barfuß stampfe mit mir den heurigen Most aus den Beeren!

Mannigfach ließ die Natur verschiedene Baumarten sprießen.
Teilweise wachsen sie, ohne menschliches Eingreifen, selber,
ziehen sich über die Ebenen, längs auch gewundener Flüsse,
wie die geschmeidige Bachweide oder der schwankende Ginster,
Pappeln und buschige Weiden, leuchtend mit blaßblauen Blättern.
Andere sprießen aus niedergefallenen Samen, zum Beispiel
hohe Kastanien, der mächtigste Baum auch in Jupiters Hainen,
den die Griechen als Zukunftsdeuter verehren: die Eiche.
Wiederum andere sprossen sehr üppig hervor aus den Wurzeln,
so bei den Kirschen und Rüstern; parnassischer Lorbeer desgleichen
reckt sich zur Höhe im Schutz des gewaltigen Schattens der Mutter.
Solcherlei Arten erschuf die Natur am Anfang. Sie grünen
überall noch als Wälder, als Büsche, als heilige Haine.

Künstliche Fortpflanzung, streng nach Methode, verdankt man der
Praxis.
Mancher trennt von dem zarten Stamme der Mutter vereinzelt
Schößlinge, setzt sie in Furchen; mancher gräbt sie als Stangen,
vierfach gespalten, ins Erdreich, als Spitzpfähle gleichfalls, aus
Hartholz.
Niedergebogene, eingegrabene seitliche Äste
schlagen als Senker bei einigen Arten Wurzeln und treiben.
Andre verzichten auf Wurzeln: Der Pflanzende schneidet die
Spitzen

ab von dem Baume und setzt sie kurzerhand ein in das Pflanzloch.
Ja, aus den Stümpfen sogar – das kann man als Wunder bezeichnen –
treibt noch, aus trockenem Holz, die lebende Wurzel des Ölbaums!
Oftmals auch sehen wir Zweige auf fremden Bäumen gedeihen,
ohne Beeinträchtigung; so trägt ein verwilderter Birnbaum
Äpfel, die aufgepfropft wurden; rot leuchten auf Steinkirschen Pflaumen.

Auf denn, ihr Bauern, erlernt für die einzelnen Arten die jeweils
rechte Bearbeitung, pfleglich veredelt die Wildlinge, niemals
ruhe ertraglos die Erde! Zur Freude bepflanzt man mit Reben
reichlich den Ismaros, hegt auf dem hohen Taburnus den Ölbaum.

Komme jetzt, bitte, mein Stolz, du, zweifellos wichtigster Ursprung
meines Ruhmes, Maecenas, erreiche mit mir die gesteckten
Ziele und biete im Flug dem offenen Meere die Segel!
Möchte ich doch nicht alles mit meinen Versen umfassen,
nein, und besäße ich hundert Zungen und Münder und eine
eherne Stimme! So komme und streif nur entlang an der Küste.
Greifbar schon zeigt sich das Festland: Ich will dich nicht hinhalten mittels
reiner Erdichtung, durch Umschweife und ein weitläufiges Vorwort.

Was von allein sich emporreckt zum Reiche des Lichtes, das bietet
Früchte zwar nicht, doch strebt nach oben mit üppiger Stärke.
Wirkt die Natur doch im Boden. Freilich, pfropft man die Bäume
oder versetzt sie in aufgeworfene Gruben, verlieren
bald sie die Wildheit und werden, infolge beharrlicher Pflege,
jedem methodischen Eingriff keineswegs säumig sich fügen.
Auch ein ertragloser Trieb, der als Wurzelschoß sproßt aus der Tiefe,
fügt sich, sofern man ihn ausgräbt und dann auf dem Freiland vereinzelt;
andernfalls hält ihn die dichte Krone der Mutter im Schatten,
raubt ihm beim Wachsen die Früchte oder erstickt sie vorm Reifen.
Bäume, die aufgehen auf gefallenen oder gelegten
Samen, spenden in langsamem Wachstum den Enkeln erst Schatten;

Früchte entarten, vergessen die ehemals nährenden Säfte;
Reben, verwahrlost, tragen die dürftigen Trauben für Vögel.
Folglich erfordern sämtliche Bäume Arbeit, in Gruben
muß man sie setzen und unter beachtlichem Aufwand erziehen.

Ölbäume sprießen am besten aus Stümpfen, Reben vermehren
gern sich aus Senkern, die Myrte der Venus aus kraftvollem Kernholz.
Aber aus Schößlingen wachsen die Haselnüsse; die starke
Esche; die Silberpappel – sie bot dem Herkules Kränze;
gleichfalls die Eiche, der Baum des chaonischen Vaters; die hohe
Palme; die Tanne auch, einmal als Schiffsholz zum Sinken verurteilt.

Aufgepfropft wird rauhrindigen Erdbeerbäumen die Walnuß;
wilden Platanen der Apfel, der dort sich ganz prächtig entwickelt;
Buchen schimmern hell von Kastanienblüten, auf Eschen
blüht es von Birnen, am Ulmenstamm mampfen die Wildschweine Eicheln.

Das Okulieren und Pfropfen erweist sich durchaus nicht als einfach:
Wo aus der Rinde das Auge hervorlugt und kräftig die zarte
Bastschicht durchbricht, an dem Knotenpunkt also, schäle man eine
mäßige Höhlung; dort setzt man das Auge des anderen Baumes
vorsichtig ein und läßt mit dem feuchten Bast es verwachsen.
Oder man schneidet den Stamm an glatten Stellen, mit Keilen
spaltet man ihn und setzt die Pfropfreiser ein; und es dauert
gar nicht mehr lange, bis sich der Baum mit fruchtbaren Zweigen
mächtig zum Himmel emporreckt und seine jetzt anders geformten
Blätter sowie auch die fremden Früchte mit Staunen betrachtet.

Außerdem gibt es vielerlei Arten der kraftvollen Rüstern
wie auch der Weiden, des Lotus, der kretischen Ida-Zypressen.
Auch die Oliven, die saftigen, bilden mancherlei Formen:
ähnlich den Hoden, auch länglich, dick-fleischig, mit bittrem Geschmacke.

Baumfrüchte dann vom Alkinoos-Garten; jeweils verschiednes
Pfropfreis erfordern crustumische Birnen und syrische, schwere.
Unsere Weinstöcke tragen andere Sorten als jene,
die man auf Lesbos gewinnt von methymnäischen Reben;
thasische Weine gibt es und Weißweine der Mareotis,
diese aus schweren, jene aus leichteren Böden erwachsen;
psithische Reben, geeignet zum Sekt, und, mit plötzlicher Wirkung,
Hasenwein, der uns die Füße lähmt und die Zunge uns fesselt;
Purpurwein, precischen gleichfalls; wie soll ich dich rätischen aber
preisen? Doch darfst du deswegen noch nicht mit Falerner dich
messen!
In Aminaea auch wachsen Reben, sehr haltbare Weine,
denen der Tmolier sogar, selbst der König von Phanae den Vorrang
lassen. Zwar niedrig, doch einmalig zeigt sich die Sorte von Argos,
einmal ergiebig, zum anderen lagerfähig wie keiner.
Nicht übergehe ich, Rhodier, dich, den Göttertrank, Tischwein
auch für die Menschen, noch dich, Bumastus, aus Kuheutertrauben.
Freilich, die Fülle der Arten und Namen läßt sich nicht zählen.
Aber es nützt nichts, sie zahlenmäßig erfassen zu wollen:
Wer es beabsichtigt, müßte die Sandkörner nachzählen lernen,
die an der libyschen Küste der Zephyr im Wirbelsturm fortfegt,
müßte, wenn über die Schiffe der Eurus hereinbricht, erspähen,
wieviel Wogen des Ionischen Meeres zur Küste sich wälzen.

Allerdings können die Länder nicht jeweils alles erzeugen.
Weiden bevorzugen Flußläufe, Erlen morastige Sümpfe,
Eschen, die keine Früchte hervorbringen, steinige Berge;
üppig gedeiht am Strande die Myrte; auf offenen Hügeln
fühlt sich die Weintraube wohl, in der Kälte des Nordens der Taxus.
Sieh, in der Ferne auch machten Bebauer den Boden sich dienstbar,
Araber etwa im Osten, wie auch tätowierte Gelonen:
Zugeteilt ist den Bäumen ein Heimatland. Lediglich Indien
liefert das düstere Ebenholz, lediglich Saba den Weihrauch.
Soll ich vom Balsam berichten, dem Ausfluß duftenden Holzes,
soll ich die Früchte erwähnen des immergrünen Akanthus,
die äthiopischen Wälder aus schimmernden Baumwollenstauden?
Zarte Gespinstfasern, wie die Chinesen von Blättern sie streifen?
Indische Wälder, ganz nahe dem Ozean, unweit des Weltrands,

wo sich die Bäume recken zu derart gewaltigen Höhen,
daß man mit Pfeilen sogar nicht über die Wipfel hinausreicht?
Dabei bewähren die Einwohner dort sich als Meister des Bogens!
Medien bietet uns saure Zitronensäfte von bittrem
Nachgeschmack, aber mit Heilkraft, vorzüglich als Gegengift wirksam;
sollten, zum Beispiel, grausame Stiefmütter Gifttränke brauen,
unter verfluchenden Sprüchen noch Zauberkräuter hinzutun,
helfen die Säfte dem Körper und bannen das Gift aus den Gliedern.
Machtvoll erhebt der Zitronenbaum sich, sehr ähnlich dem Lorbeer,
dem er auch gliche, sofern er nicht weithin andere Düfte
ausströmte. Sturmwinde schütteln kein Blatt ihm zur Erde, die Blüten
halten sich auffallend lange. Mit ihnen vertreiben die Meder
Mundgeruch, können kurzatmigen Greisen auch Linderung bringen.

Aber das waldreiche Mederland, auch der stattliche Ganges
oder der Hermos, der Goldkörner aufwühlt vom Grunde, sie können
nicht mit Italien an Ruhm sich messen, nicht Bactra, nicht Indien,
nicht das von Weihrauch duftende, überaus reiche Panchaia.
Pflügten glutschnaubende Stiere auch nicht Italiens Boden,
wurden dort auch nicht gesät die Zähne entsetzlicher Drachen,
sproßten daraus auch nicht Männer, gewappnet mit Helmen und Spießen,
tragen die Fluren doch üppige Früchte und Säfte des Bacchus,
Massikerweine. Da ragen die Ölbäume, Rinder gedeihen.
Streitrosse tummeln sich stolz auf den Fluren. Oftmals, Clitumnus,
führten aus deinen heiligen Wassern weißschimmernde Herden,
unter ihnen der Stier als das wichtigste sämtlicher Opfer,
feierlich Römertriumphe hinauf zu den Tempeln der Götter.
Ewiger Frühling beglückt, der Sommer währet sehr lange.
Zweimal werfen die Tiere, und zweimal trägt auch der Obstbaum.
Dennoch fehlen reißende Tiger und furchtbare Löwen;
keinerlei Giftkräuter drohen dem Sammler mit elendem Tode,
keinerlei schuppige Schlangen gleiten in mächtiger Windung
über den Boden und rollen sich tückisch zum Knäuel zusammen.

Rechne hinzu noch so viele herrliche Städte und Bauten,
Festungen, Werke von Menschenhand über felsigen Schroffen,
Ströme, vorüberziehend unterhalb uralter Mauern;
weiter die Meere, die oben wie unten die Küsten umbranden;
mächtige Seen, den größten, dich, Larius, dich auch, Benacus,
der du lautrauschend aufwogen kannst wie das Meer, so gewaltig;
oder die Häfen, den Damm des Lukrinischen Sees und das grimmig
über die Sperre empörte, tosende Dröhnen der Brandung,
dort, wo die Iulischen Wellen vom Anprall der Salzfluten donnern,
wo das Tyrrhenische Meer zum Avernersee brausend hineinströmt!
Aber Italien zeigt auch Schächte voll Silber und Adern
rötlichen Kupfers, strömt auch ergiebig von funkelndem Golde.
Menschen voll Tatkraft bringt es hervor, die Marser, Sabeller,
die durch Entbehrung gestählten Ligurer, die Volsker mit kurzen
Spießen, die Decier, Kämpfer wie Marius oder Camillus,
die Scipionen, im Kriege bewährt, dich, gewaltigster Caesar,
der du zur Stunde bereits im Randgebiet Asiens siegreich
die überwältigten Inder vom römischen Kernlande fortjagst.
Glück dir, erhabene Mutter der Früchte und Mutter von Helden,
Land des Saturnus! Vor dir erschließe ich mutig als Themen
uralte rühmliche Arbeit und damit heilige Quellen,
singe in römischen Städten ein Lied nach askräischer Weise.

Nun zur Natur der Böden, den jeweils typischen Kräften,
Farben und den der Eignung gemäß zu erwartenden Früchten!

Kärglicher Boden vorerst und wenig ergiebige Hügel,
Stätten für dürftigen Ton und von Büschen bewachsener Kiesgrund
tragen sehr gern die Bäume Minervas, die zähen Oliven.
Hinweise gibt uns der wilde Ölbaum, der ebendort üppig
wuchert und saure Beeren über den Erdboden ausstreut.
Aber ein schwerer Boden, von Feuchtigkeit köstlich durchdrungen,
reichlich von Kräutern bestanden, in Fülle von Früchten gesegnet,
wie wir ihn oftmals in tiefen Tälern vor Augen bekommen –
dorthin ergießen von hohen Felsen sich Flüsse und führen
nährenden Schlamm –, nach Süden geöffnet, geeignet, den Farnen

Nahrung zu bieten, vom Pflugschar mit bitterem Abscheu gemieden:
Solch ein Boden vermag dir stattliche Reben voll praller
Trauben in Zukunft zu liefern, er quillt von dem lieblichen Safte,
den wir in goldenen Weihschalen spenden, indes am Altare
fette Etrusker spielen auf elfenbeinernen Flöten,
wir die dampfenden Eingeweide auf bauchigen Schüsseln
darbieten. Bist du eher bedacht auf Rinder und Kälber,
trächtige Schafe, auch Ziegen, die lästigen Feinde der Beete,
wähle bewaldete Täler, Tarents fruchtbringende Flächen,
Boden, wie Mantua ihn, das elende, eingebüßt hatte,
Boden, der schneeweiße Schwäne ernährt an grasreichem Flußrand.
Weder an sprudelnden Quellen fehlt es dem Vieh noch an Kräutern;
was an den langen Tagen die Tiere an Gräsern verzehren,
läßt in der kurzen Nacht ein erfrischender Tau neu ersprießen.
Schwärzliche Erde, fett unter dem Pflugschar in Schollen sich öffnend,
locker dabei – die Eigenschaft wollen durch Pflügen wir fördern –,
zeigt sich für Kornfrucht am günstigsten; ziehen doch niemals von andren
Flächen ermattete Stiere die Wagen in größerer Anzahl
heimwärts. Auch dort, wo der Bauer mit wütendem Eifer und emsig
Waldungen rodet, die jahrelang trägen Gehölzgründe umbricht,
uralte Vogelniststätten gründlich vernichtet, gedeihen
Körner; aufschwirrten die Vögel, verließen die Nester; der Boden,
erstmals durchpflügt, begann von fetten Schollen zu glänzen.
Magerer Kiesboden freilich im Hügelland bietet auch Bienen
kaum noch den niedrigen Seidelbast, kaum noch Rosmarinsträucher;
rauher Tuffstein und die von dunklen Schildkrötenschlangen
weidlich zernagte Kreide behaupten, kein anderer Boden
schenke den Schlangen so köstlichen Fraß und so gute Verstecke.
Erdreich, das Nebelschwaden ausatmet, steigende Dünste,
gleichzeitig Feuchtigkeit einsaugt und freiwillig wiederum abgibt,
das von allein sich immer begrünt mit freundlichem Rasen,
auch nicht das Eisen mit nagendem Rost und mit Rauhigkeit angreift,
das umrankt dir in Zukunft mit üppigen Reben die Ulmen,

bringt auch ergiebig dir Öl. Die Bearbeitung wird dir enthüllen,
wie es die Viehzucht begünstigt, den Pflüger belohnt für sein Mühen.
Capua und das Gebiet des Vesuvs, auch der Clanius, welcher
oft schon Acerrae entvölkerte, haben solch fruchtbaren Boden.

Nunmehr erkläre ich, wie man die Bodenprüfungen vornimmt.
Lockerheit oder zu hohe Dichte des Bodens erkennst du –
letztere fördert das Wachstum der Körner, jene des Weines,
Dichte die Gaben der Ceres, Lockerheit jene des Bacchus –,
wenn du mit Sorgfalt ein Bodenstück aussuchst und eine recht tiefe
Grube dir aushebst, dann wieder die ausgeschaufelte Erde
gänzlich zurückwirfst und schließlich mit Füßen kräftig daraufstampfst.
Füllt sie die Grube nicht mehr, so erweist sich der Boden als locker,
günstig für Viehzucht und Weinbau; doch wenn sie nicht wieder hineingeht,
bei dem Zurückschaufeln über die Ränder der Grube hinausquillt,
zeugt sie von Dichte des Bodens; mit zähen, großklumpigen Schollen
rechne sodann und bediene zum Pflügen dich kraftvoller Stiere.
Salziger Boden jedoch, den man auch als „bittren" bezeichnet,
taugt nicht für Früchte, er läßt sich schwerlich durch Pflügen verbessern,
raubt den Trauben genau wie dem Baumobst die Würze und Güte.
Folgende Probe erweist ihn: Hol von der rußigen Decke
weidengeflochtene Körbchen und Keltersiebe herunter;
presse die bittere Erde hinein bis zum Rand und durchtränke
tüchtig mit Süßwasser sie. Die Flüssigkeit wird, ganz natürlich,
langsam herausdringen, wird durch die Ritzen des Flechtwerkes tropfen.
Doch ihr Geschmack erbringt den Beweis, und die Bitterkeit dürfte
ätzend zusammenziehen den Mund des kostenden Prüfers.
Über den Fettgehalt aber des Erdreichs erhalten wir Auskunft
folgendermaßen: Nie krümelt die Fetterde, wenn man sie knetet,
sondern verhält sich wie Pech und bleibt an den Fingern zäh kleben.
Feuchtes Land trägt größere Kräuter, auch Triebe von allzu
üppigem Wachstum. Ich würde es mir bescheidener wünschen,

ja nicht im Übermaß kraftvoll beim ersten Ansatz der Ähren.
Schweren Boden erkennt man, ohne besonderes Zeichen,
schon am Gewicht, wie den leichten. Dunklen wie anders gefärbten
sieht man sofort. Nur die tückische Kälte entzieht in der Regel
sich der vorherigen Prüfung. Nur Kiefern und giftige Eiben
zeugen zuweilen davon, auch dunkel grünender Efeu.

Achte darauf! Dann vergiß nicht, den Boden recht lange schon vorher
mürbe zu machen: Durchfurche die künftigen Weinberge, lasse
gründlich den Nordwind die rückwärts gedrehten Schollen durchwehen,
ehe du einsetzt die saftigen Reben. Lockeres Erdreich
wirkt jetzt am günstigsten; dafür sorgen die Winde, der Rauhreif,
schließlich der Landmann, der kräftig durchwühlt die Felder der Pflanzung.
Handelt der Winzer durchweg mit der nötigen rastlosen Sorgfalt,
sucht er sich ähnlichen Boden, zuerst für die Baumschule, später
für das Vereinzeln und Stecken der hinreichend kräftigen Reben;
soll doch der Steckling den Wechsel des Muttergrunds gar nicht verspüren.
Auch noch die Richtung des Himmels bekommt er geritzt in die Rinde,
um an dem neuen Standort, der Baumschule völlig entsprechend,
südliche Wärme von vorn und den Norden im Rücken zu haben.
Derart wichtig gilt ihm bei zarten Pflanzen Gewöhnung.

Prüfe zuvor noch, ob du am Abhang oder im Flachland
lieber die Weinreben einsetzt. Wählst du recht fruchtbaren Boden,
setze sie dicht; auf verdichtetem Erdreich sinkt nicht die Leistung.
Wählst du ein Hügelgelände, allmählich fallende Hänge,
setze in Abständen sie; doch sollen die Stöcke so stehen,
daß sich die Hauptwege und die Querpfade rechtwinklig schneiden:
So wie im furchtbaren Krieg Legionen oft ihre Kohorten
weithin entfalten, das Heer dann im Felde zum Kampfe bereitsteht,
streng ausgerichtet die Glieder, zur Ferne hin sämtliche Fluren
wogen im Glanze des Erzes, noch ehe die Klingen sich grausam

kreuzen, und Mars unentschlossen einherirrt zwischen den
Gegnern.
Gleichmäßig seien die Abstände sämtlicher Wege vermessen,
nicht um in zweckloser Weise als Augenweide zu dienen,
nein, weil die Erde nur derart jedem Setzling die gleichen
Nährstoffe bietet und frei sich die Zweige ausstrecken können.

Willst du noch über die Tiefe der Pflanzlöcher etwas erfahren:
Meinerseits würde ich zuversichtlich hier flache benutzen.
Freilich, ein Baum wird tiefer gesenkt in die Erde, besonders
tief die Eiche; soweit sie den Wipfel zum Himmel emporreckt,
tastet mit ihren Wurzeln hinab sie zum Tartarosschlunde.
Deshalb erschüttern sie Stürme des Winters, Orkane und starker
Regen auch nicht, sie behauptet den Stand, harrt zahlreicher Enkel
und überlebt voll Zähigkeit viele Menschengeschlechter.
Weithin nach allen Seiten reckt sie, gleich Armen, die Äste,
während der Stamm in der Mitte die schattende Krone
emporstemmt.

Zugekehrt sei dein Weinberg niemals der sinkenden Sonne!
Pflanze nicht Haselnußsträucher zwischen die Reben; als Setzling
nimm nicht die höchsten Ranken, brich sie nicht oben vom
Hauptstamm –
Erdnähe schätzen sie ja –, und verletze sie niemals mit stumpfer
Klinge. Auch setze nicht wilde Ölbäume zwischen die Stöcke:
Ohne genügende Vorsicht entfachen Hirten oft Feuer;
unbemerkt greift es unter der saftigen Rinde ins Kernholz,
schleicht sich dann hoch zu den Blättern und bricht unvermutet mit
lautem
Prasseln zum Himmel empor, packt einen Ast nach dem andern
widerstandslos und bemächtigt sich bald der ragenden Wipfel.
Völlig in Flammen steht schon die Weinpflanzung, wirbelt zum
Äther
aufwärts aus pechschwarzem Dunkel die finstere Wolke, besonders
schrecklich, wenn Sturmwind von oben über die Gärten
hereinbricht,
vor sich die Feuersbrunst herpeitscht und ihre Glutmassen anfacht.
Dann erholen die Reben sich nicht; auch wenn man sie schneidet,

treiben sie nicht und können von unten nie wieder erstarken.
Nur noch der Brandstifter lebt, der wilde, mit bitteren Blättern.

Laß dir von niemandem einreden – sei er auch noch so erfahren –,
etwa bei Nordwind das völlig erstarrte Erdreich zu lockern!
Frosthauch verriegelt den Boden, und wenn man Stecklinge einsetzt,
können sie, selber erstarrt, nicht Wurzel fassen. Am besten
pflanzt sich der Wein, wenn im rosigen Prangen des Frühlings die Störche
kommen mit glänzendem Federkleid, bitter gehaßt von den Schlangen,
oder bei Eintritt der Herbstkälte, wenn auf eilendem Wagen
Sol zwar die Wintergestirne noch nicht erreichte, der Sommer
aber schon fortzog. Der Frühling belaubt die Gehölze, beglückt auch
Pflanzungen. Unter ihm schwillt die Erde und wünscht sich den Samen.
Nieder steigt in befruchtendem Guß der allmächtige Vater
Äther zum Schoß der blühenden Gattin und lockt allenthalben
Früchte hervor, gewaltig vereint dem gewaltigen Erdkreis.
Selbst aus entlegenem Buschwerk hallen die Stimmen der Vögel,
Tiere vollziehen im Bannkreis der Tage die Pflichten der Venus.
Nährend ersprießt der Acker, im linden Hauche des Zephyr
öffnet das Erdreich den Schoß, und Feuchtigkeit schmeichelt den Trieben.
Festes Vertrauen setzen die Keime ins Steigen der Sonne,
keineswegs fürchten die Weinranken noch den Angriff des Südsturms
oder den Wolkenbruch, den der Nordwind am Himmel daherpeitscht,
sondern sie treiben Knospen und lassen das Laub sich entfalten.
Ebenso leuchteten bei der Entstehung des wachsenden Weltalls
sicher die Tage und trugen in ihrem Verlaufe die gleichen
Züge: Der Frühling herrschte, der Frühling lenkte mit starken
Kräften die Welt, die Ostwinde wehten nicht winterlich grausam,
als das erste Getier vom Sonnenlicht trank, das der Erde
eben entwachsene Menschengeschlecht die Häupter emporhob,

Wälder dem Wild sich öffneten, Sterne am Himmel erschienen.
Heute ertrügen nicht zarte Gewächse die Härte des Daseins,
wenn nicht die Schonzeit des Frühlings zwischen dem Frost und der Hitze
läge, der Himmel nicht einmal auch gnädig das Land überwölbte.

Sämtliche Pflanzen, die du im Gartenland setztest, bedecke
reichlich mit nahrhaftem Dünger und häufle sie sorglich zur Höhe,
grabe poröse Steine mit unter, auch krustige Muscheln:
Feuchtigkeit dringt an ihnen vorbei, es bleibt auch ein Lufthauch
wirksam, und beides ermuntert die Pflanzen. Nicht wenige Winzer
packen auch Steine und schwerere Scherben über das Pflanzloch,
schützen dadurch vor starken Niederschlägen die Rebe,
auch vor der Hitze des Hundssterns, die Risse im Erdreich hervorruft.

Nach dem Einsetzen muß wiederholt man den Boden noch lockern
rings um die Pflanzen, schwingen die Hacke mit ihren zwei Zinken
oder durch Pflügen die Erde bewegen und quer durch die Reihen
lenken das Schar, das die Stiere, keuchend vor Anstrengung, ziehen;
später geglättete Rohrstangen, Pfähle auch, sorgsam geschälte,
Stützen aus Eschenholz, kräftige Gabeln rammen ins Erdreich;
hieran sollen die Reben sich hochranken, Widerstand gegen
Stürme erlernen und astweises Klettern zum Wipfel der Ulmen.

Während die junge Rebe die ersten Blätter hervortreibt,
schone die zarten Gewächse; solange der Setzling sich munter,
gleichsam ein Pferd mit gelockerten Zügeln, hinaufrankt durch reine
Lüfte, darf man ihn nicht mit dem Messer beschneiden; die Blätter
lese man sorgfältig aus und pflücke sie dann mit den Händen.
Treiben die Ranken schon stärker, umschlingen die Ulmen mit festen
Armen, dann stutze die Äste oben und seitlich – sie schaudern
noch vor dem Eisen –, dann endlich übe die zähmende Herrschaft,
halte entschlossen in Schranken die ungehemmt schießenden Triebe!

Hecken auch sollte man ziehen, den Viehherden wehren, solange
wenigstens, bis sich das zarte Laub an Härten gewöhnte.
Außer dem grausamen Winter und dörrender Sonnenglut setzen
nämlich die Wildrinder noch und die gierigen Rehe der Pflanzung
fortwährend zu, tun Schafe und naschhafte Kühe sich gütlich.
Ja, die Kälte des schimmernden Rauhreifs oder die furchtbar
lastende Hitze über den trockenen Berghöhen schaden
weniger als das Vieh und die mitleidlos nagenden Zähne,
als die im arg zerbissenen Stamm verbleibende Narbe.
Deswegen opfert man auch dem Bacchus auf allen Altären
eben den Bock und gibt es seit langem dramatische Spiele,
stifteten Enkel des Theseus schon Preise für Dichter und Spieler,
die in den Dörfern, auf Landstraßen auftraten, wagten beim Zechen
heiter, auf weichem Rasen, den Sprung aufs gefettete Bocksfell.
Auch die ausonischen Landleute, Enkel der alten Trojaner,
spielen in einfachen Versen und zügellos lautem Gelächter,
setzen auch Masken sich auf, die aus Rinden sie schnitzten, und
rufen,
Bacchus, dich an mit frohen Gesängen und hängen zu deinem
Ruhme noch wachsgefertigte Bildchen an ragende Kiefern.
Deshalb entwickeln in jeder Pflanzung sich üppig die Trauben,
füllen mit Früchten sich tiefe Täler und waldige Triften,
wohin auch immer der Gott sein freundliches Angesicht wendet.
Zollen wir demgemäß fromm dem Bacchus mit Liedern der
Ahnen
schickliche Ehren, reichen ihm volle Schüsseln und Kuchen,
führen am Horn den geweihten Bock zum Altare und braten
fette Opferfleischstücke an Spießen vom Haselstrauchholze!

Weitere Arbeit zur Pflege der Weinstöcke gibt es, und niemals
tut man dabei des Guten zuviel: Man sollte alljährlich
dreimal, ja viermal pflügen den Boden und ständig die Schollen
gründlich mit umgekehrter Hacke zerkrümeln, das Laubwerk
auslichten auch. So verrichtet der Landmann sein Tagwerk im
Kreislauf,
ganz wie auch selber das Jahr auf den eigenen Spuren dahinzieht.
Schon zu der Zeit, da der Weinstock die Blätter abwirft im
Herbste,

eiskalter Nordwind den Wäldern entrafft den schimmernden
Laubschmuck,
macht sich ein eifriger Bauer Gedanken über den nächsten
Jahresertrag. Mit dem Winzermesser des Gottes der Saaten
schneidet die kahlen Ranken er, leitet durch Kürzen ihr
Wachstum.
Grab als der erste den Boden, verbrenn als erster den Abfall,
bringe als erster auch unter Dach die Stützpfähle, ernte
aber als letzter! Zweimal werden die Reben beschattet,
zweimal bedrängt das Unkraut dicht wuchernd die treibenden
Stöcke;
beides erfordert Schwerarbeit. Lobe die riesigen Felder,
pflege ein kleines! Auch dornige Schäfte des Wildspargels werden
emsig geschnitten im Wald, an den Ufern der Flüsse das
Schilfrohr;
Fleißige holen sich Ruten vom Dickicht wildwachsender Weiden.
Fertig gebunden sind schon die Reben, geschnitten die
Pflanzung,
singend durchschreitet zum Schluß die gepflegten Reihen der
Winzer.
Freilich, auch weiterhin gilt es den Boden staubfein zu lockern,
droht noch Jupiters Hagelschlag reife Trauben zu treffen.

Weniger Pflege verlangt dagegen der Ölbaum. Er wartet
nicht auf den Einsatz der Sichel, der kraftvoll zupackenden
Hacke,
schlug er erst einmal Wurzeln im Erdreich und trotzt er dem
Luftzug:
gibt doch der Boden, sofern man ihn lockert, reichlich den
Pflanzen
Feuchtigkeit, trägt auch, nach sorglichem Pflügen, üppige
Früchte.
Deswegen ziehe den Freund des Friedens, den stattlichen
Ölbaum!

Ähnlich die Obstbäume: Spüren sie erst die Stärke des Stammes,
werden der eignen Kraft sich bewußt, so streben sie zügig
auf zu den Sternen, selbständig, brauchen nicht unsere Mühe.

Ebenso reifen inzwischen in allen Waldungen Früchte,
röten sich, ohne Pflege, an Vogelhecken die Beeren.
Schneckenklee kann man sich mähen; der Hochwald liefert uns Kienholz,
Nahrung für Feuer zur Nacht und Spender des Lichtes. Da sollten
Menschen noch zaudern, beim Säen und Pflanzen sich Mühe zu geben?

Warum jedoch das Größere preisen, wo Weiden und niedrer
Ginster bereits für Herden ihr Laub, für Hirten den Schatten
spenden, als Hecke den Saaten, als Nährstoff dem Honigseim dienen!
Freudig betrachtet man den Cytorus voll wogendem Buchsbaum,
Haine narykischen Pechharzes auch – mit Freuden die Fluren,
die nicht der Hacke bedürfen und nicht der Mühsal des Menschen:
Wälder auf Kaukasoshöhen, zwar arm an eßbaren Früchten,
oftmals vom Oststurm durchtobt, geknickt und von dannen gewirbelt,
liefern vielfältig Erträge, bieten als wertvolles Nutzholz
Kiefern für Werften, Zypressen und Zedern zum Hausbau. Aus ihnen
drechselt der Landmann sich Speichen und dicke Scheiben für Räder,
wölbt sie zu Schiffskielen auch und nutzt sie zum Bauen von Booten.
Reichlich Ruten gewährt uns die Weide, Blätter die Ulme,
kräftige Lanzenschäfte die Myrte, vorzüglich die Kirsche,
biegsames Holz für ituräische Bogen der Taxus.
Lindenholz, trefflich zu glätten, und Buchsbaum, zum Drechseln geeignet,
lassen sich vielfach gestalten, mit Schnitzmessern kunstreich auch höhlen.
Mühelos schwimmt die Erle dahin auf dem reißenden Padus.
Unterschlupf bieten den Schwärmen der Bienen rissige Rinden,
aber die tiefen Höhlungen auch in schadhaften Eichen.
Boten die Gaben des Bacchus uns einen vergleichbaren Nutzen?

Ja – doch er machte sich schuldig auch, tötete wilde Kentauren,
einen Rhoitos und Pholos wie einen Hylaios, der grimmig
auf die Lapithen losging mit einem gewaltigen Weinkrug.

Ausnehmend glücklich, ihr Landleute, seid ihr, sofern ihr nur euren
Segen erkennt! Euch bietet, den Waffen der Zwietracht enthoben,
Tellus, der Hort des Rechts, aus dem Boden gütig die Nahrung.
Wenn auch kein ragendes Haus mit stolzen Toren aus allen
Räumen den wimmelnden Schwarm der Vormittagsgäste herausspeit,
wenn man auch keine Türpfosten, schimmernd von herrlichem Schildpatt,
keine Kleider mit Goldrand und keine korinthischen Bronzen
anglotzt, die weiße Wolle nicht tränkt mit assyrischem Giftstoff,
auch nicht mit Zimtsalbe sauberes Öl verpanscht und verschlechtert:
Ruhe, von Sorgen befreit, und ein Leben, das Lügen verabscheut,
Reichtum, an vielerlei Schätzen, Muße in weiten Gebieten,
Grotten, natürliche Seen, ein köstlich erquickendes Tempe,
brüllende Rinder, ein sanfter Schlummer im Schatten von Bäumen –
all das gehört euch! Waldige Schluchten und Wildlager gibt es,
rüstige Menschen, zufrieden mit wenigem, zäh bei der Arbeit,
Ehrfurcht vor Göttern und Achtung vor Alten; hier findest du letzte
Spuren der Göttin des Rechts, die einstmals hinwegfloh von Erden.

Musen, die über alles ich liebe, ihr, deren geweihte
Schätze ich trage, von inniger Neigung durchdrungen: Empfanget,
bitte, mich gnädig und zeigt mir die Straßen des Himmels und Sterne,
wie sich die Sonne verfinstert, der Mond sich in Phasen entwickelt;
weshalb die Erde erbebt, weswegen die Meere gewaltig

schwellen und Dämme zerbrechen, zurück in sich selber dann fluten,
warum die Sonne im Winter so früh in den Ozean eintaucht,
Nächte im gleichen Zeitraum so lange sich hinziehen! Sollte
freilich mein Herzblut in solchem Umfang erkalten und stocken,
daß ich zu schwach bin, forschend die Kraft der Natur zu begreifen,
wünschte ich Landleben mir, erfrischende Bäche in Tälern,
liebte Flüsse und Wälder, verschmähte den Ruhm. Ihr Gefilde
rings am Spercheus, Taygetusberge, durchschwärmt von den Mädchen
Spartas! Wer leitete mich in die eiskalten Täler des Haemus,
böte mir Schutz im gewaltig dunkelnden Schatten der Zweige?

Glücklich der Mensch, der das Wesen der Welt zu erfassen vermochte,
jegliche Furcht, das unerbittliche Schicksal, das gelle
Dröhnen des gierigen Acheron gleichermaßen besiegte!
Glücklich auch, wer die ländlichen Gottheiten geistig erfaßte,
Pan und den greisen Silvanus, dazu die verschwisterten Nymphen:
Nicht die vom Volke verliehenen Faszen, nicht fürstlicher Purpur
locken ihn, auch nicht die Zwietracht, die Brüder zum Treubruch verleitet,
nicht die Daker, die Aufrührer fern am Ufer des Hister,
weder Roms Bürgerkrieg noch der Untergang anderer Staaten;
Mitleid mit Armen quält ihn so wenig wie Neid auf die Reichen.
Was ihm die Obstbäume, was ihm die Äcker freiwillig spenden,
erntet er. Aber er kennt nicht das grausame Ringen um Rechte,
nicht den Wahnwitz des Forums und nicht die Archive des Staates.

Andere peitschen mit Rudern die lauernde Flut, auf das Schlachtfeld
stürmen sie, dringen in fremde Burgen und Fürstenpaläste;
mancher bedroht mit Untergang Stadt und arme Penaten,
um nur aus Edelsteinbechern zu trinken, auf Purpur zu schlafen;
mancher auch hortet den Reichtum und liegt auf vergrabenem Golde.

Dieser erstrebt bewundernden Beifall als Redner; doch jener
giert nach dem Klatschen der Zuschauer in dem Theater – da klatschen
Plebs und Senat! Nicht ungern vergießt auch Bruderblut mancher,
muß als Verbannter darauf die heimische Schwelle verlassen,
sucht sich ein neues Vaterland unter ganz anderer Sonne.

Aber der Landmann durchfurcht mit dem Pflugschar das Erdreich: Des Jahres
Arbeit gewinnt er damit und erhält sich Heimat, bescheidne
Wohnstatt, das Großvieh, die Stiere, die reichlich die Mühe ihm lohnen;
ununterbrochen verschafft ihm der Jahreslauf Baumobst in Fülle,
Nachwuchs an Vieh und Ähren der Ceres in stattlichen Garben,
füllt mit Erträgen die Äcker und findet kaum Platz in den Scheunen.
Wurde es Winter, entpreßt er das Öl sikyonischen Früchten,
fett von der Eichelmast kehren die Schweine zurück, und die Wälder
schenken ihm Beeren; der Herbst bringt vielerlei Gaben, am Felshang
reifen hoch oben im Glanz der Sonne die köstlichen Trauben.

Jenseits des Tagwerks umarmen und küssen die Kinder den Vater;
sittliche Reinheit waltet im Hause; es tragen die Kühe
prallvolle Euter; auf blühender Weide üben die Böckchen
üppig sich untereinander im Zweikampf mit stoßenden Hörnern.
Feiern richtet der Bauer selbst aus. Gelagert im Grase,
neben der Herdflamme, wo die Gefährten den Mischkrug bekränzen,
ruft er, Lenaeus, beim Opfer dich an; für den Wettkampf im Speerwurf
weist er den Hirten ein Ziel im Schatten der Ulme; zum Ringkampf
streift man die Kleider herab von den abgehärteten Körpern.
Derartig lebten zu alter Zeit die Sabiner, genauso
Remus und Romulus, so auch das starke Volk von Etrurien.

Ebenso wuchs auch Rom zur herrlichsten sämtlicher Städte,
faßte im Mauerring seine sieben Burgen zusammen.
Ehe der Gott von Dikte die Weltherrschaft antrat und ehe
sittlich verkommene Menschen geopferte Stiere verzehrten,
lebte im goldenen Weltalter derart Saturnus auf Erden.
Damals vernahm man noch kein Trompetengeschmetter; noch dröhnten
keinerlei Schwerter unter den Hammerschlägen der Schmiede.

Doch wir durchmaßen im Lauf schon eine gewaltige Strecke;
auszuschirren die dampfenden Rosse, gebietet die Stunde.

DRITTER GESANG

Dich auch, du mächtige Pales, und dich, du Hirt von Amphrysus,
ruhmreicher Gott, auch euch Wälder und Ströme vom Berge Lycaeus
will ich besingen. Was sonst in Stunden der Muße uns fesselt,
ist allgemein schon bekannt. Wer weiß nichts vom strengen Eurystheus
oder auch von dem Altar des berüchtigten Königs Busiris?
Wer vernahm nichts vom jungen Hylas, von Leto und Delos,
Hippodameía, von Pelops, bekannt durch die Elfenbeinschulter
wie durch die Reitkunst? Neue Wege muß ich beschreiten,
um in die Höhe zu kommen, als Sieger gepriesen zu werden.
Heimführen möchte ich, wenn nur mein Leben noch ausreicht, als erster
von dem aonischen Gipfel herab die Musen, als erster
dir idumäische Palmen, mein Mantua, bringen, und möchte
mitten im Grünen dir einen Tempel aus Marmor errichten
nahe am Wasser, dort wo in geruhsamer Windung der breite
Mincius strömt und die Ufer verhüllt in wogendem Schilfrohr.
Drinnen im Tempel möge mir Caesar das Heiligtum hüten.
Siegreich, vor aller Augen im Mantel aus tyrischem Purpur,
werde ich hundert Viergespanne zum Flußrand geleiten;
fort vom Alpheus, vom Hain des Molorchos zieht dann ganz Hellas,
wird sich bei mir im Wettlauf, im rohen Faustkampfe messen.
Opfer biete ich selbst dar, geschmückt das Haupt mit den Blättern,
die man vom Ölbaume schnitt. Mit Freuden führe ich jetzt schon
bis zu dem Tempel den Festzug, erblicke geopferte Stiere,
sehe auch, wie das Bühnenbild wechselt, und sehe die prachtvoll
eingewebten Britannier die purpurnen Vorhänge heben.
Darstellen will auf den Torflügeln ich die Kämpfe am Ganges
wie auch den Sieg des Quirinus, in Gold und in Elfenbein, weiter
den von der Kriegsflamme wallenden, mächtig geschwollenen Nilstrom,
auch die vom Erz der erbeuteten Schiffe gegossenen Säulen;

fernerhin Asiens bezwungene Städte, die Flucht des Niphates,
weichende Parther, vom Sattel aus rückwärts die Pfeile gerichtet,
zweierlei Siegestrophäen, zweierlei Feinden entrissen,
auch zwei Triumphe, errungen an zwei verschiedenen Küsten.
Standbilder sollen dort ragen, naturgetreu, parischer Marmor:
Stamm des Assarakos, Nachkommen Jupiters, Tros als der Ahnherr,
Phöbus, der kynthische Gott, der die Mauern von Troja erbaute.
Aber der elende Dämon des Neides soll vor den Furien
zittern, dem grausamen Strom des Kokytos, den Schlangen Ixions,
die ihn ans Schreckensrad fesseln, und vor dem Sisyphusfelsblock!
In das noch niemals besungene waldreiche Land der Dryaden
führt mich inzwischen dein wahrlich nicht sanftes Drängen, Maecenas.
Ohne dich kann ich nichts Großes gestalten. Wohlan denn, ich werde
länger nicht säumen. Laut ruft der Kithairon, laut ruft mich die Meute
aus dem Taygetus, auch Epidaurus, die Herrin der Rosse,
doppelt so laut erdröhnt der Widerhall rings aus den Wäldern.
Aufraffen möchte ich mich, die Kriegsflammen Caesars zu rühmen,
ehrenvoll seinen großen Namen so lange zu preisen,
wie von des alten Tithonos Geburtstag Jahre ihn trennen.

Mag, aus bewunderndem Streben nach der olympischen Palme,
Rosse man halten, mag man, zum Pflügen, sich kräftige Stiere
wünschen: Stets muß man das Muttertier prüfen. Die tüchtigste Zuchtkuh
jagt dem Betrachtenden Furcht ein mit häßlichem Schädel und breitem
Nacken, mit einer vom Kinn zu den Schenkeln schwankenden Wamme.
Ungemein streckt sich die Flanke; riesig wirken die Glieder,
auch die Hufe, unter den Hörnern die borstigen Ohren.
Kühe mit weißlich gesprenkeltem Fell verwerfe ich gar nicht,

Tiere auch nicht, die sich aufbäumen gegen das Joch, die auch stoßen,
eher den Stieren ähneln an Wuchs und Höhe des Körpers,
während des Schreitens die Tapfen verwischen mit schlenkerndem Schwanze.
Das für Lucina sowie Hymenaeus geeignete Alter
reicht bis zum zehnten Jahre, beginnt in dem fünften; die andren
Zeitstufen eignen sich weder zur Zucht noch zum Einsatz beim Pflügen.
Lasse deswegen die Stiere zum Sprung zu, solange die Herden
jung noch sich tummeln; schicke als erster die Tiere zur Paarung,
sorge durch zeitige Zeugung für einen genügenden Nachwuchs!
Schwindet dem armen Sterblichen doch die günstigste Spanne
immer am schnellsten. Krankheiten kommen und trauriges Alter,
Mühsal dazu, der Tod entrafft erbarmungslos alle.
Ständig wirst du einige Tiere austauschen wollen,
ständig ergänze die Abgänge, um Verluste zu meiden.
Komme ihnen zuvor, verschaffe alljährlich dir Jungvieh.

Ebenso sorgfältig hast du die Auswahl bei Pferden zu treffen.
Tiere, auf die du dich stützen möchtest bei weiterer Aufzucht,
mußt du von Jugend an schon besonders aufmerksam pflegen.
Füllen von tüchtiger Rasse tummeln auf Weiden sich frischer,
regen mit größrer Gelenkigkeit ihre geschmeidigen Glieder.
Anderen stürmt es voran, schwimmt mutig durch reißende Ströme,
wagt es, auch Brücken, die es nicht kennt, beherzt zu betreten,
scheut nicht bei jedem Geräusch. Stolz trägt es den Nacken, der Schädel
wirkt wie vom Künstler geschnitten, gedrungen der Bauch und die Kruppe
fleischig; von Muskeln schwillt die tapfere Brust. Man erachtet
Fuchsbraun und Blaugrau als günstige, Weiß und Blaß-bräunlich als schlechte
Zeugen der Rasse. Vernimmt ein Vollblut Kampflärm von ferne,
bleibt es nicht ruhig, nein, zuckt mit den Ohren und zittert an allen
Gliedern und schnaubt aus den dampfenden Nüstern die inneren Gluten.

Üppig wallt die Mähne, rechts über die Flanke geschleudert.
Scheinbar verdoppelt durchzieht das Rückgrat die Lenden; die festen
Hufe dröhnen beim Aufschlag und prägen tiefsitzende Spuren.
Ebenso glänzte Hengst Cýllarus, den in Amyclae einst Pollux
bändigte, ebenso auch das von griechischen Dichtern gerühmte
Doppelgespann des Mars und die Rosse des Helden Achilles.
Ebenso ließ Saturnus, als er, überrascht von der Gattin,
jäh sich zum Pferde verwandelte, flattern die Mähne vom Nacken,
sprengte davon; sein Wiehern dröhnte vom Pelion nieder.

Doch wenn der Zuchthengst erkrankte oder auch alternd erschlaffte,
laß ihn wie andere Haustiere arbeiten, nimm auf die Jahre
keinerlei Rücksicht! Er taugt nicht zum Sprunge mehr, müht sich vergeblich;
fängt er mit einer Stute noch an ein Liebesgeplänkel,
nützt die Erregung ihm wenig, sie gleicht der Flamme, die plötzlich
aufschießt im Stroh. Auf Ungestüm folglich sowie auf das Alter
achte vor allem, danach erst auf andres, den Stammbaum, des Hengstes
Scham bei verlorenem Wettlauf und Stolz nach errungenem Siege.
Siehst die Gespanne du vorwärtsschießen beim Start und zum Ziele
unaufhaltsam in rasendem Lauf die Bahnen durchmessen,
spürst die Erwartung der Lenker, den Umschwung sodann vom Frohlocken
bis zur bestürzenden Furcht? Sie schwingen die Peitsche, sie lockern,
vorwärts gebeugt, die Zügel; wild dreht sich, schon glühend, die Achse.
Jetzt noch am Boden, jetzt aufwärts gehoben, so scheinen die Wagen
hin durch den leeren Luftraum zu fliegen, ja höher zu steigen.
Keinerlei Ruhe, kein Rasten; Sand stäubt in gelblichen Schwaden.

Eigener Schaum, auch Schaum der Gefährten umwirbelt die
Rosse.
Derart hitzig erstreben den Ruhm sie, die Palme des Sieges.
Fürst Erichthonios schirrte als erster mutig vor seinen
Wagen ein Viergespann, meisterte standhaft die Fahrt bis zum
Siege.
Zügelgebrauch und das Reiten im Kreis auf dem Rücken der
Pferde
führten Lapithen Thessaliens ein, auch das Tummeln der Rosse
unter bewaffnetem Reiter und stolzes, lockeres Traben.
Gleiches verlangen wie Reiten Wagenrennen; so achten
Viehmeister stets auf Jugend, Schnelligkeit, Feuer der Pferde,
schalten die älteren aus, wie oft sie den Feind auch vom
Schlachtfeld
jagten, Epirus als Ursprungsland preisen oder Mykene,
Heimstatt der Helden, oder Neptun gar als Stammvater nennen.

Unter Beachtung all dessen erreicht man die Paarungszeit. Alle
Sorge verwendet man jetzt auf gute Ernährung des Hengstes,
den man zum Führer der Herde erwählt und zum Decken der
Stuten.
Blühende Kräuter mäht man für ihn, verabreicht ihm frisches
Wasser und Korn; der lockenden Mühsal sei er gewachsen;
schwächliche Fohlen sollen nicht zeugen vom Darben des
Vaters.
Abmagern läßt man dagegen bewußt die Stuten und Kühe;
drängt sie der ihnen bereits vertraute Trieb zur Begattung,
sperrt man das Laubfutter ihnen, hält sie auch ferne von Quellen,
zwingt sie auch oft zur Bewegung und scheucht sie bei
drückender Hitze,
während beim Drusch gewaltig die Tenne erdröhnt und der
Westwind
munter die nichtige Spreu in die Höhe wirbelt und fortbläst.
Soll doch der fruchtbare Acker durch allzu üppige Nahrung
ja nicht ermatten und nicht durch Verschlämmung die Furchen
ersticken,
sondern begierig den Samen empfangen und sorglich verwahren.

Dann überträgt von den Vätern die Sorge man gleich auf die
Mütter.
Schreiten nach Ablauf der Frist die Tiere, trächtig geworden,
ratlos umher, dann sollten sie nicht mehr belastete Wagen
ziehen, nicht über die Straße setzen in Sprüngen, nicht Wiesen
eilig durchstapfen oder in reißenden Flüssen gar schwimmen.
Einsam auf Waldtriften weiden sie, auch an gemächlichen
Strömen,
wo sich ein Moosteppich breitet, die Ufer versteckt sind im
Grünen,
Deckung in Höhlen sich bietet und Felswände Schatten
gewähren.
Nahe den Wäldern des Sílarus, nah dem Alburnus mit seinen
grünenden Steineichen schwirrt ein Insekt, bei den Römern
Asilus,
doch bei den Griechen Oistros genannt, die Stechfliege, ständig
angriffsbereit; vor ihrem durchdringenden Surren erschrecken
Herden sogar und stieben hinweg von den Triften, erschüttern
Lüfte und Wald und des Tánager trockenes Flußbett mit ihrem
Wehegebrüll. Einst verwandte Juno dies Untier in ihrer
rasenden Eifersucht, um die arme Io zu quälen.
Hüte vor ihm – es wütet am stärksten im Gluthauch des
Mittags –
sorglich die trächtigen Tiere, weide sie, während die Sonne
aufgeht oder die Nacht das Heer der Sterne heranführt!

Hat erst geworfen das Tier, gilt sämtliche Sorge den Jungen.
Eingebrannt werden ihnen sogleich die Zeichen des Stammes,
Merkmale auch, ob sie dienen sollen zur weiteren Aufzucht
oder als Opfertiere oder zum Pflügen der Äcker
wie zum erneuten Umbrechen aufgeworfener Schollen.
Sämtliche übrigen Tiere weiden auf grünenden Flächen;
jene von dir zum Einsatz im Felddienst bestimmten dagegen
nimm schon als Kälbchen in Zucht, mit methodischer Strenge, so
lange,
jugendlich lenkbar, die Tiere noch besser sich anleiten lassen.
Lege zunächst nur lockre, aus zarten Weiden geflochtne
Reifen um ihre Hälse. Gewöhnte, noch frei, sich der Nacken

erst an die Knechtschaft, dann schirre geeignete Tiere zu Paaren
fest in die Reifen und zwinge die Stiere zum Gleichmaß im Schreiten.
Lasse nunmehr wiederholt sie leere Fahrzeuge ziehen
über den Boden und flachere Spuren ins Erdreich nur drücken;
später dann stöhne die Achse aus Buchenholz angestrengt unter
Lasten und ziehe die eherne Deichsel die Radpaare vorwärts.
Für die noch ungezähmten Jungtiere pflück nicht bloß Kräuter,
dürftiges Weidenlaub oder auch Schilf aus dem Sumpfe, nein, schneide
grünende Saaten für sie; und lasse die säugenden Kühe
nicht, wie die Väter es hielten, mit schneeweißer Milch nur die Eimer
füllen: Vergönne den reizenden Kleinen den Inhalt der Euter!

Sinnt man auf Kriegführung eher, den Einsatz berittener Truppen,
oder auf Rennen zu Pisa, längs des Flusses Alpheus,
wo man im Jupiterhain mit den Wagen im Fluge dahinbraust,
muß man die Pferde zunächst an erbitterte Kämpfe gewöhnen,
an das Trompetengeschmetter, das Rasseln rasender Räder,
auch an das Klirren des Halfters im Stall; ganz allmählich auch daran,
Freude zu spüren, wenn einmal der Züchter ein Lobeswort ausspricht,
gern auch zur Anerkennung den Nacken sich klopfen zu lassen.
Gleich von den Zitzen der Stute an soll sich das Füllen zu solchem
Streben ermuntert sehen, noch schwächlich und zitternd, der eignen
Kraft kaum bewußt, das Maul dem gepolsterten Zaumzeuge bieten.
Hat es den vierten Sommer erreicht, dann soll es beginnen
mit dem Erlernen des Kreisgangs, der taktmäßig stapfenden Schritte,
weiter des Wechsels im Krümmen der Schenkel, alles im Sinne
ernsthafter Arbeit; schließlich fordre zum Wettlauf die Lüfte
kühn es heraus und fliege, als trüge es keinerlei Zügel,
über die Ebene, kaum mit den Hufen den Boden berührend.

Wie wenn der Nordsturm vom Strande der Hyperboreer
heranfegt,
skythische Unwetter, Wolken dazu, die nicht regnen, in breiter
Front vor sich herschiebt, die Fluren mit wogenden Saaten
erschauern
unter den sanfteren Windstößen schon, die Wälder laut rauschen,
gegen die Küste die weithin gestreckten Flutwellen branden:
Ebenso fliegt es, wie über die Fluren so über die Wogen.
Hierauf dürfte das Roß in Elis am Ziele der weiten
Rennstrecke schwitzen und blutigen Schaum aus dem Maule
versprühen
oder auch belgische Kampfwagen ziehen mit fügsamem Nacken.
Jetzt, nach dem Abschluß der strengen Dressur, laß wachsen den
Renner,
gib ihm ein kraftvolles Futter. Tätest du dies vor dem Abschluß,
würde zu üppig das Tier, es ließe nicht länger sich fangen,
nicht mehr sich schlagen, gehorchte nicht einmal dem stachligen
Brechzaum.

Aber kein Streben fördert stärker die Kräfte des Tieres
als Unterdrückung der Brunst, des blinden Triebes zur Paarung,
magst du die Zucht von Rindern bevorzugen oder von Pferden.
Deshalb auch läßt man die Stiere entfernt und in Einsamkeit
weiden,
hinter den Bergen und jenseits der Ufer breitströmender Flüsse,
oder man hält, an vollen Krippen, sie fest in der Stallung.
Zehrt doch der Anblick der Kuh mit der Zeit an den Kräften der
Stiere,
läßt sie durch schmeichelnde Lockung die waldige Trift und die
Kräuter
völlig vergessen; ja, oftmals zwingt er die stolzen Geschöpfe,
ihre Gefühle im Zweikampf mit stoßendem Horn zu entladen.

Ruhig weidet die stattliche Kuh im Silagebirge.
Aber zwei Stiere kämpfen erbittert gegeneinander,
schlagen sich Wunden, Blut rieselt schon düster über die
Leiber;
brüllend vor Wut, so prallen sie mit den Hörnern zusammen,

Widerhall dröhnt aus den Wäldern und dröhnt vom hohen Olympus.
Länger nicht hausen die Gegner in *einem* Stall. Der Besiegte
zieht sich zurück und lebt als Verbannter in fernen Gebieten.
Bitter beklagt er die Schmach, die Stöße des hohnvollen Gegners,
seine verlorene Liebe; er kann den Räuber nicht strafen,
blickt noch zurück auf den Stall, verläßt dann die Heimat der Ahnen.
Aber mit höchster Anstrengung übt er in Zukunft die Kräfte,
ruht, voll innerer Unrast, im felsigen Grund nur auf rauher
Laubschütte, nährt sich von zähem, schneidendem Riedgras, bemüht sich
ununterbrochen, der Wut in Hornstößen Luft zu verschaffen.
Baumstümpfe wählt er zu Gegnern, fordert zum Kampfe die Lüfte,
wühlt auch, den Ernstfall zu üben, stäubend im Sand mit den Hörnern.
Aber sobald er die Kräfte gestählt hat, gesammelt zum Angriff,
zieht er zum Kampf, überrascht im Ansturm den sorglosen Gegner –
wie, noch auf hoher See, die Woge, sich hebend, zu schimmern
anfängt, weit draußen sich höher dann wölbt und gegen die Küste
brausend sich wälzt, mit gewaltigem Rauschen die Klippen umbrandet,
riesig, ein Berg, dann vom Gipfel herniederbricht, gleichsam mit Zungen
leckend den düsteren Grund des Ufersandes emporwühlt.

Alle Geschöpfe auf Erden, die Menschen, die Tiere der Wildnis,
Wasserbewohner, das Vieh, die Vögel mit buntem Gefieder,
stürzen in flammenden Rausch: Kein Unterschied gilt vor der Liebe.
Eben im Brunstrausch durchirrt die Löwin, die Jungen vergessend,
wilder als sonst die Fluren, zerfleischen im Walde die plumpen
Bären so zahlreiche Opfer und morden in blindem Gemetzel,
wüten die Eber, gieren nach Blut am schärfsten die Tiger.
Wehe dem Elenden, der dann allein durch Libyen pilgert!

Sieh, wie die Hengste am ganzen Leibe zu zittern beginnen,
wenn sie die ihnen bereits bekannte Ausdünstung wittern!
Weder durch Halfter noch heftige Hiebe kann man sie halten;
Anhöhen, felsige Klüfte, mächtige Ströme, die Steine
hoch von den Berghalden mitreißen: Nichts vermag sie zu hemmen.
Selbst der sabellische Eber wetzt sich wütend die Hauer,
scharrt mit den Klauen im Laufen das Erdreich, scheuert die Rippen
kraftvoll an Bäumen und macht sie gefühllos für jegliche Wunde.
Aber was wagt erst ein Junge, dem grausame Liebe den Körper
flammend durchglüht! Er schwimmt in nächtlicher Finsternis über
böengepeitschte Wogen, wild donnert das Himmelstor droben,
brechen die Wellen sich an den Klippen in tosender Brandung.
Weder vermögen die armen Eltern zurück ihn zu rufen,
noch die Geliebte: Sie stirbt auf dem furchtbar zerrissenen Leichnam.
Gleiches Verlangen stachelt die scheckigen Luchse des Bacchus,
Wölfe und Hunde zum Kampf, sogar friedfertige Hirsche.
Aber vor allem kennt man das brünstige Rasen der Stuten;
Venus selber entflammte das Viergespann, das den Gebieter,
Glaukos von Potniai, wild mit den reißenden Zähnen zermalmte.
Liebesdrang jagt sie auch über den Gargara und den Askanios,
läßt sie die Berge erklettern und rauschende Ströme durchschwimmen.
Gleich wenn im gierigen Mark die nur glimmende Sehnsucht in Flammen
ausbricht – besonders im Lenz, da die Glieder erneut sich erwärmen –,
stehen, die Nüstern zum Zephyr gewandt, sie auf ragenden Felsen,
atmen die linden Lüfte und werden oftmals, auch ohne
Paarung, allein durch den Windhauch trächtig – ein Wunder! Dann stieben
fluchtartig sie auseinander, auf steinigen Höhen, in tiefen
Tälern, nicht, Euros, zu dir, und niemals zum Aufgang der Sonne,

nein, in die Nord- und Nordwestrichtung oder zum Ursprung des düstren
Südwinds, der oftmals den Himmel eintrübt mit eiskaltem Regen.
Jetzt erst beginnt aus ihrem Geschlechtsglied langsam der zähe
Schleim zu tropfen – als „Rossewut" wird er von Hirten bezeichnet –,
jener hochgiftige Saft, den böse Stiefmütter eifrig
sammeln und, magische Sprüche murmelnd, mit Kräutern vermengen.

Aber inzwischen enteilt die Zeit, die niemand mehr einholt,
während, im Banne der Liebe, wir uns dem Einzelnen widmen.
Sei es vom Großvieh genug! Es bleiben noch andere Pflichten:
wollespendende Herden zu weiden und zottige Ziegen.
Hier winkt Arbeit, hier rechnet mit Ruhm, ihr kraftvollen Bauern!
Sicher, ich weiß um die Schwierigkeit, mittels der Worte dies Thema
recht zu gestalten, dem Kleinen die Würde des Großen zu leihen.
Aber verführerisch lockt mich die Liebe durch einsame Schroffen
hoch am Parnassos; mit Freuden beschreite ich Höhen, von denen
keiner an sanftem Hang zur Kastaliaquelle hinabstieg.
Nunmehr, hochheilige Pales, möge mein Ruhmlied erschallen.

Damit beginne ich, daß in behaglichen Ställen die Schafe
fressen vom Heu, bis der Sommer in grünem Laubkleid zurückkehrt;
daß man den harten Boden mit Stroh und Bündeln von Farnkraut
reichlich bedecke, damit nicht der Frost den empfindlichen Tieren
schade, mit Räude und scheußlichen Klauengeschwüren sie schlage.
Weiterhin reichet den Ziegen grünende Erdbeerbaumblätter,
frisches Flußwasser auch, und errichtet derart die Stallung,
daß sie, geschützt vor dem Sturmwind, nach Süden gerichtet, im Winter
Strahlen der Sonne empfängt, wenn der eisige Wassermann eben

abzieht und gegen Ende des Jahres die Fluren durchfeuchtet.
Keine geringere Pflege dürfen den Ziegen wir widmen;
sind sie doch ebenso nützlich, mag auch milesische Wolle,
leuchtend von tyrischem Purpur, hohe Einkünfte bringen.
Denn sie vermehren bei Pflege sich stärker, geben auch reichlich
Milch; und je besser man ausmelkt die Euter in schäumende Kübel,
desto ergiebiger wird sich der Saft aus den Zitzen ergießen.
Gleichhohen Nutzen gewinnt man, wenn man cinyphischen Böcken
abschert den grauen Bart und die langhin sich kräuselnden Zotten,
die man für Kriegsgerät braucht und zu Decken für elende Schiffer.
Nahrung bieten den Ziegen die Bergwälder hoch am Lycaeus,
rankende Brombeeren, jedes Gestrüpp, das an Berghängen wuchert.
Rechtzeitig kehren von selbst sie zurück in die Ställe mit ihren
Jungen und kommen mit prallvollem Euter kaum über die Schwelle.
Schütze sie deshalb recht eifrig vor Frost und den Stürmen des Winters,
da sie ja sonst nur geringer Wartung durch Menschen bedürfen,
füttre sie reichlich und lasse an frischen Zweigen sie knabbern,
schließe den Heuboden auch nicht den ganzen Winter vor ihnen!

Aber sobald, bei lockendem Westwind, der heitere Sommer
Schafe wie Ziegen hinaus in die Berge, in Wälder, auf Triften
leitet, wollen bei Lucifers Aufgang wir gleich die noch kühlen
Fluren beweiden, frühmorgens, wenn grau erst die Grashalme schimmern,
Tau auf den zarten Kräutern noch perlt, ein Genuß für die Tiere!
Wenn dann die vierte Stunde den Tieren das Durstgefühl weckte
und die Zikaden im Buschwerk ihr Klagelied durchdringend zirpen,
lasse die Herden an Brunnen oder an künstlichen Teichen
trinken vom sprudelnden Naß aus Eichenholzröhren. Zur Stunde
drückender Mittagsglut suche dir einen schattigen Talgrund,

wo die gewaltige Sommereiche des Jupiter, altes
Kernholz, die Äste riesenhaft ausreckt oder ein dichtes
Wäldchen von Steineichen sein hochheiliges Dämmerlicht breitet.
Lasse sie wiederum Frischwaser trinken und wiederum weiden,
bis die Sonne herabsinkt, der Abend erquickend die Lüfte
kühlt und der Mond als Spender des Taus die Wälder neu
kräftigt,
Küsten vom Eisvogelschrei und Büsche vom Buchfinken hallen.

Soll ich in Versen die Hirten und Weiden Libyens dir schildern,
jene vereinzelt errichteten Hütten, die Wohnstatt der Menschen?
Tage und Nächte, ja einen ganzen Monat verbringen
oft auf der Weide die Herden und ziehen durch endlose Wüsten
ohne ein Obdach, liegen im Freien nur. Afrikas Hirten
führen das Ihrige mit sich, die Hüttenteile, den Hausgott,
alles Gerät, den Hund von Amyclae, den kretischen Köcher.
Ebenso kampfbereit zieht der Römer, zum Schutze der Heimat
kaum noch erträglich belastet, dahin, und ehe die Feinde
damit noch rechnen, tritt er zur Schlacht an, vor sicherem Lager.

Anders verfährt man im Lande der Skythen, am Strand der
Maeotis,
dort, wo der strudelne Hister gelbliche Schlammassen mitwälzt,
wo das Rhodopegebirge sich krümmt von Süden nach Norden.
Unter Verschluß in den Ställen wird dort das Großvieh
gehalten,
nirgendwo sprießen dort Kräuter auf Feldern noch Blätter an
Bäumen;
mächtige Schneewehen haben verwischt die Konturen des
Bodens,
sieben Ellen hoch reichen bei schneidendem Froste die Lasten.
Ewiger Winter herrscht hier und ewig der eisige Nordwind.
Niemals durchdringt Gott Sol die fahlen Dämmerungsschatten,
weder beim Aufsteigen seines Gespanns zum Himmelsgewölbe
noch bei dem Eintauchen in des Oceanus rötliche Fluten.
Plötzlich erstarren reißende Ströme unter der Eisschicht,
eisenbeschlagene Räder vermag das Wasser zu tragen,
Fahrweg für schwere, geräumige Wagen wie früher für Schiffe.

Zahlreiche Bronzegefäße zerspringen, am Leibe verhärten
Kleider, gefrorenen Wein zerschlägt man mit Äxten zu Stücken,
ganze Gewässer verwandeln sich zu eisigen Blöcken,
schaurige harte Zapfen wachsen an struppigen Bärten.

Aber dem Frost zum Trotze wirbeln die Schneeflocken weiter.
Eingeschneit schwindet das Kleinvieh, die mächtigen Leiber der Stiere
werden weiß überrieselt, gedrängt im Rudel erstarren
Hirsche im feindlichen Schwall, man erblickt die Geweihspitzen kaum noch.
Weder mit Hunden noch Netzen noch mittels der lähmenden Wirkung,
die von den purpurnen Federn ausgeht, erjagt man die Tiere;
während sie sich vergeblich gegen die Schneemassen stemmen,
sticht aus der Nähe man nieder die kläglich brüllende Beute,
schleppt sie in freudiger Stimmung mit lautem Triumphgeschrei heimwärts.

Tief in der Erde führen die Menschen in Höhlen ihr Leben,
sorglos und müßig, stapeln am Herde Eichenholz, ganze
Ulmen sogar, und nähren mit ihnen das lodernde Feuer.
Nächtelang spielen sie hier und schlürfen anstelle des Weines
Bier, auch gegorenen Saft aus sauren Vogelbeerfrüchten.
Derartig leben die Wilden, gepeitscht vom rhipäischen Ostwind,
unter dem hyperboreischen Siebengestirn und benutzen
gelbliche Felle des Viehs mit borstigen Haaren als Kleidung.

Möchtest du Wolle gewinnen, so halte die Schafe von rauhen
Wäldern, von Kletten und Burzeldorn fern, auch von üppigen Weiden;
suche dir Tiere sogleich mit weißer, weicher Behaarung.
Freilich, den Widder – glänzte auch fleckenlos weiß ihm das Fellkleid –
weise zurück, sofern am feuchten Gaumen die Zunge
schwärzlich nur wirkt: Er würde dir dunkel gesprenkelten Nachwuchs
schaffen. Wähle dir einen andern von viehreicher Weide!
Glaubt man der Sage, so lockte mit einem so schneeweißen Felle

listig Arkadiens Pan dich, Luna, hinein in den tiefen
Wald; und nicht abgeneigt warst du, dem Rufenden Folge zu leisten.

Möchtest Ertrag du an Milch, so schütte mit eigenen Händen
Schneckenklee, reichlichen Lotos und salziges Kraut in die Krippe.
Eifriger trinkt dann das Vieh, es dehnen die Euter sich straffer.
Mittels des Salzes erhält die Milch unaufdringliche Würze.
Die schon entwöhnten Böckchen hält man dem Muttertier vielfach
fern und versieht sie mit einem von Stacheln starrenden Maulkorb.
Milch, die man morgens gewann und am Tage, preßt man zu Käse
bis in die Nacht; was beim Sinken der Sonne man molk und im Dunkeln,
tragen die Hirten im Eimer zur Stadt am zeitigen Morgen.
Salzprisen gibt man der Milch auch und lagert sie dann für den Winter.

Ja nicht als letztes Geschäft betrachte die Aufzucht von Hunden,
füttre die flinken Spartaner vielmehr und den scharfen Molosser
sorglich mit angereicherter Molke. Bewachen sie deine
Stallungen, brauchst du den nächtlichen Dieb nicht zu fürchten, auch keine
streifenden Wölfe, den Überfall nicht von iberischen Räubern.
Einholen werden sie dir auch den scheuen Wildesel, werden,
ziehst du hinaus auf die Jagd, dir auch Hasen und Rehe erbeuten;
aufscheuchen wirst du oftmals mit deinen Kläffern die Eber,
die sich im Waldpfuhl sielen, auf ragenden Bergen mit lautem
Jagdgeschrei mächtige Hirsche hinein in die Fangschlingen hetzen.

Lerne den duftenden Zedernbaum auch im Stall zu verbrennen,
ferner mit Gummiharzqualm die lästigen Schlangen zu scheuchen.
Ungestört unter den Krippen versteckt sich gerne die Viper,

tödlich für den, der sie anrührt; sie wollte die Helligkeit meiden.
Oder die Hausschlange, tief in das Dunkel entschlüpfend, ein schlimmer
Feind für die Rinder, der grausam die Tiere vergiftet und Löcher
unter der Erde bevorzugt. Greife zu Steinen und Knüppeln,
Hirt; wenn sie drohend sich hochreckt, zischend sich aufbläht am Halse,
schlag sie! Schon flieht sie entsetzt, schon steckt sie den Kopf in den Boden,
schlaffer werden die Windungen, schlaffer das Zucken des Schwanzes,
schwerfällig ringelt sie sich zum letzten Male zusammen.
Eine gefährliche Schlange auch lebt in Kalabriens Schluchten,
reckt sich empor mit dem Kopfe und windet den schuppigen Rücken,
zeigt sich am Bauche langhin übersät mit mächtigen Flecken.
Wenn noch den Quellen Flüsse entspringen, das Erdreich vor Nässe
immer noch trieft im Frühling, unter dem Regen des Südwinds,
haust sie in Sümpfen und stopft sich, boshaft am Uferrand lauernd,
gierig den düsteren Schlund mit Fischen und zeternden Fröschen.
Aber vertrocknet der Sumpf und bilden sich unter der Sonne
Risse im Boden, so schnellt sie aufs Trockne. Mit flammenden Blicken
treibt sie auf Feldern ihr Unwesen, rasend vor Durst und vor Hitze.
Keinesfalls möchte ich dann im Freien ein Schläfchen mir gönnen,
keinesfalls auf bewaldetem Berghang im Grase mich lagern,
wenn sie sich häutete, dann sich, verjüngt zu strahlender Frische,
fortwälzt, die Jungen oder die Eier im Neste zurückläßt,
sonnenwärts aufgereckt spielt mit der dreifach gespaltenen Zunge!

Ursachen und Symptome der Krankheiten will ich dir nunmehr
darlegen. Schreckliche Räude befällt die Schafe, wenn kalter
Regen und schauriger Frost mit weißgrauem Eise die Tiere

plagte bis unter die Haut, auch wenn man sie nicht nach dem Scheren
reinigt vom Schweiße und sie sich verletzen an dornigen Sträuchern.
Deswegen baden die Hirten im frischen Wasser der Flüsse
sämtliche Tiere, tauchen mit ganzem Körper den Widder
tief in die reißende Strömung, in der er flußabwärts dahintreibt;
oder sie waschen das Tier nach der Schur mit beizendem Ölschaum,
setzen auch Silberkristall zu, natürlichen Schwefel, des weitren
Pech vom Idagebirge und Wachs in fettreicher Salbe,
Meerzwiebelsaft, starkriechenden Nieswurz und grauschwarzes Erdharz.
Wirksamer freilich vermag kein Hirte die Räude zu heilen,
als wenn er mutig mit seinem Messer die eiternden Blattern
oben aufschneidet: lebt doch darunter die Krankheit und wuchert,
während der Hüter untätig sich scheut vor dem heilsamen Eingriff,
dabei allein von den Göttern die Wende zum Besseren fordert.
Selbst wenn der Schmerz im Mark der blökenden Tiere schon wütet,
wenn schon das brennende Fieber gierig zehrt an den Gliedern,
bringt es noch Nutzen, den Brand der Entzündung ins Freie zu leiten,
unten am Fuß die vom Blut durchpulste Ader zu öffnen.
Derart verfährt der Bisalte, desgleichen der tapfre Gelone,
wenn er Rhodopes Berge durchstreift und die Steppen der Geten,
dabei geronnene Milch trinkt, die er mit Pferdeblut mischte.

Siehst du ein Schaf, das abseits sich hält und öfter als üblich
kühlenden Schatten aufsucht, träg nur die Krautspitzen abrupft,
immer als letztes nachschleicht oder beim Weiden auf offner
Fläche sich hinlegt und spät erst, allein, vor der Nachtkälte heimkehrt,
schlachte es gleich, noch ehe es Schaden anrichtet, ehe
furchtbar die Ansteckung unter der schutzlosen Herde sich breitmacht.

Weniger häufig wüten Orkane auf offenem Meere
als die Seuchen unter dem Vieh. Nicht einzelne Tiere
raffen sie hin, nein, plötzlich, zur Sommerzeit, Herden im ganzen,
tilgen das Vieh und die Hoffnung zugleich und lassen nichts leben.
Beispiele findet, wer sich die himmelragenden Alpen,
Noricums ragende Burgen, das Land des Timavus noch heute,
lange Zeit später, anschaut: die Stätten, wo Hirten einst wirkten,
weithin vereinsamt; die riesigen Weideflächen verödet.

Ungunst der Witterung führte hier einstmals zu furchtbaren Folgen.
Einem ganz außergewöhnlich heißem Herbste entsprungen,
brachte sie jeglicher Viehart, jeglichem Wild auch Verderben,
machte nicht halt vor Gewässern, verpestete Gräser und Kräuter.
Keineswegs einfach und einheitlich führte die Seuche zum Tode.
Brennender Durst durchglühte die Adern, zerdörrte die Glieder;
anschließend bildete Schleim sich in Fülle, erfaßte allmählich
sämtliche Knochen und ließ auch diese zu Eiter zerfließen.
Vor dem Altar stand oft schon das Opfertier, Göttern zur Ehre,
schneeweiß hingen die Bänder vom wollenen Turban, die Priester
rüsteten sich schon zum Schlage: Da knickte es sterbend zusammen.
Oder es hatte der Priester zwar schon das Opfer geschlachtet,
aber die Eingeweide verbrannten nicht auf dem Altare;
Auskunft vermochte der Seher den Fragenden nicht zu erteilen,
das verwendete Messer rötete kaum sich vom Blute,
Eiter befleckte dafür den Sand mit dürftigen Tropfen.
Später verendeten Kälber in Massen auf blühenden Wiesen,
starben, so zart wie sie waren, angesichts reichlichen Futters.
Tollwütig wurden friedfertige Hunde, Keuchhusten würgte
schüttelnd die Schweine, sie röchelten mit geschwollenem Schlunde.
Ehemals siegreiche Rennpferde wankten, konnten sich ihrer
Preise nicht freuen, sie fraßen nicht, tranken nicht, stampften den Boden

immer aufs neue. Schlaff hingen die Ohren, Schweiß tropfte und stockte,
wurde schnell kalt bei den Tieren, denen der Tod schon bevorstand.
Trocken erwies sich das Fell, es fühlte sich an wie verhärtet.

Derart äußerte sich die Krankheit während der ersten
Tage. Sobald sie sich aber im Fortschreiten weiter verschärfte,
brannten die Augen, entrang sich der Atem keuchend und mühsam,
ständig von Stöhnen gehemmt; die Tiere, mit krampfhaftem Schluchzen,
spannten den Unterleib, düsteres Blut enttropfte den Nüstern,
grausam verengte die Zunge den aufgequollenen Rachen.
Heilwirkung zeigte lenäischer Saft, er wurde mit Trichtern
eingeflößt, schien die Todgeweihten allein noch zu retten.
Aber er führte selber sehr bald in den Tod: Die Erquickten
wurden vom Wahnsinn gepackt, entblößten, ihr Sterben vor Augen –
Götter, den Frommen erspart dies, lasset nur Feinde so irren! –,
ihre Gebisse und suchten sich selbst in Stücke zu reißen.
Siehe, dort stürzt der dampfende Stier, gespannt in das harte
Pflugjoch, erbricht aus dem Maule blutigen Schaum und verendet,
stößt nur ein Brüllen noch aus. Der Pflüger, aufs tiefste erschüttert,
schirrt den noch Lebenden aus, der des Bruders Sterben betrauert,
läßt in der Scholle stecken den Pflug, läßt liegen die Arbeit.
Weder die schattigen Baumkronen noch die üppigen Wiesen
trösten den Lebenden, auch nicht der Fluß, der über die Steine,
heller als Silbergold, nieder zum Flachlande sprudelt. Die Flanken
hängen erschlafft, und teilnahmslos stieren die Augen des Rindes,
unter der eigenen Bürde sinkt fast zum Boden der Nacken.
Was nützt Arbeit und wackere Leistung? was Aufwerfen schwerer
Erdschollen? Haben doch ihnen nicht Massikergaben des Bacchus,

auch nicht zu reichlich gedeckte Tische Unheil gestiftet.
Blätter und einfache Kräuter bilden die Nahrung der Rinder,
lautere Quellen und rastlos ziehende Flüsse bedeuten
ihnen Pokale; nicht stören Sorgen den heilsamen Schlummer.
Niemals früher, erzählt man, wurden in Noricum Kühe
für den geheiligten Festzug der Juno vermißt, und nie mußten
Auerochsen – ungleiche dazu! – den Wagen zum Tempel
ziehen. Mit Hacken lockert man mühsam den Boden, die Früchte
werden mit bloßen Händen verscharrt, und über die Berge
zerren die Menschen, ins Joch geschirrt, die ächzenden Karren.

Wölfe auch lauern nicht länger im Umkreis der Schafherden, schleichen
nicht mehr zur Nacht voll Gier um die Hürden. Schwerere Sorgen
quälen sie. Furchtsame Rehe und flüchtige Hirsche bewegen
nunmehr sich unter Hunden und nahe den Häusern der Menschen.
Wellengang wirft die Kinder des Meeres, die schwimmenden Wesen
alle, als seien es Leichen von Schiffbrüchen, hoch ans Gestade.
Robben, ganz außergewöhnlich, suchen Zuflucht in Flüssen.
Vipern auch sterben, nicht länger geborgen in tiefen Verstecken,
ebenso Wasserschlangen, die Schuppen gesträubt, in Erstarrung.
Untergang bringt die Luft den Vögeln sogar, aus der Höhe
stürzen sie plötzlich, verendeten unter den segelnden Wolken.

Wechsel des Futters brachte in diesem Stadium keine
Rettung mehr, künstliche Mittel verschlimmerten nur noch das Leiden.
Meister der Heilkunst wie Chiron und wie Melampus versagten.
Rasend entstieg die bleiche Tisíphone stygischem Dunkel,
jagte zum Licht vor sich her die Krankheiten und das Entsetzen,
reckte ihr wildes Antlitz zu immer größerer Höhe.
Flußläufe hallten wider vom Blöken und Brüllen der Tiere,
trockene Ufer und die allmählich steigenden Hänge.
Herdenweis streckte sie nieder das Vieh, sogar in den Ställen
häufte sie tote Geschöpfe, die gräßlich zu Jauche zerflossen,

bis man sie einscharren lernte und tief in Gruben verbergen.
Nicht zu gebrauchen waren die Felle, und weder durch Kochen
noch durch Abwaschen ließ sich das Fleisch von den Giftstoffen säubern.
Abscheren konnte man nicht die von den Geschwüren zerfreßne
Wolle und, schor man sie trotzdem, beim Weben nicht straffen die mürben
Fäden. Und brachte ein Kleid man zustande und trug es voll Leichtsinn,
zeigten sich brennende Bläschen und schmutziger Schweiß auf dem scheußlich
stinkenden Körper, und wenig später fielen die Glieder
sämtlich, vom Pestkeim vergiftet, dem heiligen Feuer zum Opfer.

VIERTER GESANG

Anschließend singe ich von der Gabe des Himmels, dem Honig,
den uns der Tau beschert. Beherzige dies auch, Maecenas:
Scheinbar Geringes behandle ich, deiner Bewunderung dennoch
würdig als Schauspiel, mutige Führer, Charakter und edle
Tätigkeit einer Gattung von Wesen, Völker und Schlachten!
Mühsal im Kleinen zwar, aber kein kleiner Erfolgsruhm, wenn böse
Gottheiten mich nicht hindern und Phöbus mein Ansinnen billigt.

Wohnsitz und Standort sind für die Bienen als erstes zu suchen.
Windgeschützt müssen sie sein, da heftige Windstöße Bienen
hindern, die Nahrung zum Stock zu tragen; auch Schafe und freche
Böckchen dürfen nicht Blüten zerzausen, auf Wiesen nicht junge
Kühe den Tau von den Blüten streifen, auf sprießende Kräuter
treten. Auch buntgezeichnete Eidechsen müssen den Stöcken,
sollen Erträge sie bringen, fernbleiben, Spechte und andre
Vögel, besonders die Schwalben, vorn fleckig durch blutrote Hände.
Überall stiften im Umkreis sie Schaden, schnappen die Bienen
fort aus der Flugbahn, als Leckerbissen für gierige Junge.
Nahe gelegen seien auch klare Quellen, von Moosen
grünende Teiche, ein flacher und munterer Bach auf der Wiese;
Schatten spende dem Vorplatz ein Palmbaum oder ein wilder,
mächtiger Ölbaum; führen im Bienenfrühling die neuen
Könige auswärts die Schwärme und tummeln, erlöst aus den Zellen,
froh sich die Jungen, dann biete ganz nahe ein Uferrand Kühlung
gegen die Hitze, ein grünender Baum ein freundliches Obdach.
Über das Wasser, mag es nun stehen oder auch fließen,
lege die Ruten von Weiden, hinein wirf größere Steine;
gleichsam auf Brücken können die Tiere dann rasten, die Flügel
breiten im Sommer zur Sonne, sollte der Ostwind beim Ruhen

grad sie bespritzen oder auch kurz in die Wellen sie tauchen.
Seidelbast grüne im Umkreis und würzig duftender Quendel,
reichlich auch Saturei, Meister im Ausströmen scharfer Gerüche;
Beete von Veilchen mögen vom nährenden Quellwasser
schlürfen.

Aber den Körben der Bienen – magst du sie bauen aus hohlen
Rinden oder sie sorgfältig flechten aus biegsamen Weiden –
lasse nur einen sehr engen Zugang: Der Honig erstarrt ja
während des Winters, beginnt in der Sommerhitze zu fließen.
Beides gefährdet die Bienen in gleichem Maße; sie selber
streichen aus gutem Grund auch auf winzige Luftlöcher eifrig
Wachs und verengen die Fluglöcher mittels des Saftes der
Blüten,
halten auf Vorrat auch einen hierfür gesammelten Kleister,
zäher als Vogelleim oder als Pech vom phrygischen Ida.
Sollte die Überlieferung stimmen, so gruben sie oftmals
Höhlen sich aus und lebten unter der Erde; gefunden
wurden sie auch in hohlem Gestein, in zerfressenen Bäumen.
Trotz des Bemühens der Bienen verschmiere auch deinerseits
Ritzen
sorglich mit Lehm und dichte sie ab mit lockerer Blattschicht.
Dulde nicht Taxusgebüsch in der Nähe der Stöcke, auch rote
Krebse verbrenn im Herdfeuer nicht, vermeide auch tiefe
Sümpfe, Stellen voll Unflat mit bittren Gerüchen und Höhlen
tief im Gestein, die von Tönen und Stimmen im Widerhall
dröhnen.

Hat nun die goldene Sonne den Winter verscheucht in das
Erdreich,
hat mit dem Leuchten des Sommers sie uns den Himmel
erschlossen,
dann beginnen die Bienen Triften und Wald zu durchstreifen,
ernten von purpurnen Blüten und nippen aus Flüssen in leichtem
Fluge. Von jetzt an, beschwingt durch seltsam lockenden Zauber,
hüten sie Nester und Brut; von jetzt an formen sie kunstreich
Zellen aus Wachs und bilden zähflüssigen Honig. Von jetzt an
achte darauf: Sobald du den Schwarm heraus aus den Zellen

hoch zu den Sternen des Himmels emporwogen siehst durch die klaren
Lüfte, das Schwanken der düsteren Wolke im Winde bewunderst,
suchen die Tiere stets Süßwasser, suchen ein Obdach von Blättern.
Dorthin versprühe jetzt Duftstoffe, wie es die Fachleute fordern,
ausgepreßt aus Melissen und wilden Wachsblumengräsern;
schüttle die Klingeln und schlage die Zimbeln der Mutter zusammen:
Ganz von allein beziehen die Bienen die duftenden Stätten,
ganz von allein auch, der Sitte gemäß, die Lager im Stocke.

Oftmals ziehen die Bienen zum Kampf aus: Wenn nämlich die Zwietracht
zwei von den Königen in gewaltigem Aufruhr verfeindet.
Lange vorher schon vermag man die Stimmung der Völker und ihre
bebende Kriegslust zu spüren; noch zögernde Tiere ermuntert
jener bekannte heisere Kampfruf: Die Stimme vernimmt man,
die wie Trompetengeschmetter bald schwächer erschallt und bald lauter.
Eilfertig sammeln sie sich, sie blitzen mit schwirrenden Flügeln,
schärfen am Rüssel die Stacheln und rüsten die Arme zum Schlagen,
drängen sich dicht um den König und um den Standort des Feldherrn,
fordern den Gegner heraus mit dröhnendem Summen. Und sehen
heiter den Himmel des Frühlings sie leuchten und offen das Schlachtfeld,
stürzen sie wild aus den Toren; zusammen prallen die Heere,
himmelwärts donnert es, kreisförmig ballen sich kämpfend die Massen,
abwärts rieseln die Toten. Kein Hagelschlag prasselt noch dichter,
niemals vermag man vom Baume so viele Eicheln zu schütteln.
Mitten im Schlachtgewühl spüren die Könige, weithin an ihren
Flügeln kenntlich, im winzigen Herzen unbändigen Kampfgeist,
wollen nicht nachgeben, bis der eine von ihnen als stolzer
Sieger sämtliche Feinde bezwang und von dannen sie scheuchte.

Diese Erbitterung, dieses gewaltige Ringen vermag man
leicht zu beruhigen – braucht es nur spärlich mit Sand zu bestreuen!

Hast du die Anführer beide zurück vom Kampfe gerufen,
töte den schwächeren; soll er doch nicht als Schmarotzer noch Schaden
anrichten. Lasse nur ohne Beschränkung den stärkeren herrschen!
Schimmern dürfte der eine von golden funkelnden Flecken.
Denn es bestehen zwei Arten: Die bessere, stattlicher Anblick,
leuchtet mit rötlichen Schuppen; die andre, recht struppig, erwirbt sich
keinerlei Ruhm, ist faul und mit breitem Wanste belastet.

Gibt es zwei Arten von Herrschern, so auch zwei verschiedene Völker.
Häßliche Rauheit kennzeichnet die einen, dem Auswurfe ähnlich,
den ein bestaubter Wanderer ausspeit mit trockenen Lippen.
Aber die anderen leuchten und funkeln in goldenem Glanze,
sind auch am Körper genauso mit goldenen Tupfen besprenkelt.
Diese erzeugen edleren Nachwuchs, von ihnen gewinnst du
köstlichen Honig, und nicht nur köstlichen, sondern auch klaren,
bestens geeignet, den herben Geschmack des Weines zu mildern.

Tummeln die Schwärme sich ziellos, nur spielerisch hoch in den Lüften,
kümmern sich nicht um die Waben, lassen die Stöcke erkalten,
mußt du dem Treiben der Pflichtvergessenen Einhalt gebieten.
Mühelos kannst du das: Ausreißen mußt du dem König die Flügel!
Denn verhält sich der König nur still, wagt keine der Bienen
Hochflüge mehr, wagt keine den Angriff auf andere Schwärme.
Gärten voll duftendem Safran sollen zur Arbeit sie locken,
schützen wird sie der gegen Diebe und Vögel bestellte
Wächter Priapus vom Hellespont mit der weidenen Sichel.
Thymian soll, auch Krummholzfichten vom hohen Gebirge,
dann der besorgte Imker pflanzen im Umkreis der Stöcke,

selber die Handgriffe tun in mühsamer Arbeit, die frischen
Pflanzen in Gruben setzen, sie tränken mit nährendem Wasser.

Zöge ich nicht, bereits vor dem Abschluß meines Bemühens
stehend, die Segel jetzt ein und nähme Kurs auf das Festland,
würde ich wohl von der Pflege noch singen, die fruchtbare Gärten
herrlich verschönt – von den zweimal blühenden Rosen in Paestum,
von der Bewässerung, deren sich dankbar Endivien erfreun, von
grünendem Sellerickraut am Bach und der schwellenden Gurke,
die durch den Rasen sich windet. Auch hätte ich schwerlich geschwiegen
von der Narzisse, die spät erst erblüht, vom Akanthusgewinde,
gelblichem Efeu, der Myrte, die sichtlich an Ufern sich wohlfühlt.
Denn ich erinnere mich, bei Tarent, der ummauerten Festung,
wo der dunkle Galaesus die fruchtbaren Fluren bewässert,
einen betagten Mann aus Corycus getroffen zu haben.
Wenige Morgen Ödland gehörten ihm, weder zum Ackern
noch zur Viehhaltung günstig, auch nicht zum Weinbau geeignet.
Auf dem gestrüppreichen Boden pflanzte er spärlich Gemüse,
leuchtende Lilien, starkzehrenden Mohn und heilige Kräuter,
dünkte sich reich wie ein König; und kehrte er heimwärts am späten
Abend, belud er den Tisch mit Speisen aus eigener Ernte.
Er als der erste pflückte Rosen im Frühling und Baumobst
während des Herbstes, und wenn noch der Winter mit bitterem Froste
Felsgestein sprengte, mit Eisschichten Flüssen die Strömung verwehrte,
schnitt er bereits die zarten Blüten von Hyazinthen,
spätem Sommer genauso zum Hohn wie dem säumigen Zephyr.
Daher auch zog er als erster sich Mutterbienen und viele
Schwärme erfolgreich und preßte den schäumenden Honig aus seinen
Waben; zum Weiden der Bienen nutzte er Linden und Fichten.
Was in der Blüte der Baum an Früchten angesetzt hatte,
ließ er auch reifen hinein in die Wochen des Herbstes. In Reihen

setzte der Greis auch noch ältere Rüstern, verhärtete Birnen,
Schlehdornsträucher, die Beeren schon trugen, desgleichen
Platanen,
Schattenspender bereits für den Kreis der zechenden Freunde.
Aber aus Raumgründen kann ich dies Thema nicht weiter
behandeln,
lasse als Stoff es zurück für andere, künftige Dichter.

Nunmehr besinge die Tugenden ich, die Jupiter selber
einstmals den Bienen verlieh, aus Dankbarkeit, weil sie vom lauten
Lärm der Kureten, vom Dröhnen der Becken sich anlocken ließen
und in der Grotte der Dikte den Herrscher des Himmels
ernährten.
Bienen nur haben die Kinder gemeinsam, wohnen in ihrer
Stadt auch zusammen und führen ihr Leben nach strengen
Gesetzen.
Bienen nur kennen ein Vaterland, kennen bestimmte Penaten.
In der Voraussicht des Winters leisten sie fleißige Arbeit
während des Sommers und bergen dann ihren Ertrag als
Gemeingut.
Für die Ernährung sorgen die einen, sie tummeln in fester
Ordnung sich in der Umgebung; andere legen im Innern
mittels Narzissentränen und zähen Harzes, der Rinden
langsam enttropft, zuerst den Grund für die Waben, dann kleben
Wachs sie darauf; der Erziehung des Nachwuchses, Hoffnung des
Volkes,
widmen sich weitere; wiederum andere packen den reinen
Honig zuhauf und erweitern mit lauterem Nektar die Zellen.
Manche bewachen das Tor, als eine erloste Verpflichtung,
halten, sich abwechselnd, Ausschau nach Regen, nach Wolken am
Himmel
oder empfangen die Lasten der Kommenden, drängen in
Gruppen
auch das untätige Pack der Drohnen zurück von den Krippen.
Feuriger Eifer spornt sie zur Arbeit; nach Thymian duftet
köstlich der Honig. So wie die Kyklopen zügig aus zähen
Erzmassen Blitzstrahlen schmieden, teils Luft in die ledernen,
festen

Blasbälge saugen, dann wieder verströmen, teils zischendes
Kupfer
tief in die Kühltröge tauchen; der Ätna vom wuchtigen Hämmern
dröhnt; miteinander die Riesen im Takt mit gewaltigen Armen
ausholen, dann mit der Zange das Eisen packen und wenden:
ebenso – darf man Kleines mit Großem vergleichen – ermuntert
angeborener Sinn für Erwerb die kekropischen Bienen,
jede auf ihrem Gebiet. Die Alten betreuen die Städte,
sichern die Waben und bauen, so kunstreich wie Dädalus,
Häuser.
Aber die Jüngeren kehren in tiefer Nacht erst nach Hause,
müde, die Schenkel voll Thymian; sie saugen an
Erdbeerbaumblüten,
zartgrünen Weiden, an Wildzimt, rotgoldenem Safran, an reichen
Linden und tiefblauen Lilien – weit entfernt von den Stöcken.
Gleichzeitig ruhen sie aus, und gleichzeitig arbeiten alle.
Früh schon am Morgen stürmen sie rastlos ins Freie; der späte
Abend erst mahnt sie, die nährende Flur zu verlassen; dann
ziehen
endlich sie heim und gönnen sich selber Erholung und Pflege;
angeregt lärmen sie, summen behaglich um Tore und Schwellen.
Aber sobald in die Zellen sie schlüpfen, breitet sich Ruhe
aus für die Nacht, der verdiente Schlummer umfängt die
Erschöpften.
Droht es zu regnen, entfernen sie sich nicht so weit von den
Stöcken;
weht von Südosten der Wind, mißtrauen sie wachsam dem
Wetter,
holen sich nur im sicheren Schutz der Stadtmauern Wasser,
wagen nur kurze Flüge, und oftmals, wie schwankende Kähne
Ballast führen im Schütteln der Wogen, heben vom Boden
Steinchen sie auf und halten damit auch im Nebel die Richtung.

Ein von den Bienen befolgter Brauch ist wirklich zum Staunen:
Niemals begatten sie sich, sie lassen im Spiele der Liebe
niemals erschlaffen die Glieder, gebären nicht Junge in Wehen,
sammeln vielmehr mit dem Munde von Blättern und köstlichen
Kräutern

selber die Kinder sich ein, ergänzen den Herrscher und junge
Bürger durch Wahl und erneuern den Hof und die Zellen des Reiches.

Oft auch zerreißen sie sich beim Durchschwirren steiniger Schroffen
tödlich die Flügel; dann sterben sie, unter der Last noch geduldig:
Blumen erstreben sie nur und den Ruhm der Honigerzeugung!
Fristen denn auch nur ein kurzes Dasein die einzelnen Tiere –
länger als sieben Sommer vermag ja keines zu leben –,
bleibt doch die Gattung unsterblich, behauptet durch zahlreiche Jahre
fest sich die Stärke des Reiches und reiht sich Ahnherr an Ahnherr.

Übrigens achten Ägypten, das mächtige Lydien, Parther
oder auch Meder den König nicht derart hoch wie die Bienen.
Lebt der König, so handeln sie alle einträchtigen Sinnes;
starb er, zerreißen sie jegliche Bindung, plündern die eignen
Honigvorräte und zerstören die wächsernen Bauten.
Er überwacht die Arbeiten, ihn bewundern sie alle,
summend umdrängen sie ihn, beschützen ihn dicht im Gewimmel,
heben ihn oft auf die Schultern, decken im Kampf ihn mit ihren
Leibern und suchen zu sterben für ihn an ruhmvollen Wunden.

Solchen Merkmalen, solcher Leistung zufolge behauptet
mancher, der göttliche Weltgeist beseele die Bienen, sie hauchten
himmlischen Atem; denn völlig durchdringe die Gotteskraft alle
Länder, die weithin wogenden Meere, den endlosen Himmel;
ihr verdankten die Ziegen, die Rinder, die Menschen, die wilden
Tiere, ein jedes geborene Wesen, sein dürftiges Dasein;
freilich, ein jedes, sobald es sich später aufgelöst habe,
kehre zu ihr auch zurück, es stürbe nicht, sondern es stiege
lebend empor zu den Sternen, gehöre zum ragenden Himmel.

Öffnest du nun den erhabenen Bau und des kostbaren Honigs
Schatzkammern, übersprenge dich vorher mit Wasser und spüle
gründlich den Mund, auch laß dich von Rauchschwaden
schützend umwallen.
Zweimal erntet man reichlich, zwei Zeiten laden zum Sammeln:
Wenn die Plejade Taýgete freundlich ihr Antlitz der Erde
zukehrt, im Aufsteigen stolz des Ozeans Fluten zurückläßt
oder in furchtsamer Flucht vor dem Sternbild des triefenden
Fisches
traurig vom Himmel herab in die stürmischen Fluten
zurücktaucht.
Maßlos erzürnt sein können die Bienen; werden bedrängt sie,
spritzen im Stechen sie Gift; den im Einstich haftenden Stachel
lassen sie fliehend zurück und mit ihm ihr eigenes Leben.

Bist du besorgt vor der Härte des Winters und planst in
Vorausschau,
nimmst du des Kummers der Bienen dich an und ihrer
Zerrüttung,
räuchre mit Thymian gleich die Stöcke und schneide die leeren
Waben heraus! Denn an letzteren nagt oft die Eidechse heimlich,
Nester von lichtscheuen Asseln auch pflegen darin sich zu
bilden.
Nutzlose Drohnen auch zehren schmarotzend vom Fleiße der
andern,
oder es drängen Hornissen gewaltsam sich ein, an Bewaffnung
weit überlegen, oder die scheußlichen Wachsmotten, oder
webend versperrte die Spinne das Tor, die Feindin Minervas.
Aber je stärker die Bienen erschöpft sind, desto beschwingter
gehen sie alle daran, die erlittenen Schäden zu heilen,
schließen die Lücken, errichten aufs neue aus Blütensaft
Speicher.

Freilich, gefährdet ist das Leben der Bienen wie unsres.
Sollten die Körper der Tiere in schrecklicher Krankheit
erschlaffen,
kannst du es sicher an ganz bestimmten Merkmalen sehen:
Die Erkrankten verfärben sich gleich, es entstellt sie erschreckend

häßliche Magerkeit; Leiber der schon vom Lichte Geschiednen
trägt man hinaus aus dem Stock, sie geleitend in traurigem Zuge.
Oder sie hängen am Tor, ineinander verkrampft mit den Beinen,
oder verharren im Innern des Stockes, sämtlich vor Hunger
untätig, träge im Bann der Erkältung, an welcher sie leiden.
Dumpfer ertönt das Summen, ein ununterbrochenes Stöhnen,
so wie der frostige Südwind murmelnd durch Wälder dahinzieht,
wie das erregte Meer auch aufrauscht im Kabbeln der Wellen,
wie im verschlossenen Herde der lodernde Feuersturm lummert.
Gegen die Krankheit empfehle ich Räuchern mit brennendem
Galban;
Honig auch träufle durch Rohre von Schilf ins Innre des Stockes,
außerdem sporne durch Zuruf die Müden zur üblichen Mahlzeit.
Zweckmäßig mischt man den Saft zerstoßener Galläpfel unter,
trockene Rosen, auch über der Flamme zu Sirup verdickten
Most, die Rosinen, die man gewann vom psithischen Weinstock,
attischen Thymian, weiter des Fieberkrauts würzige Düfte.
Schließlich erblüht auf den Wiesen die Sternblume noch – so
bezeichnen
Bauern die Pflanze –; sie läßt sich mit Leichtigkeit finden.
Denn aus nur *einem* verzweigten Wurzelstock treibt sie recht
viele
Buschen, golden im Blütenkelch, während die Blätter der Blüte,
üppig rings sprießend, purpurrot leuchten wie dunkle Violen.
Oftmals schmückt sie in Kränzen die Götteraltäre. Sehr bitter
mundet ihr Saft. In den abgemähten Talgründen sammeln
Hirten die Pflanze, am Ufer des vielfach gewundenen Mella:
Koche die Wurzeln von ihr im duftenden Tranke des Bacchus,
stelle in vollen Körben als Futter sie dann vor den Eingang.

Sollte ein Imker indessen den ganzen Nachwuchs verlieren,
auch die Voraussetzung missen, ein neues Geschlecht zu
erzeugen,
muß man berichten von der berühmten Entdeckung des Meisters
aus Arkadien: wie von geschlachteten Rindern verdorbnes
Blut wiederholt schon Bienen hervorbrachte. Vollständig, weiter
ausholend, will ich von Anfang an die Sage erzählen.

Wo das beglückte Volk des pelläischen Städtchens Canopus
wohnt längs des Nil, der oft weithin das Land überflutet, und
während
der Überschwemmung auf bunten Kähnen die Wege zurücklegt;
wo in der Nachbarschaft Perser drohen, die Meister im Schießen,
und aus dem Lande der bräunlichen Inder der Strom sich
heranwälzt,
siebenfach dann sich zerteilt und den Mündungen zustrebt, mit
dunklem
Schlamme dabei das grünende Land Ägypten befruchtet:
Ebendort gründet ein jeder sein Glück auf diese Erfindung.

Ausgewählt wird ein kleiner, auf diesen Zweck nur beschränkter
Platz, den man schmal überdacht mit Hohlziegeln, darauf mit
engen
Wänden umgibt; gemäß den vier Windseiten setzt man vier
Luken
schließlich noch ein, die schräge Lichtstrahlen einfallen lassen.
Nunmehr beschafft man ein Kalb von zwei Jahren, dem Hörner
schon keimen.
Diesem verstopft man, trotz seines verzweifelten Sträubens, die
Nüstern
wie auch das Maul, und ist es erstickt, so zerschlägt man ihm alles
Fleisch und die Eingeweide, wobei man sein Fell nicht beschädigt.
Unter die Rippen legt man ihm Bruchholz, Thymian, frischen
Wildzimt; dann läßt man es liegen in dem verschlossenen Raume.
Derart verfährt man, sobald der Zephyr die Wogen zu peitschen
anfängt, noch ehe die Wiesen in frischen Farben erglänzen,
ehe die zwitschernden Schwalben ihr Nest am Dachbalken bauen.
Unter der Wärme beginnt inzwischen der Saft in dem mürben
Innern zu gären, und sichtbar werden, erstaunlich, Geschöpfe,
ohne Beine zunächst, danach mit Flügeln schon schwirrend,
wimmeln und wagen bald immer größere Strecken zu fliegen;
schließlich, wie Regen im Sommer aus dichten Wolken
hervorbricht,
schießen sie vorwärts, geballt, wie von Bogensehnen die Pfeile,
wenn die beweglichen Parther die Schlacht im Ansturm eröffnen.

Welche Gottheit, ihr Musen, verschaffte uns diese Entdeckung?
Woher gewannen die Menschen diese ganz neue Erfahrung?

Einstmals verließ Aristaeus, der Hirt, das peneische Tempe.
Krankheit und Hunger, erzählt man, hatten geraubt ihm die Bienen.
Niedergeschlagen trat er zum heiligen Quell des Penéus,
richtete bitterlich klagend an seine Mutter die Worte:
„Mutter, du, meine Mutter Kyrene, Bewohnerin dieser
strudelnden Tiefe, warum gebarst du als Gegner des Schicksals
mich, den ruhmreichen Göttersproß – wenn, nach deiner Behauptung,
Phöbus von Thymbra mein Vater ist? Du liebst mich nicht länger?
Wecktest umsonst mir die Hoffnung, man werde als Gott mich verehren?
Nunmehr verliere den Ruhm ich sogar für mein *sterbliches* Dasein,
den mir mein kluges Bemühen um Landbau und Viehzucht in manchem
allseitig-zähen Versuche errang – und bin doch dein Sprößling!
Reiße mit eigener Hand doch heraus gleich die stattlichen Bäume,
wirf den zerstörenden Brand in die Stallung, vernichte die Ernte,
lasse die Saaten verdorren, die Weinstöcke fälle mit schweren
Axthieben, wenn dir mein Ruhm so bittere Abneigung einflößt!"

Tief im Palaste des Flusses vernahm die Mutter den Anruf.
Rings um sie saßen die Nymphen und zupften milesische Wolle,
die überhaucht erschien von gesättigter glasgrüner Färbung,
Drymo, Xantho, Ligéa, Phillódoke, deren gepflegte
Haarlocken glänzend herabfielen über die schneezarten Nacken;
weiter Nesaië und Speio, Kymódoke dann und Thaleía;
auch Kydippe, ein Mädchen noch, und die blonde Lycorias,
die schon die erste Bewährung Lucinas hinter sich brachte;
Klio und Béroë, Schwestern, Okéanostöchter, mit goldnen
Gürteln sie beide, auch beide in scheckige Felle gekleidet;
Ephyra, Opis, dann Deiopéa vom asischen Sumpfe,
schließlich noch Arethusa, die flinke, ohne die Pfeile.
Eben erzählte in diesem Kreise Klymene, wie fruchtlos

einst sich Vulcanus bemühte, wie Mars zur Geliebten sich listig
schlich, wie die Götter, vom Zeitpunkt des Chaos an, Liebe genossen.

Während die Nymphen, vom Vortrag gefesselt, die wollenen Fäden
ab von den Spindeln zogen, erreichten von neuem die Klagen
des Aristaeus das Ohr der Mutter. Da stutzten sie alle
auf den Kristallsesseln. Doch vor den anderen hob Arethusa
aufwärts die Blicke, streckte den Blondkopf über die Wellen,
rief dann von ferne: „Schwester Kyrene, nicht grundlos erschrickst du
über den Klageruf! Dein Aristaeus, dein Liebling, dein Bester,
steht an dem Ufer des Vaters Penéus, in schmerzlicher Trauer,
weinend, und wirft dir Grausamkeit vor!“

Von einer noch niemals
früher empfundenen Furcht ergriffen, sagte die Mutter:
„Führ ihn zu uns! Er darf ja die Schwellen der ewigen Götter
stets überschreiten.“ Zugleich befahl sie dem Fluß, für den Hirten
einen bequemen Zugang zu öffnen. Da wölbte das Wasser,
aufgetürmt wie ein Gebirge, sich um ihn, empfing ihn mit seinem
gähnenden Schlunde und ließ in die Tiefe hinunter ihn schreiten.

Während des Abstiegs schon staunte er über die Wohnstatt der Mutter,
über das Reich des Wassers, die grottenumschlossenen Seen,
plätschernden Haine. Verblüfft vom machtvollen Wogen der Fluten,
sah er tief unter der Erde die Ströme sich teilen in ihre
einzelnen Betten, den Phasis, den Lykos, den Hauptquell für viele,
jenen, aus dem der tiefe Enípeus hervorbricht, der Vater
Tiber, der Anio; weiter der Hýpanis, der durch die Felsen
rauschend den Ausweg sich bahnt; im Mysierland der Kaïkos;
dann der Erídanos, in der Gestalt des Stieres, mit beiden

goldenen Hörnern; durch fruchtbare Fluren ergießt sich kein andrer
Strom mit noch stärkrer Gewalt in die schimmernden Weiten des Meeres.

Endlich erreichte er die gewölbte Grotte aus Bimsstein,
und Kyrene vernahm den leicht zu stillenden Kummer
ihres Sohnes. Dann gossen die Schwestern ihm über die Hände
Waschwasser, reichten ihm Handtücher dar mit geschorenen Zotten.
Andre beluden die Tische mit Speisen und stellten gefüllte
Becher dazu; auf Altären erglühte panchäisches Feuer.

„Greife zum Kelch des mäonischen Bacchus", sagte die Mutter,
„bringen ein Trankopfer wir dem Weltmeer!" Anschließend flehte
sie zu dem Vater des Alls, dem Okéanos, und zu den Schwestern,
die, als Nymphen, hundert Wälder und Ströme betreuen.
Dreimal besprengte sie auf dem Altar die Flamme mit reinem
Nektar, und dreimal züngelte aufwärts das Feuer zum Dachfirst.
Durch dies erfreuliche Zeichen ermutigt, begann sie zu sprechen:
„Auf dem karpathischen Meeresschlund haust ein Seher der Zukunft,
Proteus, blauschimmernd wie Wogen. Zwei Rosse, zweibeinig, mit Flossen,
ziehen sein Fahrzeug über die weiten Flächen der Salzflut.
Dieser besucht zur Stunde Emathiens Häfen und seine
Heimat Pallene. Wir Nymphen, der greise Nereus desgleichen,
ehren ihn hoch. Denn alles umfaßt er in gründlicher Kenntnis,
Gegenwart wie auch Vergangenheit wie auch die Bahnen der Zukunft.
Derart beschloß es Neptunus, dessen riesige Herden
häßlicher Robben Proteus tief in dem Meeresschlund weidet.
Fesseln, mein Junge, mußt du den Seher, bevor er dir über
Gründe der Bienenerkrankung berichtet und alles zum Guten
wendet. Nur unter Gewalt erteilt er dir Auskunft, durch Bitten
wirst du ihn niemals erweichen. Bezwinge und feßle ihn strenge;
dadurch allein vermagst du sein listiges Sträuben zu brechen.

Sendet die Sonne den glühenden Mittagshauch nieder und dürsten
Gräser und Kräuter und findet das Vieh im Schatten Erquickung,
führe ich selbst dich zum Winkel, in den sich der Alte ermattet
aus den Wellen zurückzieht: Du kannst ihn im Schlaf überrumpeln.
Hältst du ihn dann mit den Armen umschlungen und sicher gefesselt,
wird er in mancherlei Tiergestalten zu täuschen dich suchen,
plötzlich sich wandeln zum borstigen Eber, zum gräßlichen Tiger,
schuppigen Drachen, zur Löwin sogar mit bräunlichem Nacken,
oder er lodert prasselnd als Flamme und schlüpft aus den Banden,
löst sich in reines Wasser gar auf und rinnt auseinander.
Aber je öfter der Alte zu andrer Gestalt sich verwandelt,
um so stärker, mein Junge, halte ihn fesselnd umschlungen,
bis er, nach letzter Verwandlung, genauso sich zeigt, wie er aussah,
als ihm die Augen zu seinem Mittagsschläfchen sich schlossen."

Derart sprach sie und ließ ambrosische Düfte verströmen,
die den Körper des Sohnes wie Salbe ganz überzogen.
Köstlichen Hauch verbreiteten seine zierlichen Locken,
Kraft und Geschicklichkeit spornte die Glieder.

Am Berghang, von Wogen
ausgenagt, findet sich eine mächtige Grotte. Die Winde
treiben dort Wasser hinein; dies teilt sich in längliche Buchten,
bietet vor Stürmen den Seeleuten eine vorzügliche Zuflucht.
Hier verbirgt sich Proteus gewöhnlich im Schutze der hohen
Felsen. Die Nymphe versteckte den Sohn dort in finsterem Winkel,
blieb in der Nähe, vor wallendem Nebel nicht sichtbar, dann stehen.

Heftig schon glühte der Sirius, der die dürstenden Inder
quält, und erklommen hatte die flammende Sonne den Himmel;
Gräser schmachteten, unter der Hitze dörrten die Strahlen

grausam die Flußbetten, die bis zum schlammigen Grunde schon trocken
lagen. Da trat, wie üblich, Proteus vom Meer in die Grotte.
Heiter umsprangen ihn triefende Wesen der riesigen Fluten,
spritzten die Tropfen des salzigen Wassers weithin. Und während
nunmehr die Robben, verstreut am Gestade, zum Schlummer sich streckten,
setzte sich Proteus – wie oft im Gebirge ein Wächter der Hürden,
wenn von der Weide der Abend die Kälber den Stallungen zuführt
und durch ihr Blöken die Schafe den Wolf zum Anschleichen reizen –
nieder auf einen Felsblock inmitten der Höhle und zählte
gründlich die Tiere. Jedoch Aristaeus nutzte die Stunde,
gönnte es grad noch dem Alten, die müden Glieder zu strecken,
brach dann hervor mit Geschrei und umschlang den Liegenden kraftvoll.
Dieser besann sich sehr wohl auf seine tückischen Kniffe,
zeigte sich, ganz erstaunlich, in allerlei Schreckensgestalten,
Feuer und furchtbaren wilden Tieren und fließendem Wasser.
Aber die Kniffe erlaubten ihm nicht, zu entkommen. Geschlagen,
nahm er Gestalt an wie vorher und sprach, so wie Sterbliche sprechen:
„Wer, du verwegener Bursche, befahl dir, meine Behausung
aufzusuchen? Was möchtest du haben von mir?“ Aristaeus
gab ihm zur Antwort: „Du weißt es doch, Proteus. Du läßt dich nicht täuschen.
Täusche auch *du* mich nicht länger! Ich kam in göttlichem Auftrag,
um mir im Unglück Hilfe durch dein Orakel zu holen.“

Soviel nur sagte er. Krampfartig rollte der Seher jetzt plötzlich
seine in bläulichem Schimmer glühenden Augen und knirschte
wild mit den Zähnen, erteilte dann seine prophetische Auskunft:
„Eine bedeutende Gottheit verfolgt dich im Zorn. Ein Vergehen
hast du zu büßen: Der schuldlos ins Elend geratene Orpheus
legt die Bestrafung dir auf – sofern nicht das Schicksal noch hemmte –,
voller Erbitterung grollt er über den Tod der Gemahlin.
Diese entrann dir über den Strom in kopflosem Fliehen;

dabei erblickte das Mädchen, dem Tode geweiht schon, am Ufer
nicht die entsetzliche, tief im Grase lauernde Schlange.
Aber der Chor der Dryaden, so alt wie die Tote, erfüllte
gellend mit Klagen die Berge. Laut weinten Rhódopes Höhen,
die pangäischen Gipfel, die tapfere Heimat des Rhesos,
weinten die Geten, der Hebros, die Tochter Athens, Oreithyia.
Orpheus jedoch, allein am Gestade, besang, sich in seinem
Kummer zu trösten, zum Harfenspiel dich, du teure Gemahlin,
tat es bei Tagesanbruch und tat es beim Sinken der Sonne.
Auch in den Schlund von Taenarum stieg er, den ragenden Eingang
Plutons, gelangte zum finsteren Hain, den Entsetzen umdüstert,
und zu den Manen und ihrem schreckenerregenden Herrscher,
die sich noch niemals erweichen ließen durch menschliches Flehen.
Angelockt aber vom Liede, tauchten aus Erebostiefen
schwebend die Schatten empor, die lichtlosen Totengespenster,
wie sich die Vögel zahllos unter den Blättern verstecken,
wenn sie der Abend, ein Wintersturm auch von den Bergen herabscheucht:
Mütter und Gatten und längst schon vom Leben geschiedene tapfre,
stattliche Helden, auch Knaben, Mädchen dazu, die der Hochzeit
harrten, und Jünglinge, schon auf dem Holzstoß vor Augen der Eltern.
Alle umschloß der Kokytos mit düsterem Schlamm und mit seinem
häßlichen Schilf und dem widrigen Sumpfstrom, der träge dahinschleicht,
alle umringte die Styx mit neunmal gewundenem Bogen.
Staunend lauschten dem Liede das Reich des Todes, die tiefsten
Gründe des Tartaros, die Eumeniden auch, bläuliche Schlangen
wimmelnd im Haar; ja der Zerberus starrte mit offnen drei Rachen,
jeglicher Windhauch erstarb, es verharrte das Rad des Ixion.

Orpheus befand auf dem Rückweg sich bald, den Gefahren entronnen,
hatte Eurýdike wiedererhalten; sie folgte dem Gatten
aufwärts zur Oberwelt, wie es Prosérpina festgelegt hatte.

Doch da verließ den törichten Liebenden plötzlich die Vorsicht –
sicher verzeihlich, sofern bei den Manen Verzeihung noch lebte;
fast schon im Sonnenlicht, blieb er stehen, vergaß sich und blickte,
Opfer der Sehnsucht, zurück nach seiner Eurýdike. Damit
ward sein Bemühen zunichte, gebrochen des grausamen Herrschers
Weisung, und dreimal hörte man es vom Avernersee donnern.

‚Was für ein Wahnsinn', so klagte sie, ‚hat mich Arme vernichtet,
dich auch, mein Orpheus? Da ruft mich das schreckliche Schicksal schon wieder,
sollen die brechenden Augen im Todesschlummer erstarren!
Lebe jetzt wohl, ich muß der mächtigen Finsternis folgen,
recke noch, kraftlos, die Arme nach dir, nicht länger die deine!'

Damit entschwand sie den Augen des Gatten, wie Rauch in die Lüfte
aufwärts sich kräuselnd verweht, und bekam ihn nicht wieder zu sehen;
ohne Erfolg versuchte die Schatten er noch zu umarmen,
wollte so vieles noch sagen. Doch ließ ihn der Fährmann des Orkus
nicht mehr den hemmenden Sumpf überqueren. Was sollte er nunmehr
tun, und wohin, nach dem zweiten Verlust der Gemahlin, noch gehen?
Wie noch durch Jammern die Manen, durch Flehen die Götter erweichen?
Glitt doch Eurydike fort, schon erstarrt, im stygischen Nachen.

Sieben Monate lang, so erzählt man, weinte der Sänger
unter hochragendem Felsen am öden Ufer des Strymon,
sang in eiskalter Grotte vom eigenen Schicksal, wodurch er
Tiger besänftigte, Eichen aus ihrem Wurzelbett lockte.
Ebenso singt im Schatten der Pappel die Nachtigall traurig,
weil sie die Jungen verlor, die der ackernde Landmann entdeckte,
ohne Gefühl dann, so nackt wie sie waren, herausriß vom Neste;
nächtelang weint sie, singt auf dem Aste ihr Klagelied immer
wieder und läßt den Ausdruck des Jammers weithin erschallen.

Keine Venus und kein Hymenaeus mehr brachten ihm Freude.
Einsam durchzog er hyperboreische Eisfelder, unter
Schneemassen stöhnende Länder am Tanais, ständig vom Rauhreif
weiße rhipäische Fluren, den Tod der Gattin beklagend,
Plutos verscherztes Geschenk auch. Die thrakischen Frauen, durch solche
Treue gekränkt, überfielen zur Nacht ihn beim Feste des Bacchus,
rissen in Stücke den Sänger, zerstreuten weithin die Glieder.
Aber auch jetzt, da der Hebros, der Freund des Oiagros, auf seinen
Wellen den vom schimmernden Nacken gerissenen Schädel
forttrug, stöhnte die Stimme: ‚Eurydike', stöhnte die Zunge,
fast schon erstarrt, mit stockendem Atem: ‚Eurydike, Ärmste!',
stöhnten die Ufer: ‚Eurydike' über die Länge des Stromes."

Derart berichtete Proteus. Dann sprang er hinein in die Wellen,
ließ an der Stelle des Sprunges die Fluten aufbrandend sprudeln.

Aber Kyrene sagte zu ihrem erschrockenen Sohne:
„Jetzt, Aristaeus, jetzt darfst du den schmerzlichen Kummer vergessen.
Das dir Erzählte begründet die Krankheit, den Tod auch der Bienen,
den, dir zur Trauer, die Nymphen verhängten: Die Gattin des Orpheus
tanzte mit ihnen in heiligen Hainen! Mit Opfern erflehe
Frieden, begütige fromm die freundlichen Nymphen der Weiden;
Gnade werden sie schenken dem Flehenden, länger nicht zürnen.
Wie du sie freilich anflehst, das will ich dir vorher erklären.
Wähle vier Stiere, hervorragend stattliche, die noch zur Stunde
hoch am Lycaeus weiden auf saftig grünenden Almen,
ebenso viele noch niemals dem Joch unterworfene Kühe.
Ihnen errichte Altäre beim hohen Tempel der Nymphen,
ebenfalls vier, laß strömen das heilige Blut aus den Kehlen,
lasse die toten Rinder zurück dann im laubreichen Haine.
Wenn nach dem Opfer zum neunten Male Aurora sich zeigte,
biete lethäischen Mohn als Totengabe dem Orpheus,

schlachte ein schwarzes Lamm, geh wieder zum Haine der Nymphen,
opfre ein Kalb noch, zur Ehre Eurydikes, der schon versöhnten!"

Ohne zu säumen, vollzog Aristaeus die Weisung der Mutter,
suchte den Tempel auf, baute, dem Auftrag getreu, die Altäre,
trieb die vier Stiere, hervorragend stattliche, ebenso viele,
niemals dem Joch unterworfene Kühe zur heiligen Stätte.
Als dann zum neunten Male Aurora sich zeigte, erwies er
Orpheus die Totenehren und kehrte zurück zu dem Haine.
Ein unerwartetes, kaum in Worte zu fassendes Wunder
trat hier vor Augen: Dem Leib der geopferten Rinder entbrausten,
durch die verwesenden Därme und aus den gesprungenen Rippen,
Bienen, sie summten, sie wogten gleich riesigen Wolken, sie ballten
sich in der Baumkrone, hingen als Traube am schwankenden Aste!

Derart besang ich Ackerbau, Viehzucht und Pflege von Bäumen,
während der große Caesar am tiefen Euphrat im Kampfe
funkelnde Blitzstrahlen schleudert, als Sieger den willigen Völkern
Recht und Gesetze verleiht und den Weg zum Olympos beschreitet.
Damals noch förderte mich, den Vergilius, liebreich Neapel –
als in der Stille ich, unbekannt, glücklich der Dichtkunst mich weihte,
spielerisch Hirtenlieder verfaßte und, jung noch und mutig,
dich pries, Títyrus, unter der mächtigen Krone der Buche.

LIED VOM HELDEN AENEAS

ERSTER GESANG

Kriegstaten will ich besingen, den Helden dazu, der als Flüchtling,
Opfer des Schicksals, von Troja zuerst Italien erreichte,
dort, wo er später Lavinium gründete. Gnadenlos jagte
Juno voll Haß ihn über die Länder und Meere. Er mußte
furchtbare Kämpfe auch ausfechten, bis er in Latium endlich
Wohnstätten schuf für sich selbst und die Götter der Vorfahren:
Ursprung
für die Latiner, die Väter von Alba, Roms riesige Mauern.

Sage mir, Muse: Was für ein Widerstand kränkte und welcher
Ärger reizte die Fürstin der Götter, daß sie den treuen,
pflichtbewußt handelnden Helden so viele Gefahren und Leiden
aussetzte? Können sich Himmelsbewohner so rachgierig zeigen?

Lange schon stand, von Siedlern aus Tyrus gegründet, Karthago,
grad gegenüber Italien, fern vor der Mündung des Tiber,
wohlhabend, auch in der Kriegskunst bewährt, gefürchtet von
Gegnern.
Juno, erzählt man, habe die Hafenstadt ihrem geliebten
Samos noch vorgezogen: Ihr hatte sie Waffen und Wagen
anvertraut, wollte in glühendem Eifer, sofern nur das Schicksal
günstig sich zeigte, zur Herrscherin über die Welt sie erhöhen.
Aber ihr war zu Ohren gekommen, daß Nachfahren Trojas
einstmals die tyrische Gründung dem Erdboden gleichmachen
sollten,
daß sie ein weithin gebietendes, stolzes Kriegervolk werden
sollten, zum Untergang Libyens, gemäß der Entscheidung der
Parzen.
Davor bangte sie, konnte den Krieg auch niemals vergessen,
den sie bei Troja in vorderster Reihe zugunsten des teuren
Argos einst führte, nein, nährte noch immer den Groll und den
bittren
Ärger: Tief nagte an ihrem Herzen das Urteil des Paris,
der sie, so stattlich sie war, doch zurückwies, der Haß auf die Sippe

Ilions, auf Ganymedes, den Jupiter raubte und ehrte.
Dadurch noch grimmiger aufgebracht, trieb sie die Schar der Trojaner,
die den Hellenen, dem wilden Achilleus entrann, auf den weiten
Fluten umher und hielt sie von Latium fern; das Verhängnis
jagte sie viele Jahre dahin auf sämtlichen Meeren.
Derartig mühevoll war es, das Römergeschlecht zu begründen.

Freudig erreichten die Troer das offene Meer, und Siziliens
Küste versank; um die ehernen Buge schäumte die Salzflut.
Da überlegte Juno, noch immer den Stachel im Herzen:
„Soll ich klein beigeben, abstehen etwa von meinem Beginnen,
unfähig sein, dem Fürsten der Teukrer Italien zu sperren?
Ja, mir verwehrt es das Schicksal. Doch Pallas durfte in Flammen
setzen die griechische Flotte, die Mannschaften elend ersäufen,
nur weil der Sohn des Oïleus der schuldhaften Leidenschaft nachgab,
schleuderte selbst aus den Wolken Jupiters Blitzstrahl, zerstreute
weithin die Schiffe, zerwühlte das Meer mit stürmischen Winden,
stieß dem Verbrecher quer durch die Brust die tödliche Flamme,
hob ihn empor im Orkan und spießte ihn hoch auf die Klippe!
Ich, die ich unter den Göttern als Königin schreite, des Herrschers
Schwester und Gattin, ich schlage so viele Jahre mit *einem*
Volk mich herum! Wer soll denn künftig zu Juno noch beten,
demütig ihren Altären die schuldigen Ehren erweisen?“

So überlegte die Göttin wutflammenden Herzens und machte
sich nach Äolien auf, zur Heimat der Wolken, dem Ursprung
rasender Stürme. Hier herrscht in riesiger Grotte der König
Aiolos über die trotzigen Winde und brausenden Wetter,
dämpft sie mit Macht und hält sie durch Kerker und Fesseln im Zaume.
Unwillig donnern sie gegen die fest verschlossenen Tore,
dumpf erdröhnen die Bergwände. Aiolos thront mit dem Zepter
hoch auf dem Gipfel, beschwichtigt die Wütenden, mäßigt ihr Grollen.
Andernfalls rafften sie Land und Meer und das Himmelsgewölbe
ungestüm fort und fegten mit ihnen geschwind durch die Lüfte.

Doch der allmächtige Vater, aus eben solchen Bedenken,
barg sie in finsteren Höhlen, unter schwer lastenden, hohen
Bergen und setzte den König über sie; in Übereinkunft
sollte er festhalten oder auch loslassen sie, je nach Auftrag.

Bittend wandte sich Juno an ihn mit folgenden Worten:
„Aiolos, der du, vom Vater der Götter und Menschen ermächtigt
wurdest, das Meer zu besänftigen oder mit Stürmen zu peitschen:
Über die Flut des tyrrhenischen Meeres bringen jetzt meine
Feinde zu Schiff nach Italien Trojas geschlagene Götter!
Hetze die Winde auf sie, laß kentern und sinken die Schiffe,
gib den Besatzungen, weithin verstreut, ein Grab in den
Fluten!
Sieben hervorragend hübsche Nymphen sind mir zu eigen;
eine von ihnen, die schönste, Deïopeia, sie werde
dir zur Gemahlin ich geben, zu festem Bunde; für deinen
mir jetzt erwiesenen Dienst soll ewig mit dir sie vereinigt
leben und soll dich beglücken mit ganz vortrefflichen Kindern."

Aiolos gab ihr zur Antwort: „Herrin, du brauchst mir nur deine
Wünsche zu sagen, ich muß als heilige Pflicht sie erfüllen.
Meine bescheidene Stellung, mein Zepter und Jupiters Gnade
danke ich dir, du vergönnst mir den Platz an der Tafel der Götter,
du auch verleihst mir die Herrschaft über die Wolken und Winde."

Derart sprach er und stieß mit dem stumpfen Ende des Speeres
tief in die Flanke des Berges. Da brausten aus klaffender Öffnung,
jäh, wie zur Schlacht, die Winde und wirbelten über die Fluren,
stürzten sich nieder aufs Meer; gemeinsam Euros und Notos,
Africus auch, der böige, wühlten zutiefst aus dem Schlunde
aufwärts die Fluten und wälzten mächtige Wogen zur Küste.
Laut begannen die Männer zu rufen, hell knarrten die Taue.
Düstere Wolken entrissen den Augen der Teukrer ganz plötzlich
Himmel und Sonne, schon lastete finstere Nacht auf dem Meere.
Krachend begann es zu donnern, grell zuckte von Blitzen der
Äther,
überall drohte den Männern der Tod aus furchtbarer Nähe.

Kaltes Entsetzen lähmte sogleich dem Aeneas die Glieder.
Aufstöhnend reckte er dann die Arme empor zu den Sternen,
stieß die Worte hervor: „Ihr dreifach und vierfach Beglückten,
die ihr vor Trojas ragenden Mauern hinsinken durftet
unter den Augen der Väter! Du, Sprößling des Tydeus, von allen
Griechen der Tapferste, warum konntest du nicht auf dem Schlachtfeld
Trojas mit deiner Rechten das Leben mich aushauchen lassen,
dort, wo der grimmige Hektor erlag dem Speer des Achilles,
gleichfalls Sarpedon, der riesige, fiel, der Simóeis im Wasser
Schilde und Helme und Leichen tapferer Kämpfer mit fortreißt!"

Während er sprach, schlug wuchtig der Nordwind mit pfeifender Böe
gegen die Segel und peitschte die Wogen empor zu den Sternen.
Ruder zerbrachen, die Schiffe verloren die Richtung, sie boten
plötzlich die Seite den Wellen; ein Wasserberg schwoll in die Höhe,
hoch auf dem Wogenkamm tanzten sie, schauten in klaffende Tiefen
bis auf den Meeresgrund, sahen die Fluten in Sandmassen wühlen.
Drei von den Schiffen warf der Süd auf verborgene Klippen –
Felsen auf offener See, der Italer nennt sie „Altäre",
langgestreckt unter der Oberfläche –; drei drängte der Oststurm
bis zu den Untiefen hin, in die Syrte, ein klägliches Schauspiel,
stieß auf die Sandbänke sie und umschloß sie gleichsam mit Dünen.
Über dem einen – mit Lykiern an Bord und dem treuen Orontes –
brach vor den Augen des Anführers eine gewaltige Woge
nieder aufs Heck; den Steuermann rissen kopfüber die Fluten
mit sich hinweg; doch den Schiffsrumpf drehte der Wasserschwall dreimal
wirbelnd im Kreise, dann schlang ihn der Strudel hinab in die Tiefe.
Über dem brodelnden Abgrund sah man nur wenige Menschen
schwimmen, Schilde und Kappen, auch Planken und Stücke aus Trojas
Schatzkammern. Nunmehr erlag dem Orkan das tüchtige Fahrzeug

des Ilioneus, jenes des Abas, das Schiff auch des greisen
Helden Aletes; gieriges Meerwasser drang durch die grausam
undicht geschlagenen Wände, schon klafften gefährliche Risse.

Aber inzwischen vernahm Neptunus den donnernden Aufruhr,
den auf dem Meere wütenden Sturm, sah selbst aus der stillen
Tiefe die sonst so ruhigen Wasser aufwärts sich bäumen.
Auftauchend hob er sein friedliches Haupt aus den Wogen zur Umschau.
Weithin verstreut schon sah er die Flotte des Helden Aeneas
über die See, bedrängt von der Flut und von prasselndem Regen,
und durchschaute sogleich die grimmige Tücke der Schwester
Juno. Da rief er Zephyros zu sich und Euros und sagte:
„Ist euch der Stolz auf euer Geschlecht zu Kopfe gestiegen?
Wagt ihr es, Winde, ohne daß ich es befehle, in Aufruhr
Himmel und Erde zu stürzen, so riesige Wogen zu türmen?
Wartet nur – aber ich möchte erst lieber den Wellengang dämpfen.
Keineswegs sollt ihr noch einmal so glimpflich davonkommen. Schleunigst
schert euch von dannen, erstattet eurem Gebieter die Meldung:
Ihm nicht ward die Befehlsgewalt über das Meer und den scharfen
Dreizack gegeben, nein, *mir*! Er beherrscht nur die riesigen Felsen,
Euros, in denen ihr wohnt. Dort mag sich Aiolos brüsten,
über den sicher verschlossenen Kerker der Winde regieren!“

Derart sprach er und dämpfte sofort die stürmischen Wogen,
scheuchte die Wolken hinweg, ließ wieder das Sonnenlicht strahlen.
Kymothóë und Triton schoben gemeinsam vom spitzen
Felsen die Schiffe herunter. Neptunus half mit dem Dreizack
nach, er lockerte hemmenden Schwemmsand und glättete Wogen,
glitt mit dem Rossegespann ganz mühelos über die Wellen.
Wie in der riesigen Menge des Volkes ein Aufruhr schon ausbricht,
unter den niederen Massen die Leidenschaft wütet und Steine,
lodernde Brandsätze fliegen, zur Waffe die Rasenden greifen,
aber sogleich beim Anblick eines verdienten und seinem
Vaterland treuen Mannes verstummen und lauschend verharren,
während sein Wort die Tobenden bannt, die Erbitterung mäßigt:

ebenso legte das Tosen des Meeres sich, als jetzt Neptunus
spähenden Blicks bei heiterem Himmel die See überquerte,
ungehemmt ausgreifen ließ die Rosse an lockeren Zügeln.

Völlig erschöpft versuchte die Schar des Aeneas den nächsten
Strand zu erreichen; sie näherte sich der libyschen Küste.
Abseits gelegen war die Stätte; ein Eiland erstreckte
quer vor der Bucht sich und machte zum Hafen sie: Denn an der Insel
brachen die Wogen sich, strömten in friedlicher Ruhe landeinwärts.
Beiderseits drohten riesige Felsen und Klippen, zum Himmel
ragend, und jenseits, zu Füßen der Spitzen, breitete völlig
still sich der Hafen. Im Hintergrund ragte mit zitterndem Laubwerk
dunkel ein Waldstück und warf von oben düsteren Schatten.
Ebendort bildeten, unterhalb, hängende Felsspitzen eine
Grotte voll Süßwasserquellen und Sitzen aus schlichtem Naturstein,
eine Behausung der Nymphen. Hier brauchen die Schiffe nach langer
Seefahrt kein Tau zum Festhalten, keinen krummzackigen Anker.

Sieben Fahrzeuge konnte Aeneas noch sammeln. Mit ihnen
lief in den Hafen er ein. Voll tiefer Sehnsucht nach festem
Lande betraten die Troer dankbar das sandige Ufer,
streckten sich, noch vom Salzwasser triefend, hin am Gestade.
Aber zuerst entlockte Achates dem Kieselstein Funken,
fing sie in dürren Blättern, nährte das Flämmchen mit trocknem
Brennstoff und lockte sehr rasch empor die lodernde Flamme.
Trotz der Erschöpfung holte man die vom Wasser verdorbnen
Körner, Geräte dazu und begann die geborgene Feldfrucht
über dem Feuer zu rösten und zwischen den Steinen zu mahlen.

Aber Aeneas bestieg inzwischen den Felsturm und schaute
weithin im Umkeis über das Meer, um etwa den Antheus
noch als Verschlagnen zu sichten, die doppelt beruderten Schiffe,
Kapys vielleicht, auf hohem Heck das Gerät des Kaïkos.

Doch er erspähte kein Schiff, sah nur am Gestade drei Hirsche
streifen und hinter ihnen ein ganzes Rudel; es äste
friedlich in langem Zuge, verteilt auf die fruchtbaren Täler.
Stehen blieb er und griff zum Bogen sowie zu den flinken
Pfeilen, die der treue Gefährte Achates ihm nachtrug,
schoß und erlegte zuerst die drei Leittiere, die auf den Häuptern
stolz die verzweigten Geweihe trugen; dann scheuchte den ganzen
Schwarm er mit Pfeilen in wilder Flucht bis ins grünende Buschwerk,
hörte erst dann auf, als er sieben stattliche Stücke
hingestreckt hatte, für jedes der ihm verbliebenen Schiffe
eines; dann kehrte zum Hafen zurück er und teilte die Beute,
teilte den Wein auch, den der edle und tapfre Akestes
ihnen in Krüge füllte zum Abschied am Strande Siziliens,
suchte darauf zu ermuntern seine betrübten Gefährten:
„Freunde, wir hatten schon früher Unglück, ja, schwerer als heute.
Auch aus der heutigen Lage dürfte ein Gott uns erlösen.
Ihr erlebtet die wütende Skylla, das grauenhaft laute
Rauschen der Klippen, die felsigen Höhlen im Land der Kyklopen.
Deswegen faßt euch, ergebt euch nicht länger der Furcht und der Trauer:
Sicher wohl werdet ihr gern auch ans Heute euch einmal erinnern!
Vielerlei Mißgeschick, zahlreiche höchste Gefahren begleiten
uns bis nach Latium. Dort verheißt uns göttlicher Wille
friedliches Wohnen, dort soll sich Troja aufs neue erheben.
Haltet noch aus und bewahrt euch für künftige glückliche Tage!“

Derart sprach er und zeigte, trotz mitleidlos drängender Sorgen,
Zuversicht, suchte den Kummer selbst tief im Herzen zu bergen.
Doch die Gefährten wandten der Beute sich zu und der Mahlzeit,
trennten vom Fleische das Fell und entblößten die inneren Teile,
schnitten in Stücke das Fleisch, das noch zuckte, und spießten es; andre
stellten die Kessel am Strand auf und nährten und schürten die Feuer.
Anschließend stärkten sie sich beim Schmause und tranken, im Grase
ausgestreckt, alten Wein zum nährend-saftigen Wildbret.

Als sie den Hunger gestillt und die Reste abgeräumt hatten,
fragten sie eifrig einander nach ihren verschollenen Freunden,
schwankten zwischen der Furcht und der Hoffnung: Ob sie noch lebten,
ob sie ertranken und Stimmen von Rufenden gar nicht mehr hörten.
Innig klagte, für sich allein, der treue Aeneas,
daß der kühne Orontes, Amykos auch, starben, daß Lykos
schrecklich ertrank, der tapfere Gyas, der wackre Kloanthos.

Endlich verstummten die Klagen. Da schaute aus Höhen des Äthers
Jupiter über das segelumflatterte Meer und das Festland,
Küsten und weithin siedelnde Völker, und trat auf des Himmels
Gipfel und heftete spähend den Blick auf das Königreich Libyen.
Während er dastand, vertieft in sorgenvolle Gedanken,
näherte Venus sich ihm, recht traurig, die glänzenden Augen
tränenumflort, und sagte: „Du, der du den Menschen und Göttern
ewig gebietest, sie auch in Schrecken versetzt durch den Blitzstrahl,
sag mir: Was tat mein Aeneas, was taten die Troer dir Unrecht,
daß, nach so schweren Verlusten, sie ausgesperrt werden vom ganzen
Erdkreis, nur weil sie Italien als Ziel der Meerfahrt sich setzten?
Sollten von dort doch im Kreislauf der Jahre einstmals die Römer
stammen, die Fürsten vom frisch belebten Blute des Teukros,
unumschränkte Gebieter zu Wasser, zu Land: Das versprachst du!
Warum, mein Vater, hast du deine Entscheidung geändert?
Über den Untergang Trojas und seine traurigen Trümmer
tröstete ich mich hinweg durch die Hoffnung auf künftigen Ausgleich.
Aber das Unglück verfolgt jetzt weiter die Männer mit derart
furchtbaren Schlägen. Wann machst du, Erhabener, Schluß mit den Plagen?
Quer durch die Scharen der Griechen konnte Antenor entkommen,
bis zur illyrischen Bucht gelangen, verlustlos in ihrem
Winkel Liburnergebiet und Timavusquell hinter sich bringen,
wo aus neun Schlünden unter gewaltigem Dröhnen des Berges

gleichsam ein Meer hervorbricht und über die Fluren dahinrauscht!
Dennoch gründete dort er Patavium, machte die Teukrer
seßhaft und gab dem Volke den Namen; die troischen Waffen
durfte er weihen, des Friedens behagliche Ruhe genießen.
Uns zwar versprachst du, deinen Kindern, die Festung des Himmels,
doch weil nur eine Göttin uns zürnte, sind wir verraten,
büßten die Schiffe ein, wurden fern von Italien verschlagen.
Heißt das die Treue belohnen, uns eine Herrschaft verleihen?“

Lächelnd nickte ihr zu der Vater der Götter und Menschen,
zeigte das heitere Antlitz, mit dem er die Stürme besänftigt,
küßte die Tochter recht zärtlich und gab ihr folgende Antwort:
„Sorge dich nicht, Kythereia: Das Schicksal der Deinen vollzieht sich
ohne Störung. Laviniums Stadtmauern wirst du noch sehen,
wie ich versprach, wirst hoch hinauf zu den Sternen des Himmels
tragen den tapfren Aeneas; ich ändre nicht meine Entscheidung.
Aussprechen will ich es, weil dich die Sorge so hartnäckig peinigt,
will dir, weit ausholend, klar das Geheimnis der Zukunft enthüllen:
Angestrengt kämpfen noch muß der Held in Italien, wilde
Völker bezwingen, Verfassung und Stadtrecht ihnen gewähren,
bis ihn drei Sommer die Herrschaft in Latium ausüben sahen,
dreimal, besiegt, die Rútuler Winterquartiere bezogen.
Aber sein Sohn Ascanius, jetzt als Iulus bezeichnet –
Ilos hieß er, solange noch Ilions Königreich blühte –,
wird in dem Kreislauf der Monate dreißig Jahre lang herrschen,
wird von Lavinium aus die Macht nach Alba verlagern,
kraftvoll das Städtchen zu einer befestigten Hauptstadt erhöhen.
Anschließend werden für dreihundert Jahre die Nachkommen Hektors
dort noch regieren, bis Ilia, Priesterin fürstlichen Stammes,
schwanger durch Mars, die Mutter von Zwillingen wird. Und voll Freudeüber das bräunliche Fell der Wölfin, die hilfreich ihn säugte,
setzt dann Romulus fort das Geschlecht; die Mauern der Marsstadt
gründet er, nennt nach dem eigenen Namen die Einwohner Römer.

Diesen bestimme in Raum und Zeit ich keinerlei Grenzen,
lasse sie endlos herrschen. Sogar die grausame Juno,
heute noch Göttin des Schreckens für Meer und Festland und Himmel,
dürfte sich eines beßren besinnen, mir beipflichten, eifrig
fördern die Römer, die Herren der Welt, die Träger der Toga.
Derart lautet mein Wille. Und einstmals, im Wandel der Zeiten,
wird das Geschlecht des Assárakos Phthia ins Sklavenjoch spannen
nebst dem berühmten Mykene, auch Argos besiegen und knechten.
Aus dem erhabnen Geschlecht ersprießt, als Trojaner, dann Caesar;
bis an den Ozean dehnt sich sein Reich, sein Ruhm zu den Sternen;
Iulius lautet sein Name, vererbt vom großen Iulus.
Ledig der Sorgen, empfängst du im Himmel ihn einst, wo er eintrifft
mit den Trophäen des Ostens; auch *ihm* winkt göttliche Ehre.
Aufhören wird dann der Krieg, die Härte der Menschen sich mildern.
Fides, ergraut schon, und Vesta, Quirinus, vereint mit dem Bruder
Remus, erlassen Gesetze; des Krieges schreckliche Tore
schließt man mit eisernen Riegeln. Drin hockt auf den grausigen Waffen
Furor, der Gottlose, rücklings mit hundert ehernen Ketten
sicher gefesselt, und knirscht entsetzlich mit blutigem Rachen."

Derart sprach er und schickte den Sprößling der Maja vom Himmel:
Gastfreundlich sollte die neugegründete Burg von Karthago
offenstehen den Teukrern, Dido, in Kenntnis der Pläne
Jupiters, gern sie empfangen. Über das Himmelsgewölbe
flog mit eilenden Schwingen Hermes zur libyschen Küste,
wo er den Auftrag erfüllte. Entsprechend dem göttlichen Willen
ließen die trotzigen Punier sich umstimmen; Dido, vor allen,
wollte die Teukrer in Ruhe und Frieden voll Güte empfangen.

Vielerlei freilich erwog in der Nacht der fromme Aeneas,
kam zum Entschluß, mit dem Aufgang des wärmenden Sonnenlichts, selber
aufzubrechen, das Land, in das sie der Sturmwind verschlagen,

rings zu erkunden, mit seinen Bewohnern, vielleicht auch nur Tieren –
schien es doch unbebaut –, dann den Gefährten Bericht zu erstatten.
Unter der Wölbung des Felsens, die der Wald überdachte
und mit schaurigem Schatten umfing, verbarg er die Schiffe,
brach dann zum Spähergang auf, mit nur einem Begleiter, Achates,
schwang in der Faust zwei Lanzen mit breiter eiserner Spitze.

Mitten im Walde begegnete ihnen ganz plötzlich die Mutter,
Mädchen nach Antlitz und Haltung, auch wie ein Mädchen bewaffnet,
eine Spartanerin etwa, auch Thrakiens Kind Harpalyke,
flinker als Rosse, ja schneller auch noch als der reißende Hebros.
Denn auf den Schultern trug sie, nach Jägerart, griffbereit ihren
Bogen und ließ die gelockerten Haare flattern im Winde,
nackt die Knie, geschürzt den wallenden Bausch des Gewandes.

„Sagt mir doch, bitte, ihr Männer", begann sie zu sprechen, „erblicktet
eine von meinen Schwestern ihr hier auf den Spuren des Wildes,
Köcher geschultert und in ein geflecktes Luchsfell gekleidet?
Oder verfolgt sie, laut rufend, einen schäumenden Eber?"

Derart fragte sie. Seinerseits fragte ihr Sohn in der Antwort:
„Keine von deinen Schwestern hörte und sah ich – doch, Mädchen,
sag mir, wie soll ich dich nennen? Dein Antlitz erscheint mir nicht sterblich,
auch nicht nach Menschenart sprichst du. Du bist doch sicherlich eine
Göttin – die Schwester des Phöbus? Ein Wesen vom Nymphengeschlechte?
Bringe uns Glück, wer immer du bist, und hilf uns in unsrer
Not und erklär uns, in welcher Gegend, an welchem Gestade
wir uns herumtreiben. Ohne das Land und die Menschen zu kennen,
streifen wir ziellos, von Sturm und Strömung hierher verschlagen;
reichlich auch wollen wir Opfer dir bringen an unsern Altären."

Da sprach Venus: „Ich habe kein Recht auf göttliche Ehrung.
Mädchen von Tyros tragen gewöhnlich den Köcher und schnüren
purpurne Jagdstiefel hoch um die Waden. Hier hast du vor Augen
punischen Herrschaftsbereich, die Festung Agenors und Tyrier.
Libyen heißt das Gebiet, sein Volk sind trotzige Krieger.
Dido regiert. Sie stammt aus Tyros, geflohen vor ihrem
Bruder. Langwierig ist die Geschichte des Unrechts, der Hergang
ziemlich verwickelt. Ich möchte dir nur das Wichtigste sagen.
Dido war mit Sychaios vermählt, Phöniziens reichstem
Grundbesitzer. Ihn liebte heiß die bemitleidenswerte
Herrin; sie hatte noch keiner begehrt, bevor sie der Vater
jenem zur Frau gab. Doch über Tyros herrschte der Bruder
Didos, Pygmalion, ein ganz außergewöhnlicher Schurke.
Rasender Haß auf den Gatten befiel ihn, und vor dem Altare,
gottlos, vor Geldgier blind, aus dem Hinterhalt, schlug er den völlig
Arglosen tot; so gleichgültig war ihm die Liebe der Schwester.
Lange verheimlichte er die Schandtat und täuschte mit leeren
Hoffnungen tückisch die unverwandt liebende traurige Gattin.
Aber im Traume erschien ihr der unbestattete Tote,
wandte gespenstisch sein bleiches Gesicht ihr entgegen, enthüllte,
was am Altar an Greueln geschehn, wie der Stahl ihn durchbohrte,
deckte rückhaltlos auf den verborgenen Schandfleck des Hauses.
Schleunige Flucht aus der Heimat riet er danach der Gemahlin,
nannte als Mittel zur Reise ihr alte, im Erdreich verborgne
Schätze an Gold und Silber, von denen kein anderer wußte.
ido entschloß sich zur Flucht und suchte sich treue Gefährten.
Bitterer Haß auf den Herrscher, lähmende Furcht auch vereinte
viele. Seetüchtiger Schiffe bemächtigten sie sich, beluden
sie mit dem Golde, entführten den Schatz vor der Habgier des Fürsten
über das Meer. Es lenkte Dido als Frau das Geschehen.
Dorthin gelangten sie, wo du jetzt siehst die gewaltigen Mauern,
auch das allmähliche Wachsen der Burg des neuen Karthago;
so viel vom Boden hatten gekauft sie – es heißt ja auch Byrsa –,
wie man mit einer Stierhaut bequem zu umfassen vermochte.
Aber zu euch jetzt: Wer seid ihr? Von woher seid ihr gekommen?
Wohin führt euch der Weg?“ So fragte sie.

Aber Aeneas
seufzte und gab ihr zugleich, in tiefer Erregung, zur Antwort:
„Göttin, erzählte von Anfang an ich unsre Geschichte,
hättest du Zeit auch, dem Leidensberichte zu lauschen, so wäre
dann der Olymp schon verschlossen, der Tag dem Abend gewichen.
Fern aus dem uralten Troja – sofern dir der Name der Festung
einmal zu Ohren gekommen – fuhren wir über die Fluten,
als ein Orkan uns plötzlich verschlug an die libysche Küste.
Ich, der getreue Aeneas, entriß dem Feind die Penaten,
führe im Schiffe sie mit, mein Ruhm erreichte den Himmel.
Nach Italien möchte ich, wo mir die Ahnen, vom Stamme
Jupiters, lebten. Über das Phrygermeer fuhr ich mit zwanzig
Schiffen und folgte, nach Weisung der Mutter, meiner Bestimmung.
Wogen und Sturmwind ließen mir sieben, beschädigt, noch übrig.
Jetzt, aus Europa und Asien vertrieben, irre ich, keinem
hierzulande bekannt, ein Bettler, durch Einöden Libyens."

Da unterbrach ihn Venus im Klagen mit folgenden Worten:
„Wer du auch sein magst, schwerlich lebst du und atmest als einer,
den die Unsterblichen hassen, wo du Karthago erreichtest!
Gehe nur weiter, begib dich von hier zum Königspalaste!
Deine Gefährten kehrten zurück, die verschollenen Schiffe
lenkte der Nordwind zum Hafen – das habe ich dir zu berichten –,
wenn mich die Eltern erfolgreich die Kunst der Vogelschau lehrten.
Sieh die zwölf Schwäne dort ruhig dahinziehen: Eben noch scheuchte
Jupiters Bote, vom Äther herabschießend, jäh sie vom heitren
Himmel; jetzt sieht man in langem Zug sie die Erde erreichen,
einige auch, die von oben herab noch schauen zum Boden:
Wie sie dort aufsetzen, froh der Rettung, mit rauschenden Schwingen,
teils noch am Himmel kreisen und singen in heiterer Stimmung,
ebenso weilen schon deine Schiffe mitsamt der Besatzung
sicher im Hafen, teils nahen sie ihm vor günstigem Winde.
Schreite nur vorwärts und folge dem eingeschlagenen Wege!"

Derart sprach sie und wandte sich ab. Ihr Nacken erstrahlte
rosig, vom Haupte dufteten köstlich ambrosische Haare;
bis auf die Füße wallte herab das Gewand: So enthüllte
sie sich im Gehen als Göttin. Aeneas erkannte die Mutter,
rief hinterdrein ihr, verbittert, während sie schnell sich
entfernte:
„Warum verhöhnst du, nicht weniger grausam als andere Götter,
derart den Sohn mit verlogenen Angaben? Weigerst ihm deinen
Handschlag und einen ehrlichen Austausch lauterer Wahrheit?"

Solchen Vorwurf erhob er und lenkte die Schritte zur Mauer.
Venus umgab die beiden mit undurchsichtiger Luftschicht,
hüllte sie gleichsam in ein Gewand aus wogendem Nebel;
sollte doch niemand sie sehen oder sie treffen, auch niemand
anhalten sie und etwa den Grund des Kommens erfragen.
Danach entschwebte die Göttin nach Paphos, begrüßte die Stätte
freudig, an der sich ihr Tempel erhebt und auf hundert Altären
Weihrauch von Saba dampft, auch blühende Kranzblumen duften.

Angespannt folgten inzwischen die zwei der Richtung des
Weges.
Bald erklommen den Hügel sie, der als höchster die Siedlung
weit überragt und auf die Befestigungswerke hinabschaut.
Staunend erblickte Aeneas den riesigen Bauplatz – hier standen
ehemals Hütten! –, die Tore, die Straßen, das laute Getümmel.
Glühender Arbeitseifer spornte die Tyrier; sie zogen
Mauern, sie bauten die Burg, sie wälzten die Steine mit Händen.
Andere suchten den Platz für ihr Haus und zogen die Grenzen.
Wahlen vollzog man für Richter, Beamte, ehrwürdige Ratsherrn.
Becken für Häfen legte man an und schuf Fundamente
für das Theater, recht tief, und hieb aus natürlichem Felsen
mächtige Säulen als würdigen Schmuck für die Bühnengebäude.
Ebenso fleißig arbeiten Bienen im Frühsommer, zwischen
Blüten, im Sonnenschein, führen den eben erwachsenen
Nachwuchs
rührig ins Freie, tragen den fließenden Honig zusammen –
sollen sich doch die Zellen prall füllen mit köstlichem Nektar –,
nehmen voll Eifer entgegen die Lasten der Kommenden oder

scheuchen als Kampftrupp die Drohnen, das müßige Pack, von den Krippen;
glühende Schaffenskraft spornt sie, von Thymian duftet der Honig.

„Glücklich, ihr Tyrier, seid ihr, da eure Mauern schon wachsen!"
rief Aeneas, bewunderte, abwärts steigend, die hohen
Giebel und mischte sich, wundersam dicht von Nebel umflossen,
unter die tätigen Menschen, ohne gesehen zu werden.

Mitten im Stadtgebiet lag ein Wäldchen, voll kühlendem Schatten.
Ebendort hatten die Punier am Anfang, vom Sturm grad verschlagen,
ausgegraben das Zeichen, das ihnen die Herrscherin Juno
einstmals verhieß: den Pferdekopf; denn mit seinem Besitze
würden erfolgreich sie kämpfen und glücklich lange Zeit leben.
Ebendort ließ jetzt Dido einen gewaltigen Tempel
bauen für Juno; das Walten der Göttin und Weihgaben hoben
glanzvoll sein Ansehen. Bronzen, über der Freitreppe, waren
prächtig die Schwellen, die Torpfeiler bronzen, die Torflügel, knarrend
noch in den Angeln. Erst hier benahm, unvermutet, ein Bildwerk
unserem Helden die Furcht, ließ mutig ihn Zuversicht fassen,
gab, noch im Unglück, Vertrauen auf glückliche Zukunft ihm wieder.
Denn, auf die Königin wartend, betrachtete er in dem weiten
Innenraum einzeln die Stücke, bestaunte den Reichtum Karthagos
und das Zusammenwirken der Handwerker wie auch der Künstler.
Dabei erblickte er plötzlich, der Reihe nach dargestellt, Szenen
aus dem Trojanischen Krieg, die der Ruhm um die Welt schon getragen,
Priamos, dann die Atriden, Achilles, voll Wut auf sie beide.

Stehen blieb er, ihm kamen die Tränen, er rief: „Mein Achates,
gibt es auf Erden noch Stätten, die unserem Kampf sich verschließen?
Priamos, sieh nur! Man würdigt auch hier die rühmliche Leistung,

weint auch über das Unglück, betroffen vom Schicksal der
Menschen.
Sei nicht mehr bange: Der Ruhm verheißt dir irgendwie Rettung!"
Derart rief er, genoß in tiefer Bewegung die Bilder,
stöhnte, schmerzlich ergriffen, und netzte mit Tränen die Wangen.

Sah er doch auf dem Schlachtfeld vor Troja die fliehenden
Griechen,
sah, wie das troische Heer sie furchtbar bedrängte; dann aber,
wie, hoch zu Wagen, im Helmbusch, Achilles die Phryger
verfolgte.
Nahe dabei erspähte er weinend die Zelte des Rhesos,
schneeweiß das Leinen, in denen zu Anfang der Nacht Diomedes,
heimlich genaht, bei wüstem Gemetzel mit Blut sich bespritzte,
dann die feurigen Rosse ins Lager der Griechen entführte,
ehe sie Futter von Troja und Wasser vom Xanthos gekostet.
Troilos hatte zur Flucht die Waffen von sich geworfen –
unglückverfolgt, der Junge, im Kampf dem Achill nicht
gewachsen –,
hing aus dem leeren Wagen, rücklings, geschleift von den Pferden,
fest noch die Zügel umklammernd, Nacken und Haarschopf am
Boden;
hinter ihm, umgekehrt, furchte den Staub die Spitze der Lanze.
Frauen von Troja schritten zum Tempel der feindlichen Pallas,
trugen, mit wallenden Haaren, das herrliche Prachtkleid der Göttin,
demütig flehend, betrübt, mit den Händen die Brüste sich schlagend;
aber Minerva wandte sich ab und schaute zu Boden.
Dreimal schon hatte Achill um die Mauern Trojas den toten
Hektor geschleift; jetzt gab er heraus ihn für goldene Schätze.

Bitterlich stöhnte Aeneas aus tiefstem Herzen bei diesem
Anblick: Die Rüstung, der Wagen, der Leichnam des tapferen
Freundes,
Priamos endlich, waffenlos flehend, die Hände erhoben.
Selber erblickte er dann sich im Kampf mit griechischen Fürsten,
fern aus dem Osten die Heerschar des dunkelhäutigen Memnon.
Die Amazonen mit halbmondförmigen Schutzschilden führte
Penthesilea; sie focht voll Eifer inmitten der Massen,

unter entblößter Brust das goldene Wehrgehenk, mutig,
wagte, noch jung, fast ein Mädchen, mit Männern im Kampf sich zu messen.

Während der troische Held die Gemälde voll Staunen sich ansah,
während ergriffen er dastand, versenkt in das einzelne Bildnis,
nahte dem Tempel sich Dido, die Königin, strahlend vor Schönheit,
rings in stattlicher Menge von rüstigen Männern umgeben.
Wie am Eurotas oder auf hohem Kynthos Diana
anführt den Reigen der Bergnymphen, die ihr zu Tausenden folgen,
wimmelnd in Scharen sich tummeln, sie aber geschultert den Köcher
trägt und im Zuge über die Göttinnen alle hinausragt,
dabei im stillen herzliche Freude empfindet: Genauso
schön war Dido, ebenso freudig im Kreis der Begleiter
schritt sie einher, auf die Arbeit bedacht und die Herrschaft der Zukunft.
Dann, in der Vorhalle, vor der inneren Türe des Tempels,
ließ sie, von Wachen umgeben, auf hohem Throne sich nieder.
Recht und Gesetz für das Volk verwaltete dort sie, verteilte
einzelne Aufträge, teils nach Billigkeit, teils nach Verlosung.

Plötzlich gewahrte Aeneas, wie, umgafft von den Leuten,
Antheus, Sergestos, der tapfre Kloanthos und andere Teukrer
ankamen; hatte sie doch der düstre Orkan auf dem Meere
kürzlich zerstreut nur, zu ferneren Stellen des Festlands verschlagen.
Staunen ergriff ihn, Staunen ergriff auch Achates, und Freude
mischte mit Furcht sich. Es drängte sie, ihnen die Hände zu schütteln,
aber ihr plötzliches Auftauchen setzte sie doch in Bestürzung.
Unter dem Schutze des Nebels hielten sie stille und schauten,
was mit den Freunden geschah, wo sie die Flotte gelassen,
was sie hierherführe; stammten die Leute des Trupps doch von allen
Schiffen und nahten als Bittende, inständig rufend, dem Tempel.

Als sie die Halle betreten und Redeerlaubnis erhalten
hatten, begann Ilióneus, als Ältester, ruhig zu sprechen:
„Königin, die du aus Jupiters Gnade eine ganz neue
Stadt hier errichtest und trotzige Völker rechtmäßig zügelst:
Bittflehend nahen wir elenden Troer, von Stürmen getrieben
über die Meere; beschütz uns die Schiffe vor grausigem Feuer,
schone uns redliche Leute, laß näher von uns dir berichten!
Keinesfalls kamen wir, libysches Gut mit dem Schwert zu verheeren
oder um Beute zu machen und an das Gestade zu schleppen.
Solche Gewalttat, solch Übermut liegt nicht im Sinn von Besiegten.
Ferne gibt es ein Land, das die Griechen Hesperien nennen,
uralt, machtvoll durch siegreiche Waffen und fruchtbares Erdreich,
von den Oinótrern bewohnt; jetzt erzählt man, Spätere hätten
ihm den Namen Italien – nach einem König – gegeben.
Dorthin wollen wir segeln.
Aber Orion, der Bringer der Stürme, verschlug uns mit jähem
Unwetter weithin in Untiefen, riß auseinander die Flotte,
peitschte vor schamlosem Süd und brandender See uns durch schroffe
Klippen. Wir wenigen retteten uns an euer Gestade.
Was für ein Volk bewohnt dies Gebiet? Welch Barbarentum duldet
Mißbrauch des Gastrechts? Verweigert man uns doch die hilfreiche Küste,
droht uns mit Waffen, verbietet den Aufenthalt uns am Gestade!
Trotzt ihr dem Menschenrecht schon und den Waffen, die Sterbliche führen,
fürchtet die Götter doch wenigstens, Hüter des Rechts vor dem Unrecht!
Über uns herrschte König Aeneas; an rechtlichem Handeln,
Pflichtgefühl, Kunst der Kriegführung hat ihn kein Mensch übertroffen.
Wenn ihn das Schicksal am Leben erhielt, wenn er heute noch atmet,
noch nicht verweilt im grausamen Reiche der Schatten, so brauchen
wir nichts zu fürchten – du wirst nicht bereuen, als erste uns gütig
Hilfe geleistet zu haben. Denn auch auf Sizilien gibt es

Städte in Waffen, als Herrn den berühmten Trojaner Akestes.
Lasse an Land uns ziehen die leckgeschlagenen Schiffe,
bitte, im Wald uns Planken schlagen und Ruderholz glätten!
Dürfen Italien wir, vereint mit den Freunden und unsrem
König, erreichen, so wollen wir froh nach Latium steuern;
bleibt uns die Rettung versagt, birgt, teuerster Vater der Teukrer,
tief dich die libysche See, erweckt kein Iulus mehr Hoffnung,
segeln wir wenigstens zur sizilischen Meerenge, offnem
Siedlungsgebiet, von dem wir hierherkamen, und zu Akestes."
Derart sprach Ilioneus, und zustimmend murmelten alle
Dardaner.
Dido erwiderte kurz, vom Thron aus die Bittenden musternd:
„Teukrer, ihr braucht euch nicht länger zu fürchten, verbannt nur die Sorgen!
Bittre Erfahrung, die Schwäche des eben begründeten Reiches
zwingen mir Maßnahmen auf zum sicheren Schutz des Gebietes.
Gibt es noch Menschen, die nicht das Geschlecht des Aeneas, nicht Troja,
nicht die bewährten Trojaner, nicht ihre Kampfleistung kennen?
Derartig teilnahmslos sind wir Punier nicht, und so ferne
liegt auch nicht Tyros der Stätte, wo Sol sein Roßgespann anschirrt!
Wollt ihr ins Land des Saturnus, ins große Hesperien, ziehen,
oder zum Eryxgebiet, dem Reiche des Königs Akestes:
Sicher geleiten werde ich euch und tatkräftig helfen.
Wollt ihr bei mir, in meinem Reiche, ansässig werden:
euch auch gehört die Stadt, die ich baue. Aufs Trockene könnt ihr
ziehen die Schiffe. Mir gelten Troer und Tyrier gleichviel.
Wäre, wie ihr vom Südwind verschlagen, der König Aeneas
anwesend! Zuverlässige Späher will ich entsenden;
Libyens grenznahe Landstriche sollen genau sie durchforschen.
Schiffbrüchig irrt er durch Wälder wohl oder durch volkreiche Städte."

Dieser Empfang ermutigte gleich den tapfren Achates
wie auch den Vater Aeneas; sie brannten darauf, aus der Wolke
offen herauszutreten. Achates drängte als erster:
„Sprößling der Götter, welchen Entschluß gedenkst du zu fassen?
Sicherheit weißt du ringsum, die Flotte, die Freunde gerettet.

Einer nur fehlt, wir sahen auf hohem Meere ihn sinken.
Alles übrige stimmt überein mit der Auskunft der Mutter."

Während er dieses noch sprach, zerriß überraschend die Wolke,
die sie umhüllte, und löste sich fernhin zum offenen Äther.
Sichtbar wurde Aeneas und glänzte im heiteren Lichte,
stattlich wie Götter an Haupt und Schultern; ihm hatte die Mutter
herrliche Locken verliehen und leuchtende Schönheit der Jugend,
hatte ihm reizvolle Anmut über die Augen gebreitet.
Ebenso schmücken Künstlerhände das Elfenbein, werden
Silber, auch parischer Marmor umrahmt von schimmerndem Golde.
Plötzlich, von keinem, der hier im Tempel weilte, erwartet,
sprach er die Königin an: „Ich stehe vor euch, der vermißte
Troer Aeneas, glücklich geborgen aus libyschen Wogen!
Du nur empfindest Mitleid mit Trojas furchtbarem Unglück:
Uns, die den Griechen entrannen, die wir zu Wasser, zu Lande
alles erdenkliche Leid erfuhren und alles entbehren,
uns nimmst gastlich du auf, in der Stadt und am Herde!
Dir danken,
Dido, können wir nicht, auch nicht die anderen Troer,
die noch irgendwo leben, verstreut weit über den Erdkreis.
Götter nur mögen – sofern noch Gottheiten Pflichtgefühl
schätzen,
noch die Gerechtigkeit gilt und Verantwortung lebt und Gewissen –
würdig dir lohnen! Glücklich die Zeit, die zum Leben dich weckte,
ruhmreich die Eltern, die solcher Tochter sich freuen! Solange
Ströme ins Meer sich ergießen, über die Berghänge Schatten
ziehen, der Himmel den Herden der Sterne Weideland bietet,
möge in Ewigkeit dauern dein ruhmreicher Name – wo immer
ich auch auf Erden dann weile." So sprach er und streckte die
Rechte
seinem Freund Ilioneus entgegen, die Linke Serestos,
weiter den andern, dem tapferen Gyas, dem wackren Kloanthos.

Staunen empfand schon Dido beim ersten Anblick des Helden,
stärker noch angesichts seines Schicksals. So gab sie zur Antwort:
„Was für ein Unglück, du Sprößling der Göttin, verfolgt dich durch
derart

große Gefahren? Welch bitterer Zwang verschlägt dich in wilde
Gegenden? Bist du Aeneas, der Mann, den die gütige Venus
dem Anchises aus Dárdanos schenkte, an Phrygiens Simoeis?
Ja, ich erinnere mich, in der Tat: Nach Sidon gelangte
ehemals Teukros, verbannt aus der Heimat, erwarb sich ein neues
Reich mit der Hilfe des Belos. Der hatte – mein Vater – das reiche
Kypros verheert und als Sieger seiner Gewalt unterworfen.
Seitdem weiß ich vom Untergang Trojas, kenne auch deinen
Namen und jene der griechischen Fürsten. Teukros, als Gegner
Trojas sogar, bedachte mit glänzendem Lobe die Teukrer,
rühmte sich selber als Nachfahren ihres alten Geschlechtes.
Deswegen tretet nur ein in unsere Wohnstatt, ihr Männer.
Mich auch verfolgte ein ähnliches Schicksal mit vielerlei Plagen,
gönnte zum Schluß erst in diesem Land mir ein sicheres Obdach.
Eigenes Unglück lehrt mich, Bedrängten Hilfe zu leisten."

Derart sprach sie und führte Aeneas zum Fürstenpalaste,
ordnete gleichzeitig Dankfeiern an für die Tempel der Götter,
schickte, genauso aufmerksam, für die Gefährten am Strande
zwanzig Stiere und hundert stattliche borstige Schweine,
hundert Lämmer dazu, von den Muttertieren begleitet,
Opfer zu freudigem Fest.

Fürstliche Pracht entfaltete sich im Innern des Schlosses
glanzvoll. Im mittleren Saale wurde das Festmahl gerichtet,
kunstreich gewebte Teppiche, leuchtend von köstlichem Purpur,
Mengen von Silbergeschirr auf den Tafeln, auf goldnen Gefäßen
Taten des Altertums dargestellt, die sehr zahlreiche Helden
seit dem Beginn des Geschlechtes in stattlicher Reihe vollbrachten.

Aber Aeneas, dem das Vaterherz Ruhe nicht gönnte,
schickte Achates auf schnellstem Weg zu den Schiffen; Ascanius
sollte er gleich unterrichten und selbst nach Karthago geleiten;
galt doch dem Sohn die ständige Sorge des liebenden Vaters.
Außerdem hieß er Geschenke ihn mitbringen, wie man aus Trojas
Trümmern sie barg: den mit goldenen Bildern prunkvoll verzierten
Mantel, den Schleier auch, sorgsam umwebt mit gelbem Akanthos,
Schmuck der Argeierin Helena; diese nahm, bei dem Aufbruch

zu der verbotenen Hochzeit, die außerordentlich schöne
Gabe der Mutter Leda mit fort von Mykene nach Troja.
Weiter das Zepter, das einstmals Ilíone führte, des Königs
Priamos älteste Tochter; eine aus Perlen gereihte
Halskette; einen goldenen Stirnreif, besetzt mit Juwelen.
Eilig begab sich Achates, dem Auftrag gehorsam, zur Flotte.

Doch Kythereia schmiedete zusätzlich listige Pläne:
In der Gestalt des hübschen Ascanius sollte Cupido
kommen, nicht kenntlich als Liebesgott, sollte mit diesen
Geschenken
Dido zu tiefer, leidenschaftlicher Neigung entflammen;
vor der Verlogenheit der Familie bangte die Göttin
wie vor der Falschheit der Tyrier, auch vor der Erbitterung Junos,
die ihr die Nächte vergällte. Sie sprach zum geflügelten Amor:
„Junge, der du den Blitz des erhabenen Vaters verachtest,
Junge, der ganz allein du meine Allmacht verkörperst,
biete mir Zuflucht und leiste mir Hilfe, ich bitte dich dringend!
Wie auf dem Meere dein Bruder Aeneas vom Haß der ergrimmten
Juno verschlagen wurde an alle möglichen Küsten,
ist dir bekannt; oft teiltest du meinen schmerzlichen Ärger.
Ihn umgarnt jetzt die Punierin Dido mit schmeichelnden Worten.
Aber ich sehe schon, was die Gastfreundschaft Junos bedeutet.
Nie wird Juno bei solcher Wendung untätig bleiben.
Deswegen will ich beizeiten die Fürstin zu glühender Neigung
reizen – ihr darf kein Unsterblicher diese Empfindung zerstören,
sondern sie soll so innig wie ich den Helden Aeneas
lieben. Vernimm jetzt, wie ich die Erfüllung der Absicht mir
denke!
Eben jetzt rüstet mein Liebling Ascanius sich, in dem Auftrag
seines Vaters, zum Gang nach Karthago, mit jenen Geschenken,
die man den Flammen Trojas entriß und dem Wüten des Meeres.
Einschläfern möchte ich ihn, auf den Höhen der Insel Kythera
oder im Tempel Idalions dann den Jungen verstecken;
keinesfalls darf er die Täuschung bemerken und Störenfried
werden!
Nimm sein Aussehen an und zeige sein wohl dir bekanntes
Antlitz, du brauchst nur für *eine* Nacht die Rolle zu spielen.

Setzt an der fürstlichen Tafel, beim Trunk des Lyaios, dich Dido
freudig erregt auf ihren Schoß, umarmt sie dich innig,
heftet auf deine Lippen dir zärtliche Küsse, dann hauche
heimliche Gluten ihr ein und errege ihr Liebesgefühle!"

Amor gehorchte dem Auftrag der teuren Mutter. Die Schwingen
legte er ab und ging mit Freuden zu Fuß, wie Iulus.
Venus indessen versenkte Ascanius friedlich in Schlummer,
liebevoll barg sie im Schoß ihn und trug zu Idalions Wäldern
hoch ihn hinauf. Dort umfing Majoran ihn zärtlich mit seinen
Blüten und schmeichelte ihm mit köstlich duftendem Schatten.

Nunmehr brachte, getreu der Weisung, Cupido des Königs
Gaben den Tyriern, mit heitrem Gesicht, geführt von Achates.
Als er eintraf, hatte die Königin Platz schon genommen
auf dem vergoldeten Sofa, inmitten des Saales, den prachtvoll
Teppiche schmückten. Aeneas und seine Trojaner erschienen
gleichzeitig; auf den purpurnen Decken ließ man sich nieder.
Wasser zum Waschen der Hände brachten die Diener, verteilten
Brot dann aus Körben, auch Handtücher von geschorener Wolle.
Fünfzig Mägde wirkten im Schloß, um die Speisen in Menge
ordentlich anzurichten, die Herdfeuer sorglich zu nähren.
Weitere hundert und ebensoviele gleichaltrige Diener
legten die Speisen den Sitzenden vor und reichten die Becher.
Zahlreich auch waren die Tyrier geströmt in die festliche Halle,
hatten, gebetene Gäste, gesetzt sich auf farbig gestickte
Polster, bewunderten des Aeneas Geschenke, bestaunten
auch den Iulus, die feurigen Blicke, sein zwanglos-geschicktes
Plaudern, den Mantel, den gelb mit Akanthos gemusterten Umwurf.
Aber besonders die schon dem nahenden Unglück geweihte
Dido vermochte nicht satt sich zu sehen. Der Anblick entfachte
immer noch stärker ihr Sehnen. Die Gaben, der Junge – dies beides
traf sie zutiefst. Noch hing das Kind am Hals des Aeneas,
stillte die Neigung seines vermeintlichen Vaters. Dann freilich
glitt es zur Königin hin. Mit den Augen, dem Herzen verhaftet,
koste im Schoß sie den Kleinen, die Arme, ohne zu ahnen,

was für ein Gott ihr schmeichelte. Aber Cupido vergaß nicht,
was ihm die Mutter auftrug, er ließ das Bild des Sychaios
langsam verblassen, suchte anstatt der erkaltenden alten
Liebe die darbende Fürstin mit einer neuen zu fesseln.

Als man die Mahlzeit beendet, die Tische abgeräumt hatte,
stellte man mächtige Mischkrüge auf und bekränzte die Becher.
Lebhafter scholl das Stimmengewirr durch die glänzenden Hallen.
Von dem vergoldeten Deckengetäfel hingen hellstrahlend
Leuchter herab, die Wachsfackeln bannten das nächtliche Dunkel.
Nunmehr verlangte die Königin die von Gold und Juwelen
funkelnde Schale und füllte mit lauterem Wein sie, ein alter
Brauch seit den Zeiten des Belos. Da wurde es still in dem Saale.

„Jupiter, weithin gerühmt als Hüter des Gastrechtes, bitte,
lasse den heutigen Tag für Tyrier und Troer zum Festtag
werden, den unsere Nachkommen treu im Gedächtnis bewahren!
Bacchus, der Freudenspender, und Juno, die Gütige, mögen
unter uns weilen! Eröffnet denn, Tyrier, mit Beifall die Feier!"

Derart betete Dido, benetzte die Tafel mit frommer
Trankspende, nippte danach als erste am Inhalt der Schale,
reichte sie dann mit ermunterndem Zuspruch dem Bitias. Dieser
leerte mit kräftigem Zug das Gefäß bis zum goldenen Boden.
Weitere Adlige folgten. Der lockengeschmückte Iopas
spielte lauthallend auf goldener Harfe; als Schüler des Atlas
sang er vom Wege des Mondes, vom mühsamen Kreislauf der Sonne,
über den Ursprung von Mensch und Getier, von Regen und Feuer;
über Arkturos, niederschlagsreiche Hyaden und beide
Bären; weswegen die Sonne so schnell in den Ozean absinkt
während des Winters, die Nächte im Sommer so zögernd nur kommen.
Beifall klatschten die Tyrier, laut schlossen sich an die Trojaner.
Tief in den Abend hinein unterhielt sich Dido, zum Unglück,
über vielerlei Themen und nährte die innige Liebe,
fragte voll Spannung nach Priamos, voller Spannung nach Hektor,

nach der Bewaffnung des Sohnes Auroras, nach dem Gespann auch,
das Diomedes lenkte, nach Größe und Kraft des Achilles.
„Aber erzähl uns doch lieber von Anfang an alles, verehrter
Gast“, so verlangte sie schließlich, „die Kriegslist der Griechen, das Schicksal
deiner Landsleute, deine Irrfahrten: Denn schon der siebte
Sommer erblickt dich als Heimatlosen in Ländern und Meeren!“

ZWEITER GESANG

Alle verstummten im Saale und blickten gespannt auf Aeneas.
Von dem erhöhten Sitz begann der Held zu erzählen:
„Königin, dein Verlangen belebt aufs neue den Kummer
über den Sturz der trojanischen Macht und des kläglichen Reiches
durch die Hellenen, über das Gräßliche, das ich erlebte,
selber aufs stärkste beteiligt. Kein Mensch kann davon berichten,
kein Myrmidone, kein Dóloper, auch kein Krieger des harten
Kämpfers Odysseus, ohne zu weinen! Schon senkt sich vom Himmel
feuchtkühl die Nacht, die erblassenden Sterne raten zum Schlummer.
Aber besteht ein so starkes Verlangen, mein Leid zu erfahren,
und von dem Todeskampf Trojas in aller Kürze zu hören,
möchte ich anfangen – wenn ich auch vor der Erinnerung schaudre,
ausweichen will vor dem Schmerz.

Im Felde geschlagen, vom Schicksal
bitter enttäuscht nach so viel Jahren, entschlossen die Fürsten
Griechenlands sich, nach dem Rat der Minerva, ein Pferd zu erbauen,
groß wie ein Berg, und die Seiten mit Tannenholzplanken zu decken.
Weihgabe sollte es sein für die Heimfahrt, so wurde gemunkelt –
fälschlich: Denn heimlich verbargen sie auserlesene Helden
tief in der finsteren Höhlung und füllten des mächtigen Bauches
Raum bis zum letzten Winkel mit schwerbewaffneten Kriegern.

Tenedos liegt vor dem Festland in Sichtweite, eine bekannte
Insel, an Schätzen reich, solange noch Priamos herrschte,
jetzt ein verödeter Strand und als Hafen verrufen. Die Griechen
fuhren dorthin und bezogen Verstecke fern dem Gestade.
Aber wir glaubten, fort seien sie, heimgekehrt nach Mykene!
Frei vom lang quälenden Kummer fühlten sich alle Trojaner.

Aufgemacht wurden die Tore, man strömte voll Freude nach draußen,
sah das geräumte Lager der Griechen sich an und die leere
Küste: ‚Hier lagen die Doloper – dort der wilde Achilleus –
hier die Schiffe und dort der Schauplatz erbitterter Kämpfe!'
Andre bestaunten das Unheilsgeschenk für die Jungfrau Minerva,
dieses gewaltige hölzerne Pferd. Thymoites als erster
riet, in der Stadt es aufzustellen, und zwar auf dem Burgberg,
sei es aus Tücke oder weil Trojas Schicksal es wollte.
Kapys dagegen und andere, besser beraten, verlangten,
dieses verdächtig-bedrohliche Griechengeschenk in die Fluten
jählings zu stürzen, in Brand es zu stecken oder den Hohlraum
aufzubohren und nachzusehen, was er enthalte.
Unschlüssig spaltete sich in Parteien die streitende Menge.

Während des Wortwechsels eilte, mit großem Gefolge, doch allen
weit voraus, zornglühend, Laókoon her von der Stadtburg,
rief schon von weitem: ‚Ihr Elenden, seid ihr denn wahnsinnig, Bürger?
Glaubt ihr, fort seien die Feinde? Griechen verteilten Geschenke,
ohne Betrug zu verüben? Kennt ihr Odysseus so wenig?
Entweder halten sich Griechen versteckt in dem hölzernen Bauwerk,
oder es wurde gezimmert als Kampfmittel gegen die Mauern
Trojas, zum Einblick in Häuser, zum Angriff von oben, versucht auch
einen ganz anderen Trick! Mißtraut dem Pferde, ihr Troer!
Jedenfalls fürchte ich Griechen, auch wenn sie Geschenke uns bieten.'
Damit schleuderte kraftvoll er seine gewaltige Lanze
gegen die Flanke des Tieres und gegen die Bauchhöhlung. Zitternd
haftete fest die Waffe im Holz. Es erdröhnte beim Aufprall
dumpf das Gebälk, und die Hohlräume stöhnten im Nachhall. Ja, wären
göttlicher Wille und Torheit im Spiel nicht gewesen, er hätte
uns überzeugt, mit dem Stahl das Griechengeschenk zu vernichten.
Troja, du ragende Festung des Priamos, stündest noch heute!

Doch währenddessen schleppten dardanische Viehhüter einen
Mann mit rücklings gefesselten Händen herbei. Triumphierend
schrien sie. Freiwillig hatte der Unbekannte sich ihnen
eben gestellt, in der Absicht, Troja den Griechen zu öffnen,
zuversichtlich, auf beides gefaßt: Mit Hinterlist seine
Rolle zu spielen – oder den sicheren Tod zu erleiden.
Schaulustig strömten von allen Seiten herbei die Trojaner,
drängten sich um den Gefangenen, höhnten ihn laut um die Wette.
Hör, was die Griechen voll Tücke geplant – vom Verbrechen des einen
schließ auf sie alle!
Waffenlos stand er und scheinbar verwirrt, durchbohrt von den Blicken,
in dem Gedränge und schaute umher auf die Scharen der Phryger,
rief dann: ‚Ach, welches Festland, welch Meer noch bietet mir Zuflucht?
Was bleibt mir vom Unglück Geschlagenen schließlich noch übrig?
Nirgendwo darf bei den Griechen ich bleiben, und außerdem fordern
heftig erbittert die Troer von mir noch blutige Sühne!‘

Dieses Gejammer beeindruckte jeden, man höhnte nicht länger.
Auskunft verlangten wir, wem er entstamme und was er zu bieten
habe, worauf er sich endlich, als ein Gefangener, stütze.
Da überwand er, so schien es, die würgende Angst und erklärte:
‚König, ich werde die Wahrheit dir sagen, was immer auch komme,
leugne, fürs erste, auch gar nicht, vom Volk der Argeier zu stammen.
Hat schon das Schicksal den Sinon gestürzt in bitteres Elend,
soll es ihm trotzdem Charakter und Wahrheitsliebe nicht rauben.
Möglicherweise vernahmst du bereits in Gesprächen den Namen
des Palamedes, des Enkels des Belos, und hörtest von seinem
Ruhme. Zu Unrecht bezichtigten ihn des Verrates die Griechen,
ließen aufgrund gefälschter Beweismittel, weil er vom Kriege
abriet, ihn hinrichten. Um den Ermordeten trauern sie heute.
Sein Gefährte, Verwandter auch, war ich: Ihm hatte mein Vater,
der sich nur dürftig durchschlug, mich zugeschickt anfangs des Krieges.

Während als Fürst er noch waltete, auch sich im Kriegsrat bewährte,
fiel auch auf mich ein Abglanz des großen Namens und Ruhmes.
Aber sobald er infolge der tückischen List des Odysseus –
eine bekannte Geschichte – vom Reiche der Lebenden ausschied,
führte ich, niedergeschlagen und traurig, mein Leben im Dunkeln,
litt, aufs tiefste empört, an dem Schicksal des schuldlosen Freundes,
konnte auch, töricht, nicht schweigen, gelobte sogar, je nach Lage,
wenn nach errungnem Siege ins Heimatland Argos ich kehrte,
Rache zu üben. Doch säte ich Haß nur durch solcherlei Reden.
Damit begann mein Unglück. Odysseus richtete ständig
neue Verleumdungen gegen mich, ließ zweideutige Worte
öffentlich fallen, wollte mir, schuldbewußt, Fallstricke spannen.
Ununterbrochen wühlte er, bis er mit Hilfe des Kalchas –
aber was rühre, vergeblich, ich auf das leidige Übel?
Hemme euch nur, wo ihr alle Achaier für gleichwertig einschätzt,
euch schon der Name allein genügt? Bestraft mich doch endlich!
Das bezweckt ja der Ithaker, lohnen sogar die Atriden!‘

Aber wir brannten erst recht jetzt darauf, von dem Fall zu erfahren,
rechneten nicht mit der schamlosen Schandtat, der griechischen Tücke.
Weiterhin spann, mit erheuchelter Angst, er sein Lügengewebe:
‚Oftmals schon wünschten die Dánaer einen Abzug von Troja,
wollten, erschöpft durch die dauernden Kämpfe, den Feldzug beenden –
schade, sie taten es nicht! –, oft hemmten die Stürme des Meeres
wütend den Aufbruch, setzte der tobende Süd sie in Schrecken.
Vollends nach Bau des aus Ahornhölzern errichteten Pferdes
peitschten mit Wolkenbrüchen die Unwetter nieder vom Himmel.
Angstvoll entsandten Eurýpylos wir zum Orakel des Phoibos,
baten um Auskunft. Vom Tempel brachte er furchtbare Nachricht:
‚Widrige Winde habt ihr durch Mädchenblut damals besänftigt,
Danaer, als ihr zum Kampf nach den Küsten Ilions aufbracht.
Auch für die Rückkehr müßt ihr das Leben eines Argeiers
opfern.‘ Als dieses Orakel unter den Männern bekannt ward,

packte Entsetzen sie alle, durchfuhr ein eiskalter Schauder
jedem das Mark: Wen wollten sie töten, wen wünschte Apollon?
Unter gewaltigem Auflauf stellte Odysseus den Seher
Kalchas ganz offen zur Rede, worauf der Wille der Götter
eigentlich ziele. Und mancher bezog auf mich schon die böse
Tücke des listigen Schurken, durchschaute im stillen die Ränke.
Volle zehn Tage lang schwieg der Seher, hielt sich verborgen,
weigerte sich, durch Nennung des Namens einen dem Tode
preiszugeben. Doch schließlich, laut von Odysseus genötigt,
rückte heraus er den Namen des Opfers, wie sie sich verschworen:
meinen! Man stimmte ihm zu, es sah mit Zufriedenheit jeder,
was er gefürchtet, gelenkt auf das bittere Schicksal des einen.
Aber sobald der Unglückstag anbrach und ich mich zum Opfer
schon mit gesalzenem Schrotmehl und Binden gerüstet erblickte,
da, ich gestehe es, sprengte ich meine Fesseln und konnte
knapp mich dem Tode entreißen und barg mich im Schilfgras des Sumpfes,
nachtsüber, bis die Flotte in See stach, zweifellos wirklich.
Keinerlei Hoffnung blüht mir, die alte Heimat, die lieben
Kinder, den innig ersehnten Vater wiederzusehen –
denen vielleicht noch die Heimkehrer, weil ich entkam, zur Bestrafung
dieses Vergehens den Tod auferlegen, ein schuldloses Sterben!
Deswegen, bei den himmlischen Göttern, den Hütern der Wahrheit,
bei der niemals befleckten, dem Rechte gewidmeten Treue,
bitte, erbarme dich meines entsetzlichen Unglücks, erbarme
dich des vom Schicksal grausam Verfolgten, der unschuldig leidet!‘

Für das Gejammer erhielt er sein Leben geschenkt und errang sich
außerdem unser Mitgefühl. Priamos ließ ihm die Hände
gleich von den Fesseln befreien und sprach in freundlichem Tone:
‚Wer du auch bist, vergiß jetzt die Griechen, die heimwärts sich wandten!
Einer der Unseren bist du! Doch sag mir, der Wahrheit entsprechend:
Weswegen schuf man dies riesige Pferd? Wer plante es? Welcher
Aufgabe dient es? Der Götterverehrung? Dem Einsatz im Kampfe?‘

Darauf erhob der Gefragte, ein Meister pelasgischer Tücke,
die von den Fesseln befreiten Hände empor zu den Sternen:
,Ewige Flammen, ihr, deren Götter den Meineid nicht dulden,
auch ihr Altäre und ruchlosen Schwerter, denen ich eben
noch mich entzog, ihr geweihten Opfertierbinden, bezeugt mir:
Auflösen darf ich die heiligen Bande, die mich mit den Griechen
einen, und hassen die Männer und alles ans Tageslicht bringen,
was sie geheimhalten wollen. Die Heimat verpflichtet mich nicht mehr.
Halte dein Wort nur, Troja, und bleibe, nach deiner Errettung,
aufrichtig treu, erkaufe ich teuer mein Leben – für Wahrheit.

Jegliche Hoffnung auf Sieg in dem Kriege setzten die Griechen
stets auf die Hilfe der Pallas. Aber seitdem der verruchte
Sprößling des Tydeus, der Anstifter auch von Verbrechen, Odysseus,
dreist auf der Höhe der Burg die Wächter erschlugen, Minervas
schicksalsträchtiges Bildnis heraus aus dem Heiligtum rissen,
hastig das Weihestück fortrafften und mit den blutigen Händen
schamlos die Binden berührten, den Schmuck des göttlichen Mädchens,
schwand und zerrann allmählich die Hoffnung der Danaer, ihre
Kräfte waren gelähmt, die Göttin zur Feindin geworden.
Pallas bestätigte das durch Wunder, die niemand bezweifelt.
Als man das Bildnis im Lager kaum aufgestellt hatte, da zuckten
Flammen aus seinen geweihten Augen, die Glieder bedeckte
salziger Schweiß, ja, dreimal sprang es sogar in die Höhe –
wahrhaft zum Staunen! –, den Schild und den zitternden Speer in den Händen.
Einen sofortigen Abzug zur See verkündete Kalchas:
Pergamon könne nicht fallen unter argeischen Waffen,
brächten das Bildnis – das jetzt sie über die Fluten entführen –
sie nicht von Argos zurück mit neuem und glücklichem Omen.
Wenn sie ins Heimatland jetzt, nach Mykene, segeln, so wollen
dort sie nur rüsten und Götter als Helfer gewinnen und plötzlich
wieder hierherfahren: Das rät Kalchas als Deuter der Zeichen.
Wegen des Pallasbildraubes, der Kränkung der Göttin, erbauten
sie, um den schlimmen Frevel zu sühnen, dies riesige Holzpferd.

Kalchas verlangte, das Werk aus Eichenholzbalken zu solcher
mächtigen Höhe zu türmen, beinahe zum Himmel: Es sollte
sich durch die Tore nach Troja nicht ziehen lassen und niemals,
wie einst das heilige Pallasbildnis, die Troer beschützen.
Solltet ihr nämlich die Gabe für Pallas verletzen, so gingen –
kehrten die Götter gegen den Kalchas selber das Omen! –
elend zugrunde des Priamos Reich und sämtliche Phryger.
Zöget ihr freilich das Pferd in die Stadt mit eigenen Händen,
rücke einst Asien, furchtbar im Kampfe, gegen des Pelops
Mauern und laure das tödliche Unglück auf *unsere* Enkel.'

Derart verlogen, gestützt auch auf Meineid, verschaffte sich Sinon
Glauben, bezwang durch Tücke und mittels geheuchelter Tränen
Helden, die kein Diomedes und kein Larissäer Achilles,
keine gewaltige Flotte, kein Krieg von zehn Jahren geschlagen!

Aber ein anderer, schlimmerer, ja entsetzlicher Vorgang
sollte, ganz unvermutet, uns wesentlich stärker verwirren.
Eben wollte Laokoon, als der erkorene Priester
des Neptunus, einen stattlichen Stier am Altare
opfern. Da wälzten zwei Schlangen von Tenedos her – beim Erzählen
schaudre ich noch! – sich in mächtigen Windungen über die ruhig
wogende See und strebten nebeneinander zur Küste.
Aufgereckt waren im Wasser die Brüste, die purpurnen Kämme
sträubten sich über die Wellen. Die hinteren Teile der Körper
wanden, die Oberfläche nur streifend, gewaltig sich vorwärts.
Aufschäumend rauschte die Flut. Jetzt erreichten die Tiere das Festland.
Blutunterlaufen, wie Feuerglut rot die wütenden Augen,
leckten mit schlüpfrigen Zungen sie ihre gellzischenden Rachen.
Weit auseinander stoben wir, bleich wie der Tod. Und die Tiere
griffen, geraden Weges, Laokoon an. Und fürs erste
wanden sie beide sich schwer um die schlanken Leiber der Söhne,
schluckten, die Rachen gespreizt, die Unglücklichen hinunter.
Hilfe gedachte der Vater zu bringen, erhob schon die Klinge.
Aber da packten sie ihn auch und schnürten mit mächtigen Schlingen

würgend ihn ein; die schuppigen Fesseln legten sich zweimal
je um den Körper, den Hals, überragten das Opfer mit ihren
Köpfen und Nacken. Laokoon suchte mit Fäusten die Knoten
noch zu zerreißen; doch trieften die heiligen Binden von Geifer,
trieften von tödlichem dunklem Schleim schon. Empor zu den
Sternen
schrie er, entsetzlich, vergleichbar dem Stier, den beim Opfer der
Axthieb
unsicher traf, der verwundet davonläuft, die Waffe vom Nacken
schüttelt. Das Schlangenpaar aber, nach dem vollzogenen Morde,
schlüpfte zum Tempel hinauf, zur Burg der grausamen Pallas,
barg sich zu Füßen und hinter dem großen Schildrand der Göttin.

Eine noch stärkere Furcht durchbebte jetzt alle Trojaner.
Rechtmäßig habe Laokoon schwer gesühnt sein Vergehen,
meinten sie, weil er das heilige Holz mit der Waffe beschädigt,
schuldhaft den Speer in die Flanke des Rosses hineingebohrt
hatte.
Sämtlich verlangten sie laut: ‚Ins Heiligtum gleich mit dem Bildnis,
fleht zu Minerva um Gnade!‘

Wir durchbrachen die Stadtmauer, öffneten damit die Festung.
Jeder legte mit Hand an. Gleitrollen schob man dem Pferde
unter die Füße, Hanfstricke warf man ihm über den Nacken.
Hoch an den Mauerring rückte das schicksalsschwere, mit Waffen
schwangere Trugbild. Ringsum sangen Jungen und Mädchen
Festlieder, suchten mit Freuden ein Stückchen Strick zu berühren.
Drohend rollte das Pferd hinein in das Innere Trojas.

Vaterland – Ilion, o Wohnstatt der Götter – im Kampfe bewährte
Mauern der Dárdaner! Viermal stockte im Torweg, wie
strauchelnd,
heftig das Roß, und im Leibe klirrten ihm viermal die Waffen.
Aber wir schleppten es weiter, verwarfen die Warnung, in
blindem
Eifer, und zogen zur heiligen Burg das elende Scheusal.
Jetzt prophezeite uns auch Kassandra das kommende Unheil,
ohne daß nur ein Trojaner – auf göttliche Weisung – ihr glaubte:

Nein, wir bekränzten die städtischen Tempel mit festlich belaubten
Zweigen, wir Armen, die wir den letzten Tag doch erlebten!

Dämmerung sank, aus dem Ozean stieg das nächtliche Dunkel,
barg in tiefem Schatten die Erde, den Himmel, die böse
Tücke der Griechen. Die Teukrer verstummten, zerstreut in der Festung.
Tiefer Schlaf umfing die ermatteten Glieder. Da stachen
schon von Tenedos aus die argeischen Krieger, zum Kampfe
völlig gewappnet, in See und nahmen, begünstigt vom stillen
Mondschein, den Kurs auf die ihnen vertraute Küste. Vom Flaggschiff
war ein Signal aufgeflammt, und, geschützt von grausamen Göttern,
öffnete Sinon verstohlen die Fichtenholzriegel, den drinnen
Eingeschlossenen Zeichen zum Ausstieg. Ins Freie entließ sie
alle das Roß, und erleichtert verließen die hölzerne Höhle
eiligst die Fürsten Thessandros, Sthénelos, auch der verfluchte
König Odysseus – sie ließen am Seil sich hinab –, und Akamas,
Thoas, darauf Neoptólemos, weiter der edle Machaon,
dann Menelaos, nach diesem Epeios, Erbauer des Rosses.
Über die Stadt, die in Schlummer und Weinrausch versunken sich darbot,
fielen sie her, erschlugen die Wachen, empfingen durch offne
Tore die Freunde und schlossen zum Kampf, wie geplant, sich zusammen.

Dies geschah in der Stunde, wo erster Schlummer die müden
Menschen erquickt und als köstlichste Gabe der Götter umschmeichelt.
Da erschien mir im Traume Held Hektor. Gezeichnet von tiefster
Trauer, vergoß er Ströme von Tränen: So hatte er damals
ausgesehen, als ihn das Zweigespann schleifte, vom Staube
blutig geschwärzt, die geschwollenen Füße durchbohrt von den Riemen –
ach, wie entsetzlich sein Anblick! Wie völlig verschieden von jenem
Hektor, der stolz mit der Rüstung des Helden Achilles vom Schlachtfeld

kam, der den phrygischen Brand in die Griechenschiffe
geschleudert! –,
starrend vor Schmutz jetzt der Bart, verklebt von geronnenem
Blute
filzig das Haar, bedeckt von den Wunden, die zahlreich im Kampfe
er vor den Mauern der Heimat empfing. Ich selber auch weinte,
redete an den Helden und sprach tieftraurig die Worte:
‚Leuchtender Ruhm Dardanias, sicherste Hoffnung der Teukrer,
warum verweilst du so lange? Und woher kommst du, mein Hektor,
sehnlich erwartet? Wie sehen wir dich jetzt wieder, ermattet
nach den so schweren Verlusten der Deinen, nach vielerlei Plagen
Trojas und seiner Bewohner? Und welche Mißhandlung entstellte
schamlos dein heiteres Antlitz? Was sollen die furchtbaren
Wunden?‘

Keinerlei Antwort gab er auf meine so sinnlosen Fragen,
seufzte nur schwer aus tiefstem Herzen und mahnte mich dringend:
‚Fliehe, du Sohn der Göttin, entzieh dich den drohenden
Flammen!
Feinde besetzen die Stadt, es stürzt von der Höhe schon Troja.
Kämpfer genug verteidigten Heimat und Priamos. Könnten
Fäuste Pergamon retten, es wäre gerettet durch meine.
Troja vertraut dir sein Heiligstes an, das sind die Penaten.
Nimm sie zu Schicksalsgefährten, zu ihrem Schutze errichte
mächtige Mauern: Nach mancherlei Irrfahrten wirst du sie bauen!‘
Derart sprach er und trug mit den Händen aus heiligstem Raume
Vesta, die Herrscherin, bindengeschmückt, und die ewige Flamme.

Jammergeschrei aus der Ferne durchdrang inzwischen des Hauses
Wände. Obwohl das Heim des Anchises, beschattet von Bäumen,
abseits gelegen, ein wenig zurücktrat, schwoll das Getöse
lauter und lauter heran, auch ein gräßliches Klirren von Waffen.
Jäh aus dem Schlafe schreckte ich auf, erklomm rasch des Daches
höchsten Punkt und stand mit angestrengt lauschenden Ohren.
Ebenso staunt der nichtsahnende Hirt, der auf hohem
Gesteinsblock
angespannt lauscht auf den Lärm, wenn Flammen vor tobendem
Südwind

plötzlich das Saatfeld ergreifen oder ein reißender Sturzbach
jäh von den Bergen die Flur überschwemmt, die üppigen Saaten,
Leistung der Stiere, bedeckt und Bäume rasend mit fortrafft.
Handgreiflich war jetzt Sinons Treubruch, die Tücke der Griechen
völlig entlarvt. Das stattliche Haus des Deíphobos stürzte
krachend zusammen in lohender Glut, das Haus Ukalegons,
unseres Nachbarn, brannte. Sigeions Meerenge strahlte
weithin im Widerschein. Männer schrien, laut dröhnten
Trompeten.
Waffen erraffte ich, fast wie von Sinnen; doch gab es kein Planen.
Aber Gefährten zum Kampfe zu sammeln, die Burg zu besetzen,
wünschte ich heiß. Ein rasender Zorn ergriff mich ganz plötzlich,
brennend durchfuhr der Gedanke mich, ruhmvoll in Waffen zu
sterben.

Da erblickte ich Panthus, den Sohn des Othrys, den Priester
unserer Burg und des Phöbus, den Schwertern der Griechen
entronnen.
Tempelgerät, die besiegten Götter, ein Kind auch, den Enkel,
schleppte im Laufschritt er mit; verstört übertrat er die Schwelle.
‚Wo tobt, Panthus, der wichtigste Kampf? Wo halten wir eine
Stellung?' so rief ich. Laut stöhnend fiel er ins Wort mir: ‚Der letzte
Tag und das unausweichliche Ende der Dardanerfestung
sind gekommen. Wir *waren* einst Troer, auch Troja mit seinem
mächtigen Ruhmesglanz *war*. Der grausame Jupiter schenkte
alles den Danaern, Griechen beherrschen die brennende Festung.
Mitten im Mauerkranz ragt das hölzerne Pferd, und in Massen
speit es Bewaffnete aus, und Sinon, voll Hohn im Erfolge,
schürt überall die Flammen. Die vielen, die einst von Mykene
eintrafen, wimmeln zur Zeit um die offenstehenden Tore
oder halten die engen Straßen besetzt mit gezückten
Waffen; es starren die blanken Schwerter mit funkelnden
Schneiden,
drohen den Tod. Kaum können am Stadtrand die Torwächter
kämpfend
Widerstand leisten, sie fechten ohne Ziel und erfolglos.'
Diese Worte des Panthus, mit ihnen das Walten der Götter
trieben mich fort in die flammende Schlacht; auch die harte Erinys

rief mich, der wütende Kampflärm, das himmelwärts gellende Schreien.
Rhipeus gesellte sich zu mir im Mondschein, der tüchtige Kämpfer
Epytos gleichfalls; Hýpanis trat uns zur Seite, auch Dymas,
schließlich der junge Koroibos, der Sohn des Mygdon. In diesen
Tagen erst war er nach Troja gekommen, von inniger Liebe
zu Kassandra ergriffen, und wollte als Schwiegersohn Hilfe
bringen dem König Priamos und den Trojanern – der Arme,
der den prophetischen Warnungen seiner von Göttern beseelten
Braut nicht gehorchte!

Als ich die Gruppe geschlossen und mutig zum Kampfe bereit sah,
rief ich: ‚Ihr Jungen, so tapfer, obwohl Erfolge nicht winken,
seid ihr entschlossen, das äußerste Wagnis auf euch zu nehmen –
denn die verzweifelte Lage habt ihr deutlich vor Augen.
Fort aus den Tempeln und von den Altären flohen die Götter,
einstige Stützen unserer Macht; die Stadt, der ihr helfen
möchtet, sie brennt: Wir wollen ins Kampfgewühl stürzen und sterben!
Keinerlei Hoffen auf Rettung errettet allein die Besiegten.‘

Derart entflammte der Mut der Männer zur Wut. Wie die Wölfe,
Räuber in wallendem Nebel, die blindlings der wütende Hunger,
auch die Erwartung ihrer im Schlupfloch verbliebenen, gierig
lechzenden Jungen hinaustreibt, so zogen durch feindliche Waffen
wir in den sicheren Tod und lenkten zur Stadtmitte unsre
Schritte. Die finstere Nacht umgab uns mit deckendem Schatten.

Keiner vermag das nächtliche Blutbad, die Menge der Toten
recht zu beschreiben, den Qualen genügende Tränen zu widmen.
Unsere uralte Stadt, so lange schon mächtig, sie stürzte.
Massenhaft lagen auf Straßen, in Häusern, sogar auf geweihten
Schwellen der Tempel, in allen Winkeln reglos die Leichen.
Aber es floß nicht das Blut der Teukrer allein. Auch Besiegte
rafften zuweilen sich auf zu beherztem Handeln, auch Griechen
fielen als Sieger. Grausiger Schmerz überall, überall auch
blutiger Schrecken, der Tod in unsagbar vielen Gestalten.

Erster der Danaer, der uns begegnete, war, an der Spitze
zahlreicher Krieger, Andrógeos. Freunde wähnte in unsrem
Trupp er zu sehen und stellte uns, glimpflich tadelnd, zur Rede:
‚Los, Kameraden! Was haltet ihr tatenscheu fern euch dem Kampfe?
Andere raffen schon Beute hinweg aus dem brennenden Troja!
Kommt ihr etwa erst jetzt hierher von den ragenden Schiffen?‘
Derart rief er, doch merkte sofort an dem Ausbleiben einer
klaren Erwiderung, daß er im Kreise von Feinden schon weilte.
Stehen blieb er verdutzt, ihm gerieten die Worte ins Stocken.
Wie man in rauhem Gestrüpp unvermutet auf eine verborgne
lauernde Schlange tritt und entsetzt vor dem Ungetüm fortläuft,
das sich emporreckt vor Wut und den schillernden Halsbeutel aufbläht,
ebenso wollte er fliehen, entsetzt durch unseren Anblick.
Aber wir stürzten uns auf sie, zersprengten den wimmelnden Haufen,
streckten die jäh überraschten, des Ortes nicht kundigen Gegner
nieder. So hatte das Glück uns beim ersten Kampfe begünstigt.

Frohlockend angesichts dieses Erfolges riet uns Koroibos:
‚Freunde, den Weg, den ein gütiges Schicksal zuerst uns als günstig
zeigte, auf dem es auch selber uns half, den laßt uns beschreiten!
Nutzen wir, statt der unseren, griechische Schilde und Helme!
Wer unterscheidet Tücke und Tapferkeit noch vor dem Feinde?
Sollen sie selbst uns bewaffnen!‘ Und den mit dem Roßschweif verzierten
Helm des Androgeos setzte er auf und ergriff auch den Schutzschild,
kenntlich am griechischen Wappen, und hängte das Griechenschwert über.
Rhipeus tat es ihm nach, auch Dymas und alle Gefährten,
hoffnungsvoll freudig. Jeder bewaffnete sich aus der Beute.
Unter den Griechen, doch nicht mehr geschützt von unseren Göttern,
zogen wir durch die finstere Nacht und bestanden noch manche
Kämpfe, entsandten noch manchen Danaer nieder zum Hades.
Einige Griechen ergriffen die Flucht zu den Schiffen und suchten

fortrennend Schutz am Gestade; andre, in schmachvollem Schrecken,
kletterten wieder ins Pferd, verschwanden im bergenden Schoße.

Keiner vertraue auf Götter, die keine Gnade mehr spenden!
Aus dem Minervatempel, aus heiligstem Innenraum, schleifte
man an den Haaren Kassandra soeben, die Priamostochter.
Himmelwärts richtete sie, vergeblich, die brennenden Augen;
waren doch ihre zarten Arme in Fesseln geschlagen.
Rasend vor Wut, vermochte Koroibos den gräßlichen Anblick
nicht zu ertragen, er stürzte sich, todbereit, unter die Feinde.
Allesamt folgten wir ihm ins dichte Kampfesgetümmel.
Jäh überschüttet wurden wir jetzt vom Giebel des Tempels
durch die Geschosse der Unsern und hatten schwere Verluste,
nicht als Trojaner erkannt infolge der griechischen Waffen.
Aber die Griechen auch, brüllend vor Wut, weil wir ihnen Kassandra
eben entrissen, sammelten neu sich zum Gegenstoß, Aias,
furchtbar erbittert, beide Atriden, die Doloper alle.
Ebenso gehen die Winde, bei Ausbruch des Wirbelsturms, rasend
los aufeinander, Zephyros, Notos, der Euros mit seinen
Rossen des Ostens; dann brausen die Wälder, dann wütet, gischtsprühend,
Nereus und wühlt mit dem Dreizack das Meer auf aus finstersten Tiefen.
Griechen auch, die wir durch unsre Verkleidung ins nächtliche Dunkel
fortscheuchten und in sämtliche Gassen der Festung zerstreuten,
tauchten jetzt wiederum auf; sie erkannten als erste die falschen
Schilde und Schwerter und zogen aus unsrer Aussprache Schlüsse.
Ungesäumt fielen sie über uns her. Koroibos als erster
fiel von der Hand des Penéleos an dem Altare Minervas.
Rhipeus auch brach zusammen, er, der Gerechteste unter
sämtlichen Troern, der stärkste Verfechter billigen Urteils –
ungerecht lohnten die Götter ihm! Dymas und Hypanis starben,
von Kameraden durchbohrt. Dich, Panthus, bewahrte nicht deine
eifrige Frömmigkeit, nicht die Binde Apolls vor dem Tode.

Asche von Troja – flammendes Grabmal der Meinen, zu Zeugen
rufe ich euch: Ich entzog mich bei eurem Sturz nicht den tödlich
drohenden Waffen der Feinde, ich hätte, sofern es das Schicksal
wollte, verdient, durch die Griechen zu fallen! Doch von den Gefährten
trennte der Kampf mich, nur Iphitos blieb mir und Pelias, jener
altersgeschwächt schon, dieser verletzt von Odysseus und hinkend.
Gellendes Schreien wies uns die Richtung zum Priamosschlosse.

Grauenhaft tobte das Hauptringen hier, als gäbe es Kämpfe
anderswo nicht, als brauchte in Troja sonst niemand zu sterben.
Hemmungslos wütete Mars. Den Palast versuchten die Griechen
wild zu erstürmen, umringten im Schutze des Schilddachs die Schwelle.
Steil an den Wänden schon lehnten die Leitern, die Angreifer klommen
über die Türpfosten aufwärts; sie schützte der Schild in der Linken
gegen Geschosse, die Rechte suchte die Zinnen zu packen.
Aber die Dardaner schlugen Türme und Dächer und Giebel
rasend in Trümmer und warfen zur Abwehr sie gegen die Feinde,
schon vor den Augen das Ende, noch zähe dem Tod widerstrebend,
wälzten auch abwärts die goldenen Balken, den Prachtschmuck der Ahnen.
Andere hielten von innen die Tore besetzt mit gezückten
Klingen, bewachten den Zugang in eng geschlossenen Reihen.
Dieser Anblick ermutigte uns auch, das Schloß zu beschützen,
den Kameraden zu helfen, Besiegten Verstärkung zu bringen.

Eine Geheimtür gab es und einen Durchgang, der alle
Räume des Priamosschlosses erreichte, vom Feind übersehen.
Über ihn pflegte die arme Andrómache oft, in der Glanzzeit
Trojas, allein den Schwiegereltern Besuch abzustatten,
nahm für den Großvater nur den kleinen Astýanax mit sich.
Heute gelangte auf ihm ich zum Dachfirst, von dem aus die Troer
ihre Geschosse schleuderten, nutzlos, zum Scheitern verurteilt.
Steil in die Höhe ragte ein Turm weit über den Dachgrat
bis zu den Sternen; von ihm überschaute man Troja im ganzen,

auch die Schiffe der Danaer wie das achaische Lager.
Über ihn fielen wir her mit dem Eisen, und wo er am Dachstuhl
aufsaß und Lücken zum Aushebeln zeigte, wuchteten kraftvoll
wir ihn heraus und stießen ihn abwärts. Im donnernden Sturze
riß er noch Bruchstücke mit sich und fiel in die Sturmschar der Griechen.
Andere rückten gleich nach, und der Hagel von Steinen und vielen
weiteren Wurfstücken hörte nicht auf.

Dicht vor der Torschwelle, dicht an der Vorhalle unsres Palastes
wütete ungestüm Pyrrhos, schimmernd in eherner Rüstung.
Ebenso schlüpft die Natter zutage; im eiskalten Winter
barg sie, geschwollen, sich unter der Erde; von giftigen Kräutern
nascht sie und häutet sich jetzt, sie prangt in erneuerter Jugend,
schlängelt behende sich vorwärts, den Oberleib steil in die Höhe
sonnenwärts reckend, und spielt mit der dreifach gespaltenen Zunge.
Neben ihm stürmten das Schloß der gewaltige Périphas, weiter
Held Automedon, Fahrer und Schildträger einst des Achilles,
mit den Gefährten von Skyros und schleuderten Brand in den Dachstuhl.
Pyrrhos inmitten der ersten durchschlug mit der Streitaxt die feste
Schwelle und riß die mit Bronze beschlagenen Pfosten von ihren
Angeln; vom Loch im Balken der Schwelle aus hieb er das harte
Eichenholz durch und öffnete einen geräumigen Durchblick.
Sichtbar wurde das Innere, weithin geöffnet die Halle,
sichtbar die Räume des Priamos und der früheren Herrscher,
sichtbar der Trupp der Bewaffneten, kampfbereit hinter der Schwelle.
Doch aus dem Hintergrund schollen Gejammer und klägliches Lärmen.
Zwischen den Häusern hallte der Hofraum wider vom lauten
Schreien der Frauen. Empor bis zum Sternengold drangen die Klagen.
Angstgepeitscht irrten die Mütter umher in den stattlichen Räumen,
klammerten sich an die Türpfosten, küßten sie. Pyrrhos indessen
drang mit der Kraft des Vaters voran, ihn konnten nicht Riegel,

konnten nicht Wachtposten hemmen. Die Stöße des Sturmbalkens ließen
wanken das Tor, aus den Angeln gehoben stürzten die Flügel.
Wütend brach die Gewalt sich den Weg. Eindrangen die Griechen,
metzelten nieder die Wachen, ergossen sich weit in die Räume.
Wenn nach dem Brechen der Dämme ein Fluß wildschäumend aus seinen
Ufern heraustritt, die Deiche begräbt in den strudelnden Fluten,
schießt er nicht derart wütend geballt weit über die Fluren,
rafft nicht so rasend das Vieh mit den Ställen hinweg. Ich erblickte
Pyrrhos als tobenden Mörder, ich sah die Atriden am Eingang,
Hekabe, hundert Gattinnen, Priamos, wie er die Flamme
auf dem Altar, die er selber einst weihte, befleckte mit seinem
Blut. Und die Ehegemächer – fünfzig, so zahlreiche Enkel
wurden erhofft! – und die Pfosten, voll prächtiger goldener Beute,
sanken. Was Flammen verschonten, das wurde Besitztum der Griechen.

Über den Tod des Priamos möchtest vielleicht du noch etwas
wissen! Sobald der Greis die Festung erobert, des Schlosses
Tore gesprengt, die Feinde im eigenen Hause erblickte,
legte die Rüstung er sich, die schon lange beiseite gelegte,
über die alterszittrigen Schultern – ganz zwecklos! – und hängte,
unnütz!, das Schwert um, begab sich dann todbereit unter die Feinde.
Mitten im Schloßhofe unter freiem Himmel erhob sich
mächtig des Hauses Altar, überragt von einem uralten
Lorbeerbaum, der die Penaten mit seinem Schatten umfaßte.
Hekabe, mit ihr die Töchter, drängten sich um die geweihte
Stätte, vergeblich, wie Tauben vor düsteren Unwetterwolken
jählings fliehen, und klammerten sich an die Bilder der Götter.
Als sie den Priamos sah in der Rüstung, wie früher als jungen
Krieger, da rief sie: ‚Du Ärmster, was planst du an schrecklichem Unheil,
daß du die Rüstung dir anlegst? Und wohin reißt dich der Wahnsinn?
Solcherlei Hilfe und solche Verteidiger brauchen wir heute
nicht mehr, nicht einmal, wenn noch mein Hektor unter uns weilte.

Komme doch hierher! Dieser Altar behütet uns alle –
oder du stirbst, gemeinsam mit uns!‘ Und sie zog den betagten
König zu sich und wies ihm den Platz an heiliger Stätte.

Eben versuchte Polites, einer der Priamossöhne,
sich vor dem Tode zu retten. Verwundet schon, zwischen gezückten
Waffen und wütenden Feinden, durchlief er den Säulengang, suchte
Schutz in der offenen Halle. Ihn jagte mordgierig Pyrrhos,
packte ihn jetzt mit der Faust und versetzte ihm tödliche Stöße:
Grad noch entronnen dem Tod vor den Augen der Eltern, so brach er
nunmehr zusammen, vom Blut überströmt, und verhauchte sein Leben.
Priamos, selbst schon vom Tode bedroht, vermochte bei diesem
Anblick nicht länger zu schweigen, nicht länger die Wut zu verdrängen.
‚Dieses Verbrechen‘, so rief er, ‚diesen schamlosen Frevel
mögen die Götter – denkt man im Himmel gerecht noch bei solcher
Schandtat – dir lohnen, gebührend und deinem Handeln entsprechend:
Hast du doch meinen Sohn vor meinen Augen ermordet,
hast durch den Anblick des Toten das Antlitz des Vaters geschändet.
Anders verhielt sich dem Feind gegenüber der tapfre Achilles,
den du zu Unrecht als Vater bezeichnest. Er achtete eines
Flehenden Recht und Vertrauen, er gab mir den Leichnam des Sohnes
Hektor zurück und ließ mich wieder nach Ilion ziehen!‘
Damit entsandte der Greis die Lanze auf Pyrrhos, doch schwächlich;
wirkungslos prallte sie auf die dröhnende Bronze des Schildes,
blieb dann am Schildbuckel hängen, ohne Wunden zu schlagen.
Höhnend entgegnete Pyrrhos: ‚So bringe als Bote denn meinem
Vater die Nachricht, erzähl ihm von meinen schäbigen Taten,
sag ihm, auf welche Weise ihm Pyrrhos Unehre machte!

Stirb!' Mit den Worten riß er den Zitternden, der in des Sohnes
Blutlache ausglitt, hin zum Altare, krallte mit seiner
Linken ihm fest in das Haar, erhob mit der Rechten die blanke
Klinge und senkte dem Alten sie tief in die Brust, bis zum Griffe.

So starb Priamos, sollte, gemäß dem Willen des Schicksals,
noch vor dem Tode Troja in Flammen und Pergamon stürzen
sehen, der einst auf so zahlreiche Völker und Landmassen stolze
Herrscher von Asien. Nunmehr liegt der stattliche Körper
dicht am Gestade, enthauptet, namenlos, faulender Rumpf nur.

Aber mich packte zuerst bei dem Anblick ein kaltes Entsetzen,
ließ mich erstarren. Mein teurer Vater erschien mir vor Augen,
als ich den König, betagt wie jener, an grausamer Wunde
jämmerlich sterben sah. Auch Krëusa erschien mir, verlassen,
und das geplünderte Haus – was geschah mit dem kleinen
Iulus?
Umschau hielt ich sogleich, wie viele Gefährten mir blieben.
Alle waren verschwunden, erschöpft, zu Boden gesunken,
oder sie hatten sich, lebensmüde, gestürzt in die Flammen.
Übriggeblieben war ich allein.

Da erblickte ich plötzlich
Helena. Ängstlich geduckt am Eingang des Tempels der Vesta
kauerte sie und hielt sich, ohne ein Wort nur zu sprechen,
reglos versteckt. Die Feuersbrunst leuchtete mir beim
Durchschreiten
widriger Trümmer, beim achtsamen Spähen nach sämtlichen
Seiten.
Ja, die Verhaßte, durch Trojas Verderben ein Abscheu den
Teukrern,
aber nach Ehebruch auch der Bestrafung durch Griechen
gewärtig,
fürchtete beide, ein Fluchgeist für Troja, zugleich auch für Hellas,
hatte mit Grund sich verborgen und hockte im Schutz der Altäre.
Rasende Wut entflammte mich, spornte zur Rache für meines
Vaterlands Unglück, zur Strafe für einen schrecklichen
Frevel.

Soll sie, unangetastet, Sparta, das traute Mykene
wiedererblicken, dazu triumphierend als Königin schreiten,
Vaterhaus, Gatten und Kinder genießen, begleitet von Sklaven,
kriegsgefangenen Frauen und Männern aus Ilions Mauern?
Priamos aber ein Opfer des Schwertes, Troja der Flammen?
Trojas Küste so oft durchfurcht von Strömen des Blutes?
Nein! Zwar verschafft es niemandem Ehre und Auszeichnung, eine
Frau zu bestrafen, man erntet nicht Ruhm von solchem Erfolge.
Tilge ich aber das Scheusal, bestrafe es für die Verbrechen,
ernte ich Lob – und wärme ich mich an der Flamme der Rache,
sühne die Asche der Meinen, so wird es mir Freude bereiten!

Solche Erwägungen stellte ich an und ließ mich von wildem
Rachedurst hinreißen. Da erschien mir, ganz deutlich, die teure
Mutter und leuchtete hell durch das Dunkel in lauterem Glanze,
offen als Göttin, ganz wie sie die Himmlischen sehen in voller
Größe und Kraft. Mit der Rechten ergriff sie mich, hemmte mein Schreiten,
sprach dann zu mir aus jugendlich-rosigem Munde: ‚Welch bittrer
Unmut entfesselt, mein Sohn, so zügellos Rachegefühle?
Bist du von Sinnen? Denkst du an uns, die Deinen, nicht länger?
Willst du nicht lieber nach deinem vom Alter entkräfteten Vater
ausschauen, nach Anchises? Nach deiner Gattin Krëusa,
deinem Sohne Ascanius? Allseits von streifenden Kriegern
Griechenlands sind sie umringt, und wenn ich nicht wachsam sie schützte,
wären verbrannt sie oder von feindlichen Waffen durchbohrt schon.
Nicht die dir bitter verhaßte Spartanerin Helena oder
Paris, den man beschuldigt, nein, unbarmherzige Götter
tilgten die phrygische Macht und stürzten Troja vom Gipfel.
Schau nur – ich möchte sämtliche Wolken zerstreuen, die hemmend
jetzt noch dein sterbliches Auge umwallen, mit fließendem Dunkel
trüben den Blick; du brauchst nicht die Weisung der Mutter zu fürchten,
sollst dich nicht weigern, ihren Befehlen Folge zu leisten:
Hier, wo du Massen von Trümmern, aus Fugen gerissene Steine,

wogenden Rauch und Staubschwaden siehst, erschüttert Neptunus
mit dem gewaltigen Dreizack Mauern mitsamt Fundamenten,
wühlt aus dem tiefsten Grunde hervor und zerschlägt die gesamte
Festung. Dort hält die grimmige Juno das Westtor vor allen
andern besetzt und ruft, mit dem Schwerte umgürtet, die Griechen
wütend herbei von den Schiffen.
Blicke jetzt dorthin: Da sitzt auf der Höhe des Burgfelsens Pallas,
leuchtet hervor aus den Wolken, furchtbar geschützt von der Gorgo.
Vater Jupiter selbst ermutigt und kräftigt die Griechen
immer aufs neue und hetzt die Götter gegen die Teukrer.
Fliehe aufs schnellste, mein Sohn, und kämpfe nicht länger! Ich bleibe
immer bei dir und geleite dich sicher zum Hause des Vaters.'
Damit verschwand sie im dichten Schatten der Nacht. Und vor meinen
Augen erschienen die Schreckensgestalten der mächtigen Götter,
denen Troja verhaßt war.

Nunmehr versank ganz Troja in einem feurigen Meere,
ausgelöscht schien von Grund auf die Stadt, die Neptunus einst baute.
Ebenso gehen im hohen Gebirge oft Landleute einer
uralten Esche mit Beilen und wuchtigen Axthieben kräftig
und um die Wette zuleibe; schon wankt der Riese bedrohlich,
zittert hinauf bis zum Astgewirr, neigt, schwer erschüttert, den Wipfel,
bis er den Wunden nicht länger mehr standhält, zum letztenmal aufstöhnt,
schließlich, getrennt vom Rücken des Berges, jählings hinabstürzt.
Nieder stieg ich vom Berghügel, Flammen und Feinden entwand mich
Göttergeleit; mich verschonten Geschosse und sengende Gluten.

Sicher gelangte zum Vaterhaus ich und trat in das alte
teure Gebäude. Ich suchte den Vater vor allem und wünschte
hoch ins Gebirg ihn zu tragen, an eine sichere Stätte.

Aber er wollte den Untergang Ilions nicht überleben,
nicht die Verbannung ertragen. Er sagte: ‚Ihr, rüstigen Alters,
frisch noch, mit ungebrochenen Kräften, ihr sollt euch bemühen,
lebend davonzukommen.
Wollten die Himmelsbewohner mein Leben verlängern, so würden
sie mir die Wohnstatt erhalten haben. Mir reicht es schon, *ein*mal
Ilions Fall und Zerstörung mit angesehen zu haben.
Laßt mich denn gleichsam bestattet hier liegen, begrüßt mich zum
Abschied,
geht dann! Mich wird schon ein Grieche erschlagen, sich meiner
erbarmen
und mir die Rüstung nehmen. Ein Grab verschmerze ich gerne.
Lange schon bin ich den Göttern verhaßt und zögre mein Sterben
sinnlos hinaus, seitdem mich der Vater der Götter und Menschen
hart mit dem Blitzstrahle traf und im Feuer die Glieder mir lähmte.‘

Dabei verharrte er, ließ sich auch nicht durch Bitten erweichen.
Tränenden Auges baten wir, meine Gemahlin Krëusa,
unser Ascanius, sämtliche Diener, er solle nicht selber
sich ins Verderben stürzen, den Schicksalsschlag nicht noch
verschärfen.
Aber er weigerte sich, blieb sitzen, beharrte beim Vorsatz.
Kämpfen wollte ich wieder und sterben, vom Unglück
geschlagen;
blieb mir kein anderer Ausweg doch übrig, kein anderes Schicksal.
‚Wähnst du denn wirklich, Vater, ich könnte im Stiche dich lassen?
Durfte ein *Vater* zu solchem gottlosen Handeln verführen?
Wünschen die Götter, daß spurlos die mächtige Festung
verschwindet,
bist du entschlossen, dich und die Deinen unter den Trümmern
Ilions mitzubegraben, so steht solch ein Sterben uns offen.
Pyrrhos, bespritzt mit dem Blute des Priamos, wird gleich
erscheinen,
hat vor dem Vater den Sohn, am Altar dann den Vater gemordet.
Botest du, gütige Mutter, vor feindlichen Waffen und Flammen
deshalb mir Rettung, damit ich, zu Hause umringt von den
Griechen,
Vater und Sohn und Gattin vor meinen Augen erschlagen

sähe, den einen im Blute des anderen? Waffen, ihr Männer,
her mit den Waffen! Das letzte Tageslicht ruft die Besiegten.
Gebt mich den Danaern wieder! Noch einmal möchte ich kämpfen.
Allesamt sterben wir heute, doch werden wir Rache noch üben!'

Wiederum gürtete ich mit dem Schwerte mich, schob auch die Linke
zwischen die Schildriemen, wollte verlassen das Haus. Auf der Schwelle
aber umschlang mir Krëusa die Knie, hielt fest mich umklammert,
streckte zum Vater den kleinen Iulus empor: ,Wenn du sterben
möchtest, so nimm uns doch mit in jedes beliebige Unheil!
Setzt du jedoch in den Einsatz der Waffen begründete Hoffnung,
schütze vor allem dein Haus! Was erwartet den kleinen Iulus,
was den Vater, was deine Gemahlin, sind sie verlassen?'

Derart flehend, erfüllte das Haus sie mit kläglichem Jammern.
Aber da zeigte sich plötzlich ein kaum zu beschreibendes Wunder:
Zwischen Gesichtern und Händen der traurigen Eltern ergoß sich
über den Kopf des Iulus ein spitzes, leuchtendes Flämmchen,
das man getrost zu berühren vermochte, da es nicht sengte.
Dieses umspielte das zarte Haar und die Schläfen des Jungen.
Angstvoll versuchten das Feuer wir aus den Haaren zu schütteln,
wollten mit Wasser vom Quell den heiligen Flammenschein löschen.
Aber mein Vater Anchises blickte empor zu den Sternen,
freudig gestimmt, und betete, himmelwärts reckend die Hände:
,Jupiter, du, Allmächtiger, kann ein Gebet dich erweichen,
schaue auf uns – wir erflehen nicht mehr –, und sollte es unsre
Treue verdienen, bestätige uns durch ein Zeichen die Gnade!'

Gleich nach den Worten des Greises erscholl ein donnerndes Krachen
plötzlich zur Linken, und eine aufblitzende Sternschnuppe sprühte
hell durch das Dunkel und glitt vom Himmel zur Erde hernieder.
Über den Dachgiebel sahen wir deutlich sie ziehen und schließlich
leuchtend im Walde am Ida versinken, Zeugen des ganzen

Weges, den sie genommen; denn über die Bahn hin erstreckte
lang sich ein feuriger Schweif, und Schwefeldampf wogte im Umkreis.
Fest überzeugt war nunmehr der Vater, erhob sich, die Augen
aufwärts gerichtet, und flehte zum heiligen Stern und den Göttern:
‚Länger nicht säume ich, Götter der Väter. Ich folge euch treulich,
wohin ihr immer mich führt. Bewahret das Haus und den Enkel!
Ihr entsandtet dies Zeichen, *ihr* lenkt Trojas Geschicke.
Nachgeben will ich, mein Sohn, und dich ohne Sträuben begleiten.‘

Derart sprach er. Schon stärker dröhnte das Sausen der Flammen
dumpf durch die Wände, die Feuersbrunst wälzte den Gluthauch noch näher.
‚Gehen wir, lieber Vater; laß auf den Rücken dich heben.
Hier, ich beuge die Schultern, mich drückt nicht die teuere Bürde.
Wie auch das Schicksal sich wende, wir meistern gemeinsam Gefahren,
freuen zu zweit uns der Rettung. Der kleine Iulus begleite
mich, und in einigem Abstand möge die Gattin uns folgen.
Diener, beachtet genau die Weisung, die euch ich erteile:
Wenn man die Festung verläßt, so stößt man auf eine Erhöhung;
darauf erhebt sich ein uralter Tempel der ‚Einsamen Ceres‘,
neben ihm eine geweihte Zypresse, seit Zeiten der Ahnen
treulich verehrt und gepflegt. Dort wollen wir uns aus verschiednen
Richtungen treffen. Nimm, Vater, das Kultgerät samt den Penaten!
Ich, nach dem gräßlichen Kampfe, noch frisch besudelt vom Blute,
darf sie nicht anrühren, ehe ich mich in fließendem Wasser
reinwaschen konnte.‘

Derart sprach ich, breitete über Nacken und starke
Schultern mir eine Decke, ein bräunliches Löwenfell gleichfalls,
bückte mich unter die Last dann; der kleine Iulus erfaßte
kräftig die Rechte mir, folgte dem Vater mit trippelnden Schritten.
Hinter uns ging Kreüsa. Wir hielten bewußt uns im Dunkeln:
Lange versetzte mich schon kein Geschoßhagel mehr in Erregung,
auch nicht der Angriff einer Abteilung bewaffneter Griechen –

aber jetzt schreckte ein Luftzug mich auf, in Spannung erhielt mich
jedes Geräusch, und ich bangte zugleich um den Sohn und den Vater.

Nahe schon war ich dem Tor, und ich hoffte, die Strecke im ganzen
sicher durchmessen zu haben. Da schlug mir Getrappel von Schritten
plötzlich ans Ohr, und mein Vater, bemüht, das Dunkel mit seinem
Blick zu durchdringen, mahnte mich laut: ‚Da kommen sie! Fliehe,
fliehe, mein Sohn! Da funkelt die Bronze, da glänzen die Schilde!'

Was für ein feindlicher Gott mir in meiner Verwirrung an dieser
Stelle den Rest der Besonnenheit raubte, das weiß ich nicht. Laufend
wich ich vom Wege, verließ die bekannte Richtung. Indessen
aber entriß mir das Schicksal, mir Elendem, grausam die Gattin.
Machte sie halt, verlief sie sich, mußte ermattet sie rasten?
Niemals erfuhr ich den Hergang, niemals auch sah ich sie wieder,
merkte auch erst den Verlust und dachte zurück an die Teure,
als wir beim Hügel, der heiligen Stätte der uralten Ceres,
angelangt waren. Hier sammelten sich die Getreuen. Krëusa
fehlte, vom Gatten, vom Sohn nicht bemerkt und von keinem der andern.

Außer mir war ich und wälzte die Schuld auf Menschen und Götter,
sah in dem Vorfall den grausamsten Schlag beim Untergang Trojas.
Meinen Gefährten vertraute Iulus ich an und den Vater
samt den Penaten und hieß sie im Talgrund in Sicherheit bringen,
kehrte dann selber, mit blanker Waffe, zurück in die Festung,
wollte aufs neue ins Unglück mich stürzen, ganz Troja durchstreifen,
wollte zum zweiten Male die Stirn den Wagnissen bieten.

Bis zu den Mauern gelangte ich erst und zum düsteren Tore,
dort, wo die Stadt ich verließ, und verfolgte quer durch das Dunkel
die hinterlassenen Spuren genau, hielt angespannt Umschau.

Überall lauerte Schrecken, auch Stille jagte mir Furcht ein.
Dann begab ich nach Hause mich; hatte Krëusa vielleicht sich
dorthin gewandt? Erstürmt und besetzt von den Danaern alles!
Gierig schon fraß sich das Feuer zum oberen Teil des Gebäudes,
über den Dachfirst züngelten Flammen, hoch stoben die Funken.
Weiter gelangte ich dann zum Priamosschloß und zur Stadtburg.
In den verödeten Hallen der Juno – einst heiliger Freistatt! –
walteten Phoinix bereits und der schlimme Odysseus als Wächter
sämtlicher Beutestücke. Man hatte die troischen Schätze
Tempeln entrafft und hierher zusammengetragen, geweihte
Tische der Götter, vergoldete Mischkrüge, schöne Gewebe.
Kinder und schreckenverstörte Mütter standen, zu langen
Zügen gereiht, ringsumher.
Schließlich wagte sogar ich laut durch das Dunkel zu rufen,
ließ durch die Straßen tieftraurig den Namen Krëusas erschallen
und wiederholte ihn immer aufs neue, doch ohne Ergebnis.

Während ich zwischen den Häusern umsonst, wie von Sinnen, sie suchte,
trat mir Krëusa als Bildnis des Unglücks, als Schatten, ganz plötzlich
klar vor die Augen, größer, als ich sie im Leben einst kannte.
Starr vor Entsetzen stand ich, mir sträubte das Haar sich, die Stimme
stockte. Da sprach sie mich an und benahm mir Schrecken und Sorge:
‚Warum, mein teurer Gefährte, ergibst du dich derart verzweifelt
grundlosem Schmerze? Nicht ohne das Wirken der Götter vollzog sich
alles Geschehene. Weder das Schicksal noch Jupiter, Herrscher
hoch im Olympus, gestatten, daß dich Krëusa begleitet.
Lange Zeit heimatlos, wirst du weithin die Meere durchfurchen.
Auch nach Hesperien wirst du gelangen. Der lydische Tiber
windet sich dort gemächlich voran durch fruchtbare Fluren.
Dort erringst du dir Glück, ein Königreich, eine Gemahlin
fürstlichen Stammes. Beweine nicht deine geliebte Krëusa!
Keinen stolzen Palast bei den Dolopern und Myrmidonen
werde ich sehen, nicht griechische Mütter als Sklavin bedienen,
ich, als Dardanerin, Schwiegertochter der göttlichen Venus.

Nein, hierzulande behält mich die mächtige Mutter der Götter.
Lebe jetzt wohl, bewahr dir die Liebe zu unserem Jungen!‘

Vieles noch wollte ich, unter Tränen, zur Antwort ihr sagen,
doch sie verließ mich, entwich und löste sich auf in die Lüfte.
Dreimal versuchte ich ihr noch den Arm um den Nacken zu
schlingen,
dreimal indessen griffen die Hände ins Leere; der Schatten
war wie der Windhauch so leicht, er glich dem geflügelten
Traumbild.

Als die Gefährten ich wiedersah, war die Nacht schon vorüber.
Staunend erblickte ich jetzt den gewaltig geschwollenen Zustrom
neuer Begleiter, Mütter und Männer, Menschen im Elend,
eine zum Auswandern willige Schar. Sie waren von allen
Seiten zusammengeströmt, voll Mut, mit den Resten der Habe,
wünschten in See zu stechen, wohin ich auch immer sie führte.
Lucifer stieg vom Rücken des Ida bereits in die Höhe,
Bote der Ankunft des Tages. Fest hielten die Danaer Trojas
Tore besetzt, uns winkte keinerlei Hilfe. Zum Aufbruch
mahnte ich, zog dann, den Greis auf den Schultern, voran ins
Gebirge.“

DRITTER GESANG

„Untergegangen war nach dem Ratschluß der Götter des Königs
Priamos Herrschaft in Asien, schuldlos, gesunken das stolze
Troja Neptuns, die Stadt ein rauchender Haufen von Trümmern.
Göttliche Weisung auch trieb in die Fremde und öde Gebiete
weithin uns fort auf mancherlei Wegen und ließ in Antandros,
nahe dem Fuße des Ida, uns eine Flotte erbauen.
Wohin würde das Schicksal uns leiten, wo Heimstätten schenken?
Jedenfalls zogen wir Mannschaft zusammen.

Bei Anbruch des Sommers
hieß uns Anchises die Segel dem Schicksal getrost überlassen.
Tränen im Auge, verließ ich des Vaterlands Küste und Hafen,
Ilions Stätte. Ich stach als Verbannter in See, in Gemeinschaft
mit den Gefährten, dem Sohn, den Penaten, den mächtigen
Göttern.
Ferne erstreckt sich ein Land des Mars, mit weiten, von tapfren
Thrakern bewohnten Flächen, einst strenge beherrscht von
Lykurgos,
Troja verbündet durch Gastrecht sowie durch vereinte Penaten
während der Zeiten des Glücks. Hier bin ich – zum Unheil! –
gelandet,
gründete erstmals ein Städtchen am buchtenreichen Gestade,
nannte die Einwohner, meinem Namen gemäß, Aeneaden.

Opfer für Venus, meine Mutter, wollte ich bringen,
auch für die Götter, die uns begünstigten, schließlich am Strande
einen recht stattlichen Stier dem Fürsten der Himmlischen
schlachten.
Nahe der Stätte erhob sich ein Erdhaufen; buschartig wuchsen
Kirschen darauf, dicht starrten, gleich Lanzen, auch Äste von
Myrten.
Näher trat ich heran, um grünende Zweige zu pflücken,
wollte mit dichtbelaubtem Gesträuch die Altäre bedecken.
Etwas Entsetzliches mußt ich da, wie ein Wunder, erblicken.

Denn von dem Busch, den als ersten ich über dem Wurzelstock abbrach,
perlten tiefdüstere Blutstropfen nieder und bildeten Flecke,
eitriges Gift, auf dem Boden. Ein eisiger Schrecken durchzuckte
schlagartig mich, vor Furcht gerann mir das Blut in den Adern.
Weitre geschmeidige Ruten noch wollte, an anderer Stelle,
ich aus dem Boden ziehen, des Erdreichs Geheimnisse lüften.
Aber auch hier entquollen blutige Tropfen der Rinde.
Sorgenvoll wandte ich flehend mich gleich an die Nymphen des Hügels
wie an den Schutzherrn der getischen Fluren, den Vater Gradivus,
gnädig das unheilverkündende Zeichen zum Segen zu wenden.
Aber sobald ich zum dritten Mal, kräftiger zupackend, pflücken
wollte, dabei die Knie gegen den Sandboden stemmte –
spreche ich? schweige ich? –, scholl aus der Tiefe des Hügels ein bittres
klägliches Stöhnen, drangen zum Ohre mir folgende Worte:
‚Warum zerfleischst du mich Armen, Aeneas? Gönn mir des Grabes
Ruhe, beflecke nicht deine noch reinen Hände! Trojaner
bin ich, kein Fremder für dich, das Blut entströmt nicht dem Holze –
meide dies grausame Land und meide die Küste der Habgier!
Hör: Polydoros bin ich! Die zahlreichen Waffen, die tödlich
hier mich durchbohrten, sie schlugen Wurzeln in mir, und sie trieben!‘
Zwiespältig waren meine Gefühle, ich stand vor Entsetzen
wie ein Betäubter, mir sträubte das Haar sich, mir stockte die Stimme.

Priamos hatte, der Elende, seinen Sohn Polydoros,
goldene Schätze dazu, einst heimlich dem thrakischen König
sorglich in Pflege gegeben, die Niederlage für Troja
ungewiß fürchtend, vor Augen die schon umzingelte Festung.
Als dann die Macht der Teukrer zerbrach, ihr Glücksstern verblaßte,
schlug sich der thrakische Fürst auf die Seite der Sieger, verletzte
Gastrecht und Blutsbande, mordete den Polydoros und raubte

schamlos den goldenen Schatz. Was tust du den Menschen für Zwang an,
Goldgier, verfluchte!

Sobald mein Entsetzen sich legte, erzählte
ich den erwählten Fürsten des Volks und vor allen dem Vater,
was für ein Wunder geschehen, und bat sie, dazu sich zu äußern.
Einstimmig schlugen sie vor, das Land des Verbrechens, des schnöden
Bruches des Gastrechts, zu meiden, den Winden uns anzuvertrauen.
Ordnungsgemäß noch beerdigten wir Polydoros. Ein Hügel
wurde, recht stattlich, errichtet, Altäre zu Ehren der Manen
gleichfalls, mit tiefblauen Bändern der Trauer und düstren Zypressen;
feierlich standen rings troische Frauen mit offenen Haaren.
Weihgüsse brachten wir, lauwarme Milch in schäumenden Schalen,
heiliges Blut auch; wir bargen zu ewiger Ruhe den Toten,
riefen die Worte des Abschieds ihm zu mit hallender Stimme.

Als wir der See dann vertrauen durften, der Luftzug das Wasser
friedlich nur kräuselte, singender Süd zur Ausfahrt uns lockte,
strömten die Freunde zur Küste und zogen die Schiffe ins Wasser.
Hinter uns blieb der Hafen, Länder und Städte entschwanden.

Innig geliebt von der Gattin des Nereus sowie von Neptunus,
Herrn der Ägäis, erhebt sich im Meere ein heiliges Eiland.
Ehemals trieb es von Küste zu Küste. Der Meister des Bogens
gab ihm dann Halt am Gýaros und am hohen Mykonos,
machte, zum Dank, es bewohnbar und sicher vor stürmischen Winden.
Dorthin steuerten wir; die Insel empfing uns Erschöpfte
freundlich in sicherem Hafen. Wir grüßten voll Ehrfurcht Apollos
Tempel an Land. Und Anios, König, zugleich auch des Gottes
Priester, kam uns entgegen, mit Bändern und heiligem Lorbeer
festlich umkränzt; er kannte von früher Anchises als Gastfreund.
Herzlich schüttelten wir uns die Hand und betraten die Wohnstatt.

Inständig betete ich vor dem uralten Tempel Apollos:
‚Schenke, Thymbräer, uns eine Heimat! Schenk uns Erschöpften
Mauern und Kinder und sichere Bleibe! Behüte ein neues
Ilion, das den Hellenen entrann und dem wilden Achilles!
Nenne den Führer, das Ziel uns, den Ort, wo wir Häuser uns bauen!
Gib uns ein Zeichen, Vater, ermutige, stärke uns, bitte!‘
Derart betete ich. Ein Erdbeben folgte den Worten.
Tempel und Lorbeerwäldchen des Gottes, das nahe Gebirge
wankten, das Heiligtum öffnete sich, das Orakel erdröhnte.
Nieder zu Boden warfen wir uns und lauschten den Worten:
‚Unglückgestählte Trojaner, das Land, das ehemals eure
Ahnen hervorbrachte, wird euch an üppiger Mutterbrust wieder
freundlich empfangen. Auf, suchet die Mutter der Vorfahren! Über
sämtliche Länder gebietet von dort einst der Stamm des Aeneas,
Kinder und Enkel desgleichen und deren Nachkommen alle!‘

Dieses Orakel erregte einen gewaltigen Ausbruch
lärmender Freude, und jeder wollte den Namen des Landes
wissen, das Phöbus uns Heimatlosen zur ‚Heimkehr‘ empfohlen.
Aber Anchises gedachte der Helden der Vorzeit und sagte:
‚Höret, ihr Fürsten, und laßt euch erzählen, was Hoffnung euch spendet!
Kreta, die Insel des mächtigen Jupiter, ragt aus dem Meere,
wo sich der Ida erhebt und die Wiege unsres Geschlechtes.
Hundert glänzende Städte bilden dort machtvolle Reiche.
Dorther gelangte, sofern ich mich richtig erinnere, Teukros,
unser Ahnherr, zum Strand von Rhoiteion und suchte sich einen
Platz für die Stadtgründung. Ilion gab es noch nicht, auch die Festung
Pergamon nicht; man bewohnte die Täler am Fuße des Ida.
Dorther auch stammt die Mutter, wohnhaft am Berge Kybele,
stammen die Klangbecken der Korybanten, das Wäldchen am Ida,
unser Geheimkult, das Löwengespann vor dem Wagen der Herrin.
Folgen wir also der Richtung, die göttliche Weisung uns vorschreibt,
flehen um günstigen Wind und segeln zum Reiche von Knossos –
keine sehr lange Strecke! Wenn Jupiter gnädig uns beisteht,

brauchen drei Tage wir nur bis zur Landung am Strande von Kreta.‘
Auf den Altären brachte er dann die geschuldeten Opfer,
einen Stier für Neptunus und einen dir, edler Apollo,
für den Orkan ein schwarzes, ein weißes Lamm freundlichen
Zephyrn.

Fürst Idomeneus, erzählte man, ward aus dem Reiche der Väter
kürzlich vertrieben, verlassen liege die Küste von Kreta;
frei von den Feinden, verödet, stünden die Städte und Häuser.
Von Ortygia segelten wir am gebirgigen Naxos,
wo die Bakchantinnen schwärmen, vorüber, am grünen Donysa,
an Olearos, dem schneeweiß schimmernden Paros, dem ganzen
Kreis der verstreuten, von rauschender Brandung umtobten
Kykladen.
Wetteifernd schollen die Rufe der Schiffer, ermunternd auch riefen
wohlgemut alle Gefährten: ‚Nach Kreta, zu unseren Ahnen!‘
Kräftig frischte der Rückenwind auf und trieb uns zum Ziele.
Zügig erreichten wir schließlich das uralte Land der Kureten.
Eifrig begann ich den Aufbau der Stadt, die so sehnlich wir
wünschten,
nannte sie Pergamos, mahnte das Volk, das des Namens sich freute,
liebzugewinnen die Herde und höher die Burg noch zu türmen.

Längst schon waren die Schiffe ans trockne Gestade gezogen,
waren die Pläne der Jugend auf Heirat und Feldbau gerichtet,
teilte ich Wohnstätten zu und gab auch Gesetze. Da brachte
plötzlich ein Umschlag des Wetters mit unheilschwangeren Dünsten
eine für Menschen wie Bäume und Saaten gleich tödliche Seuche.
Entweder schied man vom lieblichen Dasein, oder man schleppte
schwerkrank sich hin; der Sirius ließ die Fluren verdorren.
Pflanzen dürsteten; Saaten, geschwächt, verweigerten Nahrung.
Wieder zur See zu Apollos Orakel auf Delos zu fahren,
riet mir mein Vater, den Gott um Gnade zu bitten, zu fragen,
wie er die Krankheit beenden wolle, woher wir im Elend
Hilfe uns holen, wohin wir die Reise fortsetzen sollten.

Tief in der Nacht – der Schlaf hielt alle Geschöpfe umfangen –
traten mir heilige Göttergestalten, die Phrygerpenaten,

die ich aus Trojas lodernden Flammen mitgebracht hatte,
deutlich vor Augen. Ich sah sie im Schlaf unverkennbar vor meiner
Lagerstatt stehen, in hellem Licht, auf der Seite des Zimmers,
die, durch die Öffnung der Fenster, im Scheine des Vollmondes
glänzte.
Meine Sorgen benahmen sie mir mit folgenden Worten:
,Was dir Apollo, kämst du nach Delos, mitteilen würde,
läßt er durch uns dir ausrichten, hier, in deiner Behausung.
Wir, die durch Trojas Flammen, durch blutige Kämpfe dir folgten,
die wir in deiner Obhut die wogenden Fluten durchquerten,
werden auch deine Enkel einst unter die Sterne versetzen,
deiner Stadt die Weltherrschaft geben. Mächtige Mauern
baue für mächtige Herrscher und trag die Strapazen der Irrfahrt!
Weiter noch müßt ihr ziehen. Apollo von Delos erteilte
dir nicht den Rat, an diesem Gestade, auf Kreta, zu siedeln.
Nein, es erstreckt sich ein uraltes Land, das die Griechen
Hesperien
nennen, gewaltig im Kampfe, gesegnet mit fruchtbarem Boden,
von den Oinotrern bewohnt. Die Nachkommen sollen es heute,
nach dem Namen des Herrschers, als Italien bezeichnen.
Dieses Gebiet ist unser. Dárdanos ward hier geboren,
Vater Iasios auch, der Urahn unsres Geschlechtes.
Auf, überbringe voll froher Zuversicht deinem betagten
Vater die klare Weisung: Nach Kórythos möge er streben,
in Ausonien. Jupiter gibt dir auf Kreta kein Wohnrecht.'

Tiefe Bestürzung empfand ich beim Sehen und Hören der Götter.
Schwerlich war das ein Traumbild; denn ich erblickte leibhaftig
vor mir die Haare, umkränzt, die Gesichter, die freundlichen
Mienen.
Eiskalter Schweiß brach mir aus den Poren und näßte die Glieder.
Auf von der Lagerstatt raffte ich mich und streckte die Hände
betend zum Himmel. Dann goß als gefällige Spende ich lautren
Wein auf den Herd. Nach Vollzug der Pflicht überbrachte ich
meinem
Vater voll Freude ausführliche Nachricht von dem, was geschehen.
Unsrer zweideutigen Herkunft und doppelten Ahnherren konnte
er sich erinnern, erkannte auch die Verwechslung der Länder

unseres Ursprungs und sagte: ‚Mein Sohn, durch den Untergang Trojas
bitter geprüft, vernimm: Kassandra erschloß mir die Wahrheit!
Sie – ich erinnere mich – enthüllte mir unsre Bestimmung,
nannte Hesperien oftmals, auch oftmals ein Reich in Italien.
Aber wer glaubte denn, Teukrer würden Hesperiens Küste
einstmals betreten? Wen konnte Kassandras Spruch überzeugen?
Folgen dem Rat wir des Phöbus und streben zum richtigen Ziele!‘

Freudig gehorchten wir alle dem neuen Befehle, verließen
Kreta, geboten nur einigen, dort zu verbleiben. Die Segel
setzten wir, fuhren über die unermeßlichen Fluten.

Als wir die hohe See erreichten, kein Land mehr sich ringsum
zeigte, nur Himmel und Meer uns von allen Seiten umgaben,
ballten sich über mir tiefblaue Regenwolken zusammen,
brachten Orkan und Nacht. Schwarz bäumten sich drohend die Wogen.
Winde begannen das Meer zu peitschen, wandelten weite
Flächen zur Brandung. Wir tanzten verstreut auf gähnenden Strudeln.
Dunstmassen raubten den Tag. Den Himmel entraffte die nasse
Finsternis, zuckende Blitze zerrissen die Wolken. Vom Kurse
kamen wir ab, durchirrten, Blinden vergleichbar, die Wellen.
Selbst Palinuros gestand, den Tag wie das nächtliche Dunkel
nicht unterscheiden, die Richtung nicht länger halten zu können.
Ungewiß irrten drei Tage wir, ohne zu sehen, auf hohem
Meere, erspähten bei Tag nicht die Sonne, bei Nacht nicht die Sterne.
Endlich, am vierten Tage, tauchte vor unseren Blicken
Land auf, fern ragten Gebirge, und Rauchfahnen wehten. Die Segel
refften wir, packten die Ruder. Gleich legten die Mannschaften wacker
sich in die Riemen und ließen schäumen die bläulichen Fluten.

Ledig der Seenot, betrat ich als erster den Strand der Strophaden.
‚Inseln der Umkehr‘ heißen sie bei den Hellenen, im weiten
Ionischen Meere gelegen. Hier hauste die wilde Kelaino

mit den andern Harpyien, seitdem sich die Wohnstatt des
Phineus
ihnen verschloß und die Furcht aus dem alten Revier sie
verscheuchte.
Niemals erstand aus den Fluten der Styx ein schlimmeres Untier,
niemals ein wilderes Scheusal, ein roherer Rachgeist der Götter:
Vögel mit Mädchengesichtern und scheußlichem Auswurf des
Darmes,
krallenbewehrten Fängen und einem durch stetigen Hunger
fahlgelben Antlitz.

Ein natürlicher Hafen empfing uns. Da sahen am Lande
weithin wir muntere Herden von Rindern auf Weiden sich
tummeln,
Ziegen desgleichen, ohne daß irgendein Hirt sie bewachte.
Über sie fielen wir her mit der blanken Waffe und luden
Götter und Jupiter selber zu Gaste. Behagliche Lager
schufen wir uns an der Bucht, um das üppige Mahl zu genießen.
Doch die Harpyien glitten in schaudererregendem Fluge
jäh von den Bergen heran, sie schüttelten rauschend die
Schwingen,
rafften die Speisen hinweg und besudelten fürchterlich alles.
Ekler Gestank und kreischende Stimmen wirkten zusammen.

Nunmehr bereiteten wir zum zweiten Male, in tiefer
Felsgrotte sicher versteckt, von Bäumen und schaurigem Schatten
dicht überwölbt, die Mahlzeit, entzündeten neu die Altäre.
Aber auch diesmal stürzten, aus anderer Richtung und dunklem
Hinterhalt, krächzend die Räuber, umschwärmten krallend die
Beute,
spien sie geifernd voll Unrat. Da rief ich meine Gefährten
laut zu den Waffen, zum Kampfe gegen die gräßliche Plage.
Diesem Befehle gehorchten sie gleich, sie tarnten die Schwerter
griffbereit unter dem Gras und hielten die Schilde verborgen.
Als die Geschöpfe am Rande der Bucht gell schreiend sich setzten,
stieß auf der Höhe des Ausgucks Misenos mit Kraft ins Signalhorn.
Vorbrachen kühn die Gefährten zum Kampf, den noch niemals sie
führten,

wollten mit Schwertern die scheußlichen Vögel des Meeres zerfleischen.
Aber die Federn trotzten den Hieben, man konnte die Leiber
gar nicht verwunden. Rasch flohen die Tiere hinauf zu den Sternen,
angenagt ließen das Mahl sie zurück, abscheulich die Spuren.

Aber Kelaino, allein, blieb sitzen auf ragendem Felsen,
eine Prophetin des Unheils, und rief mit dröhnender Stimme:
‚Stiere und Kühe würgtet ihr ab, ihr Laomedonsenkel –
dafür rüstet ihr euch jetzt zum Kriege, wollt die Harpyien,
schuldlose Wesen, aus ihrem Vaterlande vertreiben?
Höret denn, was ich euch sage, und prägt es euch fest ins Gedächtnis!
Mitgeteilt hat der allmächtige Vater es Phöbus und dieser
mir. Als die mächtigste Furie will ich es euch prophezeien:
Kurs auf Italien nehmt ihr, werdet mit Hilfe der Winde
glücklich erreichen das Land und die Häfen aufsuchen dürfen.
Aber ihr werdet die Stadt, die das Schicksal euch zuweist, mit Mauern
dann erst umgeben, wenn furchtbarer Hunger – die Sühne für euren
Angriff auf uns! – euch nötigt, die *Tische* voll Gier zu verschlingen!‘
Darauf entschwand sie mit rauschenden Schwingen über den Bäumen.

Plötzlicher Schrecken durchzuckte die Freunde, und eiskalt erstarrte
ihnen das Blut. Entmutigt waren sie, wünschten den Frieden,
aber nicht länger im Kampfe, sondern durch inniges Beten,
wären die Vögel nun Göttinnen oder bloß gräßliche Tiere.
Vater Anchises breitete vom Gestade die Arme,
rief die göttlichen Mächte, versprach die geschuldeten Ehren:
‚Götter, erfüllt nicht die Drohung, erspart uns so furchtbares Elend,
gnädig bewahrt vor Unheil die Frommen!‘ Die haltenden Taue
hieß er uns lösen, aufwickeln auch das übrige Tauwerk.

Südwind blähte die Segel. Wir suchten auf schäumenden Wogen
schleunigst das Weite, wohin uns der Wind und der Steuermann
lenkten.

Auftauchten bald aus der Flut die bewaldete Insel Zakynthos,
weiter Dulichion, Same, auch Neritos, ragend mit Klippen.
Ithakas Riffe umfuhren wir glücklich, das Reich des Laërtes,
fluchten dem Land, das den grausamen Fürsten Odysseus ernährte.
Darauf erschienen die wolkenumwogten Berge von Leukas,
dann das Apollonheiligtum, das die Seeleute fürchten.
Dorthin fuhren wir, völlig erschöpft, und erreichten das Städtchen,
warfen vom Vorschiff die Anker; die Heckteile zeigten zur Küste.
Derart betraten wir, endlich, wider Erwarten das Festland,
brachten dem Jupiter Sühnopfer und vollzogen Gelübde
auf den Altären, erneuerten auch an der aktischen Küste
troische Kampfspiele. Nackt und gesalbt, so übten im alten
heimischen Sport sich die Freunde, beglückt, daß sie schadlos so
vielen
griechischen Städten mitten im Lande der Feinde entrannen.

Aber inzwischen vollendete sich der Kreislauf des Jahres,
eisiger Wintersturm jagte mit rauhem Nordwind die Wellen.
Vorn an das Tempeltor heftete ich den ehernen Schutzschild,
den der gewaltige Abas einst trug, mit folgender Aufschrift:
‚Diese Trophäe entriß Aeneas den siegreichen Griechen.'

Platz auf den Ruderbänken befahl ich zum Aufbruch zu nehmen.
Wetteifernd peitschte die Mannschaft das Meer und durchfurchte
die Fluten.
Hinter uns ließen wir schon die hohen phäakischen Gipfel,
liefen, vorbei am Strand von Epeiros, den Hafen Chaoniens
an und gelangten zur ragenden Stadt und Festung Buthroton.

Ebendort durften wir eine kaum glaubliche Nachricht vernehmen:
Helenos, Sprößling des Priamos, herrsche in griechischen Städten,
habe den Thron übernommen von Pyrrhos, dem Aiakosenkel,
wiederum sei jetzt Andrómache Gattin eines Trojaners.
Staunend empfand ich ein außergewöhnlich starkes Verlangen,

Helenos selber zu sprechen, sein seltsames Los zu erfahren.
Während von Bord ich aufbrach und mich vom Hafen entfernte,
war, in dem heiligen Hain vor der Stadt, am Ufer des neuen
Flusses Simoeis, Andromache eben mit Opfern beschäftigt,
spendete feierlich-traurige Gaben mit Anruf der Manen
vor dem Ersatzgrab Hektors, das sie mit frischgrünem Rasen,
auch zwei Altären, zu bittrem Gedenken eingeweiht hatte.
Als sie mich ankommen sah im Kreis von bewaffneten Troern,
war sie vor Staunen außer sich. Völlig verblüfft von dem Anblick,
stockte sie in der Bewegung, ihr wich das Blut aus den Wangen.
Mühsam hielt sie sich aufrecht, vermochte nur stockend zu sprechen:
‚Bist du es wirklich, Sprößling der Göttin? Du bringst uns tatsächlich
Nachricht? Du lebst? Erlosch dir freilich selber die Sonne,
sag mir: Wo weilt mein Hektor?‘ Und schmerzlich begann sie zu weinen,
durchdringend hallte ihr Jammern. Ihr raubte der Gram die Besinnung.

Selber vermochte ich stammelnd nur weniges ihr zu entgegnen.
‚Allerdings lebe ich, schleppe mein Dasein durch furchtbarstes Elend.
Zweifle nicht, siehst schon das Richtige!
Ach, wie erging es dir nach dem Verlust des tapferen Gatten?
Fandest ein Schicksal du endlich, wie du es wirklich verdientest?
Hektors Andromache – immer noch eines Pyrrhos Gemahlin?‘

Nieder schlug sie die Augen und gab ganz leise zur Antwort:
‚Glücklich vor allen anderen Frauen die Priamostochter,
die vor den ragenden Mauern Trojas, am Grabmal des Feindes,
sterben mußte! Sie brauchte nicht Opfer des Loses zu werden,
brauchte nicht einem der Sieger als Bettsklavin Dienste zu leisten.
Weithin entführt nach dem Brande von Troja über die Meere,
mußte den Hochmut des Pyrrhos ich dulden, als Sklavin dem stolzen
Manne ein Kind gebären. Doch nahm er die Enkelin Ledas
später zur Frau, Hermione, aus Lakedaimon, und schickte
mich als Gemahlin zu Helenos, zu dem Sklaven die Sklavin.

Aber Orestes, aus Liebe zu der ihm entrißnen Verlobten,
auch von den rächenden Furien gehetzt, überfiel den verhaßten
Pyrrhos, der ahnungslos war, am Achillesaltar und erschlug ihn.
Nach der Ermordung fiel ein Teil des Pyrrhosgebietes
Helenos zu, nach Gebühr. Der benannte nach Chaon, dem Bruder,
dieses Gebiet als Chaonien und sein Volk als Chaonier,
baute auch Pergamon dort auf dem Berge, als ilische Festung.
Was für Winde und Umstände trieben jetzt *dich* nach Chaonien?
Was für ein Gott verschlug dich an unseren Strand, und du ahntest
gar nichts? Wie geht es deinem Ascanius? Lebt er und atmet,
den du von Troja – – –
Macht sich der Junge noch Sorgen um seine verlorene Mutter?
Dienen ihm Vater Aeneas, sein Onkel Hektor als Vorbild,
einstmals bewiesene Tüchtigkeit, männlichen Mut zu bewähren?'

Tränenden Auges stieß sie die Fragen hervor, und noch lange
mußte sie hemmungslos weinen. Da kam aus den Mauern des Städtchens
Helenos an, des Priamos Sohn, mit großem Gefolge.
Landsleute sah er sogleich in uns und führte voll Freude
uns zu den Wohnstätten, fragte und sprach, unterbrochen von Tränen.
Vorwärts schritt ich, erblickte dann plötzlich ein Troja im kleinen,
ähnlich dem einstigen großen, ein trockenes Flußbett mit Namen
Xanthos, umarmte dann, nieder mich werfend, des Skaiischen Tores
Schwelle. Die Freunde auch grüßten das ihnen aufs engste verbundne
Städtchen voll Innigkeit. Gastlich empfing sie der König im weiten
Schloßhof. Dort brachten sie Trankopfer dar aus Bacchuspokalen,
Speisen auf goldenen Schüsseln, geweihten Opfergefäßen.

Als zwei Tage vergangen waren, die Brise zum Segeln
lockte, die Leinwand sich nach dem Hauche des Südwindes bauschte,
richtete ich an den Seher folgende Bitte: ‚Du Sprößling
Trojas, Prophet, der das Walten Apollos du wahrnimmst und deutest,

Dreifüße, Lorbeer des Phöbus von Klaros, die Bahnen der Sterne,
Stimmen der Vögel, die Arten auch ihres Fluges, erteil mir
Auskunft! Erfolgreiche Fahrt verhießen mir alle Orakel,
alle befragten Gottheiten wiesen als Ziel mir Italien,
hießen entlegene Länder mich aufsuchen. Lediglich eine
von den Harpyien, Kelaino, weissagte seltsames Unheil,
drohte mit Strafe durch zornige Götter, furchtbarem Hunger.
Welche Gefahren muß ich vor allen anderen meiden?
Wodurch vermag ich so bittere Prüfungen fest zu bestehen?‘

Helenos opferte Stiere zunächst, nach der Vorschrift, erflehte
friedliche Fahrt von den Göttern, löste die Binden von seinem
heiligen Haupte und führte zu deinem Tempel mich, Phöbus.
Während mich Ehrfurcht durchschauerte vor dem Walten der
Gottheit,
kündete mir der Priester aus göttlichem Munde die Zukunft:

‚Sprößling der Göttin, ohne Zweifel befährst du die Wogen
unter höherer Lenkung – der Götterfürst gibt ja die Lose,
regelt die Abfolge auch; so will es die Ordnung des Weltlaufs.
Wenig von vielem nur kann ich hier nennen, damit du in größrer
Sicherheit fremde Meere durchquerst und glücklich in einem
Hafen Ausoniens landest. Helenos darf nicht mehr wissen,
fordern die Parzen – darf nicht mehr sagen, gebietet mir Juno.

Erstens: Italien, das du, ohne genauere Kenntnis,
nahe schon wähnst und in dessen Häfen du bald schon zu landen
hoffst, das trennen von dir noch weite, gefahrvolle Wege.
Vorher noch mußt im Sizilischen Meer die Ruder du krümmen,
mußt auch die salzigen Fluten Ausoniens segelnd erkunden
und den avernischen See, auch die Insel der Kirke von Aia.
Dann erst vermagst du die Stadt dir auf sicherem Festland zu
gründen.
Zeichen will ich dir nennen, bewahre sie fest im Gedächtnis!

Stößt du, von Sorgen gequält, an einsamer Flußmündung unter
Eichen am Ufer auf eine stattliche Sau, die soeben
dreißig Frischlinge warf und am Boden ausgestreckt daliegt –

weiß die Mutter und weiß an den Zitzen die Jungen –, so wisse:
Ebendort baust du die Stadt, den Ruhepunkt nach den Strapazen!
Weiter: Du brauchst vorm *Verschlingen der Tische* nicht furchtsam zu zittern;
Auswege findet das Schicksal, auf Anruf hilft dir Apollon.
Meide jedoch die Teile und Küstenstriche Italiens,
die sich am nächsten, jenseits unseres Meeres, erstrecken;
feindlich gesonnene Griechen bewohnen dort sämtliche Städte.
Von den narykischen Lokrern wurden hier Mauern errichtet.
Fürst Idomeneus aus Lyktos führte bewaffnete Scharen
ins Sallentinergebiet. Philoktetes, der Fürst Meliboias,
baute auf felsigem Grunde die kleine Festung Petelia.
Selbst wenn das Meer du bezwangst und glücklich zu landen vermochtest,
wenn du am Strand auf Altären den Göttern schon Dankopfer darbringst,
hülle zur Vorsicht dein Haar in einen purpurnen Schleier:
Soll doch bei heiliger Flamme während der Ehrung der Götter
kein Unberufener nahen und stören die fromme Bemühung.
Deine Gefährten, du selbst auch sollen derartig opfern;
derart auch sollen die Enkel in Reinheit den Gottesdienst üben.

Aber sobald dich von hier aus der Wind zur sizilischen Küste
treibt und die Meerenge sich am Kap von Pelorum dir öffnet,
halte dich links, nah dem Lande, und suche zur Linken in weitem
Umweg die Weiterfahrt. Meide den Strand und die Fluten zur Rechten!
Einstmals, erzählt man, trennte das Land sich durch Erdbebeneinsturz –
solche Veränderung kann der Zeitenlauf bringen – gewaltsam,
während doch vorher beide Landmassen *eine* nur waren.
Zwischen die Landmassen drängte das Meer sich und schnitt mit den Wogen
von dem italischen Festland die Insel Sizilien, bedeckte
Felder und Städte längs der zwei Küsten in brandender Enge.
Skylla lauert zur Rechten, die wilde Charybdis zur Linken.
Letztere schlürft aus der strudelnden Tiefe dreimal am Tage
jählings die Fluten sich ein bis zum Grunde und speit sie im Wechsel

wieder empor in die Lüfte, der Gischt umsprüht die Gestirne.
Skylla indessen verbirgt sich in finsterer Höhle, ganz plötzlich
streckt sie ihr Antlitz hervor und zieht die Schiffe auf Klippen.
Menschengestaltig zeigt sich ihr Oberleib, stattlich ihr Busen;
aber ihr Unterleib ist ein grausiges Meerungeheuer,
Bäuche von Seewölfen, auslaufend in den Schwanz von Delphinen.
Besser, man nimmt sich die Zeit und umfährt das Kap von
Pachynum,
macht um Sizilien einen beträchtlichen Umweg, als einmal
nur in der weiten Höhle die gräßliche Skylla zu sehen,
schwarzblauer Hunde Gebell vom Felsgestein dröhnen zu hören!

Ferner: Bewährt tatsächlich Helenos weise Voraussicht,
ist er vertrauenswürdig, enthüllte ihm Phöbus die Wahrheit,
möchte vor allem ich eines dir sagen, Sprößling der Göttin,
immer aufs neue es einhämmern dir als ernsteste Mahnung:
Flehe besonders eindringlich stets zur gewaltigen Juno,
bringe ihr feierlich-freudig Gelübde, versuche die hohe
Herrin voll Demut durch Gaben zu rühren; dann wirst von Sizilien
schließlich erfolgreich du noch die Fahrt nach Italien meistern.
Bist du dort eingetroffen, betratest erst Cumae mit seinen
heiligen Seen, dem Averner im Kranz der rauschenden Wälder,
wirst die Prophetin du sehen, die gottbegeistert in tiefer
Felsgrotte weissagt und Namen wie Zeichen einträgt auf Blättern.
Sämtliche von der Jungfrau hier festgehaltenen Sprüche
werden gezählt und geordnet von ihr und bewahrt in der Grotte,
unter Verschluß; sie bleiben dort unbeeinträchtigt liegen.
Wenn allerdings beim Öffnen der Tür ein mäßiger Luftzug
eindringt und durch den Spalt die leichten Blattseiten hochreißt,
läßt die Prophetin sie ruhig die Höhle durchflattern, sie sammelt
nicht das Verstreute und stellt nicht die Sprüche aufs neue
zusammen.
Wer die Sibylle nicht selber befragt, erhält kein Orakel,
scheidet verärgert. Laß dich durch Wartezeit nicht daran hindern –
wenn die Gefährten auch murren, dein Ziel auch gebieterisch
Abfahrt
fordert und günstiger Wind dir die Segel aufbläht –, persönlich
dich an die Jungfrau zu wenden und sie um Auskunft zu bitten.

Gnädig möge sie weissagen dir und die Zukunft erschließen.
Über die Völker Italiens, künftige Kriege, die Mittel,
die du benötigst, Gefahren zu meiden oder zu meistern,
wird sie berichten, auf Bitten dir glückliche Fahrt auch gewähren.

Soweit vermag ich für *mein* Teil dir Vorschau und Ratschlag zu bieten.
Auf denn, erhebe durch Taten Troja zur Größe, zum Äther!'

Freundlich erteilte der Seher die Auskunft. Dann ließ er Geschenke,
kostbare Stücke aus Gold und Elfenbein, gleich zu den Schiffen
bringen, die Frachträume füllen mit reichlichen Mengen von Silber,
Kesseln vom Heiligtume Dodonas, weiterhin einem
Panzer aus Ringen von dreifach geflochtenen goldenen Drähten,
einem Schutzhelm mit prächtiger Spitze und wallendem Buschen,
einstmals die Waffen des Pyrrhos. Dem Vater auch bot er Geschenke,
sandte auch Rosse und Kenner des Weges,
füllte die Mannschaften auf und ergänzte Geräte und Waffen.

Vater Anchises befahl indessen, die Segel zu setzen;
sollte man doch den günstigen Wind nicht ungenutzt lassen.
Achtungsvoll sprach zu dem Greis der Prophet des Apollo: ‚Anchises,
einstmals von Venus eines erhabenen Bundes gewürdigt,
Liebling der Götter, zweimal gerettet aus Ilions Trümmern,
sieh dein Italien dort! Auf, segle ihm zügig entgegen!
Freilich, erst mußt du entlangfahren an der dortigen Küste;
der dir von Phöbus versprochene Landstrich erstreckt sich noch ferne.
Auf, du als Vater durch Treue des Sohnes Beglückter! Ich schweige
jetzt, denn die Südwinde frischen schon auf, ihr sollt sie ja nutzen!'

Auch Andromache brachte, voll Wehmut über die letzte
Trennung, Geschenke, mit Gold bestickte Gewänder, auch einen
phrygischen Mantel, bestimmt für Ascanius, reiche Gewebe

zusätzlich, ebenso großzügig wie ihr Gatte, und sagte:
‚Nimm das, mein Junge, als Andenken, das ich mit eigner Hand webte,
aber zugleich als Zeugnis stetiger Liebe, die Hektors
Gattin dir widmet! Nimm es, ein letztes Geschenk von den Deinen,
du, der allein mich an meinen Astýanax deutlich erinnert!
Ebenso blickte er, regte die Hände, verzog auch die Miene.
Gleichaltrig wäre er heute mit dir, erwüchse zum Manne!‘

Scheidend entgegnete ich und konnte die Tränen nicht halten:
‚Lebet im Glück – euch brachte das Schicksal bereits die Erfüllung!
Uns indessen, uns fordern Verhängnisse wieder und wieder.
Ihr erkämpftet euch Ruhe, ihr braucht nicht das Meer zu durchpflügen,
braucht nicht Ausoniens Fluren zu suchen, die immer aufs neue
vor euch entschwinden. Ihr habt den Xanthos vor Augen, ein Troja,
das ihr euch selber erbautet, zu einem besseren Schicksal,
wünsche ich, weniger preisgegeben den feindlichen Griechen!
Wenn ich den Thybris erreiche und die ihm benachbarten Fluren,
wenn ich die Mauern erblicke, die meinem Geschlechte bestimmt sind,
wollen Epeiros wir und Hesperien, die innig verwandten
Städte und Völker, die doch in Dárdanos ein und denselben
Stammvater haben, auch gleichem Schicksal verfielen, zu *einem*
Troja verbinden, voll Zuversicht – Aufgabe unserer Enkel!‘

Über die Fluten segelten wir, längs des Donnergebirges,
dorthin, von wo man Italien erreicht auf kürzestem Wege.
Als die Sonne versank und die Höhen in Schatten sich hüllten,
streckten wir aus uns am Strand, auf den Schoß der willkommenen Erde,
konnten, nach Einteilung unserer Wachen, am trocknen Gestade
Ruhe genießen. Die müden Glieder erquickte der Schlummer.
Aber die Horen erreichten noch nicht die Mitternachtsstunde,
als Palinuros sich eifrig erhob von dem Lager, den Luftzug
sorgfältig prüfte und seinem Pfeifen angespannt lauschte,

alle Gestirne beschaute, die schweigend die Himmelsbahn zogen,
rings den Arkturos, die niederschlagsreichen Hyaden, die beiden
Bären, Orion auch suchte, den Jäger in goldener Rüstung.
Als er sie alle am heiteren Himmel deutlich erblickte,
blies er vom Hinterdeck schmetternd zum Wecken. Auf standen wir, stachen
schleunigst in See und breiteten eifrig die Schwingen der Segel.

Völlig verblaßten die Sterne bereits vor der Röte Auroras.
Da, in der Ferne, erblickten wir dämmernde Hügel und, niedrig,
unser Italien. ‚Italien!' rief als erster Achates,
und die Gefährten grüßten mit freudigen Rufen: ‚Italien!'
Vater Anchises umkränzte einen mächtigen Mischkrug,
füllte mit lauterem Wein ihn und flehte inständig, vom hohen
Hinterdeck aus, zu den Göttern:
‚Götter, allmächtig zu Wasser, zu Lande, Gebieter der Stürme,
bitte, erleichtert die Fahrt uns, sendet uns günstige Winde!'
Kräftiger blies die willkommene Brise, in größerer Nähe
öffnete schon sich der Hafen, man sah des Minervabergs Tempel.
Segel reffte man, kehrte die Hintersteven zur Küste.

Ausgespült hatten östliche Stürme die Bucht wie zum Halbkreis.
Felsspitzen ragten ins Meer, vom salzigen Gischte umbrandet,
tarnten den Hafen. Turmhohe Klippen, zwei Mauern vergleichbar,
reichten vom Lande zu ihnen, verdeckten von unten den Tempel.
Hier erblickte ich – erstes Omen! – vier Pferde, die weithin
grasten auf grünender Weide; wie Schnee, so glänzten die Tiere.
Laut rief Vater Anchises: ‚Krieg bringst du uns, gastliche Erde!
Rosse benutzt man im Krieg: Krieg drohen uns diese Geschöpfe!
Aber die Vierfüßer lassen ja auch vor den Wagen sich schirren,
lassen im Joche sich einträchtig lenken: So bleibt auch die Hoffnung
wirksam auf Frieden!' Wir flehten zur hohen, waffenumklirrten
Pallas, die unsere Freudengebete als erste erhörte,
hüllten die Häupter auch vor den Altären in phrygische Schleier,
brachten dann feierlich Brandopfer dar der Juno von Argos,
ganz nach Gebühr, der ernsten Mahnung des Helenos folgsam.

Gleich nach dem ordnungsgemäßen Vollzug der heiligen Pflichten
kehrten dem Meer wir die Rahen entgegen, verließen die Küste,
die mit Gefahren uns drohte, die griechischen Siedlungsgebiete.
Bald erblickten den Meerbusen wir von Tarent, das wahrscheinlich
Herkules baute. Dann hob gegenüber Lakinions Göttin
sich aus dem Meere, die Höhen von Kaulon, Skylakion weiter,
Schrecken der Seeleute, schließlich von ferne Siziliens Ätna.
Weither schon hörten wir mächtiges Rauschen, das Peitschen der Wogen
gegen die Felsen, das Tosen der Flut, die sich brach am Gestade.
Aufwallte siedend das Meer, Sand wirbelte wild in dem Wasser.
Vater Anchises rief: ‚Da haben wir ja die Charybdis,
dort auch die Klippen, die furchtbaren Felsen, vor denen uns Seher
Helenos warnte! Gleichmäßig rudert, schnell fort, Kameraden!‘
Eifrig gehorchten sie seinem Befehle. Rasch warf Palinuros
seitwärts das Steuer, laut knarrend wandte nach links sich der Schiffsbug.
Linkshin auch schwenkte, mit Rudern und Segeln, die übrige Flotte.
Himmelwärts hob uns die Flut auf schwellendem Rande des Strudels.
Abwärts dann glitten den Trichter wir, bis zu den Manen der Tiefe.
Dreimal brüllten zwischen den Felswänden zackige Riffe,
dreimal sprühte der Gischt empor und troff von den Sternen
nieder. Erschöpft schon – die Sonne sank, und es schwiegen die Winde –,
landeten wir, des Weges nicht kundig, am Strand der Kyklopen.

Windgeschützt liegt die natürliche Hafenbucht, mächtigen Umfangs.
Aber ganz nahe schon dröhnt der Ätna von furchtbaren innren
Einstürzen, stößt auch zuweilen düstere Wolken zum Äther,
pechschwarz sich kräuselnde Dämpfe und Asche, hellsprühend von Funken,
schleudert feurige Klumpen und züngelt empor zu den Sternen.
Manchmal auch wirft er Felsbrocken hoch aus den Schlünden des Berges.
Gleichzeitig speit er Lava und wirbelt sie hoch in die Lüfte,

grollend und tosend, und siedet und braust aus untersten Tiefen.
Auf dem vom Blitzstrahl zur Hälfte verbrannten Enkélados lastet,
heißt es, mit seiner drückenden Bürde der riesige Ätna,
läßt aus zerklüfteten Essen die wabernden Glutmassen lecken;
wälzt der gequälte Gigant sich auf die andere Seite,
zittert und dröhnt ganz Sizilien, verschleiert mit Dünsten den Himmel.

Während der Nacht, in dem Schutze des Walds, überstanden wir leidlich
dieses entsetzliche Tosen, ohne den Ursprung zu kennen.
Funkelte doch kein Gestirn, das Himmelsgewölbe verharrte
glanzlos, es schien überzogen von düsteren Wolken. Unheimlich
hielt in den finsteren Dünsten die Nacht das Mondlicht verborgen.

Endlich erhob sich der Tag mit dem ersten Leuchten Auroras,
fort vom Himmel scheuchte die Göttin das taufeuchte Dunkel.
Plötzlich trat aus dem Walde ein Mann, wie noch keinen wir sahen,
mager, fast wie ein Skelett, in erbärmlicher Weise verwahrlost.
Schutzflehend streckte die Hände er aus zum Gestade. Wir alle
schauten auf ihn. Verschmutzt zum Erschrecken war er, sein Barthaar
wucherte, Dornen hielten die Lumpen zusammen: Ein Grieche,
um es vorwegzunehmen, am Kampf um Troja beteiligt.
Als er von ferne an Kleidung und Waffen in uns die Trojaner
deutlich erkannte, erschrak er zunächst, blieb stehen und wagte
keinen Schritt weiterzugehen. Dann aber, wider Erwarten,
stürzte er weinend und flehend zum Strand: ‚Ich beschwöre euch, bitte,
bei den Gestirnen, den Himmelsbewohnern, dem Licht, das uns Leben
spendet: Nehmet mich mit euch, ihr Teukrer, wohin ihr es immer
wollt – das genügt mir! Ich weiß, ich gehörte zur griechischen Flotte,
kämpfte auch, offen gestehe ich's, gegen Trojas Penaten.
Habe ich dadurch sehr schwer mich vergangen, so reißt mich in Stücke,

werft dann die Teile ins Wasser, versenkt sie im riesigen Meere!
Soll ich schon sterben, so sterbe ich gern durch die Hände von Menschen!'

Damit umfaßte er unsere Knie und rutschte an ihnen
flehend umher. Wir forderten Klarheit über ihn selber,
über die Abkunft, dann über das Schicksal, das ihn bedränge.
Vater Anchises reichte sogleich dem Manne die Rechte,
hob ihm Vertrauen und Mut durch diese verpflichtende Geste.

Endlich hatte die Furcht sich gelegt, und der Flüchtling erzählte:
‚Ithaker bin ich, gehörte zur Mannschaft des Dulders Odysseus,
Achaimenides, des Adamastos Sohn. Nur die Armut –
wäre ich arm doch geblieben! – lockte zum Kampf mich um Troja.
Meine Gefährten flohen in zitternder Angst aus der weiten
grausigen Höhle des wilden Kyklopen, vergaßen mich, ließen
hier mich zurück. Ein riesiges Felsloch, voll Eiter und Resten
blutigen Fraßes, und finster! Der Riese, hochragend, an Sterne
stoßend – ihr Götter, befreit von solchem Scheusal die Erde!
Schrecklich sein Anblick, für freundliche Worte niemals empfänglich!
Schwärzliches Blut und Leber und Herz der elenden Opfer
schlingt er hinab. Ich sah ihn mit mächtiger Faust zwei der Unsern
packen, ausholen dann, sie inmitten der Höhle am Felsen
jählings zerschmettern; bespritzt vom Eiter, schwammen die Wände –
sah ihn die von gerinnendem Blute triefenden Glieder
kauen, die zwischen den Zähnen, noch warm, fast noch lebend, ihm zuckten.
Freilich, ihn traf die Vergeltung. Das ließ sich Odysseus nicht bieten.
Ithakas Fürst blieb standhaft sich treu auch in solcher Bedrängnis:
Als der Kyklop, gesättigt vom Fraß, überwältigt vom Weinrausch,
neigte den Nacken, riesig ausgestreckt quer durch die Höhle
dalag und rülpsend im Schlaf sich erbrach, mit Wein und mit Eiter
blutig vermengte Brocken ausspie, da flehten wir innig
helfende Götter an, warfen das Los und stürzten von allen
Seiten uns auf ihn und stachen das Auge ihm aus mit dem Spitzpfahl;

eins nur, ein riesiges, hatte er unter der finsteren Stirne,
wie ein argeischer Schild, wie des Phöbus Licht, so gewaltig.
Derart genossen die Rache wir für die ermordeten Freunde.
Aber jetzt flieht, ihr Elenden, flieht, die haltenden Taue
reißt vom Gestade!
Denn so entsetzlich und riesig wie Polyphemos in seiner
Höhle die Schafe einschließt und Ziegen melkt – ganz genauso
hausen noch Hunderte andrer roher Kyklopen in Scharen
längs des gekrümmten Gestades, durchstreifen die ragenden Berge.
Dreimal schon rundeten sich die Sicheln der Luna zum Vollmond,
seit ich in Wäldern mein Leben friste, in Schlupfwinkeln wilder
Tiere ganz einsam hocke, vom Fels nach den grausigen Riesen
ausschaue, vor dem Getöse der Tritte und Stimmen erzittre.
Kümmerlich nähre ich mich von Beeren und steinharten Kirschen,
Baumzweigen auch und von Wurzeln, die ich dem Erdreich entreiße.
Angespannt aufmerksam immer, sah ich Schiffe zum ersten
Male hier landen – die euren. Euch wollte ich gleich mich ergeben,
wer ihr auch wäret. Es reicht mir, dem grausamen Volk zu entrinnen.
Lieber noch lasse von *euch* ich das Leben, wie immer, mir rauben!‘

Soweit berichtete er. Da sahen wir schon Polyphemos
selber, den riesigen Hirten, auf hohem Berge, von seinen
Herden umwimmelt, sich vorwärts tasten, auf seinem gewohnten
Weg zum Gestade, den furchtbaren, häßlichen, rohen, jetzt seines
Auges beraubten Unhold; ein Fichtenstamm lenkte und stützte
ihn auf dem Pfade. Ihm folgten die Schafe, die einzige Freude,
die ihn im Unglück tröstete.
Er erreichte die Küste und watete weiter ins Tiefe,
wusch sich das Blut aus der Höhle des ausgestochenen Auges,
knirschte dabei mit den Zähnen und stöhnte. Mitten im Meere
stand er bereits, doch reichte die Flut nicht zur Höhe der Hüften.
Angstgepeitscht suchten wir eifrig das Weite, nahmen den Flüchtling
mit uns, wie er es verdiente, und kappten stillschweigend die Taue.
Wetteifernd legten wir uns mit aller Kraft in die Riemen.

Aber das merkte der Riese und schritt in die Richtung des
Klatschens.
Freilich, es war ihm nicht möglich, uns mit der Rechten zu packen,
watend Schritt mit der Strömung des Ionischen Meeres zu halten.
Dafür erhob er jedoch ein wüstes Gebrüll; es erbebten
weithin die Wogen der See, es erschraken zutiefst auch Italiens
Fluren, es dröhnte der Ätna mit seinen zerklüfteten Höhlen.
Aufgescheucht stürzten hervor aus den Wäldern, herab von den
Bergen
gleich die Kyklopen zur Bucht und drängten sich an das Gestade.
Grimmigen Blickes, doch hilflos reckte vor unseren Augen
stehend die Sippschaft vom Ätna die mächtigen Schädel zum
Himmel,
wahrlich, ein furchtbarer Haufen! So stehen auf ragendem Gipfel
Eichen, zum Himmel sich streckend, Zypressen auch, Träger von
Zapfen,
stattlicher Hochwald Jupiters oder ein Hain der Diana.
Bohrende Furcht trieb blindlings uns an, die Segel zu setzen,
voll sie zu bieten den günstigen Winden, wohin sie uns führten.
Aber uns fiel die Warnung des Helenos ein, daß die Durchfahrt
zwischen Charybdis und Skylla den Rand des Todes bedeute,
wenn vom bisherigen Kurs wir wichen. Wir setzten die Segel
kurzerhand bei, und der Nordwind half uns vom Sund am
Pelorum,
Bote der Götter. Die felsenumsäumte Pantagiasmündung
ließen wir liegen, die Megarerbucht und das offene Thapsos.
Achaimenides erklärte die Namen; er war ja schon einmal
nordwärts gezogen den Weg, als Begleiter des Dulders Odysseus.

Vor der Sizilischen Bucht, gegenüber der wogengepeitschten
Spitze Plemmyrions, liegt ein Eiland. Es hieß in den alten
Zeiten Ortygia. Hierher schlich auf dem Grunde des Meeres
einst der Alpheios von Elis, berichtet die Sage; durch deinen
Quell, Arethusa, vereint er sich heut mit sizilischen Fluten.
Pflichtgemäß ehrten wir hier die gewaltigen Götter der Stätte,
fuhren vorbei dann am fruchtbaren Schwemmland des trägen
Heloros,
bogen in engem Kreis um die ragenden Felsen und spitzen

Klippen Pachynums. Auftauchte von fern Kamarina – die Götter
hatten verboten, ‚an ihn zu rühren' – und Gelas Gefilde,
einstmals benannt nach dem grausamen Flusse. Aus großer Entfernung
zeigte von hohem Berghang Akragas, früher berühmte
Zuchtstätte feuriger Rosse, seine gewaltigen Mauern.
Schnell vor dem Winde passierten wir dich auch, Selinus, mit deinen
herrlichen Palmen, die klippigen Untiefen dann Lilybaions.
Schließlich empfingen mich Drepanons Hafen und freudlose Küste.
Hier verlor ich, nach Überstehen so zahlreicher Stürme,
meinen Vater Anchises, den Trost bei jeglicher Sorge,
jeglichem Unglück. Mich völlig Erschöpften verläßt du hier, bester
Vater, der du nach soviel Gefahren dein Ziel nicht erreichtest!
Weder der Wahrsager Helenos, mit so zahlreichen schlimmen
Warnungen, sagte den Schlag mir voraus, noch die wilde Kelaino.
Damit endete unsere Irrfahrt, wir standen am Ziele.
Trieb uns von Drepanon doch ein Gott an eure Gestade."

Derart erzählte, unter gespanntem Zuhören aller,
Vater Aeneas die götterverhängten Geschicke und Fahrten,
hörte mit Sprechen dann auf und fand zu erholsamer Ruhe.

VIERTER GESANG

Aber die Königin, längst schon von heißem Verlangen gepeinigt,
nährte im Innern den Schmerz und schmolz an heimlichen Flammen.
Immer aufs neue beeindruckten sie die Taten, die hohe
Abstammung ihres Gastes. Tief eingeprägt waren ihr seine
Miene, sein Wort, und ihr Sehnen verwehrte ihr, friedlich zu
schlummern.

Schon überstrahlte Aurora das Land mit dem Lichte des Phöbus,
hatte bereits vom Himmel verjagt die triefenden Schatten.
Da sprach Dido bekümmert zur treuen, liebenden Schwester:
„Anna, mich schrecken Traumbilder, lassen mich zweifeln und
schwanken.
Was für ein seltsamer Gastfreund betrat doch unsere Wohnstatt,
aufrecht die Haltung und würdevoll, mutig sein Planen und
Kämpfen!
Unbeirrt glaube ich jetzt, daß sein Stammbaum auf Götter
zurückführt.
Furcht entlarvt die gemeinen, die niedrigen Seelen. Er mußte
Schreckliches durchmachen! Stehen im Kampf bis zum bitteren
Ende!
Hätte ich mich nicht unumstößlich entschlossen, mich niemals
wieder an einen Ehegefährten zu binden, seit einmal
grausam die erste Liebe durch bitteren Tod mich enttäuschte,
wäre die Brautkammer mir nicht verhaßt wie die Fackel der
Hochzeit,
könnte ich heute vielleicht der Schuld des Treubruchs erliegen.
Anna, ich sage dir offen: Seitdem mein armer Sychaios
elend durch Bruderhand fiel und mit Blut die Penaten befleckte,
rührte der Gast zutiefst mich, als einziger, brachte jetzt meinen
Gleichmut zum Wanken. Ich spüre das Brennen von früher
bekannter
Flammen. Doch möge mich eher die Tiefe der Erde verschlingen,
mag der allmächtige Vater durch Blitz mich zum Schattenreich
schleudern,

fort in die düstere Nacht, zu des Erebus bleichen Gespenstern,
als daß ich, Ehrgefühl, dich und deine Rechte verletzte!
Er, der als erster zur Gattin mich nahm, entraffte mir alle
Liebesgefühle; er möge sie bei sich bewahren im Grabe."
Derart sprach sie, zum Schoße rannen ihr quellende Tränen.

Anna entgegnete: „Schwester, mir lieber als Sonne und Leben,
willst du die Jugend hindurch als Witwe im Gram dich verzehren,
niemals die Gaben der Venus, nie Kinderfreuden genießen?
Wähnst du, es sorgten sich drum die Asche, die Manen des Grabes?
Wäre es so: Kein Mann, nicht in Libyen, auch nicht in Tyros,
hat dich beeindruckt in deiner Trauer. Iarbas und andre
Fürsten, die Afrika, reich an Triumphen, hervorbringt, verschmähtest
du ganz bewußt. Jetzt sträubst du dich gegen beglückende Liebe?
Siehst du nicht ein, in wessen Gebiet du dich niedergelassen?
Hier die gaetulischen Städte, niemals bezwingbar im Kriege –
Numider, die beim Reiten kein Zaumzeug brauchen – die wilde
Syrte – und dort die trockene Wüste, das weithin im Umkreis
plündernde Volk der Barkäer! Schließlich der Krieg, der von Tyros
droht, von dem Bruder!
Wirklich, durch göttliche Lenkung, durch Junos gnädigen Beistand
wurden die troischen Schiffe vom Sturmwinde hierher verschlagen!
Großartig, Schwester, wirst du die Stadt hier, dein Reich, durch den stolzen
Ehebund aufsteigen sehen! Mit Hilfe teukrischer Waffen
wird sich der punische Ruhm zu leuchtenden Höhen erheben!
Flehe nur innig um göttliche Gnade, nach eifrigem Opfern
zeig dich als liebreiche Wirtin, verzögre die Abfahrt mit guten
Gründen, solange der Sturm und der Bringer des Regens, Orion,
toben auf See, die Flotte beschädigt, das Wetter noch schlecht ist!"

Damit entflammte sie stärker Didos Liebesgefühle,
ließ die Zweifelnde hoffen, bezwang ihr schamhaftes Sträuben.
Gleich zu den Tempeln begaben sie sich, und an den Altären
flehten um Frieden sie, opferten, treu der Sitte, erwählte
Schafe für Ceres, den Hort der Gesetze, für Phöbus, für Vater
Bacchus, für Juno vor allen, die Schutzherrin gültiger Ehen.

Selbst, in der Rechten die Schale, goß die stattliche Dido
zwischen die Hörner der schneeweißen Kuh die heilige Spende,
trat, vor den Augen der Götter, an üppig gefüllte Altäre;
feierlich weihte den Tag sie mit Gaben und wollte sich Auskunft
holen, indem sie voll Eifer die zuckenden inneren Teile
sämtlicher Opfer sich ansah. Wahn der Prophetin! Was nützten
ihr noch Gelübde und Tempel? Schon tiefer fraß sich ins zarte
Mark ihr die Flamme, schon brannte die Wunde ihr heimlich im
Herzen.
Feuer erfaßte die Elende völlig. Beinahe von Sinnen,
schweifte sie quer durch die Stadt, wie eine getroffene Hirschkuh,
die in den kretischen Wäldern arglos weidete; plötzlich
traf sie von ferne ein Hirt mit dem Bogen; er ahnte vom Treffer
gar nichts, verzichtete auf das Geschoß; fort stürmte die Hirschkuh
durch den diktäischen Bergwald, den tödlichen Pfeil in der Flanke.

Nunmehr geleitete Dido den Gast durch die wachsende Festung,
zeigte die Schätze aus Sidon, die Wohnstätten, offen den Bürgern,
setzte zum Sprechen auch an; doch stockte ihr Redefluß plötzlich.
Abends lud sie den Gast aufs neue zu Tische und wünschte,
töricht, zum zweiten Male vom Untergang Trojas zu hören,
ließ dann zum zweiten Male den Blick nicht vom Mund des
Erzählers.
Wenn sie zum Schlusse sich trennten, der Mond schon wieder
verblaßte,
die schon am Himmel sich neigenden Sterne zur Nachtruhe
mahnten,
blieb sie bekümmert allein im leeren Palaste und streckte
sich auf das Lager, das er verlassen, wähnte den Helden
deutlich zu sehen, zu hören; Ascanius, Ebenbild seines
Vaters, ihn hielt sie im Schoße, wollte die brennende Liebe
noch unterdrücken – an ihm! Die Stadttürme wuchsen nicht
weiter,
weder übten sich Männer in Waffen noch machten zur Abwehr
Häfen und Mauern sie fest. Die Arbeiten ruhten, halbfertig
blieben die drohenden Wände und himmelhohen Gerüste.

Juno, die teure Gemahlin Jupiters, sah, wie die Fürstin
Qualen erlitt, wie ihr Sehnen nicht einmal die Nachrede scheute.

Ohne zu säumen, richtete sie an Venus die Worte:
„Wirklich, glänzenden Ruhm und reiche Beute gewinnt ihr,
du und dein Sprößling; eine recht hohe, denkwürdige Ehre,
wenn zwei Götter durch List ein einzelnes Weib überwinden!
Doch ich durchschaue sehr wohl, daß aus Furcht vor unseren Mauern
du die erhabene Stätte Karthagos heftig beargwöhnst.
Aber wie endet der Streit? Wozu noch mit Anstrengung kämpfen?
Wollen wir jetzt nicht lieber ewigen Frieden und einen
Ehebund stiften? Besitzt du doch, was du nach Kräften erstrebtest:
Dido entbrannte in Liebe, verfiel der Leidenschaft völlig.
Lasset uns deshalb gemeinsam dies Volk und mit gleicher Befugnis
lenken, möge die Fürstin dem Gatten aus Phrygien dienen,
deiner Rechten die Tyrier anvertrauen als Mitgift!"

Venus begriff, daß Juno heuchelte, daß sie die ferne
Weltherrschaft Roms auf die Küsten Libyens ablenken wollte.
Daher entgegnete sie: „Wer könnte so töricht sich zeigen,
daß er dein Ansinnen ablehnte, lieber gegen dich kämpfte?
Wenn nur das Schicksal den Plan, wie *du* ihn mir darlegst, begünstigt!
Aber ich zweifle am göttlichen Willen: Ob Jupiter *eine*
Stadt für die Tyrier wünscht und die Flüchtlinge Trojas, ein Bündnis
zwischen den Völkern und eine Vermischung ihres Geschlechtes?
Du bist seine Gemahlin, du darfst ihn mit Bitten bestürmen.
Los denn, ich folge!"

Ihr gab die Herrscherin Juno zur Antwort:
„Ich übernehme die Ausführung, möchte dir kurz nur erklären –
gib jetzt, ich bitte dich, acht! –, wie der Plan sich verwirklichen ließe.
Held Aeneas, mit ihm die vom Unglück geschlagene Dido
wollen zur Jagd die Wälder durchstreifen, sobald sich die Sonne
morgen erhebt und den Erdkreis mit ihren Strahlen erleuchtet;
über sie werde ich düsteren Regen und Hagelschlag bringen,
während die Treiber in Eile den Wald mit Netzen umspannen,
werde mit Donnerschlägen den Himmel in Aufruhr versetzen.
Sämtliche Jagdgenossen entfliehen, verschwinden im Dunkel.

Dido allein und der Troerfürst finden Zuflucht in *einer*
Höhle. Dort bin ich zugegen, und kommst du mir freundlich zu Hilfe,
werde ich Dido zu fester Ehe als Frau ihm verbinden.
Hochzeitstag sei es für beide." Venus stimmte dem Vorschlag
ungesäumt zu und lächelte über die listige Planung.

Aus dem Okeanos stieg inzwischen Aurora zur Höhe.
Frisch aus den Toren strömten mit Sonnenaufgang die jungen
Jagdhelfer. Jagdnetze, Fanggarne, Spieße trug man vorüber,
Reiter – Massyler – stoben dahin, und Spürhunde folgten.
Punische Adlige harrten am Eingang der Fürstin, die drinnen
weilte. Ihr Jagdroß stand schon, strahlend von Gold und von Purpur,
ungestüm biß es in die vom Schaume triefenden Zügel.
Endlich trat sie ins Freie, umdrängt von Begleitern in Menge,
trug ein sidonisches Jagdkleid mit prächtig besticktem Besatze.
Golden erglänzte ihr Köcher, golden ihr Haarknoten, golden
war auch die Spange, die ihr das Purpurkleid festhielt. Dann rückten
Phryger heran, bei denen sich Iulus fröhlich bewegte.
Aber von allen als stattlichster folgte Aeneas dem Zuge,
schloß die Gesellschaft der Jagd mit seinen eigenen Leuten.
So wie Apollo vom Winterquartier am Xanthos in Lykien
aufbricht und Delos, die Insel der Mutter, aufsucht, dort Chöre
wiederum auftreten läßt, rings um die Altäre dann Kreter,
Dryoper, auch Agathyrsen, bunt tätowiert, sich helljauchzend
drängen; der Gott auf den Höhen des Kynthos dahinzieht, mit zartem
Laub sich die Haarsträhnen kränzt, sie ordnet, mit Goldband sie einfaßt,
während der Köcher ihm klirrt auf den Schultern: ebenso rüstig
nahte Aeneas, genauso erhaben strahlte sein Antlitz.

Als man die ragenden Berge, des Wildes Verstecke, erreichte,
sah man die wilden Ziegen von Felsen springen und abwärts
fliehen ins Tiefland; an anderen Stellen Hirsche die offnen
Flächen im Lauf überwinden, sich ballen zu staubüberwölkten

Rudeln, darauf in hastiger Flucht das Gebirge verlassen.
Aber Ascanius freute sich, mitten im Talgrunde, seines
feurigen Rosses, er überholte bald diesen, bald jenen,
wünschte, es möge unter dem harmlosen Wilde ein Eber
schäumend hervorbrechen, bräunlich ein Löwe vom Berge auch
steigen.

Während der Jagd begann es am Himmel dröhnend zu donnern,
anschließend regnete es, und Hagel prasselte nieder.
Angstvoll zerstoben die Jäger aus Tyros und Troja, mit ihnen
auch der dardanische Enkel der Venus, und suchten ein Obdach
sich an verschiedenen Stellen. Zu Tale rauschten die Wasser.
Dido und Ilions Fürst begegneten sich in derselben
Höhle. Da gaben Tellus zuerst und die Herrin der Ehe,
Juno, das Zeichen. Dann leuchteten Blitze und, Zeuge der
Hochzeit,
flammte der Äther. Vom höchsten Berggipfel jauchzten die
Nymphen.

Dieser Tag erschloß den Weg zum Tode, zum Unheil.
Dido verschmähte die Rücksicht auf Anstand und trefflichen
Leumund,
strebte nicht länger nach einer verstohlenen Liebeserfüllung.
Nein, sie bemäntelte Schuld mit dem würdigen Namen der Ehe.

Ohne Verzug durcheilte Fama Libyens große
Städte, Fama, sämtlicher Unheilsgöttinnen schnellste.
Ihre Beweglichkeit gibt ihr Bedeutung, die Schnelligkeit stärkt sie.
Anfangs nur winzig aus Scheu, erhebt sie sich bald in die Lüfte,
schreitet gewaltig einher und umhüllt das Haupt mit den Wolken.
Mutter Terra gebar sie zuletzt aus Wut auf die Götter,
heißt es, für Koios und für Enkélados einstmals als Schwester,
gab ihr geschwinde Füße und hurtige Schwingen. Ein Scheusal
wurde sie, fürchterlich, riesig. Soviel an den Schwingen ihr Federn
haften, so viele wachsame Augen besitzt sie darunter,
ebenso viele Zungen und schwatzende Mäuler und ständig
lauschende Ohren – ein Wunder! Nachts fliegt sie, bei Dunkelheit,
zwischen

Himmel und Erde und zischelt, verschmäht den erquickenden
Schlummer.
Tagsüber hockt sie als Aufpasser lauernd an Dachfirsten oder
ragenden Türmen und setzt auch mächtige Städte in Schrecken,
hält die Verzerrung und Lüge nicht weniger fest als die Wahrheit.
Nunmehr verbreitete freudig sie neue weltweite Gerüchte,
mengte, ganz unterschiedslos übertreibend, Falsches und Wahres:
Angelangt wäre Aeneas, der Held von troischem Stamme,
Dido, die strahlende Fürstin, hätte zum Mann ihn erkoren;
über den langen Winter hin lebten sie nur dem Vergnügen,
hätten die Pflichten des Herrschers vergessen aus schimpflicher
Neigung.
Unter das Volk trug solche Lügen die schreckliche Göttin,
wandte sich dann geradenweges zum König Iarbas,
hetzte ihn auf und entflammte zur Wut ihn mit ihrem Gerede.

Sprößling des Ammon und der garamantischen Nymphe, die jener
einstmals entführte, hatte Iarbas dem Jupiter hundert
riesige Tempel erbaut und Altäre, auch ewige Flammen
ewigem Wachdienst geweiht in seinem gewaltigen Reiche;
Opferblut tränkte den Boden, und Kränze umblühten die Tore.
Außer sich jetzt und aufs höchste erregt durch die bittere
Nachricht,
hob am Altar er, im Banne göttlichen Waltens, die Hände
flehend zu Jupiter auf und betete innig zum Vater:
„Kannst du, Allmächtiger, den jetzt auf bunten Kissen beim
Schmause
die Mauretaner durch Weinspenden ehren, kannst du die Schande
ruhig mitansehen? Oder empfinden wir, schleuderst du Blitze,
unnötig Schrecken, entsetzen uns Flammen im Wolkendunst
ohne
jeglichen Grund und lassen den Donner wirkungslos grollen?
Diese entlaufene Frau, die gegen Bezahlung in unsrem
Reiche ein Städtchen sich aufbauen durfte, der wir am Gestade
Ackerland nebst Gesetzgeberrechten gewährten, verschmähte
mich als Gemahl und nahm als Gebieter ins Land den Aeneas!
Dieser Paris der Zweite mit seinem Weibergefolge,
der sich sein Kinn und sein duftendes Haar mit mäonischer Haube

zubindet, greift sich die Beute! Wir freilich verehren noch deine
Tempel und fördern nur einen ganz nichtigen Glauben des
Volkes!"

Derart betete er, die Hand am Altare. Ihn hörte
gleich der Allmächtige, wandte den Blick zur Königsburg Didos
und auf die Liebenden, die nicht des guten Leumunds gedachten.
Danach erteilte er dem Mercurius folgenden Auftrag:
„Mache dich auf, mein Sohn, entbiete den Zephyr und fliege!
Sprich den dardanischen Fürsten, der jetzt in Karthago sich aufhält,
ohne an die ihm vom Schicksal verliehenen Städte zu denken,
und überbring durch die flüchtige Luft ihm meine Befehle!
Keineswegs ist er der Held, den die Schönste der Mütter mir
einstmals
zusprach, den deshalb sie zweimal vor griechischen Waffen
bewahrte.
Nicht doch, er sollte das waffendurchklirrte Italien, die Wiege
künftiger Reiche, regieren, vom hohen Geschlechte des Teukros
selber ein Volk hervorbringen, dann sich die Welt unterwerfen!
Kann ihn der Ruhm so herrlicher künftiger Taten nicht reizen,
rührt er sich nicht um eigner preiswürdiger Leistungen willen –
gönnt er die Burgen von Rom dem Ascanius nicht, als der Vater?
Was beabsichtigt er? Was verspricht ihm die Rast bei den Feinden?
Will er die Enkel vergessen, die Römer, und Latiums Fluren?
Absegeln soll er! So lautet mein Auftrag. Verkünde ihm diesen!"

Derart befahl er. Der Bote, gehorsam dem mächtigen Vater,
rüstete gleich sich zum Aufbruch. Die goldenen Flügelsandalen
band er sich unter, die hoch durch die Lüfte so schnell wie ein
Windhauch
über die Länder und Meere mit ihren Schwingen ihn tragen,
griff dann zum Stabe; mit diesem ruft er vom Orkus die bleichen
Seelen hervor, schickt andre zum grausigen Tartarus nieder,
spendet und raubt auch den Schlaf und öffnet die Augen von
Toten.
Ihn benutzte er jetzt, beschwingte die Winde, durchquerte
brauende Wolken. Bald sah er im Fliegen Gipfel und schroffe
Hänge des kraftvollen Atlas, der auf dem Haupte den Himmel

trägt, dem düstres Gewölk die von Fichten bewachsene Kuppe
ständig umwogt, den die Regenschauer und Sturmwinde peitschen.
Schnee überrieselt die Schultern, vom Kinne des Greises hernieder
stürzen die Flüsse, vereist starrt schreckenerregend das Barthaar.
Gleitend auf seinem Schwingenpaar, ließ der Kyllenier erstmals
hier sich zu Boden, schwang sich kopfüber herab dann zum Meere,
gleichend dem Seeadler, der sich im Tiefflug längs des Gestades
über den fischreichen Klippen am Rande des Wogenschwalls
tummelt.
Ebenso flog jetzt Mercurius zwischen Erde und Himmel
über den sandigen libyschen Strand hin, kreuzte die Winde,
abwärts vom Haupte des Großvaters Atlas, des Vaters der Maja.

Als er auf seinen geflügelten Füßen Karthago erreichte,
sah er Aeneas beim Bau der Befestigungswerke und neuer
Häuser beschäftigt. Sein Schwertgriff leuchtete gelblich von Jaspis,
der von den Schultern ihm wallende Mantel glänzte von Purpur
tyrischer Arbeit, Geschenken der reichen Dido. Sie hatte
selbst das Gewebe durchwirkt mit feinen goldenen Fäden.

Ohne Verzug unterbrach ihn der Bote: „Grundmauern legst du
jetzt für das hohe Karthago und baust als Weiberknecht eine
herrliche Stadt? Vergaßest die Pflicht und die eigene Herrschaft?
Jupiter, Herrscher der Götter, der Lenker von Himmel und Erde,
schickt mich als Bote zu dir vom hellen Olympus hernieder,
Jupiter sendet durch flüchtige Lüfte dir seine Befehle:
Was beabsichtigst du? Was verspricht dir die Muße in Libyen?
Kann dich der Ruhm so herrlicher künftiger Taten nicht reizen,
rührst du dich nicht um eigner preiswürdiger Leistungen willen,
denk an den Sohn, der heranwächst, und denk an das lockende
Erbe
deines Iulus; ihm soll die Herrschaft in Rom und Italien
zufallen!" Derart entledigte sich der Kyllenier seines
Auftrags, entzog sich dann ohne weiteres menschlichen Blicken,
löste in weiter Ferne sich auf zu hauchdünnem Dunste.

Tief überrascht bei dem Anblick, konnte Aeneas nicht sprechen,
Schrecken sträubte das Haar ihm, die Stimme stockte im Schlunde.

Ungestüm möchte er aufbrechen, scheiden vom Land, das er lieben
lernte – so hatte der schroffe Götterbefehl ihn getroffen.
Aber was tun? Wie durfte er, auch mit gebotener Vorsicht,
sich der rasend verliebten Fürstin erklären? Wie einen
Ausgangspunkt finden? Zwiespältig jagten sich seine Gedanken,
suchten die vielerlei möglichen Bahnen bedacht zu erwägen.
Folgender Weg erschien ihm nach kurzem Schwanken als bester.

Zu sich berief er Mnestheus, Sergestos, den tapfren Serestos,
hieß insgeheim sie zum Auslaufen rüsten, am Strand die Gefährten
sammeln, die Waffen ergreifen, den Grund für die Maßnahmen aber
tunlich verschweigen. Da Dido, die edle Fürstin, nichts ahne,
mit dem Zerreißen der Liebesbande auch keineswegs rechne,
wolle er sie in der Zwischenzeit sprechen, den günstigsten Zeitpunkt
suchen, die richtige Form auch für seine Erklärungen. Willig
gingen sogleich die Gefährten daran, den Befehl zu befolgen.

Aber die Königin spürte die List – denn Liebende lassen
schwerlich sich täuschen – voraus, sie erfaßte den nahenden Aufbruch,
mißtraute selbst der Treue. Die gleiche lieblose Fama
trug der Erbitterten zu, daß die Flotte zum Auslaufen rüste.
Außer sich vor Empörung durchstürmte sie rasend die ganze
Stadt, so erregt wie eine Bakchantin nach dem Ergreifen geweihten
Tempelgeräts, wenn den Ruf des Bacchus sie hört, wenn die Festlust –
alle zwei Jahre – sie spornt, der Kithairon zur Nachtzeit sie lärmend
lockt. Doch endlich stellte sie den Geliebten zur Rede:
„Wähntest du etwa, ein solches Verbrechen verhehlen zu können,
wolltest, Verräter, stillschweigend aus meinem Lande dich stehlen?
Hält dich nicht unsere Liebe, nicht deine durch Handschlag verbürgte
Zusage, nicht der grausame Tod, der Dido erwartet?
Auslaufen läßt du die Flotte noch unter den Wintergestirnen,

drängst auf die hohe See im Brausen der Nordstürme, ohne
jedes Gefühl? Ja, zögest du nicht in fremde Gebiete,
fremde Behausungen, stünde das alte Troja noch aufrecht –
würdest nach Troja du segeln über die stürmischen Wogen?
Fliehst du etwa vor mir? Bei meinen Tränen, bei deiner
Rechten – ich Elende ließ mir nichts andres mehr übrig –, bei unsrem
Ehebund, besser: bei unsrer erst halb vollzognen Vermählung,
tat ich ein wenig an Gutem dir nur und empfingst du ein wenig
Liebe: Erbarme dich meines wankenden Hauses – ich flehe,
sollte das Flehen noch nützen –, ändre den schrecklichen Vorsatz!
Deinetwegen hassen mich Libyer, Numiderfürsten,
Tyrier sogar, und deinetwegen entsagte ich meiner
Scham wie dem trefflichen Leumund, der einst mir den Weg zu den Sternen
bahnte. Wem willst du mich Todgeweihte jetzt preisgeben, Gastfreund –
bleibt mir doch diese Bezeichnung allein noch übrig vom Gatten?
Soll ich noch warten? Bis etwa mein Bruder Pygmalion meine
Mauern zertrümmert? Der Fürst der Gätuler, Iarbas, mich wegschleppt?
Hätte ich wenigstens, ehe du abfährst, ein Kind noch empfangen
dürfen von dir und spielte ein kleiner Aeneas in meiner
Hofburg, in dem ich, nach deiner Flucht, dein Ebenbild sähe:
Keinesfalls schiene ich dann mir so elend getäuscht und verlassen!“

Derart sprach sie. Doch ungerührt blieb Aeneas, dem Auftrag
Jupiters treu, unterdrückte kraftvoll den bohrenden Kummer,
sprach dann nur wenige Worte: „Niemals werde ich leugnen,
Königin, was du an Wohltaten reich mir erwiesest und nunmehr
aufzählst, mit Recht! Nie werde ich Dido vergessen, solange
noch mein Bewußtsein sich regt und die Glieder dem Geiste gehorchen.
Dies nur zum Sachverhalt: Glaub nicht, ich wähnte, mein Fortgehen etwa
tückisch geheimzuhalten; nie wollte ich Fackeln zur Hochzeit
tragen, auch kam ich hierher nicht, um solche Verbindung zu knüpfen.

Ließe das Schicksal nach eigenem Plan mich mein Leben gestalten,
könnte auf eigene Faust ich meine Maßnahmen treffen,
würde zuerst ich für Troja und für die noch atmenden Lieben
sorgen; dann stünde das ragende Schloß des Priamos weiter,
hätte aufs neue ich Pergamon für die Besiegten errichtet.
Doch jetzt befahlen Apollon von Grynion und die Orakel
Lykiens mir, nach Italien zu ziehen, dem großen Italien.
Liebe und Heimat erwarten mich dort. Wenn Karthago, der Anblick
libyscher Städte dich als Phönizierin anzieht – weswegen
gönnst du den Troern es nicht, in Ausonien sich niederzulassen?
Wir auch genießen das Recht, in der Fremde ein Reich uns zu suchen.
Immer, wenn Nacht die Erde umhüllt mit taufeuchten Schatten,
leuchtend die Sterne dann aufgehen, mahnt mich im Traume das Schreckbild
meines Vaters Anchises, versetzt mich in Furcht und Bestürzung,
mahnt auch mein teurer Ascanius mich, dem Unrecht ich tue,
wenn ich ihm sein in Italien verheißenes Reich noch entziehe.
Eben – ich rufe unserer beider Häupter zu Zeugen! –
brachte der Bote der Götter im Auftrag Jupiters selber
mir den Befehl durch die Lüfte. Leibhaftig sah ich die Gottheit
eintreten hier in die Stadt und hörte sie deutlich auch sprechen.
Quäle nicht weiterhin mich wie dich mit fruchtlosen Klagen.
Freiwillig ziehe ich nicht nach Italien."

Lange schon, während er sprach noch, hatte die Fürstin begonnen,
ihn mit verächtlichen Blicken vom Kopf zu den Füßen zu mustern,
schweigend, entgegnete spät erst, glühend vor bitterem Zorne:
„Keine Göttin gebar und kein Dárdanosnachkomme zeugte
dich, du Verräter! Du stammst von den harten Felsen der wilden
Kaukasusberge, dich säugten Tigerweibchen Hyrkaniens.
Warum zurückhalten, aufsparen mich für noch schlimmere Qualen?
Seufzte er, während ich weinte? Schenkte mir wenigstens Blicke?
Weinte er selber vor Schmerz und empfand für die Liebende Mitleid?
Nicht mehr mit Schlimmerem rechne ich. Nicht die gewaltige Juno,

nicht der Saturnier schauen auf mich mit freundlichen Augen.
Nirgendwo gibt es noch Treue. Im Schiffbruch, im Elend gewährte
Obdach ich ihm und Anteil an meiner Herrschaft, wie töricht!,
rettete ihm die Flotte, rettete seine Gefährten.
Flammende Wut ergreift mich. Eben brachten der Seher
Phöbus, eben Lykiens Orakel, eben im Auftrag
Jupiters selber der Bote der Götter die harten Befehle
dir durch die Lüfte. Natürlich, so mühsame Pflichten bereiten
Sorgen den Göttern! Ich halte dich nicht, ich möchte nicht streiten.
Zieh nach Italien, suche dein Reich auf stürmischer Meerfahrt!
Hoffentlich wirst du auf See – wenn noch Götter Gerechtigkeit pflegen! –
büßen, von Klippen zerfleischt, und jämmerlich flehend den Namen
Dido rufen. Trotz weiter Entfernung folge mit düstren
Flammen ich dir. Trennt eisig der Tod mir die Seele vom Körper,
will ich als Schatten dich ständig umschweben. Dulde die Strafe,
Schuft, du! Hinab zu den Manen wird mich die Nachricht erreichen!"

Damit brach das Gespräch sie ab und floh vor dem freien
Himmel, von Schmerzen gequält, und entzog sich den Blicken, verließ den
Helden, der furchtsam schwankte, obwohl ihn so vieles zum Sprechen
drängte. Dann sank sie bewußtlos zusammen. Es trugen die Mägde
sie in den marmornen Schlafraum und betteten sie auf das Lager.

Aber der pflichtbewußte Aeneas, beseelt zwar vom Wunsche,
tröstend zu lindern die Qual, zu zerstreuen den bitteren Kummer,
folgte dem Götterbefehl, wenn auch schmerzlich stöhnend, erschüttert
durch die Gewalt der Liebe. Zur Flotte begab er sich wieder.

Angestrengt waren die Teukrer beim Werke, sie zogen die hohen
Schiffe zu Wasser vom Strand. Frisch geteert schon schwammen die Kiele,
brachte noch grünende Ruder man her, auch Eichenholzstangen,
noch nicht behauen beim eifrigen Aufbruch.

Überall sah man Trojaner die Stadt in Eile verlassen.
Ebenso plündern die Ameisen einen gewaltigen Haufen
Körner, des Winters gedenk, und tragen zum Bau ihn, ergießen
über die Fluren in dunklem Zuge sich, schleppen durch Kräuter
emsig auf schmalem Pfad die Beute zusammen; die großen
Lasten stemmt man mit Schultern; auch Antreiber drängen und
strafen
Säumige. Lodernde Arbeitslust scheint den Pfad zu durchglühen.
Was empfandest du, Dido, bei diesem Anblick, wie bitter
stöhntest du, als du herab vom Turme des Schlosses die Küste
weithin von Menschen wimmeln sahest, die Fläche des ganzen
Meeres vor deinen Augen von regem Getümmel erdröhnte?
Treuloser Amor, du zwingst die Herzen der Menschen zu allem!
Wiederum nötigte er sie zu Tränen, zu flehenden Bitten,
nötigte sie, voll Demut den Stolz vor der Liebe zu beugen,
alles aufs Spiel zu setzen, um nicht vergeblich zu sterben.

„Anna, du siehst die eilige Arbeit am Strande, von allen
Seiten strömt man zusammen, das Leinen lockt schon den Luftzug,
freudig umwinden die Seeleute ihre Schiffe mit Kränzen.
Konnte ich diesen qualvollen Schmerz erwarten, so werde
nunmehr ich auch ihn verwinden. Doch tue, Anna, in meiner
Not noch das eine für mich. Dir allein ja erwies der Verräter
Achtung, vertraute dir seine geheimste Empfindung. Allein auch
kennst du den Zugang zu ihm, den richtigen Weg und die rechte
Stunde. Demütig sprich zu dem stolzen Gegner und flehe!
Keineswegs schwor *ich* zu Aulis im Kreise der Danaer, Troja
ganz zu vernichten, schickte nicht gegen Pergamon Schiffe,
wühlte nicht aus dem Erdreich die Asche des Vaters Anchises.
Warum verweigert gefühllos er mir das Gehör, überstürzt die
Ausfahrt? Nur eines mag er der unglücklich Liebenden spenden:
Warten auf Abfahrt bei gutem Wetter und günstigem Fahrtwind!
Nicht um den Ehebund bitte ich mehr, den er lange schon
preisgab,
nicht um Verzicht auf sein herrliches Latium wie auf die
Herrschaft,
nein, um ein bißchen Zeit nur, damit sich die Leidenschaft lege,
bis mich die Umstände lehren, ins bittere Leid mich zu schicken.

Diese Gnade erflehe zuletzt ich – erbarm dich der Schwester! –,
gönnt er sie mir, so will ich ihn freigeben, glücklich im Tode."

Derart bat sie, und immer wieder brachte die arme
Schwester das klägliche Anliegen vor. Doch wurde Aeneas
nicht durch die Tränen gerührt, nicht zum Hören gestimmt. Denn das Schicksal
hemmte, die Gottheit schlug den gütigen Helden mit Taubheit.
Wie wenn die Nordstürme, her von den Alpen, sich wetteifernd mühen,
fauchend die uralte, stämmige Eiche an dieser wie jener
Seite zu packen und jäh zu entwurzeln; die Krone wild aufrauscht
und der geschüttelte Stamm den Boden mit Schichten von Blättern
zudeckt; der Baum an die Felsen sich klammert und gleichweit mit seinem
Wipfel zum Himmel sich wie mit den Wurzeln zum Tartaros hinstreckt:
Ebenso wurde der Held von Didos beharrlichen Bitten
rastlos bestürmt und litt im empfindsamen Herzen unsäglich.
Aber er ließ sich nicht rühren. Die Tränen flossen vergebens.

Nunmehr, erschreckt von der Schicksalsgewalt, ersehnte die arme
Dido den Tod; sie wollte nicht länger den Himmel erblicken.
Mehr noch bestärkten den Vorsatz, vom Lichte zu scheiden, zwei Wunder:
Als sie am weihrauchumdampften Altare die Trankspende darbot,
sah sie – ein schrecklicher Vorfall – den heiligen Wein sich verdunkeln,
sah die vergossenen Tropfen grausig zum Blute gerinnen.
Keinem enthüllte sie dieses Omen, nicht einmal der Schwester.
Außerdem stand im Schlosse ein Marmorheiligtum ihres
ersten Gemahls, das sie außergewöhnlich mit Ehren bedachte;
schneeweiße Wollbinden, festliche Laubkränze schmückten das Bauwerk.
Während die Nacht das Erdreich in Dunkelheit einhüllte, glaubte
Dido von dorther den ersten Gatten rufen zu hören.
Übrigens sang oft ein Uhu, ganz einsam, sein Totenlied klagend
hoch auf dem Dachfirst und ließ es in langen Tönen verklingen.

Zahlreiche alte Orakel frommer Propheten auch setzten
heute sie mahnend in Schrecken. Aeneas selber in seiner
Grausamkeit scheuchte im Schlafe sie auf. Ganz einsam, verlassen
sah sie sich immer, sah sich ohne Begleiter auf langer
Straße dahinpilgern und in der Einöde Tyrier suchen –
so wie Pentheus im Wahnsinn die Euméniden erblickte,
seinen Augen zwei Sonnen sich boten, zwei Städte von Theben;
wie Agamemnons Sprößling Orestes gehetzt auf der Bühne
vor der mit Fackeln und düsteren Schlangen bewaffneten Mutter
fortläuft, indes die entsetzlichen Göttinnen lauern am Tore.

Als sie, vom Schmerz überwältigt, ein Opfer der Leidenschaft, endlich
fest sich zum Sterben entschloß, da wollte sie selber die Stunde
sich und die Todesart wählen und sprach zu der traurigen Schwester,
tarnte dabei den Entschluß und heuchelte frohe Erwartung:
„Anna, ich habe das Mittel entdeckt – Glück kannst du mir wünschen! –,
das mir den Helden zurückbringt – wenn nicht, mich erlöst von der Sehnsucht.
Fern am Okéanosrand, wo der Sonnenball sinkt und als letztes
Volk Äthiopier wohnen, wo auch der gewaltige Atlas
ragt, auf den Schultern das sternenleuchtende Himmelsgewölbe,
nannte man eine massylische Priesterin mir, die im Tempel
der Hesperiden als Hüterin wirkte, dem Drachen das Futter
reichte und über die heiligen Zweige des Apfelbaums wachte,
flüssigen Honig träufelte, Mohn auch, der Schlummer uns spendet.
Diese erbietet sich, Herzen durch Zaubergesang zu befreien,
ganz nach Belieben, doch andre in drückende Fesseln zu schlagen,
Flüsse zum Stillstand zu zwingen und Sterne zur Umkehr der Bahnen;
Manen beschwört sie zur Nacht; man hört, ihr zu Füßen, die Erde
dröhnen und sieht, auf ihr Wort, die Eschen von Berghöhen steigen.
Ungern nur nehme ich Zuflucht zu magischen Künsten, geliebte
Schwester, ich schwöre bei Göttern und dir und deinem so teuren
Haupte! Schichte mir heimlich im Schloßhofe, ohne Bedachung,

Scheiter zum Haufen und packe auf diesen die Waffen und alles,
was der Verräter zurückließ im Zimmer, die Kleidung, das Lager,
das mich zugrunde richtete. Alle Erinnerungsstücke
an den Verruchten zu tilgen beglückt mich, entspricht auch der Weisung
jener Priesterin." Dido verstummte, ihr Antlitz erbleichte.
Dennoch argwöhnte Anna durchaus nicht, daß jene ihr eignes
Sterben mit solchem seltsamen Opferbrauch meinte, durchschaute
gar nicht den Wahnwitz, kaum stärker besorgt als beim Tod des Sychaios.
Ahnungslos führte den Auftrag sie aus.

Als nun der Holzstoß im Hof des Palastes hoch in die Lüfte
ragte, geschichtet aus Scheitern von Fichten und Eichen, begab sich
Dido zu ihm und schmückte mit Totenkränzen und Blumen
festlich die Stätte. Kleidung, das Schwert, ein Bild des Aeneas
legte sie über das Kissen, des Kommenden zweifellos sicher.
Beiderseits standen Altäre; die Priesterin, offen die Haare,
rief mit schallender Stimme dreihundert Götter: das Chaos,
Erebus, Hekate, das dreiköpfige Mädchen Diana,
hatte gesprengt mit unechten Tropfen avernischen Nasses.
Kräftige Giftkräuter suchte man emsig beim Scheine des Mondes,
die man mit eherner Sichel mähte, und tödliche Säfte,
suchte das Liebesgeschwür auch, das man von Stirnen der Fohlen
abreißt, bevor noch die Stute es frißt.
Dido, in reinen Händen das Opferschrot, einen der Füße
nackt, das Gewand entgürtet, rief, zum Tode entschlossen,
vor den Altären die Götter zu Zeugen, als Kenner des Schicksals
auch die Gestirne, flehte darauf zu den Mächten, die über
unglücklich Liebenden doch auch gerecht und verständnisvoll walten.

Nächtliche Stille herrschte, erschöpft genossen die Wesen
friedlichen Schlummer auf Erden, auch Wälder und grimmige Meere
ruhten; die Sterne zogen dahin inmitten der Bahnen.

Schweigen beherrschte die Fluren; die Herden des Viehs und die bunten
Vögel, Bewohner der klaren Seen und stechender Büsche,
alle lagen im Schlafe während des nächtlichen Schweigens,
konnten die Sorgenlast lindern und ihre Nöte vergessen.
Aber die arme Phönizierin fand nicht Erquickung im Schlummer,
Augen und Herz gewährten nicht Einlaß dem trostreichen Dunkel.
Doppelt stark quälten die Sorgen, die leidenschaftliche Liebe
steigerte sich und wallte im Branden bitteren Zornes.
Derart verharrte sie bei dem Entschluß und rang mit sich selber:
„Was jetzt beginnen? Erneut mit Bewerbern von einst es versuchen,
selbst ein Gespött, mich Nomadenfürsten voll Demut als Gattin
anbieten, deren Anträge ich so oft schon zurückwies?
Also der ilischen Flotte, der schimpflichsten Weisung der Teukrer
folgen? Sie ließen in ihrem Schiffbruch so gerne sich helfen,
bleiben voll Dankbarkeit eingedenk jeder empfangenen Wohltat!
Aber wer nähme, sofern ich es wollte, noch mich, die Verhaßte,
auf in die stolzen Schiffe? Kennst du noch nicht zur Genüge,
Elende, Treubruch und Falschheit dieser Laómedonsippe?
Andernfalls: Ziehe allein ich davon mit dem jubelnden Schiffsvolk?
Folge mit allen meinen Tyriern blindlings den Troern,
führe erneut auf die Wogen die Landsleute, die ich der Heimat
Sidon soeben entriß, und lasse die Segel sie setzen?
Lieber noch stirb, nach Gebühr, und beende die Qual mit der Waffe!
Schwester, durch Didos Tränen bezwungen, stürztest als erste
du die Verliebte ins Unglück und gabest mich preis dem Verräter!
Leider, ich durfte als Liebende nicht, wie die Tiere, in Unschuld
führen mein Leben und solchen bitteren Schmerz mir ersparen!
Nein, ich verriet die dem toten Sychaios geschworene Treue!"
So überließ sich die Fürstin den hemmungslos strömenden Klagen.

Aber Aeneas, zur Ausfahrt entschlossen, genoß auf dem hohen
Schiffe den Schlaf; war alles doch trefflich zum Aufbruch gerüstet.
Plötzlich erschien ihm im Traume der göttliche Bote; er kehrte
wieder mit gleicher Miene wie erst und mahnte aufs neue,

ganz der Mercurius, nach der Gesichtsfarbe wie nach der Stimme,
auch nach dem Blondhaar und seinen jugendlich-stattlichen Gliedern:
„Sprößling der Göttin, du kannst in dieser entscheidenden Stunde
sorgenlos schlummern, erkennst die Gefahren nicht, die dich umlauern?
Du überhörst – im Leichtsinn! – das Pfeifen des günstigen Zephyr?
Dido erwägt Verbrechen und tückische Pläne, sie möchte
sterben zwar, aber sie treibt in der Brandung bitteren Zornes!
Mach dich davon, solange die Wege noch offen dir stehen!
Feindliche Kiele siehst du sehr bald das Wasser durchfurchen,
lodernde Fackeln bald strahlen, die Küste von Flammen erglühen,
sollte Aurora dich hier beim Verweilen am Strande noch treffen.
Auf denn, kein Zögern! Als launisch und niemals beständig erweist sich
immer die Frau!“ So sprach er und tauchte ins nächtliche Dunkel.

Aufgescheucht durch den Gott, der so plötzlich erschien wie entschwebte,
schreckte Aeneas empor und jagte die Mannschaft vom Lager:
„Aufstehen, Freunde, sofort, und die Ruderbänke besetzen,
Segel auch aufziehen, schnell! Vom hohen Äther als Bote
spornte schon wieder ein Gott mich, schleunig zu fliehen und ohne
Säumen die Haltetaue zu kappen. Wir folgen dir, heilige Gottheit,
wer du auch bist, und gehorchen dem Auftrag begeistert aufs neue.
Nahe uns, hilf uns in Gnaden und lenke die Sterne am Himmel
gütig zu unseren Gunsten!“ So rief er und riß aus der Scheide
blitzend sein Schwert und durchhieb das haltende Seil mit der Klinge.
Alle beseelte der gleiche Eifer. Man raffte, man stürzte,
stieß vom Gestade. Schon sah man vor Schiffen das Wasser nicht länger.
Angespannt peitschten die Ruder zu Schaum die bläulichen Fluten.

Eben erhob sich Aurora vom goldgelben Bett des Tithonos,
wiederum ließ sie ihr Licht verströmen über die Länder.

Hoch vom Palaste aus sah die Fürstin das Morgenlicht grauen,
sah dann die Flotte im Aufbruch mit gleichmäßig schwellenden Segeln,
öde und leer schon den Strand und den Hafen. Da schlug sie im Schmerze
dreimal und viermal mit krallender Hand die herrlichen Brüste,
raufte die blonden Locken. „Oh, Jupiter!" schrie sie. „Der Fremde
geht schon, er soll jetzt meiner Machtstellung spotten? Die Waffen
nehmet zur Hand, allesamt! Ihr Bürger alle, verfolgt ihn!
Reißt aus den Werften die Schiffe ins Meer, bringt Brandsätze schleunigst,
los doch, und Lanzen und Pfeile, und peitscht mit den Rudern die Wellen!
Aber was rede, wo bin ich? Raubt den Verstand mir der Wahnsinn?
Elende Dido, verletzt dich der Treubruch erst heute? Er sollte
damals es tun, als das Zepter du anbotest! Treue, durch Handschlag
tückisch besiegelt von dem, der Penaten der Heimat, erzählt man,
mitführt, den greisen Vater sich pflichtbewußt lud auf die Schultern!
Fortschleppen sollte ich ihn und zerreißen, ins Meer dann die Stücke
schleudern! Die Mannschaften ihm, ja, Ascanius selber erdolchen,
darauf die Glieder des Sohnes zur Mahlzeit reichen dem Vater!
Ungewiß freilich war dann der Ausgang des Kampfes. Und trotzdem:
Sollte ich, todgeweiht, jemanden fürchten? Ich hätte ins Lager
Fackeln geworfen, die Schiffe verbrannt, den Sohn und den Vater
samt dem Geschlechte vernichtet, mich selbst auch gestürzt in die Flammen!
Sonnengott, der du mit Flammen das Wirken des Weltalls erleuchtest –
Juno, die solchen Kummer du kennst und sachkundig deutest –
Hekate, nächtlich durch Heulen verehrt an den Kreuzungen aller
Städte – ihr rächenden Furien, Götter der sterbenden Dido:
Höret mich, setzt nach Gebühr für das Unglück euch ein, das ich dulde,
bitte, erfüllt mein Flehen! Muß der Verräter den Hafen
glücklich erreichen und unabdingbar Italien betreten,

fordert das Jupiters Weisung und bleibt es als Endziel bestehen:
möge er dann, von tapferen Männern im Kampfe geschlagen,
Flüchtling und aus des Iulus Armen gerissen, um Hilfe
betteln, die Seinen einem unwürdigen Tode verfallen
sehen; und möge er, einem schmachvollen Frieden verpflichtet,
weder der Herrschaft noch eines behaglichen Lebens sich freuen,
vorzeitig sterben vielmehr und unbestattet verwesen!
Dies mein Gebet, mein Schlußwort, es strömt mir dahin mit dem Blute.
Aber ihr, Tyrier, verfolgt mit Haß den Trojaner und seine
Nachkommen alle und schenkt sie meiner Asche als Spenden!
Keinerlei Liebe, kein Bündnis walte zwischen den Völkern!
Möge aus meinen Gebeinen dereinst ein Rächer erstehen,
der mit Feuer und Schwert die dardanischen Ansiedler heimsucht,
heute und künftig, wann immer die Macht ihm Gelegenheit bietet.
Möge hier Küste mit Küste, Woge mit Woge, und Streitmacht
gegen die Streitmacht kämpfen, die Lebenden wie auch die Enkel!"

Nach dem Gebet erwog sie alle denkbaren Wege,
möglichst schnell vom verhaßt gewordenen Licht sich zu trennen,
wandte sich kurz dann an Barke, die Amme des toten Sychaios –
ruhte die eigene doch in der Heimat im düsteren Staube –:
„Rufe mir, teure Amme, die Schwester Anna zur Stelle!
Sag ihr, sie möge geschwind sich mit Flußwasser sprengen, die Tiere
bringen zum Opfer und, weisungsgemäß, die Mittel zur Sühne.
Danach umwinde dir selber die Schläfe mit heiliger Binde.
Abschließen will ich das Opfer, das ich nach Vorschrift begonnen,
für den stygischen Jupiter, möchte die Leiden beenden,
anstecken endlich den Holzstoß, mitsamt dem Dardanerbildnis."

Mit der Geschäftigkeit einer Greisin enteilte die Amme.
Hastig, verstört durch ihr schreckliches Vorhaben, rollte jetzt Dido
ihre mit Blut unterlaufenen Augen, stürzte, von Flecken
dicht übersät die zuckenden Wangen, erbleicht vor dem nahen
Tode, hinein in den Hof und erklomm, wie von Sinnen, den hohen
Holzstoß, riß aus der Scheide sodann die dardanische Klinge,
die sie zu solchem Dienste sich niemals auserwählt hätte.

Hier, bei dem Anblick der Troergewänder sowie des vertrauten
Lagers, verweilte sie kurz und vergoß Erinnerungstränen,
sank auf die Kissen und sprach als letztes die Worte: „Ihr Stücke,
die mein Entzücken ihr waret, solange der Gott und das Schicksal
mir es erlaubten, nehmet mein Leben, beendet die Qualen!
Völlig durchmaß ich die Bahn, die dem Glück wie dem Unglück ich danke.
Tief in die Unterwelt wandelt jetzt gleich mein machtvoller Schatten.
Glanzvoll die Stadt, die ich gründete – mein auch die Mauern vor meinen
Augen. Ich rächte den Gatten, bestrafte den feindlichen Bruder.
Glücklich, zu glücklich wohl wäre ich, wenn die dardanischen Schiffe
niemals an unsrem Gestade angelegt hätten!" Sie preßte
fest in das Kissen ihr Antlitz. „Ich konnte mich freilich nicht rächen,
aber ich sterbe als Heldin; ins Schattenreich ziehe ich freudig.
Soll der gefühllose Troer von hoher See aus die Flammen
hier noch erspähen, mein Todeszeichen als Omen des Unglücks
mitnehmen!" Sprechend noch, sank sie unter dem Schwertstoß zusammen;
Blut überschäumte die Klinge, die Hände. So fanden die Frauen
ihre Gebieterin vor.

Der Palast erdröhnte vom Jammer.
Trauer durchraste die Stadt, die Nachricht erschütterte jeden.
Wehegeschrei und Stöhnen, das Heulen der Frauen erfüllte
sämtliche Häuser. Vom Schlagen der Brüste hallte der Äther
wider, nicht anders, als stürze Karthago unter dem Ansturm
feindlicher Scharen, als stürze das alte Tyros, als wälzten
rasend sich Flammen durch hohe Paläste von Menschen und Göttern.
Stockenden Atems, entsetzt, vernahm es die Schwester. Im Laufschritt,
sich mit den Nägeln das Antlitz, mit Fäusten die Brüste entstellend,

stürzte sie durch das Getümmel, den Namen der Sterbenden rufend:
„Schwester, das plantest du? Suchtest mich hinterlistig zu täuschen?
Das bezweckten mein Holzstoß, die Flammen, dazu die Altäre?
Worüber klage zuerst ich, allein jetzt? Im Tode verschmähtest
du die Begleitung der Schwester! Du solltest zum Sterben mich rufen:
Hingerafft hätten *ein* Kummer und *eine* Stunde uns beide.
Selber noch schichtete ich die Scheiter, die Götter der Heimat
rief ich – und sollte, ich Grausame, einsam dich hinscheiden lassen!
Schwester, du löschtest mit dir auch mich aus, dein Volk und die Väter
Sidons, die eigene Stadt! – Bringt Wasser zum Waschen der Wunden!
Tut sie noch einen letzten Atemzug, will ich im Kusse
auffangen ihn." Sie erklomm auf den Scheitern die Höhe des Stoßes,
schlang um die schwach noch atmende Schwester die Arme mit bittrem
Stöhnen und trocknete das gerinnende Blut mit dem Kleide.
Aufschlagen wollte noch Dido die lastenden Lider, doch fehlten
ihr schon die Kräfte. Die klaffende Brustwunde zischte ganz leise.
Dreimal noch stemmte die Fürstin sich mühsam empor auf dem Arme,
dreimal auch sank sie zurück auf das Kissen. Mit schweifenden Augen
suchte am Himmel sie Licht und stöhnte beim Anblick der Sonne.

Doch die allmächtige Juno empfand für den langen und schweren
Todeskampf Didos Mitleid. Sie sandte vom hohen Olympus
Iris, die ringende Seele vom sterblichen Körper zu lösen.
Starb doch die Elende weder durch Schicksalsbeschluß noch zur Strafe;
vorzeitig schied sie vielmehr im Ausbruch wilder Verzweiflung.
Deswegen hatte Prosérpina ihr auch vom Kopfe noch keine
Locke geschnitten, die Sterbende nicht dem Orkus gewidmet.

Gegen die Sonne flog denn die taufeuchte Iris mit ihren
safranleuchtenden Schwingen vom Himmel, vielfarbig den Bogen
nachziehend, trat dann zu Didos Häupten. „Ich weihe die Locke,
wie mir befohlen, dem Pluto und löse dich hiermit vom Körper“,
sprach sie und schnitt mit der Rechten die Haare ab. Jählings erbleichten
nunmehr die Wangen Didos, ihr Leben zerstob in die Winde.

FÜNFTER GESANG

Sicher verfolgte Aeneas auf hoher See schon mit seiner
Flotte den Kurs und durchschnitt vor dem Nord die sich
kräuselnden Wellen.
Hinter sich sah er die Mauern im Schimmer der Flammen, die eben
Didos Gebeine verzehrten. Den Anlaß des mächtigen Feuers
wußte zwar niemand. Doch drückten der Kummer, eine so heiße
Liebe verraten zu haben, die Kenntnis auch, wessen gekränkte
Frauen sich fähig erweisen, schmerzlich die Stimmung der
Teukrer.

Als sie im Umkreise keinen Streifen Landes mehr sahen,
ihnen auf allen Seiten nur Wasser und Himmel sich boten,
ballten sich droben tiefblaue Regenwolken zusammen,
brachten Orkan und Nacht; schwarz bäumten sich drohend die
Wogen.
Steuermann Palinuros erhob vom Heck aus die Stimme:
„Wehe! Warum nur verhüllen so düstere Wolken den Äther?
Vater Neptunus, was hast du im Sinne?" Und ohne zu säumen,
hieß er das Schiffsgerät zurren, mit Kraft in die Riemen sich legen,
schräg zum Lavieren die Segel auch stellen und sprach zu Aeneas:
„Mutiger Fürst, auch wenn Jupiter selbst das Versprechen mir
gäbe,
hoffte bei solchem Wetter ich kaum nach Italien zu kommen.
Drehte sich doch in die Quere der Wind, frischt brausend vom
finstren
Westen jetzt auf, und die Luftmassen ballen sich düster zu Nebel.
Unsere Kräfte reichen nicht aus, dem Sturme zu trotzen.
Tragen wir Rechnung dem übermächtigen Schicksal und fahren
dorthin, wohin es uns ruft! Das Brudergestade des Eryx,
sicher für uns, und die Häfen Siziliens liegen nicht ferne,
wenn ich mich richtig erinnre, die Sternbilder wieder bedenke."

Antwort gab ihm Aeneas: „Die Richtung der Winde erkenne
ich schon seit langem, du stemmst dich ihnen vergeblich entgegen.

Ändre die Stellung der Segel! Ich wählte kein andres Gestade
lieber zum Anlaufen für die vom Sturme gefährdeten Schiffe
als das Gebiet, das meinem Akestes aus Troja ein Obdach
bietet, ein Grab auch den sterblichen Resten des Vaters Anchises."
Ohne zu säumen, nahmen sie Kurs auf den Hafen, und günstig
schwellte der Zephyr die Segel. Beschleunigt jagte die Flotte
über die Wogen, erreichte mit Glück das bekannte Gestade.

Staunend gewahrte Akestes die Ankunft befreundeter Schiffe
fernher vom Berggipfel aus und eilte ihnen entgegen,
furchteinflößend mit Jagdspieß, im Fell der libyschen Bärin,
Sprößling des Flußgotts Crimisus und einer troischen Mutter;
eingedenk seiner Eltern, empfing er die Rückkehrer freudig,
teilte von Herzen mit ihnen all seine ländliche Habe,
bot den Erschöpften Erquickung mit Gaben aufrichtiger
Freundschaft.

Als dann der folgende helle Morgen die Sterne verscheuchte,
rief Aeneas vom ganzen Strand die Gefährten zusammen,
sprach von dem hohen Anchisesgrabmal folgende Worte:
„Helden des Dardanosstammes, unsterblichem Blute entsprossen,
höret: Ein volles Jahr verstrich im Kreislauf der Monde,
seit wir die sterbliche Hülle meines göttlichen Vaters
hier in dem Erdreich bargen, Altäre zur Trauer auch weihten.
Täuscht mich kein Irrtum, so haben wir heute den Tag, den ich
immer
traurig und feierlich-würdig begehen werde, nach eurem
Willen, ihr Götter. Müßte ich ihn in der Fremde verbringen,
bei den gätulischen Syrten – im Argosmeer – auch in Mykene,
würde ich Jahresgelübde und Umzüge, heiligem Brauche
fügsam, vollziehen, Altäre auch bauen zu schuldigem Opfer.
Heute jedoch verweilen wir bei dem Grabe des Vaters
selber – kaum ohne die Zustimmung, ohne das Walten der
Götter –,
konnten uns retten vor dem Orkan in befreundete Häfen.
Zollen wir deswegen willig gemeinsam dem Toten die Ehren!
Mögen uns günstige Winde beglücken und möge der Vater
später alljährlich im Tempel der neuen Hauptstadt die Opfer

gnädig empfangen! Der Troer Akestes schenkt uns für jedes
unserer Schiffe zwei Rinder. Ladet zum Mahl die Penaten,
jene auch, die Akestes verehrt, der uns freundlich bewirtet!
Bringt dann Aurora zum neunten Male der Menschheit den Nahrung
spendenden Tag und erhellt mit ihren Strahlen den Erdkreis,
sollen zuerst sich die teukrischen Schiffe im Wettrudern messen.
Tüchtige Läufer zum zweiten und kühne, kraftvolle Männer,
die sich im Speerwerfen auszeichnen wie auch im flüchtigen Pfeilschuß
oder den Faustkampf mittels rohlederner Handschuhe wagen,
mögen sich allesamt stellen zum Spiel um die Palme des Sieges.
Wahret jetzt heilige Stille, umkränzt euch die Schläfen mit Zweigen!"

Darauf umkränzte sein Haupt er mit Myrten, dem Strauche der Mutter.
Helymos tat es ihm gleich, auch der hochbetagte Akestes,
gleichfalls Ascanius, dem die übrigen Mannschaften folgten.
Aus der Versammlung begab sich Aeneas inmitten der Menge
dicht an das Grab, noch enger umringt von vielen Begleitern.
Ordnungsgemäß vergoß er als Spende zwei Becher voll lautren
Weines zur Erde, dann zwei voll Frischmilch und zwei mit geweihtem
Blute, bestreute das Grab dann mit leuchtenden Blumen und sagte:
„Sei mir gegrüßt, du heiliger Vater, gegrüßt mir noch einmal,
Asche, vergeblich geborgen, du Seele, du Schatten des Vaters!
Aufsuchen muß ich jetzt ohne dich die uns vom Schicksal bestimmten
Fluren Italiens und den ausonischen Thybris, wer immer
dieser auch sein mag." Kaum hatte er ausgesprochen, da schlüpfte
tief aus dem Grabhügel eine gewaltige Schlange, in sieben
Windungen zog sie sich friedlich rings um das Grabmal und zwischen
beide Altäre. Blauschimmernde Flecken zierten den Rücken,
goldener Glanz umglühte die Schuppen, wie gegen die Sonne
vor dem Gewölk der Regenbogen in mancherlei Farben
schillert. Aeneas erstaunte. Weithin sich streckend, gelangte

schließlich das Tier zu den Schalen und kunstreich geglätteten Bechern,
naschte vom Inhalt und zog sich dann harmlos zurück in des Hügels
Tiefe, verließ die Altäre, nachdem es die Proben gekostet.
Aber Aeneas opferte um so freudiger weiter –
war nun die Schlange ein Schutzgeist des Grabes oder ein Bote
von dem Verstorbenen –, schlachtete jeweils, wie üblich, zwei Schafe,
Schweine und Jungstiere, diese mit dunkelfarbigem Rücken,
spendete Wein aus den Schalen und rief die Seele des großen
Vaters und die vom Acheron freigegebenen Manen.
Willig auch opferten die Gefährten, je nach Vermögen,
reichlich beluden sie die Altäre und schlachteten Stiere.
Andere stellten die Kessel bereit, und, im Grase gelagert,
nährten die Glut sie unter den Spießen und brieten die Stücke.

Endlich begann der erwartete Tag, und in heiterem Glanze
ließen die Rosse Phaëthons zum neunten Male Aurora
schimmern. Die Kunde, der Name des großen Akestes auch, hatten
Nachbarn zur Stelle gelockt. Sie wimmelten fröhlich am Strande,
wollten teils zuschauen, teils auch als Wettkämpfer selber sich tummeln.
Mitten im Wettspielgelände stellte zuerst man vor aller
Augen die Preise für Sieger zur Schau, frischgrünende Kränze,
Palmzweige, heiligem Dienste gewidmete Dreifüße, Waffen,
Purpurgewänder und je ein Talent an Gold wie an Silber.
Dann erscholl von der Düne Trompetengeschmetter zum Anfang.

Vier aus der Flotte erwählte Schiffe von ungefähr gleicher
Schnelligkeit glitten mit wuchtigen Rudern sogleich an den Startplatz.
Mnestheus war Kapitän des blitzartig rudernden „Haifischs",
Mnestheus sehr bald, als Italer, der Ahnherr des Memmiergeschlechtes;
Gyas gebot auf der massig großen „Chimaera", die einem
Stadtwall fast gleichkam; in dreifacher Reihe trieben die Troer
rudernd sie vorwärts, drei Bänke erhoben sich übereinander;

Held Sergestos, der Ahnherr des Sergiergeschlechts, kommandierte
über den großen „Kentauren"; Kloanthos schließlich, dein Urahn,
Römer Cluentus, war Kapitän auf der tiefblauen „Skylla".

Fern vor der brandenden Küste ragt aus dem Meere ein Felsblock.
Hüllen im Winter Nordweststürme düster in Wolken die Sterne,
wird er zuweilen ganz überspült von den steigenden Fluten.
Aber bei ruhiger See erhebt er sich flach aus dem stillen
Wasser und schenkt ein willkommenes Plätzchen zum Sonnen den Tauchern.
Hierher pflanzte Aeneas aus grünendem Eichenstamm eine
Zielsäule für die Matrosen; hier sollten sie kunstgerecht wenden,
sollten den Felsblock in ausreichend weiter Biegung umrunden.
Anschließend wurden die Plätze verlost. Auf dem Hinterdeck jeweils
standen, in Purpur und Gold weit leuchtend, die Kapitäne.
Zweige der Pappel umkränzten die übrige Mannschaft, es glänzten
fett die entblößten Schultern, gesalbt mit geschmeidigem Öle.
Platz auf den Bänken nahm man und packte kraftvoll die Ruder,
horchte gespannt auf das Zeichen zum Start. Die pochenden Herzen
quälte ein banges Erwarten nebst festem Willen zum Siege.

Als die Trompete schmetternd Signal gab, schossen die Schiffe
gleich aus den Haltebereichen vorwärts. Schreie der Mannschaft
gellten zum Himmel, unter dem Ruderschlag schäumten die Wellen.
Gleichmäßig furchten die Kiele das Wasser. Zerspalten von Rudern,
wie von dreizackigen Schnäbeln, klaffte die Flut auseinander.
Derartig stürzen sich nicht aus den Schranken die Doppelgespanne,
rasen so ungestüm nicht voran auf der ebenen Rennbahn;
derartig schütteln nicht Wagenlenker die schwirrenden Zügel
über die fliegenden Rosse und beugen zum Schlage sich vorwärts.
Klatschen und Toben und eifriges Anfeuern ließen das Wäldchen
hinter der Küste erdröhnen, stauten sich längs des Gestades,
brachen zu donnerndem Widerhall sich an den waldigen Höhen.

Gleich an die Spitze im freien Gewässer setzte sich Gyas,
von dem Geschrei der Rivalen umtobt. Ihm folgte Kloanthos,
zwar mit den Rudern im Vorteil, aber gehemmt von dem schweren
Fichtenholzkiel. In gleichem Abstand setzten den beiden
„Haifisch“ nach und „Kentauros“ und maßen sich untereinander.
„Haifisch“ gewann jetzt den Vorsprung, dann ließ der große „Kentauros“
wiederum jenen zurück; nun glitten sie Seite an Seite
vorwärts, durchfurchten die salzige Flut mit den mächtigen Kielen.

Nahe dem Felsblock schon waren sie, hielten die Zielsäule sorglich
fest mit den Blicken. Da stellte Gyas, über den Wellen
siegreich der erste bis jetzt, den Steuermann schallend zur Rede:
„Warum, Menoites, so weithin nach rechts? Los, hierher die Richtung!
Näher dem Felsen! Links sollen die Ruder das Riff fast berühren!
Laß doch den andern das offene Wasser!“ Aber Menoites
scheute verborgene Klippen und steuerte rechtshin ins Freie.
Nochmals befahl ihm Gyas lautrufend: „Weswegen den andern
Kurs? An die Felsen, Menoites!“ Schon sah er Kloanthos von hinten
aufholen, sah ihn den Weg ganz nahe den Felsklippen wählen.
Wirklich, er schob sich zwischen umbrandeten Fels und „Chimaera“
vorwärts auf linkem Kurs, überholte in engerem Kreise
plötzlich den Gyas, passierte die Säule, gewann jetzt aufs neue
sicheres Fahrwasser. Aber den jungen Gyas durchglühte
wütender Ärger, ihm kamen die Tränen, er konnte nicht länger
Haltung bewahren, das Wohl der Mannschaft bedenken: Vom hohen
Hinterdeck stieß er Menoites, den überbedächtigen, jählings
seitwärts ins Wasser; als Kapitän übernahm er das Steuer,
spornte die Mannschaft durch Zuruf und lenkte näher dem Felsen,
während Menoites sich mühsam aus gähnender Tiefe emporrang,
älter an Jahren bereits, durch die triefenden Kleider behindert,
schließlich den Felsblock erklomm und an trockener Stelle sich setzte.

Lachend sahen die Teukrer ihn fallen und schwimmen, und lachend
sahen sie zu, wie er prustend und stöhnend das Salzwasser ausspie.

Heitere Hoffnung beschwingte nunmehr Sergestos und Mnestheus,
zu überholen sogleich den zurückgefallenen Gyas.
Vorsprung gewann Sergestos und näherte schon sich dem Felsen,
konnte indes die „Chimaera“ nicht ganz überholen, auf halbe
Länge nur drängte der Bug des „Haifischs“ im Kampfe sich vorwärts.
Mitten im Schiffe, zwischen den Reihen der Ruderer, mahnte
Mnestheus: „Jetzt, Kameraden Hektors, jetzt legt euch mit aller
Kraft in die Riemen! Euch wählte ich mir zu Gefährten im letzten
Kampfe um Troja; bewährt jetzt aufs neue die schwungvollen Kräfte,
zeigt auch den Mut, die ihr in den Syrten Gätuliens bewieset,
auf dem Ionischen Meer, auf den tobenden Wellen Maleas!
Nicht mehr als erster möchte ich siegreich die Strecke bezwingen,
mag auch – doch siege, wem du, Neptunus, die Auszeichnung zusprichst!
Schämt euch allein, die letzten zu werden! Erringt nur in diesem
Sinne den Sieg, vermeidet die Schande!“ Aufs äußerste strengten
nunmehr die Männer sich an. Der eherne Schiffsrumpf erbebte
unter den wuchtigen Schlägen, nach rückwärts schossen die Fluten.
Keuchen entrang sich den trockenen Mündern, Schweiß strömte in Bächen.
Doch den ersehnten Erfolg bescherte den Männern der Zufall.
Während Sergestos den Bug in rasendem Vordrängen nämlich
zu weit dem Felsen näherte, einwärts, auf schwieriger Strecke,
fuhr er zum Unglück auf unsichtbar tückisch vorspringende Klippen.
Unter dem Dröhnen der Riffe zerkrachten die Ruder beim Aufprall
über dem zackigen Stein, zerschellt blieb hängen das Vorschiff.
Aufsprangen jäh die Matrosen, erstarrten in gellendem Aufschrei,
packten dann eisenbeschlagene Stangen, auch Staken mit scharfen
Spitzen und fischten hervor aus der Flut die zerbrochenen Ruder.
Mnestheus dagegen, erfreut, durch die Hilfe des Glückes ermutigt,
strebte mit schnellem Ruderschlag, flehend um günstigen Windhauch,

landwärts bereits von der Strömung getrieben, ins offene Wasser.
Wie aus dem Schlupfwinkel aufgescheucht plötzlich die Taube von ihrem
Nest und der niedlichen Brut im zerklüfteten Lavastein auffliegt,
schnell in das Freie erst stürmt und im Schreck mit den Schwingen gewaltig,
dicht vor der Niststätte, flattert, dann aber sehr bald durch die stillen
Lüfte dahinschwebt, ohne ein hastiges Regen der Flügel:
Ebenso furchte jetzt Mnestheus mit seinem „Haifisch" die letzte
Strecke der Wettfahrt, trug ihn die Wucht des gewonnenen Schwunges.
Er überholte zuerst den Sergestos, der immer auf hohem
Riff noch im flachen Wasser sich anstrengte, fruchtlos um Hilfe
schrie, mit zerbrochenen Rudern vorwärtszukommen versuchte.
Darauf erreichte er Gyas und dessen große „Chimaera";
hinter ihm blieb sie zurück, da der richtige Steuermann fehlte.

Kurz vor dem Ziel blieb nunmehr Kloanthos als einziger übrig.
Einholen wollte ihn jetzt noch mit äußerster Anstrengung Mnestheus.
Doppelt stark gellte darauf das Geschrei, die Zuschauer alle
feuerten an den Verfolger, vom Tosen erdröhnte der Himmel.
Aber die Leute der „Skylla" empörten sich, den schon errungnen
Sieg und den Ruhm zu verlieren, sie wagten für diese ihr Leben,
während dem Gegner das Lächeln der Hoffnung die Zuversicht stärkte.
Steven an Steven hätten vielleicht sie beide gewonnen,
würde Kloanthos die Arme zum Meere nicht ausgestreckt, würde
innig er nicht durch Gelübde die Götter angefleht haben:
„Ewige Herrscher des Meeres, deren Reich ich durchquere,
einen weißschimmernden Stier will ich euch als glücklicher Sieger
hier am Gestade opfern, fest meinem Gelöbnis verpflichtet,
edlere Teile und lauteren Wein den Salzfluten spenden!"
Tief auf dem Grunde des Meeres vernahmen die Töchter des Nereus
dieses Gebet, der Reigen des Phorkos, dabei Panopeia,
und mit gewaltiger Faust schob Vater Portunus persönlich

vorwärts die „Skylla". Schneller als Südsturm und fliegende Pfeile
schoß sie dem Lande entgegen und warf in der Hafenbucht Anker.

Nunmehr berief Aeneas, wie üblich, die Teilnehmer alle,
ließ durch den Herold lautschallend Kloanthos zum Sieger erklären,
schmückte die Schläfen ihm dann mit dem Kranz von grünendem Lorbeer,
gab für die Mannschaften jeweils drei junge Stiere zur Auswahl,
Wein desgleichen, ein volles Silbertalent noch als Handgeld.
Den Kapitänen zollte er ganz besondere Ehren:
Einen mit Gold bestickten Mantel dem Sieger; ein breiter
Doppelbesatz meliböischen Purpurs, mäandrisch gewunden,
säumte das Stück; Ganymedes, eingewebt, hetzte mit seinem
Wurfspieß im Sturmschritt am waldigen Ida rüstige Hirsche,
feurig, er keuchte förmlich; da raffte ihn jählings vom Berghang
fort mit den Krallen der Blitzträger Jupiters, aufwärts zum Himmel;
hoch zu den Sternen streckten flehend, umsonst, die betagten
Wächter die Hände, das rasende Kläffen der Meute verhallte.
Dann überreichte er Mnestheus, dem tüchtigen Zweiten, als Gabe
einen Panzer aus Ringen von dreifach geflochtenem Golddraht,
den er als Sieger im Kampfe dereinst dem Demóleos auszog
unter den Mauern von Troja, am reißenden Strome Simoeis,
Zierde dem Helden und gleichzeitig sicherer Schutz auf dem Schlachtfeld.
Phegeus und Ságaris konnten, als Diener, das kunstreich geschaffne
Stück auf den Schultern kaum schleppen – Demoleos hatte es früher
auch noch im Laufschritt getragen, verfolgte er schweifende Troer!
Gyas, dem Dritten, gab er zwei Kessel aus Bronze und weiter
silberne Trinkschalen, treffliche, kunstvoll getriebene Arbeit.

Soweit schon waren die Schiffer beschenkt und stolz auf die reichen
Gaben und traten zurück, auf den Häuptern die purpurnen Binden,
als noch Sergestos, belächelt und ruhmlos, sein Fahrzeug zur Küste

lenkte. Er hatte das Schiff sehr geschickt, doch mit Mühe, vom spitzen
Felsriff gelöst, nach Verlust der Ruder links einreihig, langsam
fahrend. Wie eine Schlange zuweilen, gequetscht auf dem Dammweg,
weil sie ein Bronzerad jäh überfuhr, auch ein Fußgänger heftig
zuschlug und halbtot verwundet sie auf dem Pfade zurückließ,
ohne Erfolg in langen Windungen fortkriechen möchte,
vorne noch ungestüm-kraftvoll, mit glühenden Augen, den Nacken
fürchterlich zischend erhoben, doch hinten gehemmt durch die Wunde,
mag sie sich ringeln auch, sich zu stützen versuchen auf ihre
Wirbel: so ruderte, schwerfällig nur, der „Kentaur" ans Gestade;
freilich noch segelnd, gewann er mit schwellendem Leinen die Einfahrt.
Froh der Errettung des Schiffs samt der Mannschaft, gewährte Aeneas
dem Sergestos die vorher versprochenen Gaben, auch eine
Sklavin aus Kreta, Pholóë; sie war im Schaffen Minervas
äußerst erfahren und trug noch Zwillingssöhne am Busen.

Nunmehr begab sich der pflichtbewußte Aeneas zur Wiese,
die sich als Talgrund inmitten bewaldeter Hügel erstreckte.
Auf ihr befand sich die Rennbahn, ringsum die Zuschauerplätze.
Dorthin verfügte der Held sich, umdrängt von Tausenden Menschen,
ließ in dem Kreise sich nieder auf eigens errichtetem Sitze.
Sämtliche Männer, die sich am Wettlauf beteiligen wollten,
lockte durch Preise er an und bestimmte die Ehrengewinne.
Teukrer, mit ihnen Sizilier, strömten zusammen, als erste
Nisos und Euryalos,
letzterer ausgezeichnet durch Schönheit und blühende Jugend,
jener durch treue Liebe zu diesem Jungen. Den beiden
folgte Diores, ein Sproß des fürstlichen Priamosstammes.
Salios kam dann mit Pátron, ein Akarnane der eine,
von arkadischem Stamme der andre, und zwar aus Tegea.
Darauf zwei junge Sizilier, gewöhnt an das Leben im Walde,

Helymos und Panópes, Gefährten des greisen Akestes.
Außerdem zahlreiche andre, die Namen verschweigt uns die Sage.

Unter der Schar der Teilnehmer sprach Aeneas die Worte:
„Lasset euch eines noch sagen und nehmt es mit Freuden zur Kenntnis:
Keiner von euch verläßt mir die Rennbahn ohne Geschenke!
Jeweils zwei gnosische Lanzen, poliert auf Hochglanz die Spitzen,
eine Doppelaxt auch, ziseliert am silbernen Schafte,
sollen als Auszeichnung jedem gehören. Den ersten drei aber
winken noch Preise, außer dem Kranz vom goldgelben Ölzweig:
Dem, der als Sieger hervorgeht, ein Roß mit herrlichem Brustschmuck;
aber dem Zweiten ein Köcher, wie Amazonen ihn haben,
voller thrakischer Pfeile, an breitem Goldgurt zu tragen;
letzteren schließt ein geschliffnes Juwel als handliche Schnalle.
Mit dem argeischen Helm hier sei der Dritte zufrieden."

Darauf begaben die Läufer sofort sich zum Start. Auf das Zeichen
schossen sie vor aus den Schranken und über die Rennbahn, wie eine
ungestüm jagende Sturmwolke, hielten das Ziel fest im Auge.
Allen voran enteilte mit weitem Vorsprunge Nisos,
schneller als Stöße des Windes, als Schwingen zuckender Blitze.
Salios kam ihm zunächst, doch in einem beträchtlichen Abstand.
Diesem folgte als dritter Euryalos, wieder mit großem Zwischenraum,
anschließend Helymos. Letzterem unmittelbar auf den Fersen
flog Diores dahin, er neigte im Rennen beinahe
über die Schulter des Vordermanns sich, und wäre die Strecke
länger noch, so überholte er ihn und machte den Ausgang zweifelhaft.

Angelangt waren sie fast schon am Ende der Rennbahn,
nahe dem Ziele, ermattet. Da rutschte Nisos in einer
Blutlache unglücklich aus; hier hatten geopferte Stiere
kürzlich den Boden bespritzt, durchtränkt auch die grünenden Kräuter.

Jubelnd bereits im Siegesrausch, kam der Läufer ins Wanken,
konnte nicht aufrecht sich halten auf schlüpfrigem Boden. Kopfüber
stürzte er langhin ins Opferblut und in den klebrigen Unrat.
Doch er vergaß nicht Euryalos, nicht die verpflichtende Bindung.
Aufrappelnd sich aus der Pfütze, hemmte den Lauf er des Salios,
der in dem stäubenden Sande gleich ausglitt und rücklings sich wälzte.
Aber Euryalos schoß vorbei; dank der Hilfe des Freundes
ward er der Erste und stürmte zum Ziel in tosendem Beifall.
Helymos folgte ihm gleich und als dritter Gewinner Diores.

Salios aber führte lautschallend Beschwerde im weiten
Zuschauerraum, bei den Plätzen der Edlen, der vorderen Reihe,
forderte die ihm durch Tücke entrissene Auszeichnung wieder.
Doch den Euryalos schützten der Beifall, die Lieblichkeit seiner
Tränen, sein Wesen, verdeutlicht erst recht durch die äußere Schönheit.
Beistand auch leistete ihm Diores mit mächtiger Stimme;
winkte ihm jetzt doch der Preis des Dritten, den er verlieren
mußte, sofern man die Ehre des Ersten dem Salios gäbe.
Da sprach Vater Aeneas: „Eure Belohnungen bleiben,
Jungen, euch sicher, und keiner verändert die Reihe der Preise.
Aber bedauern mag ich den Sturz des schuldlosen Freundes."
Damit reichte er Salios hin das riesige Fellkleid
eines gätulischen Löwen, dicht zottig, vergoldet die Tatzen.
Darauf beklagte sich Nisos: „Erhalten Besiegte schon solche
Preise, bemitleidest du die Gestürzten – wie ehrst du den Nisos
dann nach Verdienst? Ich hätte den Kranz des Ersten errungen,
würde nicht Mißgeschick mich wie den Salios hingestürzt haben."
Antlitz und Körper zeigte er während der Klage, verschandelt
durch den klebrigen Schmutz. Ihn belächelte freundlich der Vater,
hieß ihm den Schutzschild, den Didymáon kunstreich geschmiedet,
bringen. Den hatten die Griechen dem Neptuntempel entrissen;
jetzt übergab er als Auszeichnung ihn dem tüchtigen Jungen.

Gleich nach dem Lauf und der Siegerehrung erklärte Aeneas:
„Los denn, wen Kraft und Selbstvertrauen beseelen, der trete

vor jetzt und schwinge zum Faustkampf seine umgürteten Hände!"
Ausstellen ließ er sogleich die beiden Kampfpreise, einen
Stier, mit vergoldeten Hörnern und Binden geschmückt, für den Sieger,
für den Besiegten als Trostpreis ein Schwert nebst prachtvollem Schutzhelm.

Darauf erhob sich Dares sofort, der ausnehmend Starke,
zeigte voll Stolz sein Antlitz unter dem Beifall der Männer.
Er als einziger pflegte einst Paris die Stirne zu bieten,
hatte am Grabhügel auch des tapferen Hektor den ständig
siegreichen Riesen Butes, der prahlend sich als Bebryke
und als Amykosnachkomme vorstellte, niedergeschmettert,
tödlich ihn hingestreckt auf dem gelblichen Sande. Ein solcher
Faustkämpfer war es, der jetzt den Kopf zum Ausscheide reckte,
dabei die breiten Schultern zeigte, im Wechsel die Arme
vorstieß und wuchtige Lufthiebe führte. Man suchte nach einem
Gegner für ihn. Doch niemand aus einer so zahlreichen Menge
wagte mit ihm sich zu messen, die Faust in die Riemen zu schnüren.
Wohlgemut wähnte er gleich, daß alle den Kampfpreis ihm ließen,
trat vor Aeneas, packte, ohne zu zögern, mit seiner
Linken den Stier beim Horne und rief: „Du Sprößling der Göttin,
wenn schon keiner voll Wagemut gegen mich antritt – wie lange
soll ich dann stehen, wie lange noch dürfte ich untätig warten?
Laß mich die Kampfpreise nehmen!" Laut spendeten alle Trojaner
Beifall und forderten, ihm die versprochenen Preise zu geben.

Gegen Entellos wandte sich jetzt ernst mahnend Akestes;
saß er doch neben dem alten Freund auf der grünenden Wiese:
„Nutzlos, Entellos, vollbrachtest du einstmals tapferste Taten,
wenn du voll Langmut und ohne zu kämpfen so wertvolle Preise
fortnehmen läßt! Wo bleibt jetzt dein göttlicher Lehrmeister Eryx,
dessen du sinnlos dich rühmtest? Wo bleibt dein bei allen Siziliern
geltender Name und deine zu Hause hängende Beute?"
Jener entgegnete: „Ehrgeiz und Ruhmstreben wichen der Feigheit
niemals. Doch stockt mir erkaltend das Blut infolge des Alters;
lange erschlafft schon, entbehren die Kräfte im Körper der Frische.

Käme die Kraft noch der Jugend zu Hilfe mir – wie dort dem Prahlhans,
der im Vertrauen auf *sie* nur so schamlos sich aufführt! –, ich stellte
ohne die Lockung der Preise und eines prachtvollen Stieres
gleich mich dem Gegner – ich brauche keine Geschenke!“ Nach diesen
Worten warf er zur Mitte des Kreises ein ausnehmend schweres
Schlagriemenpaar; das pflegte zum Faustkampf der tapfere Eryx
einstmals zu tragen, die Arme ins harte Leder zu schnüren.
Alles erstaunte. Verarbeitet waren die Felle von sieben
mächtigen Stieren, durchsetzt mit Stücken von Blei und von Eisen!
Dares auch staunte, vor allen, und wollte vom Kampf nichts mehr wissen,
während der Sproß des Anchises die Schlagriemen wog in den Händen,
hierhin und dorthin die zahllosen Knoten der Fellstreifen drehte.

Grimmig erleichterte nunmehr sein Herz der betagte Entellos:
„Was erst, sofern man des Herkules eigene Riemen gesehen
hätte, den furchtbaren Faustkampf dazu an diesem Gestade!
Diese hier führte vor Zeiten dein Bruder Eryx als Waffe –
siehst hier noch Spritzer von Blut und Gehirn auf den Riemen –, mit ihnen
trat er dem großen Enkel des Alkeus entgegen. Mit ihnen
kämpfte auch ich, als mein Blut noch frischer mich stärkte, das böse
neidische Alter noch nicht auf das Haar an den Schläfen mir Silber
streute. Wenn aber Held Dares aus Troja die Riemen hier ablehnt,
dies auch der Pflichtmensch Aeneas wünscht und Akestes es billigt,
laßt uns zu gleichen Bedingungen kämpfen. Auf Riemen des Eryx
will ich verzichten, du brauchst nichts zu fürchten – verzichte auf deine
troischen!“ Gleich von den Schultern zog er den doppelten Mantel,
zeigte die mächtigen Glieder, den starken Knochenbau, seine
wuchtigen Arme und trat, voll gewaltiger Kraft, auf den Kampfplatz.

Gleichschwere Schlagriemen holte nunmehr der Sproß des Anchises,
schnürte sie gleichmäßig dann um die Fäuste der beiden Rivalen.

Aufgereckt stand auf den Zehen sogleich dann ein jeder und streckte,
ohne ein Zeichen von Furcht, die Arme zum Schlag in die Lüfte,
zog auch zurück, steil aufwärts, den Kopf in Erwartung von Treffern.
Darauf plänkelten sie, die Fäuste verschränkt miteinander,
reizten zum Kampfe sich, Dares gewandter zu Fuß und auf seine
Jugendkraft bauend, Entellos an Körpergewicht überlegen;
aber steif wankten die Knie ihm, die Atemnot plagte den Riesen
weidlich. Dann tauschten, aufs Blut schon, sie Schläge, doch ohne Entscheidung,
trafen voll Wucht wiederholt die Rippen und ließen des Gegners
Brustkorb erdröhnen. Um Ohren und Schläfen schwirrten die Fäuste,
unter hart sitzenden Hieben krachten die Knochen der Kiefer.
Standhaft behauptete, niemals erschüttert, Entellos die Stellung;
nur durch Bewegen des Oberkörpers entging er den Schlägen,
wachsamen Blickes. Doch Dares – wie Feldherrn mit Heeresmacht stolze
Städte bestürmen, auch Festungen hoch im Gebirge belagern –
spähte an wechselnden Stellen nach Blößen und ließ sich, erfahren,
kunstgerecht keine entgehen, doch scheiterte stets mit dem Angriff.
Höher jetzt reckte Entellos sich aufwärts und holte mit seiner
Rechten weit aus. Doch der Gegner erspähte den Hieb, der von oben
drohte, und konnte ihm ausweichen noch mit blitzschneller Wendung.
Kraftvoll ins Leere nur sauste die Faust des Alten, und selber
stürzte er, mitgerissen vom Hiebe, wuchtig zu Boden.
Ebenso stürzt zuweilen vom Erymanthos, vom großen
Ida auch, eine schon hohle Fichte, entwurzelt, zur Tiefe.
Voller Erregung sprangen Sizilier und Teukrer von ihren

Plätzen, und himmelwärts hallten die Schreie. Akestes als erster
half voll Mitleid dem Altersgenossen und Freund auf die Beine.

Weder gehemmt noch erschreckt durch den Sturz begab sich der Tapfre
eifriger noch zurück in den Kampf und steigerte seine
Kräfte im Zorn. Ihn entflammten Ehrgefühl und das Bewußtsein
eigener Leistung. Wild jagte er Dares über den Kampfplatz,
unaufhaltsam, und deckte ihn ein mit der Rechten wie Linken,
gönnte kein Ausruhen ihm und kein Rasten. Wie hoch auf den Dächern
Hagelschlag trommelt, so scheuchte der Held mit ununterbrochen
hämmernden Hieben beider Fäuste den Gegner im Kreise.

Da ließ Vater Aeneas den Ingrimm nicht weiter sich steigern,
ließ den Entellos in seiner Erbitterung weiter nicht wüten,
sondern machte dem Kampfe ein Ende, entzog den erschöpften
Dares dem Gegner und tröstete ihn mit versöhnlichen Worten:
„Unglückverfolgter, du bist wohl vom Wahnsinn geschlagen! Die Gottheit –
spürst du das nicht? – verlieh dem andern die Kräfte zum Siegen.
Weiche dem göttlichen Wirken!“ Sein Zuspruch bewirkte den Abbruch.
Treulich besorgte Gefährten brachten den Dares zur Flotte.
Mühsam nur taumelte er, ihm schwankte bedenklich der Schädel,
mit dem geronnenen Blute erbrach er zerschlagene Zähne.
Freunde auch nahmen, nach Aufruf, das Schwert in Empfang und den Schutzhelm,
mußten Entellos die Palme des Siegs und den Stier überlassen.

Siegesbewußtsein und Stolz auf den Stier beseelten den Alten.
„Sprößling der Göttin, ihr Teukrer auch“, rief er, „kommt zur Erkenntnis,
was für gewaltige Kräfte ich früher besaß, in der Jugend,
welchem Tode ihr auch den Dares hilfreich entrisset!“
Damit trat er ganz dicht vor den Schädel des Stieres, der reglos
dastand als Kampfpreis, und holte weit aus mit der Rechten. Fast senkrecht

hieb er den Faustriemen wuchtig zwischen die Hörner des Tieres,
brach mit dem Schlage, das Hirn auch zerschmetternd, den Knochen. Zu Boden
sackte der Stier und streckte die Glieder, verendete zuckend.
Über ihm rief der Alte in tiefer Bewegung: „Dir, Eryx,
opfre ich lieber dies Leben als jenes des Dares. Und hiermit
gebe ich dir den Caestus und meine Fertigkeit wieder!"

Anschließend rief Aeneas zum Wettkampf der schwirrenden Pfeile
jeden, der teilnehmen wollte, bestimmte die Preise und stellte
dann mit gewaltigen Armen den Mastbaum vom Schiff des Serestos
aufrecht. Er hatte ans Holz mit einem Seilende eine
Taube gebunden und ließ am ragenden Stamme sie flattern,
Ziel für den Schützen. Man strömte zusammen, sie warfen in einen
Schutzhelm die Lose. Bei tosendem Beifall ergab sich der erste
Schuß für den Spößling des Hýrtakos, für Hippokóon. Ihm folgte
Mnestheus, der eben den Wettkampf zu Schiffe als Sieger bestanden
hatte, geschmückt mit dem Kranz noch aus grünenden Zweigen des Ölbaums.
Held Eurytíon wurde der dritte – dein Bruder, berühmter
Pandaros, der du, beauftragt, den Waffenstillstand zu brechen,
einst dein Geschoß als erster unter die Griechen entsandtest.
Unten im Helme lag als letztes das Los des Akestes,
der sich, betagt schon, zu messen wagte mit jungen Rivalen.
Eifrig krümmten die Schützen die Bogen im Einsatz der starken
Arme, ein jeder für sich, und entnahmen den Köchern die Pfeile.

Unter dem Himmel durchschnitt, geschnellt von der summenden Sehne,
sausend der Pfeil des Hyrtakossohnes als erster die leichten
Lüfte. Er traf auf das Holz und bohrte sich hoch in den Mastbaum.
Zitternd schwankte der Stamm, und die Taube, jählings erschrocken,
schlug mit den Flügeln vor Angst. Der Beifallssturm donnerte weithin.
Dann ging Mnestheus mit kraftvoll gespanntem Bogen in Stellung;
sorgfältig zielend wies er dem Pfeil die Richtung zur Höhe.

Aber den Vogel selber zu treffen, das sollte dem Armen
doch nicht gelingen. Das kräftig verknotete Tau nur zerschoß er,
das um die Füße der Taube sich schlang und am Pfahle sie festhielt.
Hoch in die Lüfte, zum düstren Gewölk entschwirrte der Vogel.
Doch Eurytion, schon längst den gespannten Bogen im Anschlag,
richtete schnell ein Gebet an den Bruder, faßte die Taube
scharf ins Visier – froh regte sie hoch am Himmel die Schwingen –,
schoß und durchbohrte sie, ehe sie noch die Wolken erreichte.
Leblos stürzte sie, ließ ihr Leben im Reich der Gestirne,
brachte im Sturze den Pfeil, der sie tötete, wieder zur Erde.

Ohne die Aussicht auf Sieg blieb nunmehr Akestes noch übrig.
Trotzdem entsandte er sein Geschoß empor in die Lüfte,
zeigte als Meister sein Können allein schon am Singen des Bogens.
Aber da zeigte sich plötzlich den Blicken ein Wunder von schwerer
Zukunftsbedeutung; das lehrten gewichtig die Folgen: Die Seher
sprachen von einer schrecklichen späten Erfüllung des Omens.
Fing doch der Pfeil, in den leichten Wolken bereits, an zu brennen,
zeichnete deutlich den Weg mit sprühenden Flammen und löste
schließlich sich auf in die Lüfte, wie oftmals am Himmelsgewölbe
Sterne sich trennen, die Flugbahn mit feurigem Schweif dann durchziehen.

Staunend und voller Bestürzung standen Sizilier und Teukrer,
sandten Gebete empor zu den Göttern. Der tapfre Aeneas
lehnte das Zeichen nicht ab, nein, umarmte Akestes, der gleichfalls
freudig erregt war, bot ihm reichlich Geschenke und sagte:
„Nimm es nur, Vater! Dir wollte der mächtige Herr des Olympus
außergewöhnliche Ehren erweisen mit dieser Erscheinung.
Hier das Geschenk des greisen Anchises soll dir gehören,
dieser so fein ziselierte Mischkrug, den Kisseus, der Thraker,
einst als vorzügliche Auszeichnung meinem Vater verehrte,
als ein Erinnerungsstück an ihn selbst und als Zeugnis der Liebe!"
Darauf umkränzte er ihm die Schläfen mit grünendem Lorbeer,
würdigte ihn als ersten Sieger vor sämtlichen andern.
Held Eurytion war auf den Vorzug nicht neidisch in seiner
Biederkeit, hatte auch er doch den Vogel vom Himmel geschossen.

Mnestheus erhielt als dritter den Preis – die Fesseln der Taube
schoß er entzwei –, Hippokoon als letzter; er traf nur den Mastbaum.

Doch vor dem Abschluß der Kampfspiele rief der Vater Aeneas
noch den Begleiter und treuen Wärter des jungen Iulus,
den Epytiden, und erteilte ihm folgenden Auftrag:
„Gehe und sag dem Ascanius: Hat er die Knabenschwadronen
aufgestellt schon und alles zum Reiterspiel fertig gerüstet,
soll er die Scharen zu Ehren des Großvaters vorführen, selber
sich in dem Waffenschmuck zeigen!" Das dichte Gedränge des Volkes
hieß er die Kampfbahn räumen, um freies Gelände zu schaffen.

Unter den Augen der Eltern ritten jetzt, gleichmäßig stattlich,
strahlend die Jungen heran auf gezäumten Rossen. Voll Staunen
grüßten die Männer Siziliens und Trojas die Reiterschar jubelnd.
Laubkränze, frisch geschnitten, zierten, wie üblich, die Haare.
Jeweils ein Lanzenpaar, eisern die Spitzen, Kornelholz die Schäfte,
führten die Reiter, ein Teil auf den Schultern auch glänzende Köcher.
Halsketten, Flechtwerk aus Goldringen, schmiegten vom Nacken zur Brust sich.
Drei Abteilungen ritten im ganzen, vor jeder ein Führer;
jedem folgten zwölf Jungen, jeweils zu sechst in zwei Gliedern,
prächtig zu schauen; zwei Rittmeister wachten bei jeder Abteilung.
Führer der ersten, umjauchzt von den Jungen, war der noch kleine
Priamos, der nach dem Großvater hieß, dein Sprößling, Polites,
ruhmreich als späterer Mehrer Italiens; auf schwarzweiß gescheckten
thrakischem Rosse saß er; weiß glänzten die Fesseln des Tieres,
ebenso weiß auch glänzte auf stolzem Kopfe die Blesse.
Führer der zweiten war Atys, der Ahn der latinischen Atier,
gleichfalls noch jung, in herzlicher Freundschaft mit Iulus verbunden.
Führer der dritten Iulus, so stattlich wie keiner der andern;
auf dem Sidonierroß ritt er, das ihm die herrliche Dido
schenkte, Erinnerungsstück an sie selber und Zeugnis der Liebe.

Auf sizilischen Rossen, der Zucht des alten Akestes,
saßen die übrigen Jungen.
Beifall empfing die noch schüchternen Reiter. Die Teukrer erblickten
sie mit besonderer Freude, erkannten in ihnen die Eltern.

Froh und ermutigt ritten die Jungen durch die Versammlung
unter den Augen der Ihren. Dann gab, wie vereinbart, von weitem
der Epytide durch Ruf und Peitschenknall laut sein Kommando.
Paarweise sprengten die Sechsertrupps gleich in jeder Abteilung
jäh auseinander, schwenkten darauf, nach zweitem Kommando,
wiederum ein, die Waffen gegeneinander erhoben,
preschten zum Angriffe vor und wandten sich wechselnd zum Rückzug,
Gegner auf Abstand, verflochten in Reihen Kreise mit Kreisen,
tummelten eifrig im Scheingefecht sich mit geschwungenen Waffen,
zeigten bald fliehend die Rücken, boten bald, wirbelnd die Spieße,
wieder die Stirn, vereinten sich bald auch im Stillstand der Waffen.
Wie nach der Sage das Labyrinth auf dem ragenden Kreta
einstmals nur Gänge durch fensterloses Gemäuer und tausend
Strecken voll zweifelerregender Tücke enthielt, wo der Irrweg
keinerlei Orientierung und keinerlei Rückkehr an festen
Punkten ermöglichte: Ebenso schlangen die jungen Trojaner
täuschend den Reigen im wechselnden Spiel von Rückzug und Angriff,
wie die Delphine, die spielerisch schwimmend die salzigen Fluten
des karpathischen wie des libyschen Meeres durchschneiden.

Kampfspiele dieser Art erneuerte erstmals Ascanius,
als er den Mauerring zog um Alba Longa, und lehrte
auch die Latiner der Vorzeit, sie würdig als Fest zu begehen,
wie er als Knabe sie selber beging mit den troischen Jungen.
Die Albaner gaben den Ihren sie weiter. Das große
Rom übernahm sie von ihnen und pflegte das Erbe der Ahnen.
„Troja" nennt man das Reiterspiel, „troisch" den Festzug der Knaben.
Heute noch gelten die Spiele dem heiligen Vater Anchises.

Nunmehr erwies sich Fortuna das erste Mal wieder als treulos.
Während am Grabmal festlich die Spiele durchgeführt wurden,
schickte Juno, die Tochter Saturns, vom Himmel die Iris
zu den trojanischen Schiffen und ließ vor dem Winde sie fliegen;
Tückisches plante sie, litt an dem alten Kummer noch immer.
Iris durchflog in Eile den vielfarbig leuchtenden Bogen.
Ohne gesehen zu werden, erreichte geschwind sie die Erde,
sah den gewaltigen Menschenauflauf, flog an der Küste
weiter, erblickte die Häfen verödet, die Flotte verlassen.
Ferne am einsamen Strande beweinten die troischen Frauen
schmerzlich den Tod des Anchises und blickten, die Augen voll Tränen,
über das endlose Meer. „Auf uns, die Ermatteten, wartet
soviel an Untiefen noch und an Salzwasser“, klagten sie alle.
„Heimat erflehen wir, haben jetzt satt die Plagen der Seefahrt!“

Unter sie mischte sich Iris und legte, befähigt zu bösen
Taten, Gestalt und Kleidung der Göttin von sich. Verwandelt
in die betagte Frau des Doryklos vom Tmaros, Beróë,
die durch ihr edles Geschlecht und tüchtige Söhne bekannt war,
trat sie sogleich in den Kreis der klagenden troischen Mütter.
„Elende“, rief sie, „die euch im Kriege die griechischen Fäuste
nicht in den Tod vor den Mauern der Heimatstadt schleiften! Du armes
Volk – für welchen Untergang läßt euch Fortuna noch übrig?
Seit der Zerstörung Trojas vergeht schon der siebente Sommer,
da wir Länder und Meere, so viele unwirtliche Klippen,
unwetterdrohende Sterne bewältigen müssen auf unsrer
Irrfahrt in wogender See zu dem Ziel, das uns hinhält, Italien!
Unsere Brüder wohnen am Eryx hier, Gastfreund Akestes –
niemand verwehrt es uns, Mauern und Häuser für uns zu errichten!
Vaterland – ihr auch, Penaten, umsonst vor den Feinden gerettet:
Soll es kein neues befestigtes Troja mehr geben? Und sehe
niemals ich Hektors Ströme, Xanthos, Simoeis auch, wieder?
Auf denn, gemeinsam laßt uns die Unglücksschiffe verbrennen!
Sah ich im Traume doch, wie die Prophetin Kassandra mir Fackeln
reichte, hellflammende: ‚Hierzulande suchet euch Troja‘,

mahnte sie, ‚hier harrt eurer die Heimat!' Wir müssen gleich handeln,
dürfen bei solchem Wunder nicht zaudern. Da, vier Altäre,
Weihstatt Neptuns: Der Gott ermutigt uns, gibt uns die Fackeln!"

Damit entraffte sofort sie ein brennendes Scheit den Altären,
holte weit aus mit der Rechten und schwang die feindliche Flamme,
ließ sie dann fliegen. Staunen und tiefe Bestürzung durchzuckte
Ilions Frauen, und eine, an Jahren die älteste, Pyrgo,
Amme so zahlreicher Priamossöhne im Schlosse zu Troja,
warnte: „Ihr habt nicht Beroë vor Augen, die Frau des Doryklos,
keine Trojanerin, keine, ihr Mütter! Betrachtet die Zeichen
göttlicher Schönheit, die feurigen Blicke, das stolze Gebaren,
gebt auf das Antlitz Obacht, die klangvolle Stimme, das Schreiten!
Selber verließ ich Beroë soeben. Unwillig war sie,
weil sie, erkrankt, der Feier als einzige fernbleiben mußte,
nicht dem Anchises die schuldigen Ehren darbieten konnte."
Derart warnte sie.
Aber die Mütter, zunächst noch unschlüssig, musterten scheelen
Blickes die Schiffe und schwankten zwischen der leidigen Sehnsucht,
hier zu verbleiben, und jener lockenden Herrschaftsverheißung.
Plötzlich erhob sich die Göttin mit ihren Schwingen zum Himmel,
flog auf dem riesigen Bogen unter dem Wolkendunst aufwärts.
Nunmehr erst recht wie vom Donner gerührt durch das Wunder, verblendet,
schrien sie auf, sie rissen sich Brandsätze teils aus den Häusern,
teils von Altären, schleuderten Laub auch und Zweige und Fackeln
wild in die Schiffe. Und hemmungslos wütend, flammte Vulcanus
über die Balken, die Ruder, bemalte Tannenholzsteven.

Nachricht vom Brande der Schiffe brachte Eumelos zum Grabmal
des Anchises und unter die Zuschauermenge. Man konnte
auch schon von dort die düsteren Qualmwolken aufsteigen sehen.
Ohne zu säumen, sprengte Ascanius, wie er soeben
fröhlich den Reiterkampf führte, so eifrig als erster zum Lager,

wo schon Getümmel tobte, gehorchte nicht mehr den bestürzten
Rittmeistern. „Was für ein Wahnsinn herrscht hier, was wollt ihr
bezwecken,
elende Troerinnen?" So rief er. „Nicht Feinde verbrennt ihr,
auch nicht ein griechisches Lager, nein, eure eigene Hoffnung.
Seht mich, ich bin doch Ascanius!" Aufgeregt warf er den Frauen
vor die Füße den Helm, mit dem er im Reiterspiel kämpfte.
Schleunigst erschien auch Aeneas, mit ihm die Scharen der
Teukrer.
Aber die Frauen stoben am Strande vor Furcht auseinander,
rannten zum Walde hin, suchten, wo möglich, in felsigen Höhlen
sich ein Versteck. Sie bereuten ihr Handeln, scheuten die Sonne,
kannten die Ihrigen wieder, verwarfen den Einfluß der Juno.

Aber deswegen verloren die züngelnden Flammen nicht ihre
hemmungslos rasende Kraft. Im feuchten Eichenholz steckte
Werg und entsandte schwelend den Rauch, und über den
Schiffskiel
schlich sich der Qualm, bald erlag der gesamte Schiffsrumpf dem
Unheil.
Kraftvoller Einsatz von Helden und Ströme von Wasser erreichten
gar nichts. Da riß sich der fromme Aeneas die Kleidung vom Leibe,
reckte die Hände empor und erflehte die Hilfe der Götter:
„Sind dir, allmächtiger Jupiter, noch nicht alle Trojaner
bitter verhaßt und nimmt sich die uralte Gnade der Götter
irdischer Mühsale an, so verschone, Vater, die Schiffe
jetzt vor den Flammen, entreiß die ärmliche Habe der Teukrer
hilfreich dem Untergang – oder vernichte mit feindlichem
Blitzstrahl,
bin ich es schuldig, den Rest, begrabe ihn hier mit der Rechten!"

Kaum verhallten die Worte, da setzte in maßlosem Wüten
düster ein Unwetter ein. Der Regen rauschte, vom Donner
zitterten Berge und Ebenen. Wassermassen entstürzten
wirbelnd dem Himmel, tiefschwarz, gepeitscht von
ununterbrochnen
Böen. Voll liefen die Schiffe, schon trieften die halb nur
verbrannten

Planken, bis jegliches Qualmen erlosch und die Flotte im ganzen,
unter Verlust von vier Fahrzeugen, vor dem Verderben bewahrt
blieb.

Aber der Vater Aeneas, erschüttert vom Schlage des Unheils,
sah sich von widerspruchsvollen Erwägungen qualvoll zerrissen.
Sollte er, untreu dem Auftrag des Schicksals, hier auf Sizilien
Wohnsitze gründen – sollte er weiter Italien suchen?
Nautes, betagt schon, als einziger von der tritonischen Pallas
einst unterwiesen und glänzend geschult in vielerlei Künsten –
sie erteilte ihm Auskunft über die Folgen des schweren
Zornes der Götter oder die Forderungen des Schicksals –,
Nautes gedachte Aeneas zu trösten mit folgenden Worten:
„Folgen wir, Sprößling der Göttin, dem Schicksal, vorwärts wie
rückwärts!
Jedes Geschick, wie immer es sei, unterliegt durch – Ertragen!
Dir zu Gebote steht ein Dardaner, göttlichen Ursprungs,
Held Akestes: Gewinn ihn zum Helfer im Rat, er begrüßt es;
ihm auch vertraue die Mannschaften an der vernichteten Schiffe,
jene dazu, die vor deinen gewaltigen Taten sich scheuen!
Die überalterten Männer und die von der Meerfahrt erschöpften
Mütter, die Kranken und alle, die vor den Gefahren sich fürchten,
sondere aus: Die Ermatteten sollen hier Mauern errichten,
mögen die Stadt – erlaube es ihnen! – Akesta dann nennen."

Tief in Erregung versetzt durch die Worte des älteren Freundes,
fühlte Aeneas erst recht sich gestürzt in nagende Zweifel.
Nacht schon umfing mit dem Doppelgespann verdüsternd den
Himmel.
Plötzlich erschien ihm, vom Himmel herab, ein Abbild des toten
Vaters Anchises und ließ sich mit folgender Mahnung vernehmen:
„Lieber Sohn, der du teurer mir warst als das Leben, solange
Leben mir blühte – mein Sohn, schwer geprüft durch den
Untergang Trojas:
Jupiter schickt mich zu dir, er löschte den Brand bei den Schiffen,
brachte jetzt endlich vom Himmel herab voll Erbarmen dir Hilfe.
Folge dem ganz vortrefflichen Ratschlag, den der betagte
Nautes erteilte! Nur auserlesene Mannschaften führe

bis nach Italien, die Tapfersten; denn auf latinischem Boden
mußt du ein hartes und rauhes Volk überwinden. Doch vorher
komm noch in Plutos Unterweltsreich, durch avernische Tiefe
suche mich auf, mein Sohn. Ich hause ja nicht in dem schlimmen
Tartarus, bei den entsetzlichen Schatten, ich darf im Elysium
wohnen, im Kreis der Gerechten. Nach reichlichem Opfern des Blutes
schwarzer Tiere geleitet dorthin dich die keusche Sibylle:
Über dein ganzes Geschlecht und die künftige Wohnstatt erhältst du
Auskunft. Leb wohl! Die taufrische Nacht überwand schon die halbe
Strecke, der grausame Morgen umweht mich mit schnaubenden Rossen."

Damit entschwand er, löste wie Rauch sich auf in die Lüfte.
„Wohin enteilst du?" rief Aeneas. „Wem willst du entfliehen?
Oder wer hindert dich etwa, von mir dich umarmen zu lassen?"
Gleichzeitig weckte er aus der Asche die schlummernde Flamme,
ehrte den Lar von Pergamon wie auch die Weihstatt der greisen
Vesta in dankbarer Demut mit Mehl und dampfendem Weihrauch.
Darauf berief er die Freunde sogleich, vor allen Akestes,
teilte den Auftrag Jupiters ihnen, die Weisung des teuren
Vaters und seinen eigenen festen Entschluß mit. Und ohne
Einwände stimmte man zu, auch Akestes zeigte sich willig.
Man überwies der neuen Siedlung die Mütter und jeden,
der es noch wünschte, der keinerlei Ehrgeiz und Ruhmstreben hegte.
Aber die andern erneuerten auf den Schiffen die Bänke,
tauschten verbrannte Balken aus, rüsteten Ruder und Taue,
wenige nur nach der Zahl, doch befähigt und willig zum Kampfe.
Gleichzeitig zog Aeneas die Grenzen der Neustadt mit einem
Pflug und verteilte durch Los die Baustellen; Troja und Ilion
sollten sie werden. Akestes, als Troer, begrüßte die Gründung,
setzte Gerichtszeiten fest sowie des Senates Befugnis.
Hoch auf dem Eryx, nahe den Sternen, plante man einen
Tempel für Venus Idalia, schuf auch ein Priesteramt, legte
weithin ein heiliges Wäldchen noch an für das Grab des Anchises.

Festlich geschmaust schon hatte das Volk neun Tage und Opfer
reichlich gebracht. Da glätteten milde Winde die Fluten,
ununterbrochen wehte der Südwind und mahnte zur Ausfahrt.
Tränen des Abschieds flossen längs der gebogenen Küste,
innig umarmte man sich und konnte, zur Nacht wie bei Tage,
schwerlich sich trennen. Sogar die Mütter, die noch vor kurzem
schrecklich den Anblick des Meers, unerträglich den Namen schon fanden,
wollten mit absegeln, alle Strapazen der Irrfahrt ertragen.
Gütig tröstete sie Aeneas mit freundlichen Worten,
gab sie dem Stammesverwandten Akestes, selbst weinend, in Obhut.
Darauf ließ er drei Kälber für Eryx, ein Lamm für die Stürme
opfern, die Schiffe dann hintereinander das Ankertau lösen.
Selber, das Haupt umkränzt mit beschnittenen Zweigen des Ölbaums,
stand er, weit sichtbar, am Bug, in den Händen die Schale, und weihte
edlere Opfertierteile und lautere Weine der Salzflut.
Kräftig frischte der Rückenwind auf und trieb sie von dannen,
wetteifernd peitschte die Mannschaft das Meer und durchfurchte das Wasser.

Aber inzwischen wandte sich Venus, von Sorgen gepeinigt,
bittflehend an Neptun und begann eindringlich zu klagen:
„Junos erbitterter Zorn und niemals zu stillende Rachgier
nötigen mich, Neptunus, demütig Bitten zu sprechen.
Weder die Zeit versöhnt sie noch fromme Erfüllung der Pflichten,
keine Weisung des Gatten, kein Schicksalsspruch bringt sie zur Ruhe.
Ihrem abscheulichen Haß genügt es noch nicht, aus der Mitte
unseres Volkes Troja getilgt und aufs schlimmste mit allen
Plagen getroffen zu haben; sie sucht auch die Reste, die Asche,
ja, die Gebeine noch heim! Sie weiß wohl die Gründe für solche
rasende Wut. Erlebtest du selbst doch, wie sie vor kurzem
plötzlich das Libysche Meer in Aufruhr versetzte: Die Wogen
türmte sie himmelwärts – freilich umsonst! – mit des Aiolos Hilfe,
wagte es dreist in deinem Bereich!

Aufgehetzt hat sie verbrecherisch auch die troischen Mütter,
hieß sie die Schiffe, wie schändlich!, verbrennen, erzwang durch den Schaden,
daß in der Fremde Frauen und Männer zurückbleiben mußten!
Lasse in Gnaden die übrigen, bitte, über die Fluten
sicher dahinsegeln und den laurentischen Thybris erreichen,
ist mir dies Flehen erlaubt und gewähren die Parzen dort Wohnrecht!"

Antwort erteilte der Sproß des Saturnus, der Zwingherr des Meeres:
„Du, Kythereia, du kannst auf mein Reich mit Sicherheit bauen,
stammst du doch selber aus ihm. Ich verdiente es auch; denn ich zähmte
oftmals bereits die rasende Wut des Himmels und Meeres.
Auch auf dem Lande – ich rufe Simoeis und Xanthos zu Zeugen –
kümmerte ich mich um deinen Aeneas: Als damals Achilleus
wild die erschöpften Scharen der Troer zur Stadtmauer jagte,
dort sie zu Tausenden tötete, als dann die Ströme, von Leichen
völlig verstopft, laut stöhnten und Xanthos den Weg nicht mehr finden,
nicht in das Meer sich ergießen konnte, da stellte Aeneas
sich dem Peliden – an Götterschutz ihm und an Kraft unterlegen –,
und ich entführte in Wolken den Helden, obwohl ich die Mauern
umstürzen wollte, die ich den verlogenen Troern einst baute!
Ebenso bin ich auch heute ihm gnädig. Du brauchst nichts zu fürchten!
Sicher gelangt er, nach deinem Wunsch, in avernische Häfen.
Einen nur wird er verlieren, du magst in den Wogen ihn suchen,
einen als Opfer für viele!"

Damit beruhigte er die Göttin und stimmte sie heiter,
schirrte dann gleich die Rosse ins Goldjoch, das schaumübersprühte
Zaumzeug auch zwang er den feurigen auf, ließ ihnen die Zügel
schießen darauf. Leicht streifte im Flug der bläuliche Wagen
über das Meer. Schon duckte die Flut sich, glatt wurden die Wogen

unter der dröhnenden Achse, vom Himmel stoben die Wolken.
Viele Begleiter umschwammen ihn, Ungeheuer des Meeres –
das schon betagte Gefolge des Glaukos – Palaimon, der Sprößling
Inos – geschwinde Tritonen – die mächtige Heerschar des Phorkos.
Links von ihm schwärmten die Nymphen, Melite, Panópeia, Thetis,
weiter Nisaia und Speio, Thalia dann und Kymodóke.

Nunmehr empfand Aeneas, anstelle der nagenden Sorge,
freudige Zuversicht. Aufrichten ließ er sämtliche Masten,
schneller als üblich, und an den Rahen die Segel entfalten.
Alle zusammen lavierten gleichzeitig, lösten mit halbem
Winde bald rechts und bald links das Leinen, gemeinsam auch drehten
alle die Enden der Rahen. Sie fuhren vor günstiger Brise.
Vorn an der Spitze lag Palinuros, er führte die dichte
Reihe der Schiffe, ihm sollten die übrigen gleichmäßig folgen.

Fast schon die Hälfte der himmlischen Strecke war von der feuchten
Nacht überwunden. In friedlicher Ruhe streckte die Mannschaft,
unter den Rudern, auf ihren harten Bänken die Glieder,
als von den Sternen des Äthers der flüchtige Schlummer herabglitt.
Quer durch die Dunkelheit flog er zu dir, Palinuros, und brachte,
ohne daß Schuld dich belastete, dir ein tödliches Traumbild.
Hoch auf dem Hinterdeck ließ die Gottheit sich nieder, dem Phorbas
äußerlich gleichend, und sprach: „Du Sproß des Iasios, höre,
mein Palinuros! Die Fluten tragen allein jetzt die Flotte.
Gleichmäßig atmet die Brise; die Stunde gehört der Erholung.
Lehne dein Haupt an, entziehe die müden Augen der Plage!
Selber ein Weilchen vertreten möchte ich dich bei der Arbeit."

Mühsam nur hielt Palinuros die Augen noch offen und sagte:
„Über die scheinbar so friedliche Salzflut sollte ich keine
Kenntnis besitzen, sollte dem Ungeheuer vertrauen,
sollte tatsächlich dem launischen Lufthauch einen Aeneas
preisgeben, wo mich ein heiterer Himmel so oft schon enttäuschte?"

Derart sprach er und ließ den Steuergriff nicht aus den Händen,
die ihn umschlossen, blickte auch dauernd empor zu den Sternen.
Aber da schwenkte die Gottheit ihm über die Schläfen hin einen
Zweig, der, vom Tau der Lethe benetzt, mit stygischem Zauber
Schlummer bewirkte, und schloß ihm, trotz Sträubens, die tränenden Augen.
Jäh überwand ihn die erste Ruhe, die Glieder erschlafften.
Ohne zu zögern, packte der Gott ihn und warf ihn ins Wasser.
Während des Sturzes riß Palinuros, ans Steuer geklammert,
auch noch ein Heckteil mit sich, erwachte und rief, doch vergeblich,
mehrfach die Freunde. Und fern in die Lüfte entschwebte die Gottheit.

Trotzdem verfolgte die Flotte den Kurs in Stetigkeit weiter,
ohne Gefährdung, gemäß dem Versprechen des Vaters Neptunus,
näherte schon sich dem Riff der Sirenen. Die Felsinsel drohte
einstmals den Schiffern, am Strande bleichten viele Gebeine.
Ununterbrochen dröhnten die Klippen vom Anprall der Brandung.
Da erst bemerkte Aeneas, daß schwankend das Fahrzeug dahintrieb,
führerlos, und übernahm für die Nachtstunden selber die Lenkung,
bitterlich klagend, aufs tiefste erschüttert vom Unglück des Freundes:
„Zu sehr verließest du dich auf das ruhige Wetter; an fremdem
Strand, Palinuros, wirst du jetzt liegen, ohne Bestattung.“

SECHSTER GESANG

Schmerzlich klagte er, weinend, und bot die Segel dem Winde.
An das Euböergestade von Cumae trieben sie endlich.
Seewärts kehrte man gleich die Buge; dann krallten die Anker
fest sich im Grunde, schon säumten geschweifte Steven die Küste.
Glühend vor Eifer, sprangen scharenweise die Männer
an das hesperische Ufer, entlockten geäderten Kieseln
Funken sogleich, entrafften dem Wald, der Heimat des Wildes,
Kleinholz und suchten und fanden ergiebige Quellen. Aeneas
aber, der Pflicht sich bewußt, begab sich zum Tempel, dem hohen
Sitze Apollos, nicht allzu entfernt, und zur riesigen Grotte,
wo die Sibylle einsam und schauerlich wohnte. Ihr hauchte
Phöbus prophetische Geisteskraft ein und erschloß ihr die Zukunft.
Bald erreichten sie Trivias Hain und das goldene Bauwerk.

Dädalus hatte, erzählt man, zur Flucht aus dem Reiche des Minos
einst es gewagt, mit gefiederten Schwingen zum Himmel zu steigen,
schwamm auf der ungewöhnlichen Bahn zu den eisigen Bären.
Über der Burg von Chalkis beschloß er die luftige Reise.
Hier, wo zuerst er wieder den Boden betrat, hier verehrte
er dir die Schwingen, Phöbus, und baute den riesigen Tempel.
Dargestellt war auf dem Tor, wie Andrógeos starb, wie zu bittrer
Sühne Athen alljährlich sieben Knaben als Opfer
ausliefern mußte; noch stand, nach dem Ziehen der Lose, die Urne.
Doch gegenüber erhob sich das gnosische Land aus den Fluten,
gab sich Pasíphaë preis dem Stiere zu grausiger Wollust,
stand Minotaurus, das Doppelgeschöpf mit dem menschlichen Körper,
aber dem Stierhaupt, ein Zeugnis der unnatürlichen Liebe,
bot sich der mühsam geschaffene Kerker, der Irrgarten, ohne
Ausweg; doch Dädalus, voller Erbarmen für die verliebte
Tochter des Königs, brach das Geheimnis des Bauwerks und lenkte
mittels des Fadens die tastenden Schritte. Du, Ikarus, hättest

ebenfalls Platz auf dem Kunstwerk gefunden, hätte der Kummer
dies nicht verhindert; zweimal versuchte der Vater den Absturz
kunstreich in Gold zu gestalten, doch zweimal versagten die
Hände.

Näher das Tor zu betrachten, verbot die Ankunft des vorher
abgesandten Achates sowie der Deíphobe, einer
Priesterin für Apoll und Diana. Sie sprach zu Aeneas:
„Schwerlich erlaubt dir die Stunde, dies Kunstwerk genau zu
beschauen.
Opfre aus einer vom Joch nicht berührten Herde jetzt lieber
sieben Stiere und sieben getreu der Sitte erwählte
Schafe!“ Der Weisung gehorchend, vollzogen die Teukrer das
Opfer.
Anschließend rief die Priesterin sie in den ragenden Tempel.

Ausgehöhlt ist der euböische Felsen zu mächtiger Grotte.
Einhundert Zugänge jeweils und Ausgänge klaffen geräumig,
hundertfach dröhnt aus den Schlünden, was die Sibylle verkündet.
Als sie den Einstieg erreichten, begann die Jungfrau zu rufen:
„Fleht jetzt um Auskunft! Da, sehet die Gottheit!“ Während sie
diese
Worte am Eingang hervorstieß, veränderte jäh sich ihr Antlitz,
wurde sie bleich, begannen die Haare zu flattern. Sie keuchte,
wild überfiel der prophetische Rausch sie, größer und höher
wuchs die Gestalt, sie sprach nicht mit menschlicher Stimme mehr,
spürte
göttlichen Hauch schon, ganz nahe. „Noch immer, Trojaner
Aeneas,
betest du nicht? Noch immer nicht? Vorher verweigert dir diese
schon von der Gottheit in Bann geschlagene Stätte die Auskunft!“

Eisiger Schauer durchzuckte die schon in Gefahren gestählten
Teukrer, aus innerstem Herzen begann der König zu beten:
„Phöbus, schon immer erbarmtest du dich der Drangsale Trojas,
hast den dardanischen Pfeil vom Bogen des Paris erfolgreich
gegen Achilles gelenkt. So zahlreiche Meere, im Umkreis
riesiger Länder, durchfuhr ich, gelenkt von dir, zum entlegnen

Volk der Massyler, den Landstrichen auch zur Seite der Syrten:
Endlich erreichten wir jetzt die stets weichende Küste Italiens.
Wenn uns doch Trojas trauriges Schicksal bis hierher nur folgte!
Ihr auch solltet, zu Recht, das Volk von Pergamon schonen,
Götter und Göttinnen, die ihr Troja einst haßtet mit seinem
glänzenden Ruhm! Du, heiligste Seherin, kennst ja die Zukunft:
Gönne – ich fordre nur eine vom Schicksal verheißene Herrschaft –,
gönne den Teukrern und ihren die Fremde durchirrenden Göttern,
die man aus Troja vertrieb, im latinischen Lande ein Wohnrecht!
Aufbauen werde ich dann für Apoll und Diana aus reinem
Marmor ein Heiligtum, stiften ein Fest auf den Namen des Phöbus.
Dich auch erwartet ein würdiger Tempel in unserem Reiche.
Will ich doch deine Orakel, Geheimnisse, die du je meinem
Volke enthülltest, bewahren und dir, du Gütige, Priester
wählen und weihen. Nur schreibe nicht, bitte, die Sprüche auf lose
Blätter; sie sollen nicht, Spielzeug dem raffenden Wind, durcheinander
wirbeln! Erteil sie uns mündlich!“ Damit beschloß er sein Beten.

Doch die Prophetin, noch nicht vom Geiste des Phöbus durchdrungen,
wehrte, wie wild, sich im Innern der Grotte, versuchte des Gottes
Bürde vom Leib sich zu schütteln. Er zäumte indessen nur schärfer
ihren begeisterten Mund und machte durch Druck sie, trotz ihres
Sträubens, gefügig. Die hundert gewaltigen Schlünde der Höhle
taten von selber sich auf und ließen den Spruch durch die Lüfte
dröhnen: „Du, der die Gefahren des Meeres du endlich bestandest –
schwerere warten zu Lande auf dich! –, du, höre: Die Troer
kommen ins Land von Lavinium, daran zweifle nicht länger –
aber sie werden die Ankunft bereuen. Entsetzliche Kriege
sehe ich toben, den Thybris vom Blut der Gefallenen schäumen.
Nicht den Simoeis und Xanthos, auch nicht ein dorisches Lager
wirst du vermissen; in Latium lebt schon ein zweiter Achilles,
er auch geboren von einer Göttin. Und Juno als Feindin
peinigt die Teukrer auch weiterhin, magst du in schwieriger Lage
alle nur möglichen Völker und Städte Italiens um Hilfe

bitten. Und wiederum stürzt die Trojaner ins Unglück ein fremdes
Weib und eine mit ihr geschlossene Ehe!
Laß dich vom Unheil nicht werfen, nein, trotz ihm mit stärkerem Mute,
als es die äußere Lage erlaubt; den Weg zum Erfolge
bahnt dir, dich selbst überraschend, eine Griechengemeinde!"

Schauerlich rätselhaft gab die Sibylle von Cumae mit diesen
Worten die Auskunft und ließ die Wahrheit, freilich verdunkelt,
dumpf aus der Grotte erschallen. Am Zaum der Begeisterten zerrte
Phöbus und preßte ins Herz ihr die Sporen des Rausches. Allmählich
wich die Besessenheit, schließlich verstummte der Mund der Prophetin.
Darauf begann Aeneas: „Jungfrau, nicht eines der Leiden,
die du mir nanntest, trifft mich plötzlich und wider Erwarten.
Über sie alle ging ich mit mir schon gründlich zu Rate.
Eines erflehe ich noch: Hier soll sich der Zugang zum Reiche
Plutos befinden, der finstere Sumpf auch, der Acheronausfluß.
Laß vor die Augen meines geliebten Vaters mich treten,
zeige den Weg mir und öffne mir seine geheiligten Tore.
Quer durch die Flammen, durch dichten Geschoßhagel trug ich auf meinen
Schultern den Vater und rettete ihn aus den Scharen der Feinde.
Treulich bestand er mit mir die Fahrt auf sämtlichen Meeren,
trotzte den Schrecken der See und des Wetters, selber geschwächt schon,
leistete mehr, als die schwindenden Kräfte des Alters gestatten.
Er auch erteilte mir dringend die Weisung, bittflehend in deiner
Grotte dich aufzusuchen. Erbarme dich beider, des Sohnes
wie auch des Vaters, gütige Seherin! Alles vermagst du,
Hekate gab nicht umsonst den avernischen Wald dir in Obhut –
konnte tatsächlich einst Orpheus die Manen der Gattin vom Orkus
holen, der thrakischen Harfe vertrauend, dem Klingen der Saiten,
konnte auch Pollux durch Austausch des Todes den Bruder erlösen,
hin und zurück den Orkusweg schreiten. Brauche ich Theseus,
gar den Alkiden zu nennen? Auch *ich* bin Jupiters Enkel!"

Derart flehte Aeneas und hielt die Hand am Altare.
Antwort erteilte die Seherin: „Troer, Sohn des Anchises,
Göttersproß, mühelos steigst du hinab zur avernischen Tiefe.
Nächte und Tage hindurch steht offen der Eingang zum düstren
Pluto – die Rückkehr allein, der Weg zu den Lüften des Himmels,
kostet beschwerliche Leistung. Nur wenige Söhne von Göttern
brachten sie fertig, entweder Lieblinge Jupiters oder
Helden, die feurige Tatkraft zum Himmel emportrug. Den Abstieg
schirmen rings Wälder, umfließt auch in finsterem Kreis der Kokytos.
Möchtest du aber mit derart glühender Leidenschaft zweimal
über die stygischen Seen fahren, zweimal den dunklen
Tartarus schauen und widernatürlich in Mühen dich stürzen,
nun, so vernimm, was du vorher zu tun hast. Sicher verborgen
wächst in schattiger Baumkrone, blattreich, zähstielig, ein Goldzweig,
heilig der Juno des Orkus. Ihn schützen Bäume von allen
Seiten, in finsterem Tale umschließt ihn das Dunkel des Waldes.
Niemandem ist es vergönnt, hinab in die Tiefe zu dringen,
ehe vom Baume den golden belaubten Zweig er sich pflückte.
Diesen bestimmte die schöne Prosérpina sich als geweihtes
Ehrengeschenk. Sobald man ihn pflückte, beginnt schon ein zweiter
Goldzweig zu wachsen, bedeckt sich genauso mit goldenen Blättern.
Gründlich durchspähe das Dickicht und pflück ihn, sobald du ihn fandest,
ordnungsgemäß mit der Hand: Er läßt sich mit Leichtigkeit brechen,
wenn dich das Schicksal ruft; denn andernfalls kannst du gewaltsam
niemals ihn abtrennen, auch nicht mit hartem Eisen ihn schneiden.
Außerdem starb – du erfuhrst es noch nicht – ein Mann aus dem Kreise
deiner Gefährten. Noch unbestattet, befleckt er die Flotte,
während du hier um Auskunft ersuchst an unserer Schwelle.
Schaffe sein Grab ihm an einem gebührenden Platze! Dann bringe
Opfervieh, schwarzes, es soll dich entsühnen, ehe du aufbrichst.
Dann erst erblickst du die stygischen Wälder, kein Lebender dürfte

sonst sie betreten." Nach diesen Worten verstummte die Jungfrau.
Traurig verließ Aeneas die Höhle und schritt mit gesenkten
Blicken, erwog den möglichen Ausgang des dunklen Geschehens.
Neben ihm stapfte mit schweren Schritten der treue Achates,
fühlte sich von den gleichen Sorgen bedrückt. Im Gespräche
äußerten sie verschiedne Vermutungen, wen die Prophetin
mit dem gestorbenen Freunde, den man beerdigen müsse,
meine. Da sahen sie bei der Ankunft Misenos als Opfer
eines unwürdigen Todes liegen am trocknen Gestade,
den Äoliden. Niemand vermochte besser als dieser
mit dem Signalhorn lautschmetternd die Männer zum Kampf zu entflammen.
Hektor, den Helden, begleitete er, als Hektors Gefährte
zog er zur Schlacht, zugleich am Horn wie am Speer zu erkennen.
Aber seit siegreich Achilles dem Hektor das Leben entraffte,
hatte der Tapfere sich dem Dardanossprößling Aeneas
angeschlossen, einem wahrlich nicht schlechteren Helden.
Heute nun blies er auf dröhnender Muschel über die Wogen,
töricht, und forderte durch sein Spielen die Götter zum Wettstreit.
Folgerecht hatte der neidische Triton – soll man das glauben? –
ihn auf den Klippen gepackt und hinab in die Brandung gerissen.
Schmerzlich beklagten ihn jammernd alle Gefährten, am meisten
aber der treue Aeneas. Dann taten sie, ohne zu säumen,
was die Sibylle befohlen: Errichteten eilig, in Tränen,
himmelhoch strebend das Leichengerüst aus Baumstämmen, zogen
gleich in den Urwald deswegen, die ragende Heimstatt des Wildes.
Kiefern stürzten, von Axthieben dröhnten die Steineichen, Keile
sprengten Eschenholzstämme zu Scheitern, spaltbares Kernholz
splitterte. Mächtige Wildeschen rollten herab von den Hängen.
Auch bei solcherlei Arbeiten wirkte Aeneas als erster,
spornte die Freunde, benutzte mit ihnen die gleichen Geräte.
Aber beim Anblick des endlosen Urwalds kam ihm in seinem
Kummer ein andrer Gedanke und ließ ihn beiläufig beten:
„Zeigte sich uns doch gerade in diesem gewaltigen Dickicht
jener goldene Zweig! Denn die Seherin bot uns in allem,
was dich, Misenos, betraf, nur allzu sicher die Wahrheit!"
Kaum verstummte er wieder, da kamen zwei Tauben geflogen,
unmittelbar vor seinen Augen, und ließen im grünen

Blättergewirr sich nieder. In ihnen erkannte der tapfre
Held die Vögel der Mutter und äußerte freudig die Bitte:
„Führt mich, sofern ein Weg sich erstreckt, und fliegt zu der Stelle,
wo der kostbare Zweig den fruchtbaren Boden beschattet!
Aber du, göttliche Mutter, laß mich in schwieriger Lage
niemals im Stich!" So betete er, blieb stehen und spähte,
was wohl die Tiere an Zeichen gäben, wohin sie wohl flögen.
Nahrung sich suchend, flatterten so weit sie jeweils nur vorwärts,
daß mit den Blicken die Suchenden ihnen zu folgen vermochten.
Als sie den engen Zugang zum dunstumwallten Averner
See erreichten, schossen sie aufwärts und ließen nach kurzem
Gleitflug sich an der gesuchten Stelle, auf doppelt belaubter
Baumkrone, nieder: Goldene Blätter durchglänzten die grünen!
Wie sich die Mistel im Walde, bei eiskaltem Winter, mit frischem
grünendem Laub schmückt, das nicht dem Baume gehört, der sie aufnahm,
dabei den rundlichen Stamm umschlingt mit goldgelben Trieben,
ebenso glänzten in schattiger Steineichenkrone die goldnen
Blätter, so raschelten die metallenen Scheiben im leichten
Luftzug. Aeneas packte und brach gleich voll Eifer den spröden
Zweig und trug ihn zur Grotte, in der die Seherin hauste.
Aber die Teukrer beweinten indes am Gestade Misenos,
zollten die letzten Ehren dem Leichnam, der niemandem dankte.
Aufgebaut hatten zuerst sie den mächtigen Holzstoß aus starken
Scheitern mit harzigem Kien, die Seiten verkleidet mit dunklen
Blättern; sie stellten Zypressen davor, die Bäume der Gräber,
packten als Schmuck dann hoch auf den Haufen funkelnde Waffen.
Andere brachten Wasser in flammenumzüngelten Kesseln
wallend zum Sieden, wuschen und salbten den längst schon erstarrten
Toten. Laut schollen die Klagen. Aufgebahrt wurde dann unter
Tränen der Leichnam, bedeckt auch, wie üblich, mit Purpurgewändern.
Wiederum andere hoben empor die gewaltige Trage –
schmerzliche Pflicht – und hielten zum Schluß an den Holzstoß die Fackeln,
abgewandt, treu der Sitte der Ahnen. Die Flammen verzehrten
alles, den Weihrauch, die Speisen, das Öl und die leeren Gefäße.

Als der Holzstoß zusammengesunken, die Flamme erstickt war,
gossen sie Wein auf die Reste, die durstig noch glühende Asche.
Held Korynaios barg die Gebeine in bronzener Urne;
dreimal umschritt er danach die Gefährten mit lauterem Wasser,
sprengte sie mit dem benetzten Zweige des fruchtbaren Ölbaums,
reinigte derart die Männer. Dann sprach er das Schlußwort der Feier.
Doch auf den riesigen Grabhügel legte der fromme Aeneas
sämtliche Waffen des Freundes, dazu auch Signalhorn und Ruder,
dicht an dem Fuße des ragenden Berges, der jetzt noch Misenus
heißt nach dem Toten und diesen Namen in Ewigkeit fortträgt.

Gleich nach der Feier befolgte der Held das Geheiß der Sibylle.
Eine gewaltige Höhle gähnte in ragender, schroffer
Felswand, geschützt von dem düsteren See und schattigen Wäldern.
Vögel nicht einmal könnten sich ohne Gefährdung mit ihren
Schwingen darüber bewegen; so furchtbare Dunstmassen quollen
vor aus den finsteren Schlünden und stiegen zum Himmelsgewölbe.
Deshalb auch gaben die Griechen der Stätte den Namen „Aornos“.
Hierher führte die Priesterin gleich vier Stiere mit schwarzen
Rücken, begoß dann mit Wein die Stirnen der Tiere und zupfte
Haarspitzen mitten zwischen den Hörnern hervor. Als die ersten
Spenden des Opfers warf sie die Borsten ins heilige Feuer,
Hekate rufend, die Herrin der Unterwelt wie auch des Himmels.
Diener durchschnitten die Kehlen der Tiere und ließen den warmen
Blutstrom in Schalen fließen. Aeneas erstach für die Mutter
der Eumeniden und ihre gewaltige Schwester ein schwarzes
Lamm und für dich, Proserpina, eine Kuh, die nicht kalbte.
Für den Gebieter der Unterwelt weihte er nächtliche Herde,
legte das Opferfleisch ungeschmälert hinein in die Flammen,
goß auch dickflüssiges Öl noch über die brennenden Teile.

Über die Schwellen des Lichtes lugte mit frühesten Strahlen
eben die Sonne. Da fing der Boden unter den Füßen
dumpf an zu dröhnen, begannen die waldigen Höhen zu wanken,

heulten, so schien es Aeneas, Hunde zum Zeichen der Ankunft
Hekates. „Haltet euch ferne, ihr nicht geweihten Gemeinen",
warnte die Seherin, „wartet abseits des heiligen Haines!
Ziehe dein Schwert aus der Scheide, Aeneas, beginne den Abstieg:
Nunmehr bedarfst du der Kühnheit und eines nicht wankenden
Mutes!"
Damit begab sie sich, wild wie berauscht, in das Innre der Grotte.
Neben der Führerin hielt sich Aeneas mit sicheren Schritten.

Götter im Reiche der Seelen, ihr ewig schweigenden Schatten,
Chaos, Phlegéthon, ihr weiten, ihr nächtlich stillen Gefilde:
sei es vergönnt mir, zu sagen, was ich erfuhr, und mit eurer
Gunst zu enthüllen, was tief im Erdenschoß finster sich abspielt!

Dunkelumwallt, in einsamer Nacht, durchschritten sie Plutos
ödes, verfinstertes Reich, die Gefilde der nichtigen Schatten,
wie man bei spärlichem Schein des unsicher flimmernden Mondes
tief durch den Urwald zieht, wenn Jupiter düster den Himmel
einhüllt und schwarze Nacht die Farben der Dinge hinwegrafft.

Schon an der Vorhalle, vor dem Schlund, der zum Orkus
hinabführt,
haben die Trauer, daneben das böse Gewissen ihr Lager,
hausen die bleichen Krankheiten, lauern das traurige Alter,
Furcht, der zum Unheil ratende Hunger, die schmachvolle Armut,
schreckliche Elendsgestalten, bei ihnen der Tod und die Mühsal,
weiter der Bruder des Todes, der Schlaf, und die sinnlichen Lüste,
Boten des Unglücks, und, grad auf der Schwelle, der tödliche
Kriegsgott,
ragt die eiserne Zelle der Furien, hockt die verwirrte
Zwietracht, mit blutigen Binden im schlangenwimmelnden Haare.

Mitten im Vorhof breitete eine gewaltige Ulme
schattend die uralten Äste. Dort haben, erzählt man, die leeren
Träume in Schwärmen ihr Nest und hängen zwischen den Blättern.
Aber auch zahlreiche Ungetüme, verschieden gestaltet,
hausten am Eingang, Kentauren und Skyllen mit zweierlei
Körpern,

Briareus, wuchtig mit hundert Armen, die Schlange von Lerna,
grauenhaft zischend, Chimaera mit züngelnden Flammen, Gorgonen,
dann die Harpyien, Geryon dazu mit seinen drei Leibern.
Jähes Entsetzen ergriff hier Aeneas, im Banne des Grauens
hielt er die blanke Klinge der nahenden Menge entgegen.
Hätte ihn nicht die Sibylle belehrt, daß hier hohle Gestalten,
körperlos, nichtig nur flatterten, hätte in plötzlichem Ansturm
er mit dem Schwerte ganz sinnlos die Schatten in Stücke gehauen.

Weiter ging es von hier zum tartarischen Acheronstrome.
Schlammwirbelnd wallte sein Wasser in Strudeln von gähnender Tiefe,
spie die Massen von treibendem Sand in das Bett des Kokytos.
Diese Gewässer und Flüsse bewachte der furchtbare Fährmann
Charon, entsetzlich verwahrlost. Graues Barthaar umwirrte,
niemals gepflegt, sein Kinn. Stier blickend, glühten die Augen.
Lässig verknotet, hing von den Schultern sein schmutziger Mantel.
Selber bediente er sicher sein Fahrzeug mit Stange und Segel,
brachte im schwärzlichen Kahn die Toten über das Wasser,
alt schon, als Gottheit indessen noch rüstig, doch roh und gefühllos.
Hin zu dem Fährmann drängte ans Ufer die wartende Menge,
Mütter und Gatten, vom Leben geschiedene tapfere Helden,
Knaben auch, Mädchen dazu, noch keinem Manne verbunden,
kraftvolle Männer, dem Holzstoß verfallen vor Augen der Eltern:
Ebenso zahlreich wie Blätter im Wald, die beim herbstlichen Froste
gleich auf den Erdboden wehen, wie Vögel auch, die sich in Schwärmen
landwärts ziehen vom hohen Meere, sobald sie die kalte
Jahreszeit über die See hinwegscheucht in sonnige Länder.
Bittflehend standen sie da, zur Überfahrt vorwärts sich drängelnd,
streckten die Arme voll Sehnsucht dem anderen Ufer entgegen.
Aber der mürrische Fährmann gewährte Bestimmten nur Zutritt;
andere hieß er zurücktreten, weit vom Sande des Ufers.

Voller Erstaunen, empört auch über das wilde Gedränge,
fragte Aeneas: „Was, Mädchen, bedeutet der Sturm auf das Ufer?

Was erflehen die Seelen? Welch Unterschied zwingt sie, zum Teile
hier zu verbleiben, teils über die tiefblauen Fluten zu rudern?"

Antwort erteilte in Kürze ihm gleich die langlebige Jungfrau:
„Sohn des Anchises, du echter Göttersproß, dir vor den Augen
liegt der Kokytos, träge und tief, und der stygische Sumpfstrom,
den die Unsterblichen auch als Rächer von Falscheiden fürchten.
Hilflos dort wimmelt die Menge der unbestatteten Seelen.
Charon ist der Fährmann, er setzt die bestatteten über.
Durch die dumpf brausenden Fluten dürfen zum schrecklichen Strande
lediglich Seelen von schon begrabenen Leichnamen fahren.
Hundert Jahre lang flattern die anderen ziellos am Ufer;
dann erst bekommen sie die ersehnten Gewässer vor Augen."

Reglos stehen blieb der Sohn des Anchises und dachte
mitleidig an das Los, das die Seelen unverdient quälte,
sah auch inmitten der Traurigen, die man im Tode nicht ehrte,
den Kommandanten der lykischen Flotte, Orontes, Leukaspis
neben ihm; während der stürmischen Meerfahrt von Ilion packte
beide der Südsturm, riß in die Tiefe das Schiff und die Mannschaft.

Aber da irrte umher auch der Steuermann, Freund Palinuros,
der auf der Fahrt von Libyen kürzlich, die spähenden Blicke
fest auf die Sterne gerichtet, vom Heck in die Wogen gestürzt war.
Als Aeneas den Tiefbetrübten im Dunkel erkannte,
richtete er gleich die Worte an ihn: „Palinuros, erzähl mir,
welcher Himmlische dich uns entriß, in die Fluten auf hohem
Meere dich tauchte! Denn Phöbus, der vorher niemals mich täuschte,
hat mit dem *einen* Orakel mich sichtlich betrogen: Er sagte,
daß du gesund zu Wasser Ausoniens Küste erreichen
würdest. Soll ich in dieser Auskunft die Wahrheit erkennen?"

Antwort gab der Gefragte: „Fürstlicher Sproß des Anchises,
Phöbus täuschte dich nicht, mich begrub kein Gott in den Wellen.
Wurde das Steuer doch, das ich beim Lenken des Schiffes nach Kräften

wachsam umklammerte, plötzlich gewaltsam vom Schiffsrumpf
gerissen,
zerrte mich mit in die Tiefe. Ich schwöre beim grausamen Meere:
Weniger um mich selber bangte ich, fürchtete vielmehr,
ohne das Steuer, mit dem zugleich auch der Steuermann ausfiel,
könne dein Schiff nicht standhalten mehr dem Anprall der Wogen.
Über drei stürmische Nächte trieb mich der heftige Südwind
durch die gewaltigen Fluten; kaum noch vermochte am vierten
Tage, von einer Woge herab, ich Italien zu sehen.
Langsam schwamm ich dem Land zu, erreichte schon sicher die
Küste.
Als ich indessen, beschwert vom nassen Gewande, mit meinen
Händen die rauhen Felsspitzen packte, durchbohrten mit
Schwertern
grausam mich Landesbewohner, witterten, ahnungslos, Beute!
Spielball von Wellen und Wind, so treibe ich jetzt am Gestade.
Deshalb, beim lieblichen Strahl und dem Luftzug des Himmels, bei
deinem
Vater, den Hoffnungen auch, die Iulus erweckte: Entreiß mich,
bitte, du niemals Besiegter, dem Unglück: Entweder streue
Erde auf meinen Leichnam, du kannst es, steure nur wieder
Velias Hafen an; oder, zeigt dir die göttliche Mutter
einen gangbaren Weg – denn nicht ohne das Wirken der Götter
wirst du die mächtigen Ströme, den Sumpf auch der Styx,
überqueren –,
gib mir Geplagtem die Rechte und nimm mich mit dir auf die
Durchfahrt!
Will ich im Tode doch wenigstens ruhen an friedlicher Stätte."
Derart flehte er. Aber die Seherin gab ihm zur Antwort:
„Wie, Palinuros, vermagst du solch gräßlichen Wunsch hier zu
äußern?
Möchtest, noch ohne bestattet zu sein, die stygischen Fluten
sehen, den schrecklichen Strom der Furien, betreten das Ufer
ohne Befugnis? Suche nicht länger den göttlichen Willen
flehend zu beugen! Doch höre, ich kann dich trösten im Unglück:
Alle Gemeinden, die nahe der Stätte deiner Ermordung
liegen, sie werden, gezwungen durch Wunder des Himmels, die
Untat

sühnen, ein Grab dir errichten und Totenfeiern dir stiften.
Nach Palinuros wird man die Stätte in Ewigkeit nennen."
Diese Verheißung benahm dem Toten den Kummer und brachte
etwas Erleichterung ihm; ihn freute sein rühmlicher Namen.

Weiter verfolgten sie nunmehr den Weg und nahten dem Strome.
Schon von den stygischen Fluten aus sah sie der Fährmann den stillen
heiligen Hain durchschreiten und sich dem Uferrand nähern.
Ohne zu zögern, rief er sie an mit den scheltenden Worten:
„Wer du auch bist, der du unseren Strömen dich nahst, voll bewaffnet,
sage, weswegen du kommst, von drüben aus: Keinen Schritt weiter!
Schatten bewohnen das Land hier, der Schlaf und die Nacht als des Schlafes
Stunde. Lebende dürfen im stygischen Nachen nicht fahren.
Gar nicht zu meiner Freude setzte ich Herkules über,
als er mich aufsuchte, auch nicht Theseus, Peiríthoos mit ihm,
waren sie göttlichen Stamms auch und niemals an Kraft zu bezwingen.
Herkules packte und fesselte nämlich den Tartaruswachhund,
schleppte den Zitternden fort, direkt vom Thronsessel Plutos;
diese versuchten die Herrin aus Plutos Palast zu entführen!"

Kurz nur erteilte ihm die amphrysische Seherin Antwort:
„Keine derartige Hinterlist droht hier, die Waffen verschmähen
jede Gewalt. Du kannst dich beruhigen. Schrecke aus seiner
Höhle auf ewig der Wachhund bellend die blutleeren Schatten,
hüte Proserpina unbelästigt die Schwelle des Onkels!
Der Trojaner Aeneas, berühmt durch Kampfkraft und Treue,
steigt zu dem Vater hinab in die finstere Erebustiefe.
Wenn dich so innige Sohnesliebe allein nicht beeindruckt,
sieh hier den Zweig!" Und sie brachte ihn aus dem Gewande zum Vorschein.

Charons Erregung legte sich gleich, und man wechselte keine
Worte mehr. Staunend sah er die heilige Gabe, des Schicksals

goldenen Zweig, den er lange schon nicht zu Gesicht mehr bekommen,
wandte den schwarzblauen Nachen und kehrte zurück an das Ufer,
scheuchte von Bord die Seelen, die schon auf den Schiffsbänken saßen,
räumte das Fahrzeug gänzlich und ließ den Helden Aeneas
einsteigen. Knackend bogen sich unter der Last die geflochtnen
Binsen, und moddriges Wasser in Strömen drang durch die Ritzen.
Schließlich setzte er jenseits die Seherin samt dem Begleiter
sicher an Land, in häßlichem Schlamm und graugrünem Schilfgras.

Zerberus lag hier, entsetzlich, vorn in der Höhle und dröhnte,
bellend mit seinen drei Rachen, grauenhaft weit durch das Dunkel.
Aufzüngeln sah die Prophetin bereits den schlangenumzischten
Nacken und warf dem Untier zum Einschläfern einen aus starken
Zauberkräutern und Honig gemengten Bissen vor. Gierig
schnappten danach die drei Mäuler. Da dehnte der mächtige Körper
matt sich zu Boden und füllte, entspannt, gewaltig die Höhle.
Schlaf übermannte den Wächter. Aeneas erreichte den Eingang;
eilig verließ er den Strom, der keinem die Rückkehr ermöglicht.

Gleich nach dem Eintreten hörte er Stimmengewirr und Gewimmer,
weinende Seelen von Kindern, die an der Schwelle des Daseins
düster der Todestag fort von der Mutterbrust, fort von des Lebens
Freuden raffte und tief in das grausame Grab schon versenkte.

Neben den Kindern weilen die schuldlos zum Tode Verdammten;
freilich, hier finden sie rechtlich vom Lose bezeichnete Richter:
Minos, als Hauptrichter, schüttelt die Urne; aus schweigenden Scharen
wählt er den Rat der Geschworenen, prüft dann Leben und Taten.

Anschließend hausen voll Wehmut die Elenden, die sich mit eignen
Händen, ganz unschuldig, töteten, die, aus Abscheu vor diesem
Dasein, ihr Leben fortwarfen. Heute würden sie unter
freiem Himmel gern Armut und lastende Mühsal ertragen!

Götterrecht hemmt sie, der Sumpf, der verhaßte, bannt sie mit eklem
Schlamm, und die neunmal gewundene Styx hält fest sie umschlossen.

Ganz in der Nähe erblickt man die „Fluren der Trauer", die weithin
sich nach sämtlichen Seiten erstrecken. So heißen sie wirklich:
Alle, die einstmals ein grausamer Liebeskummer verzehrte,
hausen versteckt hier hinter verborgenen Pfaden und dichtem
Myrtengebüsch. Sie peinigt der bittere Gram noch im Tode.
Phaedra und Prokris gewahrte der Held hier, auch Eriphyle –
traurig enthüllte sie die ihr vom rächenden Sohne geschlagnen
Wunden –; Euadne, Pasíphaë dann und Laodameia,
weiter den Kaineus, der, einstmals in einen Jüngling verwandelt,
wieder, durch Weisung des Schicksals, als Frau wie früher sich zeigte.
Unter den Schatten durchirrte, mit frisch noch blutender Wunde,
auch die Phönizierin Dido das Dickicht. Sobald ihr Aeneas
nahekam und durch die kaum durchdringbare Nacht sie erkannte –
wie man bei Monatsbeginn den Mond durch düstere Wolken
aufsteigen sieht, nein, besser, sich einbildet, ihn zu erblicken –,
kamen ihm Tränen, er sagte zu ihr voll inniger Liebe:
„Unglückgeschlagene Dido, so stimmt die Nachricht, du wärest
nicht mehr am Leben, du hättest dich selber durchbohrt mit dem Schwerte?
Wehe, verschuldete *ich*, daß du starbst? Ich kann bei den Sternen
schwören, den Himmlischen, allem auch, was man im Erebus anruft:
nur widerstrebend, Herrin, schied ich von deinem Gestade.
Doch die Befehle der Götter, die jetzt mich zum Gang durch die Schatten,
Stätten voll Moder und Schmutz, durch nächtliche Düsternis zwingen,
trieben gewaltsam mich fort. Ich konnte wahrhaftig nicht glauben,
daß dir mein Aufbruch so furchtbare Qualen zufügen würde.
Bleibe doch stehen! Lasse mich, bitte, dich schauen! Du möchtest
fliehen vor mir? Hier gönnt mir das Schicksal, dich letztmals zu sprechen."

Derart versuchte Aeneas den glühenden Zorn und die finstren
Blicke Didos freundlich zu mildern, selbst bitterlich weinend.
Abgewandt, hielt sie die Augen fest auf den Boden geheftet,
zeigte von seinen Worten sich ebenso wenig beeindruckt
wie ein gefühlloser Kieselstein oder marpesische Klippen.
Heftig wandte sie schließlich sich ab und suchte erbittert
Zuflucht im schattigen Hain, wo ihr einstiger Gatte Sychaios
ihre Gefühle erwiderte, würdiger Partner der Liebe.
Aber Aeneas auch blickte, von dieser Trennung erschüttert,
lange in Tränen ihr nach; ihn schmerzte ihr Scheiden aufs tiefste.

Weiter verfolgte er den ihm gewiesenen Weg und erreichte
nunmehr als letzte die Stätte berühmter Helden des Krieges.
Tydeus begegnete ihm hier, der als Kämpfer berühmte
Parthenopaios, der Schatten sodann des bleichen Adrastos;
auch die gefallenen, einstmals in Troja innig beweinten
Dardaner, deren lange Reihe ihm bittre und schwere
Seufzer entlockte: Glaukos, Thersílochos, Medon, Antenors
tapfre drei Söhne, danach Polypoites, der Priester Demeters,
weiter Idaios, auch hier noch zu Wagen, im Schmucke der Waffen.
Zahlreich umdrängten sie ihn, zur Rechten wie Linken, mit kurzen
Blicken allein nicht zufrieden, nein, gerne verweilten sie länger,
wollten Geleit ihm geben und wissen, warum er gekommen.
Als ihn jedoch die Danaerfürsten, das Heer Agamemnons,
unter den Schatten in seinen funkelnden Waffen erblickten,
fingen vor Angst sie zu zittern an; einige wandten zur Flucht sich,
so wie sie früher zum Schiffslager liefen; andere wollten
schreien, doch kläglich nur winselten ihre geöffneten Münder.

Plötzlich erspähte er den Priamiden Deiphobos. Furchtbar
war er zerfleischt und grausam entstellt, insbesondre im Antlitz,
abgehauen die Hände, vom Haupte geschnitten die Ohren,
gräßlich und schmachvoll verstümmelt die Nase. Aeneas erkannte
kaum mehr den Helden, der zitternd seine entsetzlichen Wunden
zudecken wollte, und sagte zu ihm mit der Stimme des Freundes:
„Tapfrer Deiphobos, Sprößling vom edlen Stamme des Teukros,
wer vermochte so ausgesucht grausam an dir sich zu rächen?
Durfte dich derartig zurichten? Eines kam mir zu Ohren

während der letzten Nacht: Erschöpft vom wilden Gemetzel
unter den Griechen, wärst du zusammengebrochen auf einem
Haufen von Leichen. Ein Leergrab habe am Strand von Rhoiteion
ich dir errichtet und dreimal laut die Manen gerufen.
Namen und Waffen kennzeichnen die Stätte. Dich selber, mein Lieber,
sah ich nicht, konnte beim Aufbruch dich nicht in der Heimat bestatten."

Antwort erteilte Deiphobos: „Du unterließest nichts, teurer
Freund, du erwiesest das Nötige mir im Tod wie im Leben.
Mein Verhängnis, der tödliche Trug der Spartanerin, stürzte
mich in dies Unglück; sie hinterließ dies Denkmal der Schande.
Wie wir die letzte Nacht mit unbegründetem Feiern
hinbrachten, weißt du; es haftet zu fest in unsrem Gedächtnis.
Als dann das Pferd des Verderbens im Sprunge das ragende Troja
einnahm, die Last an bewaffneten Männern zur Festung hineintrug,
führte sie heuchlerisch troische Frauen als Bakchenchor jauchzend
hin durch die Straßen, schwenkte auch eine riesige Fackel,
gab von der Berghöhe aus den Griechen das Zeichen zum Angriff.
Ich, von Sorgen erschöpft und vom Schlaf überwältigt, ich ruhte
wehrlos im Ehebett, das zum Verderben mir wurde, in tiefem,
köstlichem Schlummer, nicht anders, als sei ich schon friedlich gestorben.
Aber inzwischen entfernte mein treffliches Weib mir die Waffen,
zog mir sogar mein treues Schwert fort unter dem Kopfe,
rief Menelaos ins Haus und öffnete weit ihm die Türen,
hoffte, sie täte dem Liebhaber einen großen Gefallen,
könne auch damit die Schmach der früheren Untaten löschen.
Kurz: Man stürmte ins Zimmer, im Haufen der Anstifter vieler
schlimmer Verbrechen, der Enkel des Aiolos. Laßt es die Griechen
einstmals entgelten, ihr Götter – erflehe zu Recht ich die Sühne!
Aber erkläre jetzt *du* mir, was dich als Lebenden hierher
führte. Verschlugen dich Irrfahrten über die Meere, befahlen
Götter den Abstieg? Zwingt dich ein andres Verhängnis, das finstre,
niemals der Sonne geöffnete, freudlose Reich zu besuchen?"

Während der Aussprache hatte Aurora bereits mit dem rosig
schimmernden Viergespann halb die Strecke des Himmels
durchmessen.
Sicherlich hätten die Frist sie noch weiter genutzt für Gespräche.
Doch die Sibylle als Führerin mahnte sie kurz mit den Worten:
„Eilig, Aeneas, naht schon die Nacht. Wir verbringen in Tränen
unsere Stunden. An dieser Stelle gabelt der Weg sich.
Rechtshin führt er zur Burg des gewaltigen Pluto, geleitet
uns zum Elysium; linkshin jedoch erreicht er die Richtstatt
aller Verbrecher, schickt die Verdammten zum Tartarusgreuel."
Darauf bemerkte Deiphobos: „Zürne nicht, weise Prophetin!
Fortgehen will ich zurück in die Nacht, in die Heerschar der Toten.
Gehe, du, Stolz der Trojaner! Gnädiger sei dir das Schicksal!"
Soviel nur sprach er und wandte sich ab noch während der Worte.

Jäh überrascht, erblickte Aeneas zur Linken, am Fuße
felsiger Schroffen, ein riesiges Bauwerk mit dreifacher Mauer.
Ringsum ergoß sich ein reißender Fluß von sausenden Flammen;
Felsblöcke wälzte er donnernd, Phlegethon, der Tartaruswildstrom.
Vorne erhob sich ein riesiges Tor mit stählernen Säulen;
keinerlei Menschengewalt, nicht einmal die Himmelsbewohner
sollten es aufbrechen können. Hoch ragte ein eiserner Turmbau;
lauernd, in blutrotem Umhang, hockte auf ihm Tisiphone;
ohne zu schlafen, bewachte sie, nachts wie bei Tage, den Zugang.
Schmerzensgeschrei erscholl aus der Richtung und Klatschen von
rohen
Schlägen; es klirrte von Eisen, laut rasselten Ketten. Aeneas,
jäh von dem Lärmen erschreckt, blieb stehen, er konnte nicht
weiter:
„Was für Verbrecher leiden hier? Sag es mir, Jungfrau! Und welche
Strafen erhalten sie? Was für ein Jammer durchhallt hier die
Lüfte?"

Darauf begann die Prophetin zu sprechen: „Ruhmreicher Feldherr
Trojas, kein Schuldloser darf die Schwelle des Frevels betreten.
Hekate hieß mich jedoch die avernischen Haine betreuen,
zeigte mir dabei genau die Strafen, die Götter verhängen.
Hier regiert Rhadamanthys von Knossos mit äußerster Strenge,

macht im Verhör zunichte die Ausreden, zwingt zum Geständnis
dessen, was mancher Verbrecher im Leben, froh seiner geschickten,
freilich vergeblichen Lügen, nicht sühnte, nein, aufschob zum Tode.
Über die Schuldigen schwingt als Rächerin gleich Tisiphone
höhnend die Geißel, droht mit den grausigen Schlangen in ihrer
Linken und ruft die wilden Schwärme der Schwestern zur Stelle.
Dann erst, mit gräßlichem Kreischen der Angeln, weichen die Flügel
dieses verwunschenen Tores. Du siehst, wer als Wächter im Vorhof
lauert, was für ein Ungetüm dort die Schwelle behütet.
Furchtbarer noch liegt drinnen, mit fünfzig schwarzgähnenden Rachen,
eine gewaltige Schlange. Dann öffnet der Tartarus selber
jäh in die Tiefe sich, doppelt so weit hinab in das Dunkel,
wie man am Lichte hinaufblickt zum Himmel und seinem Olympus.
Dort in dem Abgrund winden sich Terras uralte Söhne,
die von dem Blitzstrahl hinabgeschleuderten starken Titanen.
Hier erblickte ich auch die zwei Aloiden, die Riesen,
die mit gewaltigen Fäusten das Himmelsgewölbe zerschmettern,
Jupiter selber vom hohen Throne hinabstoßen wollten,
sah auch Salmoneus, der Donner und Blitz des olympischen Herrschers
nachahmte, dabei jedoch der grausamen Strafe anheimfiel.
Stolz auf dem Viergespann fuhr er daher, mit geschwungener Fackel,
durch das Gedränge der Griechen und seine Hauptstadt in Elis,
ließ sich umjubeln und heischte Verehrung, die Göttern gebührte,
Narr, der Gewittergeräusche und unnachahmliche Blitze
vortäuschen wollte durch dröhnendes Erz und Hufegetrappel!
Aber aus dichten Wolken schoß der allmächtige Vater
richtige Blitze, nicht Fackeln und qualmendes Kienholz wie jener,
traf ihn und stürzte kopfüber ihn, grauenhaft wirbelnd, zur Tiefe.
Tityos war auch zu sehen, der Sohn der Allmutter Terra;
über neun Joch weit erstreckt sich sein gefesselter Körper,
und ein entsetzlicher Geier zerhackt mit dem scharfen gekrümmten

Schnabel die immer neu wachsende Leber; zu ewigen Qualen
reißt das Organ er in Stücken zum Fraß und nistet im hohen
Brustkorb des Riesen. Das Fleisch, stets erneuert, vergönnt ihm kein Ruhen.
Nenne Ixion ich noch und Peirithoos, beide Lapithen?
Andere, über denen ein düsterer Felsblock, mit jähem
Absturze drohend, dahinschwebt? Da leuchten von schwellenden Kissen
goldene Rücklehnen; fertige Mahlzeiten, königlich üppig,
locken den Hungrigen. Aber die furchtbarste Furie lagert
dicht daneben, niemanden läßt sie die Speisen berühren,
schwingt, sich reckend, die Fackel und droht mit donnernder Stimme.
Wer im Leben mit Haß verfolgte die eigenen Brüder,
wer gar den Vater mißhandelte, listig Klienten umgarnte,
wer ganz allein auf gehorteten Schätzen hockte und keinen
Anteil den Seinen vergönnte – die Schuld trifft, wahrlich, sehr viele! –,
wer mit dem Leben für Ehebruch zahlte, wer unrechtem Kriege
kämpfend sich anschloß und seinem Herrn die Treue zu brechen
wagte: Sie harren im Kerker der Strafe. Frag nicht nach allen
Strafen, nicht nach den Verbrechen und Umständen sämtlicher Büßer.
Einige wälzen gewaltige Felsblöcke, andere hängen
qualvoll gespreizt an Radspeichen; dort sitzt Theseus auf ewig,
unheilgeschlagen; und Phlégyas warnt, der Elende, jeden,
ruft durch die Finsternis laut, als Zeuge, beschwörend die Worte:
‚Laßt zur Gerechtigkeit mahnen euch, niemals verachtet die Götter!‘
Einer verkaufte für Gold sein Vaterland an den Tyrannen,
gab auch Gesetze für Geld und tilgte sie ebenso wieder;
mancher erzwang sich verbotenen Liebesgenuß mit der Tochter:
Allesamt wagten sie schlimme Verbrechen und freuten sich ihrer.
Nein – und besäße ich hundert Zungen und Münder und eine
eherne Stimme: Ich könnte nicht alle Verbrechen erfassen,
könnte nicht sämtliche Strafen ausführlich im einzelnen nennen!“

Derart berichtete ihm die bejahrte Prophetin Apollos,
drängte dann: „Auf, zieh weiter, es gilt, die Pflicht zu erfüllen!

Eilen wir! Schon erblicke ich die von Kyklopen in ihrer
Werkstatt geschmiedeten Wände, die vorwärts sich wölbenden
Tore,
wo wir, der Vorschrift gemäß, die Weihgabe ablegen müssen."
Gleichmäßig schritten sie weiter über die düsteren Wege,
legten die restliche Strecke zurück und nahten dem Tore.
Zügig erreichte Aeneas den Eingang, besprengte mit frischem
Wasser die Glieder und heftete vorn an die Türe den Goldzweig.

Erst nach Erfüllung der Pflicht, die der Gottheit gebührte,
gelangten
sie zu den Stätten der Freude, den lieblich grünenden Hainen,
Orten des Glücks, den Gefilden, in denen die Seligen wohnen.
Üppige himmlische Luft umwebt mit purpurnem Lichte
schimmernd die Fluren, mit eigener Sonne, mit eignen Gestirnen.
Viele Bewohner üben den Körper auf rasiger Kampfbahn,
tummeln im Spiel sich, betreiben auf gelblichem Sande den
Ringkampf.
Andere schwingen die Beine im heiteren Reigen und singen.
Auch der thrakische Sänger, als Priester umwallt vom Talare,
läßt zum Gesange die siebensaitige Leier erklingen,
schlägt sie mit Fingern, im Wechsel darauf mit dem
Elfenbeinstäbchen.

Hier auch verweilen die herrlichen Enkel des uralten Teukros,
edle und mutige Helden, geboren in besseren Zeiten,
Ilos, Assárakos, Dardanos schließlich, der Gründer von Troja.
Seitlich erspähte Aeneas Waffen, zugleich nicht besetzte
Wagen; die Speere standen, ins Erdreich gebohrt, und die Rosse,
abgeschirrt, weideten: Wer sich an Wagen und Waffen in seinem
Leben erfreute, wer glänzende Rosse aufzog und pflegte,
darf sich im Erdenschoß auch der Lieblingsbeschäftigung widmen.

Andere sah Aeneas zur Rechten wie Linken im Grase
lagern und schmausen, im Chor derweilen ein Festlied auch
singen,
mitten im duftenden Lorbeerhaine, aus dem sich nach oben
wasserreich, breit, der Erídanos wälzt durch bewaldete Fluren.

Hier verweilt, wer Wunden empfing im Kampf um die Heimat,
wer als Priester sein ganzes Leben sittenrein führte,
wer sich als frommer Prophet Apollos würdig erwiesen,
auch wer in Kunst und Wissenschaft fruchtbar das Leben erhöhte
oder durch andre Verdienste selber ein Denkmal sich setzte;
schneeweiße Binden umwinden ihnen allen die Häupter.

Während sie um die Besucher sich drängten, sprach die Sibylle
fragend zu ihnen, besonders jedoch zu Musaios – er ragte
hoch aus der Menge, es waren auf ihn die Blicke gerichtet –:
„Sagt uns, ihr glücklichen Seelen und du, vortrefflicher Sänger,
wo hier Anchises sich aufhält! Um ihm zu begegnen, gelangten
wir hierher, überquerten die mächtigen Unterweltsströme."

Antwort erteilte der Sänger ihr kurz mit folgenden Worten:
„Niemand bewohnt hier bestimmte Gebäude. In schattigen Hainen
sind wir zu Hause, auf rasenschwellenden Ufern, auf frischen
Wiesen, von Bächen durchrieselt. Doch wünscht ihr es dringend, so steigt nur
über den Höhenzug dort! Ich weise euch dann den bequemen
weiteren Pfad." Gleich schritt er voraus und zeigte von oben
lachende Fluren. Sie aber verließen den Höhenzug talwärts.

Vater Anchises musterte gründlich voll Eifer im grünen
Tal die dort eingeschlossenen Seelen, die wieder zum Lichte
aufsteigen sollten. Zur Stunde prüfte er eben die große
Anzahl der Seinen, die teuren Enkel, die Schicksale eines
jeden, die Zufälle, dann den Charakter und schließlich die Leistung.
Dabei sah er Aeneas, der über die Wiese geraden
Wegs auf ihn zukam, und streckte ihm hastig die Arme entgegen,
während ihm Tränen die Wangen benetzten, und sprach, tief ergriffen:
„Endlich kommst du! Die Liebe des Sohnes, erwartet vom Vater,
hat den beschwerlichen Weg überwunden. Ich darf jetzt dein Antlitz
sehen, bekannte Laute vernehmen und Antwort auch geben.

War ich doch fest überzeugt, es werde so kommen, und zählte
sehnend die Tage. Mich trog nicht, trotz quälender Sorgen, mein
Hoffen.
Was für Länder und Meere durchquertest du, bis ich dich heute
anschauen darf, und was für Gefahren hast du bestanden!
Was für Befürchtungen hegte ich, Libyen könnte dir schaden!“

Aber Aeneas erwiderte: „Vater, dein trauernder Schatten
ist wiederholt mir erschienen und trieb mich zum Gang in den
Orkus.
Im Tyrrhenischen Meere liegen die Schiffe. Die Rechte
gib mir doch, bitte, Vater, entzieh dich nicht meiner Umarmung!“
Während der Worte strömten die Tränen ihm über das Antlitz.
Dreimal versuchte er jenem den Arm um den Nacken zu
schlingen,
dreimal entwich den ins Leere greifenden Händen der Schatten,
ebenso leicht wie ein Windhauch, ebenso flüchtig wie Träume.

Nunmehr erblickte Aeneas im hinteren Teile des Tales
einen gesonderten Hain, ein Dickicht mit raschelnden Blättern,
und die Lethe, den Strom, der am Lande des Glückes entlangfließt.
Zahllos umdrängten Seelen das Ufer in wimmelnden Scharen,
wie auf den Wiesen bei wolkenlos heiterem Himmel im Sommer
Bienen auf vielerlei Blumen sich niederlassen und weiße
Lilien umschwärmen, die Landschaft erdröhnt vom lebhaften
Summen.
Ahnungslos fühlte Aeneas bei diesem Anblick von jähem
Schreck sich durchzuckt, und er fragte, was dort für ein Fluß sich
ergieße,
was für Leute in solcher Menge am Ufer sich drängten.
Antwort erteilte Anchises: „Die Seelen, die, göttlicher Weisung
fügsam, erneut sich verkörpern, trinken vom Wasser der Lethe,
schlürfen mit ihm Vergessenheit ein und Freiheit von Sorgen.
Lange schon möchte ich dir von ihnen erzählen, sie zeigen,
aufzählen dir die Nachkommen meines Geschlechtes: Mit
größrer
Freude begrüßt du danach mit mir die Entdeckung Italiens.“

„Vater, so steigen denn wirklich von hier aus etliche Seelen
aufwärts und schlüpfen aufs neue in träge irdische Körper?
Weswegen streben die Elenden derart fanatisch zum Lichte?"

„Darlegen will ich es dir und deine Bedenken zerstreuen",
gab Anchises zurück und erklärte der Reihe nach alles.
„Geistige Kraft durchdringt seit Beginn den Himmel, die Erde,
sämtliche Flächen des Wassers sowie die Titanengestirne
Sonne und Mond, sie durchflutet als Weltseele nährend die Teile,
treibt die gesamte Materie, verschmilzt mit dem riesigen Ganzen.
Diesem entstammen die Menschen, die Tiere, die fliegenden Wesen,
sämtliche Scheusale unter dem schimmernden Spiegel des Meeres.
Feurige Stärke und himmlischen Ursprung besitzen die Wesen,
werden beeinträchtigt nur von den schwachen, schädlichen Körpern,
werden entkräftet von irdischen Gliedern und sterblichen Leibern.
Daraus ergeben sich Furcht und Begierde, Kummer und Freude.
Düsterem Kerker verfallen, erkennen die Seelen die reine
Himmelsluft nicht. Sogar wenn das Leben erlosch an dem letzten
Tage, verloren die Armen nicht völlig das Übel, nicht restlos
wichen die Seuchen des Körpers. Es müssen in seltsamer Weise
viele lang haftende Schwächen des Leibes auch Wurzeln in Seelen
schlagen. So dulden die Seelen denn Qualen und sühnen durch Strafen
frühere Sünden: Ausgereckt hängen die einen im Luftraum,
Spielball der Winde; anderen werden die Flecken des Frevels
sauber getilgt in tiefen Gewässern oder im Feuer.
Jeder von uns unterliegt der eigenen Sühne. Im Anschluß
schickt man uns in das weite Elysium, wenige freilich,
die wir im Lande der Freude dann wohnen, bis uns der späte
Zeitpunkt nach Ablauf der Frist befreit von dem Schandfleck und unsre
himmlische Seele, das Feuer der reinen Höhe, zurückläßt.
Alle die Seelen hier ruft, sobald sie im Kreislaufe tausend
Jahre erfüllten, die Gottheit in Scharen zum Strome der Lethe.
Ohne Erinnerung sollen sie wieder die Wölbung des Himmels
sehen, den Wunsch zur Rückkehr in Körpergestalten empfinden."

Darauf zog Anchises den Sohn und zugleich die Sibylle
unter die Menge, hinein in die summenden Schwärme, und einen
Hügel betrat er, von wo er die langen Reihen der Seelen
deutlich zu mustern und jedes Gesicht zu erkennen vermochte.

„Auf denn, ich möchte den künftigen Ruhm des Dardanerstammes,
alle die Enkel, die aus italischem Blute uns bleiben,
denkwürdig-glanzvolle Seelen als Erben unseres Namens,
darlegen jetzt, dich auch aufklären über dein eigenes Schicksal.

Dort, der Jüngling – du siehst ihn –, gestützt auf die Lanze des Herrschers,
steht nach dem Lose am nächsten der Oberwelt, wird sich als erster
heben zu himmlischen Lüften, italisches Blut in den Adern.
Silvius heißt er – albanisch –, dein letzter Sprößling. Gealtert
bist du, wenn deine Gemahlin Lavinia ihn in den Wäldern
aufzieht zum König, zum Vater auch künftiger Herrscher. Durch diese
soll dann unser Geschlecht in Alba Longa regieren.

Anschließend stehen Prokas, der Ruhm des trojanischen Volkes,
Kapys und Numitor, dann auch dein Namenserbe, Aeneas
Silvius, trefflich zugleich durch Pflichtgefühl wie auch als Kämpfer,
wenn er die Herrschaft in Alba dereinst übernimmt. Was für Jungen!
Siehe doch, was sie für Kräfte erkennen lassen! Sie tragen,
Retter von Bürgern, dicht um die Schläfen Eichenlaubkränze,
werden Nomentum und Gabii, auch Fidenae dir gründen,
hoch auf den Bergen die Festung Collatia, ferner Pometia,
Castrum Iuni, Bola und Cora; sie allesamt werden
später berühmt sein, heute noch Landschaften ohne Benennung.

Anschließen wird sich ein Sprößling des Mars sogar noch dem Ahnherrn,
Romulus; aufziehen wird, vom Assarakosstamm, ihn die Mutter
Ilia. Siehst du ihn stehen mit doppeltem Helmbusch? Ihn zeichnet
hier schon der Vater der Himmlischen aus mit dem würdigen Schmuckstück!

Unter dem Segen des Romulus wird, mein Sohn, das berühmte
Rom mit der Herrschaft die Welt, mit dem Mut den Olympus umfassen,
sieben Festungen mit nur *einer* Mauer umschließen,
fruchtbar an Helden. So zieht die berekynthische Mutter
unter der Mauerkrone zu Wagen durch phrygische Städte,
freut sich der göttlichen Kinder und schließt in die Arme an hundert
Enkel, sämtlich Bewohner der ragenden Höhen des Himmels.

Blicke hierher jetzt, betrachte dir diese Volksmenge: Deine
Römer! Hier weilen Caesar und sämtliche Nachkommen deines
Sohnes Iulus, die einstmals zum Himmel aufsteigen werden.
Dieser Römer dort ist es, von dessen Erscheinen du oftmals
hörtest: Augustus Caesar, der Sohn des Göttlichen. Über
Latium, das einst Saturnus beherrschte, wird er das Goldne
Zeitalter wiederum bringen, die Reichsgrenzen vorschieben über
die Garamanten und Inder hinaus – dort leuchten ganz andre
Sterne, dort zieht nicht die Sonne, wo Atlas, der Träger des Himmels,
hoch auf den Schultern das strahlend gestirnte Gewölbe in Schwung hält.
Heute schon bangen aufgrund der Orakel die Kaspischen Reiche
wie auch Mäotien vor des Eroberers Ankunft, und angstvoll
zittern die sieben Mündungen des gewaltigen Nilstroms.
Nicht der Alkide durchzog so riesige Landstriche, mochte
er die erzhufige Hirschkuh auch treffen, des Erymanthos
Wälder befrieden und Lerna mit seinen Geschossen erschrecken;
Bacchus auch nicht, der als Sieger mit Zügeln aus Weinlaub vor seinem
Wagen die Tiger herab von Nysas Berggipfel lenkte.
Trotzdem zögern wir noch, durch Taten die Leistung zu steigern –
oder verwehrt uns die Furcht, ausonisches Land zu betreten?

Aber wer trägt dort, noch ferne, kenntlich am Kranze des Ölbaums,
Opfergerät? Ich erkenne das Haar, der ergrauenden Kinnbart

jenes Königs von Rom, der die junge Stadt durch Gesetze
festigt, berufen aus ärmlichem Lande, dem dürftigen Cures,
zu dem bedeutenden Amt. Ihm folgt auf dem Königsthron
Tullus;
aufrütteln wird er das Land aus der Ruhe, die müßigen Männer
frisch zu den Waffen rufen, ein Heer, das keiner Triumphe
mehr sich erinnert. Nächst ihm erscheint als Landesherr Ancus,
ruhmredig freilich, schon jetzt ganz maßlos erpicht auf die
Volksgunst.
Willst du die stolzen tarquinischen Könige sehen, den Rächer
Brutus dazu, der die höchste Gewalt dem Volke zurückgibt?
Erstmalig wird er die Konsulsgewalt und die grausamen Beile
annehmen, wird als Vater seine rebellischen Söhne
hart mit dem Tode bestrafen zum Schutze der heiligen Freiheit,
unglückgeschlagen, wie immer die Nachwelt sein Handeln
beurteilt.
Vaterlandsliebe und maßlose Ruhmsucht geben den Ausschlag.

Sieh dort die Decii – weiter die Drusi – Torquatus, den strengen
Henker des Sohnes – Camillus, den Retter der Feldzeichen! –
Diese
beiden jedoch – du siehst sie im gleichen Waffenschmuck
strahlen –,
einträchtig heut und solange sie noch in der Unterwelt weilen,
werden, ins Leben gerufen, einander erbittert bekämpfen,
werden verlustreiche Schlachten sich liefern: Herab von den
Alpen
und der Monoecusburg steigt, als Schwiegervater, der eine,
während sein Schwiegersohn ferne im Osten gegen ihn rüstet.
Ja nicht, ihr Söhne, gewöhnt euch an solch entsetzliche Kriege,
wendet nicht gegen das Vaterland eure so wirksamen Waffen!
Lasse als erster Schonung walten, du Sproß des Olympus,
lege die Waffen doch nieder, mein Enkel!

Jener dort fährt im Triumph nach dem Fall von Korinth und den
Siegen
über die Griechen zum Kapitol einst empor mit dem Wagen.
Dieser vernichtet Argos, dazu Agamemnons Mykene,

schließlich den Äakiden, den Enkel des Helden Achilles,
rächt die troischen Ahnen, die Schändung des Tempels der Pallas.
Wer überginge mit Schweigen dich, großer Cato – dich, Cossus –
wer das Geschlecht der Gracchen – die zwei Scipionen, wie Blitze
zuckend im Kriege, Zerstörer Karthagos – Fabricius, mächtig
grade in seiner Armut – Serranus, den säenden Bauern?
Müde schon bin ich – wohin entrafft ihr mich, Fabii? *Du* dort,
Maximus, hast uns, allein, den Staat durch Zögern gerettet!

Andere mögen aus Bronze gefälliger gleichsam beseelte
Wesen gestalten, glaube ich, Leben dem Marmor entlocken,
werden vortrefflich öffentlich reden, die Bahnen des Himmels
besser berechnen, genauer den Aufgang der Sterne bestimmen:
Zeige dich, Römer, bewußt der Pflicht, die Völker zu lenken –
hierin beweise dein Können! –, das Friedensgesetz zu diktieren,
die Unterworfnen zu schonen, doch Trotzige niederzuringen!“

So sprach Vater Anchises und fügte den staunenden Hörern
eines hinzu noch: „Sieh dort Marcellus als Sieger im Schmucke
rühmlicher Beute schreiten; weit überragt er die andern!
Auffangen wird er das sinkende Rom im Getümmel der Waffen,
niederstrecken Karthager und aufsässig drohende Gallier,
wird dann als dritter die Beute widmen dem Vater Quirinus.“

Neben Marcellus erblickte Aeneas einen noch jungen
stattlichen Mann mit funkelnden Waffen, der freilich die Augen
unter der düsteren Stirne senkte. Da fragte er: „Vater,
wer begleitet den Helden Marcellus? Ist es sein Sprößling?
Oder auch einer der zahlreichen Enkel? Welch ein Gefolge
drängt mit Getöse sich um ihn! Welch würdevolle Erscheinung!
Aber sein Haupt zeigt finster umwölkt sich von nächtlichem Dunkel.“

Vater Anchises erteilte ihm, unter Tränen, die Auskunft:
„Frage mich nicht, mein Sohn, nach dem bitteren Kummer der Deinen!

Zeigen nur wird das Schicksal den Jüngling der Welt, doch kein langes
Leben ihm gönnen. Das römische Volk erschiene euch, Götter,
allzu gewaltig, bliebe ihm solche Gabe erhalten.
Schmerzliche Klagen der trauernden Männer werden vom Marsfeld
hallen zur Hauptstadt. Welch bittre Bestattung erblickst du dann, Tiber,
wenn du am eben errichteten Hügel des Grabes vorbeifließt!
Wird doch kein Nachkomme ilischen Stamms die latinischen Ahnen
jemals zu solcher Hoffnung berechtigen, niemals die Erde,
die einst den Romulus trug, sich solchen Pflegesohns rühmen!
Pflichtbewußt war er, so treu wie die Vorfahren, siegreich dank seiner
tapferen Rechten! Trug er die Rüstung, so hätte nicht einer
ungestraft ihm sich gestellt, ob zu Fuß auf den Gegner er losging
oder den Sporn in die Flanken des schäumenden Rosses hineintrieb.
Könntest du, armer Junge, trotzen dem grausamen Schicksal!
Nein, ein Marcellus wirst du! Spendet mir Lilien mit vollen
Händen, ich möchte die schimmernden Blüten wenigstens häufen
über der Seele des Enkels, ein Liehesdienst, leider vergeblich!"

Derart durchstreiften sie weit und breit die Gefilde der Lüfte,
nahmen genau in Augenschein alles, was sie erspähten.

Hatte Anchises bis jetzt dem Sohne im einzelnen alles
vorgeführt, ihn auch entflammt zum Erstreben künftigen Ruhmes,
kam auf die Kriege er nunmehr zu sprechen, die noch zu führen
waren, erzählte von den Laurentern, der Stadt des Latinus,
von den Gefahren, die er teils meiden, teils durchstehen sollte.

Träume benutzen zum Austritt zwei Tore. Das eine besteht aus
Horn, ihm entschlüpfen mit Leichtigkeit die tatsächlichen Schatten;
aus hellschimmerndem Elfenbein wurde das andre gestaltet,
dadurch entlassen die Manen nur täuschende Träume zum Himmel.

Hierher geleitete im Gespräche Vater Anchises
Sohn und Prophetin, entließ sie darauf durch den
Elfenbeinausgang.

Schleunigst kehrte Aeneas zurück zu Flotte und Mannschaft,
segelte längs der Küste zum Hafen Cajetas; die Anker
warf man herab von den Vorschiffen, Heckteile zeigten zur Küste.

SIEBENTER GESANG

Du auch, Cajeta, du Nährerin eines Aeneas, verliehest
sterbend unseren Küsten Ruhm für ewige Zeiten.
Heute noch zollt man dir Ehren, dein Name bezeichnet die Stätte
deines Grabes – sofern das ein Ruhm ist: im großen Hesperien.

Ordnungsgemäß vollzog der fromme Aeneas die Pflichten,
häufte den Hügel zu Ehren der Toten, verließ dann, bei friedlich
ruhender See, nach Setzen der Segel den Hafen. Die Brise
wehte zur Nacht hin günstig, der Mond gewährte den Schiffen
gütig sein Licht, es glänzte das Meer im zitternden Scheine.
Dicht am Gestade der Circe glitten sie ruhig vorüber,
wo die begüterte Tochter des Helios ständig mit hellem
Singen ein Echo entlockte den unzugänglichen Hainen
und in dem Prachtschloß duftende Zedern verbrannte als Nachtlicht,
dann mit dem Weberkamm raschelnd strählte das feine Gewebe.
Dorther vernahm man das zornige Brüllen von Löwen, die gegen
Wände von Käfigen tief in der Nacht noch ungestüm tobten,
hörte auch borstige Schweine und Bären wüten in Zwingern,
heulen auch mächtige Wölfe: Allesamt waren sie Menschen;
Circe, die grausame, hatte mit zauberkräftigen Kräutern
jäh sie verwandelt, in Fell sie gehüllt und mit Schnauzen versehen.
Um den frommen Trojanern solch schreckliches Los zu ersparen,
fern sie zu halten der Bucht und dieser gefährlichen Küste,
schwellte Neptunus die Segel mit kräftigem Fahrtwind und lenkte
schnell an den Untiefen sie und der brodelnden Brandung vorüber.

Rötlich erglänzte das Meer schon von Strahlen, vom Himmelsgewölbe
leuchtete golden Aurora im rosigen Zweigespann. Plötzlich
legte der Wind sich, jeder Lufthauch erstarb, und die Ruder
bahnten mit Mühe den Weg auf der trägen, schimmernden Fläche.
Einen stattlichen Hochwald erblickte von See aus Aeneas;
zwischen den Bäumen ergoß sich in lieblicher Strömung der Tiber,

reißend mit mächtigen Strudeln, gelblich vom wirbelnden
Schwemmsand,
vorwärts ins Meer. An den Ufern und über den Flußwellen ließen
vielerlei Vögel, heimisch an Lauf und Rändern des Stromes,
schmeichelnd ihr Lied durch die Lüfte erschallen, durchflatternd
das Dickicht.
Einschwenken hieß Aeneas die Mannschaft, in Richtung des
Festlands,
lenkte hinein in den schattigen Fluß voll freudiger Stimmung.

Auf denn, Erato, von Herrschern und Zeitläuften will ich berichten
und von der Lage im alten Latium während der Landung
des aus der Fremde stammenden Heers an italischer Küste,
will ins Gedächtnis zurückrufen auch den Ausbruch der Kämpfe.
Muse, begeistre den Dichter! Ich singe von schrecklichen Kriegen,
singe von Schlachten, vom Wüten todesmutiger Fürsten,
von dem tyrrhenischen Heer, von Hesperien, das an den Kämpfen
voll sich beteiligte. Größere Taten muß ich gestalten,
Höheres wagen.

König Latinus, bejahrt schon, regierte
längere Zeit in tiefem Frieden Fluren und Städte,
Sprößling des Faunus und der laurentischen Nymphe Marica.
Faunus entstammte dem Picus, und dieser verehrte als Vater
dich, Saturnus. Du bist der Ahnherr dieses Geschlechtes.
Göttliche Weisung versagte dem alternden Herrscher Latinus
männliche Erben; der einzige Sohn war, jung noch, gestorben.
Eine Tochter allein war Erbin des Hauses und seiner
reichen Besitztümer, volljährig schon und gereift zur Vermählung.
Zahlreiche Männer des weiten Latium, ja aus dem ganzen
Lande Italien umwarben sie, Turnus als stattlichster aller,
mächtig allein schon durch Vater und Ahnen. Amata, des Königs
Gattin, begehrte zum Schwiegersohn ihn mit besonderem Eifer.
Göttliche Zeichen voll mancherlei Drohung verboten das aber.

Ragte doch mitten im Hofraum des Schlosses, mit heiligen Blättern,
aufwärts ein Lorbeerbaum, den man seit Jahren ehrfurchtsvoll
pflegte.

Vater Latinus sollte ihn gleich bei Errichtung der Stadtburg
selber entdeckt, dem Phöbus geweiht und, entsprechend der Pflanze,
sämtlichen Siedlern den Namen „Laurenter“ beigelegt haben.
Hoch auf dem Wipfel des Baumes ließ sich ein Bienenschwarm nieder.
Über den lichten Äther, erstaunlich, nahten die Tiere
ungestüm summend und hingen, die Beinchen verschränkt ineinander,
plötzlich in dichtem Gewimmel an grünendem Zweig in der Krone.
Ohne zu säumen, erklärte der Wahrsager: „Weit aus der Fremde
sehe ich einen Helden kommen, ein Heer auch aus gleicher
Richtung, mit gleichem Ziele, und herrschen in unserer Stadtburg!“
Schließlich erzählte man Folgendes noch: Als das Mädchen Lavinia
auf dem Altare die Gaben gewissenhaft ansteckte, wartend
neben dem Vater dann stand, da begann – nicht wirklich, nur scheinbar –
hellauf zu lodern ihr wallendes Haar; der Kopfschmuck verbrannte
knisternd, die Locken der Königstochter, die edelsteinschwere
glänzende Krone; Lavinia selber dampfte inmitten
schimmernden Lichtes, sie schien den ganzen Palast zu entflammen.
Schrecken erregte der Anblick, er galt als erstaunlich. Die Seher
sagten, das Mädchen werde ein rühmliches Schicksal gewinnen,
freilich das eigene Volk in erbitterte Kämpfe verwickeln.

Über die Wunder bestürzt, begab sich der Fürst zu dem Haine
seines weissagenden Vaters Faunus, unter der hohen
Quelle Albúnea, die, im Gebiete des Waldes die größte,
mächtig herabrauscht und, düster beschattet, beißende Dünste
aushaucht. In schwieriger Lage holen von hier sich Italiens
Völker und holt ganz Oinotria Auskunft. Brachte der Priester
Gaben hierher und legte in schweigender Nacht sich zum Schlummer
nieder auf Fellen geopferter Schafe, bekam er vor Augen
viele Gestalten, die seltsam dahinschwebten, hörte verschiedne

Stimmen und durfte mit Göttern Zwiesprache halten, er durfte
tief im Avernus sogar zu den Mächten des Acheron sprechen.
Vater Latinus auch suchte von hier sich Auskunft. Er brachte
feierlich hundert zweijährige wollige Schafe zum Opfer,
breitete ihre Felle dann aus und streckte zum Schlafen
darauf sich nieder. Da scholl aus der Höhe des Haines die Stimme:
„Niemals, mein Sohn, verheirate deine Tochter an einen
Gatten aus Latium, meide die vorbereitete Hochzeit!
Fernher naht sich der Schwiegersohn, wird mit seinem Geschlechte
unseren Ruhm zu den Sternen tragen: Die Enkel von seinem
Stamme werden, soweit die Sonne vom Ostmeer zum Westmeer
leuchtet, die Völker der Welt unterwerfen und kraftvoll regieren."

Diese warnende Auskunft, in schweigender Nacht von dem Vater
Faunus erteilt, ward weiter verbreitet vom König Latinus.
Aber die Fama auch hatte im Flug sie bereits durch Italiens
Städte getragen, als die trojanische Mannschaft die Schiffe
an der von Kräutern bewachsenen Böschung des Ufers vertäute.

Unter hochragenden Baumkronen ließen Aeneas, die Fürsten
und der stattliche Jüngling Iulus sich nieder. Die Mahlzeit
richteten sie und legten im Grase unter die Speisen
Opferfladen von Weizengebäck – nach Jupiters Ratschluß –,
nutzten als Unterlage sie dann für die Früchte der Ceres.
Als sie schon alles aufgezehrt hatten, trieb sie der Hunger,
auch nach den Fladen zu greifen und kühn – Entweihung des
Opfers! –
kräftig hinein in die schicksalsträchtigen Scheiben zu beißen.
„Ha, auch die Tische verschmausen wir!" rief da Iulus, zum
Scherze,
ohne ein Wort noch hinzuzufügen. Aber der Ausruf
sollte das Ende der Irrfahrt bedeuten. Kaum war er verklungen,
griff ihn Aeneas schon auf, betroffen vom Walten der Götter.
Schweigen gebot er der Runde und rief: „Ich grüße dich, Heimat,
die mir vom Schicksal bestimmt, auch euch, ihr treuen Penaten
Trojas! Hier findet ihr Wohnstatt und Vaterland! Dieses
Geheimnis
hat mir mein Vater Anchises – jetzt fällt es mir ein – hinterlassen:

‚Nötigt, mein Sohn, dich an einem fremden Gestade der Hunger,
nach der dürftigen Mahlzeit auch noch die Tische zu essen,
glaube, trotz deiner Erschöpfung, die Heimat gefunden zu haben,
lasse gleich Häuser errichten, umgib sie mit mächtigem Schutzwall!'
Damit beschrieb er den Hunger von heute, der unsere bittre
Irrfahrt beschließt!
Auf denn, sogleich bei Aufgang der Sonne lasset uns voller
Freude das Land hier und seine Bewohner, auch Städte erkunden,
aufbrechen uns vom Landeplatz aus nach verschiedenen Seiten!
Bringt jetzt dem Jupiter Trankopfer dar und betet zu meinem
Vater Anchises, setzet die Weinkrüge auf zum Gelage!"

Derart sprach er, umkränzte die Schläfen mit grünenden Zweigen,
flehte zum Schutzgeist der Stätte, zu Tellus darauf als der ersten
Gottheit, den Nymphen sodann, den Flüssen auch, die er noch gar nicht
kannte, zur Nacht und zu ihren soeben aufglänzenden Sternen,
jetzt zum idäischen Jupiter und zur phrygischen Mutter
sämtlicher Götter, den Eltern zum Schluß in Himmel und Orkus.
Hoch aus dem heiteren Äther ließ der allmächtige Vater
dreimal den Donnerschlag grollen und senkte vom Himmelsreich eine
feurig und golden umglitzerte Wolke schwingend hernieder.
Unter den Troern verbreitete gleich sich die Kunde, gekommen
sei jetzt der Tag zur Gründung der Stadt, die sie aufbauen sollten.
Feierlich setzten die Mahlzeit sie fort und schleppten, des guten
Vorzeichens froh, voller Eifer die Weinkrüge, kränzten die Becher.

Als dann der folgende Tag mit dem Frühlicht die Erde erhellte,
zogen sie truppweise aus, um Land und Leute, die Küste
wie auch die Stadt zu erkunden: den trägen Sumpfquell Numicus,
weiter den Thybris, dann das Gebiet der tapfren Latiner.

Darauf befahl der Sohn des Anchises hundert Trojanern
jeglichen Standes, zum stattlichen Schlosse des Königs zu ziehen,
ordnungsgemäß als Gesandtschaft von Zweigen der Pallas umschattet,

Gaben zu bringen dem Herrscher, um Frieden und Freundschaft zu bitten.
Ohne Verzug gehorchten sie eilenden Schrittes dem Auftrag.
Darauf markierte Aeneas den Grundriß der Mauern mit einem
flachen Graben, begann mit dem Bauen, umkränzte die erste
Wohnstatt am Strande, wie üblich bei Lagern, mit Erdwall und Brustwehr.

Doch die Gesandten durchmaßen die Strecke, sie sahen die hohen
Türme und Bauten bereits der Latiner und nahten den Mauern.
Knaben und jugendlich blühende Männer übten zu Rosse
sich vor der Stadt, sie lenkten die staubumflatterten Wagen,
schnellten von Bogen die sausenden Pfeile, schleuderten schwanke
Wurfspieße, maßen sich eifrig im Wettrennen wie auch im Faustkampf.
Schon überbrachte ein Bote zu Pferde voraus dem bejahrten
König die Nachricht vom Eintreffen ausnehmend stattlicher Männer,
deren Bekleidung fremdartig wirke. Latinus entbot sie
gleich zum Palast, ließ selbst auf dem Throne der Ahnen sich nieder.

Ehrwürdig ragte, gewaltig, auf hundert mächtigen Säulen,
hoch auf der Stadtburg, der stolze Palast des laurentischen Picus,
Stätte der Scheu seit den Ahnen, umgeben von schattigen Bäumen.
Zepter und Faszes hier zu empfangen, das galt für die Fürsten
als ein beglückendes Omen. Der Tempel diente als Rathaus,
diente als Stätte dem heiligen Festmahl; nach Schlachtung des Widders
pflegten die Väter an langen Tafeln sich niederzulassen.
Bilder der Ahnen, geschnitzt aus uraltem Holze der Zeder,
zeitlich geordnet, standen im Vorraum: Fürst Italus – weiter
Vater Sabinus, der erste Pflanzer der Reben, die Sichel
auch noch als Standbild bewahrend – der greise Saturnus – dann Ianus,
Gott mit dem doppelten Antlitz, und andre Gebieter der Vorzeit,
die in den Kämpfen zum Schutze der Heimat Wunden empfingen.
Aufgehängt waren auch zahlreiche Waffen an heiligen Säulen,

Streitwagen, einstmals erbeutet – geschweifte Kampfäxte – Helme,
hoch überragt von Büschen – wuchtige Riegel von Toren –
Wurfspieße – Schutzschilde – Schiffsschnäbel, die man den Kielen entrissen.
Picus, Bezwinger der Rosse, mit quirinalischem Krummstab,
festlich in kurzer Staatstoga und in der Linken den Rundschild,
thronte als einziger; Circe, die ihn zum Gatten begehrte,
hatte, verschmäht, mit dem goldenen Stab ihn geschlagen, durch einen
giftigen Trank ihn zum buntgesprenkelten Spechte verwandelt.

Mitten in diesem Heiligtum saß auf dem Throne der Väter
König Latinus, berief die Trojaner zu sich und erklärte
ihnen nach ihrem Eintritt ins Schloß mit freundlichen Worten:
„Dardaner, sagt, was ihr wünschet! Wir kennen ja euch wie auch eure
Stadt und vernahmen von eurer Landung an unserer Küste.
Warum, aus welcher Notlage fuhret ihr über die weiten
bläulichen Wogen zum Strande Ausoniens? Mögt ihr auf einer
Irrfahrt, mögt ihr, von Stürmen verschlagen – ein Schicksal, das oftmals
Schiffern auf hohem Meere zuteil wird –, in unseres Flusses
Mündung gefahren sein, nunmehr an sicherem Ankerplatz ruhen:
Lehnt nicht die Gastfreundschaft ab, die wir bieten. Bedenkt, wir Latiner,
Enkel Saturns, wir üben Gerechtigkeit ohne Gesetze,
zwanglos, freiwillig, dem Brauche des uralten Gottes nur folgsam.
Wie ich mich jetzt noch erinnre – Jahre verdunkeln den Hergang –,
sagten betagte Aurunker, Dardanos stamme aus unsrem
Lande, von hier aus sei er zu Phrygiens idäischen Städten
und auf das thrakische Samos, heut Samothrake, gezogen.
Er, der von Kórythos aufbrach, einer Stadt der Tyrrhener,
sitzt jetzt im goldnen Palast des gestirnten Himmels auf hohem
Throne, vermehrt durch seine Altäre die Reihen der Götter."

Darauf entgegnete ihm Ilióneus mit folgenden Worten:
„König, erhabener Sprößling des Faunus, uns jagte kein wilder

Sturmwind über die Fluten an eure rettende Küste,
leitende Sterne täuschten so wenig uns wie das Gestade.
Planmäßig sind wir, mit voller Absicht, gekommen zu eurer
Hauptstadt. Wir wurden vertrieben aus einem der mächtigsten
    Reiche,
das je die Bahn der Sonne vom Rande des Himmels erblickte.
Jupiter gilt uns als Ahnherr, ihn feiern Dardanias Männer
freudig als Stammvater, ihm, dem Größten, entstammt auch
    Aeneas,
König der Troer. Dieser schickt uns zu deinem Palaste.
Welch ein Orkan aus dem wilden Mykene die Fluren am Ida
grausam durchtobte, welch furchtbares Schicksal die zwei
    Kontinente
Asien und Europa zum Kampf auf die Schlachtfelder hetzte,
davon vernahmen die Menschen am äußersten Nordrand der Erde,
den der Okeanos abschließt, auch jene der heißesten Zone,
die sich inmitten der anderen vier in der Sonnenglut ausdehnt.
Seit der vernichtenden Flut durchirrten wir zahlreiche Meere.
Heute erbitten wir Wohnrecht für unsere Götter, ein kleines,
harmloses Landstück am Strande, dann Wasser und Luft, das
    Gemeingut.
Keinerlei Schande bringen wir eurem Reich, ihr gewinnt nur
glänzenden Ruhm, nie erlischt der Dank für die Hilfe, und niemals
werden Ausonier die freundliche Aufnahme Trojas bedauern.
Bitte, verschmähe uns nicht, wenn zum Flehen wir freiwillig unsre
bindenumwickelten Arme erheben! Ich schwöre wahrhaftig,
bei dem Geschick des Aeneas und seiner gewaltigen Rechten,
treu, auf dem Schlachtfeld bewährt auch: Zahlreiche Völker und
    Stämme
wünschten sich dringend in Frieden und Freundschaft mit uns zu
    verbünden!
Göttliche Weisungen aber befahlen uns streng, nur in eurem
Lande die Zuflucht zu suchen. Dardanos ward hier geboren,
Phöbus verlangt von uns Rückkehr zum Ursprung und drängt auf
    Gehorsam,
hier zum tyrrhenischen Thybris, zur heiligen Quelle Numicus.
Auch überreicht Fürst Aeneas dir Zeugnisse früheren Glanzes,
diese bescheidenen Gaben, aus Trojas Flammen geborgen:

Hier aus der Goldschale spendete einstmals Anchises den Göttern;
hier die Insignien führte einst Priamos, wenn er vorm Volke
feierlich Recht sprach, das Zepter, die hohe Tiara, das Staatskleid,
Arbeit trojanischer Frauen!"

Derart sprach Ilioneus. Latinus blickte indessen
still auf den Boden, ohne Bewegung, und nur in den Augen
lebte die innere Spannung. Nicht das golden bestickte
Purpurgewand, nicht das Zepter des Priamos reizte den König.
Vielmehr verweilte er grübelnd beim Hochzeitsbunde der Tochter,
prüfte genau die Bedeutung der Auskunft des uralten Faunus:
daß in Aeneas der Schwiegersohn aus der Fremde erscheine,
unter der gleichen Befugnis wie er zur Herrschaft berufen,
daß er der Stammvater ausnehmend tapferer Nachkommen werden
solle, die einstmals kraftvoll die Weltherrschaft antreten würden.
Endlich begann er voll Freude: „Mögen die Götter denn unser
Vorhaben segnen, sie lenken es ja! Ich erfülle den Wunsch dir,
Troer, und weise die Gaben nicht ab. Im Reich des Latinus
sollt ihr ertragreiche Fluren und Trojas Wohlstand nicht missen.
Komme Aeneas doch selber, wenn er so dringend uns sehen,
Freundschaft schließen, als Bundesgenosse dastehen möchte,
scheue sich nicht, vor die Augen wohlwollender Männer zu treten!
Gilt mir ein Händedruck doch schon als Teilstück des künftigen Friedens.
Jetzt übermittelt eurem Gebieter meine Entgegnung:
Meine Tochter als Gattin einem Landsmann zu geben,
ist mir verwehrt durch Orakel, die mir mein Vater erteilte,
wie auch durch himmlische Zeichen. Der Schwiegersohn kommt aus der Fremde,
sagen sie, bleibt hier in Latium, trägt mit seinem Geschlechte
unseren Ruhm zu den Sternen. Ich halte Aeneas für jenen,
heiße den – wenn ich nicht irre – Schicksalserwählten willkommen."

Darauf erwählte Latinus hundert Rosse – er hatte
dreihundert glänzende Tiere an stattlichen Krippen ja stehen –,
jedem Gesandten eines, und ließ den Teukrern die Renner
vorführen gleich, in zierlich gestickten Decken von Purpur;

goldene Halsketten hingen hernieder zur Brust von den Mähnen,
golden auch leuchteten die Kandaren zwischen den Zähnen;
für den am Strande noch weilenden Helden Aeneas ein Fahrzeug,
prächtig bespannt mit zwei göttlichen, feuerschnaubenden Rossen
jenes Geschlechts, das Circe ohne Wissen des Vaters
listig als Halbblut durch Zuführen einer gewöhnlichen Stute
ehemals züchtete. Derart begrüßt und beschenkt von Latinus,
kehrten die Boten beritten zurück als Bringer des Friedens.

Aber da schwebte gerade Jupiters grimmige Gattin
quer durch die Luft vom inachischen Argos. Aus himmlischer Ferne,
von den sizilischen Höhen Pachynums, erspähte sie Trojas
Flotte, erspähte Aeneas, der freudig an Land sich bewegte,
sah schon die Schiffe geräumt und die Männer beim Hausbau beschäftigt,
Zeichen des Willens, zu siedeln. Da blieb sie, aufs höchste erbittert,
stehen, erleichterte kopfschüttelnd sich mit den zornigen Worten:
„Ha, du verdammte Sippe, ihr Phryger, die dauernd ihr meine
Pläne durchkreuzt! Sie konnten den Tod bei Sigeion nicht finden,
konnten, gefangen schon, fliehen, verbrannten auch nicht in den Flammen
Trojas: Aus feindlichen Scharen, aus tödlichen Glutmassen durften
sie noch entschlüpfen! Ich möchte fast glauben, daß jämmerlich meine
Kräfte versagen, mein Haß, schon gestillt, in Schlummer mich wiegte,
mich, die ich feindlich die Heimatvertriebenen über die Wogen
scheuchte und überall auf den Meeren ihr Fortkommen hemmte!
Völlig erschöpft sind Himmel und Wellen vom Kampf mit den Teukrern.
Syrten und Skylla und wilde Charybdis nützten mir gar nichts.
Sicher am Ziel der Wünsche, am Thybris, ruhen die Troer,
fürchten weder die Wogen noch mich! Mars konnte die Riesen
einst, die Lapithen, vernichten, dem Zorn der gekränkten Diana
opferte einst der Vater der Götter das alte Kalydon –
wofür büßten Kalydon und jene Riesen so grausam?

Aber ich große Gemahlin Jupiters, die ich voll Tatkraft
alles versuchte – vergeblich! – und keinerlei Mittel verschmähte,
ich unterliege Aeneas! Doch bin ich selber zu schwächlich,
hole ich ohne Bedenken mir Hilfe, wo sie sich mir bietet.
Kann ich den Himmel nicht einsetzen, lasse den Orkus ich kommen!
Kann ich Aeneas nicht hindern, Latiums Reich zu betreten,
gibt unumstößlich das Schicksal Lavinia ihm zur Gemahlin,
bitte: so kann ich doch wenigstens stören und hemmen den Fortschritt,
schwer mit Verlusten die Völker der beiden Könige schlagen!
Dafür sollen sich Schwiegervater und Schwiegersohn einen.
Blut von Trojanern und Rútulern nutze als Mitgift, Lavinia,
Göttin Bellona stifte dein Eheglück! Hekabe hatte
einst nicht als einzige Gattin die brennende Fackel geboren;
Venus auch tat es, die Mutter des neuen Paris. So setzen
Fackeln der Hochzeit in Brand auch das wiedererstandene Troja!"

Schreckenerregend ließ sie sogleich sich zur Erde hernieder.
Laut aus der Wohnstatt der Furien, dem finsteren Reiche der Tiefe,
rief sie Allekto, die Unheilsgöttin, die schreckliche Kriege,
Rachgier und Tücke und üble Verbrechen verursacht und fördert.
Pluto selber, auch ihre Unterweltsschwestern verwünschen
grimmig das Scheusal, so vielfältig kann sie sich wandeln, so gräßlich
wirkt ihr Erscheinen, so grauenhaft-finster umwimmeln sie Schlangen.
Aufgehetzt wurde jetzt noch von Juno die furchtbare Göttin:
„Bitte, jungfräuliche Tochter der Nacht, erweise mir einen
Liebesdienst: Niemals verdunkelt, zerbrochen gar werde mir meine
Ehre, und niemals umgarne Aeneas den König Latinus
listig mit Hochzeitsplänen und setze sich fest in Italien!
Einträchtig lebende Brüder vermagst du zum Kampf zu entzweien,
Haß in Familien zu säen, tödliche Fackeln und Geißeln
wild in die Häuser zu schleudern; tausendfach läßt du dich nennen,
tausendfach weißt du zu schaden! Deinen Erfindergeist sporne,
tilge die Friedensvereinbarung, streue die Samen des Krieges!
Sämtliche Männer sollen die Waffen verlangen und packen!"

Völlig durchdrungen vom Gifte der Gorgo, stürzte Allekto
gleich ins laurentische Land und zum Schloß des Königs Latinus,
ließ sich im stillen Gemach der Amata dann nieder. Die Fürstin
wurde, als Frau, von brennenden Sorgen, von Zorn auch gepeinigt
über die Ankunft der Teukrer und über die Hochzeit mit Turnus.
Aus den blauschimmernden Haaren warf ihr die Furie eine
Schlange entgegen. Sie sollte im Innern der Herrin sich bergen,
grimmig sie stacheln zu Wut und zu blinder Verwirrung des Hauses.
Zwischen das Kleid und den zarten Busen schlüpfte unmerklich
züngelnd die Natter, und ohne daß die Erregte es spürte,
hauchte sie Gift ihr ins Herz. Zur goldenen Halskette wurde
machtvoll das Tier, zur Binde am Schleier des Hauptes, verkroch sich
zwischen den Haaren, umschlängelte leicht beweglich die Glieder.

Aber zuerst erfaßte die Kraft des berauschenden Unheils
nur die Sinne, erfüllte mit Glut nur das Knochenmark, ohne
unwiderstehlich das Herz in Flammen zu setzen. Noch ruhig
sagte Amata, ganz sorgende Mutter, zum Gatten und weinte
bitterlich über die Heirat der Tochter mit einem Trojaner:
„Soll ein verbannter Phryger tatsächlich unsre Lavinia
heiraten, Vater, ohne daß du dich der Tochter und deiner
selber erbarmst – auch der Mutter nicht, die der Entführer des Mädchens
treulos verläßt weit über das Meer, wenn der Nordwind erst auffrischt?
Ebenso drang einst nach Sparta ein phrygischer Hirt und entführte
Helena, Ledas Tochter, nach Troja! Wie steht es um deine
niemals gebrochene Treue, die einstige Sorge um deine
Lieben, die Zusagen, die du dem Turnus, unsrem Verwandten,
machtest? Erwarten Latiner den Schwiegersohn wirklich vom Ausland,
ganz unumstößlich, und drängt dich des Vaters Faunus Orakel,
nun, so erachte ich jedes Gebiet, in dem wir nicht herrschen,
sinnvoll als ‚Ausland' und deute entsprechend die Weisung der Götter.

Prüfen wir derart den Stammbaum, dann finden als Ahnen des Turnus
Inachos wir und Akrisios, kurz, als Kernland: Mykene!"

Aber Amata flehte umsonst. Sie sah, wie Latinus
seinen Standpunkt behauptete. Nunmehr durchdrang das zum Wahnsinn
treibende Schlangengift tiefer die Fürstin, durchsetzte sie völlig.
Aufgepeitscht durch die entsetzliche Wirkung, stürzte die Arme
zügellos durch die riesige Stadt in rasendem Rausche.
Wie sich ein Kreisel, den Knaben voll Eifer im offenen Hofe
spielerisch treiben in mächtigem Bogen, wirbelnd herumdreht,
unter der Peitschenschnur kreist, ein schnurrendes Holzstück aus Buchsbaum,
staunend begafft von den ahnungslosen kleineren Jungen,
ständig beschwingt von den Hieben der Geißel: ebenso stürmte
rasend Amata quer durch die Stadt und durch das Gewimmel
ihres zum Kriege leicht reizbaren Volkes. Doch kam es noch schlimmer:
Wie überwältigt vom Toben des Bacchus, auf stärkeren Frevel,
stärkeres Wüten versessen, trieb sie die Tochter ins Freie,
fort in die Wälder, versteckte sie dort in den laubreichen Bergen,
wollte das Mädchen den Teukrern entreißen, die Hochzeit vereiteln,
„Bacchus, juchhei!" auf den Lippen, als halte sie dich nur der Tochter
würdig; für dich bloß solle sie greifen zum biegsamen Thyrsus,
dir nur sich tummeln im Tanz und weihen die wallenden Locken.

Eilig sprach sich ihr Rasen herum, und sämtliche Frauen,
gleichfalls entflammt von dem Rausche, verließen die Häuser und stürzten
fort in die Wildnis, boten die Nacken, die Haare den Winden,
ließen zum Teil auch den Äther erdröhnen von wildem Geheule,
warfen sich Felle um, schwangen mit Weinlaub umwundene Stäbe.
Unter den Tobenden reckte Amata die lodernde Fackel
hitzig empor, sang Hochzeitslieder für Turnus und ihre
Tochter, rollte die blutunterlaufenen Augen und kreischte

plötzlich: „He, Mütter, latinische Frauen, höret mich, alle:
Haltet ihr pflichtgemäß eurer unglückverfolgten Amata
Treue und drückt euch die Sorgenlast einer wahrhaften Mutter,
löset die Haarbinden, feiert an meiner Seite die Orgien!"
Derart hetzte Allekto die Fürstin im Wahne des Bacchus
rings durch die Wälder und durch die entlegenen Fluren des
Wildes.

Hinreichend glaubte die Furie fürs erste die Wut schon gesteigert,
Plan und Familienfrieden des Königs vernichtet zu haben.
Gleich erhob sich die grimmige Göttin auf düsteren Schwingen,
schwebte zur Stadt des kühnen Rutulerfürsten, die einstmals
Danaë gründete mit argeischen Siedlern, vom Südsturm
hierher verschlagen. Die Leute der Vorzeit nannten die Siedlung
Ardea; rühmlich behauptet der Name sich heute noch, aber
Macht und Bedeutung schwanden. Hier hatte Turnus im hohen
Schlosse die finstere Nacht schon zur Hälfte verschlafen. Allekto
legte ihr schreckliches Antlitz und ihren Furienkörper
ab und verwandelte sich in ein altes Mütterchen, furchte
streng sich die Stirn zu häßlichem Anblick, umwand sich mit einer
Binde und einem Olivenkranze die silbrigen Haare,
wurde zu Kálybe, einer betagten Priesterin Junos,
trat dann dem jungen Mann vor die Augen mit folgenden Worten:
„Turnus, du läßt so zahlreiche Mühen erfolglos verrinnen,
läßt es geschehen, daß troische Siedler dein Zepter ergreifen?
Schlägt doch Latinus die Hochzeit und die mit dem Blute erworbne
Mitgift dir ab und holt sich den Erben der Macht aus der Fremde!
Auf denn, du Opfer des Hohnes, besteh die Gefahren, die keinen
Dank dir erwerben, schlag die Tyrrhener, beschütz die Latiner!
Während du ruhtest in nächtlicher Stille, sollte ich diese
Forderung der allmächtigen Juno dir rückhaltlos stellen.
Lasse voll Zuversicht deine Mannschaft sich rüsten, zum Kampfe
ausrücken sie und die phrygischen Fürsten samt ihren bemalten
Schiffen im Lager am Ufer des lieblichen Flusses vernichten!
Das verlangen die mächtigen Himmelsbewohner. Und sollte
König Latinus dir wortbrüchig seine Tochter verweigern,
möge er selbst noch verspüren, was Turnus an Kriegstaten leistet!"

Über die Priesterin lächelnd, gab ihr der Jüngling zur Antwort:
„Daß die dardanischen Schiffe die Mündung des Thybris durchfuhren,
ist mir durchaus nicht, wie du wohl vermutest, entgangen. Erdichte
solche Gefahren mir nicht! Die Himmelskönigin Juno
wird uns bestimmt nicht vergessen.
Aber dich, Muttchen, plagt das untätige Alter, nicht länger
wirklichkeitsoffen, mit nichtigen Sorgen und foppt dich Prophetin
unter den Kampfespflichten der Fürsten mit sinnlosem Schrecken.
Bilder und Tempel der Himmlischen sollst du betreuen. Die Männer,
denen die Kriegführung zusteht, bestimmen den Krieg und den Frieden."

Diese Entgegnung entflammte Allekto zu wütendem Zorne.
Darauf ergriff den Jüngling noch beim Sprechen ganz plötzlich ein Zittern,
stier verharrte sein Blick: So zischte die Furie mit Schlangen,
zeigte sich gräßlich in wahrer Gestalt. Mit glühenden Augen
stieß sie zurück den Mann – der rang noch, vergeblich, um Worte –,
ließ aus den Haaren zwei Schlangen sich hochrecken, knallte mit ihrer
Peitsche und schleuderte rasend ihm folgende Worte entgegen:
„Sieh mich doch an, die das träge, nicht länger der Wirklichkeit offne
Alter im Kampflärm der Fürsten mit sinnlosem Schrecken verspottet!
Schau hier: Ich kam vom Wohnsitz der schrecklichen Schwestern, ich trage
Kriege und Tod in der Hand!"
Damit schnellte sie auf den Jüngling die Fackel und bohrte
tief in das Herz ihm den Kienspan, der düster noch schwelte. Entsetzen
scheuchte den Fürsten jäh aus dem Schlafe, in plötzlichem Ausbruch
drang aus dem Leib ihm der Schweiß, überströmte sämtliche Glieder.

Aufgewühlt schrie er nach Waffen und suchte im Bett sie, im Zimmer.
Gier nach dem Mordstahl trieb ihn, verbrecherisch rasender Kriegswahn,
Zorn obendrein, wie wenn entzündetes knisterndes Reisig
rings um den kochenden Kessel geschichtet wird, siedend das Wasser
höher noch aufwallt, die qualmende Masse Schaumkronen bildet,
schließlich hoch über den Rand die Gischtflocken sprühen, die Wellen
nicht mehr sich halten und aufwärts, wie Nebel, die Dampfwolken wirbeln.

Gegen Latium also rief nach dem Bruche des Friedens
Turnus die Führer der Mannschaften auf und befahl, sich zu rüsten,
kämpfend Italien zu schützen, den Feind aus dem Lande zu drängen:
Beiden, Latinern wie Teukrern, seien sie völlig gewachsen.
Als den Befehl er gegeben, die Götter unter Gelübden
angefleht hatte, spornten die Männer sich wetteifernd selber;
manchen bewog die jugendlich-frische Erscheinung des Fürsten,
manchen sein uralter Adel oder sein tüchtiges Handeln.

Während Turnus die Rutuler mahnte zu mutigem Einsatz,
schwebte Allekto auf stygischen Schwingen geschwind zu den Teukrern,
weitere Tücken im Sinn. Sie suchte die Stelle am Strande,
wo sich der schöne Iulus pirschend den Jagdfreuden hingab.
Dort versetzte die Frau vom Kokytos ganz plötzlich in wilde
Hetzgier die Meute, sie ließ vertraute Beute sie wittern,
lockte sie auf die Fährte des Hirschs. Dies bewirkte den Ausbruch
furchtbarer Kämpfe, entflammte das Landvolk zu rasender Kriegswut.

Einen hervorragend stattlichen Hirsch mit mächtigen Stangen
hatten die Söhne des Tyrrhus, des Herdenmeisters und Hüters
sämtlicher Fluren des Königs, einstmals der nährenden Hirschkuh

listig entführt und aufgezogen mit Hilfe des Vaters.
Silvia pflegte, die Schwester, sorglich das völlig gezähmte
Tier, sie umwand das Geweih ihm mit zarten Blumengeflechten,
striegelte pfleglich sein Fell und wusch es in reinlicher Quelle.
Streicheln ließ sich der Hirsch, und gewohnt an das Futter der Herren,
streifte er weit durch die Wälder und kehrte von selbst zur vertrauten
Bleibe zurück, wenn auch lange die Nacht schon herniedergesunken.
Heute, auf solchem Streifzug, suchte am Fluß er, stromabwärts
treibend, dann wieder am grünenden Uferrand, Schutz vor der Hitze.
Dabei scheuchte empor ihn die wütende Meute des Iulus.
Dieser entflammte selber sogleich im Ehrgeiz des Jägers,
legte den Pfeil auf und ließ vom gekrümmten Horn ihn entschwirren.
Göttliches Eingreifen stärkte die noch unsichere Rechte.
Sausend durchdrang das Geschoß die Weichen des Hirschs. Der getroffne
konnte noch schnell in seine vertraute Behausung entkommen,
schleppte sich blutüberströmt in den Pferch und ließ von dem lauten,
schmerzlich flehenden Stöhnen den ganzen Stall widerhallen.

Silvia schlug sich, in erster Bestürzung, klagend die Armc,
rief dann um Hilfe; gleich strömten die rüstigen Bauern zusammen.
Urplötzlich – lauerte doch im stillen Walde die Furie –
waren zur Stelle sie, dieser mit feuergehärtetem Knüttel,
jener mit furchtbar gebuckelter Keule; was jeder gerade
auftreiben konnte, benutzte im Zorn er als Waffe. Und Tyrrhus,
eben beschäftigt, mit Keilen den Eichenstamm vierfach zu spalten,
packte wutschnaubend die Axt und hieß die Mannschaft sich ordnen.

Nunmehr war für die spähende Furie die Stunde gekommen,
tätig das Unheil zu steigern. Sie flog auf das Stalldach, vom Firste
gab sie das Hirtensignal, verstärkte, indem sie das Krummhorn

blies, noch die Tartarusstimme. Von diesem Getöse erbebten
sämtliche Triften und hallten die tiefen Waldungen wider.
Fernher vernahm es der Triviasee, desgleichen das helle,
schwefelgesättigte Wasser des Nar und der Quell des Velinus.
Aufgeregt preßten die Mütter vor Angst an den Busen die Kinder.
Auf das Signal hin, so weit die schrecklichen Hornstöße drangen,
griffen die trotzigen Bauern zur Waffe und strömten von allen
Seiten zusammen. Doch auch die troischen Streiter ergossen
sich durch die Tore des Lagers nach außen, um Iulus zu helfen.
Beiderseits bildeten Fronten sich. Nicht mehr wie streitendes Landvolk
prügelte man sich mit Keulen und feuergehärteten Pfählen,
nein, mit zweischneidigen Streitäxten kämpften sie, todbringend starrten,
Saaten des Unheils, gezückte Schwerter, die ehernen Klingen
glänzten im Sonnenlicht fernhin und blitzten hinauf zu den Wolken.
Ebenso bildet das Meer, wenn die Winde auffrischen, weiße
Schaumstreifen, reckt sich allmählich dann höher mit wallenden Wogen,
bäumt sich zum Schluß aus den tiefsten Schlünden empor bis zum Äther.
Hingestreckt ward hier im vordersten Treffen durch sausenden Pfeilschuß
Almo, der älteste Sohn des Tyrrhus, ein rüstiger Junge.
Tief in der Kehle haftete ihm das Geschoß und erstickte
blutig die frische Stimme, zugleich das noch keimende Leben.
Zahlreiche andere fielen, mit ihnen der greise Galaesus,
der beim Versuch, noch Frieden zu stiften, dahinsank, ein Muster
wie an Gerechtigkeit so auch an Reichtum im alten Ausonien;
Schafherden hatte er fünf, gleichviele Herden von Rindern
füllten die Ställe ihm, hundert Pflüge durchfurchten sein Saatfeld.

Während, noch ohne Entscheidung, der Kampf auf dem Schlachtfelde tobte,
schwebte Allekto nach Einlösung ihres Versprechens – sie hatte
blutig eröffnet den Krieg und die ersten Verluste gefordert –

weg von Hesperien, schwang durch die Lüfte sich aufwärts zum Himmel,
sagte zu Juno, stolz über ihr nunmehr erfolgreiches Wirken:
„Siehe, da hast du die Zwietracht, sie gipfelt in offenem Kampfe!
Sollen sie Freundschaft jetzt schließen und durch Verträge besiegeln!
Wo ich nun schon mit ausonischem Blute die Troer befleckte,
möchte ich eines hinzufügen, bleibt mir dein Wohlwollen sicher:
Will durch Gerüchte benachbarte Städte zum Eingreifen reizen,
sie in wahnwitziger Kriegslust entflammen, ringsher den Parteien
Hilfe zu bringen. Ausweiten will ich den Schauplatz der Kämpfe."
Juno indessen erklärte: „Genug der List und der Schrecken!
Kriegsgründe wirken, schon metzeln die Männer mit Schwertern sich nieder;
Waffen, gezückt erst vom Zufall, triefen stets weiter vom Blute.
Sollen der wackre Sprößling der Venus und König Latinus
derart doch feiern die Eheverbindung mit herrlicher Hochzeit!
Allzu freizügig will dich der Vater, des hohen Olympus
Herrscher, nicht über die Bahnen des Äthers hinstreifen lassen.
Zieh dich zurück! Was noch weiter zu tun bleibt, möchte ich selber
ausführen." Dies gab Juno zur Antwort. So hob denn Allekto
ihre von Schlangen zischenden Schwingen und flog von den hohen
Weiten des Himmels zurück zur Wohnstatt im Reich des Kokytos.
Zwischen hochragenden Bergen, im Binnenlande Italiens,
liegt das berühmte, sogar in fernen Gebieten bekannte
Tal von Ampsanctus, rings von den dichten Laubkronen düstrer
Wälder umgeben; tosend ergießt sich ein Sturzbach zur Tiefe,
braust um die Felsblöcke, wirbelt in einem gewaltigen Strudel.
Eine entsetzliche Höhle und dunstige Schächte des wilden
Pluto erblickt man; des Acheron mächtig klaffender Abgrund
haucht mit pestbringendem Atem. Hier barg sich die bitter verhaßte
Furie, befreite von ihrem Wirken Erde und Himmel.

Aber inzwischen verlieh dem Krieg die Herrscherin Juno
selbst den entscheidenden Aufschwung. Vom Schlachtfelde strömten die Hirten
zahlreich zur Stadt, die Gefallenen brachten sie, Almo, den Jungen,

den ganz besonders im Antlitz verstümmelten alten Galaesus,
flehten die Götter an, klagten beschwörend beim König Latinus,
über das Blutbad aufs schärfste erbittert. Turnus persönlich
steigerte noch die Bestürzung: Man rufe die Teukrer als Herren,
suche Verwandtschaft mit Phrygern, er seinerseits werde verstoßen.
Auch die Männer der rasend im Bacchusrausch fern durch die Wildnis
schwärmenden Frauen – der Name Amatas verstärkte den Eindruck –
sammelten sich von allen Seiten und drängten zum Kampfe.
Gegen die Vorzeichen, gegen die Weisung der Götter verlangten
alle den gräßlichen Krieg in Verkennung des himmlischen Waltens.
Wetteifernd drängten sie sich um das Schloß des Königs Latinus.
Aber der Herrscher verharrte standhaft bei seinem Entschlusse,
fest wie ein Felsblock im Meer, den die Fluten umbranden, ein Felsblock,
der sich, umtobt vom Klatschen und Donnern der Wogen, mit seiner
Masse behauptet; erfolglos rauschen die gischtübersprühten
Klippen und gleitet der Seetang ins Wasser zurück von den Schroffen.
Doch er vermochte den sinnlosen Plan nicht zum Scheitern zu bringen,
alles vollzog sich gemäß dem Willen der wütenden Juno.
Dringend beschwor der Fürst die Götter zu Zeugen, die leeren
Lüfte. „Die feindlichen Mächte bezwingen mich“, rief er, „ich treibe
fort vor dem Sturm. Ihr werdet den Frevel mit Blut noch bezahlen,
Elende! Grausame Sühne erwartet dich, Turnus, entsetzlich,
anflehen wirst du zu spät mit Gelübden die Götter! Ich habe
mir schon die Ruhe errungen, ich liege schon sicher im Hafen,
werde nur, leider, im Unfrieden sterben.“ Er sagte nichts weiter,
zog in das Schloß sich zurück und ließ die Ereignisse laufen.

Schon im hesperischen Latium herrschte der Brauch, den im Anschluß
dann die Albaner voll Ehrfurcht bewahrten, den heute die Weltmacht

Rom auch noch treulich befolgt beim Ausbruch jeglichen Krieges,
mag man das getische Volk mit dem Jammer der Schlachten bedrängen,
Araber oder Hyrkaner; mag man nach Osten zu Indern
aufbrechen oder zurück von den Parthern die Feldzeichen fordern:
„Doppelte Tore" besitzt der Krieg – so heißen sie –, heilig
werden verehrt sie aus Furcht vor dem Mars, dem schrecklichen Gotte.
Hundert eherne Riegel und dauerhaft eisenbeschlagnes
Eichenholz schließen sie, ständig lauert Janus am Eingang.
Wenn unumstößlich die Väter beschlossen, den Krieg zu beginnen,
öffnet der Konsul persönlich im weißen Gewand des Quirinus,
nach gabinischer Weise gegürtet, die knarrenden Flügel,
ruft auch persönlich zum Kampf; ihm folgen die übrigen Männer,
eherne Blashörner dröhnen dazu in kräftigen Stößen.
König Latinus auch sollte den Krieg mit dem Heer des Aeneas
derart verkünden, die Tore der Trauer brauchgemäß öffnen.
Doch er entzog sich dem Auftrag, vermied die Ausführung einer
Amtspflicht, die Unheil nur brachte, und ließ sich im Freien nicht blicken.
Aber da schwang sich die Fürstin der Götter vom Himmel hernieder,
stieß mit der eigenen Hand an die säumigen Tore; die Angeln
drehten sich, Juno erbrach die eisernen Pfeiler des Kampfes.

Kriegsflammen lohten im ehemals friedlichen, stillen Ausonien.
Fußvolk rüstete sich zum Ausmarsch. In Staubwolken sprengten
andre auf stolzen Rossen. Ein jeder besorgte sich Waffen.
Schilde und Wurfspieße putzte man blank und glänzend mit fetten
Speckschwarten, schärfte am Schleifstein die Streitäxte. Feldzeichen tragen
wollte man ebenso gern wie Trompetengeschmetter vernehmen.
In fünf mächtigen Städten wurden auf Ambossen neue
Waffen geschmiedet, im stolzen Atina, im glänzenden Tibur,
in Crustumerium, Árdea wie dem umtürmten Antemnae.
Helme als Kopfschutz verfertigte man und flocht auch aus Weiden
Schilde. Andere schmiedeten eherne Brustpanzer oder
funkelnde Beinschienen unter Verwendung geschmeidigen Silbers.
Ihnen opferte man die Verehrung des Pflugschars, der Sichel,

sämtlicher Landbaugeräte. Um schmiedete man die ererbten
Waffen. Schon dröhnten Signale, die Kampflosung wurde verbreitet.
Aufgeregt riß man den Helm von der Wand, die schnaubenden
Rosse
zwang man ins Joch, zog über den golddrahtgeflochtenen Panzer,
packte den Schutzschild und gürtete sich mit dem wackeren
Schwerte.

Öffnet den Helikon jetzt, ihr Musen, und singt mir die Lieder:
Welche Fürsten zum Krieg man entbot, was jedem an Mannschaft
folgte aufs Schlachtfeld, mit welchen tapferen Helden Italien
damals schon prangte, mit welchen Waffentaten es glänzte.
Fest im Gedächtnis bewahrt ihr es, Göttinnen, könnt es erzählen;
unsere Ohren erreicht nur der flüchtige Lufthauch der Sage.

Erster im Feld mit gerüsteter Schar, von Tyrrheniens Küste,
war Fürst Mezentius, stolzer Verächter der Götter. Sein Sprößling
Lausus begleitete ihn, der stattlichste sämtlicher Helden,
lediglich Turnus ausgenommen, der Kämpfer Laurentums.
Lausus, ein Rossebändiger und erfolgreicher Jäger,
führte aus Agyllina tausend Streiter – sie sollten
wenig ihm nützen! –; einen anderen Vater verdiente
freilich der Jüngling, auch einen Gebieter von beßrem Charakter.

Weiterhin ließ Aventinus, so trefflich wie einstmals sein Vater
Herkules, sehen auf grünender Aue den palmengeschmückten
Wagen mit siegreichen Rossen. Er führte als Wappen des Vaters
vorn auf dem Schild die von hundert Schlangen umzüngelte Hydra.
Auf aventinischem Hügel, im Walde, brachte ihn heimlich
Priesterin Rhea zur Welt, in das Reich der Sonne; sie hatte
sich mit dem Sieger aus Tiryns vereinigt, als dieser Laurentums
Fluren nach der Vernichtung Geryons erreichte und Spaniens
Rinder zur Schwemme trieb in einem tyrrhenischen Flusse.
Seine Gefährten fochten mit Spießen und schrecklichen Dolchen,
führten geschliffene Degen im Kampf und sabellische Lanzen.
Eingehüllt in das gewaltige Löwenfell, über dem Haupte
schreckenerregend die Mähne, den Rachen mit leuchtenden
Zähnen,

so betrat Aventinus die Königsburg, trug um die Schultern
stolz das Gewand des Herkules, ein entsetzlicher Anblick.

Zwillingsbrüder zogen heran aus den Mauern von Tibur,
Männer des Volks mit dem Namen des dritten Bruders, Tiburtus,
Held Catillus und Coras, der Tapfre, argeischer Abkunft,
tummelten sich im Geschoßhagel noch vor dem vordersten Treffen,
wie vom Gebirgsgipfel aus zwei wolkenentstammte Kentauren
reißend herabstürmen, von der Homole, vom weiß überschneiten
Othrys, der mächtige Urwald den Vorwärtsdringenden Raum gibt
und mit gewaltigem Krachen die buschigen Holzmassen brechen.

Caeculus fehlte auch nicht, der Gründer und König Praenestes,
der, nach dem Glauben der Zeitgenossen gezeugt von Vulcanus,
einst bei dem Vieh der Bauern auf brennendem Herde gefunden
wurde. Ihm folgte von weither in Scharen das Landvolk, die Männer,
die in dem hohen Praeneste, im Land der gabinischen Juno,
neben dem eiskalten Anio, auf den von Bächen durchschäumten
Felsen der Herniker wohnen. Die letzteren nährte Anagnia,
üppig auch du, Amasenus. Nicht alle führten sie schwere
Waffen, es klirrten nicht Schilde, nicht Wagen. Die meisten von ihnen
schleuderten blaugraue Bleikugeln, andere schwangen in ihren
Fäusten zwei Spieße; sie trugen bräunliche Kappen aus Wolfsfell,
um sich die Köpfe zu schützen; unbeschuht waren die linken
Füße, indes rohlederne Stiefel die rechten umschlossen.

Auch Fürst Messapus, der Rossebändiger, Sohn des Neptunus –
keiner vermochte ihn je mit Feuer, mit Stahl zu bezwingen –,
rief die schon lange des Kampfes entwöhnten, untätigen Völker
ausnehmend schnell zum Kriegsdienst und griff erneut zu den Waffen.
Aus Feszenninern bestand das Heer, aus faliskischen Äquern,
auch aus Bewohnern des Berges Soracte, der Flur von Flavina,
des ciminischen Berges und Sees wie der Wälder Capenas.

Sie marschierten im Gleichschritt und priesen im Marschlied den König,
wie auch zuweilen schneeweiße Schwäne in lockeren Wolken
während des Rückflugs vom Jagdgrund aus langen Hälsen verschiedne
Weisen erklingen lassen und Fluß und Asias Teiche
laut widerhallen.
Niemand wohl wähnte, aus solchem Gewimmel könnten sich klare
Schlachtreihen bilden, eher, ein Vogelschwarm hoch in den Lüften
dränge lautkreischend gewaltsam vom Meere heran ans Gestade.

Siehe dort Clausus vom uralten Stamm der Sabiner mit seiner
mächtigen Heerschar, den Mann, der sämtliche Kampftruppen aufwiegt!
Über ganz Latium ließ er die claudische Tribus und Sippe
weithin sich ausdehnen, seit die Sabiner zu Rom auch gehören.
Ihm unterstand Amiternums Kohorte, die Mannschaft aus Cures,
auch aus Eretum sowie aus dem ölbaumreichen Mutusca;
auch die Bewohner Nomentums, der Róseaflur des Velinus,
Tetricas schrecklicher Felsen, des hohen Severus, Casperias,
Forulis und des Gebietes am Flusse Himella; der Fluren,
denen Thybris und Fabaris Feuchtigkeit spenden; des kühlen
Nursia; Mannschaften Hortas und mancher latinischen Gaue;
Siedler zu beiden Seiten des leidigen Alliastromes –
ebenso dicht, wie die Wogen im libyschen Meere sich wälzen,
wenn der Orion, zum Unheil, versinkt in den tobenden Fluten;
oder wie Ähren am Anfang des Sommers im Sonnenglanz reifen,
sei es am Hermos oder auf Lykiens goldschimmernden Feldern.
Schutzschilde dröhnten, von Marschtritten zitterte schaudernd der Boden.

Auch Agamemnons Gefährte Halaesus, ein Feind der Trojaner,
schirrte die Pferde ins Joch und eilte mit tausend beherzten
Streitern dem Turnus zu Hilfe: Leuten, die, Freunde des Bacchus,
Massikerfluren behackten; Aurunkern, die man aus ihren
Bergen entbot; Sidizinern, die aus der Ebene stammten;
Männer aus Cales auch kamen; Bewohner der Gegend am seichten
Flusse Volturnus; rauhe Satíkuler; Scharen von Oskern.

Letztere führten glatte, an beiden Seiten gespitzte
Wurfspieße, die sie an Riemen schleuderten, rückwärts dann zogen.
Lederne Schutzschilde trugen sie, Krummschwerter eigens zum Nahkampf.

Deiner auch, Oebalus, soll mein Gesang voll Achtung gedenken,
deiner, den Telon, erzählt man, dereinst mit der Nymphe Sebethis
zeugte, als er, bejahrt schon, über die Telebóër
herrschte auf Capri. Freilich, der Sohn, mit dem Reiche des Vaters
gar nicht zufrieden, gebot schon damals dem Volk der Sarrasten,
weiter dem Flachland, das der Sarnus befruchtet, den Leuten
Rufraes und Bátulums wie auch der Fluren Celemnas und jener
obstreichen Landschaft zu Füßen der ragenden Festung Abella.
Wie die Teutonen schleuderten Wurfkeulen sie im Gefechte,
nutzten als Kopfschutz Kappen von Korkeichenrinde; die Schilde
funkelten ehern, es funkelten ebenso ehern die Schwerter.

Hoch aus den Bergen schickte dich Nersae aufs Schlachtfeld, mein Ufens,
einen weithin berühmten, vom Glück begünstigten Kämpfer,
Herrscher der ausnehmend rauhen Äquíkuler, die in den Wäldern
ungestüm jagen und Schollen aus hartem Ackergrund brechen.
Voll bewaffnet betrieben sie Feldbau, schleppten mit Freuden
ständig aufs neue sich Beute zusammen und lebten vom Raube.

Priester und Feldherr zugleich, so kam von den Marsern der tapfre
Umbro, im Auftrag des Königs Archippos. Er hatte den Schutzhelm
dicht mit dem Laube des segenspendenden Ölbaums umwunden.
Einschläfern konnte er Nattern und Gifthauch atmende Schlangen
durch die Berührung der Hand und durch Zaubergesänge, er dämpfte
ihre Erregung, verstand es auch, Bißwunden kunstreich zu heilen.
Freilich mißlang ihm die Heilung des Speerstoßes, den ihm ein Troer
tödlich versetzte; weder einschläfernde Lieder noch Kräuter,
wie man sie sucht auf den marsischen Bergen, halfen dagegen.

Innig beweinten der Hain der Angitia dich und der klare
Fuciner See, ja sämtliche klaren Gewässer.

Teil an dem Kriege nahm auch der edle Hippolytossprößling
Virbius. Mutter Aricia sandte den ruhmreichen Helden,
den in Egerias Hain sie, am Ufer des Waldsees, erzogen
hatte, am opferreichen Altar der milden Diana.
Mußte Hippolytos doch, nach der Sage, sterben infolge
Phaedras Bosheit, er wurde gemäß dem Fluche des Vaters
tödlich zerrissen von scheuenden Pferden; die Liebe Dianas
aber und Kräuter des Heilgottes Paion ließen ihn wieder
sehen die Sterne des Äthers und atmen die himmlischen Lüfte.
Doch der allmächtige Vater, verärgert, weil einer der Menschen
sich von den Schatten der Unterwelt wieder zum Lebenslicht
aufschwang,
schleuderte selbst mit dem Blitzstrahl den Sohn des Phöbus, den
Schöpfer
derart wirksamer Heilkunst, hinab in die stygischen Sümpfe.
Trivia freilich versteckte voll Güte Hippolytos heimlich,
gab ihn im heiligen Hain in die Obhut der Nymphe Egeria.
Einsam verbrachte er dort in den Wäldern Italiens sein Leben
unter dem Namen Virbius. Niemand kannte den Helden.
Stampfenden Rossen indessen sperrt man den Zugang zum Tempel
Trivias wie auch zum heiligen Hain, weil sie einst an der Küste,
scheu vor dem Untier des Meeres, den Jüngling vom Lenkerstand
stürzten.
Nichtsdestoweniger tummelte ständig der Sohn auf der Rennbahn
angestrengt feurige Rosse und zog auch zu Wagen aufs
Schlachtfeld.

Unter den ersten bewegte sich stattlich Fürst Turnus in voller
Rüstung und ragte mit seinem Haupte hoch über die Menge.
Dargestellt vorn auf dem Helm, überragt von dreifachem Buschen,
war die Chimaera und schoß aus dem Rachen ätnäische Flammen;
um so entsetzlicher spie sie wütend die widrigen Gluten,
je erbitterter ringsum das blutige Kampfgewühl tobte.
Seinen hell blinkenden Schutzschild schmückte, aus Goldblech
getrieben,

Io, im borstigen Fell schon, zur Kuh verwandelt, ein großes
Thema der Kunst, auch Argos, der Wächter des Mädchens, und Vater
Inachos, gießend den Stromquell aus kunstvoll gestaltetem Kruge.
Schwarmweis umgab ihn das Fußvolk, Scharen von Schildträgern ballten
sich im Gefilde, argeische Mannschaft, ein Teil der Aurunker,
Rutuler, auch die alteingeseßnen Sikaner, Sakraner,
schlagbereit schon, und Labiker mit farbig leuchtenden Schilden;
Männer, die deine Waldtäler, Tiber, sowie des Numicus
Ufer bestellen, die Rutulerberge und Hügel der Circe
fleißig beackern, die Fluren, die Jupiter Anxurus hütet,
mit ihm Feronia, die sich an grünenden Wäldern begeistert,
südlich von Sáturas schaurigem Sumpf, wo der eiskalte Ufens
tief durch die Niederung seinen Weg sich bahnt bis zur Mündung.

Überdies stieß noch Camilla vom Stamme der Volsker mit ihren
Reiterschwadronen zum Heere, ehern funkelnden Scharen.
Kämpferin war sie; Spinnrocken, Wollkörbchen, Werkzeug Minervas,
blieben dem Mädchen fremd. Sie vermochte die Härten des Krieges
kühn zu ertragen, sie konnte im Wettlauf den Wind überholen.
Über ein Saatfeld wäre sie hingestürmt, ohne die Spitzen
nur zu berühren und zarte Ähren im Lauf zu verletzen,
über das offene Meer auch geschwebt und die Kämme der Wogen,
ohne die wirbelnden Sohlen mit Schaumtropfen nur zu benetzen.
Sämtliche Männer strömten herbei, aus Häusern, von Feldern,
Scharen von Frauen auch, hielten mit Staunen, weit offenem Munde,
voller Begeisterung Ausschau, sobald die Jungfrau sich nahte:
wie ihr der fürstliche Purpur die zarten Schultern umhüllte,
golden die Spange das Haar ihr umraffte, den lykischen Köcher
kraftvoll sie trug und den Speer mit dem Myrtenholzschafte der Hirten.

ACHTER GESANG

Als auf der Burg von Laurentum Turnus die Kriegsflagge zeigte,
dumpf die Signalhörner dröhnten, der Fürst die feurigen Rosse
antrieb und wild mit den Waffen rasselte, packte Erregung
sämtliche Bürger. Infolge des plötzlichen Ausbruchs der Kämpfe
leisteten die Latiner geschlossen den Fahneneid, tobte
grimmig die Jugend. Als erste Fürsten zogen Messapus,
Ufens und Götterverächter Mezentius eilig von allen
Seiten die Truppen zusammen, entblößten von Bauern die Äcker.

Venulus sprengte als Bote zur Stadt, wo der Held Diomedes
herrschte; um Hilfe sollte er bitten: In Latium faßten
Teukrer schon Fuß, Aeneas bringe besiegte Penaten
über den Seeweg ins Land, er behaupte, göttliche Weisung
gebe ihm Königsgewalt; schon verbündeten zahlreiche Völker
sich mit dem Troer, in Latium wachse bedrohlich sein Einfluß;
was Diomedes darauf unternehmen, was er bei gutem
Ausgang des Krieges erstreben solle, das wisse er selber
sicherlich besser als Turnus oder König Latinus.

Dieses geschah in Latium. Aber Aeneas erkannte
gleich die Entwicklung und sah sich von schweren Sorgen umbrandet,
wog in der Eile bald diesen, bald jenen Entschluß. Noch im Zwiespalt,
prüfte von vielerlei möglichen Wegen er jeglichen einzeln,
so wie das zitternde Licht des Wassers in ehernem Kessel
aufblitzt unter den Strahlen der Sonne oder des Mondes,
spiegelnd die Wände des Raums überfliegt, sich dann in die Höhe
richtet und plötzlich über die Deckentäfelung hinhuscht.

Tief in der Nacht – schon umfing ein fester Schlummer auf Erden
alle ermatteten Wesen, die Vögel, die Viehherden – streckte

Vater Aeneas unter dem kühlen Himmelsgewölbe
sich am Flußufer nieder, zutiefst erschüttert vom jähen
Ausbruch des Krieges, und gönnte dem Körper spät erst
Erholung.
Da erschien ihm die Gottheit der Stätte, der uralte Tiber,
stieg durch das Dickicht der Pappeln hervor aus dem lieblichen
Strome.
Bläulich umhüllte ein Mantel aus feiner Leinwand den Körper,
schattendes Schilfrohr, zum Kranze gewunden, bedeckte die
Haare.
Tröstlich benahm der Gott dem Helden die qualvollen Sorgen:

„Sprößling der Götter, der du aus Scharen von Feinden uns Troja
wieder zurückbringst und treulich das ewige Pergamon hütest,
sehnlich erwartet vom Boden Laurentums, von Latiums Fluren,
bleibe, hier ist dir die Heimat, hier sind die Penaten dir sicher!
Laß dich nicht schrecken vom drohenden Krieg! Die Erregung
der Götter
hat sich gelegt.
Doch zum Beweis, daß kein Traumbild dich narrt, vernimm das
Orakel:
Auffinden wirst du unter den Eichen am Ufer bald eine
stattliche Sau, die dreißig Frischlinge warf; auf dem Boden
liegt sie, weißleuchtend; weißleuchtend umdrängen die Jungen
die Zitzen.
[Ebendort baust du die Stadt, den Ruhepunkt nach den
Strapazen.]
Ebendort gründet nach dreißig Jahren Ascanius eine
Stadt mit dem ruhmreichen Namen ‚Weißleuchtend': Alba.
Untrüglich
gebe ich Auskunft. Jetzt laß dir in Kürze – gib Obacht! –
erklären,
wie du als Sieger aus dem dich bedrohenden Kriege hervorgehst.
Hier in Italien suchten Arkader, Enkel des Pallas,
unter dem König Euander und ihm als Heerschar verpflichtet,
eine geeignete Stelle sich aus und errichteten eine
Stadt in den Bergen, dem Ahnherrn gemäß Pallantéum mit
Namen.

Andauernd stehen sie gegen das Volk der Latiner in Waffen.
Wirb sie als Kampfgenossen, schließe ein Bündnis mit ihnen!
Selber will ich in meinem Naß dich, stromaufwärts, geleiten,
will es so einrichten, daß du beim Rudern die Strömung bewältigst.
Auf denn, du Sprößling der Göttin, sofort, wenn die Sterne versinken,
bete gehörig zu Juno, beschwichtige fromm durch Gelübde
ihren bedrohlichen Zorn! Mir brauchst du erst nach dem Erfolge
Ehren zu zollen. Ich bin der bläuliche Thybris – mit voller
Strömung siehst du mich zwischen den Ufern die fruchtbaren Fluren
eifrig durchziehen –, der Strom, den aufs höchste die Himmlischen schätzen
Hier erhebt sich mein Schloß, ich entspringe bei Städten der Berge."

Gleich nach den Worten verschwand der Gott in der Tiefe des Flusses.
Während die Nacht schon entwich, erwachte Aeneas, erhob sich,
schaute zum Sonnenlicht hin, das vom Rande des Himmels emporstieg,
schöpfte, dem Brauche getreu, aus dem Strome sich Wasser mit hohlen
Händen und ließ sein Gebet zu den Höhen des Äthers erschallen:
„Nymphen ihr, Nymphen Laurentums, Ursprung der Flüsse – du, Vater
Thybris mit deinem geheiligten Strome: Gewährt dem Aeneas
gnädige Aufnahme, bietet ihm endlich Schutz vor Gefahren!
Wo dich das Erdreich auch birgt, der du meiner im Unglück dich annimmst,
wo du auch immer dem Boden entquillst als schönster der Flüsse,
immer will ich mit Ehrungen, immer mit Opfern dich feiern,
stattlich gehörnter Stromgott, König der Wasser Hesperiens!
Hilf mir doch, gütiger noch beweise dein göttliches Walten!"

Nach dem Gebet erwählte er aus der Flotte zwei Schiffe,
hängte die Ruder ein, hieß die Begleiter der Fahrt sich bewaffnen.

Ganz unerwartet enthüllte sich jetzt den Blicken ein Wunder:
Lag doch, weißleuchtend im Walde, mit gleichfalls
weißleuchtenden Jungen,
deutlich erkennbar die Sau am grünenden Ufer! Aeneas
weihte sie pflichtbewußt dir, du gewaltige Juno, zum Opfer,
brachte das Tier mitsamt den Jungen sogleich zum Altare.
Schon durch die Länge der Nacht hin hatte Thybris die starke
Strömung gemäßigt, er hemmte sie jetzt und staute sein Wasser,
glättete mild, wie ein friedlicher See mit stehendem Spiegel,
sämtliche Wellen, erleichterte damit den Einsatz der Ruder.
Mühelos kamen geschwind sie voran, froh rauschte das Wasser.
Schnell durch die Fluten glitt das geteerte Kielholz, und staunend
sahen Wasser und Bäume das seltsame Schauspiel: wie weithin
funkelnde Schilde und bunte Schiffe den Flußlauf befuhren.
Weder bei Nacht noch bei Tage hielten sie ein mit dem Rudern,
eilten durch mächtige Windungen, wurden von vielerlei Bäumen
sicher beschattet, durchquerten friedlich tiefgrünende Wälder.
Glühend schon hatte die Sonne die Höhe des Weges erklommen,
als in der Ferne sie Burgmauern sahen und niedrige Häuser,
Bauten, die heute dank römischer Macht fast himmelhoch ragen,
während Euander nur über dürftige Mittel verfügte.
Ohne zu säumen, lenkten sie dorthin und nahten der Siedlung.

Eben an diesem Tage vollzog der arkadische König
festlich die Jahresopfer für Herkules wie auch für andre
Götter, im Hain vor der Stadt, gemeinsam mit Pallas, dem Sohne,
adligen Jünglingen und dem schlichten Senat. Sie verbrannten
Weihrauch, und warmes Opferblut dampfte noch auf den
Altären.
Plötzlich erblickten sie ragende Schiffe im Schatten der Bäume;
näher schon glitten sie, schweigend ruderte, eifrig, die
Mannschaft.
Aufgeschreckt sprangen sogleich die Arkader empor von der
Mahlzeit.
Aber beherzt hieß Pallas das Opfer sie fortsetzen, packte

selber die Lanze und eilte den Fremden entgegen. Von einem
Hügel aus fragte er, noch im Abstand: „Ihr Männer, weswegen
fahrt ihr so kühn in die Fremde? Wohin? Und wer seid ihr, aus welchem
Vaterland, welchem Geschlecht? Bringt Krieg ihr oder den Frieden?“

Antwort erteilte vom hohen Hinterdeck Vater Aeneas,
streckte den Zweig des Ölbaums empor zum Zeichen des Friedens:
„Männer und Waffen von Troja erblickst du, feind den Latinern,
die uns, als Schutz wir erbaten, aus Hochmut gewaltsam verstießen.
König Euander wollen wir sprechen. Bringt ihm die Nachricht;
eine Gesandtschaft troischer Fürsten erbittet ein Bündnis.“

Staunen ergriff den Jüngling beim Hören des ruhmreichen Namens.
„Lande nur, wer du auch bist“, so rief er, „besprich dich mit meinem
Vater persönlich, nahe als Gastfreund unsern Penaten!“
Herzlich begrüßte er ihn mit kräftigem Handschlag. Dann schritten
beide vom Ufer des Flusses zum Hain, der Stätte des Opfers.

Nunmehr eröffnete Vater Aeneas freundlich dem König:
„Tüchtigster unter den Griechen, dir sollte, mit Willen Fortunas,
flehend die bindenumwickelten Zweige ich reichen. Ich hege
keinerlei Furcht, weil Arkader du seist und Danaerfeldherr,
auch schon vom Ursprunge an verwandt mit den beiden Atriden.
Nein, meine eigner Entschluß und heilige Sprüche der Götter,
unsre gemeinsamen Ahnen, dein weltweiter Ruhm, sie verbanden
eng mich mit dir und hießen mich willig dem Götterwort folgen.
Dardanos, Urahn und Gründer von Ilion, den einst Elektra,
Tochter des Atlas, gebar, wie die Griechen berichten, gelangte
in das Gebiet der Teukrer. Sein Großvater war der bekannte
Riese, er trägt auf den Schultern kraftvoll das Himmelsgewölbe.

Doch ihr Arkader stammt von Merkur ab, den einstmals die schöne
Maja empfing und gebar auf den eiskalten Höhen Kyllenes.
Trauen wir der Überlieferung, ist der Vater der Maja
ebenfalls Atlas, der Träger der Himmelsgestirne. Auf diese
Weise entstammen ein und demselben Urahn wir beide.
Hierauf baute ich, als ich es ablehnte, erst durch Gesandte
vorsichtig Fühlung mit dir zu suchen. Persönlich begebe
ich mich in deine Gewalt und bitte dich dringend um Hilfe.
Mich auch bedrängen, genauso wie dich, die Daunier mit einem
grausamen Kriege. Besiegen sie uns, so werden sie sicher
bald ganz Hesperien sich unterwerfen, desgleichen die beiden
Meere, das Adriatische wie das Tyrrhenische. Lasset
Treue einander uns schwören! Wir halten uns tapfer im Kampfe,
zeigen auch Mut, in Gefahren bewährten sich unsere Streiter!“

Derart sprach er. Euander hatte schon lange des Sprechers
Antlitz und Augen, die ganze Erscheinung mit Blicken gemessen.
Kurz nur entgegnete er: „Sehr gern, du tapferster Teukrer,
biete ich Aufnahme dir und erkenne dich an! Ich erinnre
mich noch der Worte, der Stimme, der Miene des großen Anchises!
Weiß ich genau doch, wie Priamos, Sohn des Laómedon, seine
Schwester Hesíone aufsuchte, die in Salamis herrschte,
anschließend dann in die rauhen Berge Arkadiens reiste.
Damals umkeimte der erste Bartflaum die Wangen mir. Staunend
sah ich die Fürsten der Teukrer, staunend auch Priamos selber;
stattlicher aber als sämtliche anderen ragte Anchises.
Damals schon wollte ich gern im glühenden Eifer der Jugend
ansprechen ihn und einen herzlichen Händedruck tauschen,
wagte es schließlich und durfte ihn glücklich nach Phéneos führen.
Einen vortrefflichen Köcher und lykische Pfeile verehrte
er mir zum Abschied, auch einen Mantel aus golden durchwirktem
Stoff und zwei goldene Zügel; heute besitzt sie mein Pallas.
Deshalb besteht schon für mich das von euch erbetene Bündnis,
und wenn das Tageslicht morgen den Erdkreis erleuchtet, entlasse

ich euch – ihr sollt euch an Mannschaft und weiteren
Hilfsmitteln freuen.
Aber zur Stunde begehet – ihr seid ja als Freunde gekommen –
mit uns gemeinsam in Andacht das jährliche Fest, das wir niemals
aufschieben dürfen; gewöhnt euch schon heut an die Mahlzeit
mit Freunden!“

Darauf befahl er, aufs neue die Speisen und die schon entfernten
Becher zu bringen und bot den Männern Plätze im Grase.
Aber bevorzugt auf Polster und zottigem Löwenfell über
einem aus Ahorn gefertigten Thronsitz ließ er Aeneas
sitzen. Erwählte Jünglinge und der Altarpriester trugen
eifrig den Rindsbraten auf, sie packten die mühsam erzeugten
Gaben der Ceres in Körbe und reichten die Tropfen des
Bacchus.
Vater Aeneas und seine Trojaner schmausten vom vollen
Rücken des Stiers und den edleren Teilen des Opfers.

Als dann der Hunger gestillt war, völlig befriedigt die Eßlust,
nahm Euander das Wort: „Dies jährliche Opfer und dieses
üblich gewordene Mahl, den Altar auch des machtvollen Gottes
danken wir nicht dem Irrwahn, dem Abfall von unseren eignen
uralten Göttern. Nein, Gastfreund, aus schweren Gefahren
errettet,
gründeten dankbar das Fest wir und feiern es immer aufs neue.
Schau dort zuerst auf den Felsblock, er scheint auf den Steinen
zu schweben,
schau die zersprengte Masse, die öde Wohnstatt im Berge,
jenen gewaltigen Steinhaufen, der von dem Einsturz geblieben!
Eine geräumige Höhle, ein Schlupfwinkel, gähnte hier einstmals,
die der entsetzliche Halbmensch Cacus bewohnte. Nie drangen
Strahlen der Sonne hinein. Und ständig dampfte der Boden
frisch von dem Blut der Ermordeten. Vorn an dem Tor des
Verbrechers
staken, mit fahlen Gesichtern, die Schädel der Opfer und
faulten
gräßlich dahin. Vulcanus war der Vater des Unholds,
der sich, schwarzrauchige Flammen speiend, massig daherschob.

Aber für uns auch brachte die Zeit nach langem und heißem
Sehnen die Ankunft des hilfreichen Gottes. Als machtvoller Rächer
nahte, Bezwinger Geryons, des dreigestaltigen Riesen,
Herkules, trieb des Erlegten gewaltige Stiere als stolzer
Sieger. Die Rinder lagerten weithin im Talgrund am Flusse.
Doch der zur Untat gestachelte Cacus gedachte in seiner
Frechheit auf kein Verbrechen und keinerlei List zu verzichten.
Deswegen trieb er vom Weideplatz fort vier stattliche Stiere,
außerdem noch vier Kühe von außergewöhnlicher Schönheit.
Um aus den Spuren die Wegrichtung nicht erkennen zu lassen,
zog er die Tiere am Schwanz in die Höhle und tarnte auf diese
Weise den Raub. Dann verbarg er die Beute im Dunkel der Felsen.
Einem Verfolger enthüllte kein Zeichen den Weg in die Höhle.

Aber inzwischen trieb der Amphitryonsprößling die Tiere,
die auf der Weide sich gütlich getan, zu schleunigem Aufbruch.
Über den Abzug klagten die Rinder, die Waldungen hallten
wider vom Brüllen, das Vieh verließ lautdröhnend die Hänge.
Antwortend brüllte jetzt tief aus der Höhle eine der Kühe,
machte die Hoffnung des listig-wachsamen Räubers zuschanden.
Doch den Alkiden packte die Wut, ihm kochte die schwarze
Galle vor Ärger. Er packte die wuchtig gebuckelte Keule,
stürmte den Steilhang hinan zum Gipfel des ragenden Berges.
Damals zum ersten Male sahen wir Cacus vor jähem
Schrecken bestürzt, er suchte, geschwinder als Sturmwind, in seinem
Höhlennest Zuflucht, die Angst verlieh dem Eilenden Flügel.
Ungesäumt schloß er sich ein, er sprengte die Ketten und stürzte
abwärts den riesigen Block, den des Vaters Schmiedekunst lange
hoch in der Schwebe gehalten, verrammelte völlig den Zugang.

Aber da war der Tirynthier, rasend vor Wut, schon zur Stelle,
spähte nach möglichen Eingängen, hierhin und dorthin, und knirschte
wild mit den Zähnen. Dreimal musterte, glühend vor Rachlust,

er den gesamten Berg Aventinus; dreimal vergeblich
suchte er Steine zu rücken; dreimal ließ er im Talgrund
kraftlos sich nieder.

Scharfkantig lag ein Granitblock, hochragend,
über der Höhle, rings fielen die felsigen Schroffen zur Tiefe.
Schrecklichen Raubvögeln bot er günstige Plätze zum Nisten,
neigte sich linkshin vom Hange hernieder in Richtung des Flusses.
Gegen ihn stemmte von rechtsher sich Herkules, rüttelte kräftig,
lockerte ihn in der Tiefe, versetzte dann plötzlich ihm einen
mächtigen Stoß. Von dem Sturz erdröhnte der riesige Äther,
barst das Flußbett, drängte vor Schrecken der Wasserschwall rückwärts.
Aufgedeckt lag die Höhle, die mächtige Schlupfburg des Cacus,
offen erschlossen dem Blick bis zum Grund sich die finsteren Grotten,
ganz so, als klaffte die Erde durch rohe Gewalt auseinander,
schlösse die Unterwelt auf und enthüllte die Göttern verhaßten
Sitze der bleichen Seelen, als sähe man unten den tiefen
grausigen Schlund, als erbebten, geblendet vom Lichte, die Manen.
Wider Erwarten plötzlich im Lichte ertappt und in seinen
Klüften gefangen, begann, wie noch niemals, Cacus zu brüllen.
Herkules setzte von oben ihm zu mit Geschossen, benutzte
alle erdenklichen Waffen, bedrängte mit Ästen und Blöcken,
riesig wie Mühlsteinen ihn. Doch der Unhold – er konnte dem Unheil
länger nicht ausweichen – spie aus dem Schlunde, ein wahrhaftes Wunder,
riesige Rauchwolken, hüllte in Düsternis sämtliche Grotten,
raubte den Augen die Sicht und ballte in felsigen Klüften
nachtschwarzen Qualm und ein Dunkel, das spärliche Flammen durchzuckten.
Herkules ließ sich im Zorn das nicht bieten, er schnellte durch Feuer
vorwärts im Sprunge, dorthin, wo der Rauch am dichtesten wogte,

wo auch der Höhlengrund wallte von düster ziehenden Schwaden,
packte im Finstern den Riesen, dem nunmehr das Sprühen von Flammen
gar nichts mehr nützte, umschlang ihn fest und würgte ihn zähe,
bis ihm die Augen herausquollen, blutleer die Kehle ihm stockte.
Anschließend brach er das Tor auf, den Zugang zur düsteren Höhle,
zeigte die Rinder, die ohne Erfolg verheimlichte Beute,
offen dem Himmel und schleifte den häßlichen Leichnam an seinen
Füßen heraus. Nicht sattsehen konnte das Volk sich an diesem
Halbwilden, seinem Gesicht, den gräßlichen Augen, der furchtbar
zottigen Brust und dem Rachen, in dem die Flammen erstickten.

Seitdem begeht man dies Fest, die Nachfahren feiern voll Freude
ständig den Tag, Potitius als der Begründer des Kultes
und die Pinarier als die Betreuer des Herkulesopfers.
Herkules weihte noch selbst den Altar, den wir immer als ‚Größten'
lobpreisen werden, der immer als ‚Größter' auch dauert in Zukunft.
Deshalb, ihr Jungen, bekränzt euch zum Lobe so rühmlicher Leistung
heiter die Haare mit Laub, erhebt mit der Rechten den Becher,
rufet den Gott, der uns alle beschützt, und spendet vom Weine!"

Soweit Euander. Schon deckten die weißgrünen Blätter der Pappel,
wie sie einst Herkules liebte, als Kranz beschattend die Haare,
hielt den geweihten Becher die Rechte. Froh gossen sie alle
gleich auf den Tisch die Spende und beteten fromm zu den Göttern.

Hoch vom Olympus begann inzwischen der Abend zu dämmern.
Nunmehr kamen die Priester, Potitius ging an der Spitze,
alle im Fellschurz nach alter Sitte, mit brennenden Fackeln.
Fortgesetzt wurde das Mahl, man brachte den Schmaus von dem zweiten
Opfer und häufte die vollen Schüsseln auf den Altären.

Rings um die flammenden Herde scharten zum Lied sich die Salier,
festlich die Schläfen umkränzt mit den Zweigen der Pappel, zwei Chöre,
Junge und Alte getrennt. Sie priesen mit ihrem Gesange
ruhmvolle Taten des Herkules: Wie er das Schlangenpaar tödlich
würgte, die ersten Untiere, die ihm die Stiefmutter schickte;
wie er im Kriege zwei blühende Städte vernichtete, Troja
und Oichalía, wie er im Dienste des Königs Eurystheus
tausend gefährliche Arbeiten, Folgen der Eifersucht Junos,
ausführte. „Niemals Besiegter, die Söhne der Wolke bezwangst du,
die Kentauren Hylaios und Pholos; das Untier von Kreta;
in dem felsigen Tal von Nemea den riesigen Löwen.
Vor dir erbebten die Wasser der Styx und der Wächter des Orkus,
der auf benagten Knochen sich streckt in blutiger Höhle.
Niemand jagte dir Schrecken ein, selbst nicht Typhóeus mit seinen
aufwärts züngelnden Rachen. Besonnen bliebst du im Kampfe,
als dich die Schlange von Lerna mit wimmelnden Köpfen umzischte.
Glück dir, du wahrhafter Jupitersprößling, du Zierde der Götter,
gnädig und glückbringend komme zu uns, nimm teil an dem Opfer!"
Feierlich sangen sie dies und erwähnten vor allem des Cacus
Schlupfwinkel noch und das feuerspeiende Ungetüm selber.
Ringsum hallten die Höhen und weithin die Waldungen wider.

Nach der Erfüllung der kultischen Pflichten zogen sie alle
wieder zur Stadt. Der König schritt, gebeugt schon vom Alter,
zwischen Aeneas und seinem Sohne, auf beide sich stützend,
und verkürzte den Weg durch mannigfache Gespräche.
Staunend ließ Aeneas die lebhaften Blicke im Umkreis
schweifen, die Stätte beeindruckte ihn, er fragte in heitrer
Stimmung nach einzelnem, ließ sich berichten von Taten der Vorzeit.
Dabei erklärte Euander als Gründer der römischen Stadtburg:

„Hier in den Wäldern hausten als Urvolk Faune und Nymphen,
Menschen auch, die noch aus Baumstümpfen sproßten und knorrigen Eichen,
denen Gesittung und Bildung fehlten. Sie konnten nicht Stiere
anschirren, konnten nicht ernten, nicht sparsam Erworbenes nutzen,
nährten sich mühsam von Baumfrüchten wie vom Ertrage der Jagden.
Da erschien vom hohen Olympus als erster Saturnus
als ein Verbannter, durch Jupiter grausam vom Throne gestoßen,
brachte den ungehobelten, über die Berge verstreuten
Wesen Gesetze und staatliche Einheit. ‚Sichere Stätte',
Latium, nannte das Land er, weil er hier Zuflucht gefunden.
Das weit gepriesene Goldene Zeitalter herrschte in seinem
Reiche. So friedlich lenkte er klug die Geschicke der Völker,
bis sich allmählich die Zeiten verschlechterten, gar nicht mehr glänzten,
rasende Kriegswut sich durchsetzte, gleichzeitig schamlose Habgier.
Die Ausonier wanderten ein und sikanische Stämme,
oftmals veränderte das Gebiet des Saturnus den Namen.
Weitere Könige herrschten, darunter der riesige, rohe
Thybris, nach dem wir Italer dem Fluß hier den Namen verliehen;
Albula hieß ursprünglich der Strom, doch verlor er den Namen.
Ich, aus der Heimat verbannt, bis ans Ende des Meeres verschlagen,
wurde hier seßhaft dank dem allmächtigen Schicksal und einer
unabwendbaren göttlichen Weisung; mich drängte die strenge
Mahnung der Mutter, der Nymphe Carmentis, mich drängte Apollo."

Derart erzählte er, zeigte darauf nach weiterem Schreiten
gleich den Altar, dazu auch das Tor, das die Römer noch heute
das Carmentalische nennen, seit alters zu Ehren der Nymphe,
die als Prophetin zum ersten Male die künftige Größe
der Aeneaden besang und die ruhmreiche Stadt Pallanteum;
zeigte den prächtigen Hain, den der tapfere Romulus später

klug zum Asyl erklärte; die eisige Grotte Lupercal,
nach dem lykäischen Pan benannt in parrhasischem Sinne;
wies auf den Hain Argiletums auch hin, der heiligen Stätte,
rief sie feierlich an und erzählte vom Tode des Gastfreunds
Argus. Zum Fels der Tarpeja führte er dann den Aeneas,
zum Kapitol, dem „goldenen" heute, doch einstmals von wildem
Urwald umwucherten. Damals schon schreckte die Scheu vor der Stätte
mächtig das Landvolk, es zitterte vor dem Wald und dem Felsen.
„Dieses Waldstück", erklärte er, „diesen schattig belaubten
Hügel bewohnt ein Gott – wir wissen nicht, welcher. Arkader
sahen leibhaftig den Jupiter, wähnen sie, der in der Rechten
oftmals den düsteren Aegisschild schwang und Sturmwolken ballte.
Außerdem siehst du zwei Burgen mit völlig zertrümmerten Mauern,
Reste, ehrwürdige Denkmäler aus den Zeiten der Alten;
jene errichtete Vater Ianus, diese Saturnus,
jene Ianiculum einstmals genannt, Saturnia diese."

Derart erreichten sie im Gespräch die Behausung des schlichten
Königs Euander und sahen verstreut auf dem Forum Romanum
Viehherden weiden, vernahmen Rindergebrüll, wo sich heute
stolz die Carinen erstrecken. Am Ziele erklärte Euander:
„Herkules trat nach dem Siege hier ein, ihm reichte vollständig
dieser Palast. Verschmähe auch du entschlossen den Reichtum,
halte des Gottes dich würdig, verachte die Einfachheit ja nicht!"
Damit geleitete er den stattlichen Helden Aeneas
unter das Dach des beengten Gebäudes und bot ihm auf einer
Laubschütte und dem Fell der libyschen Bärin ein Lager.

Nunmehr umhüllte die Nacht mit düsteren Schwingen die Erde.
Mutter Venus jedoch, von berechtigter Sorge gepeinigt
über den furchtbar drohenden Kriegslärm im Volk der Laurenter,
wandte im goldenen Schlafzimmer sich an den Gatten Vulcanus,
weckte zugleich mit den Worten das göttliche Sehnen der Liebe:
„Während die griechischen Fürsten berechtigt Troja und seine
untergangsreifen Burgen durch feindliche Flammen verheerten,

bat für die Elenden nie ich um Hilfe, erflehte den Einsatz
deiner gewaltigen Machtmittel nicht. Ich wollte dein Können,
lieber Vulcanus, niemals für nichtige Zwecke mißbrauchen,
wenn ich zutiefst verpflichtet auch war dem Priamossohne
Paris und oft des Aeneas bittere Mühsal beweinte.
Heute betrat er, auf Jupiters Weisung, die Rutulerküste,
heute bitte ich dich, als meinen Gatten, um Waffen,
ich, die Mutter, für ihren Sohn. Die Tochter des Nereus
konnte durch Tränen dich umstimmen, gleichfalls die Frau des
Tithonos.
Schau, was für Völker sich sammeln zum Kampf, was für Städte
die Tore
schließen, die Klingen schon gegen mich schärfen, zum Tode der
Meinen!"

Derart sprach sie und schlang um den Gatten die schneeigen
Arme,
streichelte ihn, der noch zauderte, zärtlich. Da spürte er plötzlich
die ihm vertraute Flamme; die Glut, die er kannte, durchströmte
tief ihm das Herz und durchrann ihm wohlig die bebenden
Glieder.
Ebenso bricht im Donner ein zuckender Blitzstrahl sich seine
feurige Bahn quer durch die flimmernden Wolken. Die Gattin
merkte es, froh der List und bewußt der eigenen Schönheit.

Schon in den Fesseln der ewigen Liebe, sagte Vulcanus:
„Weswegen holst du so weit her die Gründe? Verlorest du,
Venus,
jedes Vertrauen zu mir? Wenn dir damals die Sorgen genauso
zugesetzt hätten, so hätte ich gleichfalls die Teukrer bewaffnen
dürfen! Nicht der allmächtige Vater, auch niemals das Schicksal
schlossen zehn weitere Kriegsjahre aus für Troja und seinen
König! Und möchtest du heute voll Eifer zum Kampfe dich
rüsten:
Was ich auch immer zu leisten vermag in meinem Gewerbe,
was man aus Eisen und flüssigem Silbergolde verfertigt,
was auch die Flammen und Blasbälge hergeben – aber nicht
länger

sollst du durch Bitten dein eigenes Können bezweifeln!" Und voller
Sehnsucht umarmte er sie und fand, in den Schoß der Gemahlin
innig geschmiegt, den wohltuend sanften, erquicklichen Schlummer.

Halb schon verflossen war die Nacht, und die erste Erholung
hatte den Schlummer verscheucht. Schon war die Stunde gekommen,
da die Hausfrau, die sich durch Spinnen, die dürftig bezahlte
Arbeit Minervas, durchbringen muß, der glühenden Asche
während der Nacht noch die Flamme entlockt, dann bei künstlichem Lichte
rührig zum Schaffen die Sklavinnen zwingt, um das Lager der Ehe
sittsam bewahren, die Kinder gebührend erziehen zu können.
Ebenso zeitig und fleißig erhob sich der Meister des Feuers
rüstig vom schmeichelnden Lager, sein kunstreiches Werk zu beginnen.

Dicht an der Küste Siziliens, bei der äolischen Insel
Lipara, steigt aus den Wellen ein Eiland von rauchenden Felsen.
Unter ihm dröhnt die Höhle, dröhnen ätnäische Grotten,
wild von Kyklopenflammen zerklüftet. Wuchtige Hiebe
donnern von Ambossen. Glühende Stahlmassen, Chályberschätze,
zischen und brodeln in Becken. Ein Flammenmeer braust durch die Essen.
Haus des Vulcanus und Insel Vulcania nennt man die Stätte.

Hierher begab sich vom Himmel herab der Meister des Feuers.
In der gewaltigen Höhle schmiedeten schon die Kyklopen
Brontes, Steropes, Pyrakmon, die Leiber entblößt. In den Fäusten
hielten sie einen fast fertigen, teilweise auch schon polierten
Blitz, wie sie Jupiter zahlreich vom Himmelsgewölbe hernieder
sendet zur Erde. Nur Teilarbeit war an dem Stück noch zu leisten.
Angefügt hatten sie jeweils bereits drei Strahlen von Hagel,

strömendem Regen, rötlichem Feuer und Sturmwind. Grad setzten
sie das entsetzliche Aufleuchten zu, das donnernde Krachen,
jähes Erschrecken, die züngelnden Flammen als Ausdruck des Zornes.
Andere schufen für Mars ein Fahrzeug mit fliegenden Rädern,
wie er es braucht, um Menschen und Städte aufs Schlachtfeld zu hetzen.
Auch den schrecklichen Panzer der zürnenden Pallas verzierten
wetteifernd sie mit goldenen Schuppen von Schlangen, mit einem
wimmelnden Klumpen von Nattern und, vorn auf dem Harnisch der Göttin,
mit dem Gorgonenhaupt, das, vom Rumpfe getrennt, noch die Augen
wutschnaubend rollte.

Da rief Vulcanus: „He, Ätnakyklopen,
aufhören, fort mit allen begonnenen Arbeiten! Achtung:
Waffen für einen Helden gilt es zu schmieden. Wir brauchen
Kräfte und rührige Hände und meisterhaft fachliches Können.
Vorwärts, kein Säumen!“ Er sparte sich weitere Worte. In Eile
teilten sie alle die Arbeit unter sich auf und begannen
emsig das Werk. Schon strömten Kupfer und Gold, in dem großen
Schmelzofen ward der verwundende Stahl der Chalyber flüssig.
Einen gewaltigen Schutzschild formten sie, einen nur gegen
alle latinischen Waffen, nieteten fest ihn aus sieben
Platten zusammen. An Blasebälgen saugten und preßten
andre die Luft, und wiederum andere tauchten das Kupfer
zischend ins Wasser. Vom Krachen der Ambosse stöhnte die Höhle.
Taktmäßig hob die Schar der Kyklopen wuchtig die Arme,
packte mit Zangen und drehte die glühende Masse des Eisens.

Während der lemnische Gott dies vollzog an äolischer Küste,
weckten den König Euander im niedrigen Hause die heitre
Sonne, dazu das Morgengezwitscher der Schwalben am Giebel.
Eilig erhob sich der Greis, er zog den Leibrock sich über,

schnallte sodann sich Tyrrhenersandalen unter die Sohlen,
hängte um Schulter und Hüfte sich seine tegäische Klinge,
schlug auch das Pantherfell von der linken Schulter zur Seite.
Seine zwei Wachhunde liefen voraus von erhabener Schwelle,
folgten getreu dann den Schritten des Herrn. Zum entlegenen Zimmer
seines Gastfreunds Aeneas begab sich der Held und gedachte
dabei der gestrigen Aussprache wie des gegebnen Versprechens.
Ebenso zeitig war auch Aeneas schon munter. Achates
ging ihm zur Seite, wie Pallas, der Sohn, dem Euander. Zusammen
trafen sie, grüßten einander durch Handschlag, ließen sich nieder
mitten im Hof und konnten sich endlich offen beraten.

König Euander begann:
„Mächtigster Feldherr der Teukrer, ich werde, solange du atmest,
niemals die troische Macht als besiegt und verloren erachten.
Freilich, wir steuern zum Krieg, im Vergleich mit eurem so hohen
Ruhme, nur weniges bei. Dort umschließt uns der tuskische Flußlauf,
hier umklirren die Rutulerwaffen unsere Festung.
Aber gewaltige Völker und machtvoll verbündete Heere
will ich dir zuführen; wider Erwarten bietet uns solchen
Vorteil die Stunde: Auf Weisung des Schicksals bist du zur Stelle!
Ganz in der Nähe erhebt sich die Stadt Agylla, in alten
Zeiten auf Felsen errichtet. Hier, auf etruskischen Höhen,
wurde ein lydischer Volksstamm, berühmte Krieger, einst seßhaft.
Jahrelang blühte das Volk, bis König Mezentius grausam
es unterdrückte, mit Waffengewalt, in despotischer Willkür.
Soll ich die gräßlichen Morde, die Greuel des wilden Tyrannen
aufzählen? Mögen die Götter es heimzahlen ihm und der Sippe!
Fesselte er doch Lebende eng mit Toten zusammen,
preßte die Hände auf Hände und Antlitz auf Antlitz, zu einer
ausgesucht furchtbaren Qual, und ließ in der Folterumschlingung,
eiterzerfressen, verwesend, die Elenden langsam verenden!

Endlich ward es dem Volke zuviel. In Waffen umringten
Bürger das Schloß und in ihm den schrankenlos wütenden Fürsten,
schlugen die Höflinge tot und steckten in Brand das Gebäude.
Doch der Despot entrann dem Verderben, die Rutulerfluren
boten ihm Zuflucht, sein Gastfreund Turnus bewaffnete Hilfe.
Jetzt, in berechtigter Wut, erhoben sich alle Etrusker,
forderten, auch schon entschlossen zum Kriege, den Tod des Tyrannen.
Ihnen, den Tausenden, will ich zum Feldherrn dich geben, Aeneas.
Denn die Besatzungen der an der Küste versammelten Schiffe
murren und drängen zum Angriff, doch hemmt mit Orakeln ein alter
Seher die Ausfahrt: ‚Erlesene junge Kämpfer Mäoniens,
blühende Zeugen uralten Mutes! Berechtigter Kummer
treibt euch aufs Schlachtfeld, Mezentius erntet gebührend den heißen
Zorn: Doch es darf kein Italer als Feldherr solch mächtigen Volksstamm
führen! Den Feldherrn holt euch von auswärts!‘ Betroffen von dieser
Warnung der Götter, verhält das Etruskerheer kampflos auf seinem
Platze. Boten mit Zepter und Reichskrone sandte Fürst Tarchon
selber zu mir, vertraute mir an die Zeichen der Herrschaft:
Kommen soll ich zum Heer, die etruskische Macht übernehmen.
Aber das lähmende, kalte, von langen Jahren erschöpfte
Alter, die sinkenden Kräfte, zur Tat nicht mehr fähig, verwehren
mir ein Befehlshaberamt. Ich würde dem Sohne es raten,
doch die sabinische Mutter macht ihn zum halben Italer.
Du, nach Alter und Adel vom Schicksal begünstigt, von Göttern
sichtbar berufen, du, zeig dich als tapferster Feldherr der Teukrer
wie der Italer! Auch meinen Trost und mein Hoffen, den Pallas,
will ich dir mitgeben. An die Strapazen des Krieges, das harte
Handwerk des Mars, soll er sich beizeiten gewöhnen, bewundernd
deine Taten vor Augen, von dir geleitet. Ich gebe

zweihundert Reiter ihm mit, erlesene junge Arkader;
ebenso viele erwählt zur Begleitung auch Pallas sich selber."

Auf die Erklärung des Königs hielten der Sproß des Anchises
und der getreue Achates die Blicke gesenkt, und noch lange
würden betrübten Herzens sie mancherlei Mühsal erwogen
haben. Da gab aus heiterem Himmel Venus ein Zeichen.
Jäh überraschend zuckte vom Äther ein Blitz, dem ein lauter
Donnerschlag folgte. Es war, als stürze das Weltall zusammen,
schmettere nachhallend eine Tyrrhenertrompete ins Weite.
Aufwärts blickten sie, wieder und wieder krachte der Donner.
Waffen sahen sie jetzt, bei sonst freibleibendem Himmel,
golden durch einen Wolkenkreis schimmern und hörten sie klirren.

Alle erstarrten vor Staunen. Der troische Held nur erkannte
gleich die Bedeutung des Klangs, ein Versprechen der göttlichen Mutter.
Darauf erklärte er : „Freund, du brauchst nicht zu fragen, was diese
Zeichen verkünden: Ich selber werde verlangt vom Olympus!
Diese Erscheinungen hat für den Kriegsfall die göttliche Mutter
einst mir versprochen; sie wird durch die Lüfte mir Waffen zu Hilfe
schicken, die Gott Vulcanus schmiedete.
Wehe, welch furchtbares Blutbad erwartet die armen Laurenter!
Turnus, wie bitter wirst du mir büßen! Thybris, wie viele
Schilde und Helme, die Leichen der Tapferen auch, die sie tragen,
wirst du versenken! Verlangt nur den Kampf und brecht nur das Bündnis!"

Derart sprach er, erhob sich vom ragenden Thron und entfachte
auf dem Altar des Herkules gleich die schlummernden Flammen,
wandte sich dann, wie am Vortag, mit freudigem Herzen den schlichten
Hausgöttern zu. Euander, mit ihm die trojanischen Helden,
brachten erlesene Schafe, nach heiligem Brauche, zum Opfer.

Zu den Schiffen begab sich Aeneas und zu den Gefährten,
wählte von ihnen die Tapfersten aus, die zum Kampfe ihm folgen
sollten. Die übrigen ließen sich, ohne die Ruder zu regen,
leicht von der Strömung flußabwärts tragen; sie sollten Ascanius
über das Bündnis und über den Weg des Vaters berichten.
Pferde erhielten die Teukrer zum Ritt ins Gebiet der Tyrrhener,
einen vortrefflichen Renner Aeneas; ein Löwenfell deckte
bräunlich den Körper des Rosses, hell glänzten, vergoldet, die Tatzen.

Schnell überflog das Gerücht vom schleunigen Aufbruch der Reiter
nach dem Küstengebiet der tyrrhenischen Herrscher die Siedlung.
Inniger beteten angstvoll die Mütter. Die nahen Gefahren
schürten die Furcht, schon sah man deutlich die Schrecken des Krieges.
Vater Euander drückte zum Abschied die Rechte des Sohnes
kräftig und lange und sagte, ohne den Tränen zu wehren:
„Jupiter, gib mir zurück die entschwundene Jugend, die Kräfte,
die ich besaß, als zum ersten Mal, vor den Mauern Praenestes,
Feinde ich schlug, die Haufen erbeuteter Schilde verbrannte,
siegreich mit meiner Hand zum Tartarus schickte den König
Erulus, dem beim Gebären die Mutter Feronia – schrecklich! –
dreierlei Leben mitgab; ich mußte ihn dreimal bekämpfen,
dreimal zu Boden ihn strecken! Doch meine Rechte entraffte
dreimal das Leben ihm, ebensooft auch die Rüstung! Dann würde
niemals ich heute, mein Sohn, mich losreißen müssen aus deiner
lieben Umarmung, dann hätte Mezentius niemals so viele
Menschen gemordet, die Stadt nicht entblößt von so zahlreichen Bürgern,
mir, der an seiner Grenze ich lebe, zu bitterem Hohne!
Anflehen will ich euch, Himmlische, dich auch, Beherrscher der Götter,
Jupiter, bitte, erbarmt euch des arkadischen Königs,
hört, wie ein Vater euch anfleht! Wenn euer machtvolles Walten,
wenn auch das Schicksal mir Pallas am Leben erhält, mir vergönnt ist,

wiederzusehen den Sohn und ihn zu begrüßen, dann, bitte,
laßt mich am Leben, ich werde auch härteste Mühsal ertragen!
Drohst du mir aber mit unaussprechlichem Unheil, Fortuna,
bitte, entreiße mir heut noch das grausame Leben, solange
zwischen der Furcht und der Hoffnung die Sorge mir schwankt und solange
ich dich umarme, mein lieber Sohn, dich, die einzige späte
Freude! Ach, blieben die Ohren verschont mir von einer so bittren
Botschaft!" So klagte der Vater beim letzten Abschied vom Sohne,
brach dann zusammen. Bediente mußten ins Zimmer ihn tragen.

Nunmehr verließen die Reiterschwadronen das offene Stadttor,
unter den ersten Aeneas, den treuen Achates zur Seite,
weitere troische Fürsten nach ihnen, dann, mitten im Schwarme,
auffallend weithin mit Mantel und buntem Schutzschilde, Pallas,
wie aus den Wogen des Ozeans Lucifer, der von der Venus
heißer als alle anderen himmlischen Flammen geliebt wird,
himmelwärts richtet sein heiliges Haupt und die Finsternis fortjagt.
Kummervoll hatten die Mütter den Stadtwall besetzt, mit den Blicken
folgten der Staubwolke sie und dem ehernen Funkeln der Kämpfer.
Doch die gewappneten Reiter durchzogen auf kürzestem Wege
eilend das Dickicht, sie jauchzten, sie schlossen sich enger zusammen,
unter den trappelnden Hufen erdröhnte das lockere Erdreich.

Nahe dem kühlen Strome von Caere ragte ein Hochwald,
schon von den Vorfahren heilig gehalten. Ihn kränzten von allen
Seiten, ein Kessel, mit düsteren Tannen bestandene Höhen.
Früh schon, erzählt man, weihten Pelasger, die vormals als erste
in dem Latinerland wohnten, den Hain, ein jährliches Fest auch
fromm dem Silvanus, dem göttlichen Schutzherrn der Fluren und Herden.
Ganz in der Nähe lagerten Tarchon und seine Tyrrhener

klug in geschützter Stellung. Von oben ließ sich das ganze
Heer übersehen, es streckte sich weit hinaus ins Gelände.
Hierher rückte Aeneas mit seinen erlesenen Kriegern,
fand nach dem harten Ritt Erholung für Männer und Rosse.

Zwischen den Wolken des Äthers war schon die leuchtende Venus
mit den Geschenken zur Stelle. Als sie den Sohn im entlegnen
Tale allein am kühlen Ufer des Flusses erblickte,
trat sie ihm offen als göttliche Mutter entgegen und sagte:
„Sieh hier die Waffen, es hat sie mein Gatte, getreu dem Versprechen,
kunstreich vollendet! Jetzt fordre, mein Sohn, die stolzen Laurenter,
fordre den tapferen Turnus zum Kampfe, ohne zu schwanken!"
Damit lehnte die Göttin die funkelnde Rüstung an eine
Eiche, dem Sohn gegenüber, und schloß ihn beglückt in die Arme.

Freude empfand er über die ruhmreiche Gabe der Göttin,
konnte sich sattsehen nicht, betrachtete staunend die Stücke
einzeln und wendete sie wiederholt in den Händen; den festen,
flammensprühenden Helm mit dem fürchterlich nickenden Buschen;
weiter das tödliche Schwert; den von Bronze starrenden Panzer,
blutrot, von riesiger Größe, wie eine blau schimmernde Wolke,
die von den Strahlen der Sonne erglüht und fernehin leuchtet;
schließlich die glänzenden Beinschienen, Silbergold neben dem reinen
Golde; den Speer; das schwerlich beschreibbare Kunstwerk des Schildes.

Hatte auf ihm doch Vulcanus, in Kenntnis mancher Orakel,
wohl unterrichtet über die Leistungen kommender Zeiten,
Taten italischer Helden und Siege der Römer in Bildern
dargestellt, des Ascanius Stamm und der Reihe nach alle
Kriege: Wie einst in der grünenden Grotte des Kriegsgotts die Wölfin

lag, zum Säugen bereit; wie die Zwillinge furchtlos im Spielen
sich an den Zitzen festsaugten, zärtlich die Amme beleckten;
wie sich die Wölfin zurückbog mit schmiegsamem Nacken und beide
liebkoste, dann mit der Zunge sorglich das Jungenpaar putzte.

Wie man im nahegelegenen Rom bei den Spielen im Zirkus
dreist die sabinischen Mädchen von ihren Plätzen entführte,
plötzlich das Volk des Romulus sich im Krieg mit dem greisen
Tatius maß und den sittenstrengen Bürgern von Cures;
wie dann, nach Schlichtung des Streites, die Fürsten im Schmucke der Waffen
vor dem Altare Jupiters standen, die Schalen in ihren
Händen, und mit dem Opfer der Sau den Staatsvertrag schlossen.

Ganz in der Nähe hatten vier feurige Rosse den Mettus
grausam zerrissen – weswegen auch brachest dein Wort du, Albaner! –,
fortschleifen ließ schon Tullus die Teile des toten Verräters
quer durch das Dickicht, die Blutspritzer troffen herab von den Dornen.
Durchsetzen wollte Porsenna die Rückkehr des kürzlich verbannten
Königs Tarquinius, Rom durch harte Blockade bezwingen.
Doch die Aeneasenkel stürmten zum Kampf für die Freiheit.
Deutlich sah man den König Porsenna ärgerlich drohen,
weil voll Verwegenheit Cocles soeben die Pfahlbrücke abbrach,
Cloelia aus der Gefangenschaft über den Tiber davonschwamm.
Auf der tarpejischen Burghöhe hielt, zum Schutze des Tempels,
Manlius Wache, er hütete das Kapitol, und die Hütte –
„Hofburg" des Romulus – leuchtete hell mit erneuertem Strohdach.
Hier auch im goldenen Säulengang meldete schnatternd, die Flügel
schlagend, die silberne Gans den drohenden Angriff der Gallier.
Hatten doch diese durch dichtes Gestrüpp den Berg schon erklommen,

günstig getarnt dank der nächtlichen Finsternis: Golden erglänzte,
lockig, ihr Haar, ihr Gewand auch, es leuchteten ihre gestreiften
Mäntel, um milchhelle Nacken hingen goldene Ketten;
sicher gedeckt durch die Langschilde, hielten sie fest in den Fäusten
stoßbereit die in den Alpen üblichen blinkenden Spieße.
Tanzende Salier, nackte Luperker zeigte daneben
gleich das Relief, die wolleumwundenen Mützen, die Schilde,
die einst vom Himmel herabfielen. Ehrbare Hausfrauen fuhren
Opfergeräte durch Rom in gefederten Prachtkutschen.

Ferne
zog sich der Tartarus hin, die gähnenden Tore des Pluton,
wo man die Frevler bestrafte, wo du, Catilina, an steiler
Felsenwand hingst, vor den Furien zitternd, und abseits die milde
Heimstatt der Seligen, denen ein Cato Recht und Gesetz gab.
Zwischen den Bildern erstreckte das wogende Meer sich ins Weite,
golden, doch trugen die tiefblauen Wellen schäumende Kämme.
Silberhelle Delphine peitschten rings mit den Schwänzen
spielend zum Kreise die Flut und durchfurchten die Wogen. Inmitten
sah man die Seeschlacht von Actium dargestellt, ehern beschlagne
Kriegsflotten, sah das Kap am Leukate von kämpfenden Schiffen
rührig umwimmelt, die Wellen auch schäumen in goldenem Glanze.
Caesar Augustus stand dort auf ragendem Hinterdeck, Feldherr
aller Italer, mit Vätern und Volk, mit Penaten und machtvoll
hilfreichen Göttern; ihm strahlten die Helmwangen, sicher des Sieges;
über dem Haupte erschien hellglänzend der Glücksstern des Vaters.
Seitlich führte, begünstigt von Göttern und Winden, in straffer
Haltung Agrippa die Flotte; als stolze Auszeichnung glänzte
ihm um die Schläfen der Kranz, der mit goldenen Schiffsschnäbeln prangte.

Ihm gegenüber Antonius, Feldherr zahlreicher fremder
Truppen, im Orient siegreich, am Roten Meer, kommandierte
Streiter Ägyptens, des ferneren Ostens, ja Bactras, der fernen
Grenzstadt; ihm folgte, zu bitterer Schmach, die ägyptische Gattin.

Allesamt stürzten sie sich in den Kampf, wild schäumte das Wasser
unter den Rudern, durchwühlt von dreizackigen Rammen. Man drängte
weit in die offene See, als schwämmen, vom Grunde gerissen,
fort die Kykladen, als prallten Berge mit Bergen zusammen:
Derart gewaltig maßen im Kampf sich die turmhohen Schiffe.
Brandfackeln wurden geschleudert, es hagelte spitze Geschosse,
Blutströme röteten Neptuns Wogen wie niemals vor Zeiten.
Mitten im Schlachtgewühl spornte die Fürstin mit Isisgeklapper
rüstig die Ihren, sie sah nicht das Schlangenpaar hinterrücks drohen.
Vielerlei göttliche Scheusale, wie auch der Kläffer Anubis,
zückten die Waffen gegen Neptun, Minerva und Venus.
Kunstreich aus Eisen gemeißelt, tobte im Zentrum des Kampfes
Mars, aus dem Äther schwebten die grausigen Furien, in wildem
Freudenrausch schritt die Zwietracht einher mit zerrissenem Kleide;
Göttin Bellona folgte ihr nach mit blutiger Peitsche.
Hoch vom Kap Actium sah es Apollo und spannte den Bogen.
Jähes Entsetzen ergriff da Ägypter, Araber, Inder
sämtlich, es wandten zur Flucht sich alle Sabäer. Die Fürstin
selber sah man die Winde anflehen, sah sie mit vollen
Segeln davonfahren, lockern so weit wie möglich die Taue.
Dargestellt hatte der Feuergott sie, wie die Flut und der Nordwind
sie dem Gemetzel entführten, erblaßt vor dem nahenden Tode,
ihr gegenüber den mächtigen Nil, der traurig die Arme
breitete und die Besiegten, winkend mit seinem Gewande,
rief in den bläulichen Schoß, in die sichere Obhut des Stromes.

Caesar jedoch, als dreifacher Sieger, erreichte die Hauptstadt,
brachte Italiens Göttern ein niemals vergängliches frommes
Denkmal: Er weihte in Rom an die dreihundert prächtige Tempel.
Freude und Spiel und lärmender Beifall durchdröhnten die Straßen:
Chöre von Müttern und Festaltäre in sämtlichen Tempeln –
vor den Altären der Boden bedeckt von geschlachteten Rindern!
Selber thronte am schneeweißen Tor er des leuchtenden Phöbus,
musterte prüfend die Gaben der Völker und ließ an die stolzen
Pfeiler sie heften. Der Zug der Besiegten dehnte sich weithin,
vielfach verschieden an Sprache, verschieden an Kleidung und Waffen.
Dargestellt sah man Nomaden, Afrer mit wallenden Kleidern,
Leleger, Karer, mit Pfeil und Bogen bewehrte Gelonen.
Ruhiger strömte der Euphrat bereits. Vom Rande der Erde
kamen die Móriner, weiter der Rhein mit der zweifachen Mündung,
trotzig die Daher, zum Schluß der Araxes, der Brücken verabscheut.

Diese Reliefs bestaunte Aeneas am Schild des Vulcanus,
den ihm die Mutter geschenkt. Er verstand nicht die Bilder, doch freudig
hob er sich über die Schulter die ruhmreichen Taten der Enkel.

NEUNTER GESANG

Während sich dies auf etrurischem Boden ereignete, schickte
Juno, die Tochter Saturns, vom Himmel die Iris zum tapfren
Turnus hernieder. Er lagerte eben im heiligen Tale
unter den Bäumen des Ahnherrn Pilumnus. Die Tochter des Thaumas
brachte mit jugendlich schwellenden Lippen ihm folgende Botschaft:
„Turnus, was keiner der Götter auf Wunsch zu versprechen dir wagte,
das gewährt dir der Lauf des Tages ohne dein Zutun:
Fürst Aeneas verließ die Flotte, die Stadt, die Gefährten,
suchte am Palatin auf die Wohnstatt des Königs Euander!
Mehr noch: Er rückte voran zu den fernsten etruskischen Städten,
bis zu den Lydern, und ruft das Landvolk bereits zu den Waffen!
Wozu noch zaudern? Jetzt gilt es den Einsatz von Rossen und Wagen!
Laß dich nicht aufhalten, nein, überrumple das feindliche Lager!"
Damit erhob sie zum Himmel sich wieder mit kraftvollen Schwingen,
zog im Dahinfliegen unter den Wolken den mächtigen Bogen.

Deutlich erkannte der Held die Göttin, streckte die Hände
hoch zu den Sternen und rief hinterdrein der entschwebenden Botin:
„Iris, du Zierde des Himmels, wer schickte dich mir von den Wolken
nieder zur Erde? Woher strahlt plötzlich so heiter das Wetter?
Sehe ich aufklaffen doch in der Mitte das Himmelsgewölbe,
Sterne den Pol umkreisen. Ich folge dem hohen Befehle,
wer auch durch dich zu den Waffen mich ruft." Er begab sich zum Wasser,
tauchte die Arme ins Naß und betete fromm zu den Göttern,
richtete innig Gelübde für guten Erfolg an den Äther.

Offen ins Feld schon rückte geschlossen die Streitmacht, an Rossen
reich, an vielfarbigen Rüstungen wie auch an goldenem Zierat.
Führte Messapus die Vorhut, die Söhne des Tyrrhus den Nachtrab,
so übernahm Fürst Turnus, als Feldherr des Ganzen, die Mitte,
ragte gewappnet mit seinem Haupte hoch über die Menge.
Ebenso strömt, gespeist von den sieben Quellflüssen, ruhig
vorwärts der tiefe Ganges, genauso der Nil nach dem starken
Hochwasser, wenn er zurückgeht und wieder im Flußbett sich sammelt.

Plötzlich erspähten die Teukrer von ferne, wie Wolken aus düstrem
Staube sich ballten und weithin die Fluren in Dunkelheit hüllten.
Laut von der vorderen Schanze erhob Kaïkos die Stimme:
„Was für ein Haufen wälzt sich dort finster heran, ihr Trojaner?
Schnell zu den Waffen, zu Schwertern und Lanzen, besetzt rasch die Wälle!
He, schon im Anmarsch der Feind!“ Da strömten die Teukrer durch alle
Tore zurück in die Siedlung und stiegen zum Kampf auf die Schanzen.
Hatte doch der im Kriege aufs beste bewährte Aeneas
noch vor dem Aufbruch gemahnt: Wenn inzwischen ein Streit sich entspinne,
sollten sie ja nicht das Wagnis der offenen Schlacht auf sich nehmen,
vielmehr das Lager allein und die sicheren Erdwälle schützen.
Freilich, jetzt wollten Scham und Empörung zum Nahkampf sie locken;
dennoch verrammelten sie die Tore und folgten der Weisung:
Harrten in Waffen des Angriffs, gedeckt von den Türmen der Schanzen.

Turnus, mit zwanzig erlesenen Reitern, war der nur langsam
ziehenden Hauptmacht voraus schon geeilt und erschien unvermutet

vor der Befestigung, ritt auf geschecktem thrakischem Rosse,
trug auf dem Haupte zum Schutz den Goldhelm mit tiefrotem Buschen.
„Wer, Kameraden, stürzt sich, als erster mit mir, auf den Gegner?“
rief er. „Da, sehet!“ In Richtung des Feindes entsandte er seinen
Speer durch die Lüfte, zum Zeichen des Angriffs, und preschte dann vorwärts.
Seine Gefährten begrüßten es jauchzend, sie folgten mit wildem
Schlachtgeschrei, staunten nur über die scheinbare Trägheit der Troer,
die vor dem Blachfeld sich scheuten, zum Kampfe nicht ausrückten, sondern
wartend im Lager sich hielten. Vom Sattel aus musterte Turnus
zornig die Schanzen ringsum und suchte durch Sperren den Zugang.
Wie wenn ein Wolf die von Schafen wimmelnden Ställe umlauert,
draußen am Hürdenzaun heult, gepeitscht von stürmischem Regen,
jenseits der Mitternacht schon, und die Lämmer in sicherer Obhut
unter dem Muttertier blöken, der Räuber, ungestüm, rasend
gegen die ferne Beute nur tobt, die schon lange gestaute
Freßgier, der trockne, nach Blut wild lechzende Rachen ihn quälen:
ebenso packte den Rutuler jetzt beim Mustern der Wälle
brennender Zorn. Zutiefst durchdrangen ihn Schmerz und Enttäuschung.
Wie noch erzwingen den Zugang? Auf welche Weise die Teukrer
jagen aus sichrer Verschanzung, sie fort in die Ebene treiben?

Seitlich des Lagers, dicht neben ihm, ankerten, gleichfalls von Wällen
wie von dem Flußlauf sicher umhegt, die troischen Schiffe.
Gegen sie stürmte jetzt Turnus, wollte, im Beifall der Seinen,
anstecken sie, griff selber, wutlodernd, zum flammenden Kienspan.
Ungestüm stürzten sie vor, sie spornte das Beispiel des Fürsten,

sämtliche Männer versahen sich gleich mit schwelenden Fackeln,
rissen von Herden die Glut; das Kiefernholz brannte rotleuchtend,
wirbelte Rauch auf; den blies mit der Asche Vulcanus zum Himmel.

Was für ein Gott, ihr Musen, bewahrte die Teukrer vor solchen
schrecklichen Flammen? Wer schützte die Flotte vor solcher Vernichtung?
Sagt es! Man glaubt es seit uralter Zeit, doch hält sich die Sage.

Damals, als Vater Aeneas am phrygischen Ida die Schiffe
baute und über die offene See zu fahren gedachte,
sprach, so erzählt man, die berekynthische Mutter der Götter
zu dem erhabenen Sohn: „Erfülle doch, bitte, der teuren
Mutter den Wunsch, den an dich als den Herrn des Olympus sie richtet!
Mir gehört ein Wäldchen von Kiefern, schon lange mir teuer.
Hoch auf der Kuppe erhob sich der Hain, die Stätte des Opfers,
düster umschattet von dunklen Föhren und stämmigem Ahorn.
Gern überließ ich zum Schiffsbau die Bäume dem troischen Helden,
als er die Flotte benötigte. Heute bedrängen mich Sorgen.
Mache mich frei von der Furcht, gewähre der Mutter die Bitte:
Mag unterwegs die Flotte nie scheitern, kein Sturm sie versenken;
sei es ihr Vorteil, daß sie auf meinen Bergen einst aufwuchs!“

Antwort gab ihr der Sohn, der Lenker der Weltallsgestirne:
„Mutter, was willst du vom Schicksal? Was wünschst du zugunsten der Schiffe?
Sollen die Kiele, von Sterblichen einstmals geschaffen, unsterblich
werden? Und soll Aeneas die schweren Gefahren so leichthin
meistern? Welche Gottheit besitzt solch weite Befugnis?
Eins nur vermag ich: Erreichten die Schiffe ihr Ziel und die sichren
Häfen Ausoniens, werde ich jedem von ihnen, das glücklich

über die Meere den troischen Helden bis nach Laurentum
brachte, die Sterblichkeit nehmen, will es verwandeln in eine
Göttin der See, die, vergleichbar den Töchtern des Nereus, der Doto,
der Galatea, heiter durchquert die schäumenden Wogen."
Dieses Versprechen beschwor er beim Strome des stygischen Bruders,
der mit pechschwarzen Wirbeln zwischen den Ufern dahinbraust;
kräftig erschütterte er im Nicken den ganzen Olympus.

Nunmehr hatten die Parzen die Stunde der Einlösung dieser
Zusage anbrechen lassen: Das unrechte Handeln des Turnus
mahnte die Mutter, die heiligen Schiffe vor Flammen zu schützen.
Plötzlich erstrahlte ein Licht, wie es Augen noch niemals geblendet,
weit überzog von Osten ein Glanzstreifen mächtig den Himmel,
Reigen vom Ida mit ihm; durch die Lüfte donnerte eine
furchtbare Stimme, den Rutulern wie auch den Troern verständlich:
„Teukrer, ihr braucht nicht angstvoll die Schiffe zu schützen, auch keine
Waffen zur Hand zu nehmen: Turnus entzündet die Salzflut
eher als dieses geheiligte Kiefernholz. Löst euch vom Ufer,
Schiffe, und schwimmt als Meernymphen fort; das befiehlt euch die Mutter!"
Sämtliche Schiffe lösten sofort die Taue vom Ufer,
tauchten die Rammen ins Naß wie Delphine, hinab bis zum Grunde.
Darauf erschienen sie wieder, ein Wunder, als Mädchen, genauso
viele, wie eben noch ehern beschlagene Schiffe am Strande
festgetäut lagen, und schwammen hinaus in die Weite des Meeres.

Staunen ergriff die Rutuler. Heftig erschrak auch Messapus,
als sein Gespann vor Verwirrung sich bäumte. Laut aufrauschend stockte
zögernd der Thybris, er zog sich zurück vor den Fluten des Meeres.

Nur der vermessene Turnus bewahrte die Zuversicht, suchte
kraftvoll den Mut zu beleben und schalt die Zaudernden heftig:
„Gegen die Troer richtet das Wunder sich. Jupiter selber
hat sie beraubt der gewohnten Hilfsmittel. Waffen und Flammen
seitens der Rutuler brauchen sie nicht. Sie können nicht länger
Meere befahren, auf Flucht nicht mehr bauen, sie haben die halbe
Macht jetzt verloren. Uns freilich gehört das Festland; die Völker,
Tausende, stehen in Waffen. Mich schrecken durchaus nicht Orakel,
wie die Trojaner sie prahlerisch nennen, Auskünfte der Götter.
Schicksal und Venus erreichten genug: Die Phryger betraten
nunmehr Ausoniens fruchtbare Fluren! Ich habe auch *meine*
Schicksalsbestimmung, ich soll mit dem Schwert das Verbrechervolk tilgen,
das mir die Gattin entriß. Nicht allein die Atriden erlitten
solcherlei Kummer, nicht nur Mykene sollte sich wappnen.
‚Aber *ein* Untergang reicht doch!' Dann hätten sie auch nur zum *ersten*
Mal sich versündigen sollen, sie müßten jetzt sämtliche Frauen
gründlich verabscheuen! Daß sie sich auf Verschanzungen stützen
können und hemmende Gräben – ein winziger Trennstrich vom Unheil! –,
macht sie verwegen. Doch sahen sie nicht die Mauern von Troja,
die einst Neptun errichtete, völlig in Flammen versinken?
Auf, ihr Erwählten, wer möchte mit Waffen die Schanzen vernichten,
möchte mit mir das Lager der furchtsamen Feinde erstürmen?
Waffen Vulcans und tausend Schiffskiele habe ich niemals
nötig zum Kampf mit den Troern. Und sollten sich alle Etrusker
ihnen verbünden sogleich: Die Teukrer brauchen kein Dunkel,
keine Ermordung der Burgwächter, keinen ruhmlosen Diebstahl
eines Minervabildes zu fürchten, wir schlüpfen in keinen
finsteren hölzernen Pferdebauch! Offen umstürmen mit Flammen
wir die Verschanzung. Ich werde sie lehren, daß heute nicht Griechen

gegen sie kämpfen, die Hektor zehn Jahre lang siegreich zurückschlug.
Doch jetzt verflossen bereits die besten Stunden des Tages.
Widmet den Rest der Erholung, froh unsrer Erfolge, ihr Freunde,
seid überzeugt, daß der offene Kampf uns in Kürze bevorsteht!"

Sorglich verfügte Messapus zur Nacht Überwachung der Tore,
Fackellicht auch zur Beleuchtung der Wälle des feindlichen Lagers.
Ausgewählt wurden vierzehn Rutuler, die mit Begleitern
rings auf die Schanzen achtgeben sollten; jedem gehorchten
hundert Bewaffnete, glänzend von Goldschmuck, mit purpurnem Helmbusch.
Diese verteilten sich, stellten dann Posten aus, während die andern,
wachfrei, ins Gras sich streckten und zechend die Weinkrüge leerten.
Feuer verbreiteten Licht, und die Nacht durch hielt sich die Mannschaft
munter durch mancherlei Spiele.

Dies überschauten vom Wall aus die Troer und hielten die hohen
Punkte besetzt, überprüften voll Sorge das Vorfeld der Tore,
schlugen auch Brücken zu vorgeschobenen Posten und legten
Waffen bereit. Sie wurden von Mnestheus gespornt und dem tapfren
Helden Serestos. Ihnen hatte Aeneas, falls Feinde
angriffen, Oberbefehl und Entscheidungsgewalt übergeben.
Über den Wall hin bewachte man alle gefährdeten Stellen;
jeder versah, nach dem Lose, die ihm übertragenen Pflichten.

Nisos, des Hyrtakos Sohn, hielt Wache am Tore, ein kühner
Kämpfer. Ihn hatte die Mutter, die Jägerin Ida, als flinken
Pfeilschützen und als behenden Speerwerfer mit zur Begleitung
des Aeneas geschickt. Eurýalos wachte an seiner
Seite, der Schönste der troischen Helden im Heer des Aeneas;
unberührt noch, verriet sein Bartflaum das Alter der Reife.

Innige Liebe verband sie, sie zogen zum Kampfe gemeinsam,
hatten auch heute zu zweit den Posten am Tor übernommen.

Da sprach Nisos: „Entfachen die Götter den Eifer der Menschen,
oder erhebt man das eigene grausame Trachten zur Gottheit?
Lange schon drängt es zum Kampfe mich oder zu einem gewagten
Handstreich, ich kann mich durchaus nicht begnügen mit friedlicher Ruhe.
Selber erkennst du das Selbstvertrauen der Rutuler: Spärlich
glimmen die Feuer, die Posten, von Schlummer und Wein überwältigt,
liegen am Boden, und Stille verbreitet sich weithin. So höre,
was ich erwäge und was als Entschluß allmählich sich festigt.
Alle, das Volk wie die Väter, verlangen des Helden Aeneas
Rückkehr, Entsendung von Boten, die sichere Nachrichten bringen.
Billigen *dir* sie den Lohn, den ich fordre – mir selber genügt ja
völlig der Ruhm –, so glaube ich dort, am Fuße des Hügels,
sicher den Weg zur Stadt Pallanteum finden zu können.“

Staunen empfand Euryalos, tief berührt von dem Streben,
rühmliche Taten zu leisten, und gab dem begeisterten Freunde
Antwort: „Du möchtest mich also nicht mitnehmen in die Gefahren,
Nisos? Ich soll dich allein zu dem Wagnis ausziehen lassen?
Dazu erhob und erzog mich durchaus nicht mein Vater Opheltes,
er, der bewährte Krieger, während des griechischen Terrors,
Ilions bitterer Not, und derart versagte an deiner
Seite ich nicht als Gefolgsmann des tapfren Aeneas in seinem
furchtbaren Schicksal! Hier regt sich ein Mut, der als Daseinsverächter
gern für den hohen Ruhm, den du anstrebst, das Leben dahingibt!“

Nisos entgegnete: „Keinesfalls hegte ich solche Bedenken,
unbillig wäre es wirklich – so wahr ich den Sieg mir vom großen

Jupiter wünsche, von jeglichem Gott auch, der gütig mein Handeln
anschaut! Nein, würden – was oftmals bei solchen Wagnissen eintritt –
würden ein Zufall oder ein Gott ins Unglück mich stürzen,
solltest am Leben du bleiben, dein Alter verdient es weit eher.
Möge ein Freund mich als Toten bergen vom Kampfplatze oder
auslösen mich, auch, sollte Fortuna das etwa verwehren,
mir doch ein Leergrab mit allen üblichen Ehrungen widmen!
Außerdem will ich nicht deine arme Mutter so quälen,
die doch allein von so zahlreichen Müttern, mein Lieber, dir folgte,
tapfer, die sichere Stadt des großen Akestes nicht vorzog."

Darauf Euryalos: „Zwecklos ertüftelst du nichtige Gründe,
mein schon gefaßter Entschluß bleibt unumstößlich. Wir schreiten
schleunigst zur Tat!" Er weckte sofort die Ablösung. Diese
zog auf den Posten. Dann machte er sich an der Seite des Nisos
auf in das Lager, um vorzusprechen beim Sohn des Aeneas.

Alle Geschöpfe auf Erden erleichterten schon sich im Schlummer
still von den lastenden Sorgen, vergaßen die Not und die Mühsal.
Nur die trojanischen Fürsten und auserlesene Helden
hielten Beratung noch über das Schicksal des Reiches: Was sollte
man unternehmen und wen zu Aeneas als Boten entsenden?
Auf die hochragenden Lanzen gestützt, an den Armen die Schilde,
standen sie mitten im Lager! Da baten Nisos, an seiner
Seite Euryalos, sie um Gehör, voll Eifer: Es stehe
viel auf dem Spiele, der Aufschub lohne. Iulus gewährte
Zutritt sofort den Erregten, befahl dem Nisos zu sprechen.

Dieser begann: „Hört, bitte, Gefährten des Helden Aeneas,
wohlwollend zu und beurteilt unseren Plan nicht nach unsrem
Alter! Stumm liegen die Rutuler, Opfer des Weins und des Schlafes.

Selber erspähten die Stelle wir, die uns den Durchbruch im stillen
sicher ermöglicht: Am Scheideweg hinter dem Tore, in nächster
Nähe der Küste, ist unterbrochen der Feuerring, kräuselt
düsterer Qualm nur sich hoch zu den Sternen. Dürfen den Umstand
wir für den Gang zu Aeneas, zur Stadt Pallanteum benutzen,
werdet ihr bald ihn beutebeladen nach furchtbarem Blutbad
eintreffen sehen. Auch können wir uns unterwegs nicht verirren.
Sahen wir doch auf den häufigen Jagdzügen tief aus den dunklen
Tälern den Stadtrand, konnten den ganzen Fluß auch erkennen."

Daraufhin sprach der betagte, an Einsicht gereifte Aletes:
„Götter der Heimat, die ewig ihr über Ilion waltet,
offenbar wollt ihr doch nicht die Trojaner völlig vernichten,
wenn ihr noch junge Kämpfer von solcher Zuversicht, solchem
Mute hervorbringt!" Damit ergriff er an Schultern und Händen
beide, und über sein Antlitz rollten Tränen der Rührung.
„Welche Belohnungen könnte ich solcher ruhmreichen Leistung
wirklich für angemessen erachten, ihr Helden? Am besten
lohnen die Götter und euer Bewußtsein! Weiteres freilich
dürfte Aeneas euch pflichtbewußt geben sogleich, auch Ascanius
wird, in der Blüte der Jahre, nie eure Verdienste vergessen!"

„Niemals!" bestätigte Iulus. „Beruht doch mein Glück auf des Vaters
Rückkehr. Zu Schwurzeugen rufe ich, Nisos, die großen Penaten,
weiter den Lar des Assárakos wie auch das Heim der ergrauten
Vesta. Ich möchte mein ganzes Glück, mein ganzes Vertrauen
eurer Obhut anheimgeben. Bringt mir den Vater, vergönnt mir,
ihn zu erblicken! Nach seiner Errettung bleibt mir kein Kummer.
Je zwei Pokale aus Silber, geschmückt mit erhabener Arbeit,
die durch Erstürmung Arisbes mein Vater erbeutete, werde
ich euch verehren, zwei Dreifüße auch, zwei goldne Talente,
schließlich den uralten Mischkrug, den Dido aus Sidon mir schenkte.
Sollte ich siegreich Italien gewinnen, die Macht übernehmen
und die Verlosung der Beute bestimmen, nun, höre: Du sahest

selber das Roß, die vergoldeten Waffen desgleichen, mit denen
Turnus einherzog; das Pferd, den Schild und den purpurnen Helmbusch
nehme ich aus vom Verlosen, für dich als Auszeichnung, Nisos!
Außerdem wird dir mein Vater ein Dutzend ausnehmend schöne
Sklavinnen schenken, Gefangene auch samt ihrer Bewaffnung,
dazu den Grundbesitz noch, die Güter des Königs Latinus.
Dich, du verehrungswürdiger Jüngling, dem ich an Jahren
selber recht nahe schon komme, dich will ich gewinnen von ganzem
Herzen, als Mitkämpfer dich für alle Gefahren besitzen.
Ohne dich möchte ich keinen eigenen Ruhm mir erwerben,
möchte in Frieden und Krieg mein höchstes Vertrauen beim Raten
wie auch beim Handeln dir schenken!"

Euryalos gab ihm zur Antwort:
„Möge mich niemals ein Tag als Verräter entlarven an dieser
tapferen Tat! Nur soviel erflehe ich, sende Fortuna
Glück mir oder Verderben. Um eines, vor allen Geschenken,
bitte ich dich: Noch lebt, vom Geschlechte des Priamos, meine
Mutter. Nicht Ilions Erde, auch nicht die Stadt des Akestes
konnten die arme Frau hindern, mich weiterhin treu zu begleiten.
Sie, die nichts ahnt von unsrem gefahrvollen Vorhaben, lasse
ohne Abschied ich hier. Ich rufe die Nacht wie auch deine
Rechte zu Zeugen: Die Tränen der Mutter ertrüge ich niemals!
Tröste du, bitte, die Arme, leih der Verlassenen Beistand!
Gönn mir derartige Hilfe, dann werde ich alle Gefahren
mutiger auf mich nehmen." Tränen vergossen die Troer,
tief ergriffen, vor allen der schöne Iulus. Ihn rührte
heftig die Vorstellung seiner Liebe zum eigenen Vater.
Darauf erklärte er:
„Baue darauf, daß du alles gewinnst, was der Heldentat zukommt!
Deine Mutter sei auch die meine, der Name Krëusa
fehle ihr nur. Daß sie solchen Kämpfer geboren, erwartet
keinen geringen Dank. Wie immer das Wagnis auch ausgeht,

wahrlich, ich schwöre bei meinem Haupte – wie sonst stets mein Vater –:
Was ich dir alles versprach für den Fall erfolgreicher Rückkehr,
bleibt auch verbürgt für deine Mutter und deine Familie!"
Derart schwor er, in Tränen, und zog von der Schulter das golden
prangende Schwert, das Lykaon von Knossos kunstreich geschmiedet
und in die Scheide aus Elfenbein handlich eingefügt hatte.
Mnestheus reichte dem Nisos ein Fell, die Beute von einem
schrecklichen Löwen. Den Schutzhelm tauschte der treue Aletes.
Eilig brachen sie auf, voll gerüstet. Sämtliche Fürsten
gaben Geleit bis zum Tore und wünschten, Junge wie Alte,
Glück und Erfolg. Und der schöne Iulus, für seine noch jungen
Jahre verständig und mutig, beseelt von männlichem Ernste,
gab noch Empfehlungen mit für den Vater. Freilich, die Winde
sollten das alles zerreißen, als unnütze Gabe für Wolken.

Über die Gräben gelangten im Schutze des nächtlichen Dunkels
sie in das feindliche Lager, Boten des Todes für manchen,
ehe sie selber fielen. Vom Schlaf und vom Wein Übermannte
sahen im Grase sie liegen, Karren mit aufwärts gereckten
Deichseln, und zwischen den Riemen und Rädern die Männer, daneben
Waffen verstreut und Weinreste. Da brach Nisos das Schweigen:
„Mutig zur Tat jetzt, Euryalos! Mahnt doch die günstige Stunde.
Dorthin verläuft der Weg. Übernimm die Deckung nach hinten,
falls dort ein Angreifer auftaucht, und spähe so weit wie nur möglich!
Freimachen will ich die Strecke, auf breiter Straße dich führen."

Derart sprach er gedämpft und ging sogleich mit gezücktem
Schwerte dem stolzen Rhamnes zu Leibe. Der lag auf erhöhtem,
deckenbezogenem Polster und schnarchte behaglich im Schlafe,
selber ein König, als Wahrsager höchlich geachtet von Turnus.
Aber sein Wissen vermochte ihn nicht vor dem Tode zu retten.
Weiter durchbohrte Nisos drei Diener, die zwischen den Waffen
nahebei lagen, den Waffenträger und Fahrer des Remus

auch, dem er neben den Rossen den straffen Nacken durchtrennte,
schlug dann dem Remus selber das Haupt vom Rumpf, dem der Blutstrom
sprudelnd entquoll; das warme, düstere Rinnsal durchtränkte
Polster und Erdreich. Lámyrus, Lamus, den jungen Serranus
metzelte nunmehr er nieder. Der letztere, auffallend stattlich,
hatte bis tief in die Nacht sich am Spiele beteiligt und schlief jetzt,
völlig vom Rausch überwältigt. Es wäre sein Glück wohl gewesen,
hätte er gleich das nächtliche Spiel bis zum Morgen verlängert!
Pausenlos wütete Nisos, ein hungernder Löwe im vollen
Schafstall; rasend vor Gier, zerfleischt er die friedlichen Tiere,
die vor Entsetzen verstummten, und knirscht mit bluttriefendem Rachen.

Ebenso grausam vergoß auch Euryalos Blut und durchbohrte,
brennend vor Mordlust, wahllos die Feinde, so wie er sie antraf,
Fadus, Herbesus, auch Ábaris, Mannschaften, völlig nichtsahnend.
Rhoetus nur wachte und sah, was da vorging. Gepackt von Entsetzen,
suchte er Deckung jedoch im Schutze des mächtigen Mischkrugs.
Als er zum Spähen sich hochreckte, stieß ihm der Gegner die Klinge
bis an den Griff in die Brust und entriß sie der tödlichen Wunde.
Rhoetus verhauchte im weinvermischten Blutstrom sein Leben,
während der Troer das heimliche Morden fortsetzen wollte.
Gegen die Schar des Messapus schon wandte er sich; fast erloschen
sah er den Feuerschein dort, sah ordentlich angepflockt Pferde
grasen. Da mahnte ihn Nisos mit wenigen Worten – er merkte
nämlich, daß sie von der Mordgier sich allzu sehr hinreißen ließen –:
„Hören wir auf! Schon dämmert, uns feindlich, der Morgen. Wir straften
schon zur Genüge den Feind, wir brachen uns Bahn durch das Lager.“

Zahlreiche Wertstücke, reines Silber, ließen sie liegen,
Waffen, auch Krüge und kostbare Decken. Euryalos aber
raffte des Rhamnes ehern beschlagenen Gurt mit den goldnen
Buckeln noch an sich; den hatte der steinreiche Caedicus
einstmals,
selber am Kommen verhindert, zum Abschluß des Bundes der
Freundschaft
dem Tiburtiner Rémulus zugeschickt, der ihn dem Neffen
weitervererbte; nach dessen Tode ward er im Kriege
Rutulerbeute. Jetzt legte Euryalos ihn um die starken
Schultern und setzte den handlichen, buschigen Helm des
Messapus
auf – nur als Totenschmuck! Jenseits des feindlichen Lagers
gewannen
beide Trojaner das Freie.

Da nahte ein Vortrupp zu Pferde
von der latinischen Hauptstadt – die übrige Streitmacht verharrte
schlagbereit rückwärts im Felde –; er brachte Botschaft für
Turnus,
dreihundert Mann stark, alle mit Schilden, befehligt von Volcens.
Nah schon dem Rutulerlager, auch nah schon den Schanzen,
erspähten
fern sie die beiden Trojaner, die eben nordostwärts sich wandten.
Flimmerte doch der Helm des Messapus im nächtlichen Zwielicht
unter dem Mondschein, verriet den unvorsichtigen Träger.

Gleich reagierten die Reiter, laut dröhnte die Stimme des Volcens:
„Halt, ihr! Was streunt ihr umher? Wer seid ihr, in voller
Bewaffnung?
Wohin wollt ihr?“ Die beiden erwiderten nichts, sie versuchten,
schnell in den Wald zu entkommen und sich im Dunkel zu
bergen.
Aber die Reiter besetzten die Kreuzungen gleich, die sie
kannten,
sperrten auf allen Seiten jeden möglichen Ausweg.
Weithin erstreckte der Wald sich, von Unterholz starrend, voll
düstrer

Steineichen, ringsum üppig durchwuchert von dornigen Ranken.
Schwer nur erkannte man die durch das Dickicht sich schlängelnden Pfade.
Dunkelheit unter den Baumkronen und die belastende Beute
hemmten Euryalos, Furcht auch ließ ihn die Richtung verfehlen.
Nisos jedoch war, ohne auf seinen Gefährten zu achten,
längst schon entronnen dem Feind, auch dem Walde, der heute nach Alba
noch der „albanische" heißt, das Jagdrevier einst des Latinus.
Jetzt erst verharrte er still und bemerkte das Fehlen des Freundes.
„Armer Euryalos", rief er, „wo habe ich dich bloß verloren?
Wo nur vermag ich die Spuren im täuschenden Dickicht des Waldes
wiederzufinden?" Er machte sich gleich auf den Rückweg, bekannten
Anzeichen folgend, durchstreifte gespannt er das schweigsame Buschwerk.

Aber dann hörte er Hufschläge, Klirren, Verfolgersignale,
und, nur ein wenig später, drang ihm Geschrei zu den Ohren,
und er gewahrte Euryalos. Dieser hatte im Dunkel,
jählings verwirrt durch den nächtlichen Lärm, sich verlaufen. Nun schleppte
fort ihn die feindliche Schar, trotz heftigen Sträubens. Wie sollte
Nisos jetzt handeln? Gewaltsam befreien den Freund, sich auf seine
Waffen verlassen? Zum Sterben bereit auf die Feinde sich stürzen,
ehrenvoll untergehen sogleich an blutenden Wunden?

Ohne zu zögern, straffte den Arm er, ausholend zum Speerwurf,
blickte empor zu Luna und sprach die flehenden Worte:
„Leihe jetzt, Göttin, unserem Kampfe tätigen Beistand,
Tochter der Leto, du, Zierde der Sterne, Beschützer der Haine!
Brachte mein Vater Hyrtakos jemals dir auf dem Altare
Opfer für mich und habe ich selbst sie vermehrt noch als Jäger,
hängte sie auf in der Kuppel oder am Giebel des Tempels:

Lenke den Flug des Speeres und laß mich die feindliche Rotte
sprengen!“ Darauf entsandte mit aller Gewalt er die Waffe.
Sausend durchschnitt im Fluge der Speer das nächtliche Dunkel,
traf in der Schar der Latiner den Helden Sulmo im Rücken,
brach dort und drang mit zersplittertem Schaft noch quer durch das Zwerchfell.
Sulmo stürzte, heiß quoll ihm das Blut vom Herzen zum Schlunde;
sterbend, erschlaffend schon, röchelte er noch, es zuckten die Glieder.
Seine Gefährten spähten umher. Um so mutiger sandte
Nisos den zweiten Speer, ließ ihn in Höhe des Kopfes entschwirren.
Aufgeregt schwankten die Feinde, da fuhr die Spitze dem Tagus
zischend von Schläfe zu Schläfe, haftete fest im Gehirne.

Rasende Wut überwältigte Volcens. Er konnte den Schützen
nirgendwo sehen, nicht kühlen an ihm die brennende Rachgier.
„Du“, so schrie er Euryalos an, „du wirst die Ermordung
beider mit heißem Blute mir sühnen!“ Und zückte die Klinge
auf den Gefangenen.

Da fing Nisos, vor Angst wie von Sinnen,
gellend zu rufen an, konnte nicht länger im Dunkel sich bergen,
länger nicht tragen den bohrenden Schmerz: „Hier bin ich, der Schütze,
zielt mit den stählernen Waffen auf *mich* nur, ihr Rutuler! Habe
ich doch den Handstreich geplant. Er wagte ihn gar nicht, er konnte
ihn auch nicht wagen, ich rufe Himmel und Sterne zu Zeugen:
Allzusehr liebte er nur den Freund, den das Unglück verfolgte!“
Aber sein Flehen verhallte. Schon hatte die Klinge des Volcens
kraftvoll die Rippen durchstoßen, die schimmernde Brust ihm gespalten.
Sterbend wälzte Euryalos sich, die lieblichen Glieder
rötete Blut, schlaff glitt schon der Nacken über die Schultern;
ebenso sinkt die vom Pflugschar zerschnittene purpurne Blume

matt auf die Erde, läßt auch der Mohn im Prasseln des Regens
von den erschlaffenden Stengeln sinken die prächtigen Blüten.

Nisos jedoch sprang mitten unter die Feinde. Auf Volcens
stürzte er los, nur dem Volcens galten sein Sinnen und Trachten.
Aber die Feinde umdrängten ihn dicht und versuchten von allen
Seiten zurück ihn zu stoßen. Er trotzte der Übermacht, blitzen
ließ er die wirbelnde Klinge, dann senkte er sie in den offnen
Mund des schreienden Rutulers, raubte dem Gegner das Leben,
warf sich, selbst tödlich durchbohrt von den Feinden, über des
Freundes
Leichnam. Erst jetzt umfing ihn der friedliche Schlummer des
Todes.

Glücklich ihr beide! Und sollte mein Epos nur etwas bewirken,
wird euch kein Tag dem Gedächtnis der Nachwelt entreißen,
solange
noch das Geschlecht des Aeneas den kapitolinischen Felsen
sicher bewohnt und der römische Vater die Weltherrschaft ausübt!

Siegreich bemächtigten sich die Latiner der doppelten Beute,
trugen in Tränen darauf den gefallenen Volcens ins Lager.
Keine geringere Trauer erhob sich dort: Den erschlagnen
Rhamnes fand man, so viele zugleich ermordete Fürsten,
Numa dabei und Serranus. Scharenweis drängten die Leute
sich um die Toten und Halbtoten, um die vom eben vergoßnen
Blute noch dampfenden Stellen, noch schaumige tiefrote Bäche;
man erkannte die Beute, den glänzenden Helm des Messapus
und das geschmückte Wehrgehenk, die man so teuer bezahlte.

Nunmehr erhob sich Aurora vom goldgelben Bett des Tithonos,
streute das Frühlicht des neuen Tages über die Erde.
Unter der Sonne bereits, die alles den Blicken enthüllte,
wappnete Turnus sich selber und rief auch das Heer zu den
Waffen,
führten die Hauptleute ihre gepanzerten Scharen zum Angriff,
schürten die Wut noch durch Nachrichten über das nächtliche
Blutbad.

Außerdem steckte man – kläglicher Anblick! – die Köpfe des Nisos
und des Euryalos vorne auf Lanzen, hob sie und folgte
ihnen mit wildem Geschrei.

Links auf den Schanzen stellte dem Ansturm sich die erprobte
Schar des Aeneas – die rechte Seite umspülte der Thybris –,
deckte die mächtigen Gräben und stand betrübt auf den hohen
Türmen. Noch tiefer erschütterte sie der Anblick der ihnen
allen bekannten, auf Lanzen gespießten bluttriefenden Köpfe.

In dem bestürzten trojanischen Lager eilte beflügelt
Fama umher. Auch der Mutter des Helden Euryalos kam sie
plötzlich zu Ohren. Die Arme verspürte eisige Kälte,
jählings entglitt ihr der Schützen, auflöste sich gleich das Gewebe.
Aufschreiend raufte sich dann die vom Unglück Geschlagne die Haare,
stürzte zum Zelte hinaus zu den Schanzen und drängte sich rasend
zwischen die Vorkämpfer, scheute nicht vor dem Gewimmel der Männer,
nicht vor den Feindesgeschossen und schrie lautklagend zum Himmel:
„Muß ich als Toten dich sehen, Euryalos? Du, mir die letzte
Zuflucht im Alter, du konntest so grausam im Stiche mich lassen?
Durfte ich elende Mutter dir nicht beim Aufbruch zu solchem
tödlichen Wagnis ein Wort zum Abschied noch sagen? O wehe,
fern in der Fremde liegst du, Latiums Hunden und Vögeln
kläglich zum Fraße! Ich Mutter, ich durfte dich nicht zur Bestattung
treulich geleiten, die Augen dir zudrücken, waschen die Wunden,
nicht ins Gewand dich hüllen, das ich bei Nacht und bei Tage
fleißig dir webte, ein Trost in den trüben Stunden des Alters!
Wohin folge ich? Was für ein Boden umhegt jetzt die Glieder,
die man zerriß und zerfleischte? Nur *so* viel bringst du, mein Junge,
wieder von dir? Deswegen durchzog ich Länder und Meere?

Kennt ihr noch Mitgefühl, Rutuler, bitte, durchbohrt mich, mit allen
Spießen und Pfeilen beschießt mich, entreißt mir zuerst doch das Leben!
Oder erbarm du selber dich, mächtiger Vater der Götter,
schleudre mit deinem Blitzstrahl mein leidiges Haupt in den Hades!
Kann ich doch anders mein bitteres Dasein nicht vorzeitig enden."
Ihre Klage erschütterte alle, ein schmerzliches Stöhnen
ließ sich vernehmen, schon drohte der Gram die Kampfkraft zu lähmen.
Da sich ihr Kummer noch steigerte, faßten Idaios und Aktor
schonend sie unter – es gaben den Rat Ilioneus und, heiße
Tränen vergießend, Iulus – und führten zurück sie zum Zelte.

Aber jetzt dröhnte, schreckenerregend, von fern die Trompete.
Gelles Geschrei erhob sich, dumpf hallte der Himmel es wider.
Unter dem Schutzdach der Schilde stürmten vorwärts die Volsker,
suchten die Gräben zu füllen, die Schanzen niederzureißen;
andere wollten auf Sturmleitern über die Wälle sich Wege
bahnen, dort wo auf den Zinnen der Kranz der Verteidiger deutlich
weniger dicht sich zeigte. Die Teukrer schleuderten jede
Art von Geschossen und stießen mit wuchtigen Stangen die Feinde
rückwärts, nach langen Jahren erfahren im Kampf von den Mauern,
wälzten gefährlich gewichtige Feldsteine auch, die Kolonnen
unter dem Schutzdach zu sprengen. Doch unerschüttert noch hielten
unter den dichten Schilden die Angreifer stand den Geschossen.
Schließlich versagten sie doch. Wo sie nämlich am stärksten sich ballten,
rollten die Teukrer einen riesigen Felsblock herunter,
der die Rutuler niederwalzte, das Schilddach zersprengte.
Länger nicht wollten die kühnen Angreifer unter den Schilden
vordringen, ohne die Gegner zu sehen, sie lieber vom Walle
jagen durch dichten Geschoßhagel.

Gräßlich zu schauen, schwang an anderer Stelle Mezentius
eine etruskische Kienfackel, schleuderte qualmende Brander.
Aber Messapus, der Rossebändiger, Sprößling des Neptun,
hatte ein Wallstück zerstört schon und schrie nach Leitern zum Aufstieg.

Bitte, Kallíope, Musen ihr, leiht mir jetzt Kraft, zu besingen,
wie mit dem Schwerte Fürst Turnus wütete, wen er im Kampfe
tötete, wen die einzelnen Streiter zum Orkus entsandten,
bitte, enthüllt jetzt mit mir das grausige Antlitz des Krieges!
Fest im Gedächtnis bewahrt ihr es, Göttinnen, könnt es erzählen!

Weit überragte die Schanzen ein riesiger Turmbau mit hohen
Fallbrücken, günstig angelegt, den die Italer mit allen
Kräften erobern, gewaltsam zerstören und umstürzen wollten.
Aber die Troer verteidigten ihn mit geschleuderten Steinen,
warfen auch durch die Schießscharten ununterbrochen mit Speeren.
Turnus als erster schleuderte eine brennende Fackel,
setzte die Turmwand in Brand. Schnell ergriff vor dem Winde die Flamme
lodernd die Balken und haftete fest an den schwelenden Pfosten.
Aufregung packte und Angst die Besatzung, sie suchte vergeblich
sich vor dem Unheil zu retten, sie drängte zur feindfreien Seite
rückwärts sich eng zusammen. Da neigte sich, jäh überlastet,
vorwärts der Turm, das Krachen des Sturzes dröhnte zum Himmel.
Halbtot erreichten die Männer den Boden, doch häufte sich über
ihnen die schreckliche Masse, die eigenen Waffen durchbohrten,
wuchtige Balken durchstießen, zerquetschten sie. Knapp noch entkamen
zwei nur, Helenor und Lykos. Jenen, den Jüngeren, hatte
Sklavin Likymnia heimlich dem König der Lyder geboren,
später nach Troja geschickt, wo er freilich nicht mitkämpfen sollte,
leicht mit dem Schwert nur bewaffnet und einfachem, schmucklosem Rundschild.
Als er von Leuten des Turnus zu Tausenden eng sich umringt sah,

überall Kämpfern aus Latium nur in geschlossenen Reihen,
stürzte er, jung wie er war, sich todbereit unter die Feinde,
dort, wo Schwerter und Lanzen am dichtesten starrten; genauso
bäumt sich ein Wild, das die Jäger in dichter Kette umzingeln,
gegen die Waffen, stürzt sich drauflos, des Todes nicht achtend,
um dann in weitem Sprunge hoch über die Spieße zu setzen.
Lykos, weit besser zu Fuß, versuchte durch Feinde und Waffen
quer zu entkommen, erreichte die Schanzen und streckte die Hände
schon zu den Zinnen empor, den rettenden Armen der Freunde.
Aber da hatte ihn Turnus, genauso geschwind und gewappnet,
eingeholt, schalt ihn: „Du wähntest, unserer Faust zu entkommen,
Dummkopf?“, und packte ihn, wie er vom Zinnenrand wehrlos herabhing,
riß ihn herunter, mit ihm noch ein mächtiges Stück von der Schanze;
ebenso rafft auch Jupiters Waffenträger, der Adler,
sei es den Hasen, sei es den schneeweißen Schwan mit den Krallen
aufwärts, reißt auch die Wölfin des Mars das Lamm aus der Stallung,
fort von dem blökenden Muttertier.

Kriegsgeschrei gellte von allen
Seiten, vor drangen die Angreifer, füllten die Gräben mit Erde,
schleuderten lodernde Brandsätze auch hoch über die Zinnen.
Tödlich traf Ilioneus mit einem gewaltigen Felsblock
den Lucetius, der sich mit Fackeln dem Lagertor nahte.
Liger erschlug Emathion, Asilas den Korynaios –
jener ein tüchtiger Speerwerfer, dieser ein sicherer Schütze –;
Kaineus erlegte Ortygius, Turnus den siegreichen Kaineus,
weiter den Itys, den Klónios, Prómolos wie Dioxippos,
Sagaris, schließlich den vorn auf der Turmspitze stehenden Idas.
Kapys erschoß den Privernus; den hatte der Speer des Themillas
flüchtig gestreift nur; doch leichtsinnig warf er den Schutzschild zu Boden,
griff nach der Wunde; der schwirrende Pfeil durchbohrte die Linke,

heftete sie an die Hüfte, zerriß dann im Innern des Körpers
tödlich die lebenspendenden Wege des Atems, die Lungen.
Ausnehmend herrlich gerüstet stand dort der Sprößling des Arcens,
prächtig bestickt der Mantel, tiefleuchtend von spanischem Purpur,
stattlich und schön. Ihn hatte geschickt sein Vater, Held Arcens,
der ihn im Haine der Mutter aufzog, am Strome Symaithos,
bei dem Altar der Paliken, die leicht sich besänftigen lassen.
König Mezentius legte die Speere beiseite, und dreimal
ließ um sein Haupt am gestrafften Riemen die Schleuder er kreisen,
jagte sodann das im Fliegen schmelzende Bleistück dem Gegner
quer durch die Schläfen und streckte, so lang wie er war, ihn zu Boden.

Damals zuerst, so erzählt man, bewährte Iulus, der früher
flüchtiges Wild nur scheuchte mit sausenden Pfeilen, im Kampfe
auch sich als Schütze: Den tapfren Numanus streckte er nieder,
den man mit Beinamen Remulus nannte. Der hatte vor kurzem
erst mit der jüngeren Schwester des Turnus die Ehe geschlossen.
Weit vor der Schlachtreihe schreitend, lobte er lautstark die Seinen,
schmähte die Gegner, ungemein stolz infolge der neuen
Fürstenverwandtschaft, und brüstete sich mit schallenden Worten:
„Schämt ihr euch gar nicht, euch wieder belagern zu lassen, ihr zweimal
schon überwältigten Phryger, durch Schanzen dem Tod zu entgehen?
Seht nur die Helden, die Frauen von uns im Kampfe sich holen!
Keinerlei Gottheit, nein, Dummheit führte euch her nach Italien.
Keine Atriden sind hier, kein Lügenmeister Odysseus.
Wir, von Geburt aus ein hartes Geschlecht, wir tauchen die kleinen
Kinder in Flüsse gleich, härten sie ab in den eiskalten Wellen.
Nächtelang jagen die Knaben schon, streifen rastlos durch Wälder,

tummeln die Rosse und schnellen den Pfeil von der Sehne im Wettkampf.
Ausdauernd in Strapazen, bescheiden auch, zähmen sie unsern
Boden mit Pflügen, lassen im Kriege auch Festungen wanken.
Eisen erprobt uns ein Leben hindurch, wir stacheln den Zugstier
schon mit dem Schafte des Speers; kein allmählich lähmendes Alter
schwächt uns die Kräfte des Geistes und raubt uns die rührige Frische.
Noch auf den Graukopf drücken den Helm wir, auch tragen wir ständig
Beute aufs neue zusammen und leben vom Raub, mit Vergnügen.
Ihr liebt bunte Gewänder, goldgelb, leuchtend von Purpur,
freut euch des Müßiggangs, pflegt mit Begeisterung Tanzen und Singen;
Röcke mit Ärmeln tragt ihr und prächtige Mützen mit Bändern –
Phrygerinnen, jawohl, nicht Phryger! – und pilgert zum hohen
Dindymos, hört dort vertrautes zweistimmiges Flötengedudel.
Handpaucken locken euch, Buchsbaumpfeifen der Mutter vom Ida.
Waffen jedoch überlaßt den Männern, verzichtet auf Eisen!"

Dies überhebliche Prahlen und dieses schreckliche Drohen
konnte Iulus nicht aushalten, wandte dem Feind sich entgegen,
legte den Pfeil auf die Sehne, spannte kraftvoll den Bogen,
ging in den Anschlag und flehte, bevor er noch schoß, um Erfüllung:
„Hilf mir, allmächtiger Jupiter, bei dem kühnen Beginnen!
Selber will ich zum Danke in deinem Heiligtum opfern,
einen hellglänzenden Stier mit vergoldeter Stirne, der seiner
Mutter an Kopfhöhe gleichkommt, hinführen vor deine Altäre,
einen, der kräftig schon stößt und den Sand mit den Hufen hoch aufwirft!"

Jupiter hörte ihn, ließ es von linksher aus heiterem Himmel
donnern, und gleichzeitig summte toddrohend der Bogen. Gefährlich

schwirrend schnellte der Pfeil von der Sehne und drang mit der Spitze
tief in die Schläfe des Remulus, bohrte sich quer durch den Schädel.
„Los doch, verhöhne nur weiter die Tapferkeit! Zweimal bezwungen,
senden die Phryger den Rutulern diesen Pfeilschuß zur Antwort!"
Jauchzend begrüßten die Teukrer die wenigen Worte des Schützen,
fühlten vor Freude die Zuversicht wachsen, empor zu den Sternen.

Hoch aus dem Äther, auf Wolken thronend, blickte soeben,
lockenumwallt, Apollo herab auf die Heerschar Ausoniens
wie auf das troische Lager und sprach zu dem Sieger Iulus:
„Glück dir zur ersten Kriegstat, mein Junge! Durch Leistung erreicht man
selbst die Gestirne, du Göttersproß, künftiger Ahnherr von Göttern!
Unter dem Stamm des Assarakos hören die schicksalsbestimmten
Kriege einst auf, zu gering ist Troja für *dich*." Und er schwebte
nieder vom Himmel, durchquerte die wallenden Lüfte und nahte
sich dem Ascanius, zeigte sich ihm in Gestalt des bejahrten
Butes. Der hatte vor Jahren dem Dardanerfürsten Anchises
treulich gedient als Waffenträger und Leibwächter; später
gab ihn Aeneas dem Sohn als Erzieher. Dem Greise in allem
gleichend, an Stimme, an Aussehen, silbern schimmernden Haaren,
schrecklich auch klirrend im Schmucke der Waffen, so nahte Apollo,
richtete an den vor Kampfeifer glühenden Jungen die Worte:
„Laß es genug sein, du Sproß des Aeneas, daß du Numanus
straflos erschossest. Der große Apollo vergönnt dir den ersten
Kriegsruhm, verübelt dir nicht, daß du ihn im Schießen erreichtest.
Nimm jetzt nicht weiter am Kampf teil, mein Junge!" So mahnte Apollo;

dann, nach dem kurzen Gespräch, entzog er sich menschlichen
Blicken,
löste in weiter Ferne sich auf zu hauchdünnem Dunste.

Freilich erkannten die Dardanerfürsten den Gott und des Gottes
Waffen und hörten die Pfeile im Köcher des Fliegenden klirren,
dämpften daher, mit dem Hinweis auf Willen und Warnung des
Phöbus,
klüglich die Kampflust des Knaben. Hinein ins Getümmel des
Kampfes
zogen aufs neue sie dann und setzten sich aus den Gefahren.

Schreie umgellten die Schanzen längs der gesamten Umwallung,
Pfeile entschwirrten den Bogen, von Schwungriemen sausten die
Speere.
Weithin bedeckten Geschosse den Boden, dröhnten vom Aufprall
Schilde und Helme, noch lauter tobte erbittert das Ringen;
ebenso peitscht, nach dem Aufgang der unwetterbringenden
Böckchen,
wild aus dem Westen der Regen die Erde, prasseln des Hagels
Schloßen hernieder ins Meer, wenn Jupiter schrecklich von Süden
triefenden Wirbelwind scheucht und die Schleusen des Himmels
weit aufreißt.

Pandaros aber und Bitias, Söhne Alkanors vom Ida,
von der Nymphe Iaira im Jupiterhaine erzogen,
Jünglinge, stattlich wie ragende Tannen und Berge der Heimat,
schlossen das Tor auf, das ihnen der Feldherr zu hüten befohlen,
lockten, auf ihre Waffen vertrauend, den Feind in das Lager.
Hinter dem Eingang standen sie beiderseits selber, gleich
Türmen,
stählern gerüstet und hoch auf dem Haupte den wippenden
Helmbusch,
wie an den Rändern reißender Ströme, etwa am großen
Po, auch am lieblichen Ufer der Etsch, zwei mächtige Eichen
hoch in die Lüfte sich recken, die niemals geschorenen Häupter
himmelwärts heben und mit dem stolz ragenden Wipfelpaar
nicken.

Ungestüm drangen die Rutuler ein, als den Zugang sie offen
sahen, Quercens als erster, Aquiculus, prächtig gewappnet,
Marus, der Hitzkopf, Haemon, ein blutiger Kriegsmann, ein jeder
seinem Gefolge voran – doch sie zeigten gleich fliehend die Rücken,
oder sie mußten ihr Leben noch zwischen den Torpfeilern lassen.
Aber nur heftiger raste auf beiden Seiten die Kampfwut,
dichter noch scharten die Troer sich hinter dem Tore zusammen,
wagten zum Nahkampf sich vor und drängten sogar schon zum Ausfall.

Heerführer Turnus setzte inzwischen an anderer Stelle,
gnadenlos wütend, die Feinde in Schrecken. Ihm wurde gemeldet,
diesseits des Walles schon kämpften die Troer, bei offenen Toren.
Ungesäumt eilte er dorthin und stürmte, aufs höchste erbittert,
gegen das Dardanertor und die selbstbewußt-tollkühnen Brüder,
streckte sogleich durch Speerwurf Antiphates nieder – den eine
Nebenfrau einstmals aus Thebe dem Fürsten Sarpedon geboren –;
trat er als erster doch Turnus entgegen. Der Speer, aus dem harten
Kirschholz Italiens, durchschwirrte die Luft und bohrte die Spitze
tief durch den Schlund in die Brust des Trojaners. Aus klaffender Wunde
schäumte das Blut, heiß umwogte die Lunge das haftende Eisen.
Darauf erlegte er Merops, Erymas, Aphidnos; als fünften
Bitias, der mit glühenden Augen vor Mordeifer knirschte,
tötete nicht mit dem Spieß ihn – dem wäre er schwerlich erlegen –,
nein, ein gigantischer Wurfbalken schwirrte entsetzlich, ein Blitzstrahl,
ihm aus der Faust; den hemmte des Schildes zweifaches Stierfell,
hemmte der Panzer auch nicht mit der festen Doppelschicht goldner
Schuppen: der riesige Körper des Bitias sackte zusammen.
Unter ihm dröhnte die Erde, der mächtige Schutzschild darüber.

Ebenso fällt am Euböergestade von Baiae ein Pfeiler;
zwischen Gerüsten aus wuchtigen Steinblöcken kunstvoll errichtet,
wird er versenkt in das Meer – so neigt er sich vorwärts im Sturze,
schlägt dann zur Tiefe und bleibt, gebohrt in den Meeresgrund, liegen;
aufschäumend brodelt die Flut, schwarz wirbeln die Schlickmassen aufwärts,
Prochytas Höhen erzittern vom Aufprall, Inárime gleichfalls,
über Typhoeus gewälzt, ein Steinbett, auf Jupiters Weisung.

Nunmehr verlieh der waffengewaltige Mars den Latinern
Kräfte und Mut und spornte sie an zu erbittertem Kampfe,
ließ die Trojaner zurückweichen, schlug sie mit tödlichem Schrecken.
Angreifer ballten sich überallher, vor rollte der Ansturm,
rasend vom Kriegsgott beschwingt.

Pandaros sah den Leichnam des Bruders hingestreckt liegen,
sah den Umschwung der Lage, das drohende Unglück. Da drehte
er mit gewaltiger Kraft die Torflügel zu in den Angeln,
stemmte die breiten Schultern gegen sie. Zahlreiche Teukrer
ließ er in hartem Gefecht zurück vor den Schanzen, doch viele
Gegner auch schloß er mit ein, bot Angreifern Aufnahme, töricht:
Sah er in ihrer Mitte doch nicht den Rutulerkönig
vorstürmen, sperrte sogar noch den Fürsten ins eigene Lager,
unter das mutlose Herdenvieh einen reißenden Tiger!

Furchtbar glühten sogleich die Augen des Turnus, und seine
Waffen klirrten entsetzlich, blutrot schwankte auf seinem
Haupte der Helmbusch, sein Schutzschild entsandte zuckende Blitze.
Plötzlich erkannten die Troer bestürzt das ihnen verhaßte
Antlitz, die Riesengestalt des Fürsten. Da stürmte gewaltig
Pandaros vorwärts und rief, wutflammend vom Tode des Bruders:
„Keineswegs ragt hier die bräutliche Burg der Herrin Amata,

Ardea schützt nicht mit heimischen Mauern den Turnus. Vor Augen
hast du das feindliche Lager, ihm wirst du schwerlich entrinnen!"
Turnus entgegnete ihm mit verächtlichem Lächeln, gelassen:
„Mach nur den Anfang, falls Mut dich beseelt, schlag los mit der Rechten!
Hier auch entdeckte man einen Achilles, das kannst du dem König
Priamos melden." Pandaros warf mit Anspannung aller
Kräfte den Speer mit dem rindenbedeckten, knotigen Schafte.
Doch er durchschnitt nur die Lüfte, Juno verwehrte der Waffe,
Wunden zu schlagen, die Stahlspitze blieb im Lagertor haften.
„Du entgehst nicht der Klinge in dieser kraftvollen Rechten;
andere Wunden pflege mit *meinem* Schwert ich zu schlagen!"
Turnus rief es und holte, sich reckend, weit aus mit der Waffe,
traf mit der Schneide den Schädel des Gegners genau in der Mitte,
hieb mit gewaltiger Wucht auseinander die bartlosen Wangen.
Unter der Last des Stürzenden dröhnte mit Zittern der Boden,
sterbend streckte der Troer die schlaffen Glieder und seine
hirnüberspritzten Waffen; beiderseits hingen dem Toten
völlig getrennt die Hälften des Schädels über die Schultern.

Voller Entsetzen stoben wild auseinander die Teukrer.
Hätte der Sieger sofort es sich einfallen lassen, die Riegel
selbst zu zerschlagen, den Kampfgefährten den Zugang zu öffnen,
würde der Tag den Krieg beendet, die Troer vernichtet
haben. Doch Kampfwut und heillose Mordgier stachelten Turnus
weiterhin gegen die Feinde.
Phaleris traf er, verwundete Gyges die Kniekehle, raffte
Lanzen vom Boden und stieß sie den beiden, die fortlaufen wollten,
tief in den Rücken. Juno verlieh ihm den Mut und die Kampfkraft.
Halys erschlug er dann, Phegeus, den an den Rundschild er spießte,
weiter Verteidiger, die an den Schanzen nichtsahnend, noch fochten,

Halios und Alkandros, Prýtanis, nach ihm Noëmon.
Lynkeus wandte sich gegen ihn, rief auch Gefährten zu Hilfe.
Turnus, rechts seitlich des Walles, kam mit geschwungener Klinge
jäh ihm zuvor und hieb ihm mit einem gewaltigen Schlage
Schädel und Schutzhelm zugleich weit fort von dem Rumpfe, erlegte
Amykos dann, den erfolgreichen Jäger, der weithin am besten
Schußwaffen tränkte mit Gift und wirksam auch einsetzen konnte,
Klytios, Sprößling des Aiolos, schließlich den Kretheus, den Liebling,
Freund und Begleiter der Musen, der Singen und Lautenspiel ständig
pflegte, den Liedern mit Saitenklang taktmäßig folgte, auch immer
Rosse besang und Waffen von Helden und blutige Schlachten.

Aber zuletzt erfuhren die teukrischen Fürsten vom Blutbad
unter den Ihren und trafen sich, Mnestheus, der tapfre Serestos,
sahen die Freunde zersprengt, den Gegner inmitten des Lagers.
Laut rief Mnestheus: „Wohin noch fliehen, wohin entrinnen?
Was für Verschanzungen habt ihr noch, was für Befestigungswerke?
Einer der Feinde, ihr Troer, allseits umgeben von euren
Schanzen, durfte im Lager straflos ein solches Gemetzel
wagen, so viele der tüchtigsten Helden zum Orkus entsenden?
Feiglinge, spürt ihr nicht Scham und nicht Mitleid, wenn ihr der armen
Heimat gedenkt, der uralten Götter, des großen Aeneas?“

Dadurch entflammt und ermutigt, schlossen die Troer die Reihen.
Schrittweise zog sich Turnus zurück vor dem Ansturm, zum Flusse
wandte er sich, wo die Wellen den Rand des Lagers bespülten.
Heftiger drängten die Troer ihm nach mit gellendem Schreien,
ballten sich dichter zusammen. So drängt ein Haufen von Jägern,
waffenstarrend, den wütenden Löwen; erschrocken zwar, aber

trotzig, mit grimmigen Blicken, weicht er; den Rücken zu kehren,
hindern ihn Wut und Tatkraft; zum Gegenangriff zu schreiten,
wehrt ihm, wie sehr er es wünscht, doch die Menge bewaffneter Männer.
Ebenso zog sich Turnus zurück, in innerem Zwiespalt,
ohne zu eilen; im stillen kochte er freilich vor Ärger.
Zweimal sogar noch prellte er vorwärts unter die Feinde,
scheuchte sie zweimal in kopfloser Flucht durch das Lager.
Inzwischen
strömte jedoch die ganze Lagerbesatzung zusammen,
und die saturnische Juno wagte ihn gegen die Teukrer
nicht mehr zum Kampf zu ermuntern. Denn Jupiter hatte vom Himmel
Iris entsandt durch die Luft und der Schwester bittere Buße
angedroht, falls nicht Turnus das Lager der Teukrer verließe.
Deswegen konnte sich Turnus nicht länger nachdrücklich wehren,
weder mit Schutzschild noch Schwert; so prasselten rings die Geschosse
gegen ihn. Ununterbrochen umklirrte der Helm ihm die Schläfen,
Risse schon klafften im festen Erz vom Aufprall der Steine,
völlig zerfetzt hing über dem Kopfe der Buschen, den Stößen
war auch der Schildbuckel nicht mehr gewachsen, die Troer und Mnestheus
selber, ein Blitz im Getümmel, verdoppelten ihre Geschosse.
Turnus triefte von Schweiß wie von haftendem Pech, er vermochte
kaum noch zu atmen, nur Keuchen entrang sich dem hilflos erschlafften
Körper. Erst jetzt, in der vollen Rüstung, setzte mit schnellem
Sprung er ins Wasser. Der Flußgott empfing ihn in gelblichen Strudeln,
trug ihn auf freundlichen Wellen, wusch ihm das Mordblut vom Leibe,
brachte den aufatmend Heiteren sicher zurück den Gefährten.

ZEHNTER GESANG

Aufgetan wurde indes der Palast des Olympus, wo Allmacht
waltet. Zur Ratssitzung lud der Vater der Götter und Menschen
hoch zu dem Sternenthron, wo er die Welt überschaut und zur Stunde
auch das dardanische Lager erblickte und Latiums Völker.
Nunmehr begann er im beiderseits offenen Saale zu sprechen:
„Warum, ihr mächtigen Himmelsbewohner, wurdet ihr wieder
anderen Sinnes und streitet euch derart erbittert? Ich wünschte,
daß ihr am Kriege Italiens gegen die Troer nicht teilnehmt!
Warum jetzt Zwietracht entgegen der Weisung? Welche Befürchtung
riet euch, Partei zu ergreifen und blutige Kämpfe zu schüren?
Kämpfen schon wird man zur richtigen Zeit – ihr bleibt aus dem Spiele!
Wenn einst Karthago den römischen Burgen in wütendem Grolle
tödliches Unheil bringt und über die Alpen sie angreift,
gilt es, zu streiten voll Haß und in glühendem Eifer zu kämpfen.
Heute beruhigt euch, schließt zu eurer Freude das Bündnis!"

Jupiters knapper Erklärung entgegnete wortreich die goldne Venus:
„Vater, in Ewigkeit Herrscher der Welt und des Menschengeschlechtes –
keine Gewalt sonst gäbe es, die wir noch anflehen könnten! –,
siehst du die Rutuler höhnisch sich tummeln und Turnus inmitten
seiner Gefährten auf stolzem Gespann voranpreschen, voller
Übermut durch den Erfolg? Kein Festungsbau schützt mehr die Teukrer,
sondern im Innern des Lagers sogar und zwischen den Schanzen
toben die Kämpfe, die Gräben triefen vom Blute. Aeneas
weilt in der Ferne, er ahnt nichts. Gönnst du den Troern denn niemals
Ruhe vor harter Belagerung? Wieder bedrohen schon Feinde
Mauern des künftigen Troja, ein Heer umringt sie schon wieder.
Wiederum rückt, vom ätolischen Arpi, der Held Diomedes

gegen die Teukrer. Vielleicht verwundet er mich noch zum zweiten
Male, ich soll wohl, dein Kind, die Waffen von Menschen verspüren!
Zogen die Troer ohne dein Wohlwollen, gegen dein Streben
bis nach Italien, sollen sie büßen dafür, du verweigre
ihnen die Hilfe. Doch folgten sie derart vielen Orakeln
seitens der Götter und Manen – weswegen dürfte dann einer
deine Befehle jetzt umstoßen, neue Geschicke verhängen?
Soll ich die Schiffe erwähnen, die damals am Strande des Eryx
brannten? Den König der Winde, die aus Äolien gescheuchten
rasenden Stürme? Die hoch aus den Wolken entbotene Iris?
Setzt sie doch jetzt schon die Unterwelt ein – die blieb ihr als letzter
Helfer im Weltall noch übrig –, hetzte Allekto zur Erde
aufwärts und ließ sie rasend die Städte Italiens durchfliegen.
Nicht mehr von Weltherrschaft rede ich, hoffte darauf nur, solange
Glück uns noch lächelte. Siege verteile nach deinem Ermessen!
Gibt es kein Land, das deine gefühllose Gattin den Teukrern
gönnt, so beschwöre ich dich bei den rauchenden Trümmern von Troja,
Vater: Lasse Ascanius wohlbehalten den schweren
Krieg überstehen, lasse doch meinen Enkel am Leben!
Mag auch Aeneas auf fremden Meeren umhertreiben, Bahnen
folgen, die immer Fortuna ihm vorschreibt: Erlaube mir, meinen
Enkel zu schützen und ihn dem furchtbaren Krieg zu entziehen!
Mir gehören Amathus, das stolze Paphos, die hohe
Insel Kythera, Idalion auch. Hier möge mein Enkel
waffenlos, ruhmlos sein Leben verbringen. Lasse Karthago
über Ausonien gewaltsam herrschen, es droht ja von dorther
tyrischen Städten kein Widerstand. Wozu entrannen die Teukrer
feindlichen Schwertern, entgingen dem Brand, den die Griechen gestiftet,
mußten zu Wasser, zu Lande auch weithin so viele Gefahren
ausstehen auf der Suche nach Latium, einem ganz neuen
Pergamon? Sollten sie lieber nicht über der Asche der Heimat
siedeln, im alten Troja? Gib doch Simoeis und Xanthos,

bitte, den Elenden wieder und laß sie den Untergang Trojas
nochmals erleben, Vater!"

Da rief die Herrscherin Juno,
rasend vor Wut: „Du zwingst mich, mein tiefes Schweigen zu brechen,
kaum erst vernarbte Wunden aufs neue bluten zu lassen!
Nötigte wirklich ein Sterblicher oder ein Gott den Aeneas,
Kriege zu führen und feindlich zu handeln an König Latinus?
‚Doch nach Italien zog er auf Weisung des Schicksals' – natürlich,
fügsam dem Wahnsinnsgeschwätz der Kassandra! Veranlaßte etwa
ich ihn, sich ferne dem Lager den Sturmwinden anzuvertrauen?
Einen Knaben zum Feldherrn zu machen, zum Führer der Festung?
Dann die Tyrrhener zum Bündnis zu locken, den Frieden zu stören?
Jagte ein Gott ihn, gar *ich*, mit harter Gewalt in den Irrtum?
Was unternahmen denn Juno, was Iris, die Botin des Himmels?
Ohne Berechtigung kreisten Italer das künftige Troja
ein mit den Flammen, beträte Turnus den heimischen Boden,
er, des Pilumnus Enkel, der Göttin Venilia Sprößling;
doch die Trojaner sollen mit düsteren Fackeln Latiner
ausräuchern, fremdes Land unterwerfen und ausplündern dürfen?
Schwäger sich aussuchen, Mädchen, verlobte!, dem Manne entführen?
Heuchlerisch Frieden erflehen, doch Schiffe mit Waffen bestücken?
Du kannst deinen Aeneas den Händen der Griechen entreißen,
kannst den Bedrohten durch Nebel und leere Lüfte ersetzen,
Schiffe sogar, genau nach der Anzahl, in Nymphen verwandeln:
Helfe *ich* aber den Rutulern etwas, dann heißt das Verbrechen!
‚Ferne Aeneas, nichtsahnend' – sei er nichtsahnend doch ferne!
Paphos besitzt du, Idalion und das hohe Kythera:
Laß dann doch kampfstarke Städte und trotzige Helden in Ruhe!
Suchte *ich* etwa die wankende Macht des Phrygers zu stürzen?
Ich? Nicht jener vielmehr, der die elenden Troer den Griechen
treulos verriet? Weswegen erhoben Europa und Asien
sich mit bewaffneter Faust und brach ein Schurke das Gastrecht?

Führte ich etwa den Troer nach Sparta, die Ehe zu schänden,
lieferte Waffen und schürte den Kampf durch Einsatz Cupidos?
Hättest du dich doch damals gesorgt um die Deinen – zu Unrecht
führst du jetzt Klage, nichts richtest du aus mit deinem Gezeter!“

Derart verteidigte Juno ihr Handeln. Die Himmlischen alle
äußerten teilweise Beifall, teils Ablehnung, so wie ein Windhauch
anfangs in Bäumen sich fängt und zu rauschen beginnt, dann zu dumpfem
Grollen sich steigert, für Seeleute Anzeichen nahenden Sturmes.

Doch der allmächtige Vater, der höchste Beherrscher des Weltalls,
gab die Entscheidung bekannt – da versanken in Schweigen der hohe
Götterpalast, die erschütterte Erde, hoch droben der Äther,
legte der Zephyr sich, brachte das Meer die Wogen zur Ruhe:
„Nehmt jetzt zur Kenntnis mein Wort und prägt es euch tief ins Gedächtnis!
Da sich Ausonier und Teukrer noch nicht in friedlichem Bündnis
einigen dürfen und euer erbittertes Streiten nicht aufhört,
handle heut jeder nach seinem Schicksal und seiner Erwartung,
Troer wie Rutuler, keinerlei Unterschied lasse ich gelten,
ist nun die Festung bedrängt, weil das Schicksal Italien begünstigt,
oder weil Troja zum Unglück sich irrt und Orakel mißdeutet.
Auch für die Rutuler gilt das. Schaffe ein jeder sich Kummer
oder Erfolg auch. Jupiter herrscht gleichmäßig für alle.
Bahne das Schicksal die Wege!“ Beim Strome des stygischen Bruders,
der mit pechschwarzen Wirbeln zwischen den Ufern dahinbraust,
leistete nickend den Schwur er und ließ den Olympus erzittern.
Damit schloß die Beratung. Der Vater erhob sich vom goldnen
Thron, ihn umringten die Götter und gaben Geleit ihm zum Ausgang.

Weiterhin blieben die Rutuler rings um die Tore im Angriff,
töteten Troer, umgaben die Wälle mit lodernden Flammen;
hinter den Schanzen sah sich die Schar des Aeneas umschlossen,
hoffte nicht mehr auf Entrinnen. Die Armen standen auf hohen

Türmen, in dünnem Verteidigungsring auf den Wällen, doch ohne
Aussicht auf Sieg: Der Sprößling des Imbrasos, Asios; Thymoites,
Sohn Hiketaons; die beiden Assarakos; Thymbris, der Alte,
Kastor daneben, in vorderster Front; die Brüder Sarpedons,
Klaros, Thaemon, Bundesgenossen aus Lykiens Bergen.
Einen gewaltigen Felsblock, ein mächtiges Stück vom Gebirge,
schleppte aus Leibeskräften Akmon herbei aus Lyrnessos,
stark wie sein Vater Klytios und sein Bruder Menestheus.
Wurfspieße hier, dort Steine dienten den Männern zur Abwehr,
Brandsätze wurden geschleudert, man schnellte von Sehnen die Pfeile.
Mitten im Kreise der Seinen, mit Recht ein Liebling der Venus,
glänzte der Dardanerjüngling, entblößt das anmutig-edle
Haupt, wie ein Edelstein prachtvoll aus rötlicher Goldfassung funkelt,
Schmuck für den Nacken, den Kopf; wie Elfenbein leuchtet, von Buchsbaum
oder orikischem Holz der Pistazie kunstreich umschlossen.
Über den milchig schimmernden Nacken wallten die Haare,
wurden gehalten von einem Stirnreif aus biegsamem Golde.
Dich auch, Held Ismaros, sahen die mutigen Kämpfer mit Pfeilen
Gegner verwunden, Geschosse benetzen mit Gift auch, dich Sprößling
edlen Geschlechts aus Mäonien, wo man die fruchtbaren Fluren
eifrig bebaut, der Paktolos sie noch mit Gold überflutet.
Mnestheus auch kämpfte, der gestern den Turnus aus der Umwallung
drängte und deshalb in herrlichem Ruhmesglanz strahlte, und Kapys,
er, dem die Hauptstadt Kampaniens ihren Namen entlehnte.

Während die Teukrer und Rutuler gnadenlos gegeneinander
fochten, durchfurchte Aeneas um Mitternacht eilig die Wogen.
Hatte er doch, von Euander gelangt ins etruskische Lager,
dort sich dem Fürsten vorgestellt gleich mit Namen und Abkunft,
nannte sein Anliegen dann und die eigenen Mittel, im Anschluß

auch des Mezentius Bundesgenossen, endlich des Turnus
Ungestüm; warnte vor mangelnder Sicherheit menschlichen Strebens,
bat um Verständnis für sich auch. So stimmte denn, ohne zu zögern,
Tarchon dem Kampfbündnis zu, dem Zusammenschluß sämtlicher Kräfte.
Frei von dem Schicksalszwang, folgsam den Göttern, so gingen die Lyder
unter dem fremden Feldherrn an Bord. Das Schiff des Aeneas
fuhr an der Spitze, am Bug zwei phrygische Löwen; darüber
ragte der Ida: die Wappen, die innigste Freude der Teukrer.
Hier saß sinnend Aeneas und grübelte über den offnen
Ausgang des Krieges. Pallas, zur Linken ihm, fragte ihn über
Sternbilder, über die Orientierung im nächtlichen Dunkel,
wollte auch wissen, was er zu Land und zu Wasser erlebte.

Öffnet, ihr Musen, den Helikon jetzt und preist im Gesange,
was für ein Heer dem Aeneas sich anschloß vom tuskischen Strande,
wimmelnd die Schiffe bemannte und mit ihm den Wogenschwall kreuzte!

Massicus fuhr als erster, an Bord des ehernen Tigers.
Ihm unterstanden tausend Gefolgsleute, Männer der Festung
Clusium und aus Cosae; sie trugen als Waffen geschultert
Pfeile und leichte Köcher, daneben die tödlichen Bogen.
Abas, der grimmige, folgte mit trefflich bewaffneter Heerschar,
prächtig erglänzte am Heck ein vergoldetes Bildnis Apollos.
Sechshundert kriegserfahrene Männer verdankte er seiner
Mutterstadt Populonia; dreihundert sandte die Insel
Ilva, berühmt durch des Chalyberstahls unerschöpfliche Lager.
Anschließend fuhr der Erklärer göttlicher Sprüche, Asilas,
der in der Tierleber las, in den Sternen des Himmelsgewölbes
wie in den Stimmen der Vögel, dem Glanz auch prophetischer Blitze.
Tausend Mann führte er, lanzenstarrend in dichter Kolonne;

seinem Kommando vertraute sie Pisae, alpheischer Herkunft,
doch auf etruskischem Boden. Ihm folgte der stattliche Astur,
tüchtig zu Pferde, gerüstet mit vielfarbig leuchtenden Waffen;
dreihundert Mitkämpfer, einig in treuer Gefolgschaft, entsandten
Caere mit ihm, die Stadt am Minioufer, das alte
Pyrgi und das am Sumpf ungünstig gelegne Graviscae.

Nicht übergehe ich dich, du tapferster Ligurerfeldherr,
Cinyrus, dich auch, Cupavo, den nur ein Häuflein begleitet.
Über dein Haupt erhebt sich ein Helmbusch aus Federn des Schwanes,
Anklage einer Liebe, ein Sinnbild vom Schicksal des Vaters.
Denn als Cycnus den Tod des geliebten Phaëthon beweinte
und in dem Laubschatten der in Pappeln verwandelten Schwestern
traurig sein Klagelied sang, im Schmerz um den Freund sich zu trösten,
stieg er, rasch alternd, als Schwan in weichem, weißgrauem Gefieder,
singend vom Erdboden auf zu den Sternen; so lautet die Sage.
Aber sein Sohn, an Bord als Hauptmann von Altersgenossen,
ruderte vorwärts den Riesenzentauren; der Unhold, als Wappen
aufragend, drohte einen Felsblock ins Wasser zu schleudern,
furchte mit seinem mächtigen Kiel die Wogen des Meeres.

Ocnus auch hatte ein Heer aus heimischen Fluren entboten,
Sohn der Prophetin Manto sowie des etruskischen Stromes.
Mauern verschaffte er, Mantua, dir, auch den Namen der Mutter.
Zahlreiche Ahnen besitzt du, nicht *ein* Stamm nährte sie freilich,
vielmehr drei, und jeder gabelte sich in vier Völker.
Alle vereinst du in dir, doch dein Kern besteht aus Etruskern.
Fünfhundert Kämpfer führte der Haß auf Mezentius dorther.
Mincius, Sproß des Benacus, umkränzt von blaugrünem Schilfrohr,
trug sie auf kampfbereit-kraftvollen Planken dem Meere entgegen.
Wuchtig auch peitschte Aulestes zu höherem Schwunge mit hundert
Rudern die Flut, hoch schäumte die aufgewirbelte Fläche.
Triton, der Riese, trug ihn und schreckte die graublauen Fluten

weit mit dem Dröhnen der Muschel; er sah wie ein Mensch aus beim Schwimmen,
vorn bis zur Hüfte zottig behaart, doch bauchwärts ein Walfisch.
Unter der Brust des Halbtiers rauschten gischtsprühend die Wellen.

Soviel erwählte Feldherren kamen den Troern zu Hilfe,
furchten mit dreißig ehern beschlagenen Schiffen die Salzflut.

Lange schon war die Sonne vom Himmel gewichen, es rollte
segensreich Phöbe auf nächtlichem Wagen hoch über die Wölbung.
Aber Aeneas, dem quälende Sorge kein Ruhen vergönnte,
lenkte als Steuermann selber das Schiff mit Ruder und Segel.
Siehe, da zog ihm beim Fahren ein Reigen von Nymphen entgegen,
seine getreuen Schiffe, die vormals gnädig Kybeles
Weisung verwandelt hatte in Meeresgöttinnen: Nunmehr
schwammen sie alle zusammen heran durch die Wogen, genauso
viele, wie einstmals mit ehernem Bug am Küstenstreif lagen.
Ferner erkannten den Fürsten sie schon und umkreisten ihn tanzend.
Kymodokeia – sie konnte am besten reden von allen –
schwamm an das Hinterschiff, hielt sich daran mit der Rechten und tauchte
halb aus dem Wasser, das sie mit der Linken lässig bewegte,
redete den Überraschten jetzt an: „Du wachst noch, Aeneas,
Göttersproß? Wache nur weiter, lockre die Taue der Segel!
Wir, die wir Fichten einst waren vom heiligen Gipfel des Ida,
deine Flotte, wir sind heut Nymphen der See. Der Verräter
Turnus gedachte uns jäh zu vernichten durch Eisen und Flammen,
aber wir sprengten, der Not gehorchend, dein haltendes Tauwerk,
suchen dich jetzt auf den Wogen. Die Mutter erbarmte sich unser,
ließ uns in dieser Gestalt als Göttinnen leben im Meere.
Höre: Dein Sohn Ascanius wird in der Festung belagert,
ringsum von Waffen bedrängt, dem erbitterten Heer der Latiner.
Schon, wie befohlen, zur Stelle, vereint mit den tapfren Etruskern,
sind die arkadischen Reiter. Turnus hat sich entschlossen,
ihnen durch eigene Reiter den Weg zum Lager zu sperren.

Auf denn, beim Dämmern des Tages laß die Gefährten sich wappnen,
greife auch selbst zu dem Schild, den als Bürgen des Sieges der starke
Meister des Feuers mit kunstreich vergoldetem Rande dir schenkte!
Soll doch der morgige Tag, wenn du meine Weisung beherzigst,
mächtige Haufen von Leichen gefallener Rutuler sehen."

Darauf versetzte sie, ehe sie fortschwamm, geschickt mit der Rechten
einen Stoß dem ragenden Heck. Gleich kreuzte der Schiffskiel
schneller die Wogen, ein Speer, ja ein Pfeil, der windgleich dahinschießt.
Schneller auch fuhren die übrigen Schiffe. Der Sohn des Anchises
staunte, verdutzt; doch er nahm's, ermutigt, als günstiges Omen,
richtete kurz die Blicke empor zum Himmel und flehte:
„Gnädige Göttermutter vom Ida, Dindymons Herrin,
Freundin umtürmter Städte, Lenkerin ziehender Löwen,
schreite zum Kampf mir voran jetzt, gewähre dem Zeichen Erfüllung,
wie es die Satzung erfordert, glückbringend nahe den Phrygern!"

Derart betete er. Inzwischen hatte der neue
Tag schon entfaltet den Glanz und verscheucht das nächtliche Dunkel.
Gleich befahl Aeneas den Seinen, auf Weisung zu achten,
mutig zur Waffe zu greifen, bereit sich zu halten zum Einsatz.
Hoch auf dem Hinterdeck stehend, konnte bereits er die Teukrer
in der Umwallung erblicken und hob mit der Linken den golden
funkelnden Schutzschild. Da brachen die Troer hinter den Schanzen
aus in ein Jubelgeschrei, das himmelwärts dröhnte, die Hoffnung
spornte den Kampfeifer, kraftvoller schleuderten sie die Geschosse.
Ebenso schreien die thrakischen Kraniche unter den düstren
Wolken, nach Norden den Äther durchschwirrend, voll herzlicher Freude.

Turnus jedoch und die andern ausonischen Feldherren staunten
über den Umschwung. Dann sahen sie aber dem Strande die Schiffe
rückwärts sich nähern, das ganze Meer schon bedeckt von der Flotte.
Über dem Haupt des Aeneas glühte die Helmspitze, Flammen
sprühte der Buschen, der goldene Schildbuckel funkelte feurig.
Ebenso glühen zuweilen in klaren Nächten Kometen
blutrot, unheilverkündend, oder erhebt sich der helle
Sirius, bringt den geplagten Sterblichen Dürre und Seuchen,
zieht mit Unglückslicht düstere Schleier über den Himmel.

Doch der verwegene Turnus bewahrte die Zuversicht, wollte
gleich das Gestade besetzen, die Landung der Feinde vereiteln,
suchte den Mut zu beleben und schalt Unschlüssige heftig:
„Was ihr euch wünschtet, das dürft ihr: Offen zerschmettern die Feinde!
Männer bergen Mars selbst in den Fäusten. Denkt jetzt an eure
Frauen und Häuser, vollbringt jetzt aufs neue so glänzende Taten,
wie sie den Ruhm der Ahnen begründeten. Vorwärts, ans Ufer,
packen den Feind wir von *uns* aus, er zagt bei der Landung und schwankt noch!
Hilft doch Fortuna dem Furchtlosen!“
Gleichzeitig faßte er noch die Entscheidung, mit wem er den Angriff
führen und wem er die weitre Belagerung auftragen solle.

Aber Aeneas setzte vom ragenden Hinterdeck über
Laufstege seine Gefährten ans Land. Den Rücklauf des Wassers
warteten viele auch ab und wagten den Sprung in das Flache,
mancher benutzte die Ruder zum Aufstemmen. Tarchon erspähte
einen Küstenpunkt ohne schäumende Untiefe, ohne
donnernde Brandung, wo Wellen sanft steigend zum Strande nur rollten.
Dorthin wandte er plötzlich den Bug und beschwor die Gefährten:
„Los, ihr Erwählten, legt euch mit aller Gewalt in die Riemen,
hebt und beschwingt die Schiffe! Hinein in das Feindesland schneidet

tief mit den Schnäbeln, es furche der Kiel sich selber den Zugang!
Schiffbruch nehme ich gerne in Kauf bei solcher Art Landung,
wenn ich den festen Boden nur packte!" So spornte Fürst Tarchon
seine Gefährten. Die stemmten sofort sich gegen die Ruder,
jagten die schaumumwirbelten Buge auf Latiums Boden,
bis sich die Schnäbel ins Trockene bohrten und sämtliche Schiffe
ohne Beschädigung festsaßen – außer dem deinigen, Tarchon.
Blieb es auf einer unebenen Sandbank doch hängen und schwankte,
hoch in der Schwebe, noch etwas länger, ein Spielball der Wogen,
brach dann in Stücke und ließ die Besatzung den Weg nur ins Wasser.
Splitternde Ruder und schwimmende Planken hemmten die Männer,
rückwärts auch zog sie die jeweils zur See hin entrollende Welle.

Turnus auch blieb nicht untätig, warf die verfügbare Mannschaft
tatkräftig gegen die Teukrer und stellte sie auf am Gestade.
Angriffssignale schmetterten. Gegen Latiums Landvolk
stürmte Aeneas und zwang es zum Weichen, ein günstiges Omen,
durch die Erlegung Therons, der, riesig sein Heer überragend,
trotzig dem Troer sich stellte. Der stieß durch die Nähte des Panzers
und den goldglänzenden Leibrock ihm seitlich das Schwert in den Brustkorb.
Darauf erschlug er den Lichas, der, einst aus dem Leibe der toten
Mutter geschnitten und dir, Apollo, geweiht, nur als Säugling
tödlichem Eisen entging. Gleich anschließend traf er den rauhen
Kisseus, den schrecklichen Gyas auch tödlich, die beide mit Keulen
feindliche Scharen zerschlugen. Die Herkuleswaffen, die starken
Fäuste beschützten sie nicht, nicht der Vater Melampus, der einstmals
treu dem Alkiden folgte, solange noch dieser auf Erden
emsig sich mühte. Dann jagte Aeneas dem prahlenden Pharus
tief in den aufgerissenen Schlund den tödlichen Wurfspieß.

Du auch, Kydon, der du dem Klytios folgtest, dem neuen
Freunde, dem blond der Bartflaum erst keimte, du wärest gefallen

unter der Dardanerfaust und hättest vergessen die Liebe,
die dich zu Jungen stets hinzog, ein kläglicher Leichnam. Die sieben
Söhne des Phorkos jedoch, die zum Gegenstoß kühn sich vereinten,
schleuderten gleichzeitig ihre Geschosse gegen Aeneas.
Einige prallten wirkungslos ab vom Helm und vom Schutzschild,
einige lenkte Venus gnädig zur Seite, sie streiften
leicht nur den Helden. Da bat Aeneas den treuen Achates:
„Reich mir die Speere, die einstmals in Leibern von Griechen auf Trojas
Schlachtfeldern steckten – keinen dürfte die Rechte vergeblich
gegen die Rutuler senden." Dann griff er und schleuderte eine
mächtige Lanze; sie fuhr durch den bronzenen Schildrand des Maion,
bohrte in einem gewaltigen Schwung sich durch Panzer und Brustkorb.
Maion stürzte. Sein Bruder Alkanor wollte ihm helfen,
stützte ihn mit der Rechten. Da schoß durch den Arm ihm ein Wurfspeer,
glitt in dem Schwunge gleich weiter und hielt, bluttriefend, die Richtung,
ließ von der Schulter baumeln den Arm, die Muskeln erschlaffen.
Numitor aber entriß dem Leichnam des Bruders die Lanze,
warf sie dann gleich auf Aeneas. Doch konnte er ihn nicht durchbohren,
streifte nur leichthin den Oberschenkel des Helden Achates.

Clausus aus Cures stürmte heran, im Vertrauen auf seine
Jugendkraft, holte weit aus und durchstieß mit der grausamen Lanze
Dryops, unter dem Kinn, mit wuchtigem Schwunge die Kehle,
raubte zugleich ihm Stimme und Leben. Jäh schmetterte Dryops
gegen den Boden die Stirn, ein Blutstrom brach aus dem Munde.
Weiter erschlug er, in wechselnder Kampfart, drei Thraker aus altem
edlen Boreasgeschlecht, auch drei Söhne des Idas; der Vater
hatte geschickt sie vom Lande des Ismaros. Gleichzeitig stürmte

mit den Aurunkern Halaesus herbei, auch der Sohn des Neptunus,
glänzend auf stolzem Gespanne, Messapus. Man strengte auf beiden
Seiten sich an, den Gegner zu werfen. Das Kampfgewühl tobte
grad auf der Schwelle Ausoniens. So fechten im riesigen Äther
manchmal die Winde den Streit aus, an Mut sich und Kräften gewachsen;
keiner der Kämpfenden weicht, fest stehen das Meer und die Wolken.
Lange Zeit ringen sie ohne Entscheidung, angespannt jeder.
Ebenso kämpften zur Stunde die Heerscharen Trojas und Latiums,
stemmten gedrängt sich Fuß an Fuß und Körper an Körper.

Jenseits jedoch, wo ein reißender Bergstrom rollende Steine,
auch aus den Ufern gerissenes Buschwerk mit fortgewälzt hatte,
wurden vom rauhen Gelände bereits die arkadischen Reiter
übel gezwungen zum Absitzen, mußten jedoch, in dem Fußkampf
wenig erfahren, vor den Latinern zurückweichen. Pallas
sah es und tat, was allein er noch konnte in solcher Bedrängnis,
suchte durch Flehen, dann auch durch Schelten den Mut zu beleben:
„Wohin, ihr Freunde, flieht ihr? Bei euch, die ihr tapfer einst kämpftet,
bei des Königs Euander glanzvoll gewonnenen Kriegen,
auch bei der Hoffnung, mit der ich dem Ruhme des Vaters voll Eifer
nachstrebe: Sucht nicht das Heil in der Flucht! Es gilt mit der Waffe
quer durch den Feind sich zu schlagen. Dorthin, ins dichte Gedränge,
ruft das erhabene Vaterland euch und den Anführer Pallas.
Keinerlei Götter bedrängen uns, Sterbliche nur, wie wir selber
Sterbliche sind, an Mut und an Fäusten einander gewachsen.
Seht, wie das Meer uns umschließt mit mächtigem Wasserschwall: Festland
fehlt uns zur Flucht! Wohin jetzt – ins Wasser oder ins Lager?“
Damit stürzte er sich ins dichte Getümmel der Feinde.

Lagus, gedrängt vom tödlichen Schicksal, trat ihm als erster
mutig entgegen, erraffte sich einen wuchtigen Felsblock.
Aber dabei noch durchbohrte ihn Pallas mit kraftvollem Speerwurf,
traf ihn ins Rückgrat und riß die im Wirbel haftende Waffe
mühsam heraus. Doch konnte ihn Hisbo, wider Erwarten,
nicht überrumpeln. Denn während er, über das grausige Sterben
seines Gefährten erbittert, blindlings heranstürmte, konnte
Pallas ihn auffangen, stieß ihm das Schwert in die keuchende Lunge,
tötete Sthenios dann, Anchémolos gleichfalls, des Rhoitos
Sprößling, der schamlos ein Liebesverhältnis zur Stiefmutter knüpfte.
Ihr auch, ihr Zwillingssöhne des Daucus, Larides und Thymber,
fielt auf dem Rutulerschlachtfeld. Ihr waret einander sehr ähnlich,
wurdet verwechselt sogar von den Eltern, ein köstlicher Irrtum!
Heute jedoch unterschied euch Pallas in furchtbarer Weise,
trennte dir, Thymber, das Haupt vom Rumpf mit dem Schwerte Euanders,
hieb dir, Larides, die Rechte ab – die dich, getrennt schon, noch suchte,
mit den ersterbenden Fingern noch zuckend den Schwertgriff umkrallte.

Schon durch die Mahnung entflammt, die Kühnheit des Pallas vor Augen,
stürmten zum Kampf die Arkader, von Scham und von Ärger getrieben.
Pallas durchbohrte den Rhoiteus, der zweispännig grad zu entkommen
suchte. Sein Fluchtversuch schenkte dem Ilos Aufschub vorm Tode.
Kreuzte doch Rhoiteus die Flugbahn der wuchtigen Lanze, die Pallas
fernher auf Ilos abgesandt hatte, und wurde getroffen,
fliehend, Held Teuthras, vor dir und dem Bruder Tyres. Vom Wagen
sank er, noch lebend, und schlug mit den Fersen den Rutulerboden.

Wie an verschiedenen Stellen der Waldtrift ein Hirte im Sommer,
wenn, schon ersehnt, die Winde auffrischen, Feuer entzündet,
diese dann reißend schnell um sich greifen und plötzlich in einer
schrecklichen Feuerfront weithin sich wälzen, der Hirte indessen,
froh des Erfolges, vom Hochsitz die siegreichen Flammen betrachtet,
ebenso schlossen sich jetzt die wackren Arkader zusammen,
Pallas, zu deiner Freude. Der tapfere Krieger Halaesus
drängte zum Gegenstoß vorwärts, völlig gedeckt von dem Schilde,
streckte gleich Ladon, Pheretas, Demódokos nieder. Dem Strymon,
der mit der Hand nach der Kehle ihm krallte, hieb er mit blanker
Klinge die Rechte ab, traf dann den Schädel des Thoas mit einem
Steinwurf, zermalmte die Knochen, die blutig das Hirn übersprühte.
Vorsorglich hatte der Vater im Wald einst Halaesus verborgen;
als dann die Augen des Alten im Tode erloschen, belegten
gleich die Parzen den Sohn mit Beschlag: Den Waffen Euanders
weihten sie ihn. Jetzt trat ihm Pallas entgegen und flehte:
„Vater Thybris, lasse den Spieß, den ich schwinge, mit seiner
Spitze erfolgreich die Brust des rauhen Halaesus durchstoßen –
anlegen soll dann dein Eichbaum seine erbeutete Rüstung!"
Gnädig erhörte der Gott ihn. Grad deckte Halaesus Imaon;
dabei bot er, der Arme, die Brust als Ziel dem Arkader.

Keine Entmutigung über den Fall des tapferen Helden
duldete Lausus, selbst furchtlos im Kampf, bei den Seinen: Im ersten
Treffen erlegte er Abas, der standhaft ihr Vordringen hemmte.
Schwere Verluste erlitten Arkadiens Söhne, erlitten
auch die Etrusker, auch ihr, die den Griechen ihr trotztet, Trojaner.
Schlachtreihe prallte auf Schlachtreihe, gleichstark an Führern und Kampfkraft.
Vorwärts preßten die letzten, man konnte im dichten Gedränge
kaum noch die Arme, die Waffen bewegen. Hier Pallas, dort Lausus
spornten zum Kampfe, beinahe gleichaltrig beide, auch beide
glänzend in ihrer Erscheinung. Doch hatte Fortuna auch beiden
Rückkehr zur Heimat versagt. Der Herr des hohen Olympus

freilich erlaubte den zweien kein Kämpfen gegeneinander.
Ihrer harrte der Tod von der Hand noch größerer Gegner.

Jetzt an die Stelle des Lausus zu treten, ermahnte die hohe
Nymphe Juturna den Bruder Turnus. Zu Wagen durcheilte
dieser das Heer und rief beim Anblick der Freunde: „Die Stunde
fordert zur Kampfpause euch. Ich allein will fechten mit Pallas,
mir nur gehört er. Wäre sein Vater als Zeuge zugegen!"
Unverzüglich räumten die Kämpfer den Platz, wie befohlen.
Während die Rutuler wichen, wunderte Pallas sich über
jenen so herrischen Ton und faßte den riesigen Turnus
staunend ins Auge, musterte trotzig die ganze Erscheinung,
gab dann dem stolzen Gebieter Bescheid mit den Worten: „Ich ernte
Ruhm durch Gewinn der herrlichsten Beute oder durch einen
glanzvollen Tod. Mein Vater würdigt das eine wie andre.
Spar dir die Drohungen!" Damit betrat er die Mitte des Platzes.
Eiskalt strömte das Blut den Arkadern zum Herzen. Fürst Turnus
sprang von dem Wagen, er wollte den Zweikampf zu Fuße bestehen.
Ganz wie ein Löwe, der fern von der Höhe hernieder im Felde
einen zum Kampfe entschlossenen Stier erspähte und grimmig
gegen ihn stürmt, so bot sich der nahende Turnus den Blicken.

Als ihn Pallas in Wurfweite wähnte, gedachte den Anfang
kühn er zu wagen; er hoffte, als Schwächerem werde ein Zufall
Hilfe ihm bringen, und flehte innig zum mächtigen Äther:
„Enkel des Alkeus, bei meines Vaters gastlichem Tische,
den du einst aufsuchtest, hilf mir, bitte, beim schweren Beginnen!
Sähe mich Turnus, noch lebend, die blutigen Waffen ihm rauben!
Müßte er, sterbenden Auges, den Anblick des Siegers ertragen!"
Herkules hörte den Jüngling, er unterdrückte die bittre
Klage im tiefsten Herzen, vermochte nur hilflos zu weinen.
Aber da sprach sein Vater zu ihm die tröstlichen Worte:
„Jeden erwartet sein Tag, die Lebensfrist dehnt sich für alle
kurz nur und unwiederholbar. Doch rühmlich zu glänzen durch Leistung,
bleibt des Tapfren Verpflichtung. Vor Trojas ragenden Mauern

fielen so zahlreiche Söhne von Göttern, mit ihnen mein eigner
Sprößling sogar, Sarpedon. Den Turnus auch wird noch sein Schicksal
rufen, auch er gelangt noch zum Schluß der verliehenen Spanne."
Damit wandte er seine Augen vom Rutulerlande.

Pallas jedoch entsandte den Speer mit Anspannung aller
Kräfte und riß dann sogleich das funkelnde Schwert aus der Scheide.
Über der Schulter ritzte die Waffe im Fluge den Panzer,
hatte zuvor schon den oberen Schildrand durchschlagen und streifte
schließlich, gehemmt schon, nur leicht den Riesenkörper des Turnus.
Seinerseits schwang jetzt dieser den Schaft mit der schneidenden Spitze
längere Zeit, dann rief er, und schleuderte los ihn auf Pallas:
„Schau jetzt, ob unsere Waffe nicht kraftvoller durchdringt zum Ziele!"
Quer durch den Schild, durch so zahlreiche Schichten von Eisen und Bronze,
auch durch so zahlreiche Lagen von Rindsfellen bohrte im starken
Schwung sich die Lanze, genau in der Mitte, durchschlug auch den Panzer,
drang in die Brust dann des jungen stattlichen Helden. Vergeblich
riß der Getroffene noch das warme Geschoß aus der Wunde:
Gleich mit der Spitze entströmten dem Körper das Blut und das Leben.
Jäh auf die Wunde stürzte der Held, ihn umklirrten die Waffen,
schlug noch, im Sterben, ins feindliche Erdreich die blutigen Zähne.
Über ihn stellte sich Turnus und rief:
„Hört, ihr Arkader, und meldet mein Wort dem König Euander:
Wie es die Sühne erheischt, so schicke zurück ich ihm Pallas.
Ehren des Grabes und Trost der Bestattung will ich gewähren.
Teuer bezahlt er die Gastfreundschaft, die er Aeneas gewährte."
Danach setzte er seinen linken Fuß auf den Leichnam,
zog das gewichtige Wehrgehenk ab mit dem Bild des Verbrechens,

der in der Brautnacht vollzognen Ermordung der eben vermählten
Jünglinge und der mit Blut besudelten Hochzeitsgemächer,
kunstreich getrieben in Gold von dem Sohn des Eurytus, Clonus.
Dieses gewann jetzt Turnus frohlockend als Beute des Sieges.

Nichts von den künftigen Schicksalen ahnen die menschlichen
Herzen,
wissen im Übermaß reichlichen Glückes das Maß nicht zu wahren.
Turnus erlebt noch die Stunde, da vieles er gäbe für einen
lebenden Pallas, da er den Sieg von heute verabscheut!

Doch die Gefährten trugen, bitterlich weinend und klagend,
Pallas zurück auf dem Schilde, dicht gedrängt um den Toten.
Kummer und herrlichen Ruhm bringt deine Rückkehr dem Vater.
Ein Tag sah dich zum ersten Mal kämpfen und gleichzeitig fallen,
Haufen von toten Rutulern läßt du jedoch auf dem Kampfplatz!

Nicht ein Gerücht mehr, nein, zuverlässige Botschaft von diesem
Unglück erreichte Aeneas: Am Rande des Abgrundes stünden
seine Gefährten; sie wichen zurück schon, die Stunde verlange
Hilfe für sie. Da bahnte er sich, vor Rachedurst glühend,
gleich mit dem Schwerte, ein Schnitter, den Weg durch die
feindlichen Scharen,
suchte dich, Turnus, dich stolzen Sieger. Pallas, Euander
standen vor seinen Augen, die Tische, die erstmals ihn gastlich
aufnahmen, dann der verpflichtende Handschlag. Vier Jünglinge,
Söhne
Sulmos, die gleiche Anzahl noch einmal, Söhne des Ufens,
nahm er lebendig gefangen, ein Totenopfer den Schatten,
wollte auf flammenden Holzstoß ihr Blut als Sühneguß sprengen.
Fernher schon hatte er drohend die Lanze auf Magus geschleudert.
Aber der duckte geschickt sich, der schwirrende Speer überflog
ihn.
Eilend umschlang dann Magus die Knie des Aeneas und flehte:
„Bei den Manen des Vaters, bei Iulus, der hoffnungsvoll aufwächst,
bitte ich, laß mir das Leben für meinen Sohn und den Vater!
Stattlich erhebt sich mein Haus. Talente getriebenen Silbers
liegen geborgen darin. Auch besitze ich Gold, teils in Barren,

teils auch in Schmuckstücken, pfundweis. Den Sieg der Teukrer entscheidet
sicher nicht *mein* Tod, ein einzelnes Leben gibt nicht den Ausschlag."
Auf sein Flehen gab ihm Aeneas zur Antwort: „Die Pfunde
Silbers und Goldes, die du erwähnst, die spare für deine
Nachkommen auf! Den Loskauf vom Kriegsrecht machte als erster
Turnus zunichte bereits, indem er Pallas erlegte.
Derart entscheidet mein Vater Anchises, desgleichen Iulus."
Damit ergriff er des Flehenden Helm mit der Linken, den Nacken
bog er zurück und senkte die Klinge hinein bis zum Griffe.

Haemons Sohn stand nahe, der Priester Apolls und Dianas,
von der geheiligten Binde die Schläfen umkränzt und am ganzen
Leibe hellstrahlend im Priestergewand und mit trefflichen Waffen.
Fortlaufen wollte er, stürzte jedoch, und über ihm stehend,
weihte Aeneas der tödlichen Nacht ihn. Die prächtigen Waffen
trug auf der Schulter Serestos zu dir, Gott Mars, als Trophäe.

Caeculus, Sohn des Vulcanus, und Umbro vom Marsergebirge
brachten die wankende Front der Latiner zum Stehen. Erbittert
stürmte der Dardaner gegen sie, hieb mit der Klinge dem Anxur
wuchtig den Rundschild mitsamt dem linken Arme vom Leibe.
Hatte doch Anxur geprahlt und gewähnt, daß den eigenen Worten
mächtige Kraft innewohne, sich gar in den Himmel erhoben,
selbst sich ergrauendes Haar und ein hohes Alter versprochen.
Aber jetzt stürmte Held Tárquitus vor mit funkelnden Waffen,
den einst die Nymphe Dryópe gebar dem Waldgotte Faunus,
bot dem erbitterten Troer die Stirn. Der heftete wuchtig
ihm mit der Lanze den mächtigen Schild und den Panzer zusammen.
Tarquitus wollte noch wortreich flehen – vergeblich; Aeneas
hieb ihm den Kopf von den Schultern zu Boden, wälzte den warmen
Rumpf vor sich her und rief überdies in rasender Rachgier:
„Bleibe dort liegen, du schrecklicher Kämpfer! Die liebreiche Mutter
wird dich nicht beisetzen, nicht dich daheim mit dem Grabmal belasten.

Laß dich von Raubvögeln fressen oder von strudelnden Wellen
fortspülen, wo dann gierige Fische die Wunden dir lecken!"

Gegen Antaeus und Lucas, im vorderen Treffen des Turnus,
stürmte er, gegen Numa sodann und den rotblonden Camers,
Sprößling des mutigen Volcens, der in Ausonien den reichsten
Grundbesitz hatte, Gebieter im stillen Städtchen Amyclae.
Wie einst Aigeion, dem hundert Arme und ebensoviele
Fäuste, der Sage nach, wuchsen, aus fünfzig Rachen und Lungen
Flammen auch sprühten, in gleicher Anzahl gegen die Blitze
Jupiters Schutzschilde reckte und Schwerter zückte, genauso
wütete jetzt Aeneas umher auf dem Schlachtfeld, als Sieger,
nun ihm die Klinge erhitzt war. Sogar dem Niphaeus auf seinem
von vier Rossen gezogenen Streitwagen trat er entgegen,
und bei dem Anblick des Helden, der schnaubte vor Wut und gewaltig
ausschritt, scheuten die Rosse vor Schrecken, sie bäumten sich rückwärts,
warfen den Lenker vom Stand und zerrten das Fahrzeug zur Küste.

Lucagus jagte inzwischen, begleitet von Liger, dem Bruder,
hoch auf dem Zweigespann unter die Kämpfenden. Letzterer lenkte
zügelnd die Pferde, doch Lucagus ließ verwegen die Klinge
kreisen. Aeneas duldete nicht ihr trotziges Rasen,
wandte sich gegen sie, zeigte sich, riesig, die Lanze im Anschlag.
Liger verhöhnte ihn:
„Kein Diomedesgespann, kein Fahrzeug des Helden Achilles
siehst du, kein Schlachtfeld vor Troja. Hier wirst du das Ende des Krieges,
aber das Ende des Lebens auch finden." So sprudelte Liger
töricht die Worte hervor. Doch würdigte ihn der Trojaner
keiner Entgegnung, auf Lucagus schleuderte jäh er die Lanze.
Dieser spornte, zum Schlage vornübergeneigt, mit dem Speerschaft
eifrig die Rosse, dann setzte den linken Fuß er nach vorne,
kampfbereit schon. Da durchschlug ihm die Lanze des Troers die untre
Kante des blanken Schildes und drang ihm links in die Hüfte.

Nieder vom Fahrzeug sank er und wälzte sich sterbend am Boden.
Bitter noch traf ihn der fromme Aeneas mit kränkenden Worten:
„Lucagus, keine sich kampfesscheu bäumenden Rosse entführten
dir den Wagen, noch scheuchten vom Feind her dich täuschende Schatten.
Selber verließest im Sprung du dein Fahrzeug!" Er packte am Zügel
fest das Gespann. Da rang der Bruder des Toten die Hände,
sprang entmutigt gleichfalls vom Wagen und flehte: „Du Kämpfer
Trojas, um deinetwillen, der Eltern auch, die dich als Helden
zeugten, lasse mich leben, erbarm dich des Flehenden!" Weiter
wollte er bitten noch, aber Aeneas erwiderte: „Eben
sprachst du noch anders. Stirb nur, laß nicht im Stiche den Bruder!"
Und er durchstieß ihm die Brust, die verborgene Stätte des Lebens.

Solche Verluste fügte der Dardanerkönig den Feinden
zu auf dem Schlachtfeld, ein Sturzbach, ein Wirbelsturm, grauenhaft wütend.
Nunmehr auch brachen der junge Ascanius und die Trojaner,
von den Latinern so lange vergeblich bestürmt, aus dem Lager.

Jupiter wandte indes sich unaufgefordert an Juno:
„Liebe Schwester und ebenso liebe Gemahlin, nach deiner
Meinung – in der du dich keineswegs täuschst – erweist den Trojanern
Venus jetzt Beistand. Den Männern fehlen die kampfstarken Fäuste,
fehlen der trotzige Mut und die Ausdauer in den Gefahren."
Juno entgegnete demütig: „Warum, du herrlichster Gatte,
quälst du mich Arme, die deine gestrengen Weisungen fürchtet?
Liebtest du mich doch so innig wie früher und wie es der Gattin
eigentlich zusteht! Dann würdest, Allmächtiger, du es mir schwerlich
abschlagen, daß ich Turnus dem Schlachtengetümmel entziehe,
Daunus, dem Vater, gesund ihn und wohlbehalten bewahre.
Mag er jetzt sterben, mit frommem Blute büßen den Troern!
Trotzdem, er führt sein edles Geschlecht zurück auf das unsre.
War doch Pilumnus sein Urahn. Auch hat er freigebig oftmals
reichliche Gaben in deinen Tempeln als Opfer gespendet."

Kurz nur erteilte ihr Antwort der König der himmlischen Höhen:
„Wenn du für einen dem Tode verfallenen Helden nur einen
Aufschub erbittest und glaubst, ich könnte den Aufschub
bewirken,
führe den Turnus vom Schlachtfeld, entzieh ihn dem nahenden
Schicksal!
Soweit vermag ich Nachsicht zu üben. Verbirgt sich indessen
unter der Bitte ein größerer Wunsch und wähnst du, dem Kriege
einen ganz anderen Ausgang zu geben, so hoffst du vergeblich."

Weinend erwiderte Juno: „Gewährtest du das mit dem Herzen,
was du dem Wortlaut nach ablehnst, bliebe mein Turnus am Leben.
Nunmehr erwartet ein bitterer Tod den Schuldlosen, sollte
ich mich nicht täuschen. Narrte mich lieber doch falsche
Befürchtung,
schlügest den Weg du zum Besseren ein, da allmächtig du waltest!"

Darauf ließ sie sogleich sich vom hohen Himmel hernieder,
quer durch die Lüfte, von Sturmwind umhüllt und von Wolken
umflattert,
eilte zur troischen Streitmacht sowie zum laurentischen Lager,
formte aus Wolkendunst klüglich ein kraftloses Schattengebilde,
das wie Aeneas aussah, ein kunstreiches Werk zum Erstaunen,
rüstete es mit dardanischen Waffen, ähnlichem Schutzschild,
täuschendem Helmbusch auf göttlichem Haupt, verlieh ihm auch
Sprache,
Laute nur, nichtig, vernunftlos, und gab ihm die typischen Schritte;
Seelen der Sterblichen sollen, verstarb der Körper, so flattern,
oder auch Träume, die der Empfindungen Schlafender spotten.
Frohlockend eilte der Schatten vor das vordere Treffen,
reizte zum Schein mit funkelnden Waffen, lauthöhnend, den
Turnus.
Dieser entsandte von ferne auf ihn die schwirrende Lanze,
stürmte dann gegen ihn. Aber da wandte zur Flucht sich der andre.
Turnus wähnte, Aeneas suche tatsächlich das Weite,
schöpfte, verwirrt durch die Täuschung, eine ganz grundlose
Hoffnung:
„Wohin, Aeneas? Verschmähe nicht die dir verheißene Ehe!

Meine Faust verschafft dir das Land, das zu Wasser du suchtest.“
Derart prahlte er, folgte dem Fliehenden, zückte die blanke
Klinge – und sah nicht, daß Windstöße ihm sein Wunschbild entrafften.

Zufällig lag ein Schiff vor Anker am ragenden Felshang,
hatte die Leitern heruntergelassen, den Laufsteg befestigt.
Clusiums König Osinius war auf dem Fahrzeug gekommen.
Dorthin schwebte bestürzt der Schatten des fliehenden Troers,
schlüpfte hinein und verschwand. Beharrlich folgte ihm Turnus,
ließ durch kein Hemmnis sich abhalten, eilte hoch über den Laufsteg.
Kaum betrat er das Vorschiff, da kappte Juno die Leine;
forttreiben ließ sie das Schiff auf rückläufig kabbelnden Wellen.
Während Aeneas in Wirklichkeit Turnus zum Zweikampfe suchte
und die ihm zahlreich entgegentretenden Feinde erlegte,
suchte nicht länger mehr sich zu verstecken der flüchtige Schatten,
sondern entschwebte zur Höhe, zerfloß in den düsteren Wolken.
Seewärts entführten indessen wirbelnde Winde den Turnus.

Nichtsahnend, keineswegs froh der Errettung, schaute der König
rückwärts und streckte flehend die Hände empor zu den Sternen:
„Vater, Allmächtiger, hast du mich eines so schweren Verbrechens
etwa für schuldig befunden, daß du mich so grausam bestrafest?
Wohin nur soll ich? Woher? Als Flüchtling? Als was für ein Feigling?
Soll ich die Mauern Laurentums wiedersehen, das Lager?
Was unternehmen die Männer, die mir in das Schlachtgewühl folgten?
Ließ ich sie alle schmachvoll zurück zu abscheulichem Tode,
sehe sie ratlos umherirren, höre die Fallenden jammern?
Wie jetzt handeln? Wo könnte für mich ein Abgrund jetzt klaffen,
hinreichend tief? Doch lieber erbarmt euch meiner, ihr Winde!
Jagt mir das Fahrzeug an Felsen, auf Klippen – ich, Turnus, ich flehe
innig darum –, in die tückischen Untiefen wütender Syrten,
wohin die Rutuler mir und die wissende Fama nicht folgen!“
Während des Flehens schwankte er unschlüssig, fast wie von Sinnen

angesichts solcher Schande: Ob er sich selbst in die Klinge
stürzen, das grausame Schwert durch den Brustkorb hindurchjagen solle
oder auch springen ins Meer und schwimmen zur buchtreichen Küste,
dort sich aufs neue ins Schlachtgewühl gegen die Teukrer begeben.
Dreimal versuchte er beides, doch hemmte die mächtige Juno
dreimal ihn auch und hielt ihn zurück aus innigem Mitleid.
Über die hohe See glitt er mit günstiger Strömung,
trieb dann ans Festland, zur uralten Hauptstadt des Daunus, des Vaters.

Aber inzwischen rückte auf Jupiters Mahnung voll Eifer
König Mezentius gegen die jubelnden Troer aufs Schlachtfeld.
Alle gedrängt von dem Haß auf den einen, stürmten geschlossen
die tyrrhenischen Reihen auf ihn mit dichtem Geschoßschwall.
Doch wie ein Felsen, der in die unendliche Weite des Meeres
vorspringt, von rasenden Stürmen umheult, von den Wellen umbrandet,
standhält den drohend geballten Kräften der Flut und des Himmels,
selbst unerschüttert, so streckte der König den Hebros zu Boden,
Sohn Dolichaons, den Látagus dann und den fliehenden Palmys.
Latagus traf er mit einem gewaltigen Block aus dem hohen
Felsengebirge auf Mund und Gesicht, durchtrennte dem Palmys
kraftvoll die Kniekehle, daß er gelähmt sich dahinwand; die Rüstung
gab er dem Lausus zur Nutzung, den Helmbusch als Hauptschmuck. Euanthes
schlug er dann nieder, den Phryger, und Mimas, den Altersgenossen,
Freund auch, des Paris. Ihn hatte Theano dem Gatten Amykos
einstmals geboren, in jener Nacht, da auch Hekabe ihre
„Fackel", den Paris, gebar. Der ruht in der Heimatstadt, Mimas
aber erhielt als Fremdling sein Grab an der Küste Laurentums.
Wild wie der Eber, den schnappende Hunde vom hohen Gebirge
hetzten, der Riese, dem lange Jahre der fichtenbedeckte
Venulus und das laurentische Sumpfgebiet Unterschlupf boten,

wo er im Röhricht sich mästete, schließlich, verstrickt in das Jagdnetz,
stehenblieb, ungestüm schnaubte, die Borsten am Vorderbug
sträubte,
wie dann nicht einer der Treiber mit grimmigem Mute ihn angriff,
nein, sie aus sichrer Entfernung ihn schreiend beschossen und
warfen,
er, wenn auch furchtlos, nach keiner Seite ein Vorstürmen wagte,
zähneknirschend durch Schütteln vom Rücken die Lanzen
entfernte –
ebenso wagte nicht einer von denen, die völlig berechtigt
König Mezentius haßten, sich ihm zum Schwertkampf zu stellen;
fernher nur reizten sie ihn mit wildem Geschrei und Geschossen.

Aus dem uralten Kórythos war ein gebürtiger Grieche,
Akron, gekommen, kurz vor der Vermählung verbannt aus der
Heimat.
Tief schon ins Heer des Mezentius war er im Angriff gedrungen,
purpurn sein Helmbusch, der Mantel auch, den die Verlobte ihm
webte.
Ihn erspähte der Fürst. Wie oftmals ein hungernder Löwe,
rasend vor Gier, durch sein Jagdrevier streift, den Hochwald, und
eine
flüchtige Wildziege, einen Hirsch auch mit stattlichen Stangen
sichtet, frohlockend den Rachen aufreißt, die Mähne hoch
aufsträubt,
über das Opfer sich stürzt, es zerfleischt und abscheulich im Blute
badet den grausamen Schlund,
ebenso stürzte Mezentius wild in das Feindesgedränge,
streckte den elenden Akron zu Boden, der sterbend mit seinen
Hacken auf düsterem Boden trommelte und die zerbrochne
Lanze mit Blut überströmte. Grad kehrte Orodes ihm seinen
Rücken zu. Aber so wollte der Feind ihn nicht treffen, von hinten
nicht ihn erstechen. Er holte ihn ein und stellte von vorne
ihm sich entgegen, wollte durch Kampf, nicht durch Hinterlist
siegen,
stieß ihn zu Boden, beugte, gestützt auf den Spieß, sich darüber:
„Nicht verächtlich, ihr Männer, erlag hier der tapfre Orodes!“
Beifällig ließen die Seinen jubelnd ein Siegeslied hören.

Aber der Sterbende sprach: „Nicht lange mehr wirst du dich straflos,
wer du auch bist, des errungenen Sieges freuen. Das gleiche
Schicksal erwartet dich schon, du liegst bald genauso am Boden."
Finster lächelnd, verärgert zugleich, gab Antwort der Sieger:
„Stirb jetzt. Mein Schicksal mag der Vater der Götter und Menschen
selber bestimmen." Er zog den Spieß aus dem liegenden Körper.
Tiefe Erstarrung, ein eherner Schlummer, schloß des Orodes
Augen; ihr Leuchten erlosch zu ewig währendem Dunkel.

Caedicus schlug den Alkáthoos nieder, Sacrator Hydaspes,
Rapo Parthenios und den kraftvollen Orses, Messapus
Klonios und Eriketes, den Sohn des Lykaon; der letztre
kämpfte zu Fuß, der erstere war von zaumlosem Pferde
nieder zu Boden geglitten. Zu Fuß auch kämpfte der Lykier
Agis; ihn tötete Válerus, würdig des Mutes der Ahnen.
Salius traf den Thronios tödlich, doch jenen Nealkes,
weithin berühmt als Speerwerfer und als sicherer Schütze.

Gleichmäßig häufte der grausame Mars die bittren Verluste
wieder, man mordete und man stürzte, gemordet, man siegte,
wurde besiegt, und keiner der Kämpfer gedachte zu weichen.
Mitleid empfanden die Götter in Jupiters Schloß mit dem leeren
Wüten der beiden Heere, der furchtbaren Mühsal der Menschen.
Zuschauer spielten, von hier und von dort aus, Venus und Juno.
Unter den Tausenden raste Tisíphone, blaß wie ein Leichnam.

Aber Mezentius schüttelte seine gewaltige Lanze,
ungestüm tobte er über das Schlachtfeld. So schreitet Orion
riesig einher, wenn zu Fuß er die tiefsten Fluten des Nereus
zügig durchwatet, und ragt aus dem Wasser mit mächtigen Schultern,
oder er schleppt von ragenden Bergen die uralte Eiche,
stapft zwar am Boden, doch reicht mit dem Haupt hinein in die Wolken.
Gleich ihm bewegte Mezentius sich mit den furchtbaren Waffen.

Ihn erspähte im Heere Aeneas von weitem und rückte
kampfbereit gegen ihn vor. Unerschrocken verharrte der Tusker,
wartete auf den mutigen Gegner, wuchtig in seiner
Kraft und bemüht, die Wurfweite spähenden Blickes zu schätzen.
„Mögen mir göttergleich beistehen jetzt mein Arm und die Lanze,
die ich hier schwinge! Ich weihe die Waffen, die ich dem toten
Räuber Aeneas entreiße, dir, Lausus – als Zeichen des Sieges
sollst du sie tragen." So sprach er und warf die schwirrende Lanze
kraftvoll aus großer Entfernung. Doch prallte sie ab von dem Schutzschild,
bohrte dem Helden Antores sich zwischen der Brust und dem Magen
tief in den Leib, dem Freunde des Herkules; Bote aus Argos,
blieb bei Euander er einstmals und ließ in Italien sich nieder.
Längshin streckte den Armen der Speerwurf, der ihm nicht gegolten,
himmelwärts blickte der Sterbende, dachte ans liebliche Argos.
Nunmehr entsandte der fromme Aeneas den Speer. Der durchbohrte
wuchtig die dreifachen Schichten des Schildes aus Bronze und Stierfell
samt dem leinenen Überzug, blieb dann im Unterleib stecken,
freilich schon ohne durchschlagende Kraft. Schnell zückte Aeneas,
weil er voll Freude schon sah, daß der Tusker blutete, seine
Klinge hervor aus der Scheide und stürzte sich auf den verwirrten
Gegner. Der Anblick entlockte dem Lausus, aus Liebe zum teuren
Vater, ein Stöhnen, und Tränen rollten ihm über die Wangen.

Weder dein grausames Sterben noch deine vortrefflichen Taten
noch gar dich selber, denkwürdiger Jüngling, will ich verschweigen –
schenkt überhaupt man solch ruhmreicher Leistung der Vorzeit noch Glauben!

König Mezentius zog sich, nicht kampffähig wegen des Treffers,
langsam zurück, zog mit sich am Schild den Speerschaft des Feindes.
Vorwärts stürzte jetzt Lausus, warf sich zwischen die Gegner.

Eben schon holte Aeneas weit aus zum Schlag mit der Rechten.
Da unterlief der Jüngling das Schwert und parierte den starken
Hieb. Die Gefährten folgten lautschreiend dem Angriff, den Rückzug
des von dem Schilde des Sohnes geschützten Vaters zu decken,
schossen und warfen von weitem und suchten den Feind zu verdrängen.
Wutentbrannt knirschte Aeneas, er mußte in Deckung sich halten.
Wie wenn die Unwetterwolken heranfliegen und sich in Schloßen
wütend entladen, die Pflüger sämtlich die Felder verlassen,
Bauern wie Wanderer einen sicheren Unterschlupf suchen,
Höhlen am Flußufer oder auch überhängende Felsen,
für die Dauer des Regens, um gleich nach der Rückkehr der Sonne
wieder dem Tagwerk zu frönen: so mußte Aeneas im dichten
Schwall der Geschosse noch aushalten, bis sich das Dröhnen des Ansturms
ausgetobt hatte. Laut schalt er den Lausus und drohte ihm wütend:
„Weswegen suchst du den Tod, wagst mehr, als die Kräfte gestatten?
Unbedacht handeln läßt dich dein Pflichtgefühl!“ Aber frohlockend
hielt der Verblendete stand. Da wuchs noch des Dardanerfeldherrn
rasender Zorn, schon spannen die Parzen dem Jüngling den letzten
Faden: Aeneas jagte kraftvoll die Klinge in seines
Gegners Körper, versenkte sie bis an den Griff. Durch den kleinen
Rundschild – zu dürftigen Schutz für eine so trotzige Drohung –
drang die Waffe, durchs Hemd, das die Mutter aus Goldfäden webte.
Blut überströmte die Brust. Die Seele entwich durch die Lüfte,
traurig, zum Reiche der Manen, verließ die sterbliche Hülle.

Als jetzt der Sohn des Anchises ins Antlitz des Sterbenden blickte
und es erbleichen sah in ergreifender Weise, da stöhnte
laut er voll Mitleid und streckte die Rechte empor; auf das tiefste
rührte ihn dieses Beispiel inniger Liebe zum Vater.
„Was, du bejammernswürdiger Junge, was kann dir für deine
Ruhmestat geben der fromme Aeneas, das deines Charakters
würdig sich zeigte? Behalte die Waffen, die einst dich beglückten!
Freut es dich, schicke ich dich zum Grab und den Manen der Väter.

Tröste im Unglück dich *eines* noch über dein grausames Sterben:
Held Aeneas erlegte dich!" Seine noch zögernden Freunde
rief er zu Hilfe und hob den Leichnam vom Boden. Des Toten
Haare, gestrählt nach etruskischer Sitte, entstellte der Blutstrom.

Aber der Vater des Toten suchte am Ufer des Tiber
seine noch blutende Wunde mit Wasser zu stillen, den matten
Körper an einen Baumstamm gelehnt. Sein eherner Helm hing
nah im Geäst, die wuchtige Rüstung ruhte im Grase.
Ausgewählte Gefährten umringten ihn. Mühsam nur atmend,
stützte den Kopf er, tief wallte der Bart auf die Brust. Stets aufs neue
fragte nach Lausus er, schickte auch Boten, zurück ihn zu rufen,
Weisung zu geben dem Sohn vom furchtbar erschütterten Vater.
Aber als Toten nur brachten Gefährten, in Tränen, auf seinem
Schilde den Jüngling, würdiges Opfer würdigen Gegners.
Unheil schon ahnend, vernahm der Vater weither das Gejammer.
Da überstreute er trauernd sein Grauhaar mit schmutzigem Staube,
reckte die Hände zum Himmel und warf sich dann über den
Leichnam:
„Klammerte ich mich, mein lieber Junge, so stark an das Leben,
daß ich, dein Vater, statt meiner dich selber die Stöße des Feindes
auffangen ließ? Gerettet bin ich durch deine, des Sohnes,
Wunden? Ich lebe dank deinem Tode? Ich Elender fühle
jetzt erst die Größe des Unglücks, jetzt erst die Tiefe der Wunde.
Ich, mein Junge, befleckte durch eignes Verschulden auch deine
Ehre, mich haßte mein Volk und vertrieb mich aus Heimat und
Herrschaft.
Vaterland, Abscheu der Meinen, ihr solltet zu Recht mich
bestrafen:
Hätte als Schuldiger selbst ich, wie immer, gebüßt mit dem Tode!
Heute noch lebe ich, scheide noch nicht von Sonne und Menschen.
Aber ich *werde* jetzt scheiden!" Zum Trotz der getroffenen Hüfte
stemmte er hoch sich. Obwohl ihn die tiefe Wunde noch
schmerzte,
rief er entschlossen nach seinem Streitroß. Das galt ihm als teures
Kleinod, als Trost, es hatte ihn siegreich getragen aus allen
Kämpfen. Jetzt schien es zu teilen den Kummer des Herrn, der ihm
zusprach:

„Rhaebus, wir lebten schon lange – wenn ‚lange' den Sterblichen etwas
aussagt. Heute wirst du als Sieger die blutigen Waffen
und das Haupt des Aeneas zurückbringen, mit mir das bittre
Sterben des Lausus rächen – doch wenn uns die Kräfte versagen,
fallen mit mir! Denn schwerlich wirst du, mein tapfrer Gefährte,
fremden Befehlen gehorchen, den Teukrern als Herren dich fügen."

Damit bestieg er das Pferd zu gewohntem Sitz und beschwerte
reichlich sich beide Fäuste mit schneidenden Wurfspießen, funkelnd
hoch auf dem Haupte den Helm, überragt vom Buschen aus Roßhaar,
sprengte dann mitten zwischen die Heere. Es rangen in seinem
Herzen bittere Scham und Wut und schmerzliche Trauer,
[leidenschaftliche Liebe, Bewußtsein des eigenen Wertes.]
Dreimal rief er mit schallender Stimme Aeneas, und dieser
hörte sogleich und erkannte die Stimme und betete freudig:
„Gönnten der Vater der Götter es mir und der hohe Apollo,
daß du zum Zweikampf dich stellst!"

Darauf trat er entgegen dem Feind mit erhobener Lanze.
Aber Mezentius rief: „Nachdem du den Sohn mir entrissen,
schreckst du mich nicht mehr. Du konntest nur *damit* vernichtend mich treffen.
Sterben erschreckt mich durchaus nicht, ich nehme nicht Rücksicht auf Götter.
Schweig nur! Ich komme, zum Tode bereit, und bringe dir vorher
diese Geschenke noch!" Damit warf er den Spieß auf den Gegner,
einen zweiten und dritten, umkreiste zu Pferde in weitem
Ring, wie im Fluge, den Feind. Doch hielt der vergoldete Schutzschild.
Dreimal umritt der Etrusker linkshin den stehenden Troer,
ununterbrochen schleudernd, und dreimal drehte Aeneas
sich mit dem Schilde, der furchtbar von haftenden Wurfspießen starrte.

Länger nicht wollte er warten, so viele Geschosse aus seinem
Schilde nicht reißen; auch wurde die ungleiche Kampfart ihm lästig.
Scharf noch erwog er die Weise des Angriffs, dann stürmte er plötzlich
vorwärts und schleuderte zwischen die Schläfen des Rosses die Lanze.
Hochauf bäumte das Tier sich, schlug mit den vorderen Hufen
zuckend die Luft, warf ab den Reiter und stürzte, nach vorne
sich überschlagend, auf ihn mit verrenktem Buge und hilflos.
Himmelan flackerte wild das Geschrei der Latiner und Troer.
Vorwärts eilte Aeneas und riß das Schwert aus der Scheide:
„Wo verweilt jetzt der tapfre Mezentius, wo sein verwegnes
Ungestüm?" Aufwärts blickte der Tusker, gewahrte den Himmel,
kam zur Besinnung wieder und gab ihm zur Antwort: „Weswegen
schreist du mich an, du verbitterter Gegner, und drohst mich zu töten?
Du erschlägst mich zu Recht, ich zog in den Kampf auch mit diesem
Vorsatz, mein Lausus vereinbarte kein Gewähren von Gnade.
Eines gewähre mir, bitte, gewährt man Besiegten noch etwas:
Laß mich bestatten. Ich weiß, daß der zornige Abscheu der Meinen
rings mich bedroht. Beschütze mich gegen die Wütenden, bitte,
gönne ein Grab mir, meinem Sohne zur Seite!" So sprach er,
bot dann mit vollem Bewußtsein die Kehle dem feindlichen Schwertstoß,
ließ mit dem Blut, das die Rüstung benetzte, sein Leben verströmen.

ELFTER GESANG

Aus dem Okeanos stieg inzwischen Aurora zur Höhe.
Mochte die Pflicht zur Bestattung der Freunde Aeneas auch drängen,
mochte er schmerzlich betrübt sein über die eignen Verluste,
wollte er doch in der Frühe zunächst die Siegesgelübde
einlösen. Eine entästete riesige Eiche, auf einem
Hügel errichtet, umkleidete er mit funkelnden Waffen,
die er dem Fürsten Mezentius siegreich entriß, dir zum Denkmal,
mächtiger Kriegsgott, hängte des Königs vom Blut übersprühten
Helmbusch dazu, die zerbrochenen Spieße, den zwölfmal durchbohrten
Panzer, band auch zur Linken daran den bronzenen Schutzschild,
hängte, in elfenbeinerner Scheide, das Schwert um den Nacken.
Darauf ermahnte er, rings zum Schutze umdrängt von den Fürsten,
seine vom Sieg beglückten Freunde mit folgenden Worten:
„Großes erreichten wir schon, Kameraden. Das Kommende brauchen
wir nicht zu fürchten. Hier, die dem Stolzen entrissene Beute,
Erstling des Sieges, ist der Mezentius, wie ich ihn formte.
König Latinus erwartet uns jetzt und die Festung Laurentum.
Macht euch gefaßt auf die weiteren Kämpfe, erwartet sie mutig:
Wenn uns die Götter ermächtigen, unter den Feldzeichen unsre
Mannschaft in Marsch zu setzen, dann sollte uns nicht Überraschung
lähmen, nicht furchtsame Stimmung am raschen Handeln uns hindern.
Laßt uns inzwischen ins Erdreich betten die toten Gefährten,
einziges Ehrenrecht, das uns die Tiefe des Acheron einräumt.
Auf denn, die Seelen der Helden ehrt mit den letzten Geschenken,
sie, die mit ihrem Blute das Vaterland neu uns erwarben!
Pallas vor allem geleitet zur trauernden Stadt des Euander;
trotz der bewiesenen Tapferkeit raffte des Unheils tiefdunkler
Tag ihn dahin und ließ ihn erlöschen in grausamem Tode.“

Derart sprach er in Tränen und kehrte zurück zu dem Hause,
wo der betagte Akoites neben dem Leichnam des Pallas
treulich wachte, der Alte, der dem Parrhasier Euander
einstmals die Waffen nachtrug, dann unter weniger guten
Vorzeichen als Erzieher dem teuren Königssohn folgte.
Ringsum drängten sich sämtliche Diener, Trojaner, auch Frauen
Trojas, zum Zeichen der Trauer mit aufgelöst wallenden Haaren.
Als durch den ragenden Eingang Aeneas ins Innre des Hauses
trat, erhoben sie gellend ihr Schreien empor zu den Sternen,
schlugen die Brüste; die Burg widerhallte von schmerzlichem Stöhnen.
Schneeweiß das Antlitz des Pallas, der Kopf gestützt auf ein Kissen,
zart noch die Brust mit der Wunde, die unter ausonischem Speerwurf
aufklaffte: Dieser Anblick bewegte Aeneas zu Tränen.
„Hat dich Fortuna mißgönnt mir, du armer Junge, trotz ihres
heiteren Kommens?“ so rief er. „Du solltest mein Reich nicht mehr sehen,
nicht mehr in siegreicher Rückkehr die Wohnstatt des Vaters erreichen!
Daß es dir derart erginge, das hatte beim Aufbruch ich deinem
Vater gewiß nicht verheißen, als er mit fester Umarmung
mich in den Kampf um die Herrschaft entließ und sorgenvoll mahnte:
seien doch Helden aus hartem Geschlecht im Kampf zu bezwingen.
Heute noch spricht er vielleicht, getäuscht von grundloser Hoffnung,
fromme Gelübde und häuft auf Altären reichliche Gaben,
während wir schon den Leichnam des Jungen, der keinem der Götter
etwas mehr schuldet, traurig mit fruchtlosen Ehren geleiten.
Armer, du wirst den entseelten Körper des Sohnes erblicken!
Dies ist unsere Heimkehr, unser erhoffter Triumphzug?
Dies mein gegebenes Wort? Doch keineswegs schändliche Wunden
siehst du am Sohn, Euander; du brauchst nicht den Tod dir zu wünschen,

um zu entgehen der Schmach, daß der Sohn überlebte! Ach, welche
Stütze verliert Ausonien, welche auch du, mein Iulus!“

Nach der Klage ließ er den mitleiderregenden Leichnam
aufheben, gab ihm noch tausend aus allen Truppen erwählte
Männer mit auf den Weg, ein Ehrengeleit auf dem letzten
Gang und Genossen der Trauer des Vaters, für diesen ein karger
Trost im entsetzlichen Schmerz, doch Pflicht gegenüber dem Greise.
Andere flochten voll Eifer aus Erdbeerbaumzweigen und schlanken
Ruten des Eichbaums ein weiches Lager als Bahre und wölbten
sorglich darüber ein Schutzdach aus schattenspendenden Blättern.
Hoch auf das ländliche Polster bettete jetzt man den Jüngling.
Ebenso sehen, gepflückt von Mädchenhand, zarte Levkojen
oder auch langsam welkende Schwertlilien aus, die noch immer
leuchtende Buntheit der Farben und Schönheit der Form sich bewahren,
wenn auch die Mutter Erde nicht länger mit Nahrung sie kräftigt.

Nunmehr brachte Aeneas noch zwei Gewänder, die purpurn
strahlten und golden; die Königin Dido hatte sie einstmals
selber gefertigt, voll Freude am Schaffen, mit eigenen Händen
diese Gewebe durchwirkt mit feinen goldenen Fäden.
Eines von ihnen legte Aeneas dem Leichnam, als letzte
Ehrung, jetzt an, und umhüllte das Haar, das die Flammen verzehren
sollten, und häufte noch Beutegut aus dem Kampf um Laurentum,
ließ es in langer Reihe als Auszeichnung mitführen, jene
Pferde und Waffen dabei, die Pallas den Gegnern entraffte,
mit auf den Rücken gefesselten Händen die Feinde – den Schatten
wollte er darbringen sie, mit Opferblut tränken die Flammen –,
doch an der Spitze des Zuges Pfähle voll feindlicher Waffen,
daran geheftet die Namen derer, die kämpfend sie trugen.

Mitgeführt ward auch der arme Akoites, geschwächt schon vom Alter,
schlug mit den Fäusten die Brust sich, zerkratzte dann wieder mit seinen
Nägeln das Antlitz, warf sich zuweilen auch lang auf die Erde.
Kampfwagen rollten im Zuge, vom Rutulerblute besudelt.
Schmucklos stapfte das Streitroß Aithon einher, in den Augen
Tränen, die ihm in großen Tropfen das Antlitz benetzten.
Lanze und Helm auch des Toten trug man, das andre gehörte
Turnus, dem Sieger. Dann folgten in Trauerkolonne vollzählig
Teukrer, Tyrrhener, Arkader, die Waffen umgekehrt tragend.
Eine beträchtliche Strecke lang rückten sie vor, bis Aeneas
anhielt und bitterlich stöhnend den Abschiedsgruß aussprach: „Die gleiche
schreckliche Kriegsnot ruft uns von hier aus zurück zur Bestattung
anderer Toter. Sei ewig gegrüßt mir, du teurer Held Pallas,
lebe auf ewig mir wohl!" Er sprach nicht weiter, er wandte
wieder den hohen Wällen sich zu und begab sich ins Lager.

Eingetroffen waren indes aus Laurentum schon Boten,
waren mit Zweigen des Ölbaums bekränzt und äußerten Bitten:
Freigeben möge die Leichen er, die als Opfer der Waffen
noch auf dem Schlachtfelde lägen, und ihre Bestattung erlauben;
kämpfe doch niemand gegen Besiegte, die nicht mehr die Sonne
sähen. Er möge die einstigen Schwäger und Gastfreunde schonen.
Freundlich erfüllte Aeneas ihnen die Bitte, die keiner
abschlagen durfte, und fügte hinzu noch folgende Worte:
„Was für ein unverdient grausames Los hat euch, ihr Latiner,
so in den Krieg verwickelt, daß ihr uns die Freundschaft verweigert?
Frieden erfleht ihr von mir für Tote, für Opfer des Kriegsgotts?
Lebenden würde ich gern den Frieden gewähren. Nur deshalb
kam ich hierher, weil das Schicksal mir Heimat und Wohnsitz zuwies;
keineswegs führe ich Krieg mit dem Volk. Fürst Latinus zerstörte
unsere Freundschaft, gewährte den Waffen des Turnus den Vorrang.
Hätte sich Turnus doch lieber dem Tode gestellt! Wenn er wirklich

nur mit Gewalt die Kämpfe beenden, die Teukrer verjagen
möchte, dann sollte mit *mir* er, mit diesen Waffen, sich messen!
Jener besäße sein Leben dann noch, dem göttliche Hilfe
oder die eigene Faust es verschaffte. Wohlan denn, verbrennt jetzt
euere armen Gefallenen!" Schweigend bestaunten sie seine
Worte und wechselten lange untereinander nur Blicke.

Endlich ergriff der betagte Drances das Wort, der schon immer
gegen den jungen Turnus erbitterte Vorwürfe aussprach:
„Troischer Held, schon bedeutend durch Ruhm, noch größer durch tapfre
Taten, wie kann ich mit passendem Lob dich zum Himmel erheben?
Was bewundre zuerst ich: Gerechtigkeit? Leistung im Kämpfen?
Gern überbringen wir deine Erklärung in unserer Hauptstadt,
wollen dich, weist uns das Schicksal den Weg, mit König Latinus
wieder verbünden. Suche sich Turnus andere Partner!
Mithelfen wollen wir gern bei dem Bau der verheißenen Mauern,
gern auch für Troja Steinblöcke schleppen auf unseren Schultern."
Diesem Versprechen zollten die Boten einstimmig Beifall.

Waffenstillstand, zwölf Tage lang, wurde vereinbart. In seinem
Schutze durchstreiften Troer zugleich und Latiner gefahrlos
Wälder und Höhen. Unter den Schlägen eiserner Äxte
dröhnten hochragende Eschen. Fichten, so hoch wie der Himmel,
stürzten. Keile zerspleißten Eichen und duftende Zedern.
Ununterbrochen rollten die Wildeschen, knarrten die Karren.

Fama bereits, als geflügelte Vorbotin schrecklichen Leides,
hatte Euander erreicht und Euanders Wohnung und Hauptstadt,
meldete, Pallas hätte vor kurzem besiegt die Latiner.
Hin zu den Toren eilten sogleich die Arkader und ließen
Fackeln nach uralter Sitte auflodern. Langhin erstrahlte
flammend der Weg, warf beiderseits flackernden Glanz auf die Felder.
Jenseits erschien die Abteilung der Phryger, vereinte mit ihren
Scharen den trauernden Zug. Als die Mütter ihn anrücken sahen,
nahe den Häusern, durchraste ihr Schreien die trauernde Hauptstadt.

Keine Gewalt vermochte Euander zu halten, er stürzte
unter die Menge. Aufgebahrt stand dort Pallas. Der Vater
warf auf den Toten sich, hielt ihn umklammert mit Tränen und Seufzen;
spät erst erlaubte sein Leid der Stimme den Ausdruck des Schmerzes:
„Pallas, du hattest nicht solch ein Versprechen dem Vater gegeben!
Solltest dem wütenden Mars mit größerer Vorsicht dich weihen!
Wußte ich doch ganz genau, was ein frisch erworbener Kampfruhm,
was die verlockende Ehre im ersten Treffen bedeutet!
Leidvolle erste Bewährung des Jungen! Zu furchtbarer Probe
gleich in dem Krieg mit dem Nachbarvolk! Meine heißen Gelübde,
die ihr nicht annahmt, ihr Götter! Du, meine hochheilige Gattin,
der doch ein glücklicher Tod den entsetzlichen Kummer ersparte!
Ich überbot durch mein Leben mein Schicksal, ich mußte als Vater
übrigbleiben, allein! Ach, hätten die Rutulerspeere
mich überschüttet auf seiten der Troer, tödlich durchbohrt mich:
Brächte der Trauerzug dann mich selber, nicht Pallas, nach Hause!
Keine Schuld gebe ich euch, ihr Trojaner, auch nicht dem Vertrage,
den wir durch Handschlag besiegelten. Dieser Schicksalsschlag sollte
mich noch im Alter treffen! Und raffte der Tod auch zu zeitig
fort mir den Sohn, so tröstet mich eines: Tausende Volsker
fielen noch *vor* ihm, als er die Teukrer nach Latium führte!
Höhere Ehren könnte ich dir nicht erweisen, mein Pallas,
als der fromme Aeneas, die phrygischen Helden, die Fürsten
auch der Tyrrhener und alle tyrrhenischen Krieger es taten.
Herrliche Beute bringen sie, die du Gefallenen abnahmst.
Du auch ragtest zur Stunde als riesiger Baumstamm, mit Waffen
völlig umkleidet, Turnus, wäre an Alter und Kräften
er dir gewachsen gewesen. Doch halte ich Armer die Teukrer
nur noch vom Kampfe zurück. Auf, ausrichten mögt ihr dem König:
Wenn nach dem Tode des Pallas ich weiter mein leidiges Leben
trage, so deshalb, weil deine Rechte dem Sohn wie dem Vater
die Erlegung des Turnus schuldet – du siehst es ja selber!

Dieses nur fehlt dir an Leistung und Glück noch. Ich suche nicht schmählich
Frieden für mich – ich will sie dem Sohn in den Orkus nur bringen."

Über die elenden Sterblichen hatte inzwischen Aurora
wieder das gütige Licht gebracht, zu Arbeit und Mühsal.
Längs des Gestades ließen schon Vater Aeneas und Tarchon
Scheiterhaufen errichten. Hierher, nach Sitte der Väter,
brachte ein jeder seine Gefallenen. Düstere Flammen
schwelten darunter und tauchten qualmend den Himmel in Dunkel.
Dreimal marschierten die Männer im Schmuck der blinkenden Waffen
rings um die brennenden Stöße, dreimal umzogen zu Pferde
traurig den Leichenbrand sie, auf den Lippen die Lieder der Klage.
Tränen benetzten die Erde, und Tränen benetzten die Waffen,
himmelwärts dröhnten die Rufe der Männer, der Schall der Trompeten.
Mancher warf jetzt die den erlegten Latinern entrißne
Beute ins Feuer, prächtige Helme und Schwerter, auch Zügel,
Räder dazu, die im Schlachtenlärm glühten; mancher auch Waffen
toter Gefährten, Schilde und Lanzen, die Unglück verfolgte.
Zahlreiche Rinder opferte man der Gottheit des Todes,
borstige Schweine, auch Schafe, vom Felde zusammengetrieben,
wurden geschlachtet, das Blut in die Flammen gegossen. Und weithin
sah man am Strande die toten Gefährten brennen, bewachte
treu die noch glimmenden Reste und wich nicht vom Platz, bis die feuchte
Nacht am Gewölbe des Himmels die leuchtenden Sterne enthüllte.

Ebenso bauten an anderer Stelle die armen Latiner
massenhaft Scheiterhaufen, betteten zahlreiche Tote
auch in das Erdreich, brachten sie teilweise auch von dem Schlachtfeld
fort in die Nachbargebiete sowie in die eigene Hauptstadt.
Aber die restlichen brannten unterschiedslos sie auf einem
riesigen Haufen zu Asche, ohne Zählung und Ehrung.

Überall leuchteten Feuer, fast wetteifernd, über die Fluren.
Als dann der dritte Morgen das eiskalte Dunkel verscheuchte,
wühlten sie trauernd aus tiefer Asche hervor die Gebeine,
deckten sie zu mit wärmender Erdschicht.

Jedoch in den Häusern,
in der Hauptstadt des ausnehmend reichen Latinus, ertönte
weitaus am schrillsten die Klage, herrschte die schmerzlichste Trauer.
Hier verfluchten die Mütter, die elend verwitweten Frauen,
innig mitfühlende Schwestern und vaterlos jammernde Kinder
diesen entsetzlichen Krieg und die Heiratspläne des Turnus:
Solle er selbst doch, bewaffnet, im Kampf die Entscheidung sich holen,
wenn er die Macht in Italien und höchste Ehren erstrebe!
Grimmig verschärfte noch Drances die Forderung: Zweifellos werde
Turnus, nur Turnus herausgefordert zum Ausscheid mit Waffen.
Freilich verlautete manches durchaus auch im Sinne des Turnus;
Einfluß und Rang der Königin schützten ihn, gleichzeitig stärkte
glänzender Ruhm für ehrlich errungene Siege sein Streben.

Während der Aufregung, während der allgemeinen Verwirrung
trafen die Boten noch ein aus der Hauptstadt des Diomedes,
brachten betrübliche Auskunft: Mit all dem beträchtlichen Aufwand
hätten sie gar nichts erreicht; nicht Gold, nicht Geschenke, nicht Bitten
seien erfolgreich gewesen; andre Verbündete müsse
Latium finden oder Aeneas um Frieden ersuchen.
Selber verlor Latinus den Mut vor bitterem Kummer.
Deutlich begünstigten Götter den schicksalsgesandten Trojaner:
Göttlicher Zorn und die frischen Gräber erinnerten daran.
Daher berief er zu großer Beratung die Ersten der Seinen,
hieß sie zusammenkommen sogleich im hohen Palaste.
Die Geladenen strömten durch menschenwimmelnde Straßen
eilig zum Schloß. Inmitten der Zepterträger, als Höchster
wie auch als Ältester, thronte Latinus mit trauriger Miene.

Die aus der Stadt der Ätoler zurückgekehrten Gesandten
hieß er jetzt Auskunft erteilen, Bescheid in sämtlichen Punkten
geben, der Reihe nach. Tiefes Schweigen lähmte die Zungen,
als, dem Befehle gehorchend, Vénulus anfing zu sprechen:

„Mitbürger! Die argeische Festung sowie Diomedes
selber erblickten wir nach den Wechselfällen der Reise,
drückten die Hand auch, durch die einst das Reich von Ilion
stürzte.
Auf der Iápygerflur, am Berge Garganus, erbaute
er, um den Sieg zu verherrlichen, die nach der Heimat benannte
Hauptstadt Argýripa. Vorgelassen, zum Reden ermächtigt,
reichten wir dar die Geschenke und nannten Namen und Heimat,
weiter die Gegner im Krieg und den Grund, der nach Arpi uns
führte.
Als er uns angehört hatte, gab er uns freundlich zur Antwort:
‚Glückliche Völker, alte Ausonier, einst Reich des Saturnus,
welch ein Verhängnis vermag euch aus eurer Ruhe zu schrecken,
rät euch, Kriege mit unbekannten Völkern zu führen?
Wir, die wir einstmals das Reich von Troja mit Waffen
verheerten –
ich übergehe unsre Verluste am Fuße der hohen
Mauern, die Toten am Grund des Simoeis –, wir mußten doch
alle,
weltweit verschlagen, fürchterlich büßen; Priamos selber
hätte uns, wahrlich, bedauert! Das Unheilsgestirn der Minerva
weiß es, Euböas Klippengestade, der Rächer Kaphereus.
Nach dem Feldzug, auf ganz verschiedener Irrfahrt, gelangte
Fürst Menelaos, der Sproß des Atreus, bis zu des Proteus
Säulen, bekam Odysseus am Ätna Kyklopen vor Augen.
Soll Neoptólemos ich und sein Unheilsreich nennen, den Umsturz,
der Idomeneus verjagte? Die Lokrer an Libyens Küste?
Selbst der oberste Feldherr der Griechen, der Fürst von Mykene,
fiel bei der Rückkehr, gleich hinter der Schwelle, vom Mordstahl
der Gattin,
er, der Asien bezwang, unterlag dem Schänder der Ehe.
Götter mißgönnten auch mir, an Altären der Heimat die teure
Frau und die liebliche Vaterstadt Kálydon wiederzusehen!

Heute verfolgen mich noch die entsetzlichen Bilder des Grauens:
Meine Gefährten, verloren, entschwirrten mit Flügeln zum Äther,
streiften als Vögel an Flüssen herum – wie mußten die Meinen
fürchterlich büßen! – und heulten vor Jammer um felsige Klippen.
Solcherlei hatte ich selbst zu gewärtigen schon seit der Stunde,
da ich, ihm Wahn, bewaffnet auf Körper von Himmlischen losging,
da ich die rechte Hand der Venus verwundete! Niemals
lasse ich mich von euch zu solchen Kämpfen verleiten!
Seit der Eroberung Trojas kämpfte ich nie mehr mit Teukrern,
denke auch schwerlich mit Freude zurück an die Leiden von damals.
Hier die Geschenke, die ihr aus eurer Heimat mir brachtet,
schafft zu Aeneas! Wir fochten gegeneinander im harten
Zweikampf: Ich weiß aus Erfahrung, glaubt mir, wie hoch er mit seinem
Schutzschild sich aufreckt, wie kräftig den Speer er im Schwunge dann schleudert!
Hätte noch Troja zwei weitre so tüchtige Helden besessen,
wären die Teukrer sogar zu den griechischen Städten gekommen,
müßte, nach völliger Umkehr des Schicksals, jetzt Griechenland trauern!
Zog sich der Krieg um die Mauern von Troja so zäh in die Länge,
waren es Hektor allein und Aeneas, die kämpfend den Griechen
einen Erfolg verwehrten und volle zehn Jahre gewannen,
beide hervorragend mutig, beide auch Meister im Kämpfen,
freilich Aeneas an Pflichtgefühl größer. Vertragt euch, nach seinem
Wunsche! Doch tretet ihm ja nicht zur Waffenentscheidung entgegen!‘
Damit erhieltest du, trefflichster König, die Antwort des Fürsten,
kennst jetzt sein Urteil angesichts eines so furchtbaren Krieges.“

Derart sprach der Gesandte. Gleich brauste ein zwiespältig-dumpfes
Stimmengewirr durch den Kreis der Ausonier; stemmen sich Klippen

reißender Strömung entgegen, dann dröhnen am Hemmnis die Fluten
ähnlich, laut hallen die Ufer wider vom Brausen der Brandung.
Als die Erregung sich legte, die angstvollen Rufe verstummten,
flehte der König vom ragenden Thron zu den Göttern und sagte:

„Früher schon hätten wir klar uns entscheiden sollen, Latiner –
zweifellos wäre es besser gewesen –, nicht erst zu einer
Stunde beraten, da Feinde unsere Mauern bedrohen!
Einen unseligen Krieg mit niemals besiegbaren Helden
göttlicher Abstammung führen wir. Kämpfend ermatten sie schwerlich,
selbst als Besiegte können sie nicht auf die Waffen verzichten.
Nicht zu erhoffen mehr braucht ihr ein Kampfbündnis mit den Ätolern,
bauen kann jeder auf sich nur; doch seht ihr den spärlichen Spielraum.
Wie weit unsere Mittel erschöpft, ja völlig zerschmettert
wurden, das habt ihr vor Augen, das könnt ihr mit Händen schon greifen.
Niemandem mache ich Vorwürfe deshalb. Was Tapferkeit leisten
konnte, das wurde geleistet. Wir kämpften mit Anspannung aller
Kräfte. Doch möchte ich jetzt den Entschluß, den ich mühsam mir abrang,
mitteilen, ihn – gebt Obacht! – in wenigen Worten erklären.
Nahe dem tuskischen Strom gehört mir seit alters ein Landstück
weithin nach Westen, hinaus noch über die Flur der Sikaner.
Rutuler und Aurunker säen dort, pflügen das rauhe
Bergland und nutzen die unwegsamsten Hänge als Weide.
Dieses Gebiet, die Gebirgskämme auch voll ragender Fichten,
treten in Freundschaft den Teukrern wir ab, verbünden uns ihnen,
gleichberechtigt, und laden sie ein als Bundesgenossen.
Ansiedeln mögen sie sich, wenn sie wünschen, und Städte sich gründen.
Wollen sie aber Gebiete anderer Völker gewinnen,
können zu ihrem Vorteil unseren Boden verlassen,
bauen wir zwanzig Schiffe für sie aus italischen Eichen,

mehr auch, entsprechend der Kopfzahl; wir haben am Wasser genügend
Bauholz. Die Anzahl und Bauart der Schiffe bestimmen sie selber,
während wir Kupfer und Ausrüstung liefern und Arbeiter stellen.
Zum Überbringen des Angebots wie zum Entwurf des Vertrages
sollen gleich hundert Gesandte, Latiner der besten Familien,
aufbrechen, Zweige zum Zeichen des Friedens in Händen, Geschenke
mitnehmen auch: Talente an Gold und an Elfenbein, einen
Thronsessel wie auch die Staatstoga, Wahrzeichen unseres Reiches.
Nunmehr bedenkt das Gemeinwohl, helft in mißlicher Lage!"

Drances erhob sich, erbittert wie immer. Mit Stacheln des Neides
plagte der Ruhm ihn des Turnus unaufhörlich und grausam.
Reichlich begütert, ein außergewöhnlicher Redner, im Kriege
freilich ein lässiger Kämpfer, doch wertvoll im Rate, ein Schürer
schwebender Spannungen, stammte er seitens der Mutter aus hohem
Adel; von seiten des Vaters trug er den Makel nicht klarer
Herkunft. Der steigerte noch und nährte die wütende Stimmung:
„Trefflicher König, du stellst zur Beratung Bekanntes, das keines
Wortes von uns mehr bedarf. Es wissen doch alle untrüglich,
was die Lage erfordert, doch scheuen das offne Bekenntnis.
Lasse doch jener uns freimütig sprechen und zähme den Hochmut,
der durch sein Unglückskommando und seinen schlimmen Charakter –
ja, das erkläre ich, mag er mit tödlichem Schwerthieb mir drohen –
dahin uns brachte, so viele glänzende Feldherrn als Tote,
unsere Stadt von der Trauer verdüstert zu sehen – die Troer
griff er im Lager an, wähnend, sie würden entfliehen, und schreckte
waffenrasselnd den Himmel! Ergänze die Gaben, die reichlich
du den Trojanern versprichst, vortrefflichster Fürst, noch um eine:

Laß dir durch keine Gewaltandrohung die Absicht durchkreuzen,
deine Tochter dem herrlichen Helden, mit Recht, zu vermählen –
du, als der Vater! – und damit auf ewig den Frieden zu sichern!
Sollte jedoch der Schrecken so stark die Entschlußkräfte lähmen,
wollen wir selbst ihn beschwören, ihn selbst um Nachsicht ersuchen:
Opfre er, bitte, sein eigenes Recht dem König, dem Volke!
Weswegen stürzt du die armen Bürger so oft in Gefahren,
rücksichtslos, du, für Latium Ursprung und Anlaß des Elends?
Gar nichts fruchtet der Krieg, wir bitten dich alle um Frieden,
Turnus, sowie um das einzige Pfand, das den Frieden auch sichert!
Ich, den als Feind du betrachtest – nun, meinetwegen –, ich komme
flehend als erster zu dir. Erbarm dich der Deinen, entsage,
bitte, dem Trotz und räume den Kampfplatz! Wir sahen, geschlagen,
Tote genug, wir ließen weite Gebiete veröden.
Oder, falls Ruhmsucht dich spornt, ein so starker Wille dich antreibt,
du so erpicht bist, die Tochter des Königs als Frau zu gewinnen:
Wage es, tritt voll Zuversicht selber dem Feinde entgegen!
Freilich, wenn Turnus nur glücklich heimführt die fürstliche Gattin,
mögen wir wertloses Volk, auch ohne Gräber und Tränen,
fallen im Felde! Doch schaue auch du, besitzt du noch Kräfte,
stärkt dich der Kampfgeist unserer Väter, dem Gegner ins Auge,
der dich herausfordert!“

Diese Erklärungen schürten die Wut des Turnus zu heller
Flamme, er stöhnte und stieß hervor die erbitterten Worte:
„Üppig, mein Drances, fließt dir der Redeschwall über die Lippen,
fordert der Krieg uns zum Dreinschlagen – zur Versammlung der Väter
bist du als erster zur Stelle. Doch füll nicht das Rathaus mit Worten,
wie sie in Sicherheit reich dir entströmen, solange die Mauern
hemmen den Feind und die Gräben nicht überfließen vom Blute!

Donnere deshalb als Redner, wie üblich, und zeihe mich feiger
Furcht – denn *deine* Fäuste, mein Drances, streckten so viele
Teukrer erschlagen zuhauf und bedeckten mit stolzen Trophäen
weithin die Fluren! Was lebhafter, kraftvoller Mannesmut leistet,
kannst du erproben. Wir brauchen den Feind ja nicht ferne zu
suchen,
schon umzingelt von allen Seiten er unsere Mauern!
Los, ihm entgegen! Was zögerst du? Soll denn der Kriegsgott auf
deiner
windigen Zunge nur immer hocken sowie nur auf deinen
fluchtschnellen Füßen?
Räumen den Kampfplatz – ich? Kann jemand mit Recht mir ein
‚Räumen'
vorwerfen, Schandmaul du, sieht er den Thybris vom Blute der
Troer
anschwellen, sieht er von Grund aus das ganze Geschlecht des
Euander
sinken und sieht er die ihrer Waffen beraubten Arkader?
Bitias und der gewaltige Pandaros lernten mich anders
kennen, die Tausende auch, die ich siegreich zum Tartarus
sandte,
abgeschnitten im Lager, von feindlichen Schanzen umgeben!
‚Gar nichts fruchtet der Krieg' – das plärre dem troischen
Fürsten
vor, du Dummkopf, und deinesgleichen! So drehe denn alles
weiterhin um vor bleichem Entsetzen, die zweimal Besiegten
streiche heraus, verkleinere aber die Macht des Latinus!
Zittern doch jetzt myrmidonische Fürsten vor phrygischen
Waffen,
zittert der Sprößling des Tydeus, Achilles gar, Held von Larissa,
weicht auch der Áufidus angstvoll zurück vor den Wogen der
Adria!
Tut er nun freilich, als fürchte er schrecklich, mit mir sich zu
streiten,
heuchelt er schurkisch, verschärft durch erlogene Angst noch den
Vorwurf.
Brauchst nichts zu fürchten: Du wirst dein elendes Leben durch
meine

Hand nicht verlieren, es wohne bei dir, verkrochen im Herzen!
Nunmehr zurück zu deinen gewichtigen Vorschlägen, Vater!
Hegst du für später kein Zutrauen mehr zu unseren Waffen,
sind wir schon derart verlassen, nach einem einzigen Rückschlag
völlig am Boden, und steht für Fortuna kein Rückweg mehr offen –
laßt uns um Frieden dann flehen und waffenlos heben die Hände!
Freilich, ach, wäre ein Rest noch der früheren Tapferkeit wirksam!
Glücklich im Kampf und ehrenvoll mutig erscheint mir vor allen
andern ein Mann, der solches erst gar nicht mitansehen möchte,
lieber zusammenbricht, sterbend die Zähne noch schlägt in das Erdreich,
einmal für immer! Doch haben wir Mittel noch, kampfstarke Männer,
Städte und Völker Italiens, die uns Hilfe gewähren,
haben die Troer den Ruhm auch erkauft mit hohen Verlusten –
sie auch vergossen ihr Blut, der Kriegssturm durchtobte uns alle –:
Warum ermatten wir ehrlos sofort an der Schwelle? Weswegen
fangen wir an zu zittern noch vor den Trompetensignalen?
Manches Mißliche wandten die Zeit und die wechselnden Mühen
unseres bunten Daseins zum Besseren, manchen verhöhnte
launisch Fortuna, gewährte ihm festen Boden dann wieder.
Wenn der Ätoler und Arpi uns die Unterstützung verweigern,
helfen Messapus, Tolumnius auch, der Glückliche, alle
Feldherrn, von zahlreichen Völkern entsandt; auch begleitet ein hoher
Ruhm die erlesene Mannschaft aus Latium wie aus Laurentum.
Außerdem hilft uns Camilla vom tapferen Stamme der Volsker,
kühn an der Spitze von ehern funkelnden Reiterschwadronen.
Sollten mich aber die Teukrer allein zum Zweikampfe fordern,
ihr auch es billigen, stehe ich *so* dem Gemeinwohl entgegen:
Bitte, nicht derart haßerfüllt meidet Victoria meine
Fäuste, daß ich zur Rettung aller der Pflicht mich entzöge!
Mutig will ich mich stellen, und mag er als großer Achilles
auftreten, Waffen wie jener auch tragen, vom Gotte Vulcanus
selber geschmiedet. Euch und dem Schwiegervater Latinus

habe ich, Turnus, mein Leben geweiht, den Helden der Vorzeit
nicht unterlegen. Mich fordert Aeneas zum Zweikampf. Nun, bitte!
Soll doch kein Drances am Götterzorn sterben, falls Götterzorn waltet –
aber auch nicht, falls Ruhm für Tapferkeit winkt, ihn erringen!“

Während sie derart über die schwierigen Fragen noch stritten,
rückte Aeneas aus seinem Lager zum Angriff schon vorwärts.
Nachricht davon durchflog den Palast und verbreitete starke
Unruhe, setzte die ganze Hauptstadt auch mächtig in Schrecken:
Schlagbereit zögen die Teukrer, mit ihnen die Schar der Tyrrhener,
weither, vom Ufer des Tiber, über die Fluren. Verwirrung
packte sofort die Latiner, die Volksmassen wurden erschüttert,
der bedrohliche Angriff weckte nur wütenden Kampfgeist.
Waffen verlangte man armfuchtelnd, Waffen lautstark die Jugend.
Tränen vergossen vor Kummer die Väter und flüsterten. Allseits
gellte Geschrei in die Lüfte, erbitterter Meinungsstreit tobte,
ebenso laut wie die Schwärme der Vögel, die kreischend im Hochwald
einfallen, oder die Schwäne am fischreichen Flußarm Padusa,
die an den laut widerhallenden Tümpeln dumpf schreiend sich tummeln.

Turnus ergriff die Gelegenheit. „Ja doch, beratet nur, Bürger“,
rief er, „und preist im Stillsitzen eifrig den Frieden! Die andern
greifen, bewaffnet, inzwischen zur Macht.“ Er ließ in dem Kreise
Weitres nicht hören, erhob sich und stürmte hervor aus dem Schlosse.

„Lasse, Volusus, die Scharen der Volsker sich wappnen“, befahl er,
„führ auch die Rutuler! Du, Messapus, du, Coras, mit deinem
Bruder, ihr schwärmt mit den Reitern weithin durchs Gelände. Die andern
sollen die Stadttore sichern, zugleich auch die Türme besetzen.
Angreifen werden die übrigen unter meinem Kommando.“

Über die Länge der Mauer verteilten sofort sich die Bürger.
König Latinus verließ die Versammlung, verzichtete vorerst
auf die Besieglung des Friedens, verschob sie, gestört von der harten
Ungunst der Lage und machte sich Vorwürfe, nicht durch sein Machtwort
längst schon Aeneas dem Staat als Verwandten gewonnen zu haben.
Gräben zog man indes vor den Toren, Steine und Pfähle
trug man herbei. Dumpf dröhnte der Hornruf zum blutigen Streite.
Darauf besetzten Mütter und Knaben nebeneinander
ringsum die Mauer; die höchste Gefahr rief jeden zum Einsatz.
Aufwärts zum Tempel, der ragenden Höhe der Pallas, vor einem
stattlichen Zuge von Frauen, fuhr jetzt die Königin, wollte
Opfer darbringen. Neben ihr saß das Mädchen Lavinia,
Ursache allen Unglücks, gesenkt die reizenden Augen.
Wolken von Weihrauchdampf ließen die Frauen den Tempel durchwallen,
flehten inständig auf stolzer Schwelle in trauriger Stimmung:
„Herrin des Krieges, mächtig in Waffen, tritonische Jungfrau,
brich mit der Faust das Geschoß des trojanischen Räubers, ihn selber
strecke kopfüber zu Boden am Fuß der ragenden Tore!"

Eifrig rüstete Turnus zur Schlacht sich, brennend vor Kampflust,
starrte bereits, im rötlichen Panzer, von kupfernen Schuppen,
hatte die Beine sogar mit vergoldeten Schienen umkleidet,
freilich die Schläfen noch bloß, doch das Schwert um die Hüfte gegürtet.
Golden erglänzte er, als er in Eile vom Burgberg herabstieg;
ungestüm, trotzig, wähnte er sich schon im Kampf mit dem Gegner.
Ebenso sprengt ein Roß die Fesseln und flieht von der Krippe,
endlich befreit, und gewinnt die offene Wildbahn und wendet
entweder fortstürmend sich zu den Weideplätzen der Stuten,
oder es trabt, gewohnt, im vertrauten Fluß sich zu tummeln,

mutwillig vorwärts und wiehert mit hoch erhobenem Nacken,
während die Mähne ihm stolz den Hals und die Flanken
umflattert.

Fürstin Camilla kam, an der Spitze der Volskergeschwader,
ihm vor dem Tore entgegengeritten und sprang aus dem Sattel,
dicht vor der Schwelle. Sämtliche Reiter folgten dem Beispiel,
schwangen zur Erde sich. Folgendermaßen begann sie zu
sprechen:
„Turnus, vertraut ein tapferer Mensch mit Recht auf sich selber,
will ich dir mutig versprechen, allein der Schwadron des Aeneas
kämpfend entgegenzutreten, mich tuskischen Reitern zu stellen.
Laß mich zum ersten Mal die Gefahren des Krieges bestehen.
Du mit dem Fußvolk decke die Mauern, beschütze die
Hauptstadt!"

Fest auf das schreckliche Mädchen blickend, erwiderte Turnus:
„Jungfrau, du Zierde Italiens, wie könnte in Worten, in Taten
ich dir gebührend danken? Dein Mut ist freilich erhaben
über dergleichen – so teile mit mir denn die Mühsal des
Kampfes!
Nach dem Gerücht wie den Meldungen unserer Kundschafter
schickte
König Aeneas listig leichtbewaffnete Reiter
über die offenen Flächen voraus. Den einsamen hohen
Kamm des Gebirgs übersteigt er selber und naht sich der
Hauptstadt.
Auflauern möchte ich ihm an einem bewaldeten Hohlweg,
will mit Bewaffneten beiderseits dessen Zugang besetzen.
Halte du stand im Gefecht den tyrrhenischen Reitern. Begleiten
wird dich der tapfre Messapus mitsamt den Latinerschwadronen
wie mit der Schar des Tiburtus. *Du* übernimm das Kommando!"
Darauf ermahnte zum Kampf er genauso Messapus und alle
andern verbündeten Feldherrn und rückte den Feinden entgegen.

Weithin erstreckt sich gewunden ein Tal, für Täuschung und
Kriegslist
trefflich geeignet. Bergwände, unübersichtlich durch dichten

Laubwald, engen es beiderseits ein. Dort verläuft nur ein schmaler
Fußpfad, ein dürftiger Paß mit tückisch täuschendem Zugang.
Über ihm liegt, mit weitem Ausblick auf ragendem Bergkamm,
eine verborgene Hochfläche voller sichrer Verstecke,
mag man von rechtsher oder von links den Feind überfallen
oder herab von der Höhe mächtige Steinblöcke wälzen.
Hierher begab sich auf ihm nur vertrauten Wegen Fürst Turnus,
nahm in Besitz die Stätte und barg sich im tarnenden Dickicht.

Hoch in der Wohnstatt des Himmels rief inzwischen Diana
eine der Freundinnen an aus der heiligen Schar, die geschwinde
Opis, und gab ihr mit trauriger Stimme folgenden Auftrag:
„Unbeirrt schreitet Camilla soeben aufs grausige Schlachtfeld,
Opis, und rüstet umsonst sich mit unseren Waffen, das Mädchen,
das ich vor allen hoch schätze. Diese innige Neigung
lebt nicht seit kurzem, hat mich auch keineswegs plötzlich bezaubert.

Mißgunst, jedoch auch Mißbrauch der Macht veranlaßten einstmals
Metabus, aus der alten Heimat Privernum zu fliehen.
Seine noch kleine Tochter nahm er im Toben der Kämpfe
in die Verbannung mit sich; nach der Mutter Casmilla
hatte er ihr, leicht verändert, den Namen Camilla gegeben.
Selber trug er das Kind vor der Brust und suchte die weiten
einsamen Bergwälder noch zu erreichen: Allseits umschwirrten
wild ihn Geschosse, umschwärmten ihn schwerbewaffnete Volsker.
Während der Flucht gelangte er zum Amasenus, der schäumend
zwischen den Ufern einherschoß, von mächtigem Regen geschwollen.
Willens, den Strom zu durchschwimmen, sah von der Liebe zum Kinde
er sich gehemmt, von der Furcht um die teure Last, überlegte
fieberhaft alles nur Mögliche, kam zum Entschluß dann noch eben:
An die gewaltige Lanze, die kraftvoll im Kampfe er führte,

einen in Feuer gehärteten knotigen Schaft von der Eiche,
band er die Tochter mit Baststreifen, sorglich mit Rinden umwickelt,
machte sie fest in der Mitte der Waffe, noch handlich zum Schleudern,
holte dann aus mit mächtiger Faust und flehte zum Äther:
‚Gnädige Tochter Latonas, Herrin der Wälder, als Vater
weihe ich, dir zum Dienste, mein Kind. Es schwingt heut zum ersten
Male, bittflehend, von Feinden gehetzt, dein Geschoß. Übernimm es,
Göttin, als dein – ich vertraue es an jetzt den schwankenden Lüften!‘
Damit zog er den Arm nach hinten und schleuderte schwungvoll
von sich die Waffe. Laut rauschten die Wellen, die arme Camilla
flog an der sausenden Lanze hoch über die reißenden Fluten.
Metabus stürzte jedoch vor den näher schon drängenden Feinden
sich in den Strom, und glücklich gerettet, zog er die Waffe
samt dem Mädchen aus grünendem Uferrand: Gabe Dianas.
Keinerlei Städte mehr nahmen ihn auf in Mauern und Häusern;
schwerlich auch hätte er, wild wie er war, sich untergeordnet,
führte sein Leben als Hirte vielmehr allein in den Bergen.
Hier, in Gestrüpp und rauhen Lagern des Wildes, ernährte
er die Tochter mit Milch von Stuten frei streifender Herden,
melkte den Saft von den Zitzen gleich zwischen die Lippen des Mädchens.
Aber sobald das Kind erst sicher zu gehen vermochte,
reichte er ihm als Waffe bereits den schneidenden Wurfspieß,
hängte der Kleinen auch Bogen und Pfeile über die Schulter.
Weder vergoldete Haarreifen trug sie noch wallende Kleider,
nein, ein Tigerfell hing ihr vom Scheitel über den Rücken.
Wurfwaffen bald, wie Knaben sie führen, begann sie als Mädchen
sicher zu handhaben, wirbelte Schleudern ums Haupt sich an dünnem
Riemen und schoß strymonische Kraniche, schneeweiße Schwäne.
Zahlreiche Mütter in Städten Tyrrheniens begehrten für ihre
Söhne zur Frau sie, vergeblich. Diana galt ihr als Vorbild,
ewige Liebe zu Waffen hegte sie nur und zu strengem

Wahren des Mädchentums. Wäre sie nie doch ergriffen von solcher
Kriegslust und wagte sie nie, die Teukrer zum Kampfe zu reizen:
Teuer auch künftig bliebe sie mir als liebe Gefährtin!

Da sie nun aber vom bitteren Schicksal verfolgt wird, so fliege,
Nymphe, vom Himmel herab und begib dich zum Land der Latiner,
wo jetzt der leidige Kampf bei drohenden Vorzeichen anfängt!
Nimm hier mein Schießgerät, ziehe den Pfeil aus dem Köcher, zur Rache:
Wer auch den mir geheiligten Leib Camillas verwundet,
Troer oder Italer, entrichte mir blutige Buße
durch dies Geschoß! Den Leichnam, die Waffen der Armen, vom Feinde
niemals berührt, entführe ich hoch in den Wolken und werde
sie in der Heimat bestatten." Opis durchrauschte im Abflug
leichthin die Lüfte, umhüllt von düster wirbelndem Sturmwind.

Nah an die Stadtmauern kamen derweil die berittnen Trojaner,
auch die etruskischen Feldherrn, kurz, alle Kämpfer zu Pferde,
streng nach Schwadronen geordnet. Über das flache Gelände
trappelten wiehernd die Rosse, sie warfen die Köpfe, sich gegen
Zügeldruck sträubend, bald hierhin, bald dorthin; von ehernen Lanzen
starrte weithin die Flur, hoch blitzten die Waffen im Felde.
Ihnen entgegen sprengten Messapus, die schnellen Latiner,
Coras mit seinem Bruder, dazu die Geschwader Camillas,
zeigten sich offen zum Kampfe, streckten die Lanzen zum Stoße
vorwärts, die Arme gewinkelt, teils schwangen zum Wurf sie die Spieße.
Näher kamen die Kämpfer sich, lauter dröhnten die Hufe.
Nunmehr in Schußweite schon, verhielten beide ein wenig,
brachen dann plötzlich hervor mit Geschrei und spornten zu wildem
Ansturm die Pferde. Gleichzeitig flogen die Speere von allen
Seiten wie stiebender Schnee, verdunkelten weithin den Himmel.
Gegeneinander brausten, gesenkt die Lanzen zum Stoße,

Held Tyrrhenus sowie der tapfre Akonteus; als erste
warfen sie beide sich krachend vom Sattel, im Anprall
zerschlugen
Brust an Brust sich die Rosse. Weit schnellte Akonteus von
dannen,
blitzartig oder wie ein vom Geschütz gewirbelter Steinblock,
stürzte kopfüber zur Erde zum Schluß und verhauchte sein
Leben.

Gleich in Verwirrung geraten, machten kurz kehrt die Latiner,
warfen die Schilde sich über die Rücken und sprengten zur Stadt
hin.
Ungestüm folgten die Troer, Asilas voran dem Geschwader.
Unmittelbar vor dem Tore, erhoben jäh die Latiner
wieder ihr Feldgeschrei, rissen herum die gelenkigen Rosse.
Nunmehr flohen die Teukrer, ließen den Pferden die Zügel.
Ebenso brandet das Meer im Wechsel der strudelnden Wogen
gegen die Küste und läßt die Wellen über die Klippen
schäumen, weit ausgreifend bogenförmig den Sand noch
bespülen,
gleitet dann reißend schnell rückwärts, zieht im Abschwellen
Steine
mit sich und weicht mit dem sinkenden seichten Naß vom
Gestade.

Zweimal jagten die Tusker die Rutuler bis an die Mauern,
zweimal schauten sie fliehend sich um, die Schilde am Rücken.
Aber beim dritten Zusammenstoß schlangen die kämpfenden
Reihen
sich zum Gefecht ineinander, wählte sich jeder den Gegner.
Sterbende stöhnten, in Blutströmen schwammen die Waffen und
Leiber,
zwischen den Leichen gefallener Männer wälzten sich Rosse,
halb noch am Leben. Jetzt erst begann das erbitterte Ringen.
Held Orsilochos scheute den Angriff auf Remulus selber,
warf auf sein Pferd nur die Lanze. Am Ohr blieb stecken die
Spitze.
Unter dem Treffer bäumte sich jählings das Tier und vermochte

nicht zu ertragen den Schmerz, hob krampfhaft die Beine. Der Reiter
flog aus dem Sattel zur Erde. Catillus erlegte Iollas,
darauf den ausnehmend mutigen, stattlichen, vielfach bewährten
Kämpfer Herminius. Unbedeckt wallten die rotblonden Locken
diesem vom Haupt, nackt waren die Schultern; ihn schreckten nicht Wunden.
Derart stellte dem Feind er sich bloß. Ihm durchbohrte die Lanze
zitternd das mächtige Schulterblatt, ließ ihn vor Qualen sich krümmen.
Überall strömte düster das Blut, man schlug sich im Kampfe
wetteifernd Wunden und suchte, getroffen, in Ehren zu sterben.

Mitten in diesem Gemetzel tummelte frei sich Camilla,
gleich Amazonen entblößt die eine Brust, auf dem Rücken
Köcher und Pfeile. Bald warf sie, dicht hintereinander, die festen
Lanzen, bald packte sie frisch mit der Rechten die wuchtige Streitaxt.
Golden erklirrten am Leib ihr der Bogen, die Waffen Dianas.
Mußte, im Kampfe bedrängt, sie den Rücken kehren den Feinden,
blickte sie rückwärts, schnellte vom Bogen treffsichere Pfeile.
Neben ihr fochten erwählte Gefährtinnen, Mädchen Italiens,
Tulla, Larina, Tarpeja, in Fäusten die bronzene Streitaxt.
Selbst sich zur Zierde, hatte die göttlich schöne Camilla
ausgesucht sie, für Frieden und Krieg als wackre Gehilfen –
wie Amazonen in Thrakien über das Eis des Thermodon
sprengen, mit bunten Waffen ins Schlachtgetümmel sich stürzen,
wenn sie sich um Hippolyte scharen, oder zu Wagen
Penthesileia, die Marstochter, heimkehrt und jauchzend die Frauen,
schwingend den halbmondförmigen Schild, um die Fürstin sich drängen.

Wen, du grausames Mädchen, strecktest du nieder als ersten,
wen als den letzten? Wie viele ließest du sterbend erschlaffen?
Erster war des Klytios Sohn, Euneos; ihm jagte
ganz durch die offene Brust sie den Speer mit dem tannenen Schafte.

Blut erbrach er in Strömen und stürzte, den triefenden Boden
malmte er knirschend und wälzte sich sterbend über der Wunde.
Liris und Págasos fielen kopfüber, gleichzeitig: Jener
rutschte von seinem am Bauch verwundeten Pferde und suchte
wieder die Zügel zu greifen; der andere kam ihm zu Hilfe,
reichte die Rechte ihm, die er dabei vom Schilde entblößte.
Ihnen fügte Amastrus sie zu, den Sohn des Hippotes,
traf mit der Lanze dann wuchtig Tereus, Harpálykos, Chromis,
auch Demophóon; mit jedem Spieß, den sie schleuderte, streckte
einen Trojaner sie nieder. Fern sprengte Held Órnytos fliehend,
auf iapygischem Roß, in seltsamem Aufzug, ein Jäger.
Ihm bedeckte ein Rindsfell die breiten Schultern, von einem
Kampfstier erbeutet, den Schädel ein Wolfskopf mit gähnendem Rachen,
der die weißschimmernden Zahnreihen bleckte. Die Rechte, erhoben,
führte den Jagdspeer, den Landleute tragen. Inmitten der Heerschar
ritt er und überragte um Hauptlänge seine Gefährten.
Abfing Camilla ihn mühelos während des Rückzugs der Seinen,
bohrte die Lanze ihm durch den Körper und rief noch erbittert:
„Wähntest im Dickicht du wilde Tiere zu jagen, Tyrrhener?
Heute erschien der Tag, der mit Waffen in Frauenhand euer
Prahlen als Lügen ausweist. Doch nimmst du beachtliche Ehre
mit zu den Manen der Väter: Du fielst von der Waffe Camillas!"
Darauf erlegte sie die zwei stattlichsten Kämpfer der Troer,
Butes, Orsílochos. Ersteren traf sie von hinten mit ihrem
Wurfspieß zwischen Panzer und Helm, wo der Nacken des Reiters
ungedeckt auffiel, zur Linken der Rundschild vom Arme herabhing.
Letzteren täuschte sie, lockte ihn, scheinbar fliehend, zu weitem
Kreisritt und stürmte, in engerem Kreis jetzt, auf den Verfolger,
hieb dann die wuchtige Streitaxt zugleich ihm durch Rüstung und Knochen,

höher sich reckend, verdoppelnd die Schläge, während um Schonung
flehend er bat. Heiß quoll aus der Kopfwunde Hirn ihm aufs Antlitz.

Plötzlich begegnete ihr – und erstarrte vor Schreck bei dem Anblick –
des Appenninenbewohners Aunus tapferer Sprößling,
nicht der geringste Ligurier, wenn es auf Pfiffigkeit ankam.
Als er begriff, daß er nunmehr dem Zweikampf nicht ausweichen konnte,
auch nicht die drohende Fürstin zum Rückzug zu zwingen vermochte,
suchte er sich durch List und Tücke zu retten und sagte:
„Ist es denn etwas Besondres, wenn du als Frau auf ein schnelles
Pferd dich verläßt? Verzichte auf Fliehen und stelle auf ebnem
Boden dich nahe zu mir, gerüstet zu Fuß für den Zweikampf:
Einsehen wirst du, wem nichtige Ruhmsucht Schaden verursacht!"

Gleich übergab Camilla voll Wut, gestachelt vom Ärger,
einer Gefährtin ihr Roß und erwartete furchtlos des Gegners
Absitzen, gleichstark mit blankem Schwerte und einfachem Rundschild.
Doch der Ligurier wähnte, sie schon überlistet zu haben,
wandte sogleich sich zur Flucht, riß rückwärts die Zügel und jagte
fliehend von dannen, hetzte den Renner mit ehernen Sporen.
„Windhund von einem Ligurier, umsonst überheblich im Lügen,
suchtest vergeblich mit hämischer Tücke dem Tod zu entschlüpfen,
keinerlei List bringt heil dich zurück zu Aunus, dem Gauner!"
rief das Mädchen, und jäh wie ein Blitz, auf wirbelnden Füßen,
hatte sie schon überholt das Pferd, fiel ihm in die Zügel,
packte den Flüchtigen und vollzog die blutige Strafe.
Ebenso leicht verfolgt ein Falke, der heilige Vogel,
hoch von der Felsspitze aus die in Wolken schwebende Taube,

packt sie und hält sie fest und zerfleischt sie mit krallenden Fängen;
Blut und zerzauste Federn nur gleiten vom Äther hernieder.

Freilich erspähte der Vater der Menschen und Götter mit seinem
wachsamen Blick vom Thron auf dem hohen Olympus dies alles.
Tarchon, den Fürsten Tyrrheniens, spornte er nunmehr zu wildem
Kampfe und weckte mit schmerzhaftem Stachel die rasende Rachsucht.
In das Gemetzel begab sich zu Pferde der Fürst, zu den Scharen,
die sich zurückzogen, trieb auf verschiedene Weise sie vorwärts,
nannte sie einzeln bei Namen und suchte den Kampfgeist zu stärken:
„Was für ein Schrecken, Tyrrhener, ihr dickfellig-stumpfen, ihr immer
kraftlosen, was für ein feiges Erschlaffen lähmte euch derart?
Treibt doch ein Weib euch zu Paaren, verjagt so vortreffliche Truppen!
Sinnlos gebrauchen wir Eisen, tragen wir Waffen in Händen!
Rüstig jedoch zu Feiern der Venus und nächtlichen Schlachten,
oder sobald die Krummflöte aufspielt zum Reigen des Bacchus,
harrt nur des Schmauses, der Becher auf reichlich beladenen Tischen –
dort herrscht Eifer und Lust! –, bis der Priester ein günstiges Opfer
anzeigt und leckerer Braten euch lockt zum ragenden Festhain!“

Damit spornte sein Roß er ins Kampfgewühl, selber zum Sterben
mutig bereit, und stürmte auf Venulus ein. Aus dem Sattel
riß er den Gegner, umschlang ihn fest mit der Rechten und sprengte,
seinen Gefangenen vor sich, aus Leibeskräften von dannen.
Himmelwärts dröhnte das Schreien, es blickten alle Latiner
auf den Entführer. Über das Feld stob Tarchon, ein Blitzstrahl,
mit dem bewaffneten Feinde, er brach ihm vom Speerschaft die Spitze,
suchte nach einer Blöße am Körper des Gegners für einen
tödlichen Stoß. Doch Venulus leistete Widerstand, stemmte

Tarchons Faust von der Kehle sich, setzte Anstrengung gegen
Anstrengung. Wie in den Lüften der bräunliche Adler die Schlange
trägt, die er hochriß, sie unlöslich festhält mit krallenden Fängen,
trotz der Verwundung sich die Gefangene ungestüm windet,
sich mit gesträubten Schuppen und giftig zischendem Maule
steil in die Höhe richtet, der Räuber jedoch mit dem krummen
Schnabel wild nach der Ringenden hackt und weiter die Lüfte
peitscht mit den Schwingen: So trug aus dem Schwarm der Tiburter Held Tarchon
jubelnd von dannen den Raub. Die Etrusker folgten dem guten
Beispiel des Feldherrn und stürmten vorwärts.

Dem Schicksal verfallen,
lauerte Arruns, die flinke Camilla umkreisend, mit größter
Vorsicht, den Speer in der Rechten, auf eine Gelegenheit schnellen
Angriffs. Wo immer das Mädchen rasend im Schlachtgewühl kämpfte,
ritt er ihr nach, überwachte, ganz unauffällig, ihr Handeln.
Wo sie nach siegreichem Kampf vom Feinde sich löste, da lenkte
er auch, geschwind und verstohlen, sein Pferd behutsam beiseite.
Alle nur möglichen Stellen zum Wurfe erprobte er, ringsum
spähend, und schwang, des Zieles sicher, voll Mordgier die Lanze.

Chloreus, zu Trojas Zeiten geweihter Priester Kybeles,
leuchtete, weithin sichtbar, im Schmuck der phrygischen Waffen,
spornte sein schäumendes Roß, dem ein Tierfell mit bronzenen Schuppen,
dicht wie Gefieder, vergoldet, den Körper bedeckte. Er selber
glänzend im rostroten Purpurgewande spanischer Herkunft,
schoß von dem Bogen aus lykischem Horn gortynische Pfeile.
Golden auch waren der Helm des Sehers, der Köcher auf seinen
Schultern; die knisternden Falten des safrangelben, aus feiner
Leinwand gewebten Mantels hatte gerafft er mit goldner
Spange; bestickt war Hose wie Rock, nach Brauch der Barbaren.

Ihn verfolgte Camilla, wollte vielleicht mit den Waffen
Trojas die Tempel schmücken, vielleicht mit erbeutetem Golde
selbst auch sich brüsten – verfolgte allein ihn im
Kampfesgetümmel,
scharf wie ein Jäger, blindlings, zu sorglos inmitten des Krieges,
brannte, in fraulicher Schwäche, vor Gier nach der wertvollen
Beute.

Endlich ersah jetzt Arruns den günstigen Zeitpunkt zum Abwurf,
ließ aus dem Hinterhalt sausen den Speer und flehte zum
Himmel:
„Hocherhabner Apollo, Beschützer des hohen Soracte,
den wir vor allen verehren, dem Scheiter aus Fichtenholz glühen,
dem wir zum Ruhme als Anbeter, fest vertrauend auf unsre
Frömmigkeit, Flammen durchschreiten und glimmende Kohlen
betreten,
laß mich, allmächtiger Vater, die Schande dort tilgen durch
meinen
Speerwurf! Keinerlei Beute, keine Trophäen, nein, gar nichts
will dem besiegten Mädchen ich abnehmen, andere Taten
sollen mich ehren. Erlege ich dieses entsetzliche Scheusal,
will ich als Heimkehrer *deswegen* keinesfalls Ruhmesglanz
ernten!“

Phöbus erhörte sein Flehen und gönnte zum Teil ihm Erfüllung,
ließ es zum anderen Teile jedoch in den Lüften verwehen.
Plötzlich die blindlings erregte Camilla zu töten, gewährte
er ihm; daß aber der Berg Soracte ihn heimkehren sähe,
schlug er ihm ab, der Südsturm zerriß die Worte zu Fetzen.
Als nun der Speer aus der Faust des Arruns die Lüfte
durchschwirrte,
richteten sämtliche Volsker gespannt die Blicke auf ihre
Königin. Aber sie selber bemerkte das warnende Zischen
gar nicht, auch nicht das Geschoß, das den Äther durchschnitt –
bis die Lanze
unter der nackten Brust in den Körper des Mädchens sich bohrte
und, zur Tiefe gedrungen, das Blut der Kämpferin schlürfte.

Ihre Gefährtinnen strömten bestürzt gleich zusammen und fingen
sorglich die Sinkende auf. Doch Arruns, am stärksten erschrocken,
wandte zur Flucht sich, von Angst gepeitscht trotz der Freude, und wagte
weder dem Speerwurf zu trauen noch gegen das Mädchen zu kämpfen.
Wie sich ein Wolf, der den Hirten tötete oder auch einen
stattlichen Jungstier zerfleischte, sofort, fern den Wegen, in hohe
Berge zurückzieht, noch ehe Geschosse von Jägern ihn treffen,
seiner verwegenen Tat wohl bewußt, und angstbebend seinen
Schwanz sich zwischen die Schenkel klemmt und im Walde verschwindet,
ebenso suchte sich Arruns den Blicken vor Furcht zu entziehen,
barg sich, allein auf Entkommen bedacht, im Gedränge der Kämpfer.

Aber Camilla zerrte sterbend am Speerschaft; fest steckte
freilich die eherne Spitze tief zwischen den Rippen. Erbleichend
taumelte sie, vom Tode gezeichnet, begannen die Augen
schon zu erstarren, schnell wich des Antlitzes einstige Röte.
Röchelnd noch, sprach sie zu einer der Altersgenossinnen, Acca,
die ihr vor allen besondere Treue erwies, der sie alle
Sorgen auch anvertraut hatte, folgendes: „Acca, geliebte
Schwester, so lange noch konnte ich atmen. Jetzt läßt mich die bittre
Wunde erschlaffen, schon hüllt sich im Umkreis alles in Dunkel.
Bringe in Eile hier meine letzte Botschaft dem Turnus:
Eingreifen soll er sofort in die Schlacht, vor den Toren die Hauptstadt
schützen! Leb wohl jetzt!“ Ihren Händen entglitten die Zügel,
ohne Bewußtsein sank sie zu Boden. Allmählich erstarb sie,
Kälte ergriff den Körper, sie neigte den langsam erschlafften
Hals, das vom Tode ergriffene Haupt, ließ fallen die Waffen.
Unwillig stöhnend entwich ihr Geist hinab zu den Schatten.

Nunmehr erhob sich ein ungeheures Geschrei zu den goldnen
Sternen empor, neu entbrannte der Kampf nach dem Tode Camillas.

Gleichzeitig stürmten geschlossen sämtliche Truppen der
Teukrer,
die tyrrhenischen Fürsten, Euanders Arkaderschwadronen.

Aber Dianas Wächterin Opis saß auf dem hohen
Bergkamm schon lange und blickte kaltblütig auf das Gemetzel.
Als sie von ferne, im gellen Geschrei der erbitterten Kämpfer,
die schon vom bitteren Tode entstellte Camilla erspähte,
seufzte sie schwer und rief aus innerstem Herzen die Worte:
„Mädchen, ach, allzu grausam mußt du jetzt Buße entrichten,
weil du verwegen die Teukrer im Kampfe zu reizen versuchtest!
Gar nichts nützte es dir, daß du einsam im Walde Diana
ehrtest, daß unsere Pfeile auf deinen Schultern du trugest.
Aber nicht ruhmlos ließ in der letzten Stunde dich deine
Herrin verscheiden, Ehren gewinnt dir dein Tod bei den Völkern,
nachsagen soll dir niemand, es sei dir kein Rächer erstanden.
Wer dir auch immer die tödliche Wunde schlug, mit dem Tode
soll er, verdient, es büßen!"

Am Fuße des ragenden Berges
hob sich, von Eichen beschattet, das aufgeschüttete hohe
Grab des Gebieters, der einst in Latium herrschte: Dercennus.
Hierher begab sich in schnellem Fluge die strahlende Göttin.
Lauernd ging sie in Stellung und spähte vom Ausguck nach
Arruns.
Als sie im Glanze der Waffen und stolz geschwellt ihn erblickte,
rief sie: „Weswegen drückst du dich abseits? Richte die Schritte
hierher, zum Tode, ernte den würdigen Lohn für Camilla!
Möchtest wohl gar von Diana selber noch hingestreckt werden?"
Aus dem vergoldeten Köcher zog die Thrakerin einen
windschnellen Pfeil, dann spannte sie zornig den hörnernen
Bogen,
zog ihn kraftvoll zurück, bis sich in der Krümmung die Enden
trafen und Opis, die Hände in gleicher Höhe, mit ihrer
Linken die Pfeilspitze, rechts mit der Sehne den Busen berührte.
Arruns vernahm sogleich den pfeifenden Hauch des Geschosses,
aber da haftete ihm bereits das Eisen im Körper.
Röcheln und letztes Stöhnen verhallten, es kümmerten keine

Freunde sich um ihn, man ließ ihn namenlos liegen im Staube.
Opis jedoch flog wieder empor zum hohen Olympus.

Gleich nach dem Tode Camillas flüchteten ihre Schwadronen.
Kopflos flohen die Rutuler, floh auch der tapfre Atinas.
Allseits versprengte Fürsten, sich selbst überlassene Haufen
suchten sich blindlings zu retten und eilten zurück zu den Mauern.
Keiner vermochte den stürmenden Teukrern, die Tod und Verderben
säten, zu trotzen, sich ihnen zum Kampf mit der Waffe zu stellen.
Ungespannt trugen sie auf den erschlafften Schultern die Bogen,
unter den trappelnden Hufen erdröhnte das lockere Erdreich.
Bis an den Mauerring wälzte der Staub sich in düsteren Schwaden,
hoch von den Zinnen erhoben die Mütter, zerschlagen die Brüste,
gellend ihr Jammergeschrei empor zu den Sternen des Himmels.
Auch wer als erster im Trab durch die offenen Tore noch einritt,
ward schon von Feinden bedrängt, die sich unter die Fliehenden mischten,
mied nicht den kläglichen Tod, nein, verhauchte sein Leben gerade
schon auf der Schwelle, inmitten der heimischen Mauern, in sichren
Häusern sogar, durchbohrt von Klingen. Einige wollten
schließen die Tore, kühnlich die Freunde aussperren, keinem
Flehenden Einlaß gewähren. Das traurigste Blutbad entspann sich
zwischen den Torwächtern und den Freunden, die gegen sie prallten.
Ausgesperrt, vor den Augen der weinenden Eltern, so stürzten
viele, vom wilden Gedränge mit fortgerissen, die steilen
Hänge der Gräben hinunter. Andere ließen die Zügel
schießen und donnerten blindwütig an die verriegelten Tore.
Wetteifernd schleuderten Mütter Geschosse herab von den Mauern –
Zeichen der Vaterlandsliebe, sie hatten Camilla vor Augen –,
warfen statt eiserner Waffen mit aufgeregt hastigen Händen
Eichenholzknüttel und Pfähle mit feuergehärteten Spitzen,
glühten vor Kampfwut, zum Schutze der Mauern als erste zu sterben.

Jäh überrumpelte die entsetzliche Nachricht inzwischen
fern in den Wäldern den Turnus. Acca versetzte den Helden
tief in Erregung: Die Volsker vernichtet, Camilla gefallen;
drohend im Angriff der Feind, durch Kriegsglück bereits im Besitze
allen Geländes; schon brande die Furcht empor an den Mauern.
Rasend vor Wut verließ er – das forderte Jupiters strenges
Walten – die Stellung am Rande der Schlucht und das hemmende Dickicht.
Als er, dem Hinterhalt fern schon, das freie Gelände erreichte,
zog durch den nicht mehr besetzten Engpaß auch Vater Aeneas,
kreuzte den Kamm des Gebirges und trat aus dem düsteren Walde.
Derart gelangten sie beide im Eilmarsch, vollzählig die Mannschaft,
bis an die Stadtmauern, wenige Schritte getrennt voneinander.
Gleichzeitig sah Aeneas deutlich die staubüberwölkten
Fluren und das zum Kampfe bereite Heer der Latiner,
Turnus dagegen den schrecklichen Helden Aeneas in voller
Rüstung, vernahm den Marschtritt des Fußvolks, das Schnauben der Pferde.
Sicherlich wären sie gleich zum Gefecht aufeinandergestoßen,
hätte nicht Phöbus rotglühend die matten Rosse in Spaniens
Fluten gelenkt und den Tag verscheucht durch das nächtliche Dunkel.
Deswegen lagerten sie vor der Stadt und errichteten Schanzen.

ZWÖLFTER GESANG

Turnus erkannte, daß seine Latiner gebrochen, entmutigt,
abgekämpft waren, daß ihre Blicke jetzt Einhaltung seines
Wortes verlangten. Ohnehin drängte er feurig zum Zweikampf,
fühlte noch wachsen den Mut. Wie ein Löwe im Lande der Punier,
schwer von den Jägern bereits in der Brust verwundet, zum Kampfe
nunmehr erst recht sich entschließt voll grimmiger Freude, die
Mähne
schüttelt vom kraftvollen Nacken, furchtlos des listigen Schützen
haftenden Jagdspieß zerbricht und aufbrüllt aus blutrotem Rachen,
ebenso fing die Kühnheit des Turnus nur heftiger Feuer.
Ungestüm richtete er an den König folgende Worte:
„Turnus kennt kein Zögern. Kein Anlaß nötigt das feige
Volk des Aeneas zum Widerruf oder zum Bruch der Verträge.
Antreten will ich zum Zweikampf. Opfre denn, Vater, und schließe
gleich den Vertrag! Ich werde den Dardaner, Flüchtling aus Asien,
hier mit der Rechten zum Tartarus schicken – Zuschauer seien
alle Latiner! Ich tilge, allein, die Schande des Volkes,
oder er schalte als Sieger, werde Lavinias Gatte!"

Antwort erteilte, gelassen und ruhig, ihm König Latinus:
„Ausnehmend mutiger Held, je stärker du selber in kühnem
Trotze dich steigerst, desto bedächtiger muß ich zu Rate
gehen mit mir und sorglich jede Entwicklung bedenken.
Untertan ist dir das Reich des Daunus, des Vaters, noch viele
andere Städte gewannst du – Gold habe ich selber und gebe
gerne davon. Es gibt in Laurentum und Latium andre
Mädchen, auch adliger Herkunft. Mir fällt nicht leicht die
Eröffnung –
lasse mich ehrlich sie aussprechen, nimm sie dir gründlich zu
Herzen:
Keinem der früheren Freier durfte die Tochter ich geben,
sämtliche Götter und Menschen bestätigten diese Verpflichtung.
Aber aus Liebe zu dir, mit Rücksicht auf die Verwandtschaft
meiner Gemahlin und deren Tränen, zerriß ich die Bindung,

nahm ich Aeneas die Braut und ergriff die Waffen, zu Unrecht.
Was ich an Unglück seitdem, an Kriegen erlitten, mein Turnus,
siehst du, auch was du selber vor allen an Mühsalen ausstehst.
Zweimal entscheidend geschlagen, nähren wir kaum in der Hauptstadt
Hoffnungen noch, warm fließt das Wasser des Thybris von unsrem
Blute, auf riesigen Schlachtfeldern bleichen Gebeine von Toten.
Weswegen schwanke ich so oft? Raubt den Verstand mir der Wahnsinn?
Bin ich zum Bündnis bereit nach dem Tode des Turnus, dann sollte
lieber den Kampf ich beenden, solange er aufblickt zur Sonne!
Die uns verwandten Rutuler, ganz Italien – was sagen
sie, wenn ich dich, der du meine Tochter zur Gattin erbittest,
umbringen ließe – möge das Schicksal mein Wort widerlegen!
Schau auf dein sinkendes Kriegsglück, erbarme dich deines betagten
Vaters, der ferne im heimischen Ardea kläglich sich abhärmt!"

Aber der heftige Stolz des Turnus ließ sich nicht beugen,
höher nur lohte das Flammenmeer bei dem Versuch, es zu löschen.
Antwort erteilte der Held, sobald er zu sprechen vermochte:
„Brauchst dich nicht länger so eifrig zu sorgen um mich, mein verehrter
Vater, ich bitte dich, laß mich den Ruhm mit dem Tode bezahlen!
Ich auch, mein Vater, schleudere kraftvolle Speere mit meiner
Rechten, es bluten auch Wunden, die *ich* dem Gegner geschlagen.
Fernbleiben wird ihm die göttliche Mutter, nicht weibisch sein Fliehen
decken mit Wolkendunst, nicht ihn verbergen in windigem Schatten!"

Aber die Fürstin, entsetzt vom Gedanken des Zweikampfes, wollte
weinend, in Todesängsten, den Eifer des Schwiegersohns hemmen:
„Turnus, bei meinen Tränen, und sollte die Ehre Amatas
innig dich rühren – du bist jetzt die einzige Hoffnung im Alter,
Stätte der Ruhe im Elend; die ruhmreiche Macht des Latinus
stützt sich auf dich, auf dir nur beruht die schon wankende Heimstatt.

Eines erflehe ich: Kämpfe nicht länger gegen die Teukrer!
Jeglicher Schlag, der in diesem Kampf auf dich wartet, er wartet,
Turnus, auf mich auch. Ich scheide mit dir aus dem elenden Leben,
will als Gefangene nicht Aeneas als Schwiegersohn sehen!"

Weinend vernahm Lavinia auch die Klage der Mutter,
netzte mit Tränen die glühenden Wangen. Schamgefühl schürte
heftig die innere Glut ihr und rötete brennend das Antlitz.
Wenn man dem indischen Elfenbein blutrote Purpurglut
aufzwingt,
wenn aus tiefroten Rosen weiße Lilien leuchten,
wirkt es so stark wie die Farben damals im Antlitz Lavinias.

Liebe verwirrte den Helden, er blickte gebannt auf das Mädchen.
Hitziger nur erstrebte er noch den Zweikampf und sagte
kurz zu Amata: „Mit Tränen, Mutter, und Worten so bittrer
Vorahnung darfst du mich nicht auf den Weg zum Schlachtfeld
geleiten!
Turnus vermag sich nicht einen Aufschub des Todes zu wählen.
Idmon, folgende Botschaft melde dem phrygischen Herrscher,
die ihm doch schwerlich gefällt: Wenn morgen am Himmel Aurora
naht auf dem purpurnen Wagen und rötlich schimmert, dann möge
nicht er die Teukrer gegen die Rutuler führen! Die Waffen beider
sollen jetzt ruhen, wir wollen den Krieg durch Zweikampf
entscheiden.
Derart wollen wir nun um die Hand Lavinias werben."

Darauf begab er sich eilig zur Wohnung und ließ sich die Pferde
vorführen. Freude empfand er beim Anblick der wiehernden
Rosse,
die Oreithyia als Prachtgeschenk einst dem Pilumnus verehrte;
Schnee übertrafen an Glanz sie, an Schnelligkeit aber die Winde.
Rührig betreuten die Lenker die Tiere, beklopften mit hohlen
Händen kräftig die Brust und striegelten eifrig die Mähnen.
Seinen von Gold und Messing funkelnden Brustpanzer legte
er sich danach um die Schultern, griff auch zur Probe nach seinem
Schwert, nach dem Schild und den Hörnern des tiefrot leuchtenden
Helmbuschs.

Selber hatte der Gott des Feuers die Klinge dem Vater
Daunus geschmiedet, getaucht in die Styx das glühende Eisen.
Anschließend packte er kraftvoll die wuchtige Lanze, die mitten
in dem Gemach an die riesige Säule sich lehnte – er hatte
sie vom Aurunker Aktor erbeutet –, er ließ sie im Schwingen
zittern und rief: „Du, Lanze, die niemals umsonst ich gerufen,
nunmehr naht die entscheidende Stunde! Dich führte Held Aktor,
heute die Rechte des Turnus. Laß mich den phrygischen Zwitter
werfen, mit starker Faust ihm den Panzer entreißen, in Stücke
schlagen die Rüstung, seine mit Brenneisen zierlich gelegten,
weibisch von Myrrhenöl triefenden Haare durch Staubwolken schleifen!"
Wütend rief er die Worte, es schien, als sprühe sein Antlitz
Funken, als loderten Flammen in seinen grimmigen Blicken.
Ebenso brüllt ein Stier vor Beginn des Kampfes entsetzlich,
läßt mit den Hörnern die rasende Wut durch kräftige Stöße
tobend an Baumstämmen aus, sucht stoßend die Winde zu reizen,
wirbelt, noch kurz vor dem Angriff, Sandschwaden hoch in die Lüfte.

Ebenfalls grimmig erprobte Aeneas die Waffen, die seine
Mutter ihm gab, und steigerte sich hinein in die Kampfwut,
froh der Gelegenheit, durch Vertrag den Krieg zu beenden,
tröstete auch die Gefährten und seinen bedrückten Iulus,
wies auf das Walten des Schicksals sie hin. Dem König Latinus
ließ er die Zustimmung und die Vertragsbedingungen melden.

Als dann der kommende Tag sein Licht auf die Bergkämme sprühte,
zu der Stunde, in der die Sonnenrosse aus tiefem
Meeresgrund tauchen und Flammen aus den erhobenen Nüstern
schnauben, da steckten die Rutuler schon und die Teukrer den Kampfplatz
ab vor den Mauern der Hauptstadt, errichteten dann in der Mitte
Rasenaltäre und Feuerbecken für alle von ihnen
angerufenen Götter. Feuer und Quellwasser brachten
Opferdiener im Schurz, bekränzt mit heiligen Kräutern.
Dicht geschart aus den Toren rückte das Heer der Ausonier,

Wurfspieße fest in den Händen. Jedoch auf der anderen Seite
zogen Tyrrhener und Troer heran mit verschiedenen Waffen,
stählern gerüstet, als riefe sie Mars zu grausamem Kampfe.
Unter den Tausenden tummelten sich geschäftig die Fürsten,
zeichneten sich durch Waffenschmuck aus in Gold und in Purpur,
Mnestheus vom Stamm des Assarakos und der tapfre Asilas,
dort Held Messapus, der Rossebändiger, Sohn des Neptunus.
Nach dem Kommando begaben auf ihre Posten sich alle,
stießen die Lanzen ins Erdreich und lehnten die Schilde dagegen.
Nunmehr besetzten schaulustig unbewaffnete Bürger,
Mütter und kraftlose Greise die Türme und Hausdächer. Andre
hatten sich Plätze zum Ausguck gesucht an den ragenden Toren.

Hoch von dem Gipfel, den wir als Albanerberg heute bezeichnen –
namenlos war er noch damals, genoß nicht Ruhm und nicht Ehre –
richtete Juno fernher den Blick auf den Kampfplatz, auf beide
Heere, Laurenter wie Troer, sowie auf die Stadt des Latinus,
wandte sich dann an die Schwester des Turnus, die Göttin an eine
Nymphe, die Seen und rauschenden Flüssen als Herrin gebietet –
Jupiter hatte, der würdige König des Äthers, ihr diese
Stellung gewährt, zum Dank für das Mädchentum, das er ihr
raubte –:
„Nymphe, du, Zierde der Ströme, mir teuer vor allen, ganz sicher
weißt du: Von jenen latinischen Frauen, die mit dem erhabnen
Jupiter schliefen, ohne ein Zeichen des Dankes zu ernten,
schätzte ich dich am höchsten, vergönnte den Platz dir im Himmel.
Hör jetzt, Juturna, das Bittre, damit du es *mir* nicht noch vorwirfst!
Als noch Fortuna, mit ihr auch die Parzen, Latium offen
Vorteile ließen, beschützte ich Turnus, die Stadt auch der Deinen.
Auf überlegene Schicksale sehe den Helden ich heute
stoßen, ihm naht die letzte, die feindliche Stunde der Parzen.
Niemals mitansehen kann ich den Kampf hier, auch nicht den
Vertragsschluß.
Willst du für deinen Bruder noch etwas Hilfreiches wagen,
bitte, du darfst es! Das bessert vielleicht noch die Lage der Armen."
Tränen vergoß Juturna bei diesen Worten der Göttin,
schlug mit den Händen sich dreimal und viermal die reizenden
Brüste.

Doch die Saturnierin mahnte: „Die Stunde gestattet kein Weinen.
Schnell jetzt, entreiße, soweit noch möglich, den Bruder dem Tode!
Oder schüre den Kampf und zerstöre den Bund, den man abschloß!
Ich unterstütze das Wagnis." So mahnte sie, ließ dann Juturna
einsam zurück, noch schwankend, verwirrt vom bitteren Kummer.

Aber jetzt kamen die Fürsten. Die hohe Gestalt des Latinus
rollte auf einem Vierspänner vor; sechs goldene Strahlen
schmückten als Krone ihm funkelnd die Schläfen, ein Wahrzeichen seines
Großvaters Sol. Auf weißem Zweispänner folgte ihm Turnus,
schwang in der Hand zwei Lanzen mit breiter stählerner Spitze.
Vater Aeneas, der Ahnherr der Römer, nahte vom Lager,
sternenhell glänzten sein Schild und seine göttlichen Waffen.
Neben ihm schritt Ascanius, zweite Hoffnung der Weltstadt
Rom. Ein Priester in weißem Gewande brachte ein Ferkel,
Junges der borstigen Sau, und ein Lamm mit vollständigen Zähnen,
trieb zum Altare sie hin, auf dem das Feuer schon brannte.
Ostwärts, zum Licht der steigenden Sonne, blickten die Fürsten,
streuten das Salzschrot, stutzten mit Messern das Stirnhaar der Tiere,
gossen dann auf den Altar den Wein aus Schalen zur Spende.

Darauf begann mit gezogenem Schwert der fromme Aeneas:
„Zeugen meines Gebetes seien die Sonne und dieses
Land hier, um dessentwillen so vieles ich aushalten mußte,
du auch, allmächtiger Vater, und deine Gemahlin – du, Göttin,
schenk mir doch endlich, endlich Gnade! –, auch du, hochberühmter
Mars, der du sämtliche Kriege, Vater, verantwortlich leitest;
Quellen und Flüsse auch rufe ich an und die Heiligkeit dieses
machtvollen Äthers, euch Gottheiten auch des blaugrauen Meeres:
Sollte das Schicksal den Sieg dem Ausonier Turnus verleihen,
ziehen, getreu dem Vertrag, die Besiegten zur Hauptstadt Euanders,

räumt auch Iulus das Feld, ergreifen niemals die Troer
aufsässig Waffen und ziehen gegen das Reich hier zu Felde.
Aber gewährt Victoria uns den glücklichen Ausgang –
wie ich es hoffe und wie auch die Götter es eher versichern –,
will ich den Teukrern niemals Italer untertan machen,
auch nicht selber die Macht erstreben; in Freiheit, mit gleichen
Rechten, so sollen sich beide Völker auf ewig verbünden.
Götter und Kulte gewähre ich. Schwiegervater Latinus
übe die Macht, wie gewohnt, in Frieden und Krieg. Die Trojaner
werden die Hauptstadt mir bauen, den Namen Lavinia ihr
geben."

Dies gelobte Aeneas, als erster. Ihm folgte Latinus,
blickte zum Himmel auf, streckte die Rechte empor zu den
Sternen:
„Ich auch, Aeneas, beschwöre das. Erde und Meer und Gestirne
seien mir Zeugen, die Zwillinge Letos, Janus mit seinem
doppelten Antlitz, das Unterweltsreich des grausamen Pluton;
höre der Vater mich auch, der durch Blitzstrahl Bündnisse
heiligt.
Hier die Altäre berühre ich, rufe inmitten der Heere
Feuer und Götter: Nie werden Italer den Friedensbund brechen,
was auch geschehe. Keine Gewalt soll meine Entscheidung
ändern, nicht, wenn sie mit furchtbaren Sintfluten unsere Erde
ganz überschwemmte, den Himmel sogar in den Tartarus stürzte,
niemals, so wahr dies Zepter" – er hielt den Stab in den Händen –
„schwerlich noch Laubspitzen treibt und schattiges Buschwerk
hervorbringt,
wo es nun einmal, im Walde vom nährenden Baumstamm
geschnitten,
wurzellos ist, durch die Schneide das Laub verlor und die Äste;
ehemals war es ein Baum, jetzt umschloß es der Künstler mit
schöner
Bronze und gab es zum Zeichen des Amts den latinischen
Herrschern."

Derart beschworen, im Kreis und unter den Augen der Fürsten,
sie miteinander das Bündnis. Dann ließen, nach heiligem Brauche,

Opferblut sie aus den Kehlen ins Feuer verströmen, sie nahmen
aus die noch lebenden Tiere, beluden die Schüsseln des Herdes.

Aber die Rutuler hielten den Zweikampf schon lange für ungleich.
Widerspruchsvolle Gefühle beeinflußten sie um so stärker,
als sie von nahem die unterschiedlichen Kräfte erkannten.
Ihre Befürchtungen nährte noch Turnus, der still zum Altare
trat und ihm flehend, gesenkten Blickes, Ehrfurcht bezeigte,
vollkräftig männlich die Wangen, doch blaß trotz rüstiger Stärke.
Nymphe Juturna bemerkte das Murren der Menge, das ständig
zunahm, bemerkte ihr Zweifeln und Schwanken. Da trat sie, zur Täuschung
in der Gestalt des Camers, unter die Mannschaften – Camers
stammte aus altem Adel, Ruhm folgte der Tüchtigkeit seiner
Ahnen, er selber bewährte sich als ein tatkräftiger Kämpfer –;
wohl sich bewußt der eigenen Mittel, begann sie Gerüchte
auszustreuen, verschiedener Art, in folgendem Sinne:
„Schämt ihr euch, Rutuler, gar nicht, ein einziges Leben anstelle
aller so tapferen Männer zu opfern? Sind wir an Kräften
ihnen und Zahl nicht gewachsen? Da stehen sie sämtlich, Arkader,
Troer, Etrusker dazu, ‚nach dem Schicksal' die Feinde des Turnus.
Kämpften zur Hälfte wir nur, wir hätten nicht einmal je *einen*
Gegner. Den Turnus dürfte sein Ruhm zu den Göttern erhöhen,
deren Altären er tapfer sich weiht, und unsterblich ihn machen.
Aber wir leisten, der Heimat verlustig, zwangsweise, stolzen
Herren Gehorsam – und lagern jetzt ohne Handschlag im Felde!"

Derlei Gedanken ließen den Mut der Jungen entflammen,
stärker und stärker grollte das Murren von Heerschar zu Heerschar.
Umgestimmt wurden die meisten Laurenter sogar und Latiner.
Wer sich schon Ruhe vom Kampf und Gedeihen der Heimat erhoffte,
wünschte jetzt Krieg und wollte das Bündnis für nichtig erklären,
spürte auch Mitgefühl für das traurige Schicksal des Turnus.

Wirksamer griff Juturna noch ein: Vom Himmel hernieder
gab sie ein Zeichen, das stärker als jemals ein andres Verwirrung

bei den Italern stiftete, sie wie durch Zauber betörte.
Flog doch am rötlichen Himmel Jupiters braungelber Adler,
scheuchte dabei die Vögel vom Ufer in rauschenden Schwärmen
flatternder Schwingen. Plötzlich stieß er herab auf die Wellen,
packte raubgierig einen stattlichen Schwan mit den Fängen.
Heftige Spannung ergriff die Italer. Sämtliche Vögel
flohen nicht länger, sie kehrten zurück – ein Anblick zum Staunen –,
schreiend, verfinsterten mit den Schwingen den Himmel, bedrängten
hoch in den Lüften, zur Wolke geballt, den Räuber, bis dieser
unter der Überzahl, unter der Last auch, nachgab, aus seinen
Krallen die Beute hinabwarf zum Fluß und im dichten Gewölke
fliehend verschwand.

Mit Triumphgeschrei grüßten die Rutuler dieses
Zeichen, sie machten sich kampfbereit. Augur Tolumnius spornte,
allen voran: „Dies ist es, was oft ich erflehte. Das Omen
nehme ich an, ich erkenne den Götterbeschluß. Zu den Waffen
greifet, ich führe euch Arme, die ruchlos der Fremdling wie schwache
Vögel gewaltsam erschreckt, dabei noch euer Gestade
grausam verheert. Bald wird er entfliehen und segelnd die hohe
See sich gewinnen. Einmütig schließt euch zusammen, verteidigt
den euch entrissenen Herrscher tapfer in offenem Kampfe!"

Vorstürmend schleuderte er die Lanze gegen die Feinde.
Sausend entschwirrte der Kirschenholzschaft und zog durch die Lüfte
sicher die Bahn. Zugleich erhob sich ein gellendes Schreien,
aufgeschreckt wurde die Menge, Erregung durchglühte die Herzen.
Grad gegenüber dem Speerschützen standen neun stattliche Brüder;
dem Arkader Gylippos hatte die treue Gemahlin,
eine Tyrrhenerin, einst sie geboren. Den einen von ihnen
traf in der Mitte des Körpers die Waffe, zwischen den Enden
seines vergoldeten Wehrgehenks, neben der haltenden Schnalle,

einen hervorragend schönen, im Waffenschmuck glänzenden Jüngling,
schoß durch die Rippen und streckte ihn nieder im bräunlichen Sande.
Aber die Brüder, ein mutiger Trupp, entflammt von dem wilden
Schmerz, entrissen den Scheiden die Schwerter oder umkrallten
Spieße und stürzten blindlings vorwärts. Entgegen schon strömte
ihnen das Heer der Laurenter, dem dicht gedrängt die Trojaner,
die Agylliner und, bunt bewaffnet, Arkader sich stellten.
Alle beseelte ein Trieb nur: die Waffen entscheiden zu lassen.
Weggeschleppt ward das Gerät vom Altare, ein Schwall von Geschossen,
wie man sie packte, ergoß sich vom Himmel, ein Regen von Eisen,
jählings erraffte Krüge und flammende Becken. Latinus
floh und wollte nach Bruch des Vertrages die Bilder der Götter
schützen vor Schlägen. Man schirrte die Kampfwagen an, und die Reiter
schwangen sich flink in die Sättel und zückten die Klingen. Messapus,
willens, das Bündnis zunichtezumachen, scheuchte, zu Rosse,
einen tyrrhenischen Fürsten im vollen Ornate, Aulestes,
wild vor sich her. Beim Zurückweichen stieß der Verfolgte zum Unglück
rücklings mit Heftigkeit an den Altar und prallte beim Stürzen
heftig auf Schultern und Haupt. Ihm jagte Messapus trotz seines
innigen Flehens vom Sattel aus wuchtig die Lanze, die einem
Balken ähnelte, tief in den Leib mit den höhnischen Worten:
„Bravo, das sitzt – ein besseres Opfer für mächtige Götter!“
Diesen noch warmen Leichnam plünderten schnell die Italer.
Held Korynaios riß vom Altar ein brennendes Holzscheit,
warf es dem Ebysus, der zum Hiebe schon ausholte, vorher
noch ins Gesicht; der wallende Bart fing Feuer und qualmte
beizend. Dem Wurfgeschoß folgte sogleich Korynaios und packte
fest mit der Linken den halb schon betäubten Gegner am Haarschopf,
beugte ihn unter sein Knie und drückte ihn nieder zur Erde,
stieß ihm den harten Stahl in die Brust. Podaleirios folgte

Alsus, dem Hirten, der durch den Geschoßhagel stürmte im Vorkampf,
schwang schon die Klinge über ihm. Aber schnell wandte sich jener,
spaltete seinem Verfolger Stirne und Kinn mit der Streitaxt;
weithin sprühte der Quell des Blutes über die Rüstung.
Tiefe Erstarrung, ein eherner Schlummer, schloß des Getroffnen
Augen; ihr Leuchten erlosch zu ewig währendem Dunkel.

Waffenlos aber streckte der fromme Aeneas die Rechte,
suchte, entblößten Hauptes, die Seinen zur Ordnung zu rufen:
„Wohin stürmt ihr? Was soll die Feindschaft, die plötzlich hier ausbricht?
Zügelt die Wut! Schon gilt der Vertrag, die Bedingungen alle
wurden vereinbart. Nur *ich* bin künftig zum Kämpfen berechtigt.
Laßt mich und fürchtet euch nicht! Ich sichre das Bündnis mit meiner
Hand, das vollzogene Opfer verspricht mir den Zweikampf mit Turnus.“

Während der Worte, noch während des Aufrufs zu ernster Besinnung,
schwirrte ein Pfeil befiedert gegen den Helden. Den Schützen
kannte man nicht, nicht den Windstoß, der zügig die Waffe herantrieb,
nicht, wer den Rutulern solchen Ruhmesglanz schenkte, der Zufall
oder ein Gott. Nicht gelöst ward jemals das Rätsel des Vorfalls,
niemand brüstete sich, Aeneas verwundet zu haben.

Turnus sah Aeneas den Kampfplatz verlassen, erkannte
auch die Verwirrung der Feldherrn. Jäh packte ihn glühende Hoffnung.
Rosse und Waffen verlangte er gleich, sprang ohne Bedenken
stolz auf den Streitwagen, griff zu den Zügeln. In rasendem Fahren
riß er zahlreiche tapfere Helden tödlich zu Boden,
ließ sie halbtot sich wälzen, zermalmte feindliche Haufen
oder erlegte Fliehende noch mit hastig errafften
Lanzen. Wie Mars am Ufer des eisigen Hebros in wildem

Vorstürmen blutig gegen den Schutzschild mit Speerstößen donnert,
wütend die Rosse zur Schlacht hetzt, schneller als Notos und Zephyr
über das Blachfeld die Tiere dahinschießen, Thrakien fernhin
unter den dröhnenden Hufschlägen aufstöhnt, Dämonen, der düstre
Schrecken, der Zorn und die Tücke, des Gottes Begleiter, sich tummeln,
ebenso jagte der feurige Turnus die dampfenden Rosse
quer durch das Kampfgewühl, jammernswert über die Leichen der Feinde.
Blutige Tautropfen spritzten unter den hämmernden Hufen,
rot ineinandergestampft ward Blut und sandiger Boden.
Sthenelos, Thámyros, Pholos schon hatte erlegt er, die beiden
letzten im Nahkampf, jenen von weitem; von weitem auch beide
Imbrasossöhne, Glaukos und Lades. Imbrasos hatte
selbst sie erzogen in Lykien, gleichartig auch sie bewaffnet,
wie für den Nahkampf so auch zum Reiten, schneller als Winde.

Anderswo stürmte Eumedes zum Kampfe gegen die Feinde,
schlachtenberühmter Sprößling Dolons, des Helden der Vorzeit,
zeigte des Großvaters Namen, doch Kühnheit und Kampfkraft des Vaters,
der einst zum Lohn für den Kundschaftergang in das Lager der Griechen
selbstbewußt-stolz das Rossegespann des Peliden sich ausbat.
Held Diomedes lohnte ihm freilich die Heldentat anders,
kein Verlangen mehr trägt er nach dem Gespann des Achilles.
Weither erspähte jetzt Turnus im offenen Felde Eumedes,
traf ihn mit leichtem Wurfspeer über die große Entfernung,
hielt dann bei ihm den Zweispänner, sprang von dem Wagen und nahte
sich dem Gestürzten, der schwach noch atmete, setzte ihm seinen
Fuß auf den Nacken, entwand ihm das Schwert und senkte die blanke
Klinge ihm tief in die Kehle, verhöhnte dabei ihn noch grimmig:
„Bitte, im Liegen vermiß jetzt, Trojaner, den Boden Hesperiens,

den du erobern wolltest: Solche Belohnungen erntet,
wer mich verwegen angreift; solche Mauern erbaut er!“
Diesem Erlegten gab zum Geleit er durch Speerwurf Asbytes,
Chloreus, Thersílochos, Dares und Sýbaris mit, dann Thymoites
schließlich, der über den Hals des sich bäumenden Rosses herabglitt.

Wie der edonische Sturmwind Boreas über die tiefen
Fluten des Aigeus braust und die Wogen peitscht ans Gestade,
wie vor der Wucht des Orkans das Gewölk am Himmel dahinjagt,
ebenso kehrten dem stürmenden Turnus die Feinde den Rücken,
stoben von dannen in wilder Flucht. Doch den Angreifer hetzte
vorwärts sein Schwung, im Gegenwind flatterte heftig sein Helmbusch.

Phegeus vermochte nicht länger sein mutwillig tosendes Stürmen
ruhig mitanzusehen. Er warf dem Gespann sich entgegen,
riß an dem Zaumzeug nach rechts die schäumenden, rasenden Pferde;
während die Deichsel ihn mitzog und kurz nur der Deckung beraubte,
traf ihn die Lanze des Turnus, durchbohrte den doppelt geflochtnen
Panzer und streifte den Körper flüchtig. Doch deckte sich Phegeus
gleich mit dem Schilde, wandte sich gegen Turnus und suchte
ihn mit gezücktem Schwert zu erreichen, sich selbst noch zu retten.
Aber ihn packte das Rad, der stürmisch rollende Wagen
streckte ihn seitlich zu Boden. Turnus sprang aus dem Fahrzeug
zu dem Gestürzten und hieb mit dem Schwert ihm den Schädel vom Rumpfe,
zwischen Panzer und Helm, ließ liegen den Leichnam im Sande.

Während der Rutuler siegreich das Schlachtfeld mit Leichen bedeckte,
führten Mnestheus, Ascanius und der treue Achates
den vom Blut überströmten Aeneas ins Lager. Der stützte
mühselig Schritt für Schritt auf den Schaft sich der ragenden Lanze,

suchte voll Wut die Spitze des abgebrochenen Pfeiles
noch aus der Wunde zu reißen, verlangte das kräftigste Mittel:
die nicht mehr sichtbare Spitze herauszuschneiden mit breiter
Klinge, dann ihn sofort auf das Schlachtfeld ziehen zu lassen.
Iapyx, der Sohn des Iasios, war schon zur Stelle. Ihn wollte
Phöbus, der ihn vor allen anderen schätzte, aus tiefer
Liebe in seinen Künsten und Gaben sehr gern unterweisen,
Zukunftsschau, Harfenspiel, Einsatz von Bogen und Pfeil. Doch Iapyx
wünschte, um länger dem siechenden Vater das Leben zu gönnen,
lieber die Kräfte der Kräuter, den Arztberuf kennenzulernen,
still, mit Verzicht auf äußeren Ruhm, sich der Heilkunst zu widmen.
Murrend vor Ärger, stand Aeneas, gestützt auf die lange
Lanze, umdrängt von zahlreichen Männern, der traurige Iulus
unter ihnen, und ließ sich durch Tränen nicht rühren. Iapyx,
rückwärts gegürtet den Mantel nach ärztlichem Brauche, betagt schon,
setzte mit pfleglicher Hand und kräftigen Kräutern des Phöbus
eilfertig, rührig sich ein, doch erfolglos. Erfolglos auch zerrte
er an der Pfeilspitze, wollte sie fest mit der Zange auch packen.
Keinen Fortschritt vergönnte Fortuna, auch Meister Apollo
half nicht. Jedoch auf dem Schlachtfeld steigerte wild sich der Schrecken,
näher stets rückte das Unheil. Staubwolken sah man zum Himmel
wirbeln. Die feindlichen Reiter standen schon dicht vor den Wällen,
mitten ins Lager hagelten Pfeile. Zum Himmel hoch gellten
Klagen der Männer, die kämpften und grausam dem Kriegsgott erlagen.

Venus indes, von den unverdienten Qualen des Sohnes
schmerzlich getroffen, pflückte vom Ida auf Kreta das Heilkraut
Diptam, das fleischig beblätterte Stiele und purpurne Blüten
treibt. Auch die Wildziegen wissen die Heilkraft der Pflanze zu schätzen,
haften in ihrem Rücken befiederte Pfeile von Jägern.
Düster in Wolken verborgen, so brachte die Göttin das Diptam

her vom Gebirge, preßte den Saft in ein schimmerndes Becken
voller Frischwasser, heimlich die Heilkraft zu fördern, und setzte
starke Ambrosia zu und köstlich duftendes Allheil.
Umschläge machte damit der greise Iapyx, noch ohne
Wissen um göttliches Eingreifen. Aber ganz plötzlich versiegte
jeglicher Schmerz, auch strömte nicht länger das Blut aus der Wunde.
Auch das Geschoß gehorchte der Hand, es glitt aus dem Einschnitt,
zwanglos; die Kräfte begannen sich frisch wie früher zu regen.
„Schnell, bringt Waffen dem Helden! Was steht ihr untätig?" Iapyx
rief es und spornte als erster den Mut zum Kampf mit dem Gegner.
„Deine Genesung, Aeneas, verdankst du nicht menschlichem Mühen,
auch nicht der ärztlichen Kunst, nicht meiner Geschicklichkeit. Vielmehr
wirkte ein Gott und befähigt dich wieder zu höherer Leistung!"

Angelegt hatte Aeneas die goldenen Beinschienen, prüfte
sorgsam den Sitz, in Eile, voll Kampflust, erprobte die Lanze.
Als auch der Schutzschild bequem die Seite, der Panzer den Brustkorb
deckte, umschlang der König den Sohn mit gebreiteten Armen,
küßte ihn durch das geschloßne Visier noch einmal und mahnte:
„Lerne, mein Junge, von mir, dich in Mühsal als Mann zu bewähren,
lerne von anderen, Glück zu genießen. Jetzt wird dich noch meine
Rechte vor Kämpfen beschützen, zu glänzendem Lohne dich führen.
Denke daran, sobald du zum Alter des Mannes gereift bist,
halte dir stets die Leistung der Deinen vor Augen, zum Handeln
mögen dich Vater Aeneas und Hektor, dein Onkel, begeistern!"

Nach der Ermahnung durchschritt er das Tor, so stattlich wie immer,
schwang in der Rechten den riesigen Speer. In dichter Kolonne
folgten Aeneas und Mnestheus, strömten hervor aus dem Lager
sämtliche Troer. Staubschwaden hüllten das Schlachtfeld in Dunkel,

unter den Tritten der Kämpfer erzitterte angstvoll die Erde.
Turnus erblickte den Feind, der vom Lagerwall gegen ihn rückte,
alle Ausonier erblickten ihn. Eisige Schauer durchbebten
bis in das Mark sie, Juturna vernahm und erkannte vor allen
andern Latinern den Sturmschritt und floh vor Entsetzen. Aeneas
führte jedoch, wie im Fluge, ins Feld die drohende Heerschar.
Wie sich vom Unwetterstern ein Wirbelsturm losreißt, zum Festland
über das Meer dann dahinzieht, die armen Bauern in banger
Vorahnung schon sich entsetzen – der Sturm wird Bäume entwurzeln,
grausam die Saaten vernichten und weithin alles verwüsten –;
wie schon als Vorboten sausende Böen die Küste erreichen:
Ebenso führte der Fürst von Rhoiteion die Scharen der Seinen
gegen den Feind und ballten die Troer sich wuchtig zum Stoßkeil.
Held Thymbraios erlegte durch Schwerthieb den starken Osiris,
Mnestheus Arcetius. Achates streckte den Epulo nieder,
Gyas den Ufens. Tot stürzte zu Boden der Augur Tolumnius,
der als erster den Wurfspieß schleuderte gegen die Teukrer.
Schreie des Schreckens gellten zum Himmel, die Rutuler wandten
nunmehr sich selber zur Flucht und rannten staubwirbelnd vom Kampfplatz.
Aber Aeneas wollte keinen der Fliehenden töten,
ließ sich weder auf Nahkämpfe ein noch durch Speerwürfe reizen.
Lediglich Turnus suchte im Staubgewühl er zu erspähen,
wollte ihn selber nur fordern zum letzten entscheidenden Kampfe.

Davor gerade bangte die tapfere Nymphe Juturna.
Deswegen stieß sie den Wagenlenker des Turnus, Metiscus,
während der Fahrt vom Lenkerstand, ließ nach dem Absturz ihn seitwärts
liegen und packte statt seiner die lockeren Zügel zum Lenken,
jenem in allem gleichend, an Stimme, Gestalt und Bewaffnung.
Wie die schwärzliche Schwalbe die prächtige Landwohnung eines
reichen Gebieters durchfliegt, die geräumigen Vorhöfe mustert,
Kleinfutter sucht und Bissen für ihre zwitschernde Nestbrut,
bald durch die leeren Hallen, bald rings um die künstlichen Teiche
flattert: entsprechend durchjagte Juturna das Feindesgetümmel,

strcifte in rasender Fahrt, wie im Fluge, sämtliche Punkte,
zeigte bald hier und bald dort den Bruder in siegreichem Ansturm,
scheute den Zweikampf jedoch, ging diesem bewußt aus dem Wege.

Ähnlich beschrieb, auf den Spuren des Turnus, Aeneas verschiedne
Kreise und rief ihn, durch das Getümmel sich drängend, mit lauter
Stimme. Sooft er jedoch den Gegner erspähte, im Laufschritt
nachjagen wollte den wie im Fluge enteilenden Rossen,
lenkte Juturna das Fahrzeug in anderer Richtung von dannen.
Was nur, was sollte er tun? Er schwankte in schmerzhaftem Zwiespalt,
widerspruchsvolle Erwägungen riefen ihn hierhin wie dorthin.
Aber da führte Messapus behend gerade in seiner
Linken zwei biegsame Speere mit eiserner Spitze. Den einen
schleuderte er jetzt mit sicherem Wurfe gegen Aeneas.
Dieser verharrte sogleich und duckte mit federnden Knien
hinter den Schild sich. Doch riß ihm der sausende Spieß noch die Röhre
fort von der Helmspitze, fegte ihm damit den Buschen vom Haupte.
Da übermannte den Helden der Zorn. Nach dem tückischen Angriff,
auch überzeugt, das Gespann des Turnus fliehe absichtlich,
flehte er Jupiter und den Altar an als Zeugen des Rechtsbruchs,
stürzte dann endlich sich selbst auf die Feinde. Begünstigt vom Kriegsgott,
metzelte wild und unterschiedslos er die Gegner jetzt nieder,
schreckenerregend, ließ die Erbitterung zügellos wüten.

Wer besingt mir, und sei er ein Gott, das bittre Geschehen,
Morden auf beiden Seiten, das Sterben der Feldherrn, die Turnus
hier und Aeneas dort auf dem Schlachtfelde abwechselnd jagte?
Ließest du, Jupiter, wirklich zwei Völker so wild sich bekämpfen,
die doch gemeinsam leben sollten in ewigem Frieden?

Sucro, der Rutuler, brachte den Angriff der Teukrer als erster
endlich zum Halten, doch kurz nur: Aeneas bohrte ihm seine

grausame Klinge zwischen den Rippen hindurch in den Brustkorb,
dort, wo die Wunde am schnellsten das Leben auslöscht. Und Turnus
warf aus dem Sattel Amykos und dessen Bruder Diores,
traf dann im Fußkampf den einen, der angriff, mit mächtiger Lanze,
doch mit dem Schwerte den andern, enthauptete beide und hängte
beide bluttriefenden Köpfe vor weiterer Fahrt an den Wagen.
Aber Aeneas erlegte in *einem* Vorstürmen Talus,
Tanais und den tapfren Cethegus, darauf den betrübten
Helden Onites, Enkel Echíons und Sohn Peridías;
Turnus dagegen zwei Brüder aus Lykien, dem Lande Apollos,
weiter den jungen Arkader Menoites, der nunmehr – ganz sinnlos –
Kriege verwünschte; einst trieb er am fischreichen Lerna sein Handwerk,
wohnte in ärmlicher Hütte, fremd den Palästen der Reichen;
nur auf gepachtetem Acker streute sein Vater den Samen.
Wie von zwei Seiten das Feuer, das Landleute legten, die dürre
Waldtrift erfaßt und das Buschwerk mit seinem hellprasselnden Lorbeer,
oder wie hoch von den Bergen in reißendem Absturz die Ströme
gischtsprühend rauschen, das Flachland erreichen und hinter sich eine
Bahn der Verwüstung lassen: ebenso rasten verheerend
beide, Aeneas wie Turnus, über das Schlachtfeld. Entfesselt
tobte die Kampfwut, zu springen drohten die Herzen, die niemals
nachgeben konnten; hemmungslos wurde, nach Kräften, gemordet.

Gegen Murranus, der eines uralten Geschlechtes sich rühmte,
einer nicht endenden Reihe stolzer latinischer Fürsten,
warf jetzt Aeneas ein riesiges Felsstück mit wuchtigem Schwunge,
stieß ihn kopfüber vom Wagen zur Erde; ihn rissen die Räder
unter Riemen und Joch, ihn zerstampften die Rosse, die ihren
Herrn nicht mehr kannten, wild mit den Tritten der wirbelnden Hufe.
Turnus stellte dem Ansturm des grimmig knirschenden Hyllos
sich in den Weg, durchstieß mit dem Speer ihm die goldüberdeckten

Schläfen, und quer durch den Helm stak fest im Gehirn ihm die Waffe.
Kretheus, du tapferster Grieche, dich schützte vor Turnus nicht deine
Rechte – wie auch nicht die eigenen Götter Cupencus beschützten,
als ihn Aeneas angriff; die Klinge durchbohrte die Brust ihm,
keinen Nutzen vermochte der bronzene Schild ihm zu bieten.
Aiolos, dich auch sahen die Fluren der Hauptstadt Laurentum
fallen und weithin mit deinem Rücken den Boden bedecken,
dich, den die griechischen Schlachtreihen nicht überwältigen konnten,
auch nicht der Held, der das Reich des Priamos stürzte, Achilles:
Hier erwartete dich das Ende des Lebens. Am hohen
Ida erhob sich dein Haus, in Lyrnessos, dein Grab bei Laurentum.

Voll aneinandergeraten waren Latiner und Teukrer
nunmehr, Mnestheus, der kühne Serestos, Messapus, der Rosse
meisterhaft bändigte, auch der tapfre Asilas, die Heerschar
der Etrusker, dazu die arkadischen Reiter Euanders.
Jeder der Kämpfenden setzte sich rückhaltlos ein. Kein Verweilen
gab es, kein Ruhen. Man focht in entsetzlich verlustreichem Ringen.

Venus, die Herrliche, brachte den Sohn jetzt auf diesen Gedanken:
schnell mit dem Heere gegen die Mauern Laurentums zu ziehen,
plötzlich durch einen vernichtenden Schlag den Feind zu verwirren.
Während Aeneas im Toben des Kampfes Turnus verfolgte,
spähend nach allen Seiten, erblickte er nämlich die Hauptstadt;
jenseits des Schlachtfeldes lag sie, von keinem gefährdet, ganz ruhig.
Da trat gleich ihm das Bild des entscheidenden Angriffs vor Augen.
Mnestheus berief er, Sergestos, den tapfren Serestos, die Feldherrn,
trat dann auf einen Hügel. Dort strömte die troische Heerschar
gleichfalls zusammen, die Reihen geschlossen, die Schilde und Lanzen
fest in den Händen. Erhöht in der Mitte, erklärte Aeneas:

„Was ich jetzt sage, verträgt kein Zögern. Jupiter hilft uns.
Keiner verhalte sich säumig, weil ich mich so plötzlich entschließe!
Heute zerstöre die Stadt ich, den Kriegsgrund, das Reich des Latinus,
wollen die Feinde den Zügel nicht tragen, des Siegers Befehle
ausführen – mach ich dem Erdboden gleich die qualmenden Bauten!
Soll ich noch warten, bis Turnus geruht, nach einer erneuten
Schlappe sich wieder, besiegt, zum Kampfe zu stellen? Laurentum
bleibt doch der Ursprung, ihr Troer, und Zielpunkt des gottlosen Haders!
Fackeln zur Hand! Erzwingt die Vertragstreue kämpfend, durch Flammen!“

Wetteifernd bildeten gleich die Trojaner einmütig einen
Schlachtkeil zum Angriff und rückten geschlossen gegen die Mauern.
Sturmleitern waren urplötzlich zur Stelle, hell loderten Fackeln.
Bis vor die Tore schon rannte man, schlug die Begegnenden nieder.
Andre verfinsterten schießend mit Speeren und Pfeilen den Himmel.
Unter den ersten reckte Aeneas die Rechte zur Mauer,
zieh mit lautschallender Stimme Latinus des Unrechts. Die Götter
rief er zu Zeugen: Zum zweiten Mal werde zum Kampf er gezwungen,
handelten feindlich Italer, würden Verträge gebrochen!

Zwietracht erhob sich unter den ängstlichen Bürgern. Die einen
wollten die Stadt übergeben, weit öffnen die Tore den Troern,
wollten Aeneas selbst in die Festung einziehen lassen.
Andere griffen zur Waffe, verteidigten weiter die Mauern.
Sollte ein Hirt in zerklüftetem Fels ein gründlich verstecktes
Bienennest aufspüren und es ausräuchern: ebenso ängstlich
wimmeln die Tiere umher dann in ihrem wächsernen Lager,
steigern noch ihre Erregung unter dröhnendem Summen;
beizender Rauch durchwirbelt die Gänge, laut hallen vom dumpfen
Brausen die Felshöhlen wider, Qualm kräuselt sich hoch in die Lüfte.

Weiteres Unheil noch traf die vom Kampfe erschöpften Latiner,
das die gesamte Stadt in tiefe Bestürzung versetzte.
Sah doch die Königin vom Palast aus den Angriff der Feinde,
Sturm auf die Mauern, auch Brandsätze, die in die Dächer schon flogen,
aber zur Abwehr kein Rutulerheer, kein Häuflein des Turnus.
Da überkam der Verdacht die Arme, gefallen im Kampfe
sei schon der Held, und in jäher Aufwallung bitteren Schmerzes
gab sie lautklagend sich selber die Hauptschuld am Wüten des Unglücks,
schrie sich vom Herzen die Not, noch im Wahn der tiefen Betrübnis,
riß dann, zum Sterben entschlossen, ihr Purpurkleid selber in Fetzen,
knüpfte zum Schluß sich am Balken die Schlinge zu schimpflichem Tode.
Als die latinischen Frauen erschüttert den Selbstmord bemerkten,
raufte Lavinia sich als erste ihr Blondhaar, zerfleischte
wild sich die rosigen Wangen. Ihr folgten mit rasendem Jammern
sämtliche andern, laut hallten im Schloß die klatschenden Schläge.
Darauf verbreitete sich in der Stadt die entsetzliche Kunde.
Allen entsank der Mut. Latinus, vom Schicksal der Gattin
wie vom Verderben der Hauptstadt bestürzt, zerriß sich die Kleider,
streute, sich selbst zu entstellen, Schmutz über die silbernen Haare,
machte sich bittere Vorwürfe, nicht den Trojaner Aeneas
längst schon empfangen, dem Staat als Verwandten gewonnen zu haben.

Turnus verfolgte inzwischen, im Kampf am Rande des Schlachtfelds,
langsamer schon die Versprengten des feindlichen Heeres, und seine
Zuversicht sank, je stärker die Kraft der Rosse erlahmte.
Fernes Geschrei trug plötzlich der Windhauch ihm zu, als ein Bote
kaum erklärlichen Schreckens, und wirres Lärmen und dumpfes
Tosen, als traure die Festung, ließen ihn angespannt lauschen.

„Wehe mir, was für ein Jammer verwirrt dort so schrecklich die Hauptstadt?
Was für ein Schreien gellt so laut von den Mauern herüber?"
Außer sich war er und brachte sogleich den Wagen zum Stehen.
Aber die Schwester, die immer noch in der Gestalt des Metiscus
Rosse und Zügel und Fahrzeug ihm lenkte, hielt ihm entgegen:
„Weiter noch, Turnus, wollen wir hier die Dardaner jagen,
wo uns Erfolge den Weg zum Siege am ehesten bahnen!
Andere gibt es, bereit zur Verteidigung unserer Mauern.
Auf die Italer stürzt sich Aeneas und schlägt sich mit ihnen,
während wir hier in den Reihen der Troer mörderisch wüten.
Weder an Truppenstärke noch Kampfruhm bist du im Nachteil."
Turnus erwiderte:
„Schwester, ich habe schon längst dich erkannt, seitdem du so listig
unsern Vertragsabschluß störtest und selbst in die Kämpfe mit eingriffst.
Jetzt auch verleugnest umsonst du die Gottheit. Wer aber entsandte
dich vom Olympus und ließ dich so bittere Mühsal ertragen?
Solltest den grausamen Tod des armen Bruders du sehen?
Denn ich bemühe mich fruchtlos: Wo bietet Fortuna mir Rettung?
Sah ich mit eigenen Augen Murranus doch, der mich noch anrief –
niemanden gibt es, den höher ich schätze –, sah ihn doch fallen,
ihn, den Riesen, das Opfer auch einer riesigen Wunde.
Unglücklich fiel auch Ufens – den Anblick unserer Schande
sich zu ersparen –, die Teukrer erbeuteten Leichnam und Waffen.
Soll ich den Untergang unserer Hauptstadt erleben – nur dieses
letzte noch fehlt mir! –, nicht Drances durch siegreichen Kampf widerlegen?
Niemals erblicke mein Heimatland einen fliehenden Turnus!
Sterben bedeutet kein Unglück für mich. Seid gnädig mir, Manen,
da ja die Götter des Himmels mir ihre Gnade entzogen!
Makellos will ich und ohne Bewußtsein von Schuld mich zu euren
Stätten hinunterbegeben, der großen Vorfahren würdig."

Während er sprach noch, sprengte, quer durch das Getümmel der Feinde,
Saces auf schäumendem Rosse heran, verwundet durch einen

Pfeilschuß vorn im Gesicht. Laut rief er den König bei Namen:
„Turnus, nur *du* kannst Rettung noch bringen, erbarm dich der Deinen!
Blitzstrahlen schleudert gewappnet Aeneas und droht schon, er wolle
stürzen Italiens ragende Burgen, sie völlig vernichten!
Brandsätze fliegen schon in die Gebäude. Dich suchen die Blicke
aller Latiner. Unschlüssig zaudert noch König Latinus,
wen er als Schwiegersohn rufen, mit wem er sich einigen solle.
Außerdem legte die Königin, deine sicherste Stütze,
Hand an sich selber, entzog vor Bestürzung dem Licht sich des Lebens.
Nur noch Messapus leistet, mit ihm der tapfre Atinas,
Widerstand vor den Toren. Die feindlichen Heerscharen haben
dicht sie umringt, gleich eisernen Saaten starren die blanken
Klingen. Du aber durchfährst mit dem Wagen verödete Auen!"

Angesichts dieser Fülle sich häufenden Unglücks erstarrte
Turnus bestürzt, stier blickend und stumm. Ihm wühlten im Herzen
gleichzeitig bittere Scham und Wut und schmerzliche Trauer,
leidenschaftliche Liebe, Bewußtsein des eigenen Wertes.
Aber die Schatten verflogen, frisch regte sich Klarheit des Denkens.
Gleich auf die Mauern richtete er die brennenden Augen,
aufgewühlt, ungestüm, blickte vom Wagen zur Hauptstadt hinüber.

Siehe, dort lohte ein Wirbel von Flammen aufwärts zum Himmel,
leckte von Stockwerk zu Stockwerk empor an dem hölzernen Turme,
den er einst selber aus mächtigen Balken gefügt und errichtet,
unten mit Rädern versehen, mit Fallbrücken ausgelegt hatte.
„Schwester, jetzt siegt das Schicksal, jetzt siegt es. Nicht hemme mich länger!
Folgen will ich, wohin mich der Gott und die harte Fortuna
rufen. Ich soll mit Aeneas kämpfen, im Tode noch alles
Bittere auskosten. Länger nicht wirst du mich unrühmlich zögern
sehen. Doch lasse mich, bitte, vorher die Kampfwut noch stillen!"

Derart sprach er und sprang von dem Wagen zur Erde. Durch Feinde,
durch den Geschoßhagel stürzte er vorwärts, verließ die betrübte
Schwester und bahnte in rasendem Lauf sich den Weg durch die Reihen.
Wie von dem Gipfel des Berges ein Felsblock, vom Sturmwind aus seinem
Lager gerissen, jäh abstürzt – mag er vom Platzregen lange
schon unterspült, vom schleichenden Alter allmählich zermürbt sein –,
wuchtig zur Tiefe, schon selbst ein gefährlicher Berg fast, hinabrast,
aufprallt und hochspringt, Bäume und Vieh und Menschen in seine
Jagd mit hineinreißt: so teilte jetzt Turnus die Kämpfer und stürmte
hitzig zur Stadtmauer hin, wo die Erde vom strömenden Blute
triefte, die Luft von fliegenden Pfeilen und Wurfspießen schwirrte,
schwenkte zum Zeichen die Hand und rief mit hallender Stimme:
„Aufhören, Rutuler – länger nicht schießen, Latiner! Wie immer
sich das Geschick auch wendet: Nur *mich* betrifft es! Ich selber
sühne für euch den Vertragsbruch und suche im Kampf die Entscheidung,
eine gerechtere Lösung!“ So rief er, Platz machten ihm alle.

Vater Aeneas hörte den Namen des Turnus und eilte
ohne Verzug von der Mauer herab, von den ragenden Zinnen,
räumte beiseite, was hemmte, und ließ Begonnenes liegen,
jubelte auf vor Freude und rasselte schrecklich mit seinen
Waffen, gewaltig wie Athos, wie Eryx, ja wie Appenninus,
wenn er mit schwankenden Steineichen rauscht und als Vater der Berge
seiner schneeschimmernden Gipfel sich freut und sich reckt in die Lüfte.
Auf ihn wandten die Blicke voll Spannung Rutuler, Troer,
alle Italer – jene auch, die auf den Mauern die Zinnen
hielten wie jene, die unten den Mauerbrecher bedienten –,
legten die Waffen von ihren Schultern. Latinus auch staunte
über die beiden, den Helden Europas wie jenen aus Asien,

die zum entscheidenden Waffengang antraten gegeneinander.
Freigemacht war schon der ebene Kampfplatz, und ohne zu säumen,
schleuderten beide von weitem im Ansturm die Lanzen, begannen
darauf den Nahkampf, dröhnend mit Schilden und ehernen Klingen.
Durchdringend stöhnte die Erde, die Schwerthiebe fielen mit ständig
steigender Wucht, und Zufall und Tüchtigkeit schmolzen zu einem.
Hoch in dem Silagebirge oder am Kamm des Taburnus
prallen so grimmig zwei Stiere zu hitzigem Kampf mit den Stirnen
gegeneinander. Angstvoll ziehen zurück sich die Hirten.
Stumm verharren die Herden aus Furcht, still bangen die Kühe,
wer im Walde die Macht übernimmt, wem künftig die Tiere
alle gehorchen. Die Kämpfer indessen schlagen sich Wunden,
bohren die Hörner sich wild in die Leiber, lassen vom Blute
Nacken und Flanken triefen. Der Wald dröhnt wider vom Brüllen:
Ebenso stießen der Troer Aeneas und Turnus, des Daunus
Sprößling, die Schilde zusammen; zum Himmel hoch hallte das Krachen.

Jupiter selber stellte zwei Waagschalen jetzt mit den Zünglein
gleichhoch und legte darauf die Lebenslose der Helden,
um zu erkunden, wessen Gewicht zum Tode im Zweikampf
ausschlage. Eben jetzt holte Turnus, den Zeitpunkt für günstig
haltend, den Körper hoch aufgereckt, aus zum Hiebe und führte
wuchtig den Schlag. Aufschrien gespannt die Latiner und Troer,
beide in höchster Erregung. Aber die Klinge versagte
treulos, zerbrach im Aufprall, verriet den feurigen Kämpfer.
Flucht nur vermochte Turnus zu retten; vor Augen den fremden
Schwertgriff, die Rechte entwaffnet, lief er, geschwinder als Oststurm,
fort. Dem Gerücht nach soll er, als er den Wagen zum ersten
Kampfe bestieg, das Schwert des Vaters vergessen und eilig
jenes des Wagenlenkers Metiscus aufgerafft haben.
Dieses versah den Dienst, solange die Teukrer sich kampflos
fliehend zerstreuten; beim Kampf mit den Waffen des Gottes Vulcanus

aber zersprang beim Aufprall die Klinge, die Sterbliche schufen,
brüchig wie Eis; es glänzten die Splitter im bräunlichen Sande.
Kopflos enteilte über die Fläche des Kampfplatzes Turnus,
lief bald im Zickzack, dann wieder im Kreise, ohne bestimmte
Richtung. Umschlossen ihn doch in dichtem Kranz die Trojaner,
dann ein gewaltiger Sumpf und jenseits die ragenden Mauern.

Zäh auf den Fersen blieb ihm Aeneas, obwohl ihn der Pfeilschuß
manchmal noch schmerzte am Knie und ihm das Laufen erschwerte,
setzte dem Fliehenden zornglühend nach und in dichtestem Abstand,
wie wenn ein Jagdhund den Hirsch vor sich herhetzt, wenn diesen ein Flußlauf
hemmte oder die Furcht vor den schwankenden purpurnen Federn,
dicht an den Flüchtling sich hängt mit rasendem Bellen, doch jener,
abgeschreckt wie von dem Hochufer so von den tückischen Netzen,
tausendfach ständig die Fluchtrichtung wechselt, der feurige Umbrer
hechelnd ihm folgt, beinahe die Beute erschnappt schon, die Kiefer
aufsperrt und zuklappt, der Biß ins Leere ihn freilich verspottet!
Nunmehr erhebt sich Geschrei, und Ufer und Seen im Umkreis
hallen laut wider, das Himmelsgewölbe erdröhnt von dem Aufruhr.

Laut schalt Turnus beim Fliehen die Rutuler, nannte sie einzeln
flehend bei Namen, verlangte das eigene, allen bekannte
Schwert zu erhalten. Doch drohte Aeneas mit Tod und Verderben,
falls man dem Bittenden nahe, sogar mit Zerstörung der Hauptstadt,
schreckte die Zitternden, jagte, trotz seiner Verwundung, den Gegner
weiter. Noch fünfmal kreisten sie vorwärts und wiederum rückwärts.
Ging es doch hier nicht um Kampfpreise, wie man sie ausgibt zur Kurzweil
oder bei Spielen; es ging um das Blut, um das Leben des Turnus.

Zufällig hatte ein Ölbaum mit bitterem Laub dort gestanden,
heilig dem Faunus, verehrt einst von Seeleuten; waren sie glücklich
heimgekehrt, pflegten dem Gott von Laurentum sie Gaben zu reichen,
hängten Gewänder dort auf, die Gelübde treu zu erfüllen.
Aber jetzt hatten die Teukrer gefällt den heiligen Ölbaum,
ohne Bedenken, um ausreichend Platz zum Kampfe zu haben.
Dorthin war der Speer des Aeneas geflogen und steckte
tief in den Wurzeln, zäh hielten ihn fest die umklammernden Strünke.
Kraftvoll herausreißen wollte Aeneas nunmehr die Spitze,
wollte durch Speerwurf erlegen den Feind, den im Laufen er schwerlich
einholen konnte. Da flehte Turnus, vor Furcht wie von Sinnen:
„Faunus, erbarme dich, bitte, auch du, erhabene Erde,
haltet die Speerspitze fest, wenn ich immer die Ehren euch zollte,
die jetzt der Haufe des Troers Aeneas im Kampfe entweihte!"
Damit erflehte er nicht vergebens die göttliche Hilfe;
konnte doch König Aeneas trotz langen Kampfs mit der zähen
Wurzel nicht unter stärkster Gewalt den Speer aus der Klemme
ziehen. Und während er grimmig aus Leibeskräften sich mühte,
eilte, erneut in Gestalt des Wagenlenkers Metiscus,
Nymphe Juturna herbei und reichte dem Bruder sein Schlachtschwert.
Venus, verärgert darüber, was dreist sich die Nymphe erlaubte,
trat herzu und entriß dem Geflecht der Wurzeln die Lanze.
Wieder bewaffnet und dadurch ermutigt waren jetzt beide,
traten, der eine dem Schwert vertrauend, der andre die Lanze
ungestüm hochgereckt, an, schweratmend, zur letzten Entscheidung.

Aber der Herr des Olympus, der Stätte der Allmacht, befragte
nunmehr Juno, die hoch von schimmernder Wolke dem Zweikampf
zuschaute: „Worauf läuft es hinaus? Was bleibt jetzt noch übrig?
Weißt du doch schon, nach eigenem Zeugnis: Aeneas, als Heros,
ist für den Himmel bestimmt, zu den Sternen erhebt ihn das Schicksal.

Was noch bezweckst, was erhoffst du, daß du in eiskalten Wolken
still dich verbirgst? Darf etwa der Mensch verwunden die Gottheit?
Darf denn ein Turnus – Juturna vermag nichts ohne dein Zutun! –
wiederbekommen sein Schwert, ein Besiegter noch Kräfte gewinnen?
Halte doch endlich Ruhe und füge dich meinem Ersuchen!
Aufreiben soll dich nicht länger solch bitterer Schmerz, auch nicht länger
qualvoller Gram mich aus deinem lieblichen Munde betrüben.
Stehen wir jetzt doch am Ziel! Du konntest zu Land und zu Wasser
hetzen die Troer und einen entsetzlichen Kriegsbrand entfachen,
eine Familie entehren, durch Trauer die Hochzeit vergällen.
Mache jetzt Schluß, ich befehle es dir!"

Auf Jupiters Mahnung
gab, mit niedergeschlagenem Blick, die Saturnierin Antwort:
„Weil mir dein Streben bekannt ist, erhabener Jupiter, mußte,
wider Willen, ich Turnus und seine Heimat verlassen.
Andernfalls sähest du mich nicht im Himmel jetzt sitzen und alle
möglichen Kränkungen hinnehmen, nein, von Flammen umlodert,
stünde ich mitten im Schlachtgewühl, peitschte die Troer zu harten
Kämpfen! Juturna riet ich, jawohl, dem Bruder in seinen
Nöten zu helfen, und billigte, daß sie sein Leben noch stärker
schützte, nicht freilich durch Einsatz von Waffen, durch Schießen mit Pfeilen,
was ich beschwöre beim Strome der Styx, der niemals versöhnten,
die auch für Götter als einzigartige Schwurzeugin waltet!
Abtreten will ich nunmehr, verlasse voll Abscheu den Kampfplatz.
Eins noch gewähre mir, bitte – es wird nicht vom Schicksal verboten –,
so zu Latiums Gunsten wie auch zur Ehre der Deinen:
Schließen sie, meinetwegen, jetzt Frieden bei glücklicher Hochzeit,
gründen die Einheit gemäß den Bedingungen ihres Vertrages,
laß nicht die Landeskinder den uralten Namen ‚Latiner'
wechseln, sie Troer nicht werden, mit Namen gar ‚Teukrer' noch heißen,
auch nicht die Muttersprache verlieren, die Volkstracht nicht ändern!

Latium lebe, auch Albas Königtum zahllose Jahre,
unverwandt herrsche das Römergeschlecht dank italischer
Tatkraft!
Troja sank, so lasse versunken es sein samt dem Namen!"

Lächelnd entgegnete ihr der Schöpfer der Welt und der Menschen:
„Jupiters wirkliche Schwester bist du, ein Kind des Saturnus:
Derart gewaltig vermagst du, ganz unversöhnlich, zu grollen!
Laß jetzt verrauchen die Wut, du hast sie nicht weiterhin nötig;
deine Wünsche erfülle ich, lasse den Sieg dir, freiwillig.
Muttersprache wie Denkart soll den Ausoniern bleiben,
bleiben der Name auch. Nur als ein Teil des latinischen Volkes
sollen die Teukrer sich ansiedeln. Bräuche und Gottesdienst werde
selber ich stiften, der Sprache nach sie zu Latinern nur machen.
Nachkommen dieser Verbindung mit echt ausonischem Blute
wirst du an Pflichtgefühl Menschen wie Götter einst weit
übertreffen
sehen; kein anderes Volk wird Ehren dir zollen wie dieses!"

Zustimmend nickte Juno. Befriedigt wurde sie andern
Sinnes, verließ die Wolke, verschwand vom Himmelsgewölbe.

Anderen Plänen widmete jetzt sich der Vater der Götter,
wollte Juturna trennen von ihrem kämpfenden Bruder.
„Gräßliche" heißen zwei furchtbare Zwillingsschwestern;
zusammen
mit dem Unterweltsscheusal Megaera hatte die finstre
Nacht sie geboren; sie waren genauso wie jene mit eklen
Knäueln von Schlangen umwunden und trugen auch windschnelle
Flügel.
Dienstbereit warten sie stets an Jupiters Thron, in des harten
Herrschers Palast, und steigern die Angst der elenden Menschen,
falls der Beherrscher der Götter Seuchen und schreckliches Sterben
androht, auch Städte zur Strafe heimsucht mit Schrecken des
Krieges.
Jupiter schickte jetzt eine der Schwestern geschwind von dem
hohen
Himmel herab, der Juturna vor Augen als Botin von Unheil.

Eilig entflog sie und schoß mit wirbelnden Schwingen zur Erde.
Ebenso gleitet, geschnellt von der Sehne, ein Pfeil durch die Wolken,
den ein Parther oder Kydone mit tödlichem Gifte
tränkte, bevor er ihn abschoß zum Schlagen unheilbarer Wunden;
schwirrend durchsaust er, von keinem gesehen, die flüchtigen Schatten:
derartig flog die Tochter der Nacht und erreichte die Erde.

Als sie das troische Heer und die Scharen des Turnus erblickte,
ließ sie geschwind sich zusammenschrumpfen zur Eule, dem Vogel,
der zuweilen auf Grabstätten hockt und verödeten Dächern,
dabei die nächtlichen Schatten durchgellt mit leidigen Schreien.
Turnus vor Augen, schwirrte das Scheusal bald hierhin, bald dorthin,
streifte dabei auch mit seinen flatternden Schwingen den Schutzschild.
Starres Entsetzen lähmte, wie niemals früher, den Helden,
sträubte die Haare vor Schrecken und ließ die Stimme ihm stocken.
Aber Juturna erkannte von fern schon am Schwirren der Flügel
deutlich die Gräßliche, raufte, in schmerzlichem Mitleid, die Haare,
riß mit den Nägeln ihr Antlitz sich blutig und schlug mit den Fäusten
trommelnd die Brüste. „Wie kann dir, mein Turnus, die Schwester noch helfen?
Was bleibt übrig mir noch, der Geschlagenen? Kann ich dein Leben
irgend verlängern? Kämpfen mit einem so schrecklichen Untier?
Aufgeben muß ich den Widerstand. Steigert, ihr greulichen Vögel,
nicht mein Entsetzen! Ich kenne genau das Rauschen der Schwingen,
diesen todbringenden Laut; die grausame Weisung des edlen
Jupiter höre ich. Lohnt er mir *so*, was ich preisgab als Mädchen?
Wozu verlieh er mir ewiges Leben? Entzog mich dem Zugriff
lindernden Todes? Ich könnte mich sonst ja vom bitteren Kummer
lösen, ins Reich der Schatten den armen Bruder begleiten!

Ich – unsterblich! Vermag mir mein Leben noch Freuden zu bieten
ohne dich, Bruder? Kann nicht das Erdreich zu hilfreichem Abgrund
aufklaffen, mich, die Göttin, hinab zu den Manen entführen?“
Bitterlich weinend verhüllte die Nymphe ihr Haupt mit dem bläulich
schimmernden Schleier und tauchte hinein in die Tiefe des Stromes.

Aber Aeneas schwang schon die wuchtige, baumlange Lanze
drohend dem Feinde entgegen und rief voll wütenden Hasses:
„Warum noch zögerst du? Willst du dem Zweikampf ausweichen, Turnus?
Nicht mehr im Wettlauf, nein, tödlich mit Waffen gilt es zu streiten.
Schlüpf nur in jede Gestalt und raffe alles zusammen,
was du an Mut noch und Kniffen vermagst – wünsch Flügel dir, steige
hoch zu den Sternen oder versteck dich im Schoße des Erdreichs!“
Turnus erwiderte kopfschüttelnd: „Nicht dein hitziges Schimpfen
schreckt mich, du Rohling, nein, göttliches Walten und Jupiters Feindschaft.“
Damit verstummte er, richtete spähend die Blicke auf einen
uralten, riesigen Feldstein, der zur Markierung der Grenze
dort auf der Ackerflur lag, um die Flächen eindeutig zu scheiden.
Mühsam nur hätten zwölf ausgesucht kräftige Männer aus unsrer
Generation den Block auf den Schultern anheben können.
Turnus indessen packte ihn ungestüm, reckte sich höher,
stürmte zum Anlauf vorwärts und schleuderte ihn auf den Gegner.
Aber er kannte sich selbst nicht wieder im Gehen, im Laufen,
auch nicht im Heben und Schwingen des mächtigen Steines. Die Knie
wankten ihm, eiskalt gerann sein Blut in frostigem Schauer.
Darum durchmaß auch der Felsblock im Flug durch die Luft nicht die ganze
Strecke, gelangte zum Ziel nicht, verwundete gar nicht den Gegner.

Wie wir im Traum, wenn uns einschläfernd nächtliche Ruhe die Augen
schloß, uns einbilden, eifrig, doch zwecklos längere Strecken
laufen zu wollen und trotz erhöhter Anstrengung kraftlos
niederzusinken, die Zunge uns stockt, die genau uns bekannten
Kräfte des Körpers versagen, kein Laut uns gelingt, nicht ein Wörtchen:
derart vereitelte jetzt die gräßliche Göttin dem Turnus
jegliche noch so wackre Bemühung. Seine Gedanken
kreuzten sich wirr, er blickte zur Stadt, zu den Rutulern, schwankte
furchtsam, erzitterte vor dem Drohen der Lanze, erspähte
keinerlei Fluchtweg, auch keinerlei Bahn zu kraftvollem Angriff,
sah auch den Kampfwagen nicht, nicht die Schwester, die sicher ihn lenkte.

Aber da hatte Aeneas bereits den günstigen Zielpunkt
scharf im Visier und schleuderte, unter dem Einsatz des ganzen
Körpers, den tödlichen Speer auf den zaudernden Gegner. So schwirrten
niemals die Blöcke des Mauergeschützes, zischten auch niemals
zuckende Blitze. Die Lanze, Trägerin grausamen Unheils,
flog, vergleichbar der finsteren Sturmbö, durchschlug erst den untren
Rand an dem siebenschichtigen Schutzschild, darauf den verstärkten
Saum des gepanzerten Hemdes und bohrte sich tief in den Schenkel.
Turnus, bezwungen vom wuchtigen Aufprall, sank in die Knie.
Aufschreiend fuhren die Rutuler hoch, rings dröhnten die Berge
alle, und weithin hallten vom Hochwald die Wehklagen wider.

Turnus, am Boden, demütigen Blickes, streckte die Rechte
bittend nach vorn: „Ich verdiene mein Los, erflehe nicht Gnade.
Nutze dein Glück! Und vermag dich das Schicksal meines geprüften
Vaters zu rühren, bitte – du hattest ja selber solch einen
Vater, Anchises –: Erbarm dich des alten Daunus, den Meinen
gib mich zurück jetzt oder, sofern du das vorziehst, den toten

Körper. Du siegtest, mich sehen die Völker Italiens die Hände
heben als völlig Geschlagenen. Dein ist Lavinia. Treibe
aber den Haß nicht zu weit!"

Aeneas stand mit gezücktem
Schwerte, erbittert, mit rollenden Augen. Noch hemmte er seine
Rechte, er schwankte. Schon wollten die Worte zur Milde ihn stimmen.
Aber da glänzte zum Unglück, hoch auf des Geschlagenen Schulter,
prächtig das Wehrgehenk mit den goldenen Buckeln, der Schwertgurt
früher des jungen Pallas, den Turnus besiegt und erschlagen
hatte. Jetzt trug er das herrliche Schmuckstück sich selbst zum Verderben.
Starrte Aeneas doch wie gebannt auf die Beute, ein Mahnmal
wütenden Schmerzes. Dann rief er mit schrecklicher Stimme, von wilder
Rachgier entflammt: „Du willst mir entschlüpfen – und trägst noch die Beute,
die du den Meinen entrissest? Pallas erschlägt dich jetzt, Pallas
sühnt jetzt mit deinem Blut die Verbrechen, die du begingest!"
Damit stieß er, glühend vor Zorn, in die Brust ihm die Klinge.
Unter der Kälte des Todes erschlafften die Glieder des Turnus,
unwillig stöhnend entwich sein Geist hinab zu den Schatten.

ANHANG

ABKÜRZUNGEN

K Kleine Gedichte
H Hirtengedichte
L Lied vom Landbau
A Lied vom Helden Aeneas
g griechische Form
l lateinische bzw. latinisierte Form
d deutsche bzw. eingedeutschte Form

ANMERKUNGEN

Kleine Gedichte

Der Titel des Originals, Catalepton, ist eine griechische adverbiale Wendung (katá leptón: „im kleinen", „in kleinen Stücken") und bezeichnet eine Sammlung kleiner Gedichte. Die Wendung wurde von den Römern zum Hauptwort im gleichen Sinne zusammengefaßt. → Einl. S. XIII.

1 *mich hölzernen Gott* – Hier wie in den Gedichten 2 und 3 spricht eine Priapus-Statue.

2,18 *Kreuz* – Bestrafung.

3,2f. *den ernähre ich* – Indem ich ihn und seine Früchte bewache.

3,16 *Werkzeug* – Phallos.

4,1 *Sie* – Eine von dem Verfasser des Epigramms geliebte, freilich verheiratete Frau. Beziehungen zu den Gedichten 9,15 und 16 sind wenig wahrscheinlich.

5,1 *Korinths Phrasen* – Wortspiel mit dem für jene Zeit zu erwartenden „Korinths Vasen"; letztere besaßen für begüterte Römer einen hohen Sammlerwert. „Korinths Phrasen" bezeichnet entsprechend eine gesucht altertümliche, sich in geschraubten Wendungen gefallende Ausdrucksweise.

5,2 *der Kerl, der Rhetor* – Wahrscheinlich wird Vergils Zeitgenosse Titus Annius Cimber angegriffen.

5,3 *Attisch-Kult-Fieber* – Verspottung übertriebener Vorliebe für den klassischen attischen Dialekt des Griechischen, als dessen Vertreter hier Thukydides genannt ist.

5,4 *gallisch Tau* – Anstelle des zu erwartenden „attisch Tau" (des 19. Buchstabens und T-Lautes des griechischen Alphabets) wird mit „gallisch" im Sinne von „ländlich primitiv" eine lächerlich übertriebene Vorliebe für attischen Stil und attische Wortwahl verspottet.

Min ... Sphin – „Ihn" und „ihnen" im Homerischen, teilweise auch von späteren griechischen Dichtern und Prosaikern befolgten Sprachgebrauch.

5,5 *für seinen Bruder* – Cimber stand im Verdacht, seinen Bruder ermordet zu haben. – Mit hoher Wahrscheinlichkeit verbergen sich hinter den Worten dieses Schmähgedichts noch weitere Bosheiten.

6,1 *den Toten* – Wem dieses in die Form eines Grabepigramms gekleidete Gedicht gewidmet ist, bleibt umstritten. Es können, neben anderen, Alexander der Große oder Gnaeus Pompeius gemeint sein, letzterer mit größerer Wahrscheinlichkeit.

7,3 *du* – Das Gedicht wird an Vergils Jugendfreund Octavius Musa gerichtet sein. Vgl. Gedicht 14.

8 *Verschwindet* ... – Der junge Dichter sagt sich los von der ihm hohl erscheinenden Betriebsamkeit der Redekunst, von ihren Lehrern sowie von seinen Kommilitonen, und wendet sich dem Studium der epikureischen Philosophie zu. Sein Abschiedswort gilt auch der Dichtkunst, läßt freilich in dem an die Musen gerichteten Wunsche erkennen, daß er ihr letztlich doch die Treue halten wird.

8,8 *Wir segeln zu den Häfen ab* – Die Worte sind wohl in erster Linie sinnbildlich zu verstehen, wenn ihnen auch die in der Nähe Neapels gelegene und damit zu Schiff erreichbare Wirkungsstätte Sirons eine gegenständliche Bedeutung abgewinnen läßt.

9 *Du, Schwiegervater* ... – Ein – wohl von dem zukünftigen Schwiegervater – abgewiesener Verliebter beklagt den Verlust des geliebten Mädchens und läßt seinem haßerfüllten Groll auf den Schwiegervater und ebenso auf den erfolgreichen Nebenbuhler freien Lauf. → Gedichte 15 und 16.

10,2 *dein Pothos* – Sollte mit Pothos hier der Name eines geliebten Jungen oder hübschen Sklaven des Varius gemeint sein, so wäre nach streng eingehaltener Stilvorschrift die Zweideutigkeit des doppelsinnigen Fremdwortes in Vers 2 ein Verstoß gegen die Regel. Den Verstoß verbessert der Autor des Gedichts scherzhaft in Vers 4.

11 *Landhaus du* ... – Das – sei es durch Schenkung, Erbschaft oder Nachlaßkauf – in den Besitz des Dichters gelangte bescheidene Grundstück und Landhaus Sirons werden gepriesen, nicht zuletzt als mögliche neue Heimat des Vaters, der in Oberitalien infolge der Kriegswirren und der Enteignungsmaßnahmen seinen Besitz verloren hatte. → Einl. S. XIV f.

12 *Weniges* ... – Das in der Deutung vieler Einzelzüge umstrittene Gedicht gilt als Lobpreis dem Marcus Valerius Messala Corvinus, dessen politische und militärische, aber auch literarische Leistungen gewürdigt werden.

12,13 *Gedichte, gut attisch ...* – Beherrschung der griechischen Sprache ließ sich damals bei zahlreichen Römern der führenden Schichten voraussetzen, freilich nur bei wenigen in einem Grade, der poetische Versuche gestattete.

12,17 Vgl. H 1,1.

12,21 *die Heldin* – Nicht bekannt (eine Geliebte Messalas?).

12,31 *der schurkische Vater* – Oinomaos, Vater der Hippodameia.

12,35 *die Jungfrau, die einst die Tarquinier schändeten* – Lucretia.

12,37 *despotische Willkür* – Die Königsherrschaft.

12,61 *kyrenische Lyrik* – Die insbesondere auch von dem aus Kyrene stammenden Kallimachos geprägte hellenistische Lyrik.

13 Das Gedicht stellt eine Parodie des vierten Catull-Gedichts dar und beschäftigt sich mit einem Emporkömmling, der es vom Maultiertreiber bis zum hohen Beamten brachte. Gemeint ist wahrscheinlich der Prätor und nachgewählte Konsul des Jahres 43 v. u. Z., Publius Ventidius Bassus.

13,23f. *auf dem Stuhl aus Elfenbein* – Auf dem Amtsstuhl des Recht sprechenden Prätors.

Zum Vergleich sei eine Übertragung des vierten Catull-Gedichts geboten. Es gilt, in der Form einer Weihinschrift, dem Schiff, das der Dichter nahe seinem Landgut in Sirmio neben einem den Dioskuren Kastor und Pollux gewidmeten Heiligtum aufgestellt hatte. Schützend hatten die göttlichen Zwillinge stets ihre Hände über das Schiff gehalten. Seine Fahrten waren so glücklich verlaufen, daß es – gemeint sind Besatzung und Fahrgäste – nach der Landung niemals „den Göttern des Gestades“ (22) Dankopfer für die Errettung aus schwerer Seenot hatte zu bringen brauchen.

Das Segelboot hier, euch vor Augen, Wanderer,
war einst, nach seinem Wort, das flinkste aller Schiffe;
es habe jeden Kahn, und wäre er auch noch
so schnell gewesen, überholt, ob er mit Rudern,
ob er mit Segeln fliegen sollte an sein Ziel.
Das stritten auch der Strand der wilden Adria,
zugleich die Inseln der Kykladen gar nicht ab,
nicht Rhodos, das berühmte, weder Thrakiens rauhe
Propontis noch die fürchterliche Schwarzmeerbucht,
wo es, nachmals ein Segelboot, noch dichtbelaubt
als Wald aufragte; rauschten seine Blätter doch
auf dem Cytorus-Joch in leisem Flüstern oft.

Amastris, Schwarzmeerstadt, Cytorus, Buchsbaumträger,
euch sei – behauptet es – dies wohl bekannt gewesen.
Es habe ja von Anfang an auf deinem Gipfel
gestanden, habe später seine Ruderblätter
in deine Wogen eingetaucht und seinen Herrn
weit über so viel ungestüme Meereswellen
getragen, ob von rechtsher oder links die Brise
zum Segeln reizte oder ob ihm Jupiter
von beiden Seiten Fahrtwind in das Leinen blies.
Auch habe es den Göttern des Gestades nie
geopfert, wenn es auch von fern, vom hohen Meer,
hierher, an diesen klaren See, gekommen sei.
Das freilich liegt zurück. Geborgen, freut das Boot
sich jetzt der Altersmuße, bringt sich selbst zur Weihe
euch Zwillingsbrüdern, Kastor, dir, wie Pollux, dir.

14 *Was für ein Gott* ... – Der Dichter beklagt den frühen Tod seines Jugendfreundes Octavius Musa und nimmt ihn gegen den Vorwurf der Trunksucht in Schutz. Vgl. Gedicht 7.

14,6 *‚Geschichte von Rom'* – Musa wollte eine Geschichte Roms schreiben.

15 *Nachteulerich* – Klage und Groll des abgewiesenen Verliebten (vgl. Gedicht 9) steigern sich zu der Behauptung, der „stolze Freier" habe in Wirklichkeit einen schlechten Griff getan.

16 *Ich läge schwach am Boden* ... – Die hier gegenüber den Gedichten 9 und 15 weiter gesteigerte, vor keiner, auch der unflätigsten Beschimpfung nicht scheuende Verunglimpfung eines persönlichen Feindes, auch die Wiederholung des Hochzeitsrufes „Talassio", scheinen auf einen thematischen Zusammenhang und damit auf den gleichen Verfasser zu weisen. Der – im übrigen auch textkritisch verdächtige – Name Luccius (Deckname?) braucht kein Gegenargument zu sein, und daß der Ruf Talassio keineswegs mehr für eine ordnungsgemäße Hochzeit, sondern zur Verhöhnung sexueller Ausschweifungen gebraucht wird, ordnete sich in die Steigerung nicht übel ein. Dennoch läßt sich ein voll begründeter Nachweis für einen Zusammenhang nicht führen. Die Rätselhaftigkeit des Gedichtes bleibt bestehen.

16,37 f. *mit ... dem Zorne Jupiters* – Den du gleichsam mit dir schleppst, wie deine erbärmliche Lage beweist.

17 *Sollte Erfüllung* ... – Der Dichter legt ein Gelübde an Venus ab für den Fall, daß ihm ein erfolgreicher Abschluß seiner in Arbeit befindlichen Aeneis vergönnt sei. Inwieweit das Gedicht, das einige Wortgruppen des Liedes vom Landbau und der Aeneis übernimmt, von Vergil selbst stammt, ist umstritten.

17,11 *Caesar* – Augustus, der dem Geschlecht der Venus entstammende Herrscher, vereint seine Bitte um Fertigstellung des Epos mit der des Dichters.

18 *Lieblicher als Syracusaes Poet* ... – Dieses Schlußepigramm der Sammlung, das noch alle in ihr enthaltenen Gedichte unbefangen dem Vergil zuschreibt, stammt offenbar von einem der älteren antiken Herausgeber. „Syracusaes Poet" ist Theokritos.

Hirtengedichte

Die überlieferten Originaltitel „Bucolica" (g Bukoliká) bzw. Eclogae (g Eklogaí, d Eklogen) sind griechischen Ursprungs, ersterer gebildet nach dem Bukólos, dem „Rinderhirten", der innerhalb seiner Zunft das höchste Ansehen genoß und für den Hirten schlechthin galt, also etwa „Hirtengemäßes"; letzterer in der Bedeutung „ausgewähltes Stück", in der Literatur allgemein im Sinne von „Gedicht" gebraucht. Mehr oder minder starke Anklänge an die gesamte von Vergil als Vorbild genutzte Hirtendichtung des Theokritos sowie an Werke der übrigen vorklassischen, hellenistischen wie römischen Dichtung findet der aufmerksame Leser in allen Eklogen. Die in dieser Ausgabe zum Vergleich jeweils genannten Theokritos-Gedichte haben für die einzelnen Lieder lediglich die Hauptgrundlagen abgegeben.

Die überlieferte, vom Dichter in seiner Erstausgabe selbst bestimmte Reihenfolge der Gedichte entspricht nicht ihrer zeitlichen Entstehung. Nach den Angaben antiker Gelehrter entstand die Sammlung in den Jahren 42–39 v. u. Z. Wahrscheinlich schuf der Dichter die Stücke mit fast ausschließlich bukolischer Thematik als erste, also die Eklogen 2, 3, 5 und 7. Der inhaltliche Widerhall der Enteignung weist die Gedichte 1 und 9 in das Konsulatsjahr Pollios (41 v.u.Z.), in dem auch das 4. (vgl. Vers 11) frühestens entstanden sein wird. Das 8. Gedicht verbindet man mit dem Jahr 39, in dem Pollio siegreich aus Dalmatien zurückkehrte (Verse 6–13), und rückt – freilich im einzelnen umstritten – auch das 6. und 10. in dessen Nähe. Die Anordnung der Sammlung trägt dem Grundsatz der Abwechslung zwischen Wettgesang bzw. Zwiegespräch und zusammenhängendem Einzelvortrag bzw. Darstellung eines Einzelschicksals Rechnung. Die einleitende 1. Ekloge erfüllt ihre Aufgabe gleichermaßen durch ihren Stimmungsgehalt, die Einbettung aktuellen Geschehens in die Welt der Hirten und durch die – hier noch anonyme – Würdigung Oktavians (Vers 42). →Einl. S. XIVf. XXIV. XXVIIIf.

1 Der infolge der Landverteilungen des Jahres 41 v. u. Z. von Haus und Hof vertriebene Hirt Meliboeus findet als Flüchtling für eine Nacht Unterkunft bei seinem Standesgenossen Tityrus, dem ein in Rom lebender einflußreicher Gönner – der Name Octavianus wird nicht genannt – das bittere Schicksal des Flüchtlings erspart hat.

1,10 *Schilfrohr* – Die aus Schilfrohr gefertigte Hirtenflöte. →Syrinx.

1,13 *meine ... Ziegen* – Meliboeus versucht, wenigstens einen Teil seines Viehs vor dem Zugriff des neuen Herrn zu retten.

1,27 *die Freiheit* – Der Sklave, der das seinem Herrn gehörende Landgut als Pächter übernommen hatte, vermochte sich bei sparsamer Wirtschaftsführung einen eigenen Geldbetrag (peculium) zurückzulegen, mit dem er sich die Freiheit erkaufen konnte.

1,35 *keine Geldlast* – Sei es, daß er sich mit einem zu geringen Betrag begnügte, sei es, daß er das Geld für nicht allzu wichtige Gegenstände, etwa Mitbringsel für Galatea, ausgab.

1,42 *kraftvoller Held* – Der noch jugendliche Staatsmann, dessen zukünftige Bedeutung gerade auch durch sein Eintreten für ihm persönlich verbundene Angehörige niederen Standes unterstrichen wird.

1,56 *Baumscherer* – Auch Laubscherer, einer, der bei Kulturpflanzen, insbesondere in Weingärten, überschüssige laubreiche Triebe, die Geiztriebe, entfernt, sie „ausgeizt".

1,79 *Du könntest die Nacht bei mir ... verbringen* – Durch dieses Angebot wird zwar der Gegensatz zwischen dem Glück des einen und dem Unglück des anderen, der nur einer von vielen Betroffenen ist, nicht aufgehoben. Aber die Hilfsbereitschaft wirft, wie begrenzt auch ihre Möglichkeiten sind, dennoch zum Abschluß einen Schimmer ermutigender Menschlichkeit in das Dunkel des Leides.

2 Der Hirt Corydon gibt sich in einsamer Natur seiner Liebesklage hin, ehe er sich zur Entsagung durchringt. Vgl. besonders Theokrits Gedicht XI („Der verliebte Kyklop").

2,2 *so winkte ihm keinerlei Hoffnung* – Der Standesunterschied zwischen Grundbesitzer und Hirten gibt den Ausschlag (vgl. Vers 56ff.), wenn letzterer hier auch seinen Eigenbesitz an Vieh hervorhebt (20 ff.). Diese Hervorhebung braucht kein Beweis dafür zu sein, daß er, was möglich wäre, ein persönlich Freier und für Lohn Arbeitender ist; wie das erste Gedicht erhellt, konnten auch Sklaven, einen weitsichtigen und großzügigen Herrn vorausgesetzt, mit einer liebgewordenen Tätigkeit derart verwachsen, daß sie sich in bestimmtem Grade als „Eigentümer" empfanden.

2,56 *Landmann bloß bist du* – Corydon redet sich selbst an. Die hier beginnende, um nüchternes Erfassen der Lage bemühte Betrachtung leitet, mit dem Eingeständnis eines bleibenden Schmerzes, zur endgültigen Entsagung und zur Besinnung auf die Pflichten des Alltags (69–73) über.

3 Die Hirten Menalcas und Damoetas begegnen sich und fordern einander nach wechselseitigen Sticheleien und Anschuldigungen zu einem Wettgesang heraus, zu dessen Schiedsrichter sie den Nachbarn Palaemon gewinnen. Vgl. vor allem Theokrits Gedicht V („Komatas und Lakon") sowie die in Einzelzügen vorrangig benutzten Gedichte IV („Battos und Korydon"; auch „Hirtengeplauder") und VIII („Menalkas und Daphnis").

3,7 *Wer dich …* – Das von Theokritos in entsprechenden Fällen unverblümt Ausgesprochene deutet Vergil nur an.

3,10 *mich Ekel* – Voller Hohn: Nicht dich, der du es tatest!

3,26 *an Kreuzwegen* – Also keineswegs als ernstzunehmender Teilnehmer an Ausscheiden vor einem fachmännischen Publikum, eher wie ein Bettelmusikant am Straßenrand.

3,40 *wer war bloß der andre …* – Es könnte Eudoxos von Knidos gewesen sein.

3,60 *Jupiter zeugte die Muse* – Doppelsinnig: Jupiter ist Vater der Musen, damit aber auch derjenige Gott, mit dem pflichtschuldig jede musische Darbietung ihren Anfang nimmt. – Kriterien für den hiermit beginnenden Wettgesang sind Wohllaut, Kraft und Schmiegsamkeit des Vortrags, in gleichem Maße aber auch – insbesondere für den „Zweiten", hier Menalcas – die Schlagfertigkeit, mit dem er die von dem „Ersten" angeschlagenen Themen steigert, ihre Aussagen überbietet oder widerlegt bzw. umbiegt. Eine andere Form des Wettgesangs bietet das fünfte Gedicht.

3,64 *Apfel* – Ein Liebessymbol.

3,68 *für Venus* – Hier: Für meine Geliebte.

3,76 *Schicke die Phyllis mir, bitte, Iollas* – Sollte mit Iollas wie im zweiten Gedicht ein – bzw. derselbe – Grundbesitzer gemeint sein, so übernähme Menalcas in seiner Antwort scherzhaft dessen Rolle in dem Sinne: „Die schicke ich dir nicht, sie hängt viel zu sehr an mir." Vielleicht bezieht der Dichter den Namen Iollas aber auch von vornherein auf Menalcas selber.

3,77 *Opfre zwecks reichlicher Ernte ein Kalb ich* – Gemeint ist das Fest der Ambarvalia („Feldumgehung", „Feldweihe"), ein Vorerntefest im späten Frühling, gewöhnlich Ende Mai. Vgl. 5,75 und L I 338–350.

3,84 *Pollio achtet mein Musengeschenk* – Der Freund und Gönner Vergils wird hier als Liebhaber der ländlichen Muse und als poetischer Neuerer (86) eingeführt.

3,104 f. *wo … sich das Gewölbe des Himmels nur über drei Ellen hin ausdehnt* – Nach antiker Notiz liegt die Lösung des volkstümlichen Rätsels in zwei Möglichkeiten: Einmal in der Doppelbedeutung des caeli in „caeli spatium" („des Himmels Gewölbe"); „caeli" kann auch als Genitiv des Namens Caelius verstanden werden; dieser soll ein reicher und verschwenderischer Mantuaner gewesen sein. Mit „Gewölbe des Caelius" wäre dann der den Blick auf den Himmel einengende Rand des Grabes des Caelius gemeint. Die andere Möglichkeit führe zum Lösungswort „Brunnen": Im Brunnen spiegle sich nur ein etwa drei Ellen breiter Ausschnitt des Himmels.

3,106 f. *die Blumen … die fürstliche Namen inschriftlich tragen* – Gemeint ist die Hyazinthe. Auf den Blüten dieser – nicht mit der heute so bezeichneten Blume identischen, aber noch nicht eindeutig identifizierten – Pflanze glaubte man Linien zu erkennen, die als Anfangsbuchstaben des Namens Aias (→ Teukros 1) bzw. Hyakinthos gedeutet wurden.

3,111 *Schließet, ihr Jungen, die Schleusen* – Ob Palaemon diese Aufforderung an die beiden Sänger oder an eigene Lohnarbeiter bzw. Sklaven richtet, bleibt offen. Im Sinne des Dichters bedeutet sie jedenfalls den Abschluß des Wettgesangs und die Rückkehr zur täglichen Arbeit. Zur Bewässerung der Felder vgl. L I 106.

4 Das einem „höheren Thema" gewidmete Gedicht steht stimmungsmäßig unter dem Eindruck des Vertrages von →Brundisium und stellt, ohne auf bukolische Elemente zu verzichten, eine in naher Zukunft eintretende Zeitenwende in Aussicht, die der Welt stufenweise ein Leben in Frieden, Freiheit und ungetrübtem Glück bringen werde. →Einl. S. XXIX.

4,1 *Musen Siziliens* – Der Dichter ordnet das Gedicht bewußt in die Reihe der Bucolica ein.

4,2 *Pflanzungen und Tamarisken* – Die durch Eingriff des Menschen kultivierte sowie die Zeugen der nicht kultivierten, d.h. frei sich entfaltenden Natur, zusammengefaßt in dem Begriff „Wälder", der beides ausdrücken kann, stellen den Bereich der bukolischen Dichtung dar.

4,4 *Lied von Cumae* – Der Dichter beruft sich auf die Weissagungen der Sibylle von Cumae.

die letzte der Zeiten – Die, nach dem Mythos von den Zeitaltern, letzte Stufe der Menschheitsentwicklung, der Ausklang des Eisernen und die Wiederkehr des Goldenen Zeitalters.

4,5 *der Zug der Epochen zum Kreislauf* – „Die Ordnung (die Reihenfolge) der Zeitalter", eine bei vielen Völkern mit verschiedenen Nuancierungen im einzelnen anzutreffende Vorstellung, die sich im griechisch-römischen Kulturbereich über den Mythos hinaus insbesondere durch die Philosophie der Stoa und der Akademie im Begriff des mehrere Zeitalter umfassenden „Weltjahres" niederschlug. Nach dessen Ablauf sollten sämtliche Gestirne wieder ihre Ausgangsposition erreicht haben.

4,6 *die Jungfrau* – Dike bzw. Astraia, die nach Anbruch des Eisernen Zeitalters vor Scham und Entsetzen die Menschenwelt verließ und zum Sternbild wurde.

4,7 *steigt auch ein neues Menschengeschlecht vom Himmel hernieder* – „Wird herabgeschickt" von nicht näher bezeichneten Mächten, unter denen allgemein die göttergewollte Zeitenwende zu verstehen ist.

4,8 *dem kommenden Kinde* – Die Bemühungen, den Vater und damit den Knaben selbst zu identifizieren, sind seit der Antike bis in die Gegenwart ergebnislos verlaufen. Der Dichter gibt keinen klaren Hinweis. Den Vater – sofern der zu Erwartende nicht überhaupt als göttliches Wesen zu würdigen sei – in dem Adressaten des Gedichts, Pollio, zu erkennen, glaubte bereits die Mehrzahl der antiken Erklärer, und mancher neuere ist ihnen gefolgt. Auch Augustus, Antonius, Marcellus waren und sind im Gespräch. Sogar den jungen Oktavian wollte man in dem Jungen erkennen, und die Christen glaubten ihn als den verheißenen Messias, den Welterlöser, begrüßen zu sollen. Alle diese Deutungen scheitern letzten Endes an gewichtigen Einwänden. In dem Knaben wie in dem vorausgesetzten Vater (Vers 17) Symbolfiguren anzunehmen, scheint dem Übersetzer noch der Wahrheit am nächsten zu kommen, wobei man freilich mit konkreten Zeitbezügen vorsichtig sein sollte. Inwieweit man altitalische, hellenistische, ja orientalische Einflüsse für die Verwendung des Motivs durch den Dichter anzunehmen habe, ist eine berechtigte, aber auch noch nicht befriedigend beantwortete Frage, bei deren Untersuchung allerdings Vergil nicht unterschätzt zu werden brauchte; er muß, gerade als Meister der Verarbeitung und Umsetzung von Gegebenem, nicht unbedingt alles und jedes, was er bietet, „irgendwoher" haben. In jedem Falle bleibt festzustellen, daß Vergil den Knaben nicht als Schöpfer oder auch nur als Förderer des kommenden Zeitalters preist; selbst wo er ihn als Regenten wirken läßt (Vers 17), übt er die Herrschaft über einen „durch die Leistung des Vaters befriedeten Erdkreis" aus; der Übersetzer verbindet – ohne zu verkennen, daß auch eine andere Beziehung sprachlich möglich ist – „pacatum mit patriis virtutibus". Demnach wäre der Knabe im Sinne des Gedichtes ein Zeitgenosse – wenn man will, ein begnadeter Nutznießer – jenes Zeitraumes, innerhalb dessen der Übergang zum Goldenen Zeitalter sich vollzieht, nicht weniger, aber auch nicht mehr. Seine Taten als Mann (Vers 54) gehören bereits jenem vollendeten Zeitalter an.

4,60 *Richte … den … Blick auf die Mutter* – Die Anrede des Dichters an den in diesen Schlußworten als bereits geboren vorgestellten, später vergöttlichten Knaben und der Austausch des Lächelns zwischen Mutter und Kind lassen das Gedicht des „höheren Themas" mit einem liebenswert menschlichen Genrebild ausklingen.

5 Die Hirten Menalcas und Mopsus treffen sich und tragen einen Wettgesang zum Lobpreis des Daphnis vor, Mopsus mit einer Klage über den Tod, Menalcas mit einem Lied über die Vergöttlichung des teuren Verstorbenen. Vgl. vor

allem Theokrits Gedicht I („Lied des Hirten Thyrsis auf Daphnis") sowie die in Einzelzügen besonders verwerteten Gedichte VII („Das Erntefest") und VIII („Menalkas und Daphnis").

5,10 f. *von Liebesgluten der Phyllis ... vom Ruhme des Alcon ... vom Hader mit Codrus* – Beliebige Themen, die der Hirtenwelt entnommen sind. Es geht bei dem hier gemeinten Wettgesang nicht um eine Art musischen Schlagabtauschs wie im dritten Gedicht (vgl. Anm. zu 3,60); vielmehr trägt jeder Teilnehmer ein etwas umfangreicheres, einem bestimmten Thema gewidmetes und in sich abgeschlossenes Lied vor.

5,29 *armenische Tiger vor Wagen* – Züge des Bacchus, der nach seinem Siegeszug durch Indien zahme Tiger vor seinen Wagen spannte, werden auf Daphnis übertragen.

5,31 *efeu- und weinlaubumwundene Stäbe* – → Thyrsos.

5,32 *Schmücken die Weinreben Bäume* – Weinreben rankten sich nicht nur in der freien Natur an Bäumen empor, sondern auch, wo der Boden es zuließ, in bewußter Anpflanzung. Als Baum wurde dabei die Ulme bevorzugt.

5,60 *Wölfe beschleichen nicht länger die Ziegen* – Die Versetzung des Daphnis unter die Götter leitet ein dem Goldenen entsprechendes Zeitalter allgemeinen Friedens ein.

5,75 *mögen die Fluren wir weihen* – Beim Fest der Ambarvalia. Vgl. Anm. zu 3,77.

5,86 *Lehrte sie uns doch: ...* – Das Spielen auf dieser Flöte beschwingte den Hirten zum Dichten der 2. und 3. Ekloge.

6 Die Hirten Mnasylos und Chromis nötigen Silenus, eine Probe seiner vielgerühmten Gesangeskunst zu geben. Silenus singt zuerst über die Entstehung der Welt, um im Anschluß eine Reihe verschiedener Mythen vorzutragen.

6,1 *Erstmals in Rom* – Der Dichter ist sich seiner poetischen Leistung wie seiner Stellung in der römischen Literatur bewußt.

6,6 f. *Varus* – Durch die Anrede widmet Vergil dem Varus das Gedicht, lehnt jedoch das Ansinnen ab, dessen „ruhmreiche Taten" zu besingen.

6,31 *über den ... leeren Weltraum* – Trotz starker Anlehnung der folgenden Darstellung an die Weltentstehungslehre des Lukrez („Das Wesen der Welt" V 416–446) huldigt Vergil der epikureischen Ideologie als Ganzem nicht. → Einl. S. XXX f.

6,43 ff. *die Argonauten* ... – Schlossen sich die Mythen von der Sintflut, vom Goldenen Zeitalter und von der Tat und Bestrafung des Prometheus gemäß der Mythenchronologie noch an das Thema des ersten Teiles an, so lassen die nun folgenden Sagen einschließlich des summarischen Hinweises in den Versen 82 ff. weder eine thematische noch eine zeitliche Bindung erkennen. Vergil verfährt damit nach der Art zahlreicher hellenistischer Dichter, die stellenweise bestimmte Mythen nur „antippen" und die Kenntnis der Gesamtabläufe bei dem Leser voraussetzen, dafür aber Einzelheiten stimmungsvoll ausmalen (hier etwa in den Versen 52–60 und 80–81).

6,61 f. *das Mädchen dann, das bei den Äpfeln der Hesperiden stutzte* – → Atalante.

6,64 *Gallus* – Die Musenweihe des Freundes von Vergil bedeutet den Höhepunkt des Gedichts.

6,69 f. *die Rohrflöte ... Dichter von Askra ...* – Sinnfälliger Vergleich mit der Musenweihe des Hesiod, von welcher der aus dem böotischen Askra stammende Schöpfer des Lehrgedichts am Anfang seiner Theogonie berichtet.

6,82 *Alles* – Die Sagenwelt als Ganzes scheint gemeint zu sein, als deren Sänger (und in diesem Sinne „Künstler" und „Lehrer") Apoll eingeführt wird.

6,85 *Viehzählung und Heimkehr* – Die notwendigen Tätigkeiten der Hirten, die sie mit dem Aufgang des Abendsterns auszuführen haben, schließen den bukolischen Rahmen der Ekloge, deren Kern die dem Varus wie dem Gallus gewidmete Huldigung ist.

7 Der Hirt Meliboeus erzählt, wie er dank einer Aufforderung durch Daphnis Zeuge eines Wettgesangs zwischen Corydon und Thyrsis wurde, und gibt die ihm im Gedächtnis haften gebliebenen Verse wieder. Vgl. insbesondere Theokrits Gedicht VIII („Menalkas und Daphnis").

7,14 *Ich hatte weder Alkippe noch Phyllis* – Der Erzähler führt seine Wirtschaft allein, zum Unterschied von der Mehrzahl der anderen Hirten.

7,20 *jeweils Corydon als erster, ... Thyrsis als zweiter* – Es handelt sich um ein Wettsingen (vgl. Anm. zu 3,60).

7,24 *wird mein Blasrohr ... an der heiligen Pinie hier hängen* – Handwerker wie Künstler pflegten beim Aufgeben ihres Berufes das Handwerkszeug dem jeweiligen Schutzgott ihrer Tätigkeit zu widmen.

7,25 ff. *Kränzt ... den ... Dichter mit Efeu: ...* – Thyrsis sucht die von Corydon in den Versen 21–24 zur Schau getragene Zuversicht, den berühmten Meistersänger Codrus zu übertreffen, für seine Person noch zu steigern. Falls er die im Selbstlob in Aussicht genommene Leistung nicht erreicht, so denkt er nicht daran, seine Musenkunst aufzugeben, sondern bittet um Bekränzung mit Baldriankraut, dessen Zauberwirkung ihn vor übler Nachrede bewahren würde.

7,49 f. *verrußte Türpfosten* – Nur Wohlhabende konnten sich ein Haus mit einem ordentlichen Rauchfang leisten.

7,70 *Corydon gilt mir seitdem als – Corydon* – Als Begriff für meisterhafte Beherrschung des Singens und Spielens.

8 Die Hirten Damon und Alphesiboeus singen im Wettstreit je einen Einzeigesang, der von der Macht des Eros handelt, ersterer ein Klagelied über die Untreue der Geliebten, das mit dem Entschluß des Verzweifelnden zum Selbstmord endet, letzterer das Beschwörungslied eines von seinem Geliebten verlassenen Mädchens, dem der Erfolg zuteil wird: Der Geliebte kehrt zurück. Vgl. insbesondere Theokrits Gedichte I („Lied des Hirten Thyrsis auf Daphnis") und II („Simaitha und Delphis", auch „Das Zauberlied der verlassenen Simaitha").

8,6–13 *Hast du ...* – Die an Pollio gerichtete Widmung des Gedichts. Vgl. Anm. zu 3,84.

8,30 *Der Hesperus weicht dir vom Oeta* – Der Abendstern geht über dem Oeta auf, es ist Zeit, die Braut nach Hause zu führen. Dabei hat der Bräutigam nach altem Römerbrauch Nüsse unter die schauende Menge zu werfen.

8,38 *dich und die Mutter* – Vgl. Theokrits Gedicht XI („Der verliebte Kyklop") Vers 25 f.

8,47 ff. *Amor ... lehrte die Mutter, die Hand in dem Blute eigener Kinder zu baden* – Herausragendes Beispiel für derart widernatürliches Handeln war seit jeher Medeia.

8,52 ff. *Fortlaufen soll jetzt ... der Wolf vor den Schafen ...* – Nach den Versen 47 und 48 weitere Unmöglichkeiten, Beispiele einer aus den Fugen geratenen Welt, in der zu leben sich nicht mehr lohnt.

8,64 *Weihwasser bringe* – Das mit Namen nicht genannte Mädchen nimmt die Beschwörungszeremonie an einem im Hofe stehenden Altar vor und erteilt der Dienerin Amaryllis (Verse 76 und 100) Anweisungen.

8,79 *Lehm ... Wachs* – Symbolische Stoffe, deren erster die Verhärtung des Daphnis gegenüber anderen Frauen, deren zweiter sein „Schmelzen“ vor der Beschwörenden versinnbildlichen soll.

8,101f. *Ich gehe Daphnis ans Leben* – Die letzte verzweifelte Drohung, ehe die kaum noch für möglich gehaltene Wende eintritt und der Geliebte erscheint.

9 Die Hirten Lycidas und Moeris, der von der Enteignung hart betroffen worden ist, vereinen sich zu gemeinsamem Gang in die Stadt. Ihr Gespräch und Wechselgesang kreisen um die Not der Zeit und die Kunst des Menalcas, eines Meisters des Hirtengesangs. Zur Gesamtanlage vgl. Theokrits Gedicht VII („Das Erntefest“), zu Einzelzügen vor allem die Gedichte III („Das Ständchen“, auch „Ständchen für Amaryllis“), V und XI.

9,4 *schert euch, ihr früheren Siedler!* – Nach der im Vers 6 genannten Verpflichtung, dem neuen Herrn Abgaben zu leisten, ist Moeris, wenigstens bisher, vor dem Schlimmsten bewahrt geblieben. Ob er als Eigentümer, als Pächter oder – nach Vers 4 am wenigsten wahrscheinlich – als von dem Besitzer beauftragter Sklave das kleine Grundstück bewirtschaftete, ist nicht ersichtlich (vgl. Anm. zu 1,27 und zu 2,2). In jedem Falle muß er angesichts des in Vers 3f. angedeuteten Charakters des neuen Besitzers nicht nur mit einer Schmälerung, sondern sogar der Vernichtung seiner bisherigen Existenz rechnen.

9,10 *hätte Menalcas euch alles durch seine Gedichte gerettet* – Durch eine in poetischer Form an den für die Landverteilung dieses Gebietes zuständigen Statthalter Alfenus Varus gerichtete Bitte. Eine Probe aus diesem – nur vorgestellten – Bittgedicht bieten die Verse 27–29. → Einl. S. XV.

9,16 *... wäre dein Moeris, Menalcas auch selber, nicht mehr am Leben* – Die näheren Umstände des „Streites“ (15) werden nicht genannt. Es muß sich um Auseinandersetzungen zwischen den aus ihren Besitztümern Vertriebenen und den neuen Herren handeln, den Veteranen des oktavianischen Heeres, die von den ihnen eingeräumten Rechten rücksichtslos Gebrauch machten und vielfach bei Widerstand, und mochte er sich nur in empörten Worten äußern, zur Waffe griffen. Vgl. 1,70ff.

9,19 *Wer besingt dann noch Nymphen?* – Wer dichtet und singt dann noch Hirtenlieder – „Tröstungen“ (18) im Leid des

Weltgeschehens –, wenn ein Künstler wie Menalcas totgeschlagen wird?

9,29 *Mantua ... zu nahe ... dem armen Cremona* – → Einl. S. XIV.

9,46 *Daphnis* – Hier ein Landmann, der – wie offenbar viele seines Standes – eine Besserung der gegenwärtigen schlimmen Lage vom „Aufstrahlen alter Gestirne" erhofft, seine Erwartungen also nicht auf Caesar und seinen indirekt angesprochenen Adoptivneffen Oktavian richtet.

9,47 *des Sohns der Dione* – Die Mutter wird anstelle der Tochter Venus genannt. Nach der schmeichelhaften Nennung des Gönners und Freundes Varus (26f.) sowie der befreundeten Dichter Varius und Cinna (35) gilt die höchste Dankbarkeit und Verehrung der staatsmännischen Leistung Caesars (1). Der „Stern" meint den Kometen, der nach Caesars Ermordung erschien und sieben Tage lang leuchtete, nach Meinung des Volkes „die Seele Caesars, der in den Himmel aufgenommen worden war" (Sueton, Caesar 88). Die offizielle Vergöttlichung Caesars erfolgte durch einen Senatsbeschluß des Jahres 36 v. u. Z., der auch eine rechtliche Grundlage für den späteren Göttlichkeitsanspruch Oktavians darstellte.

9,54 *Wölfe erspähten ihn ... als erste* – Wem dieses Ereignis zustieß, der wurde nach antikem Glauben mit Stummheit geschlagen.

9,66 *Laß das ... wir kümmern uns lieber um unsere Pflichten* – Es gelingt Lycidas nicht, Moeris zu einem gemeinsamen heiteren Singen zu bewegen. Somit klingt das Gedicht aus in der gedrückten Stimmung dessen, der den Schlag, von dem er getroffen wurde, noch nicht verwunden hat.

10 Cornelius Gallus sucht, als Hirte in den Bergen Arkadiens, sich durch ein Lied der Klage vergeblich über den Kummer zu trösten, in den Amor ihn gestürzt hat. Vgl. besonders Theokrits Gedicht I.

10,2f. *doch soll Lycoris sie selber lesen* – Hinter dem Wunsch steht die Hoffnung des Dichters, die treulose Geliebte könne durch die Lektüre zur Rückkehr bewogen werden.

10,5 *soll auch die bittere Doris nicht Salz in dein Süßwasser mischen!* – Gleichsam zum Dank für die Gewährung der von Arethusa erflehten Hilfe beim Verfassen des Gedichts (Vers 1) wünscht der Dichter ihr, daß sie den Weg durch die Tiefe der See ungestört zurücklegen möge. Der Name der Gattin des Nereus steht hier im Sinne von „Meer".

10,19 *Nunmehr erschienen ...* – Zur Anteilnahme der Natur tritt jetzt jene der Menschen und Götter.

10,23 *mit einem andern* – Den erfolgreichen Nebenbuhler zweifelsfrei zu benennen, ist seit der Antike ohne Erfolg versucht worden. Offen bleibt auch die Frage, wer die von Gallus in seinen vier verlorengegangenen Elegienbüchern besungene Lycoris wirklich gewesen sei. Bei dem Nebenbuhler muß es sich um einen Soldaten bzw. Offizier handeln, der (Verse 23 sowie 44–47) in Gallien oder Germanien eingesetzt war.

10,40 *neben mir ruhtest du* – Den bei Nennung einer Phyllis und eines Amyntas wohl unausgesprochen mitschwingenden Gedanken: „Dann brauchte ich mich nicht über Untreue der oder des Geliebten zu beklagen" biegt die nach wie vor für Lycoris glühende Leidenschaft um in eine zunächst unvermittelt erscheinende Anrede an die Geliebte; ihr gegenüber würden die Hirtenlieblinge lediglich Diener sein.

10,62 *Aber jetzt will ich von Baumnymphen gar nichts mehr wissen* – Selbst die Vorstellung, über seinem Grabe sein Liebesschicksal in Hirtenliedern gepriesen zu hören (Vers 33f.), brachte dem Klagenden keine Linderung der Qual. Er entschließt sich zu dem Eingeständnis, Amor unterlegen zu sein und auf den Trost der Hirtenwelt zu verzichten.

10,75f. *Aufstehen möchte ich. Schatten ... ist ... gefährlich, bedrückt auch den Sänger* – Die Begründung für seine Absicht, aufzustehen, gibt der Dichter nach einem alten Volksglauben. Damit deutet er symbolisch seinen Willen an, den in der Hirtendichtung allgemein als Labsal gepriesenen Schatten und die Hirtendichtung überhaupt zu verlassen. So gilt ihm denn seine zehnte Ekloge nicht nur als letzte der vorliegenden Sammlung (Vers 1), sondern als Abschluß seiner bukolischen Poesie.

Lied vom Landbau

Der überlieferte Titel „Georgica" stammt vom griechischen „Georgiká", abgeleitet von „georgós" (Landbearbeiter, Bauer); er bedeutet demnach „das, was zur Landbearbeitung gehört".

→Einl. S. XVIf. XXIVf. XXIX–XXXIII. XLII.

ERSTER GESANG

1 *Maecenas* – Der Dichter widmet das Werk dem Freund und Gönner, der ihn wahrscheinlich zur Behandlung des Themas anregte.

2f. *zum Anbinden zäher Reben an Ulmen* – Der Weinbau als eine der wichtigsten Kulturen tritt in der einleitenden poetischen Übersicht (Vers 1–5) über die Themen der vier Gesänge des Werkes an die Stelle der im zweiten Gesang allgemein behandelten Baumkultur. Zur Nutzung der Ulmen vgl. Anm. zu H 5,32.

5 bis 23 *Ihr, Sonne und Mond, ...* – Die seit Homer übliche Anrufung der Götter zu Beginn eines epischen Werkes verzichtet hier auf Nennung der Musen zugunsten der dem Thema entsprechenden Gottheiten, deren Wirken ausschließlich oder in hervorragendem Grade für die Landwirtschaft wichtig ist.

8 *chaonische Eicheln ... Ähren* – Gemeint ist der Übergang des Menschen vom Sammler zum Ackerbauer.

14 *Pfleger der Triften* – Aristaeus.

19 *Jüngling, der du uns lehrtest ...* – Triptolemus.

24 bis 42 *Schließlich du, Caesar* – Anrufung Oktavians, dessen Vergöttlichung keinem Zweifel mehr unterliegt und lediglich die Frage nach dem Platz, den er unter den Göttern einnehmen wird, noch offenläßt. Zur Göttlichkeit des von Caesar (1) Adoptierten vgl. Anm. zu H 9,47.

33 *Jungfrau und Waage* – Die Sinnbilder der Gerechtigkeit und Billigkeit. Das Sternbild der Waage galt ursprünglich als Teil des Skorpions.

41f. *Mitgefühl widme, wie ich, dem der Straße nicht kundigen Landmann, geh mir voraus* – Gemäß der traditionellen Vorstellung vom Lehrgedicht wird der des Stoffes nicht ausreichend kundige Landmann als Leser vorausgesetzt. Mitgefühl mit diesem Leser möge der Herrscher aufbringen und entsprechend seiner Aufgabe als göttlicher Friedens- und Heilbringer dem Dichter den Weg weisen.

48 *wenn zweimal die Sonnenglut wie auch den Nachtfrost es spürte* – Der Boden soll vor dem Einlegen des Saatgutes zweimal gepflügt werden.

50 *in fremdem Gelände* – Auf Böden, die der Bebauer zur Genüge kennt, ist die hier empfohlene Unterrichtung überflüssig.

67 *im Licht des Arcturus* – Im Spätsommer.

73 *zu anderer Jahreszeit* – Wie die Aussaat des Weizens gegenüber der vorher dort wachsenden Hülsenfrucht sie verlangt.

78 *der Mohn, der Spender eines lethäischen Schlafes* – Das aus Mohnsamen gewonnene Rauschgift schenkt „Vergessen".

86f. *mag nun das Erdreich ... Nährstoffe einsaugen ...* – Der Dichter stellt vier Begründungen für das Abbrennen der Stoppeln nebeneinander, die dem damaligen Kenntnisstand entsprechen und offenbar jeweils für unterschiedliche Arten des Bodens zutreffen sollen.

108ff. *... Wasser herabläßt vom Wehr* – Vgl. Ilias XXI 257–267.

131f. *Blättern entriß er den Honig ...* – Jupiter beendete den Zustand des Goldenen Zeitalters, in dem Honig von den Bäumen troff (vgl. H 4,30) und Wein in Bächen floß.

150 *Bald auch erlitt das Getreide Einbußen* – Nach der eingeschalteten Betrachtung über das Entstehen der Arbeit (121 bis 154) kehrt der Dichter zum Thema der Schädlinge (118ff.) und ihrer Bekämpfung zurück.

217 *zeigt den Beginn des Jahres der Stier* – Im April. Gemeint ist der Beginn des „Bauernjahres", des Einsetzens der Hauptarbeit, wobei durch die Verwendung des Verbs „aperit" (öffnet; hier übersetzt mit „zeigt den Beginn") wohl mit Absicht auf die antike Etymologie (Aprilis: „Eröffnungsmonat") angespielt wird. Allerdings stimmt die – hier offenbar um des poetischen Bildes willen gewählte – Zeitangabe weder mit der Wirklichkeit noch mit des Dichters eigener Darstellung 1,43ff. überein. Vgl. die zweite Anm. zu L III 303f.

221f. *lasse ... die Töchter des Atlas ...sinken ... schwinden das Sternbild von Knossos* – Im November.

225 *vor dem Untergang Majas* – Der Name der Atlastochter steht hier für die Plejaden insgesamt.

229 *Bootes im Sinken* – Ende Oktober.

240f. *Steil ragt ... aufwärts das Weltall* – Die Vorstellung eines Oben wie Unten des Weltalls entspricht der aristotelischen wie der epikureischen Naturlehre, die der Dichter hier mit mythischen Bildern verbindet.

268 *an den Feiertagen* – An Feiertagen sollte eigentlich aus kultischen Gründen nicht gearbeitet werden. Da die Römer aber mehr als hundert Feiertage hatten, geboten schon ökonomische Gründe Ausnahmen von der Regel, deren

Festlegung mancherlei spitzfindige sakraljuristische Erwägungen heraufbeschwor. Nutz- und Arbeitstiere blieben ohnehin vom Verbot ausgeschlossen, so daß auch die für ihre Pflege und ihren Einsatz erforderlichen Personen tätig sein mußten.

280 *Brüder, die sich entschlossen, den Himmel zu stürmen* – Otos und Ephialtes.

313 *der Lenz mit dem Regen davonzieht* – Herbst- wie Frühlingsunwetter werden als gewöhnlich und dementsprechend wohl auch nicht so gefährlich dargestellt wie Unwetter zur Zeit des bereits gereiften Getreides.

337 *Kreisbahnen der von Kyllene stammenden Flamme* – Die Bahn des Planeten Merkur.

345 *dreimal umschreite das Opfertier ... die Neusaat* – Zur Ambarvalienfeier. Vgl. H 3,77 und 5,75 mit der dazugehörigen Anm.

347ff. *Und wage es keiner ...* – Ein weiteres Vorerntefest ist gemeint, das unmittelbar vor Beginn des Schnittes stattfand, aber von dem Dichter hier in einem Zuge mit den etwas früher begangenen Ambarvalien genannt wird.

415ff. *ich glaube nicht recht, daß die Götter ... die Tiere zu Wetterpropheten machen* – Vgl. Anm. zu IV 219ff.

489 *sah jetzt Philippi zum zweiten Mal römische Heere* – Die Doppelschlacht von Philippi wird als ein Waffengang der Schlacht von Pharsalus gegenübergestellt.

493 *der Landmann* – In einem Werk über den Landbau die der Tendenz des Dichters entsprechende Prophezeiung, daß der Bauer über die Jahre der Bürgerkriege hinweg leben und seine segenbringende Tätigkeit fortsetzen wird.

500 *Jüngling* – Der im Vers 503 als Caesar angeredete Oktavian.

501f. *Wir sühnten ... den Bruch des spartanischen Gastrechts durch Troja* – Die römischen Bürgerkriege werden als eine Folge des Unrechts angesehen, das die Vorfahren, die Trojaner, durch Billigung des Raubes der Helena begingen. → Laomedon. → Einl. S. XXI.

505f. *So zahlreiche Kriege toben auf Erden* – Die Kämpfe nach der Doppelschlacht von Philippi sind gemeint, mit äußeren Gegnern, insbesondere mit den Parthern („vom Euphrat") und den Germanen in den Jahren 40–38, sowie zwischen den Parteigängern des Antonius und des Oktavian, insbesondere um Perusia und andere italienische Städte.

ZWEITER GESANG

7 *die Jagdstiefel* – In der bildenden Kunst wie in der Literatur wurde Bacchus oft in Schaftstiefeln dargestellt: Auch der Gott soll sich hier der vom Dichter gepriesenen schlichten alten Arbeitsweise des Landmannes anpassen.

43 *besäße ich hundert Zungen* – Vgl. Ilias II 488f.

44 *streif nur entlang an der Küste* – Das ist kein Gegensatz zu „dem offenen Meere" in Vers 41. Die antike Schiffahrt beschränkte sich in der Regel auf Sichtweite zur Küste; wer vom Lande ablegte, befand sich auf See. – Mittels des Bildes bekräftigt der Dichter seine Absicht, einmal auf Vollständigkeit in der Darbietung des Stoffes zu verzichten (Vers 42), zum anderen (Vers 45) sich an die dem Lehrgedicht gemäßen Tatsachen zu halten und auf „reine Erdichtung" (Vers 46) im Sinne eines Helden-Epos zu verzichten.

122 *ganz nahe dem Ozean, unweit des Weltrands* – Es kommt dem Dichter auf die Kennzeichnung fremdartiger Ferne, nicht auf geographische Genauigkeit an. Da Vorderindien seit den Feldzügen Alexanders des Großen bekannt war, insbesondere durch Nearchos und Onesikritos, etwas später durch Megasthenes, können Küstenstriche des Arabischen wie des Bengalischen Meeres gemeint sein.

140ff. *Pflügten glutschnaubende Stiere auch nicht Italiens Boden ...* – Das geschah dem Mythos nach in Kolchis, wo Iason, der Führer der Argonauten, Stiere anschirren, mit ihnen pflügen, Drachenzähne säen und die aus ihnen entsprossenen Männer überwinden mußte, um vom König Aietes das Goldene Vlies zu erhalten.

158 *die Meere, die oben wie unten die Küsten umbranden* – Das Adriatische und das Tyrrhenische Meer.

170 *gewaltigster Caesar* – Oktavian.

172 *die ... Inder* – Gemeint sind allgemein die Völker des ferneren Ostens, die von Antonius und Kleopatra zum Kampfe gegen Oktavian aufgeboten wurden.

193 *fette Etrusker* – Wohl Anspielung auf die physischen Folgen ihres häufigen Einsatzes im Opferdienst.

214f. *Tuffstein und ... Kreide behaupten ...* – Poetische Personifizierung.

221 *umrankt ... mit ... Reben die Ulmen* – Vgl. H 5,32 und die entsprechende Anm.

252f. *Ich würde es mir bescheidener wünschen, ja nicht im Übermaß kraftvoll* – Vielleicht denkt der Dichter an mögliche besonders schwere natürliche Gefährdungen allzu üppigen Wachstums (Schädlinge, Unwetter), oder er will warnen vor einem negativen Einfluß, den allzu reicher Ertrag und der aus ihm erwachsende Wohlstand auf die Moral der Bevölkerung ausüben könnten.

256 *die tückische Kälte* – Schnee und Frost erschweren bzw. verhindern die Prüfung.

326 *blühende Gattin* – Terra, die Erde.

380 *Deswegen* – Weil der Bock ein besonders gefährlicher Schädling für die Weinpflanzungen ist.

381 *dramatische Spiele* – Die aus ländlichen Festen hervorgegangenen literarischen Gattungen der Tragödie (Vers 382) und, nur an der Volksbelustigung des Schlauchtanzes leicht angedeutet, der Komödie (383f.) bei den Griechen.

385ff. *Auch die ausonischen Landsleute …* – Die dem Bacchus gewidmeten Opferfeste bei den Italern unterschieden sich zwar erheblich von der attischen Komödie, waren ihr dem Wesen nach aber ähnlich.

394 *volle Schüsseln* – Mit den Erstlingsgaben der geernteten Früchte.

406 *Gott der Saaten* – Saturnus.

412f. *Lobe die riesigen Felder, pflege ein kleines!* – Volkstümliche Mahnung zur Beschränkung auf das jeweils Machbare.

425 *den Freund des Friedens* – Ölbaumzweige galten als Symbol des Friedens.

446 *Blätter der Ulme* – Sie wurden als Viehfutter geschätzt.

455 *doch er machte sich schuldig auch* – Bacchus vermag auch Tod und Verderben zu bringen. Dies wird illustriert am Beispiel des Kampfes der Lapithen und Kentauren sowie am Schicksal des Pholos. Hylaios freilich fiel nach dem überlieferten Mythos ohne Einwirkung des Bacchus, und wenn er am Lapithenkampf teilnahm, kam er mit dem Leben davon. Der Dichter spielt vielleicht auf eine uns unbekannte Variante des Mythos an.

462ff. *den … Schwarm der Vormittagsgäste* – Die Klienten, die ihrem Patronus ehrerbietig aufwarten, gehören zum Leben der Reichen ebenso wie die im folgenden genannten Beispiele kostspieligen Prunks, die der Besucher, sei es pflichtschuldigst, sei es in ehrlich neidvollem Staunen „anglotzt".

465 *assyrischer Giftstoff* – Als Gift wird der Purpursaft hier wohl deshalb bezeichnet, weil er als Ausdruck verschwenderischer Prachtentfaltung mit dazu beiträgt, den guten Geschmack für das schlichte Notwendig-Nützliche zu verderben.

466 *Zimtsalbe* – Ein Duftstoff. Der natürlich empfindende, jeden Aufwand ablehnende Landmann rieb sich mit ungemischtem Öl ein.

474 *der Göttin des Rechts* – Dike bzw. Astraia. Vgl. Anm. zu H 4,6.

475ff. *Musen ... zeigt mir die Straßen des Himmels* – Der vom Dichter zunächst ausgesprochene Wunsch, selbst im Sinne der großen Naturphilosophen, vor allem des Epikureers Lukrez, die Wunder des Alls besingen zu dürfen, leitet über (Verse 482ff.) zur Bescheidung auf das dem Anschein nach unbedeutendere Thema des Landlebens, das indessen, als persönliches Bekenntnis, die hohe Anerkennung der Leistung eines Lukrez („Glücklich der Mensch ...", Vers 490ff.) verbindet mit der stolzen Würdigung des eigenen Strebens („Glücklich auch, wer" ..., 493).

496 *die Zwietracht, die Brüder zum Treubruch verleitet* – Vielleicht weniger eine Anspielung auf die parthischen Thronwirren zwischen Phraates und Tiridates, als vielmehr allgemeiner Hinweis darauf, daß die Erbitterung des Bürgerkrieges (Vers 498) und „grausames Ringen um Rechte" (501) oft die Familien entzweiten. Vgl. 510.

498 *der Untergang anderer Staaten* – Hier wird besonders an das Königreich Ägypten gedacht sein, das nach der Schlacht bei Actium römische Provinz wurde.

499 *Mitleid ... quält ihn so wenig wie Neid* – Diese Parallelität überrascht aus dem Munde eines Dichters, dessen bewußt übernommene Verpflichtung zum Mit-Leiden im tiefsten Sinne einer der Hauptpfeiler seines Gesamtwerkes ist. Vielleicht aber bedeutet die Übernahme eines wesentlichen Grundsatzes der stoischen Philosophie als Kennzeichen der Lebenseinstellung des „Weisen" an dieser Stelle lediglich eine besonders eindringliche, rhetorisch wirksame Unterstreichung der Absicht, „unpolitisch" zu sein. Über die Abgrenzung des Dichters vom Staatsmann und Feldherrn (vgl. L IV 559–562) → Einl. S. XLIIff.

528 *die Gefährten* – Auch hier ist nicht von Dienern, geschweige denn von Sklaven die Rede. → Einl. S. XXXIII.

536f. *ehe sittlich verkommene Menschen ... Stiere verzehrten* – In alter Zeit durften Stiere, die unerläßlichen Helfer des Landmanns, nicht geschlachtet, ihr Fleisch nicht gegessen werden.

DRITTER GESANG

1 *Hirt von Amphrysus* – Gemeint ist Apollon. Dem Thema des Gesanges entspricht der Anruf an die Götter, unter deren besonderem Schutz das weidende Vieh und seine Betreuer stehen.

16 *im Tempel möge mir Caesar das Heiligtum hüten* – Mit der Ehrung seiner Heimatstadt, für die und in deren Nähe er, mit der Siegespalme des Dichters im Triumph (17) heimgekehrt, einen Tempel errichten will, verbindet er im Bilde der Weihung und Ausschmückung des Heiligtums seine Absicht, die Taten Oktavians poetisch zu verherrlichen. Lassen die Verse 26–33 an eine direkte epische Darstellung der Taten denken, so weisen 34–36 auf den Stoff der Aeneis hin, in der jene Leistungen insbesondere in den Gesängen VI 788–805 und VIII 671–728 im Rahmen der freilich einem anderen Helden gewidmeten Haupthandlung gewürdigt werden. Hat der Dichter, wohl auf offenen Wunsch des Kaisers, ursprünglich an eine direkte Darstellung gedacht, deren Held dann der Herrscher selbst war? Oder bedeutet die Stelle einen Versuch, den wartenden Kaiser diplomatisch hinzuhalten, ihn dabei durch die Zweideutigkeit der Formulierungen auf die – vom Dichter schon beschlossene – Implizitewürdigung innerhalb der Aeneis vorsichtig vorzubereiten? → Einl. S. XLII.

24f. *das Bühnenbild* – Neben sportlichen Wettkämpfen, deren Großartigkeit sogar die Griechen zum Verlassen ihrer traditionsreichen Kampfstätten und zur Teilnahme bewegen wird (19f.), sollen auch dramatische Aufführungen stattfinden.

sehe die ... eingewebten Britannier die ... Vorhänge heben – Die geschlossene Bühne des römischen Theaters wurde nicht durch Hoch- bzw. Seitwärtsziehen, sondern durch Herabsenken des Vorhangs geöffnet, entsprechend durch Aufwärtsziehen wieder geschlossen. Beiderseits in das Tuch gewebte Dienergestalten schienen diese Arbeit zu verrichten. Sie sind hier als Britannier gekennzeichnet. Symbol der bis an die Grenzen der Welt vorgeschobenen Macht des römischen Reiches.

26 *Kämpfe am Ganges* – „Kampf mit den Gangariden". Es werden übertreibend die östlichen Verbündeten des Antonius gemeint sein.

29 *die erbeuteten Schiffe* – In der Seeschlacht bei Actium.

33 *zwei Triumphe, errungen an zwei verschiedenen Küsten* – Eine unanfechtbare Lokalisierung scheint noch zu fehlen. Siegreiche Kämpfe an der Kanalküste über gallische, von Britanniern unterstützte Stämme hatten stattgefunden, auch die Bastarner an der westlichen Küste des Schwarzen Meeres waren geschlagen worden. Es läßt sich auch an Kämpfe in Gebieten denken, die an das Mittelmeer, an den Persischen Golf und den Indischen Ozean (26) grenzen. Im übrigen war der von Oktavian im Jahre 29 v. u. Z. begangene Triumph ein dreifacher (vgl. Anm. zu A VIII 714).

41 *dein wahrlich nicht sanftes Drängeln* – Der Dichter muß, ehe er sich dem angedeuteten großen Epos zuwenden kann, erst die Arbeit an dem im Auftrag des Maecenas begonnenen Lied vom Landbau abschließen.

60 *Das für Lucina sowie Hymenaeus geeignete Alter* – Die Tätigkeit der für die Menschen wirksamen Götter überträgt der Dichter auf die Tierwelt, wie er kurz darauf auch im Vers 66 Menschen und Tiere gleichstellt.

92 *Saturnus ... überrascht von der Gattin* – Rheia ertappte ihn bei einem Stelldichein mit der Meernymphe Philyra.

101 f. *des Hengstes Scham ... und Stolz* – Eine weitere Übertragung menschlichen Empfindens auf Tiere leitet zur Bewährung der Rosse im Wettrennen, dem Höhepunkt züchterischer Bemühung. Vgl. die Verse 194–204.

220 bis 241 *zwei Stiere kämpfen ... gegeneinander* – Der dramatische Ablauf und die psychologische Durchdringung des Ringens der beiden Rivalen stellt eine in der antiken Literatur nicht wieder erreichte künstlerische Leistung dar.

258 ff. *was wagt erst ein Junge ...* – Angespielt wird auf die Geschichte von Hero und Leander.

281 *„Rossewut"* – → Hippomanes.

291 *die Liebe* – Der Dichter setzt mit der Verwendung des Begriffs (amor) seine leidenschaftliche Hingabe an das zu gestaltende Werk der Macht des von ihm in den Versen 242–283 besungenen, „alle Geschöpfe auf Erden" bezwingenden Amor gleich.

292 f. *Höhen, von denen keiner ... zur Castaliaquelle hinabstieg* – Kein Dichter Roms hatte sich bisher dem Kleinvieh als Thema eines Gedichtes gewidmet.

303 f. *wenn der ... Wassermann ... abzieht* – Das Sternbild sinkt im Februar.

gegen Ende des Jahres – Das Jahr des Landmanns begann mit dem Frühling; der März war ursprünglich der erste Monat; diese Einteilung fand 153 v. u. Z. ihr Ende, als der 1. Januar als Termin des jährlichen Konsulatsantritts festgelegt wurde.

346 *zum Schutze der Heimat* – Wörtlich: „In vaterländischer Bewaffnung".

348 *vor sicherem Lager* – Das Aufschlagen eines befestigten Lagers nach genau umrissenem Schema war eine der wesentlichen Stützen der jahrhundertelangen militärischen Überlegenheit der Römer.

371 f. *Wirkung, die von den purpurnen Federn ausgeht* – Bei Treibjagden wurden zum Zurückscheuchen des Wildes Schnüre mit aufgereihten bunten Federn gespannt. Vgl. A XII 750.

391 *mit einem so schneeweißen Felle* – Nach einer Sagenversion soll Pan die Luna mit einem schneeweißen Schaffell in den Wald gelockt haben.

408 *iberische Räuber* – Die Spanier waren als Räuber berüchtigt.

415 *die lästigen Schlangen* – Die im folgenden (Verse 416, 418, 425) genannten Arten sind nicht zweifelsfrei identifiziert.

474 *Beispiele findet* – Der Dichter leitet zur Darstellung der norischen Viehseuche (478–566) über, zu der ihn Lukrez („Das Wesen der Welt" VI 1090–1137) anregte. Bedeutsame Pestdarstellungen der antiken Literatur seien zum Vergleich genannt: Thukydides, Geschichte des Peloponnesischen Krieges II 48–53 (Die Pest in Athen); Lukrez VI 1138–1251 (Die Pest in Athen); Ovid, Metamorphosen VII 523–613 (Die Pest auf Ägina).

483 *Brennender Durst ...* – Die hier beginnende Schilderung der Symptome in ihrer Vielfalt und Vielseitigkeit macht es wahrscheinlich, daß der Dichter Erscheinungsformen nicht nur einer, sondern mehrerer Tiererkrankungen berücksichtigte, vor allem der Rinder- und Wildseuche sowie des Milzbrandes.

487 *Bänder vom wollenen Turban* – Die Kopfbinde der Priester, die infula, die in verschiedener Weise um den Kopf ge-

schlungen werden konnte, Zeichen der Unverletzlichkeit ihres dem Gott geweihten Trägers, wurde auch Opfertieren angelegt.

498f. *Rennpferde ... hatten zum Unglück Preise gewonnen* – Die Anerkennung ihrer Leistungen nützte ihnen nichts.

518 *den noch Lebenden ..., der des Bruders Sterben betrauert* – Nach menschlicher Weise läßt der Dichter auch das Tier im leidenden Artgenossen den „Bruder“ sehen. Vgl. die Verse 60, 66, 101f., 220–241.

526f. *Haben doch ihnen ... nicht zu reichlich gedeckte Tische Unheil gestiftet* – Die Tiere haben, im Gegensatz zur Völlerei der Menschen, „natürlich“, hier auch im Sinne von „sittlich unanfechtbar“, und damit unschuldig gelebt. Trotzdem verfallen sie qualvollem Tode.

533 *Auerochsen – ungleiche dazu!* – Bei der Alltagsarbeit wie ganz besonders bei kultischem Anlaß mußten die zu einem Gespann gehörigen Tiere sich an Wuchs und Kraft etwa gleichen.

534 *Mit Hacken lockert man mühsam den Boden* – Es standen keine Pflug- und Zugstiere mehr zur Verfügung.

541 *die Kinder des Meeres* – Der Dichter läßt das große Sterben auf die Tiere des Meeres und der Luft übergreifen und verallgemeinert das Verderben, das in dem Bild vom Wirken der Tisiphone (551ff.) sowie von der tödlichen Ansteckungsgefahr für die Menschen (559ff.) seinen abschließenden Höhepunkt findet.

566 *heiliges Feuer* – Umdeutung der mit eitrigem Brand Haut und Glieder fressenden Krankheit ins Sakrale, eine gewisse Parallele zur heiligen Krankheit, unter der vorzugsweise die Epilepsie verstanden wurde.

VIERTER GESANG

1f. *Honig, den uns der Tau beschert* – Nach antiker Auffassung fiel der Honig mit dem Tau vom Himmel auf die Blüten herab, von denen die Bienen ihn aufsammelten.

15 *vorn fleckig durch blutrote Hände* – Anspielung auf den Mythos von →Philomela.

21f. *die neuen Könige* – Die weibliche Funktion der Königin (Weisel) war in der Antike Fachleuten teilweise schon bekannt, aber noch nicht der Allgemeinheit geläufig. Vgl. die Anm. zu den Versen 198–202.

47 f. *Krebse verbrenn im Herdfeuer nicht* – Die entstehenden, als Heilmittel genutzten Gerüche wirken schädlich auf Bienen.

58 *Schwarm ... aus den Zellen* – Die Bienen schwärmen im Frühsommer.

64 *die Zimbeln der Mutter* – →Kybele.

71 *heiserer Kampfruf* – Das gedämpfte „Tuten“ rivalisierender Königinnen.

78 *schärfen ... die Stacheln und rüsten die Arme zum Schlagen* – Die
bis von vielen fliegenden Insekten bekannte Bewegung des
85 „Putzens“ mit den Hinterbeinen stellt der Dichter, die
Tiere vermenschlichend, als bewußte Kampfvorbereitung dar. Die gleiche nicht immer mangelndem Wissen, sondern poetischer Absicht entstammende Tendenz durchzieht die gesamte Darstellung und führt zu mehreren naturkundlich unrichtigen Einzelzügen, auch über die Schlachtschilderung hinaus.

111 *weidene Sichel* – Warum die, wie der Gott selbst, holzgeschnitzte Sichel „aus Weidenholz“ besteht, hat noch keine voll überzeugende Erklärung gefunden.

112 *Krummholzfichten vom hohen Gebirge* – Die Fichte bzw. Kiefer (pinus), die sich der Gärtner eigens aus den hohen Bergen holt, erscheint als Bienenweide auch im Vers 141.

116 f. *Zöge ich nicht ... die Segel jetzt ein* – Unter Wiederaufnahme des Bildes der Verse II 41 ff. deutet der Dichter den bevorstehenden Abschluß des Werkes an.

127 *einen betagten Mann aus Corycus* – →Einl. S. XXXI.

128 *Ödland* – „Zurückgelassener“, d. h. „nicht vermessener“, „nicht zur Bearbeitung freigegebener“ Boden, wie man ihn in der Regel zugezogenen fremden Siedlern überwies.

131 *heilige Kräuter* – Als solche galten u. a. Triebe und frische Blätter der Myrten, Zypressen, der Öl- und Lorbeerbäume, die man zum Schmücken bzw. Bekränzen von Gesandten, Schutzflehenden, Opfertieren, Altären benutzte.

149 f. *Nunmehr besinge die Tugenden ich, die Jupiter selber ... den Bienen verlieh* – Zur Betrachtung des Bienenstaates (149–227) →Einl. S. XXXII.

160 *Narzissentränen* – Poetische Umschreibung für Blütensaft. →Narcissus.

195 f. *heben vom Boden Steinchen sie auf* – Eine antike Fabel.

198 *Niemals begatten sie sich* – Sehr wahrscheinlich hat der Dich-
bis ter bewußt die vermeintlich „jungfräuliche Zeugung“ der
202 Bienen als einzige Fortpflanzungsmöglichkeit herausge-

stellt, obwohl er in einer seiner Quellen, der „Geschichte der Lebewesen“ des Aristoteles V 21, als zweite Möglichkeit die Befruchtung der „Mütter“ durch die Drohnen erwähnt vorgefunden hatte. Ihm war wohl daran gelegen, die Unabhängigkeit der vom „göttlichen Weltgeist beseelten“ Geschöpfe (220) von der triebhaften Raserei des Amor eindrucksvoll zu unterstreichen.

201f. *junge Bürger* – Bezeichnenderweise schreibt der Dichter „junge → Quiriten“.

219ff. *behauptet mancher ... völlig durchdringe die Gotteskraft alle Länder ...* – Die Durchdringung der Welt und ihrer Geschöpfe durch göttliches Walten, die hier unter Nutzung vor allem platonischer und stoischer Elemente (kaum abgeschwächt durch das beinahe formelhafte *„behauptet mancher“*) besungen wird, läßt die Bienen in gewissem Sinne der dem Dichter gegenwärtigen gesellschaftlichen Realität entrückt und als ein Überbleibsel aus dem Goldenen Zeitalter erscheinen. Zum Sprecher der entgegengesetzten epikureischen Auffassung macht sich der Dichter allerdings mit den Versen I 415ff.

231ff. *zwei Zeiten laden zum Sammeln* – Ende und Anfang des Winters, gemäß den folgenden Bewegungen der Sternbilder. Das Sternbild des Fisches geht freilich früher auf und früher unter als die Plejaden. Doch wird es dem Dichter nicht auf astronomische Genauigkeit, sondern auf allgemeine poetische Charakterisierung der Jahreszeit angekommen sein.

247 *die Spinne ..., die Feindin Minervas* – → Arachne.

248 *Aber je stärker die Bienen erschöpft sind* – Durch das notwendige Ausräuchern und Ausschneiden werden die Bienen für eine Weile belästigt, zum Teil betäubt und geschwächt.

283f. *Meister aus Arkadien* – Aristaeus.

284f. *wie von geschlachteten Rindern verdorbenes Blut ... Bienen hervorbrachte* – Die Entstehung von Bienen aus verwesenden Rindern (entsprechend von Wespen und Hornissen aus Pferden, von Käfern aus Eseln) war antike Vorstellung. Die Beobachtung von Insekten umschwärmter Kadaver wird diesem Glauben zugrunde liegen.

344 *Arethusa ... ohne die Pfeile* – Die sie vordem als Jägerin führte.

345ff. *wie fruchtlos einst sich Vulcanus bemühte* – Vgl. Odyssee VIII 266–366.

347 *wie die Götter ... Liebe genossen* – Wörtlich: „und andere Liebeshändel der Götter".

358 f. *Er darf ja die Schwellen der ... Götter stets überschreiten* – Da sein Vater ein Gott, seine Mutter eine Nymphe ist.

388 bis 529 *Proteus* – Vgl. die Darstellung bei Homer (Odyssee IV 384–570).

457 *Diese entrann dir über den Strom in kopflosem Fliehen* – Offenbar hat Aristaeus der jungen Frau nachgestellt und damit, im Gegensatz zu Orpheus, eine Schuld auf sich geladen. Diese Schuld wird in der Überlieferung des Mythos nirgendwo sonst erwähnt.

485 *Orpheus befand auf dem Rückweg sich bald* – Der Dichter setzt die Kenntnis der von Hades und Proserpina erteilten Bewilligung sowie der dem Sänger auferlegten Bedingung, sich auf dem Wege zur Oberwelt nicht nach der hinter ihm schreitenden Gattin umzusehen, beim Leser voraus und beschränkt sich auf zwei Szenen: den Abstieg des Orpheus und die Wirkung seines Gesangs auf die Unterweltsbewohner sowie den Rückweg mit dem verhängnisvollen Verstoß gegen die Bedingung. Die durch dieses Verfahren in der laufenden Erzählung entstandene Lücke kann man zu den „Unstimmigkeiten und Anstößen" in der Gestaltung des Orpheusmythos rechnen, die den Serviusnotizen Gewicht verleihen (→ Einl. S. XLII).

520 f. *Die thrakischen Frauen, durch solche Treue gekränkt* – In der sonstigen Überlieferung des Mythos erleidet Orpheus den gräßlichen Tod entweder, weil er sich als Verehrer Apollons dem Dionysoskult widersetzte und der rachsüchtige Gott des Rausches die Frauen gegen ihn aufhetzte, oder weil er, sei es als Knabenliebhaber, sei es allgemein als Frauenverächter, die Wut der Frauen herausgefordert hat. Die Abwendung von den Freuden der Venus als Zeichen der Treue zur verstorbenen Gattin, wie Vergil sie wahrscheinlich selbst erfunden hat, gibt zwar dem Sänger eine ehrenvolle Rechtfertigung, läßt aber die Wut der Frauen schwerlich noch begründet erscheinen. Auch hieran könnte ein Textkritiker Anstoß nehmen. Vgl. die Anm. zu 485.

544 *Wenn ... zum neunten Male Aurora sich zeigte* – Zum Unterschied von Vers 305 ff., wo die Frist nicht genau bestimmt, aber aus dem Zusammenhang heraus zweifellos als länger zu denken ist, beschränkt der Dichter das Wunder der Bie-

nenentstehung hier auf die Neun-Tage-Spanne, die im römischen Kult eine wichtige Rolle spielte; neun Tage betrug z.B. der Abstand zwischen der Beisetzung eines Toten und dem zu seinen Ehren veranstalteten Leichenschmaus bzw. den zu seinen Ehren angesetzten Wettkämpfen. Vgl. A V 64. Durch die Beschleunigung des Vorgangs erreicht Vergil eine stärkere Geschlossenheit sowie eine sinnfälligere sakrale Färbung des dargestellten Geschehens.

561f. *als Sieger den willigen Völkern Recht und Gesetze verleiht* – Nach der Schlacht bei Actium, in den Jahren 30–29 v. u. Z. Bezeichnenderweise läßt der Dichter die Völker erst „willig" werden, nachdem Oktavian „im Kampfe funkelnde Blitzstrahlen" geschleudert hat. Vgl. A VI 851ff. und die Anm. dazu.

565 *jung noch und mutig* – Mut gehörte ohnehin dazu, als Dichter vor die Öffentlichkeit zu treten, besonders aber für einen, der sich unterfing, „erstmals in Rom ... Lieder nach syrakusischer Art" (H 6, 1f.) zu schaffen und einen Tityrus zu preisen, der sich „unter der mächtigen Krone der Buche" (Selbstzitat nach H 1,1) ausstreckte. → Einl. S. XVI. XLIIf.

Lied vom Helden Aeneas

ERSTER GESANG

7 *die Latiner* – Hier nicht schlechthin die Bewohner von Latium zur Zeit der Ankunft des Aeneas, die mit dem Namen sonst in der Aeneis fast immer gemeint sind, sondern das aus der Verbindung der Latiner und Trojaner entstehende Geschlecht, die Vorfahren der Römer. Vgl. XII 819–840.

19f. *daß Nachfahren Trojas ... die tyrische Gründung dem Erdboden gleichmachen sollten* – Die Prophezeiung der historischen Zerstörung Karthagos durch die Römer.

27 *der sie ... zurückwies* – Er hatte ihr beim Schönheitswettstreit der drei Göttinnen nicht den Preis zuerkannt.

34 *Freudig erreichten die Troer das offene Meer* – Der Dichter läßt die Handlung zu einem Zeitpunkt einsetzen, da Aeneas und seine mit ihm der Vernichtung Trojas entronnenen Landsleute bereits sieben Jahre auf der Suche nach ihrer neuen Heimat umherschweifen. Nach einem Zwischenauf-

enthalt auf Sizilien brechen sie von dort nach dem ihnen verheißenen Lande Italien auf.

42 *schleuderte selbst ... Jupiters Blitzstrahl* – Jupiter hatte ihn ihr ausgeliehen.

45 *auf die Klippe* – Am Kap Kaphereus. → Palamedes.

68 *Trojas geschlagene Götter* – Trojas Penaten.

94 *Ihr dreifach und vierfach Beglückten* – Vgl. Odyssee V 306f.

162ff. *Beiderseits drohten riesige Felsen* – Vgl. Odyssee XIII 97ff.

179 *zu rösten und ... zu mahlen* – Geröstete Körner ließen sich besser zermahlen.

250 *Uns ..., deinen Kindern* – Venus stellt sich ihrem Sohne Aeneas gleich, um ihre innige Bindung an ihn zu betonen.

274f. *Fell der Wölfin* – Romulus trug es zum Andenken als Bekleidungsstück.

283ff. *einstmals ... wird das Geschlecht des Assarakos ...* – Die Prophezeiung der historischen Eingliederung Griechenlands in das Römische Reich.

286 *Caesar* – Oktavian.

290 *mit den Trophäen des Ostens* – Gemeint sind die Unterwerfung Ägyptens und der Sieg über die Parther; deren König schickte später, im Jahre 20 v. u. Z., die in der Schlacht von Karrhai erbeuteten römischen Feldzeichen nach Rom zurück.

292f. *vereint mit dem Bruder Remus* – Wohl im Sinne einer Aussöhnung der zeitweilig verfeindeten Brüder und damit als Sinnbild für die Beendigung der Bürgerkriege gemeint.

293 *des Krieges schreckliche Tore* – Im Janustempel. →Janus.

458 *voll Wut auf sie beide* – Auf Priamos als den Herrscher der Trojaner, auf das Paar der Atriden wegen der Kränkung, die Agamemnon ihm durch die Wegnahme der schönen Kriegsgefangenen Briseïs zugefügt hatte.

498ff. *Wie ... Diana ...* – Vgl. Odyssee VI 102–109.

563 *Bittre Erfahrung ... zwingen mir Maßnahmen auf* – Begründung für den feindseligen Empfang, der den Verschlagenen an der Küste bereitet wurde (525f. 540ff.).

584 *Einer nur fehlt* – Orontes (113).

650f. *bei dem Aufbruch zu der verbotenen Hochzeit* – Als sie dem Paris nach Troja folgte.

661 *vor der Verlogenheit der Familie* – Diese Verlogenheit hatte sich im Verbrechen des Pygmalion gezeigt. Sie hätte, im Verein mit der auch allgemein den Puniern nachgesagten

Treulosigkeit (662) – die in historischer Zeit bei den Römern sprichwörtlich geworden war –, Aeneas vor einer Bindung an Dido abschrecken können.

ZWEITER GESANG

34 *sei es aus Tücke* – →Thymoites.

86f. *mein Vater, der sich nur dürftig durchschlug* – Die Armut war für ihn der Grund, seinen Sohn ins Feld zu schicken, freilich nicht als gewöhnlichen Krieger, sondern als „Gefährten", d. h. als nahestehenden, überdies durch Verwandtschaft verbundenen Freund (93) und Vertrauten. – Das Lügengespinst Sinons wirkt durch derartige realistische Einzelzüge um so glaubhafter.

112 *aus Ahornhölzern* – Vgl. 16, 186, 258. Daß zum Bau des riesigen Pferdes verschiedene Holzarten verwendet wurden, ist natürlich und braucht dem Dichter kaum als Ungenauigkeit angelastet zu werden.

116 *durch Mädchenblut* – Daß Iphigenie, die Tochter Agamemnons, von der Göttin im letzten Augenblick durch eine Hirschkuh ersetzt wurde, spielt hier keine Rolle: Die Griechen waren entschlossen gewesen, Menschenblut zu vergießen.

133 *mit gesalzenem Schrotmehl und Binden gerüstet* – Wie ein Opfertier, dem die Stirn mit Mehl bestreut, der Kopf mit Binden geschmückt wurde.

143 *erbarme dich* – Sinon fleht Priamos (146) an, der mit den anderen Trojanern zu dem hölzernen Pferde gekommen ist.

147 *von den Fesseln* – Diese Fesseln waren ihm von den troischen Hirten, denen er sich stellte, angelegt worden. Vgl. 134.

179 *mit neuem und glücklichem Omen* – Daß ein unglücklich operierender Feldherr nach Rom zurückkehrte – ohne das Heer, das in der Regel im Felde verblieb –, dort neue Auspizien anstellte und, wenn sie glücklich ausgefallen waren, auf den Kriegsschauplatz zurückreiste, entsprach römischem Brauch.

221 *die heiligen Binden* – Die Zeichen seiner Unverletzlichkeit schützten ihn nicht, ein Umstand, der den Eindruck des Geschehens noch verstärkte.

227 *zu Füßen und hinter dem … Schildrand der Göttin* – Demnach befand sich auf der Burg neben dem von Diomedes und

Odysseus geraubten (164 ff.) – also transportablen und kleineren – Bildnis der Göttin noch ein großes Standbild. Die Göttin war anscheinend „Schild bei Fuß“ dargestellt.

256 f. *Vom Flaggschiff war ein Signal aufgeflammt* – Nach anderer Version gibt umgekehrt Sinon von Troja aus ein Feuerzeichen, das die dort wartende Flotte abruft.

265 *in Schlummer und Weinrausch versunken* – Andeutung des Siegesfestmahls, das die Trojaner bis in die Nacht ausdehnten.

285 f. *welche Mißhandlung entstellte … dein … Antlitz?* – Der Erzähler, der den Grund kennt (272), versetzt sich in die Lage des Traumbefangenen, aus dessen Mund die sinnlose (287) Frage des vom Alpdruck Gequälten durchaus möglich ist.

306 ff. *ein reißender Sturzbach* – Vgl. Ilias V 87–92. XI 492–495.

379 ff. *Wie man … auf eine … Schlange tritt* – Vgl. Ilias III 33 ff.

416 *Ebenso gehen die Winde* – Vgl. Ilias XVI 765 ff.

480 f. *riß die … Pfosten von ihren Angeln* – Die Angeln bestanden, anders als unsere heutigen, in Zapfen, die sich in Höhlungen der oberen wie der unteren Schwellen drehten. Pyrrhos durchschlägt die untere Schwelle, entfernt die äußeren Türpfosten, legt damit die Zapfen bloß und schlägt in die nicht mehr vom Pfosten seitlich gedeckte Tür ein Loch. Die noch haltenden Riegel sprengt er (491), der Sturmbalken läßt beide Flügel endgültig stürzen (492). Im übrigen wird die Schilderung des Dichters hier wie anderswo nicht allen technischen Einzelheiten voll gerecht. → Einl. S. XXVII f.

496 f. *Wenn … ein Fluß … aus seinen Ufern heraustritt* – Vgl. Ilias V 87 ff.

504 *die Pfosten, voll prächtiger … Beute* – In der Vorhalle (Vestibulum), zwischen Palasteingang und Hofraum, läßt der Dichter, nach römischer Sitte, Beutestücke hängen.

579 *Kinder* – Der Dichter gebraucht die Mehrzahl, um das unverdiente Glück Helenas für den – dann auch eingetretenen – Fall, daß sie straflos davonkommt, allgemein auszumalen. Dem Mythos nach hatte Helena nur eine Tochter, Hermione. Erst nachvergilische Quellen schreiben ihr auch einen Sohn, Nikostratos, zu.

626 ff. *Ebenso gehen … Landleute …* – Vgl. Ilias IV 482–487. XIII 389–391. XVI 481–484.

642 f. *Mir reicht es …, einmal Ilions Fall … mitangesehen zu haben* – → Neptunus. → Herkules. → Laomedon.

691 *bestätige uns durch ein Zeichen die Gnade* – Anchises bezweckt mit dieser Bitte, über den Sinn des Wunders, das sich nach der guten wie der bösen Seite hin deuten ließ, eindeutige Klarheit zu gewinnen. Der Donner zur Linken (693) gab – nach römischem Kultus – den Ausschlag für eine positive Deutung. „Zur Linken" bedeutete in der römischen Auguralsprache die Ostrichtung, da der die Auskunft der Götter Erbittende nach Süden zu schauen hatte.

781 *nach Hesperien ... Der lydische Tiber* – Über die Unstimmigkeit dieser Prophezeiung → Einl. S. XXVII f.

792 ff. *Dreimal ... dreimal* – Vgl. VI 700 ff. und Odyssee XI 206 f.

DRITTER GESANG

2 *schuldlos* – Wohl in dem Sinne, daß Paris, dann freilich auch Venus, als Alleinschuldige anzusehen seien, letztendlich der Ratschluß der Götter (1). Die Frage menschlicher Verantwortung, die man nach dem oftmaligen Schwanken eines Priamos oder nach dem Verhalten etwa eines Antenor stellen möchte, bis ins letzte aufzuschlüsseln, hieße den Mythos überfordern und damit den Dichter. Daß der Gedanke einer trojanischen Kollektivschuld, demzufolge auch einer Schuld des Aeneas, bei Gegnern Trojas durchaus lebendig war, beweisen Stellen wie IV 215. 541 f. VII 361–364. IX 137. 141. X 89–93. → Einl. S. XX f.

7 *Wohin würde das Schicksal uns leiten* – Vgl. die konkrete Zielangabe durch Krëusa II 781, dann III 8 und die Fehldeutung des delischen Orakels durch Anchises 104 ff. Vgl. auch 163 und die Anm. dazu.

18 *nannte die Einwohner ... Aeneaden* – Mit dieser Stadt identifizierte man später Ainos (l Aenus) an der Mündung des Hebros.

50 *der thrakische König* – Polymestor. – Literarisch gestaltete diesen Teil des Mythos u. a. Euripides in seiner Tragödie „Hekabe".

74 *ein heiliges Eiland* – Delos.

96 ff. *Über sämtliche Länder gebietet ... einst der Stamm des Aeneas* – Vgl. Ilias XX 307 f.

120 *Orkan* – Der als Gott personifizierte Sturm.

163 *ein uraltes Land, ... Hesperien* – Hier trotz II 781 eine für Aeneas überraschende Prophezeiung, die dann auch durch Anchises ihre Begründung findet (182 ff.).

222f. *wir ... luden Götter und Jupiter selber zu Gaste* – Sie brachten ihnen die geschuldeten Opfer.

257 *die Tische voll Gier zu verschlingen* – Diese Prophezeiung erfüllt sich VII 112–116. Vgl. aber die dortige Anm.

270f. *Zakynthos ...* – Vgl. Odyssee IX 24.

275 *das Apolloheiligtum* – Es lag nordostwärts von Leukas, bei Actium, auf einem für die Schiffahrt gefährlichen Vorgebirge.

280f. *erneuerten auch an der aktischen Küste troische Kampfspiele* – Nach dem Sühneopfer, mit dem sich die Trojaner von der gegenüber den Harpyien verwirkten Schuld zu reinigen hoffen, führen sie nach heimischer Sitte sportliche Wettkämpfe durch. Damit schafft der Dichter eine Tradition für die ebendort von Augustus im Jahre 28 v. u. Z. zu Ehren seines Sieges eingerichteten Festspiele.

304 *Ersatzgrab* – Ein Kenotaph, „Leergrab", das man Toten errichtete, deren richtiges Grab nicht zugänglich war.

311 *Erlosch dir ... selber die Sonne* – Bist du etwa ein aus der Unterwelt aufgetauchter Schatten?

319 *immer noch eines Pyrrhos Gemahlin?* – Angesichts der Erregung, die sich des Aeneas bemächtigt, ist diese Frage, auch nach der vorherigen „kaum glaublichen Nachricht" (294) als Ausdruck seines Schwankens zwischen Glauben und Nichtglauben verständlich.

321 *die Priamostochter* – Polyxene.

327 *ein Kind* – Molossos.

341 *Sorgen um seine verlorene Mutter* – Daß Andromache vom Verschwinden Krëusas unterrichtet ist, setzt der Dichter begründungslos voraus.

405 *hülle ... dein Haar in einen purpurnen Schleier* – Zum Schutz gegen unheilvolle magische Einflüsse. – Auch hier schafft der Dichter für einen kultischen Brauch der Römer eine Tradition.

420 *Skylla ... Charybdis* – Vgl. Odyssee XII 73–110. 201–259.

471 *füllte die Mannschaften auf* – Der Text nennt die Rudermannschaften, meint damit aber die Mannschaften schlechthin, da mit Ausnahmen jeder körperlich Geeignete abwechselnd Ruderdienst tat. Neben den in Thrakien und auf Kreta Zurückgelassenen hatte auch die Seuche Verluste (137–142) gekostet.

504f. *zu einem Troja* – Ob dies ein prophetischer Hinweis auf die Eingliederung auch dieser Gebiete ins Römische Reich oder auf die spätere Rolle Buthrotons als römischer Kolonie sein soll, bleibt offen.

531 *der Hafen* – Wahrscheinlich ist der „Venushafen“ an der kalabrischen Südostküste, südlich von Hydruntum, gemeint.

545 *phrygische Schleier* – Vgl. Anm. zu 405.

614f. *Nur die Armut … lockte zum Kampf mich um Troja* – Vgl. II 86f. und die Anm. dazu.

616f. *Höhle des wilden Kyklopen* – Vgl. Odyssee IX 105–566.

637 *wie ein argeischer Schild* – Ein runder, den Körper des Trägers beinahe vollständig deckender Schild.

660f. *die Schafe, die einzige Freude, die ihn im Unglück tröstete* – Eine Widerspiegelung der „Widderszene“ der Odyssee (IX 444–460).

707 *Drepanons … freudlose Küste* – Sie war unwirtlich und unfruchtbar. Dieser trostlose Eindruck wurde noch verstärkt durch den Tod des Anchises.

VIERTER GESANG

18 *Fackel der Hochzeit* – Unter Fackelschein wurde die Braut aus dem Hause der Eltern zur Wohnung des Bräutigams geleitet.

41 *die beim Reiten kein Zaumzeug gebrauchen* – In der Kennzeichnung schwingt die übertragene Bedeutung „zügellos“ mit und unterstreicht die Wildheit und Unberechenbarkeit des Volkes, dem die Trostlosigkeit und Unwirtlichkeit der Syrte und der Wüste entspricht.

57f. *erwählte Schafe* – Sie werden hier und an anderen Stellen des Originals als „zweizahnig“ bezeichnet, Schafe mit zwei voll ausgebildeten Zahnreihen, d. h. ausgewachsene, der Gottheit willkommene Opfertiere.

117 *die vom Unglück geschlagene Dido* – Das Attribut legt der Dichter der Juno in den Mund, die es schwerlich aussprechen kann, es sei denn, sie wollte, hier mit leiser Ironie, die Liebe allgemein als Unglück kennzeichnen. Nur Vergil selbst kann um das Scheitern des Planes wissen, den die Göttinnen, wenn auch aus verschiedenen Motiven, schmieden.

178 *aus Wut auf die Götter* – Weil Zeus, an der Spitze der olympischen Götter, die Titanen, die Kinder Terras, in der Titanenschlacht besiegt und in den Tartarus verbannt hatte.

228 *den deshalb sie zweimal vor griechischen Waffen bewahrte* – Das erste Mal auf dem Schlachtfeld vor Troja im Kampf gegen Diomedes (Ilias V 297–317), das zweite Mal während der Eroberung Trojas (A II 619f.)

231 *sich die Welt unterwerfen* – „Den Erdkreis unter Gesetze bringen": eine der zahlreichen offiziellen – beschönigenden und gleichsam begründenden – Wendungen, mit denen die Römer ihre Expansionspolitik seit je rechtfertigten. Vgl. die Anm. zu VI 851ff.

238ff. *Der Bote, gehorsam* ... –Vgl. Odyssee V 43–49.

252ff. *Gleitend auf seinem Schwingenpaar* ... – Vgl. Odyssee V 50–54.

273 *rührst du dich nicht* – Der Vers fehlt in einigen der wichtigsten Handschriften. Vgl. 233.

331 *ungerührt blieb Aeneas* – Zur Haltung des Helden → Einl. S. XXXIV–XXXVIII.

369f. *Seufzte er* ... – Zum Ausdruck ihrer Verachtung meidet Dido es, Aeneas direkt anzureden. Sie tut es erst wieder beim Aussprechen ihres Fluchs (379ff.).

432 *sein herrliches Latium* – Ironische Bitterkeit, in der auch ein gut Teil Hochschätzung ihrer eigenen, von Aeneas ausgeschlagenen Machtstellung mitschwingt.

469 *wie Pentheus ... die Eumeniden erblickte* – Das pompejanische Wandgemälde „Tod des Pentheus" im „Hause der Vettier" zeigt den König inmitten von drei auf ihn einstürmenden Bakchen, während im Hintergrund zwei Erinyen mit Fakkel und Peitsche auftauchen.

470 *seinen Augen zwei Sonnen sich boten, zwei Städte von Theben* – In der Darstellung des Euripides in den „Bakchen" (918f.).

471f. *wie ... Orestes ... vor der ... Mutter fortläuft* – Aischylos läßt im dritten Stück seiner „Orestie", den „Wohlwollenden", den Muttermörder Orestes vor den ihn verfolgenden Erinyen Schutz im Apollotempel zu Delphi suchen. Während die Erinyen eingeschlafen sind, entführt Apollo seinen Schützling nach Athen. Die schlafenden Erinyen aber werden von dem auftauchenden Schatten Klytaimestras zu weiterer Verfolgung des Entkommenen aufgescheucht (94–139). Die von Vergil herangezogene Szene scheint einer Bearbeitung des Stoffes durch den römischen Dramatiker Pacuvius (etwa 220–130 v. u. Z.) zu entstammen, dessen Stücke nur in wenigen Fragmenten auf uns gekommen sind.

507 *ein Bild des Aeneas* – Die Verbrennung der wohl aus Wachs bestehenden Puppe sollte einen schlimmen Tod auch des Aeneas heraufbeschwören (vgl. 640).

510 *dreihundert Götter* – Übertreibende Bezeichnung einer großen Anzahl von Göttern. Die Drei spielte in der Magie eine wichtige Rolle.

512 *mit unechten Tropfen* – Anstelle echten Avernerwassers, das in Libyen nicht vorhanden war, mußte geweihter Ersatz verwendet werden.

515 *das Liebesgeschwür* – →Hippomanes.

517f. *einen der Füße nackt* – Eine rituelle Maßnahme, die besonders bei Liebeszaubern angewandt wurde.

578f. *lenke die Sterne … zu unseren Gunsten* – Man schrieb den Gestirnen einen bestimmenden Einfluß auf Wind und Wetter zu.

625 *Möge aus meinen Gebeinen dereinst ein Rächer erstehen* – Diesen Vers soll Kurfürst Friedrich Wilhelm von Brandenburg zitiert haben, als er im Jahre 1679 seine Unterschrift unter den Friedensvertrag von St. Germain setzte. – Im übrigen fand Didos Fluch (615–629) seine Erfüllung in wesentlichen Zügen: Nachdem Aeneas auf italischem Boden in verlustreichen Kämpfen, die er ohne Verbündete keinesfalls hätte bestehen können, endlich den Sieg errungen hatte, ertrank er nach wenigen Jahren des Friedens im Numicius; sein Leichnam blieb unauffindbar. Die historische Feindschaft zwischen Tyriern (Puniern) und Römern führte erst nach drei furchtbaren Kriegen, die im Zeitraum von mehr als einem Jahrhundert ausgefochten wurden, zur Zerstörung Karthagos.

646 *die dardanische Klinge* – Wohl ein Geschenk des Aeneas, um das Dido gebeten hatte (647), vielleicht im Austausch gegen das Schwert, das er als Gabe von ihr erhielt (261ff.).

656 *Ich … bestrafte den feindlichen Bruder* – Wohl Umschreibung dafür, daß es ihr gelang, sich nicht nur seiner Macht zu entziehen, sondern sich auch der von ihm gleichfalls begehrten Schätze zu versichern.

698f. *Proserpina … noch keine Locke …* – Mit dieser Handlung – die beim Tieropfer ein Gegenstück in dem vorherigen Abschneiden oder Ausreißen einiger Stirnhaare fand (IV 244f.) – ergriff die Herrin der Unterwelt Besitz von einem „normal“ Gestorbenen (696).

FÜNFTER GESANG

23 *das Brudergestade* – Als Sohn der Venus war Eryx ein Bruder des Aeneas.

64 *zum neunten Male* – Vgl. Anm. zu L IV 544.

70 *allesamt* – Auch die Bewohner Siziliens sind eingeladen, sich an den auf das Wettrudern der troischen Schiffe folgenden Spielen zu beteiligen.

81 *Asche, vergeblich geborgen* – Insofern als Anchises selbst das den Troern verheißene Land nicht mehr betreten durfte (82ff.).

83f. *Thybris, wer immer dieser auch sein mag* – Aeneas kennt den Fluß noch nicht.

85f. *sieben Windungen* – Die Zahl Sieben wurde als heilig verehrt.

98f. *spendete Wein ... und rief die Seele des ... Vaters* – Vgl. Ilias XXIII 218–221.

114ff. *Vier aus der Flotte erwählte Schiffe ...* – An die Stelle des Wagenrennens der Ilias (XXIII 287–650) setzt Vergil eine Wettfahrt zur See.

269 *auf den Häuptern die purpurnen Binden* – Allen Wettkämpfern verliehene Zeichen ehrenvoller Teilnahme.

272 *nach Verlust der Ruder links einreihig* – Das Schiff war mit der linken Seite aufgelaufen, mit den noch brauchbaren, teilweise aus dem Wasser gefischten Rudern ließ sich nur eine Ruderbank besetzen.

283ff. *auch eine Sklavin aus Kreta* – Wie Homer (Ilias XXIII 261, 263, 704f.) führt auch Vergil die Sklavin, ganz im Sinne des aristotelischen „beseelten" bzw. des – nach Varro – „stimmbegabten" Werkzeugs in einer Reihe mit den ausgesetzten Gegenständen auf. Daß Pholoë ihre Zwillinge säugt, erhöht nur ihren Wert; wer und wo der Vater ist, bleibt als unerheblich oder unfeststellbar unerwähnt. → Einl. S. XXXIIf. XLIV.

286ff. *Nunmehr begab sich ...* – Zum Wettlauf vgl. Ilias XXIII 740–797.

360 *Den hatten die Griechen dem Neptuntempel entrissen* – Wie dieser von den Griechen erbeutete Schild in den Besitz des Aeneas gelangte, erfahren wir nicht.

362ff. *Gleich nach dem Lauf ...* – Zum Faustkampf vgl. Ilias XXIII 653–699 und Theokrit, Gedicht XXII („Loblied auf Kastor und Polydeukes") 44–134.

364 *seine umgürteten Hände* – Faustkämpfer umwickelten ihre Hände mit einem ledernen Schlagriemen (Caestus 484), der durch metallene Buckel und Knöpfe verstärkt werden konnte (402–405).

412 *dein Bruder Eryx* – Angeredet wird Aeneas (vgl. Anm. zu 23).

448f. *Ebenso stürzt zuweilen ... eine schon hohle Fichte* – Vgl. Ilias XIII 178ff. XVI 481–484.

483f. *hiermit gebe ich dir den Caestus und meine Fertigkeit wieder* – Er weiht den Schlagriemen und die erlernte Kunst seinem göttlichen Lehrmeister, d. h., er will von jetzt an nicht mehr als Faustkämpfer auftreten. Vgl. H 7,24 und die Anm. dazu.

485 *Wettkampf der schwirrenden Pfeile ...* – Vgl. Ilias XXIII 850–883.

496f. *Pandaros, der du ... dein Geschoß als erster unter die Griechen entsandtest* – Vgl. Ilias IV 86–126.

523f. *Die Seher sprachen von einer schrecklichen späten Erfüllung* – Der Dichter sagt nicht, welches Ereignis gemeint ist. Die Mutmaßungen der Erklärer reichen von dem 604–699 erzählten Schiffsbrand über die Punischen Kriege bis zur Ermordung Caesars (1).

549 *Reiterspiel* – Es handelt sich um ein altitalisches Reiterkampfspiel, das man schon in der Zeit der Republik mit den Trojanern in Verbindung brachte und das seit Caesar (1) von den Kaisern des julisch-claudischen Geschlechts besonders gepflegt wurde. Vgl. 596–603.

613 *die troischen Frauen* – Sie waren nach antiker Sitte von der Teilnahme an den Wettkämpfen ausgeschlossen.

628 *unwetterdrohende Sterne* – Vgl. die Anm. zu IV 578f.

651 *Feier* – Der Bestattungsfeier zu Ehren des Anchises.

685 *Da riß sich der fromme Aeneas die Kleidung vom Leibe* – Nicht rituell bedingt, sondern Ausdruck äußerster Erregung.

735f. *Opfern des Blutes schwarzer Tiere* – Wie sie den Göttern der Unterwelt zustanden. Vgl. 97.

755f. *zog Aeneas die Grenzen der Neustadt mit einem Pflug* – So entsprach es römischem Brauch bei Städtegründungen.

762 *neun Tage* – Vgl. die Anm. zu L IV 544.

774 *beschnittene Zweige des Ölbaums* – Das Ritual verlangte zum Opfern ein Beschneiden der Olivenkränze.

810 *ich entführte in Wolken den Helden* – Vgl. Ilias XX 156 bis 340.

817ff. *schirrte dann gleich die Rosse ins Goldjoch ...* – Vgl. Ilias XIII 23–31.

870 *Zu sehr verließest du dich auf das ruhige Wetter* – Aeneas vermutet, sein Freund habe sich bewußt einen kurzen Schlummer gönnen wollen.

SECHSTER GESANG

9f. *zum Tempel ... und zur riesigen Grotte* – Wie bei anderen Gelegenheiten dürfen wir auch hier und in den folgenden Beschreibungen der Örtlichkeit von dem frei schaltenden Dichter keine genauen topographischen Darstellungen erwarten. → Einl. S. XXVIIf.

18f. *hier verehrte er dir die Schwingen, Phöbus, und baute den ... Tempel* – Dank für das Gelingen der Flucht, der indessen den Schmerz um den abgestürzten Sohn (30ff.) nicht mindert. Vgl. Anm. zu V 483f.

21 *sieben Knaben* – Nach anderer Version waren es sieben Knaben und sieben Mädchen.

22 *die Urne* – Der Krug, der die Lose aufnahm. Demnach wurden die für den Minotaurus nach Kreta geschickten Opfer durch das Los bestimmt.

27 *der Irrgarten* – Das Labyrinth. → Dädalus.

28f. *die ... Tochter des Königs* – Ariadne.

30 *die tastenden Schritte* – Des Theseus Schritte.

72 *Will ich doch deine Orakel ... bewahren* – In den sibyllinischen Büchern. Vgl. zum folgenden (74ff.) III 448–456.

89 *ein zweiter Achilles* – Turnus.

93f. *ein fremdes Weib* – Eine ähnliche Rolle, wie Helena sie im Krieg um Troja spielte, wird bei den in Italien zu erwartenden Kämpfen Lavinia spielen.

96f. *den Weg zum Erfolge bahnt dir, dich selbst überraschend, eine Griechengemeinde* – Die von Euander beherrschte Bevölkerung Pallanteums.

153 *Opfervieh, schwarzes* – Vgl. die Anm. zu V 735f.

193 *die Vögel der Mutter* – Tauben galten als Lieblinge der Venus und damit als heilig.

231 *das Schlußwort der Feier* – Das formelhaft gebrauchte „Ihr dürft gehen“, nicht identisch mit dem „Lebewohl“, das dem Toten von den Teilnehmern der Bestattung noch vor der rituellen Reinigung dreimal nachgerufen wurde und das der Dichter hier nicht erwähnt.

236ff. *Gleich nach der Feier …* – Mit dem Unterweltsgang des Aeneas im ganzen vgl. Odyssee X 486–540 und XI 13–640.
251 *für dich, Proserpina, eine Kuh, die nicht kalbte* – Ein der Herrin der Toten geziemendes Opfer.
252 *nächtliche Herde* – Man opferte den Unterweltsgöttern zur Nacht. Die „Herde" bezeichnen hier die Altäre, die schlicht aus rasenbedeckter Erdaufschüttung, vielleicht bloß aus Brennholz bestehen.
258 *ihr nicht geweihten Gemeinen* – Die Gefährten, die Aeneas bis hierher begleiteten, und die Opferdiener.
264ff. *Götter im Reiche der Seelen …* – Der feierliche Götteranruf unterstreicht die Bedeutung des folgenden.
279 *der tödliche Kriegsgott* – Hier ist nicht Mars gemeint, sondern der Unterweltsdämon, der das Grauen des Krieges verkörpert.
309 *zahlreich wie Blätter im Wald* – Vgl. Ilias II 468.
321 *die langlebige Jungfrau* – Den Sibyllen von Cumae schrieb man ein außergewöhnlich langes Leben zu.
334 *Orontes* – Vgl. I 113ff.
337ff. *Palinuros …* – Vgl. Odyssee XI 51–83 (X 551–560) die Begegnung des Odysseus mit dem Schatten Elpenors.
338 *auf der Fahrt von Libyen* – Der diesmalige Aufenthalt der Trojaner auf Sizilien hatte nur einige Tage umfaßt.
343 *Phöbus … hat mit dem e i n e n Orakel mich sichtlich betrogen: Er sagte* – Dieses Orakel wurde bislang nicht erwähnt. Daß Neptun (V 814f.) der Venus den Tod eines Trojaners angekündigt hatte, konnte Aeneas nicht wissen.
357 *von einer Woge herab* – Vgl. Odyssee V 393.
365f. *streue Erde auf meinen Leichnam* – Sofern die Umstände eine ordnungsgemäße Bestattung unmöglich machten, genügte das symbolische Bestreuen des Leichnams mit Erde, der Seele des Toten den Zugang zum Orkus zu eröffnen.
378ff. *Alle Gemeinden … werden … die Untat sühnen* – → Palinuros.
392 *nicht zu meiner Freude setzte ich Herkules über* – Charon wurde dafür, daß er sich von Herkules hatte einschüchtern lassen und den Heroen über den Fluß setzte, von Pluto bestraft.
402 *Onkel* – Pluto war Jupiters Bruder.
409 *den er lange schon nicht zu Gesicht mehr bekommen* – Frühere Orkusbesucher, die sich des goldenen Zweiges bedienten, sind aus dem Mythos nicht bekannt.
413 *unter der Last* – Die beiden Lebenden besitzen ein höheres Gewicht als eine volle Schiffsladung von Seelen.

436f. *Heute würden sie ... gern Armut und ... Mühsal ertragen* – Vgl. Odyssee XI 488ff.

478 *als letzte* – Innerhalb der ersten insgesamt fünf Bereiche 526ff. (der Kinder), 430ff. (der unschuldig Hingerichteten), 434ff. (der Selbstmörder), 440ff. (der aus Liebesgram Gestorbenen) nunmehr jener der berühmten Krieger.

494ff. *Deiphobos* – Vgl. Odyssee XI 385–466 die Unterredung des Odysseus mit dem Schatten Agamemnons.

505 *ein Leergrab* – Vgl. die Anm. zu III 304.

506 *dreimal laut die Manen gerufen* – Das rituelle „Lebewohl" des Abschieds von dem Toten. Vgl. die Anm. zu 231.

511 *Spartanerin* – Helena.

513 *mit unbegründetem Feiern* – Vgl. die Anm. zu II 265.

519 *gab ... den Griechen das Zeichen zum Angriff* – Diese Tätigkeit Helenas – eine weitere Variante der Zeichengebung (vgl. die Anm. zu II 256f.) – wird im zweiten Gesang von dem Dichter nicht erwähnt, fügt sich auch kaum zu dem Bild, das dort (567ff.) die angstvoll im Versteck Kauernde bietet.

602f. *Andere, über denen ein ... Felsblock ... dahinschwebt* – Sollte die Überlieferung stimmen, wäre an Tantalus zu denken.

616 *Einige wälzen ... Felsblöcke* – Wie Sisyphus.

617 *andere hängen ... an Radspeichen* – Wie der 601 erwähnte Ixion.

dort sitzt Theseus auf ewig – Diese Variante des Mythos widerspricht der von dem Dichter 122 und 398 vorausgesetzten, nach der Theseus von Herkules befreit wurde.

625 *besäße ich hundert Zungen ...* – Vgl. Ilias II 488ff. Die dortige Zehnzahl wurde von Vergil bereits L II 43f. überboten, von späteren Dichtern auf tausend gesteigert.

630f. *die von Kyklopen ... geschmiedeten Wände* – Die Mauern der Burg Plutos (541).

635f. *besprengte mit ... Wasser die Glieder* – Am Eingang zum Elysium stehen, wie an den Eingängen zu Heiligtümern, Schalen voll Weihwasser.

645 *der thrakische Sänger* – Orpheus.

695f. *dein ... Schatten ist wiederholt mir erschienen* – In der Darstellung des Dichters geschah es nur einmal (V 731–738).

700ff. *Dreimal ...* – Vgl. die Anm. zu II 792ff.

724ff. *Geistige Kraft ... als Weltseele ...* – Die Erklärung des Weges, den die zur Wiedergeburt bestimmten Seelen bis zur endgültigen Läuterung zurücklegen müssen, vereint in freier

Weise verschiedene Elemente der griechischen Philosophie, insbesondere Lehren Platons, der Stoiker und Epikurs. Vgl. L IV 219ff. und die Anm. dazu.

744 *wenige freilich* – Die zur Wiedergeburt berufenen Seelen stellen eine ausgewählte Minderheit innerhalb der größeren Menge der im Elysium weilenden Guten bzw. durchschnittlich Guten dar. Zum Unterschied von Platon, der auch zeitweilig zum Tartarus verdammte Seelen nach angemessener Bestrafung und „Heilung" ins Land der Freude gelangen läßt, scheint nach Vergil der Tartarus nur für „unheilbar Böse", also auf ewig zu Bestrafende bestimmt zu sein, während alle irgendwie „heilbaren" Seelen – bei Anerkennung individuell verhängter Strafmaße („Jeder von uns unterliegt der eigenen Sühne", 743) – ihre Strafen außerhalb des Tartarus abbüßen (739ff.). Allerdings sollten wir von dem Poeten kein bis ins letzte durchdachtes System erwarten. Ihm kommt es in erster Linie darauf an, die mit Vers 756 einsetzende Heldenschau der künftigen römischen Geschichte in plausibler Art zu ermöglichen.

760 *die Lanze des Herrschers* – Eine Lanze ohne Spitze, d.h. ein bloßer Schaft, der aus wertvollem Material gefertigt sein konnte und als Auszeichnung für bewiesene Tapferkeit wie als Zeichen von Herrschern und Priestern galt.

763 *albanisch* – Der Name Silvius ist nicht mehr troischen oder griechischen Ursprungs, sondern echt italisch.

772 *Retter von Bürgern, ... um die Schläfen Eichenlaubkränze* – Einen aus Eichenlaub gewundenen „Bürgerkranz" erhielt als hohe Auszeichnung, wer in der Schlacht einem Mitbürger das Leben gerettet hatte.

778f. *aufziehen wird ... ihn die Mutter Ilia* – Dies steht im Widerspruch zu der am häufigsten anzutreffenden Version, nach der die Zwillinge Romulus und Remus von einer Wölfin gesäugt und dann von Hirten aufgezogen werden. Vgl. VIII 630–634.

783 *sieben Festungen* – Die sieben Hügel Roms.

792ff. *Über Latium ... wird er das Goldne Zeitalter wiederum bringen* – Vielleicht meint der Dichter nur über Latium. Andernfalls brauchten die fremden Völker schwerlich zu „bangen" (798) und zu „zittern" (800). Vgl. die Anm. zu 851ff. und 852.

795f. *dort* – Am Ende der bewohnten Erde.

806 *Trotzdem zögern wir noch* – Anchises bezieht sich, entsprechend dem hohen Grad seiner aktiven Anteilnahme, die er gerade auch im Orkus als Betreuer der kommenden ruhmreichen Generationen beweist, in die Schar der von seinem Sohn geführten Trojaner ein.

810f. *jenes Königs von Rom, der die junge Stadt durch Gesetze festigt* – Numa.

825f. *diese beiden jedoch* – Caesar (1) und Pompeius.

836 *jener dort* – Lucius Mummius. → Korinth.

838 *dieser* – Lucius Aemilius Paulus, Konsul 168 v. u. Z.

839 *Aiakide* – → Aiakos.

847 *andere* – Wie die im folgenden bezeichneten Kulturleistungen erkennen lassen, denkt der Dichter insbesondere an die Griechen.

851ff. *Zeige dich, Römer ...* – Die wohl eindrucksstärkste poetische Formulierung des römischen Weltherrschaftsanspruchs.

852 *das Friedensgesetz zu diktieren* – „Die Art und Weise des Friedens aufzuerlegen ⟨den 851 genannten Völkern⟩". Der Übersetzer folgt damit der ausschließlich von dem antiken Kommentator Servius bewahrten Lesart. Die Handschriften bieten „dem Frieden die Art und Weise aufzuerlegen". In diesem Zusammenhang kann „Art und Weise", gemäß der Bedeutung „Brauch", „Sitte", im Sinne von „Gesittung" verstanden werden. Der Frieden wird als ein Zustand betrachtet, dem die Römer erst Ordnung und damit Wert, eine Art von Veredelung, angedeihen lassen. Umgekehrt nennt die von Servius bewahrte Lesart den historischen Sachverhalt mit Namen: Die Römer bestimmten, was Frieden ist, und sie erlegten, deutlicher gesagt, sie zwangen diesen ihren Frieden den Völkern auf. Das „Bangen" und „Zittern" der Völker vor diesem Frieden (vgl. die Anm. zu 792ff.) wäre dann im Verfolg der Tendenz des Dichters dahingehend zu verstehen, daß diese Völker, nach dem Stand ihrer Entwicklung noch gar nicht befähigt, ihr Glück zu begreifen, gleichsam erst lernen mußten, was wahrer Frieden heißt. – Es ist schwerlich ein Zufall, daß solch ein unverhüllter imperialistischer Grundsatz mit allen seinen Konsequenzen bisher vor der an den Tatsachen nichts ändernden, sie aber mildernden und beschönigenden Variante der Handschriften in den Hintergrund trat. Geschrieben haben k a n n Vergil das eine wie das andere. Wenn der Übersetzer der Serviuslesart den Vorzug gibt, so deshalb,

weil er es dem in der Darstellung des einzelnen so realistischen Dichter zutraut, gerade in dem Lobpreis der Politik des Augustus auf die Wiedergabe der Wirklichkeit, wie sein weltoffener Blick sie auffaßte, nicht zu verzichten. → Einl. S. XLIV.

859 *als dritter* – Gemeint ist wohl: der dritte nach Romulus und Cossus.

860 *einen noch jungen ... Mann* – Marcellus (2).

868 *die Deinen* – Das Herrschergeschlecht des Augustus.

873f. *Hügel des Grabes* – Das Mausoleum des Augustus, in dem Marcellus (2) beigesetzt wurde, lag am Nordrand des Marsfeldes, am Ostufer des Tiber.

883 *ein Marcellus* – Ein echter Marcellus, der seinem verpflichtenden Namen Ehre macht.

886 *die Gefilde der Lüfte* – Mit den Lüften ist hier die dem Elysium eigentümliche „üppige himmlische Luft" (640) gemeint, die sich durch völlige Reinheit auszeichnet.

893ff. *Träume benutzen ...* – Vgl. Odyssee XIX 562–567. Dem griechischen Text liegt ein Wortspiel zugrunde. Kéras: „Horn", kraino: „ich verwirkliche" – eléphas: „Elfenbein", elephairomai: „ich täusche". Die lateinische Sprache bot dem Dichter keine Möglichkeit der Nachahmung. Vergil übernahm lediglich die vordergründige Bedeutung. Aeneas, der ja keineswegs ein „tatsächlicher Schatten" (894) im Sinne eines „in Erfüllung gehenden Traumes", sondern ein Mensch von Fleisch und Blut ist, wird durch das Elfenbeintor entlassen. Daß der Held freilich auch kein „täuschender" Traum (896) ist, bereitet dem Dichter, dem die beiden Homerischen Traumtore ein willkommenes poetisches Bild liefern, keine Sorgen.

SIEBENTER GESANG

4 *sofern das ein Ruhm ist* – Eine für die Persönlichkeit Vergils bezeichnende Einschränkung. → Einl. S. XIIf. XVI.

10ff. *am Gestade der Circe* – Vgl. Odyssee X 135–574.

11ff. *wo die ... Tochter des Helios ... duftende Zedern verbrannte* – Vgl. Odyssee V 58–63.

37ff. *Auf denn, Erato* – Der Dichter eröffnet den zweiten Hauptteil seines Werkes mit einem Musenanruf.

44f. *Größere Taten muß ich gestalten, Höheres wagen* – Vgl. H 4,1–3 und 6,1–5.

62f. *entsprechend der Pflanze ... den Namen „Laurenter"* – Laurus, „Lorbeerbaum".

115 *auch die Tische verschmausen wir* – Hier erfüllt sich die Prophezeiung von III 257. Allerdings nimmt Aeneas (120ff.) auf die Harpyie Kelaino mit keinem Worte Bezug, sondern legt das Orakel seinem Vater in den Mund, der (III 265ff.) die Götter anflehte, die Drohung Kelainos nicht in Erfüllung gehen zu lassen.

139 *phrygische Mutter* – Kybele.

140 *Eltern ... in Himmel und Orkus* – Venus und Anchises.

188 *in kurzer Staatstoga* – → Trabea.

Rundschild – → Salier.

190 *goldener Stab* – Circes Zauberstab. Vgl. Odyssee X 237f. u. ö.

209f. *Er ... sitzt ... im goldnen Palast des ... Himmels* – VI 650 stellte der Dichter ihn als Bewohner des Elysiums dar.

237 *die bindenumwickelten Arme* – Die Binden galten als Zeichen der Hilfeflehenden.

378ff. *Wie sich ein Kreisel ... wirbelnd herumdreht* – Vgl. Ilias XIV 413.

423f. *die mit dem Blute erworbne Mitgift* – Turnus hatte dem Latinus im Krieg gegen die Tyrrhener (426) Waffenhilfe geleistet. Das stimmt allerdings kaum mit dem „längere Zeit" gewahrten „tiefen Frieden" (46) überein. Vgl. auch 623 und VIII 55.

454 *schreckliche Schwestern* – Die Furien.

462ff. *wie wenn entzündetes ... Reisig* – Vgl. Ilias XXI 361–370.

470 *Latinern wie Teukrern ... seien sie ... gewachsen* – Turnus rechnet damit, im Kampf um Lavinia auch gegen Latinus und seine Leute fechten zu müssen.

498 *die noch unsichere Rechte* – Iulus steht erst an der Schwelle vom Knaben- zum Mannesalter.

513 *das Krummhorn* – Das gewundene Horn, mit dem die Hirten in Gefahr einander um Hilfe riefen.

528ff. *Ebenso bildet das Meer ... weiße Schaumstreifen* – Vgl. Ilias IV 422–428 und L III 237–241.

587ff. *fest wie ein Felsblock im Meer* – Vgl. Ilias XV 618–621.

596 *Sühne erwartet dich, Turnus* – Der „Frevel" (595) bestand darin, daß die zum Kriege Drängenden sich eines Vertragsbruches schuldig machten: War auch der endgültige offizielle Abschluß noch nicht erfolgt, so hatte doch Latinus für sein Volk bereits gegenüber den troischen Gesandten

seine Friedensbereitschaft bekräftigt und Aeneas die Hand seiner Tochter angeboten (259–273). Und dieses Verhalten war nicht einer persönlichen Laune oder Neigung entsprungen, sondern der Einsicht in die Bedeutung einer zwingenden göttlichen Weisung (253–258).

641 ff. *Öffnet den Helikon jetzt, ihr Musen* – Vgl. Ilias II 484–493 sowie die Anm. zu A VI 264 ff. und VII 37 ff., weiter die Textstellen IX 525–529. X 163 ff. XII 500–504.

664 *seine Gefährten* – Der Name eines Volksstamms wird nicht genannt. Lediglich die Bezeichnung der Lanzen (665) weist auf die Sabeller.

689 f. *unbeschuht waren die linken Füße* – Entsprechend einer Kampfsitte einiger griechischer Stämme. Vgl. Euripides, Fragment 334 E., in der BdA-Ausgabe [2]1979, Bd. III, S. 217 f.

699 ff. *wie auch zuweilen ... Schwäne* – Vgl. Ilias II 459–463.

756 f. *des Speerstoßes, den ihm ein Troer tödlich versetzte* – Wohl Aeneas selbst X 543 ff., wenn auch vom Dichter nicht ausdrücklich erwähnt. Vgl. Ilias II 859 f.

764 *milde Diana* – Sie forderte hier keine Menschenopfer wie in Tauris.

808 ff. *Über ein Saatfeld wäre sie hingestürmt* – Vgl. Ilias XX 226 bis 229.

ACHTER GESANG

1 *die Kriegsflagge* – In der spätrepublikanischen Zeit wurde im Kriege als Alarmzeichen auf dem Feldherrnzelt des römischen Lagers bzw. auf dem Admiralsschiff der Flotte eine rote Fahne aufgezogen. In den ersten Jahrhunderten der Republik erschien bei einem plötzlich in der Nähe Roms ausgebrochenen Kampf ein entsprechendes Zeichen auf dem Kapitol. Vergil überträgt den Brauch auf die mythische Vergangenheit.

9 *Stadt, wo der Held Diomedes herrschte* – Arpi.

16 f. *das wisse er selber sicherlich besser als Turnus* – Er hatte ja schon im Trojanischen Krieg gegen ihn gekämpft.

46 *Ebendort baust du die Stadt ...* – Der Vers ist offenbar sinnwidrig von III 393 hierher übertragen. Diente die Prophezeiung III 389–393 dazu, die Lage der von Aeneas zu gründenden Stadt Lavinium zu bezeichnen, so weist sie VIII 43–48 auf die Gründung Albas durch Ascanius hin. Der Umstand, daß Flußgott Tiber sie in teilweise fast glei-

chem Wortlaut aufgreift, mag dazu dienen, die Glaubwürdigkeit des Prophezeienden in den Augen des Aeneas zu unterstreichen.

47 *Ebendort* – Der überlieferte Text läßt sich im Sinne von „Diesem Zeichen entsprechend" fassen. Versteht man ihn als Ortsbestimmung, so bezeichnet er nicht punktuell die Stelle, an der die Sau entdeckt wird, sondern allgemein die Gegend.

65 *Hier erhebt sich mein Schloß* – Auf dem Grunde des Stromes, unweit der Mündung.

71 *Ursprung der Flüsse* – Die Nymphen als Gottheiten der Quellen.

105 *schlichter Senat* – Zum Unterschied von der glänzenden Versammlung zur Zeit des Dichters, entsprechend dem Vergleich von 98ff.

128 *die bindenumwickelten Zweige* – Vgl. die Anm. zu VII 237.

169 *Deshalb* – Um der alten Gastfreundschaft willen.
das ... Bündnis – Beschworene Gastfreundschaft galt als Bündnis.

225 *die Ketten* – Sie hielten einen Felsblock, der als Notverschluß des Eingangs diente.

243ff. *ganz so, als klaffte die Erde ... auseinander* – Vgl. Ilias XX 61–65.

271 *als „Größten"* – Die Ara maxima.

283f. *zweites Opfer* – Die dem Herkules gewidmete Feier umschloß ein Morgen- und ein Abendopfer. Von ersterem war 102–106 die Rede.

289 *die Stiefmutter* – Die eifersüchtige Juno.

294 *Pholos* – Ihn hatte Herkules aus Versehen tödlich getroffen.
das Untier von Kreta – Der von Poseidon dem Minos geschickte und rasend gewordene Stier, den Herkules nach der häufigeren Mythenversion nicht tötet, sondern einfängt und nach Griechenland bringt, wo ihn später Theseus erlegt.

296 *der Wächter des Orkus* – Der Zerberus.

315 *Menschen auch, die noch aus Baumstümpfen sproßten und knorrigen Eichen* – Vgl. Odyssee XIX 163.

338 *Altar* – Er stand am Carmentalischen Tor.

360 *auf dem Forum Romanum* – Auf der Wiese, die später von den Bauten des Forum Romanum bedeckt wird.

362 *am Ziele* – Vor einem schlichten, „beengten" (367) Gebäude.

374 *berechtigt* – Venus sieht hier die Strafwürdigkeit Trojas ein, freilich weniger im Sinne einer moralischen Schuld (vgl. die Anm. zu III 2), als vielmehr in Anerkennung eines schicksalhaften Verhängnisses (debita).

378 *für nichtige Zwecke* – Zu einem sinnlosen Kampf.

383 *Tochter des Nereus* – Thetis.

388f. *Da spürte er ... die ihm vertraute Flamme* – Vgl. Ilias XIV 293ff.

398f. *Nicht der allmächtige Vater, auch niemals das Schicksal schlossen zehn weitere Kriegsjahre aus* – Das Schicksal erfüllt sich, doch auf die Zeitspanne seiner Erfüllung kann Einfluß genommen werden. Vgl. VII 313–316.

409f. *die Hausfrau, die sich durch Spinnen ... durchbringen muß* – Vgl. Ilias XII 433ff.

435 *den schrecklichen Panzer der ... Pallas* – Vgl. Ilias V 738 bis 742. Was Homer über den der Athene von Zeus ausgeliehenen Schutzschild (Aigis) aussagt, überträgt Vergil auf den Brustpanzer der Göttin.

468 *mitten im Hof* – Im Impluvium des römischen Hauses, wie der Dichter es aus seiner Zeit kennt.

493 *sein Gastfreund Turnus* – Dieser fügt seinem „Frevel" (VII 595; vgl. die Anm. zu VII 596) einen weiteren hinzu: Er unterstützt Mezentius, den „Verächter der Götter" (VII 648), den Peiniger seines Volkes (481–488).

535f. *Waffen ..., die Gott Vulcanus schmiedete* – Göttliche Waffen, wie Aeneas sie braucht, um sich gegen seine gleichfalls von göttlichen Mächten (Juno, Iris, Allekto) begünstigten Feinde durchzusetzen. Im übrigen ist auch Turnus selbst göttlicher Abstammung und führt göttliche Waffen, so das Schwert seines Vaters, das gleichfalls Vulcanus geschmiedet hatte (XII 90f. 731–741).

560 *Jupiter, gib mir zurück die ... Jugend ...* – Vgl. Ilias IV 318ff. XI 670ff. u. ö.

607 *fand nach dem ... Ritt Erholung* – Zum Ergebnis der Verhandlungen, die Aeneas mit Tarchon führte, vgl. X 148–154.

625 *Kunstwerk des Schildes* – Mit der folgenden Schildbeschreibung (626–729) im ganzen vgl. Ilias XVIII 454–608. Bei dem Schild handelt es sich nicht um das zu Vergils Zeiten übliche rechteckige Scutum, einen mit Leder und ehernen Beschlägen über einem Holzrahmen versehenen, seinen Träger voll deckenden Langschild, sondern um einen Cli-

peus, den altertümlichen, massiv ehernen, gewölbten Rundschild.

631 *die Zwillinge* – Romulus und Remus.

653f. *die Hütte ... leuchtete ... mit erneuertem Strohdach* – Die Hütte des Romulus zählte zu den ehrwürdigsten Gedenkstätten der Römer. Sie wurde im ehemaligen Zustand, aber stets wetterfest, erhalten. „Wie neu" hat auch Vulcanus sie dargestellt.

664 *wolleumwundene Mützen* – Sie gehörten zur Tracht eines → Flamen.

665f. *Ehrbare Hausfrauen fuhren Opfergeräte ...* – Dies geschah bei bestimmten Opferfesten, z. B. denen der Ceres und der Carmentis.

670 *ein Cato* – Es wird Cato der Jüngere, der Gegner Caesars (1), gemeint sein. Die persönliche Lauterkeit des schnell legendär gewordenen Vorkämpfers der alten Republik sorgte dafür, daß niemand, und sei es Augustus selbst, dessen ehrenvolle Erwähnung vor einer dem Begründer der Militärmonarchie gewidmeten Huldigung hätte übelnehmen können.

671 *Zwischen den Bildern* – Die Anordnung der Bilder ist nicht eindeutig klar. Denkbar wäre ihre Reihe längs des Randes der Rundung (vgl. die Anm. zu 625), worauf dann die den Werdegang Roms krönende Darstellung der Seeschlacht von Actium sowie des in Rom eingezogenen Siegers den großen Mittelteil der Schildwölbung einnähme.

679 *Väter* – Die Gesamtheit des Senats.

681 *der Glücksstern des Vaters* – Seines Adoptivvaters. Vgl. die Anm. zu H 9,47.

688 *die ägyptische Gattin* – Kleopatra.

714 *Caesar ..., als dreifacher Sieger* – Augustus feierte am 13., 14. und 15. August des Jahres 29 v. u. Z. je einen Triumph, nach Sueton (Augustus 22) anläßlich der Siege bei Actium, dann im Dalmatinischen, schließlich im Alexandrinischen Krieg.

720 *am schneeweißen Tor ... des leuchtenden Phöbus* – Am Eingangstor des marmornen Apollotempels auf dem Palatinus.

722 *Der Zug der Besiegten* – → Triumph.

726 *Ruhiger strömte der Euphrat bereits* – Der Fluß versinnbildlicht – wie der Araxes 728 – die durch den römischen Sieg gedemütigten und zur Unterwerfung gezwungenen Völker des Ostens.

NEUNTER GESANG

20 *Sehe ich aufklaffen doch ... das Himmelsgewölbe* – Das Wunder bestätigt Turnus, daß er sich in der Erscheinung der Göttin nicht irrte.

59ff. *Wie wenn ein Wolf ... die Ställe umlauert* – Vgl. Ilias XI 547–555 und Odyssee VI 130–134.

75 *rissen von Herden die Glut* – Es ist an Feuerstellen zu denken, die sich außerhalb des Lagers befanden, errichtet von jenen Trojanern, die (38f.) vor dem Hauptwall mit Bauen, Schanzen, Holzholen und dgl. beschäftigt waren.

106 *Nicken* – Die erhabene Gebärde, mit der Jupiter seine Zustimmung ausdrückt. Vgl. Ilias I 524–530.

112 *Reigen vom Ida mit ihm* – Das Gefolge der Kybele, den Sterblichen hier ebensowenig sichtbar wie die Göttin selbst.

148 *Waffen Vulcans* – Vgl. die Anm. zu VIII 535f. Vielleicht will Turnus in seiner Siegesgewißheit hier ausdrücklich auf die Klinge seines Vaters verzichten.

151f. *keine Ermordung der Burgwächter, keinen ruhmlosen Diebstahl eines Minervabildes* – Anspielung auf den Raub des troischen Palladions durch Odysseus und Diomedes.

157 *froh unsrer Erfolge* – Gemeint sind die Einschließung des feindlichen Lagers und die – durch göttliches Eingreifen erfolgte – Vernichtung der Flotte des Aeneas.

170 *Brücken* – Durch Bretter gedeckte Laufstege, die den Hauptwall mit vorgeschobenen Schanzen verbinden.

176ff. *Nisos ... Euryalos* – Mit dem Spähergang der beiden Helden vgl. im ganzen die „Geschichte von Dolon“, Ilias X.

192 *das Volk wie die Väter* – Vgl. die Anm. zu VIII 679f. Wiederum eine Übertragung römischer Verhältnisse auf die Vorzeit.

215 *ein Leergrab* – Vgl. die Anm. zu III 304.

216 *deine ... Mutter ..., die doch allein ... dir folgte* – Wie 283–292 Vorbereitung der Szene 473–502.

242f. *werdet ihr bald ihn ... eintreffen sehen* – Sobald er erfahren hat, was hier geschehen ist.

271 *nehme ich aus vom Verlosen* – Durch Verlosung wurde die Beute an alle verteilt, ausgenommen diejenigen, die sich im Kampfe besonders ausgezeichnet hatten und deshalb ohne Verlosung ausgewählte Beutestücke erhielten.

339 ff. *ein hungernder Löwe im vollen Schafstall* – Vgl. Ilias X 485 f. und XIII 299–306.

362 *Neffe* – Name und Beziehung unbekannt.

368 *die übrige Streitmacht* – Es handelt sich um Latiner, die sich, etwas später als die bereits gegen das troische Lager vorgerückten Rutuler und ihre Verbündeten, trotz der ablehnenden Haltung des Königs Latinus (VII 591–600) bei der Hauptstadt gesammelt haben. Offenbar soll der von Volcens geführte berittene Vortrupp dem Turnus als dem Oberkommandierenden des Gesamtheeres hierüber Meldung erstatten und sich den Einsatzbefehl geben lassen.

435 ff. *ebenso sinkt ... die Blume ..., läßt auch der Mohn ... sinken die ... Blüten* – Vgl. das Catullgedicht 11,22 und Ilias VIII 306 ff.

449 *der römische Vater* – Es kann Jupiter als höchster römischer Gott und Vater der Götter und Menschen, aber auch der römische Kaiser gemeint sein, der von Augustus an als „Vater des Vaterlandes" gepriesen wurde.

454 *Numa* – Der bisher nicht genannte Name soll im Sinne des Dichters unterstreichen, daß die beiden Trojaner außer den in den Versen 324–349 namentlich Aufgeführten noch weitere Rutuler getötet haben.

470 *betrübt* – Weil sie über den Verbleib des Aeneas nichts wußten.

476 *jählings entglitt ihr der Schützen* – Sie war mit Weben beschäftigt und ließ vor Entsetzen das Weberschiffchen fallen.

505 *unter dem Schutzdach der Schilde* – Die Angreifer rückten in dichter Kolonne vor und hielten die Schilde lückenlos zur Deckung über sich.

530 f. *ein ... Turmbau mit ... Fallbrücken* – Der Turm erhob sich vor dem Lagerwall, mit dem ihn Fallbrücken bzw. Zugbrücken verbanden.

547 *wo er nicht mitkämpfen sollte* – Der Grund wird nicht gesagt. Er kann in einer Weisung seines Vaters zu sehen sein, aber auch darin, daß man ihn als Sohn einer Sklavin nicht für vollwertig ansah.

552 f. *genauso bäumt sich ein Wild ...* – Vgl. Ilias XII 41–48.

563 ff. *ebenso rafft auch ... der Adler ...* – Vgl. Ilias XV 690 ff. und XXII 308 ff.

584 *im Haine der Mutter* – Sollte die Überlieferung richtig sein, wäre an eine Nymphe zu denken, vielleicht die Quellnymphe des Symaithos.

588 *das im Fliegen schmelzende Bleistück* – Nach antiker Vorstellung.

627f. *einen ... Stier ..., der seiner Mutter an Kopfhöhe gleichkommt* – Also ein noch junges Tier.

630 *von linksher* – Vgl. die Anm. zu II 691.

642ff. *künftiger Ahnherr von Göttern* – Hinweis auf Caesar (1) und Augustus und auf des letzteren größte Leistung, den Frieden.

654 *straflos* – Es war ein Meisterschuß des Iulus, wie ihn auch Apollo nicht besser hätte abgeben können. Derartige Leistungen konnten – überhaupt wenn sie mit prahlerischer Überheblichkeit verbunden waren – leicht zu göttlichem Groll und harter Bestrafung des Prahlenden führen. Apollo weist den Gedanken hier ab, läßt ihn aber leise anklingen, wohl um seiner Mahnung (656) stärkeren Nachdruck zu verleihen.

672ff. *Pandaros ... und Bitias ...* – Mit der allzu kühnen Handlungsweise beider vgl. im ganzen die ebenfalls, aber aus wohldurchdachten Gründen, vor einem noch offenen Tore kämpfenden Griechen Polypoites und Leonteus der Ilias (XII 120–136).

710 *ein Pfeiler* – Pfeilerartige, aus durch Zement verbundenen Blöcken errichtete Aufbauten wurden unmittelbar am Meeresgestade hochgezogen und nach Fertigstellung ins Wasser gesenkt. Sie dienten als Fundamente für Bauwerke, die aus dem Wasser ragen sollten: Häuser, Uferdämme, Kaimauern und Molen.

767 *Halios und Alkandros ... Noëmon* – Entspricht wörtlich dem Ilias-Vers V 678.

781ff. *Wohin noch fliehen? ...* – Vgl. Ilias XV 733–741.

792ff. *So drängt ein Haufen von Jägern ...* – Vgl. Ilias XI 544 bis 574 und XVII 109–114.

806ff. *Deswegen konnte sich Turnus ...* – Vgl. Ilias XVI 102–111.

ZEHNTER GESANG

7f. *Ich wünschte, daß ihr am Kriege ... nicht teilnehmt!* – Einen solchen Wunsch hat Jupiter bisher nicht ausgesprochen, wohl aber dem Aeneas einen harten und langwierigen Krieg in Italien vorausgesagt (I 263ff.).

13 *über die Alpen* – Hannibal überschritt sie mit seinem Heere im Jahre 218 v. u. Z.

28 ff. *Wiederum rückt ... Diomedes gegen die Teukrer* – Dies war nach VIII 9–17 möglich, trat aber nicht ein (XI 225–230). Die Göttin der Liebe übertreibt, um ihr Anliegen um so eher durchzusetzen.

zum zweiten Male – Diomedes hatte Venus (Aphrodite) bereits vor Troja verwundet (Ilias V 330–354).

36 ff. *Die Schiffe ..., die ... am Strande des Eryx brannten* – V 605–699.

die aus Äolien gescheuchten ... Stürme – I 50–123.

Iris – V 606 ff. IX 2 ff.

70 f. *Einen Knaben zum Feldherrn zu machen ... den Frieden zu stören* – Auch Juno übertreibt, ja verdreht die Tatsachen. Aeneas hatte bei seinem Aufbruch Mnestheus und Serestos als Befehlshaber des Lagers eingesetzt (IX 171 ff.). Der von Allekto im Auftrag Junos entfachte Streit zwang ihn, Verbündete zu suchen.

89 *jener* – Paris.

112 *Jupiter herrscht gleichmäßig für alle* – Keine andere Gottheit hat sich einzumischen und die eine oder andere Seite zu unterstützen.

115 *leistete nickend den Schwur er* – Vgl. die Anm. zu IX 106.

155 *frei von dem Schicksalszwang* – Dieser Zwang hatte sie veranlaßt, mit dem Krieg gegen Mezentius zu warten, bis sie sich einen „Feldherrn ... von auswärts" (VIII 503) geholt hätten.

156 f. *Das Schiff des Aeneas fuhr an der Spitze* – Die folgende Aufzählung der Truppenkontingente umfaßt nur einen Teil der Flotte. Beispielsweise wird der Etruskerfürst Tarchon nicht genannt.

157 f. *am Bug zwei phrygische Löwen; darüber ragte der Ida* – Die Art des „Wappens" ist nicht klar. Der vielleicht durch eine Frauengestalt als Nymphe dargestellte Heimatberg der Trojaner ist auf dem Hinterdeck denkbar. Im übrigen zeugt die Ausschmückung des Flaggschiffs, sofern nicht die Troer selbst, sondern Tarchon (154) und seine Etrusker sie vorgenommen haben, von der Hochachtung, die sie dem neuen Oberbefehlshaber entgegenbrachten. Von der troischen Flotte waren außer den zu Nymphen verwandelten Schiffen (IX 107–122) bloß noch jene zwei übrig, auf denen der Rest der Begleitmannschaft des Aeneas von Pallanteum aus zum Lager zurückfuhr (VIII 548 ff.). Sie werden vom Dichter nicht mehr erwähnt; man könnte anneh-

men, sie seien etwa zur Zeit der Landung des Aeneas und der Etrusker an der Tibermündung angelangt.

166 *an Bord des ehernen Tigers* – Einen Tiger trug das nach ihm benannte erzbeschlagene Schiff als Wappen.

229 *lockre die Taue* – Zur Erhöhung der Geschwindigkeit.

238f. *Schon ... zur Stelle, vereint mit den ... Etruskern, sind die arkadischen Reiter* – Die Stelle wird nicht genannt. Sie bleibt genauso unklar wie der Zeitpunkt der Vereinigung der arkadischen und etruskischen Reiter. Vgl. 362ff.

266 *nach Norden den Äther durchschwirrend* – Sie haben den Winter im Süden verbracht und kehren freudig in ihre Heimat zurück.

316 *dir, Apollo, geweiht* – Ein nur durch ärztliches Eingreifen aus dem Mutterleibe geborgenes Kind wurde dem Gott der Heilkunst geweiht.

356ff. *So fechten im ... Äther ... die Winde den Streit aus* – Vgl. Ilias XVI 765–771.

stemmten gedrängt sich Fuß an Fuß und Körper an Körper – Vgl. Ilias XIII 131–135.

400 *Sein Fluchtversuch schenkte dem Ilos Aufschub vorm Tode* – Ilos (3) fiel, ohne daß es noch erwähnt wird, etwas später von der Hand des Pallas (3).

405f. *Wie ... ein Hirte im Sommer ... Feuer entzündet* – Durch diese Maßnahme sollte frischer Graswuchs angeregt werden.

417 *vorsorglich* – Vielleicht durch ein Orakel gewarnt, vielleicht auch nur aus väterlicher Liebe.

423 *dein Eichbaum* – Erbeutete Waffen wurden von den Siegern oft an Eichen aufgehängt, die einer Gottheit – wie hier dem Flußgott Thybris – geweiht waren.

489 *schlug er ins ... Erdreich die ... Zähne* – Vgl. Ilias II 418 und XI 749.

497 *in der Brautnacht vollzogne Ermordung* – Gemeint ist die Bluttat der Danaiden.

503 *Turnus erlebt noch die Stunde* – XII 941–944.

519 *Schatten* – Die Manen des Pallas (3). Vgl. Ilias XXI 26–32 und XXIII 22f. 175f. 181f. Der Brauch, am Grabe hervorragender Gefallener Menschen zu opfern, war in der Zeit der römischen Republik bereits durch die – nicht weniger grausamen – Gladiatorenkämpfe abgelöst worden. Allerdings berichtet noch Sueton (Augustus 15), der spätere Kaiser Oktavian hätte im Bürgerkrieg nach der Eroberung Perusias im Jahre 41 v.u.Z. dreihundert Senatoren und Rit-

ter der Gegenpartei, die sich ihm ergeben hatten, vor einem zu Ehren des ermordeten Caesar (1) errichteten Altar an den Iden des März opfern lassen.

521 ff. *Magus ...* – Vgl. Ilias VI 37–65. X 376–457. XXI 34–120.

560 *wo ... gierige Fische die Wunden dir lecken* – Vgl. Ilias XXI 121–127.

592 f. *keine sich ... bäumenden Rosse entführten dir den Wagen, noch scheuchten vom Feind her dich täuschende Schatten* – Vgl. Ilias V 295–298 und XVI 278–283.

688 *uralte Hauptstadt des Daunus* – Ardea.

707 ff. *Wild wie ein Eber* – Vgl. Ilias XI 414–418.

723 ff. *Wie ... ein ... Löwe ... durch sein Jagdrevier streift* – Vgl. Ilias III 21–26 und XIII 198–202. Odyssee XXII 401–406.

739 *der Sterbende sprach* – Vgl. Ilias XVI 851–854 und XXII 355–360.

743 *Stirb jetzt!* – Vgl. Ilias XXII 365 f. Allerdings nennt Mezentius als „Verächter der Götter" den Göttervater nur zum Hohn („Finster lächelnd", 742). Götterverachtung spricht auch daraus, daß er vor dem Speerwurf gegen Aeneas nur auf den „göttergleichen" (773) Beistand seines Arms und seiner Lanze baut und für den Fall des Erfolgs die Waffen des Gegners nicht, wie üblich, einem Gott, sondern seinem Sohne Lausus weiht (775 f.).

827 *Behalte die Waffen* – Vgl. Ilias VI 416 ff. Dem besiegten Gegner die Waffen zu lassen, bedeutete höchste Anerkennung seiner Tapferkeit durch den Sieger. Desgleichen war es eine Geste der Achtung, den Leichnam zur Bestattung freizugeben (828) oder gar selbst zu bestatten.

850 *die Tiefe der Wunde* – Weniger die Tiefe der ihm von Aeneas geschlagenen Wunde als vielmehr die Wucht des Schlages, den für ihn die erlittene Niederlage und der Opfertod des Sohnes insgesamt bedeuten. Dieser Schlag erst führt ihn zur Einsicht in die eigene Schuld (851 ff.).

861 ff. *Rhaebus, wir lebten schon lange* – Vgl. mit der Szene im ganzen das Zwiegespräch, das Achilles mit seinem Rossegespann führt (Ilias XIX 399–424).

872 Dieser in mehreren der wichtigsten Handschriften fehlende Vers scheint XII 668 an der richtigen Stelle zu stehen.

ELFTER GESANG

13 *vom Sieg* – Die Entfernung des Turnus vom Schlachtfeld und der Tod des Mezentius hatten den Rückzug der Latiner und ihrer Verbündeten ausgelöst. Der Dichter läßt es, ohne es ausdrücklich zu sagen, aus dem Zusammenhang deutlich werden.

19 *Wenn uns die Götter ermächtigen …* – Die Römer zogen nur unter günstigen Auspizien ins Feld.

51f. *der keinem der Götter etwas mehr schuldet* – Der Tote wie die ihn Bestattenden haben alle frommen Verpflichtungen erfüllt.

57 *Schmach, daß der Sohn überlebte* – Durch Ausweichen vor der Gefahr.

81 *die Feinde* – Die zum Zwecke des Opfers lebend Gefangengenommenen. Vgl. X 517ff.

89 *das Streitroß …, in den Augen Tränen* – Vgl. Ilias XVII 426–440.

92f. *vollzählig Teukrer, Tyrrhener, Arkader* – Das ganze Heer gab dem Toten eine Strecke des Weges Geleit, kehrte dann mit Aeneas um, indes die tausend ausgewählten Begleiter (60f.) den Weg bis nach Pallanteum fortsetzten.

die Waffen umgekehrt tragend – Dies geschah zum Zeichen der Trauer.

106f. *die Bitte, die keiner abschlagen durfte* – Ein Sieger, der dem Besiegten die ordnungsgemäße Bestattung seiner Gefallenen verweigerte, machte sich eines schweren Frevels schuldig.

133ff. *Waffenstillstand …* – Vgl. Ilias VII 421–432.

188f. *Dreimal marschierten …, dreimal umzogen …* – Vgl. Ilias XXIII 13f.

208 *ohne Zählung und Ehrung* – Betrifft einerseits den Unterschied zwischen „Gemeinen" und „Prominenten" – letztere vor allem werden mit den (204ff.) Bestatteten gemeint sein –, andererseits aber auch die angesichts der Niederlage herrschende gedrückte, teils sogar erbitterte (215ff.) Stimmung, die einem mit rituellem Gepränge durchgeführten Leichenbegängnis entgegenstand.

243 *die argeische Festung* – Arpi.

272ff. *Meine Gefährten … streiften als Vögel … und heulten vor Jammer um felsige Klippen* – Nach einer Sagenversion geschah dies an der apulischen Küste.

276 *da ich … bewaffnet auf Körper von Himmlischen losging* – Auf Venus und Mars, allerdings mit Unterstützung Minervas. Vgl. Ilias V 132f. 330–352. 825–867.

279 *Hektor … und Aeneas* – Vgl. Ilias XVII 513.

297ff. *stemmen sich Klippen reißender Strömung entgegen* – Vgl. Ilias II 144–154 und 207–210.

363 *das einzige Pfand, das den Frieden … sichert* – Der Verzicht auf Lavinia.

394 *das ganze Geschlecht des Euander* – Es erlischt mit dem Tode des Pallas (3).

396 *Bitias und … Pandaros* – IX 672–755.

403ff. *Zittern doch jetzt …, zittert …, weicht* – Beißender Hohn: Die dem Drances vorgeworfenen „umgedrehten" Tatsachen (400f.) werden als wirklich gesetzt.

der Aufidus – Der Fluß steht für das von Diomedes beherrschte Gebiet und damit für den Herrscher selber.

423 *sofort an der Schwelle* – Gleich zu Beginn des Krieges, zu einem Zeitpunkt, da die endgültige Entscheidung noch gar nicht gefallen ist, auch der Gegner schon zwei Niederlagen (401) hatte hinnehmen müssen.

477ff. *Aufwärts zum Tempel* – Vgl. Ilias VI 269–311.

482 *auf stolzer Schwelle* – In der Regel brachte der Flehende seine Bitten am Eingang des Tempels vor.

492ff. *Ebenso sprengt ein Roß die Fesseln* – Vgl. Ilias VI 506–514.

498ff. *Camilla … sprang aus dem Sattel* – Damit erwies sie dem Oberbefehlshaber ihre Ehrerbietung.

533 *heilige Schar* – Die Diana begleitenden Nymphen.

536 *mit unseren Waffen* – Pfeil und Bogen.

587 *bitteres Schicksal* – Das ihr den Tod im Kampfe bestimmt hat.

721ff. *Ebenso leicht verfolgt ein Falke* – Vgl. Ilias XXII 139–142. Odyssee XV 525ff.

732ff. *Was für ein Schrecken, Tyrrhener … lähmte euch derart?* – Vgl. Ilias IV 338–348.

751ff. *Wie … der Adler die Schlange trägt* – Vgl. Ilias XII 200 bis 207.

794f. *Phöbus … gönnte zum Teil die Erfüllung* – Vgl. Ilias XVI 250.

809ff. *Wie sich ein Wolf* – Vgl. Ilias XV 585–588.

854 *im Glanze der Waffen und stolz geschwellt* – Der Widerspruch in der Haltung des Arruns hier und Vers 807 („von Angst gepeitscht") läßt sich allenfalls damit erklären, daß er, kurz nach der Tat sich schon sicherer fühlend, dem anfangs un-

terdrückten Gefühl der „Freude" sehr schnell nachgab und sein vor dem Speerwurf dem Apollo gegebenes Versprechen (792f.) vergaß.

913 *Spaniens Fluten* – Der Ozean an Spaniens Westküste.

ZWÖLFTER GESANG

4ff. *Wie ein Löwe* – Vgl. Ilias XX 164–173.

52f. *weibisch sein Fliehen decken mit Wolkendunst* – Aphrodite deckte ihren Sohn, als Diomedes ihn durch einen Steinwurf verletzt und betäubt hatte, mit ihren Armen und ihrem Gewand. Als sie selbst von Diomedes verwundet und gezwungen wurde, Aeneas im Stich zu lassen, übernahm Apollo den Schutz des Helden (Ilias V 297–453). Später rettete Poseidon Aeneas, indem er die Augen des Achilles mit Finsternis umwob und den Gefährdeten durch die Lüfte entführte (Ilias XX 318–339).

67ff. *Wenn man dem ... Elfenbein ... Purpurglut aufzwingt* – Vgl. Ilias IV 141–147.

89 *Hörner des ... Helmbuschs* – Gemeint sind wahrscheinlich hörnerähnliche Hohlkegel bzw. Hülsen oder Röhren auf dem Helm, in die man die Teile des Buschens steckte.

120 *heilige Kräuter* – Alles Grünende, das zu rituellen Handlungen gebraucht wurde, vorrangig von Myrten-, Lorbeer- und Ölbäumen.

143f. *jenen Frauen, die mit ... Jupiter schliefen, ohne ein Zeichen des Dankes zu ernten* – In der Tat ist im Mythos diesen Frauen kaum je ein wirksamer Dank zuteil geworden, im Gegenteil, meist der eifersüchtige Haß Junos, darüber hinaus auch noch Unglück im menschlichen Bereich. Juturna wird von Juno nur begünstigt, weil die Göttin in der Nymphe ein brauchbares Werkzeug gegen Aeneas erblickt.

206ff. *so wahr dies Zepter ... schwerlich noch Laubspitzen treibt* – Vgl. Ilias I 234–239.

215 *die noch lebenden Tiere* – Dem Ritual gemäß: Die blutenden Opfer zuckten noch, wenn der Priester ihnen die Eingeweide entnahm.

240 *die meisten Laurenter sogar und Latiner* – Beide sind lediglich Verbündete des Turnus, nicht, wie die Rutuler, seine Landsleute und Untertanen.

247ff. *Flog doch ... Jupiters ... Adler* – Vgl. Ilias XII 200– 207.

274 *neben der haltenden Schnalle* – Vgl. Ilias IV 132ff.

286 *die Bilder der Götter* – Latinus hatte sie mitgebracht und als Zeugen des Vertragsschlusses auf die errichteten Altäre gestellt.
331ff. *Wie Mars am Ufer des ... Hebros* – Vgl. Ilias XIII 298–303.
411ff. *Venus indes ...* – Mit dem hilfreichen Eingreifen der Venus im ganzen vgl. Ilias IV 208–219. XI 822–848. XVI 527–531.
451ff. *Wie sich ... ein Wirbelsturm losreißt ...* – Vgl. Ilias IV 275 bis 279. Es scheint eine Wasserhose gemeint zu sein.
vom Unwetterstern – Vgl. die Anm. zu IV 578f.
501 *das Sterben der Feldherrn* – Gemeint sind nicht nur Anführer, sondern hervorragende Kämpfer überhaupt. – Da Aeneas nach dem „tückischen Angriff" (494) des Messapus „die Erbitterung zügellos wüten" (499) läßt, d.h. sich nicht mehr darauf konzentriert, den vermeintlich vor ihm fliehenden Turnus zu stellen, sondern voll am allgemeinen Kampfe teilnimmt, lenkt Juturna-Metiscus auch den Turnus wieder stärker ins Getümmel, hält ihn jedoch weiterhin von Aeneas fern.
516 *zwei Brüder aus Lykien* – Klaros und Thaemon (X 126).
521 *das Feuer, das Landleute legten* – Vgl. die Anm. zu X 405f.
565 *Jupiter hilft uns* – Als Schutzgott beschworener Verträge und Rächer des Eidbruchs.
612f. *machte sich bittere Vorwürfe* – Vgl. XI 471f. Das fast gleichlautende Verspaar ist in Gesang XII von mehreren Handschriften nicht überliefert.
684ff. *Wie ... ein Felsblock ... jäh abstürzt* – Vgl. Ilias 136–142.
703 *seiner schneeschimmernden Gipfel sich freut* – Vgl. Ilias V 754.
715ff. *Hoch in dem Silagebirge* – Vgl. L III 219–223.
725ff. *Jupiter ... stellte zwei Waagschalen ... gleichhoch* – Vgl. Ilias XXII 208–213.
742ff. *Kopflos enteilte ... Turnus* – Vgl. im ganzen Ilias XXII 136–225.
749ff. *wie wenn ein Jagdhund den Hirsch vor sich herhetzt* – Vgl. Ilias XXII 189–192.
750 *vor den schwankenden purpurnen Federn* – Vgl. die Anm. zu L III 371f.
764f. *Ging es doch gar nicht um Kampfpreise* – Vgl. Ilias XXII 159ff.
781ff. *konnte doch ... Aeneas ... nicht ... den Speer aus der Klemme ziehen* – Vgl. Ilias XXI 174–178.
820 *zur Ehre der Deinen* – Saturnus, Jupiters Vater, wurde als Ahnherr der latinischen Herrscher verehrt. Vgl. VII 48ff.

836f. *Bräuche und Gottesdienste werde selber ich stiften* – Dieses Recht hatte sich Aeneas ausbedungen (192). Im Zuge seiner Bemühung, Juno nicht aufs neue zu reizen, nimmt Jupiter es jetzt selbst in Anspruch. → Einl. S. XXXIXf.

877f. *die grausame Weisung des edlen Jupiter* – Weder ein Widerspruch noch Ironie, sondern echt antike Vorstellung.

899f. *Mühsam nur hätten zwölf ... Männer aus unsrer Generation* – Vgl. Ilias V 302ff. XII 444–449.

908ff. *Wie wir im Traum* – Vgl. Ilias XXII 199ff.

930ff. *Turnus, am Boden* – Vgl. mit der Sterbeszene der Ilias (XXII 337–366). → Einl. S. XXXVI. XL.

944 *Jetzt trug er das herrliche Schmuckstück sich selbst zum Verderben* – Vgl. X 495–504.

VERZEICHNIS ANTIKER NAMEN UND BEGRIFFE

Abaris: Ein Rutuler.

Abas: 1. Ein Gefährte des Aeneas A I 121.
2. Ein Etrusker. A X 170. Zweifelhaft, ob mit diesem identisch X 427.
3. Umstritten A III 287. Nach der III 288 zitierten Inschrift könnte es ein Grieche sein, den Aeneas bei dem nächtlichen Kampf im brennenden Troja tötete; möglicherweise aber auch ein Trojaner, der während des Krieges fiel und dessen Schild von seinem griechischen Besieger getragen wurde, bis dieser in einem späteren Kampf dem Aeneas erlag. Ob, als weitere Möglichkeit, eine Anspielung auf Abas, den mythischen König und Heros von Argos (2) anzunehmen ist, bleibt unbeweisbar.

Abella: Stadt in Kampanien (heute Avella vercchia).

Abydus: Stadt an der Südküste des Hellespont, berühmt durch ihre Austernfischerei.

Acca: Freundin und Kampfgenossin der Camilla.

Acerrae: Stadt in Kampanien, südwestlich des Clanius, dessen Hochwasser ihre Bürger oft zum Verlassen der Wohnstätten zwang.

Achaia: Landschaft im Norden der Peloponnes. Der Name ihrer Bewohner, der Achaier, wurde oft auf die Griechen insgesamt übertragen, so daß „achaisch" meist „griechisch" bedeutet.

Achaimenides: Ein Grieche, Gefährte des Odysseus.

Achates: Ein Trojaner, treuer Freund des Aeneas.

Acheloos: Größter Strom Griechenlands, entspringt auf dem Pindus, ergießt sich zwischen den Landschaften Akarnanien und Ätolien in das Ionische Meer, Inbegriff des Wassers. Ein „acheloischer" Becher ist ein Becher voll Wasser.

Acheron: Strom in der Unterwelt. Sein Name bezeichnet oft die Unterwelt als Ganzes.

Achilles (g Achilleus): Sohn der Thetis und des thessalischen Königs Peleus, stärkster, schnellster und tapferster Held der Griechen vor Troja, erlag einem von Apollon gelenkten Pfeilschuß des Paris.

Actium: Stadt an der nordwestlichen Küste Akarnaniens, Schauplatz der Seeschlacht, mit der Oktavian 31 v. u. Z. durch seinen Sieg über Antonius und Kleopatra den Bürgerkrieg beendete. → Anm. zu A III 280f.

Adamastos: Ein Grieche, Vater des Achaimenides.
Adonis: Sohn des kyprischen Königs Kinyras und der Myrrha, jugendlich-schöner Jäger und Hirt, Geliebter der Venus.
Adrastos: König von Argos (2), Führer der „Sieben gegen Theben", kam nach der häufigsten Sagenversion bei dem gescheiterten Sturm auf die Stadt als einziger der Heerführer mit dem Leben davon. Vergil nennt ihn A VI 480 in einer Reihe neben Helden, die im Kampfe fielen.
Aegle (g Aigle): Eine Nymphe, die „Strahlende".
Aegon: Ein Hirte.
Aeneaden: Die Nachkommen, aber auch die Gefährten des Aeneas.
Aeneas (g Aineias): Sohn der Venus und des Anchises, der mythische Stammvater des römischen Volkes und insbesondere des Geschlechtes der Julier (→ Iulus), Held der Aeneis, des „Liedes von Aeneas". Über sein außerhalb des Geschehens der Aeneis liegendes Schicksal → Anm. zu A IV 625.
Afrer: Afrikaner.
Africus: Stürmischer Westsüdwestwind.
Agamemnon: Sohn des Atreus, Bruder des Menelaos, König von Mykene, Oberbefehlshaber des griechischen Heeres vor Troja.
Aganippe: Eine Quelle am Helikon, Stätte der Musen.
Agathyrsen: Volksstamm nördlich der unteren Donau.
Agenor: Bruder des Belos (2). Nach ihm heißt die von Dido gegründete Stadt auch „Festung Agenors".
Agis: Ein Lykier, Gefährte des Aeneas.
Aglaie: Eine der Chariten.
Agrippa: Marcus Vipsanius Agrippa, Freund, Schwiegersohn und Feldherr des Augustus, führte bei Actium die Flotte desselben zum Siege. Er hatte bereits 36 v.u.Z. anläßlich seines Sieges über die Flotte des Sextus Pompeius als Auszeichnung die „Schiffskrone" erhalten, einen mit vergoldeten Nachbildungen erbeuteter feindlicher Schiffsschnäbel geschmückten Kranz.
Agylla (Agyllina urbs): Stadt im südlichen Etrurien, später Caere.
Aia (l Aea): Im Mythos das Eiland bzw. der Landstrich, in dem Kirke wohnte, nach römischer Vorstellung die nach der Stadt Circei (heute: Circello) benannte Halbinsel mit Vorgebirge im südlichen Latium.
Aiakos (l Aeacus): Vater des Peleus, Großvater des Achilleus, damit Ahnherr des Pyrrhos wie des Makedonenkönigs Perseus (von den Römern 168 v. u. Z. bei Pydna im südöstlichen Makedonien geschlagen), der seinen Stammbaum ebenfalls auf ihn zurückführte.

Ajax (g Aias): Sohn des Lokrerkönigs Oïleus, Grieche vor Troja. Bei der Eroberung der Stadt riß er Kassandra, die im Minervatempel Schutz gesucht hatte, vom Altar und vergewaltigte sie. Minerva strafte ihn, indem sie ihn auf der Heimfahrt von Troja nach einem Schiffbruch ertrinken ließ. Er ist nicht identisch mit dem gleichnamigen Sohn des Telamon, dem nächst Achilles stärksten und tapfersten Griechen vor Troja, dem „großen" Ajax, der von Vergil nicht erwähnt wird. → Teukros (1).

Aigaion: Ein hundertarmiger Riese, auch Briareus genannt.

Aigeus: Mythischer König von Athen. Das nach ihm benannte „Meer des Aigeus" bzw. Ägäische Meer, auch als Ägäis bezeichnet, erstreckt sich zwischen Griechenland im Westen, Makedonien und Thrakien im Norden, der kleinasiatischen Westküste im Osten sowie der Insel Kreta im Süden.

Aiolos (l Aeolus): 1. Von Jupiter auf Äolien (→ Lipara) eingesetzter König der Winde, Vater des Misenos. A I 53. 56. 65. 76. VI 164 (Äolide).
2. Ein Trojaner, Vater des Klytios. A IX 774.
3. König von Thessalien, Vater u. a. des Salmoneus sowie des durch seine List und Schlauheit berüchtigten Sisyphos. Nach einer Sagenversion hatte dieser die Mutter des Odysseus, Antikleia, vor ihrer Hochzeit mit Laërtes geschwängert und war somit der natürliche Vater des Odysseus. In diesem Sinne heißt letzterer „Enkel des Aiolos" A VI 529.
4. Ein Trojaner, vielleicht identisch mit 2. A XII 542.

Aithon: „Der Feurige", Streitroß des Pallas (vgl. Ilias VIII 185).

Akademie: Ein dem attischen Heros Akademos geweihter Hain im Nordwesten Athens, Sitz der von Platon, dem Hauptvertreter des antiken Idealismus, 388 v. u. Z. gegründeten Philosophenschule, auf die der Name übertragen wurde.

Akarnanien: Westgriechische Landschaft zwischen dem Ionischen Meer im Westen und der Landschaft Ätolien im Osten.

Akesta: Später Segesta, Stadt im Nordwesten der Insel Sizilien, benannt nach Akestes.

Akestes: Sohn des Crimisus und der Trojanerin Egesta, mythischer Begründer von Akesta.

Akmon: Ein Trojaner.

Akoites: Ein Arkader.

Akonteus: Ein Latiner.

Akrisios: König von Argos (2), Vater der Danaë. Auf das Orakel hin, er werde von der Hand seines Enkels sterben, sperrte er die Tochter in einen Kerker. Dort gebar sie von Jupiter, der ihr in

Gestalt eines Goldregens genaht war, den Heroen Perseus. Von ihrem Vater mit dem Kinde in einem Kasten auf dem Meere ausgesetzt, trieb sie nach einer Sagenversion an die Westküste Italiens, heiratete Pilumnus und gründete die Stadt Ardea. Akrisios wurde später tödlich durch einen vom Winde abgetriebenen Diskus getroffen, den Perseus bei einem sportlichen Wettkampf schleuderte.

Akron: Ein Grieche, der, in Etrurien ansässig geworden, gegen Mezentius und Turnus kämpfte.

Aktor: 1. Ein Trojaner. A IX 500.
2. Ein Aurunker, Gegner des Turnus in früherer Zeit, als die Aurunker von den Rutulern unterworfen wurden. A XII 94. 96.

Alba (Longa): „Weiße Stadt", in Latium, südostwärts von Rom, am Westhang des Albanerberges, Mutterstadt Roms (heute: Castelgandolfo), gegründet von Ascanius.

Albanerberg: Heute Monte Cavo. Auf ihm erhob sich ein Jupitertempel, Mittelpunkt der jährlich begangenen „latinischen Festtage".

Albula: Älterer Name des Tiber.

Albunea: Quellnymphe, schwefeldünstende Quelle.

Alburnus: Gebirgskette im nordwestlichen Lukanien.

Alcon: Ein Hirte.

Aletes: Ein Trojaner.

Alexandriner: „Einwohner von Alexandreia", der von Alexander dem Großen 332 v. u. Z. im westlichen Nildelta angelegten Stadt; in der Literaturgeschichte Bezeichnung der dort, großenteils als Bibliothekare, tätigen Gelehrten, die sich um die Sammlung, philologische Betreuung und Herausgabe der Hauptwerke der klassischen griechischen Literatur verdient machten.

Alexandrinischer Krieg: 1. Die Niederschlagung eines Aufstands der Ägypter gegen Caesar (1) und Kleopatra VII. im Jahre 48 v. u. Z.
2. Endgültige Unterwerfung Ägyptens durch Oktavian nach der Schlacht bei Actium.

Alexis: Hirtenname.

Alkandros: Ein Trojaner.

Alkanor: 1. Ein Trojaner, Vater des Bitias und Pandaros. A IX 672.
2. Ein Latiner, einer der sieben Söhne des Phorkos. A X 338.

Alkathoos: Ein Trojaner.

Alkeus: Vater des Amphitryon, Großvater des Herkules, der nach ihm auch als Alkide bezeichnet wird.

Alkimedon: Ein Holzschnitzer.

Alkinoos: Im Mythos König der Phaiaken, der Odysseus gastfreundlich aufnahm und in seine Heimat geleiten ließ. Schönheit und

Fruchtbarkeit seines Obstgartens (Odyssee VII 112–131) waren sprichwörtlich.

Alkippe: Eine Hirtin bzw. Magd eines Hirten.

Allekto: Eine der Furien.

Allia: Linker Nebenfluß des Tiber, mündet nördlich von Fidenae. „Leidig" wird er genannt, weil am 18. Juli 389 v. u. Z., dem „schwarzen Tag" der römischen Geschichte, an seinen Ufern die Römer von den Galliern verlustreich geschlagen wurden.

Alphesiboeus: Hirtenname.

Alpheus (g Alpheios): Fluß in der nordwestpeloponnesischen Landschaft Elis, an dessen Ufern die Städte Pisa und Olympia mit den Wettkampfstätten der Olympischen Spiele liegen. Im Mythos verfolgt der Jäger Alpheus in Gestalt eines Flusses die von ihm geliebte, aber spröde Quellnymphe Arethusa auf dem Meeresgrund bis zur Insel Ortygia (2).

Alsus: Ein Latiner.

Amasenus: Fluß in Latium.

Amaryllis: Name von Hirtinnen.

Amastris: Hafenstadt an der Südküste des Schwarzen Meeres.

Amastrus: Ein Trojaner.

Amata: Gattin des Latinus.

Amathus: Stadt an der Südküste Zyperns mit Kultstätte der Venus.

Amazonen: Kriegerisches Frauenvolk des griechischen Mythos, focht während des Trojanischen Krieges auf Seiten der Troer. Sie galten als am Ufer des kleinasiatischen Flusses Thermodon, der ins Schwarze Meer mündet, aber auch in Thrakien – wohl zur Bezeichnung nördlicher Ferne – heimisch.

Ameria: Stadt im südlichen Umbrien. In ihrer Umgebung wuchsen die rötlichen amerinischen Weiden, deren besonders zähe Ruten vielfältig verwendet wurden.

Aminaea: Durch ihren Weinanbau berühmte Gegend in Picenum.

Amiternum: Stadt im Gebiet der Sabiner.

Ammon: Ein in Ägypten und Libyen verehrter, meist mit einem Widderkopf dargestellter Sonnengott, den die Griechen dem Zeus, die Römer dem Jupiter gleichsetzten.

Amor: Entspricht dem griechischen Eros als Sohn der Venus, der als geflügelter, mit Pfeil und Bogen bewaffneter Knabe durch seine Treffer den Menschen Liebesleidenschaft einflößt.

Amphion: Sohn des Jupiter und der Antiope, stammte vom „Quell der Dirke", d. h. aus Theben, meisterhafter Harfen- und Flötenspieler, bei dessen Spiel sich die Steine selbsttätig zur Stadtmauer Thebens zusammenfügten.

Amphitryon: Sohn des Alkeus, König von Tirnys, Gatte der Alkmene, die dem Zeus, der sie in der Gestalt ihres auf einem Feldzug abwesenden Mannes besuchte, den Herakles gebar.

Amphrysus: Thessalischer Fluß, an dessen Ufern Apollon die Viehherden des Fürsten Admetos weidete. „Amphrysisch" heißt die Sibylle von Cumae, weil sie ihre prophetische Gabe von Apollon empfing.

Ampsanctus: Das Tal von Ampsanctus im südlichen Samnium, in dessen Tiefe ein schwefeldünstender See liegt (heute: Mefita), galt als einer der Zugänge zur Unterwelt.

Ämter: Die wichtigsten Ämter der römischen Republik hatten inne: die zwei *Konsuln,* seit etwa 450 v. u. Z. von der Volksversammlung auf ein Jahr gewählt; Amtsantritt am 1. Januar. Nachdem das Konsulat ursprünglich nur den Patriziern vorbehalten war, erreichten die Plebejer in langwierigen inneren Kämpfen 367 v. u. Z., daß einer der Konsuln Plebejer sein mußte. Die Konsuln beriefen den Senat und die Volksversammlungen; im Kriege übernahmen sie das Kommando über die Streitkräfte. An die Stelle eines durch Tod oder Absetzung ausgefallenen Konsuls wurde im laufenden Amtsjahr ein anderer nachgewählt;
die *Prätoren,* auf ein Jahr gewählte hohe Gerichtsbeamte, ursprünglich zwei, mit dem Anwachsen der Zahl der Provinzen bis auf achtzehn vermehrt. Konsuln wie Prätoren übernahmen nach Ablauf ihrer Amtszeit als Prokonsuln bzw. Proprätoren für ein Jahr die Verwaltung einer Provinz;
die vier *Ädilen,* die höchsten Polizeibeamten, die für die öffentliche Ordnung, den Handel, die Lebensmittelversorgung u. ä. zuständig waren;
die *Quästoren,* die als Verwalter der niederen Gerichtsbarkeit, der Staatsarchive und der Staatskasse, im Felde auch der Kriegskasse, wirkten. Ihre Zahl wuchs von ursprünglich zwei bis zum Ende der Republik auf etwa vierzig an.
Diese Ämter blieben dem Amtsadel vorbehalten, der sich aus patrizischen und – begüterten und einflußreichen – plebejischen Geschlechtern gebildet hatte, und waren nur in zeitlich begrenzter Reihenfolge zugänglich: Man konnte Quästor vom 28. Lebensjahr an werden, anschließend Ädil; Prätor vom 40., Konsul vom 42. Jahr an. Es galt als höchste Ehre, jedes Amt in dem frühest zulässigen Jahre bekleidet zu haben. Dies gelang z. B. Cicero, der darüber hinaus noch ein „Neuling" (homo novus) war, also lediglich auf Grund seiner persönlichen Leistung aus dem Mittelstande in den Amtsadel aufgenommen wurde.

Besondere Bedeutung erlangten noch die Ämter der zwei *Zensoren* und der *Volkstribunen.* Jene, als „Vermögensschätzer" die höchsten Steuerbeamten und zugleich Sittenrichter, die Bürger aus ihrem jeweiligen Stande ausstoßen konnten, wurden aus den Reihen der ehemaligen Konsuln alle fünf Jahre gewählt. Diese, ursprünglich zwei, später zehn, als Sachwalter der Plebejer von diesen für jeweils ein Jahr gewählt, durften zum Schutz der Interessen der Plebs Einspruch gegen die beamteten Angehörigen des Amtsadels erheben; sie besaßen u.a. ein Vetorecht und durften persönlich nicht angetastet werden.
In außerordentlicher Kriegsnot konnte der Senat die Konsuln beauftragen, aus den Reihen der ehemaligen Konsuln für sechs Monate einen – nicht rechenschaftspflichtigen – *Diktator* zu ernennen, der für die Dauer der Amtszeit eine praktisch unumschränkte Gewalt ausübte.
Als *Tribunen* wurden auch zahlreiche mittlere Beamte und Offiziere mit jeweils genannter Funktion bezeichnet, so *Kriegstribunen,* die etwa den Rang eines Obersten bekleideten.

Amtsadel: → Ämter.

Amyclae: 1. Stadt südostwärts der Hauptstadt Sparta, Heimat der Dioskuren, der „Zeussöhne" Kastor und Pollux, berühmt auch durch Pferde- und Hundezucht. L III 89. 345.
2. Stadt in Latium, wahrscheinlich von Spartanern gegründet. Ihre Bezeichnung als „stilles Städtchen" spielt möglicherweise auf den Umstand an, daß der Ort von seinen Bewohnern verlassen wurde, verfiel und in historischer Zeit nicht mehr existierte. A X 564.

Amykos: 1. Mythischer König der Bebryken, als Faustkämpfer berüchtigt. A V 373.
2. Ein Trojaner, Gefährte des Aeneas. A I 221. IX 772.
3. Ein Trojaner, Gatte der Theano, Vater des Mimas. A X 704.
4. Ein Trojaner, Bruder des Diores. A XII 509.

Amyntas: Hirtenname.

Anagnia: Stadt in Latium, Hauptort der Herniker (heute: Anagni).

Anchemolos: Ein Rutuler.

Anchises: Enkel des Assarakos (1), König von Dardania, Geliebter der Venus, die ihm den Aeneas gebar. Er wurde von Zeus durch einen Blitzstrahl gelähmt, sei es, weil er ein ihm von Venus auferlegtes Schweigegebot gebrochen hatte – im Homerischen Aphroditehymnos wird ihm 286–288 eine solche Strafe angedroht –, sei es, daß Zeus den von einer Gottheit derart begünstigten Sterblichen vor dem Auftreten einer Hybris bewahren wollte.

Ancus: Ancus Marcius, vierter der römischen Könige. Die ihm von Vergil A VI 815f. zugeschriebenen negativen Eigenschaften werden von den anderen Quellen (insbesondere Livius) nicht bestätigt; sie würdigen den König durchweg als tapfer, gerecht und pflichtbewußt.

Androgeos: 1. Sohn des Minos. Als Teilnehmer an den panathenäischen Kampfspielen zu Athen besiegte er alle Mitbewerber, worauf ihn die Athener aus Neid umbrachten. Minos zwang nunmehr die Athener, ihm zur Sühnung der Tat jährlich sieben Knaben – nach der häufigeren Version sieben Knaben und sieben Mädchen – zu schicken, die er dem Minotaurus zum Fraße vorwarf. Theseus befreite seine Vaterstadt von dieser Verpflichtung, indem er, unterstützt von Ariadne, die sich ihrerseits der Hilfe des Dädalus erfreute, den Minotaurus erlegte. AVI 20.
2. Ein Grieche. A II 371. 392.

Andromache: Gattin Hektors, nach Trojas Fall Sklavin und Nebenfrau des Pyrrhos, nach dessen Tode mit Helenos verheiratet.

Andronicus: Livius Andronicus (2.Hälfte des 3.Jahrhunderts v.u.Z.), erster römischer Dichter, übersetzte die Odyssee im Versmaß des Saturniers ins Lateinische, bearbeitete griechische Tragödien und Komödien für Aufführungen in Rom. Seine Werke sind nur fragmentarisch erhalten.

Angitia: Göttliche Zauberin, galt als Schwester der Medeia. Ein ihr geweihter Hain lag am Fuciner See.

Anio: Linker Nebenfluß des Tiber.

Anios: König und Apollonpriester auf Delos.

Anna: Schwester der Dido.

Annalen: „Jahrbücher", ursprünglich vom Pontifex maximus auf Tafeln öffentlich angebrachte, in zeitlicher Folge aufgezeichnete Mitteilungen über die jeweils höchsten Beamten und denkwürdigen Ereignisse, später Bezeichnung historischer Darstellungen überhaupt.

Antaeus: Ein Rutuler.

Antandros: Hafenstadt südlich des Ida (1).

Antemnae: Stadt in Latium an der Einmündung des Anio in den Tiber.

Antenor: Ein Trojaner. Er mahnte seine Landsleute vergeblich, Helena den Griechen zurückzugeben und auf diese Weise den Frieden zu retten (Ilias VII 347–353). Bei der Eroberung Trojas verschonten ihn die Griechen. Er wanderte nach Norditalien aus und gründete die Stadt Patavium (heute: Padua).

Antheus: Ein Trojaner.

Antigenes: Ein Hirte.

Antiphates: Ein Lykier, Gefährte des Aeneas.

Antonius: Marcus Antonius, römischer Feldherr und Konsul, Freund Caesars (1), nach dessen Ermordung zunächst Verbündeter des Octavianus, dessen Schwester Octavia er heiratete; mit ihm teilte er sich 40 v. u. Z. im Vertrag von Brundisium durch Übernahme der Osthälfte des römischen Reiches in die Herrschaft. Schließlich trat er als Gegner seines Schwagers auf, verstieß Octavia, heiratete Kleopatra VII., unterlag 31 v. u. Z. in der Schlacht von Actium und verübte Selbstmord.

Antores: Ein Argeier, Freund des Herkules, später Gefolgsmann des Euander.

Anubis: Ägyptischer Totengott, mit dem Kopf eines Schakals bzw. Hundes dargestellt.

Anxur: 1. Auch Tarracina (heute: Terracina), Küstenstadt der Volsker.
2. Ein Volsker, Gefolgsmann des Turnus. A X 545. 547.

Anxurus: „Von Anxur (1)", Beiname des Jupiter, der in Anxurus eine Kultstätte besaß.

Aonisch: Abgeleitet von Aonien, einem älteren Namen für die mittelgriechische Landschaft Böotien. „Aonischer Gipfel" heißt der Helikon.

Aornos: „Ohne Vögel", d. h. „von Vögeln gemieden", etymologisierende Bezeichnung des Schwefeldämpfe ausdünstenden Averner Sees.

Aphidnos: Ein Trojaner.

Aphrodite: → Venus.

Apollo (g Apollon): Sohn des Zeus und der Leto, Führer und Freund der Musen, Schutzgott der Hirten und Herden, als Lichtgott zuweilen dem Helios gleichgestellt, Meister und Lehrer im Singen und Harfenspielen, im Bogenschießen, in der Kunst der Weissagung sowie in der ärztlichen Hilfe. Augustus, der sich ihm in besonderem Grade verpflichtet fühlte, weihte ihm 28 v. u. Z. auf dem Palatin einen prachtvollen Tempel und erhob seine Verehrung zum Staatskult.

Apollonius: Apollonius von Rhodos, griechischer Epiker (3. Jahrhundert v. u. Z.), Verfasser des Epos Argonautika, „Argonautenzug", Meister in der Verwendung typisch hellenistischer Stilmittel. Vergil ist stark von ihm abhängig.

Appenin(us): Die Apenninen, das die italische Halbinsel vom Norden (nördlich Genua) in südöstlicher Richtung durchziehende Hauptgebirge.

Apulien: Landschaft im Südosten Italiens.
Aquiculus: Ein Rutuler.
Äquer: Italischer Volksstamm im nördlichen Latium, ostwärts von Rom.
Äquikuler: Teil der Äquer.
Araber: Ihr Name wird gleich dem anderer Völker des Ostens oft zur Bezeichnung der Orientalen überhaupt gebraucht.
Arachne: Griechin aus Kolophon, die, als Meisterin im Teppichweben, voll Übermut Athene zu einem Wettkampf in dieser Kunst herausforderte und von der erzürnten Göttin in eine Spinne verwandelt wurde.
Aracynthus: Ein Berg bzw. Gebirge von nicht eindeutig bestimmbarer Lage, vielleicht an der Nordgrenze Attikas.
Arar: Fluß im südöstlichen Gallien (heute: Saône).
Aratos: Aus Soloi in Kilikien (etwa 310–245 v. u. Z.), Verfasser des in Hexametern verfaßten Werkes Phainomena, „Himmelserscheinungen", einer poetischen Beschreibung des Sternenhimmels mit einem Anhang über Wetterkunde, die bis zum Ausgang des Mittelalters als eines der führenden astronomischen Lehrbücher galt.
Arcens: Sizilier, Vater eines – wohl gleichnamigen – Sohnes, der auf der Seite des Aeneas kämpfte.
Arcetius: Ein Rutuler.
Archippos: König der Marser.
Arcturus (g Arkturos): „Bärenhüter", Stern im Sternbild Bootes. Sein Aufgang im September kündigte die Zeit der Stürme an.
Ardea: Die in der Nähe der Küste gelegene Hauptstadt der Rutuler, nach einer Sagenversion von Danaë an der Spitze argeischer Siedler gegründet.
Arethusa: Quellnymphe, Geliebte des Alpheus, gab der auf Ortygia (2) sprudelnden Quelle den Namen.
Argeier: Einwohner von Argos (2) bzw. der Landschaft Argolis, oft allgemein als „Griechen" zu verstehen.
Argiletum: Ein Stadtteil Roms ostwärts des Forum Romanum. Vergil deutet den Namen als „Tod des Argus". Letzterer war von Euander als Gastfreund aufgenommen worden, plante aber, den König zu ermorden und sich seiner Herrschaft zu bemächtigen. Freunde des nichtsahnenden Euander durchschauten die Absicht des Gastes und erschlugen ihn. Um der – wenn auch in Notwehr – verletzten Gastfreundschaft willen errichtete Euander dem Getöteten ein Grabmal und weihte die von einem Hain umgebene Stätte als Heiligtum.

Argo: „Die Schnelle", das Schiff der Argonauten.

Argolis: Landschaft im Nordosten der Peloponnes mit der Hauptstadt Argos (2).

Argonauten: „Die Besatzung der Argo", die griechischen Helden, die unter der Führung des Iason nach Kolchis an der Ostküste des Schwarzen Meeres fuhren, um das Goldene Vlies zu erbeuten.

Argos: 1. Ein hundertäugiger Riese, Wächter der Io, von Hermes überwältigt. A VI 791.
2. Hauptstadt der Landschaft Argolis, mit berühmtem Junokult.

Argus: → Argiletum.

Argyripa: → Arpi.

Ariadne: Tochter des Minos und der Pasiphaë, die aus Liebe zu Theseus diesem, unterstützt von Dädalus, den Minotaurus überwinden half, dann mit Theseus floh, aber von ihm – aus verschieden überlieferten Motiven – auf Naxos im Stich gelassen wurde. Dort nahm Dionysos sie zur Frau. Ihre Krone, ein Geschenk des Hephaistos, versetzte er unter die Sterne.

Aricia: 1. Stadt in Latium am Fuße des Albanerberges (heute: Riccia).
2. Eine in der Nähe der Stadt lebende Quellnymphe, die Gattin des Hippolytos und Mutter des Virbius.

Arion: Harfenspieler, Sänger und Dichter aus Lesbos (um 600 v. u. Z.). Nach der Legende wurde er von Seeräubern gezwungen, ins Meer zu springen, fand aber Rettung durch einen Delphin, der ihn auf seinem Rücken nach Korinth trug.

Arisbe: Stadt am Hellespont, nördlich von Troja, durch Aeneas unter die Botmäßigkeit der Trojaner gebracht.

Aristaeus: Sohn Apollons und der Kyrene (1), mythischer Hirt, als Meister und Lehrer der Bienenzucht einer der Wohltäter der Menschheit.

Aristoteles: Aus Stageira in Makedonien, Schüler Platons (→ Akademie), größter, überwiegend materialistischer Denker der Antike (384–322 v. u. Z.), Verfasser zahlreicher Schriften auch naturwissenschaftlichen Inhalts, Gründer der peripatetischen Schule zu Athen.

Ariusium: Gebirge auf Chios, berühmt durch den an seinen Hängen gedeihenden Wein.

Arkader: Bewohner Arkadiens, bei Vergil vorwiegend die aus Arkadien stammenden und unter Euander in Latium auf dem Boden des späteren Rom seßhaft gewordenen griechischen Auswanderer.

Arkadien: Landschaft inmitten der Peloponnes, Heimat der Hirten und Herden sowie ihres Beschützers Pan, in den Hirtengedichten von Vergil idealisiert. → Einl. S. XXIX.

Arpi: Die von dem Argeier Diomedes und seinen Gefährten in Apulien gegründete Stadt. „Ätolisch" konnte sie heißen, weil Oineus, der Großvater des Diomedes, Herrscher von Ätolien war. In der Namensform „Argyripa" glaubte man die Worte Argos Hippion, „Argos (2), reich an Rossen", als ursprüngliche Benennung zu erkennen.

Arruns: Ein Etrusker, Krieger im Heere Tarchons.

Artemis: → Diana.

Asbytes: Ein Trojaner.

Ascanius: 1. Sohn des Aeneas und der Krëusa. → Iulus.
2. Ein Fluß in Bithynien, der den gleichnamigen See durchströmt und kurz danach in die Propontis mündet (heute: Tschatirgha Su). L III 269.

Asia, asische Wiesen: Ein wasserreiches und sumpfiges Vogelparadies am Caystrus.

Asien: Der Name bezeichnet überwiegend die Halbinsel Kleinasien, zuweilen den Herrschaftsbereich Trojas, selten, im Gegensatz zu Europa (1), den heutigen Erdteil.

Asilas: 1. Ein Etrusker, Wahrsager und Truppenführer im Heere Tarchons. A X 175. XI 620. XII 127. 550.
2. Ein Kämpfer nicht eindeutig feststellbarer Nationalität. A IX 571. → Korynaios.

Asios: Ein Trojaner.

Askra: Dorf in Böotien am Fuße des Helikon, Heimat des Dichters Hesiod.

Assarakos: 1. Sohn des Tros, Großvater des Anchises, einer der Ahnherren des Aeneas und damit der Römer.
2. Zwei Trojaner dieses Namens. A X 124.

Assyrien: Der Name des von seinem Stammland am Tigris aus seit dem 2. Jahrtausend v. u. Z. gegründeten, wiederholt aufblühenden Reiches wird zur Bezeichnung des Orients allgemein, zuweilen auch einzelner orientalischer Völker sowie orientalischer Produkte gebraucht.

Astur: Ein Etrusker, Truppenführer im Heere Tarchons.

Astyanax: Der Sohn Hektors und Andromaches, den die Griechen nach der Eroberung Trojas von einem Turm aus zu Tode stürzten.

Asyl: „Stätte der Straflosigkeit". Ein Hain am Fuße des Kapitols. Romulus legte ihn als Zufluchtsort für Verbannte, Flüchtlinge und entlaufene Sklaven an, um dem neugegründeten Rom eine wachsende Einwohnerzahl zu sichern.

Atalante: Mythische Jägerin in Arkadien. Sie verlangte von ihren Freiern, sich mit ihr im Wettlauf zu messen, und tötete sie, nachdem sie unterlegen waren. Von Hippomenes wurde sie durch eine List überwunden. Während des Wettlaufs ließ er drei goldene Äpfel fallen, die Aphrodite ihm aus dem Garten der Hesperiden geschenkt hatte. Atalante konnte der Versuchung nicht widerstehen, sie aufzuheben, verlor aber dabei den Wettlauf und mußte Hippomenes als Gatten anerkennen.

Athen: Die Hauptstadt Attikas, Mittelpunkt griechischer Kulturentfaltung der klassischen Zeit, behauptete auch nach der Eingliederung Griechenlands in das römische Reich ihren führenden Rang als Stätte der Wissenschaft, insbesondere der Philosophie und Rhetorik.

Athene: → Minerva.

Athos: Der höchste, südostwärts steil zum Meere hin abfallende Berg der Ostzunge der Chalkidike.

Atier (l Atii): Ein römisches Geschlecht, das Vergil auf den Freund des Iulus, Atys, zurückführt und damit wiederum dem Augustus huldigt: Dessen Mutter war Atia, eine Tochter des Marcus Atius Balbus und der Iulia, der Schwester Caesars (1).

Atilius: Schwiegervater des Noctuinus, durch Trunk- und Verschwendungssucht berüchtigt.

Atina: Stadt im östlichen Latium.

Atinas: Ein Rutuler.

Atlas: 1. Titan, Vater der Plejaden und Hyaden, Träger des Himmelsgewölbes.
2. Das nordafrikanische Gebirge, nach dem Mythos der versteinerte Titan.

Ätolien: Mittelgriechische Landschaft, die sich von Akarnanien im Westen ostwärts bis nach Südthessalien erstreckt.

Atreus: König von Argos (2), Vater der „Atriden“ Agamemnon und Menelaos.

Attika: Die an der Südostseite Mittelgriechenlands gelegene Halbinsel mit der Hauptstadt Athen. Der Dialekt ihrer Bewohner, das Attische, galt als klassische Vollendung der griechischen Sprache.

Atys: → Atier.

Aufidus: Fluß in Apulien.

Augur, Mz. *Auguren:* Beobachter und Deuter von Blitz und Donner, Vogelflug und -schrei sowie anderen vermeintlich von Göttern gesandten Zeichen. Sie waren in historischer Zeit zu Rom in einem Kollegium vereint.

Augustus: „Erhabener“, „Verehrungswürdiger“, der dem Oktavian am 16. Januar 27 v. u. Z. vom Senat verliehene Ehrentitel.

Aulestes: Ein Etrusker, Truppenführer im Heere Tarchons. A X 207 wird sein Name auf das von ihm kommandierte Schiff, den Triton, übertragen.

Aulis: Hafenstadt an der Ostküste Böotiens. Hier sammelte sich die griechische Flotte zur Ausfahrt nach Troja.

Aunus: Ein Ligurier, dessen – wohl gleichnamiger – Sohn im Heere des Tarchon kämpfte.

Aurora: Die griechische Eos, Gattin des Tithonos, Mutter des Memnon, Göttin der Morgenröte.

Aurunker: Italischer Volksstamm im südlichen Latium.

Ausonien: Älterer, von Dichtern oft gebrauchter Name für Italien.

Auspizien: Die von den Auguren vollzogenen Beobachtungen und Deutungen.

Automedon: Der Wagenlenker des Achilles.

Aventinus: 1. Sohn des Herkules und der Priesterin Rhea, Truppenführer im Heere des Turnus. A VII 655.
2. Auch *aventinischer* Hügel genannt, der südliche der sieben Hügel, auf denen Rom errichtet wurde. A VII 659. VIII 231.

Averner See: Ein Kratersee bei Cumae in Kampanien (heute: Lago d'Averno), an dessen Gestade man sich einen Zugang zur Unterwelt vorstellte. Mit *Avernus* (→ Aornos), auch *avernischer Tiefe,* bezeichnete man die Unterwelt als Ganzes. Der See war durch einen Kanal mit dem ostwärts gelegenen Lucriner See verbunden. Oktavian ließ 37 v. u. Z. letzteren durch Agrippa zum Meere hin öffnen. Vgl. L II 161–164. Der durch diese Maßnahme geschaffene Iulius portus, „Julischer Hafen“, diente als Flottenstützpunkt im Kampfe gegen Sextus Pompeius.

Bacchus (g Bakchos): Der griechische Dionysos, Sohn des Zeus und der Semele, Gott des Weins und allen Wachstums, orgiastisch verehrt. Sein Name bezeichnet auch den Wein schlechthin. Zum Treiben seiner ekstatischen Verehrerinnen, der *Bakchen* oder *Bakchantinnen,* auch Mänaden, „Rasende“, genannt. → A IV 302 ff. und VII 385–405. → Thyrsus.

Bactra: Hauptstadt der Landschaft Baktrien am Oberlauf des Oxos (heute: Amu Darja) in Mittelasien (heute: Balch).

Baiae (d Bajä): Luxuriöser Badeort an der kampanischen Küste südlich von Cumae.

Balearen: Inselgruppe im westlichen Mittelmeer, deren Bewohner als Schleuderer berühmt waren.
Bären: Die Sternbilder des Großen wie des Kleinen Bären – nach antiker Auffassung: Bärin; → Lykaon (1) – am nördlichen Sternenhimmel.
Barkäer: Nomadenstamm in Nordafrika, im Gebiet von Barca südwestlich von Kyrene (2).
Barke: Amme des Sychaios, Vertraute der Dido.
Batulum: Stadt in Kampanien.
Bavius: Römischer (sonst unbekannter) Dichter, Gegner und Kritiker Vergils. Galt im Verein mit dem (ebenfalls sonst unbekannt gebliebenen) Dichter Maevius als Beispiel eines besserwisserischen, aber unfähigen Poeten.
Bebryken: Volksstamm in Kleinasien, an der Südwestküste des Schwarzen Meeres.
Belgische Kampfwagen: Vom nordgallischen Volksstamm der Belgier eingesetzte zweirädrige, leichte und wendige, von Pferden gezogene Kampfwagen.
Bellona: Kriegsgöttin, Begleiterin des Mars.
Belos: 1. Sohn des Poseidon, ein Ahnherr des Palamedes. A II 82.
2. König von Sidon, Vater der Dido. A I 621. 730.
Benacus: Der Gardasee (Lago di Garda) in den Südalpen.
Berekynthos: Ein Berg in Phrygien, Kultstätte der „berekynthischen Mutter" → Kybele.
Beroë: 1. Eine Meeresnymphe. L IV 341.
2. Eine Trojanerin, Gattin des Doryklos. A V 620. 646. 650.
Bianor: Ein vielleicht von Vergil erfundener Name eines mantuanischen Heroen bzw. namhaften Bürgers. Vgl. Theokrits Gedicht VII („Das Erntefest"), Vers 11.
Bithynien: Landschaft im Nordwesten Kleinasiens, mit dem westlichen Teil noch die Südküste der Propontis erreichend.
Bisalten: Ein thrakischer Volksstamm.
Bitias: 1. Ein Karthager. A I 738.
2. Ein Trojaner, Bruder des Pandaros (2). A IX 672. 703. XI 396.
Böckchen: Ein Sternenpaar im Sternbild des Fuhrmanns, dessen Aufgang Ende September Sturm und Regen erwarten ließ.
Bola: Stadt in Latium.
Bootes: „Ochsentreiber", Sternbild nahe dem Großen Bären.
Böotien: Mittelgriechische Landschaft nördlich von Attika.
Boreas: Mythischer König und Heros von Thrakien, Gott des Nordwinds.
Briareus: → Aigaion.

Britannien, Britannier: → Anm. zu L III 24f.
Brixia: Stadt in Oberitalien, nördlich von Cremona (heute: Brescia).
Brontes: „Donnerer", Kyklop in der Werkstatt des Vulcanus.
Brundisium: Hafenstadt an der Adriaküste Kalabriens, wichtigste Stelle der Überfahrt nach Griechenland (heute: Brindisi). Hier schlossen Oktavian und Antonius 40 v. u. Z. jenes Abkommen (→ Antonius), das mit den von ihm erweckten Friedenshoffnungen Vergil zur Abfassung des vierten Hirtengedichts ermutigte.
Bruttium: Die südlichste Landschaft Italiens (die „Spitze des Stiefels").
Brutus: 1. Lucius Iunius Brutus, nach der Vertreibung der Tarquinier legendärer erster Konsul (509 v.u.Z.?) der nunmehr geschaffenen römischen Republik. Als „Rächer" zeigte er sich in der Unversöhnlichkeit, mit der er alle Feinde des Freistaates, unter ihnen sogar die eigenen Söhne, verfolgte. A VI 818.
2. Marcus Iunius Brutus, Führer der gegen Caesar (1) gerichteten Verschwörung, verübte nach der Schlacht bei Philippi Selbstmord.
Busiris: Mythischer König Ägyptens, pflegte Ausländer als Opfer zu schlachten, wurde von Herkules überwältigt.
Butes: 1. Ein Bebryke, Faustkämpfer. A V 372.
2. Ein Trojaner, Leibwächter und Waffenträger des Anchises, nach dessen Tode Erzieher des Iulus. A IX 647.
3. Ein Trojaner, der von der Hand Camillas fiel. A XI 691.
Buthroton: Befestigte Stadt nahe der Küste von Epeiros (heute: Butrinto, in Albanien).
Byrsa: „Rinderfell". Dido bat sich bei ihrer Ankunft in Afrika von Iarbas für die Gründung ihrer Stadt soviel Land aus, wie sie mit einem Rinderfell bedecken könne. Nach Gewährung der Bitte schnitt sie das Fell in ganz dünne Streifen und umspannte mit ihnen ein beträchtliches Geländestück, das groß genug war, die Burg Karthagos aufzunehmen. Diese trug fortan den Namen Byrsa.

Cacus: Sohn des Vulcanus, ein feuerspeiender, menschenfressender Riese, von Herkules überwältigt und getötet.
Caeculus: Sohn des Vulcanus, Gründer und König von Praeneste, Verbündeter des Turnus.
Caedicus: 1. Ein Etrusker, Gastfreund des Tiburtiners Remulus. A IX 360.
2. Ein Etrusker auf der Seite des Mezentius. A X 747.

Caelius: 1. → Anm. zu H 3, 104f.
2. Einer der sieben Hügel Roms.

Caere: Auch Agylla genannt, Stadt im südlichen Etrurien (heute: Cervetri) am „Caere-Fluß" (heute: Vaccino).

Caesar: 1. Gaius Iulius Caesar (100–44 v. u. Z.), römischer Staatsmann und Feldherr, Eroberer Galliens, Begründer der Militärdiktatur des Kaisertums, Redner und Schriftsteller, Adoptivvater seines Neffen Oktavian, wurde von republikanisch gesinnten Senatoren ermordet.
2. Seit der Verleihung des Titels Augustus an Oktavian Beiname und Anredeform der römischen Kaiser. Auf Augustus bezogen K 17, 11. L I 24. 503. II 170. III 16. 46. IV 560. A I 286. VI 792. VIII 678. 714.

Cajeta: 1. Amme des Aeneas. A VII 1.
2. Nach ihr benannt ein Vorgebirge mit Hafenstadt (heute: Gaëta) im südlichen Latium. A VI 900.

Cales: Stadt im nördlichen Kampanien (heute: Calvi).

Camers: Ein Rutuler.

Camilla: Eine italische Jägerin und amazonenhafte Kämpferin auf der Seite des Turnus.

Camillus: Marcus Furius Camillus, legendärer Held der römischen Republik, eroberte Veji (396 v. u. Z.) und nötigte als Diktator die zunächst siegreichen Gallier zum Abzug (387 v. u. Z.).

Canopus: Stadt an der westlichen Nilmündung, in deren Nähe Alexander der Große Alexandreia gründete. → Pella.

Capena: Stadt in Etrurien (heute: Civitucola).

Capri: Insel an der Südseite des Golfs von Neapel.

Capua: Hauptstadt Kampaniens.

Carinen: Stadtteil Roms ostwärts des Forums, in augusteischer Zeit durch prachtvolle Bauten ausgezeichnet.

Carmentis: Weissagende italische Nymphe, Mutter des Euander. Das nach ihr benannte „Carmentalische Tor" sowie ihr Heiligtum lagen nordwestlich am Fuße des kapitolinischen Hügels.

Casmilla: Mutter der Camilla.

Casperia: Stadt der Sabiner in unbekannter Lage.

Cassiopea (g Kassiopeia): Gattin des äthiopischen Königs Kepheus, Mutter der Andromeda, als Sternbild an den Himmel versetzt.

Cassius: Gaius Cassius Longinus, neben Brutus (2) Organisator der Ermordung Caesars (1), tötete sich nach der Schlacht bei Philippi.

Castrum Inui: Der Hafen von Ardea, eigentlich „Lager (bzw. Festung) des Inuus". Letzterer war ein Herden- und Hirtengott wie Pan; Faunus wurde ihm zuweilen auch gleichgesetzt.

Catilina: Lucius Sergius Catilina (108–62 v. u. Z.), verarmter Patrizier, plante durch einen Aufstand mit Gleichgesinnten die Republik zu stürzen und eine Alleinherrschaft zu errichten, scheiterte am Widerstand der Mehrheit des Amtsadels, insbesondere des 63 v. u. Z. als Konsul amtierenden Cicero, und fiel bei Pistoria in Etrurien im Kampfe. Vergil läßt ihn in der Unterwelt ewige Qualen erleiden.

Catillus: Mit seinen Brüdern Coras und Tiburtus legendärer Gründer von Tibur, Kämpfer auf der Seite des Turnus.

Cato: 1. Marcus Porcius Cato der Ältere (234–149 v. u. Z.), Zensor 184, römischer Staatsmann, historischer und landwirtschaftlicher Schriftsteller, Typ des sittenstrengen Altrömers. A VI 841.

2. Marcus Porcius Cato der Jüngere (95–46 v. u. Z.), Urenkel des vorgenannten, Vorkämpfer der Republik gegen die Militärdiktatur, verübte nach dem Siege Caesars (1) bei Thapsus in Nordafrika in der nordwestlich von Karthago gelegenen Stadt Utica Selbstmord; Typ des persönlich uneigennützigen, kompromißlosen Republikaners. Vergil läßt ihn in der Unterwelt im Reiche der Seligen Recht sprechen. A VIII 670.

Catull(us): Gaius Valerius Catullus (etwa 87–54 v. u. Z.), aus Verona, neben Horaz der ausdrucksstärkste und vielseitigste römische Lyriker.

Caystrus: Fluß in Lydien (heute: Kutschük Menderes).

Celemna: Stadt in Kampanien in unbestimmter Lage.

Celeus (g Keleos): Mythischer König von Eleusis, wurde von Ceres in der Kunst der Herstellung von Wirtschaftsgeräten unterwiesen.

Ceos (g Keos): Kykladeninsel, Kultstätte des Aristaeus.

Ceres: Die der griechischen Demeter entsprechende römische Göttin des Ackerbaus und der Feldfrüchte, „Mutter Erde".

Cerylos: Ein Wohnungs- und Fahrzeugvermieter.

Cethegus: Ein Rutuler.

Chalkidike: Die von Chalkis aus besiedelte, mit drei zungenartigen Ausläufern südostwärts in die nördliche Ägäis vorspringende Halbinsel.

Chalkis: Hafenstadt an der Westküste von Euböa. „Chalkidisch" nennt Gallus H 10,50 seine Lieder, weil er sie nach dem Vorbild eines aus Chalkis stammenden Dichters (Euphorion, 275–200 v. u. Z.?) gestaltet hat. „Burg von Chalkis" heißt A VI 17 Cumae, weil es von chalkidischen Auswanderern gegründet wurde.

Chalyber: Volksstamm an der Südostküste des Schwarzen Meeres, berühmt durch kunstreiche Eisenbearbeitung, beispielhaft genannt als „hartes Geschlecht".

Chaon: Bruder des Helenos.

Chaonien: Küstenlandschaft in Epeiros mit dem bei Buthroton gelegenen Hafen Pelodes. „Chaonisch" wird zuweilen im Sinne von „dodonisch" gebraucht. → Dodona.

Chaos: Der gähnend leere Raum vor der Entstehung der Welt, als Gott der Unterwelt Vater des Erebus und der Nacht.

Chariten: Die (in der Regel drei) Göttinnen der Anmut, Schönheit und festlichen Freude.

Charon: Der Fährmann der Unterwelt, der die Schatten der Verstorbenen in seinem Nachen über die Unterweltsströme setzt und vor dem Tor des Hades aussteigen läßt.

Charybdis: Ein alles verschlingender Strudel in der Meerenge zwischen Sizilien und Italien.

Chimaera: Ein dreigestaltiges Ungeheuer, vorn feuerspeiender Löwe, in der Mitte Ziege, auslaufend in eine Schlange. A V 118 und 223 trägt ein Schiff seinen Namen.

Chinesen (g und l Seres, d Serer): Als Produzenten von Rohseide seit etwa dem 4. Jahrhundert v. u. Z. bei den Griechen, wenig später auch bei den Römern bekannt. Ein intensiverer Handel mit ihnen entwickelte sich seit etwa 100 v. u. Z.

Chios: Insel in der östlichen Ägäis, berühmt durch Weinanbau.

Chiron: Kentaur, der sich durch menschliche Gesittung und durch Gelehrsamkeit vor seinen Artgenossen auszeichnete, besonders berühmt als Meister der Heilkunst und als Erzieher namhafter Helden.

Chromis: 1. Ein Hirt. H 6, 13. – 2. Ein Trojaner. A XI 675.

Cicero: Marcus Tullius Cicero (106–43 v. u. Z.), der berühmte römische Jurist, Staatsmann, philosophische und rhetorische Schriftsteller, Vollender der lateinischen Kunstprosa.

Cimber: Titus Annius Cimber, Zeitgenosse Vergils, ein übertrieben altertümelnder Rhetor, des Brudermordes verdächtigt.

Ciminischer Berg und See: Im südlichen Etrurien (heute: Monte Cimino und Lago di Vico).

Cinna: Gaius Helvius Cinna, Zeitgenosse Catulls und Vergils. Seine poetischen Werke (u. a. das Epos „Smyrna") sind nur in Fragmenten erhalten.

Cinyps: Ein Fluß in Libyen. „Cinyphische", d. h. im Gebiet dieses Flusses gehaltene, Ziegenböcke sind offenbar als Zuchttiere berühmt gewesen.

Cinyrus: Der – angesichts des mit Sicherheit fehlerhaft überlieferten Textes A X 186 – nur hypothetisch erschlossene Name eines auf der Seite des Tarchon kämpfenden Ligurerfeldherrn.

Circe: Tochter des Helios, neben Medeia die größte Zauberin des antiken Mythos.

Clanius: Fluß in Kampanien (heute: Clonio vecchio).

claudische Tribus und Sippe: Das römische Patriziergeschlecht der Claudier.

Clausus: Attus Clausus, der sabinische Stammvater des Geschlechtes der Claudier, Truppenführer auf der Seite des Turnus.

Clitumnus: Fluß in Umbrien, in fruchtbarer Weidelandschaft (heute: Clituno).

Cloelia: Legendäres römisches Mädchen aus vornehmem Geschlecht. Als Geisel in die Hand des Rom belagernden Königs Porsenna geraten, befreite sie sich von ihren Fesseln und schwamm über den Tiber nach Rom zurück.

Clonus: Name eines bildenden Künstlers.

Cluentus: Angehöriger des römischen Geschlechts der Cluentier, das Vergil auf den Trojaner Kloanthos zurückführt.

Clusium: Befestigte Stadt in Etrurien (heute: Chiusi).

Cocles: Horatius Cocles, legendärer Held der römischen Republik, verteidigte beim Anrücken des Heeres Porsennas allein den Zugang zur hölzernen Tiberbrücke (pons sublicius, „Pfahlbrücke"), bis seine Gefährten sie hinter ihm abgebrochen hatten. Darauf schwamm er unter dem Geschoßhagel der Feinde durch den Tiber an das andere Ufer.

Codrus: Hirtenname.

Cæus (g Koios): Ein Titan.

Collatia: Befestigte Stadt im nördlichen Latium.

Columella: Lucius Iunius Moderatus Columella (1. Jahrhundert u. Z.), Verfasser des Prosawerkes „Landwirtschaft", der repräsentativen und als klassisch angesehenen antiken Darstellung des Gegenstandes. → Einl. S. XLVI.

Compitalienschmaus: Zu Ehren der Laren, der altrömischen Schutzgötter der Familie, des Hauses und der Compita, der „Kreuzwege", fanden jährlich am 23. Dezember die Compitalien statt, eine ausgelassene und ausschweifende Feier.

Conon: Von Samos, Mathematiker und Astronom (2. Hälfte des 3. Jahrhunderts v. u. Z.).

Cora: Stadt in Latium.

Coras: Bruder des Catillus und Tiburtus, Mitbegründer von Tibur, Kämpfer auf der Seite des Turnus.

Corycus: Gebirge und Hafenstadt an der Küste Kilikiens.

Corydon: Hirtenname.

Cosae: Stadt in Etrurien.

Cossus: Aulus Cornelius Cossus, legendärer Held der römischen Republik, überwand als Konsul (?) 428 v.u.Z. den etruskischen Fürsten Tolumnius im Zweikampf.

Cotytto: Eine in Rom heimisch gewordene thrakische Göttin, deren Kult unter Gelagen und Ausschweifungen begangen wurde.

Cremona: Stadt in Oberitalien am linken Ufer des Po.

Crimisus: Fluß im nordwestlichen Sizilien, als Flußgott Vater des Akestes.

Crustumerium, auch Crustumium: Stadt im nördlichen Latium, berühmt durch eine vortreffliche Birnensorte.

Cumae: Eine vom euböischen Chalkis aus gegründete Hafenstadt an der kampanischen Küste, Sitz der Sibylle von Cumae, einer von Apollo inspirierten Priesterin und Prophetin. Unter dem „Liede von Cumae" H 4,4 versteht Vergil Weissagungen der Sibylle, die sich mit der Reihenfolge der → Zeitalter befassen. → auch Anm. zu H 4,4 und 5.

Cupavo: Sohn des Cycnus, ligurischer Truppenführer auf der Seite des Tarchon.

Cupencus: Ein italischer Priester auf der Seite des Turnus.

Cupido: „Begierde", anderer Name für Amor.

Cures: Stadt der Sabiner.

Cycnus: „Schwan", König der Ligurer, Vater des Cupavo, Freund des Phaëthon. Im Schmerz um den Tod des letzteren wurde er in einen Schwan verwandelt.

Cyllarus: Ein Hengst, den Neptunus dem Pollux zur Bändigung überließ.

Cytorus: Ein Berg an der Südküste des Schwarzen Meeres. „Cytorus-Joch" meint ein aus dem harten Holz der Buchsbaumwälder dieses Berges verfertigtes Joch.

Dädalus (g Daidalos): Mythischer Baumeister und Künstler aus Athen, baute für den König Minos auf Kreta das Labyrinth, das Bauwerk mit den zahlreichen Irrgängen, in das der Minotaurus eingesperrt wurde. Als Theseus und die mit ihm für das Opfer bestimmten athenischen Jungen eintrafen und die Königstochter Ariadne sich in Theseus verliebte, gab Dädalus ihr den zum Knäuel gewickelten Wollfaden, mit dessen Hilfe Theseus nach der Erlegung des Minotaurus den Rückweg aus dem Labyrinth fand. Deswegen von Minos gefangengesetzt, schuf der Künstler mit Hilfe von Federn und Wachs für sich und seinen Sohn Ikarus Flügel, mit denen er durch die Lüfte entfloh. Während des Fluges näherte sich Ikarus trotz der Warnung des Vaters zu sehr der

Sonne, deren Hitze das Wachs seiner Flügel zum Schmelzen brachte. Er stürzte ab und fand den Tod in dem Teil des Ägäischen Meeres, das seitdem als Ikarisches Meer bezeichnet wird. Nach der von Vergil aufgenommenen Sagenversion erreichte Dädalus in Italien bei Cumae das rettende Festland.

Daher: Skythischer Volksstamm.

Daker: Ein Volksstamm im Gebiet der unteren Donau, kämpfte in den letzten Jahren des Bürgerkrieges auf der Seite des Antonius.

Dalmatien: Landschaft im Nordwesten der Balkanhalbinsel, nach der endgültigen Eroberung durch Oktavian 34–33 v. u. Z. der Provinz Illyrien eingegliedert. → Pannonien.

Damoetas: Hirtenname.

Dämon: Zwischen den Göttern und Menschen stehender „Halbgott", zuweilen einen Gott selbst bezeichnend, zuweilen auch dem persönlichen „Schutzgott" eines Menschen gleichgesetzt, meist jedoch im Sinne eines vorwiegend unheilvollen übermenschlichen Wesens gemeint.

Damon: Hirtenname.

Danaë: Tochter des argeischen Königs Akrisios.

Danaer: Nach dem mythischen Gründer von Argos (2), Danaos, zunächst auf die Argeier bezogener, schließlich auf die Griechen im ganzen übertragener Name.

Danaiden: Die fünfzig Töchter des Danaos (→ Danaer), die, gegen ihren Willen mit den fünfzig Söhnen ihres Onkels Aigyptos vermählt, in der Brautnacht ihre Männer ermordeten und zur Sühne in der Unterwelt auf ewig Wasser in ein durchlöchertes Faß schöpfen mußten.

Daphnis: Sohn des Merkur und einer – namentlich nicht genannten – Nymphe, mythischer sizilischer Hirt, als vortrefflicher Sänger und Flötenspieler berühmt, der Begründer der bukolischen Dichtung. Sein Name war auch allgemein als Hirtenname beliebt.

Dardanos: Stammvater der Trojaner, nach der am weitesten verbreiteten Version des Mythos ein Sohn des Zeus und der Atlastochter Elektra, Gründer der Stadt Dardania in der Landschaft Troas. Nach der von Vergil übernommenen römischen Version stammte er als Sohn des → Korythos aus Italien und wanderte von dort nach Kleinasien aus. Sein Enkel war Tros, der Vater des Assarakos (1) und Gründer sowie erster König von Troja. Nach ihm nannten die Trojaner sich Enkel bzw. Nachkommen des Dardanos oder Dardaner. Der Name der Stadt Dardania wurde auch auf Troja und seinen Herrschaftsbereich übertragen.

Dares: Ein trojanischer Faustkämpfer.
Daucus: Ein Rutuler.
Daunus: Sohn des Pilumnus und der Danaë, mythischer König im nördlichen Apulien, Vater des Turnus und der Juturna. Nach ihm wurden die Apulier, aber auch die Italer überhaupt als Daunier bezeichnet.
Decii (d Dezier): Legendäre Helden der römischen Republik, die sich im Kriege für das Vaterland opferten, Angehörige des plebejischen Geschlechts der Decii: Publius Decius Mus 340 v.u.Z. im Kampfe gegen die Sabiner, sein gleichnamiger Sohn 295 v. u. Z. im Kampfe gegen die Samniter.
Deiopeia: Eine Nymphe, L IV 343 Schutzherrin der → asischen Wiesen, A I 72 der Juno zugehörig, wohl beide identisch.
Deiphobe: Tochter des Glaukos (1), die Sibylle von Cumae.
Deiphobos: Sohn des Priamos und der Hekabe, nach dem Tode des Paris Gatte der Helena.
Delia: 1. Eine Hirtin. H 3,67.
2. Beiname der Diana.
Delos: Eine Kykladeninsel, Geburtsstätte Apollos und der Diana und Kultstätte dieser beiden Gottheiten (→ Ortygia 1). Nach ihr wird Diana auch als Delia, Apollo als Delier bzw. Gott von Delos bezeichnet.
Demodokos: Ein Trojaner.
Demoleos: Ein Grieche.
Demophon: Ein Trojaner.
Dercennus: Ein mythischer italischer König.
Deukalion: Er und seine Schwester Pyrrha waren die einzigen aus der Sintflut geretteten Menschen. Auf Weisung Jupiters warfen sie Steine hinter sich, aus denen ein neues Menschengeschlecht erwuchs.
Diana: Die der griechischen Artemis entsprechende Tochter des Jupiter und der Latona, Zwillingsschwester Apollos, mit Pfeil und Bogen bewehrte und von einer Meute umkläffte Göttin der Jagd, Schutzherrin der Haine, Anführerin festlicher Reigen, als → Trivia der Hekate gleichgestellt, auch als Mondgöttin verehrt.
Dido: Tocher des Belos (2), Gattin des Sychaios, Schwester des Pygmalion und der Anna, Gründerin und erste Königin Karthagos.
Didymaon: Ein Kunstschmied.
Diktator: → Ämter.
Dikte: Ein Gebirge im östlichen Kreta. In einer Grotte dieses Gebirges war Jupiter geboren und versteckt gehalten worden. „Diktäisch“ bedeutet oft soviel wie „kretisch“.

Dindymos: Ein der Kybele heiliges Gebirge in Phrygien (2).
Diomedes: Sohn des Tydeus und der Deipyle, einer der tapfersten Griechen vor Troja, mußte nach der Rückkehr aus dem Kriege seine Heimat in Argos (2) verlassen, leistete in Italien dem Daunus Waffenhilfe und erhielt dafür im nördlichen Apulien einen Landstrich als Herrschaftsbereich zugewiesen.
Dione: Mutter der Venus. Ihr Name wird zuweilen auf die Tochter übertragen.
Dionysos: → Bacchus.
Diores: Ein Sohn des Priamos.
Dioskuren: → Kastor.
Dioxippos: Ein Trojaner.
Dirke: Eine Quelle in Theben, benannt nach einer thebanischen Königsgattin.
Dodona: Stadt in Epeiros, berühmt durch ihre Eichenwälder, in denen sich eine Orakelstätte des Zeus befand. Die Orakelsprüche wurden nach dem Klang nebeneinander aufgehängter eherner Kessel bzw. Becken sowie nach dem Gebaren der dort heimischen, für prophetisch gehaltenen Tauben erteilt.
Dolichaon: Ein Trojaner.
Dolon: Ein Trojaner, der im Krieg um Troja den im zehnten Gesang der Ilias geschilderten nächtlichen Spähergang zum griechischen Lager unternahm.
Doloper: Thessalischer Volksstamm. Seine Mannschaft unterstand im Trojanischen Krieg dem Achilles.
Donnergebirge: Eine Gebirgskette längs der Küste von Epeiros, durch häufige Gewitter berüchtigt (heute: Tschika).
Dorer: Einer der Hauptstämme der Griechen. „Dorisch" steht oft im Sinne von „griechisch".
Doris: Gattin des Nereus, Mutter der Nereiden.
Doryklos: Gatte der Beroë (2).
Doto: Eine der Nereiden.
Drances: Ein Rutuler, politischer Gegner des Turnus.
Drepanon: Küstenstadt im Nordwesten Siziliens (heute: Trapani).
Drusi (d Druser): Angehörige des römischen Geschlechtes der Livier, innerhalb dessen der Beiname Drusus (nach einem in legendärem Zweikampf 390 v. u. Z. getöteten gallischen Fürsten) üblich war. Mit der Erwähnung des Geschlechts A VI 824 verband Vergil historische Verdienste und eine dem Augustus erwiesene Huldigung: Ein Marcus Livius Drusus Salinator schlug als Konsul 207 v. u. Z. am umbrischen Flusse Metaurus (heute: Metauro) die Karthager unter Hasdrubal; ein Marcus Livius Dru-

sus, Konsul 112 v. u. Z., widersetzte sich erfolgreich den Bestrebungen der Gracchen; dessen gleichnamiger Sohn bekleidete 91 v. u. Z. tatkräftig das Amt des Volkstribunen; die Gattin des Augustus war Livia Drusilla, ehemalige Frau des Tiberius Claudius Nero, von deren aus erster Ehe stammenden Söhnen Tiberius Claudius Nero und Nero Claudius Drusus der erstere, von dem kinderlosen Augustus adoptiert, als Tiberius die Nachfolge des Kaisers antrat.

Dryaden: Baumnymphen.

Drymo: Eine Nymphe.

Dryope: Eine Nymphe, Geliebte des Faunus, Mutter des Tarquitus.

Dryoper: Südthessalischer Volksstamm.

Dryops: Ein Trojaner.

Dulichion: Insel des Ionischen Meeres, die man als zum Herrschaftsbereich des Odysseus gehörig betrachtete. Das „Schiff von Dulichion" ist das des Odysseus.

Dymas: Ein Trojaner.

Ebysus: Ein Italer auf der Seite des Turnus.

Echion: Einer der Stammväter Thebens, nach dem die Thebaner sich auch „Enkel Echions" nannten.

Edoner: Ein thrakischer Volksstamm. „Edonisch" heißt soviel wie „thrakisch".

Egeria: Eine italische Quellnymphe, Gattin des Numa (1), kultisch verehrt u. a. im Hain der Diana zu Aricia.

Eidyllion, Mz. *Eidyllia:* „Kleines Bild", die von Theokritos seinen Gedichten – nicht nur den Hirtengedichten – gegebene Bezeichnung. Der davon abgeleitete heutige Begriff Idyll(e) im Sinne einer beschaulichen, meist in ländlich-bescheidener Umgebung spielenden Darstellung bedeutet gegenüber den griechischen Originalen eine Einengung.

Elegie: Ursprünglich wohl „Klagelied", Gedicht in der Form des Distichons, „Zweizeilers" (Verbindung von Hexameter und Pentameter), wirkte vor allem seit der Epoche des Hellenismus, unter thematischer Erweiterung, als Ausdruck besonders des subjektiven Gefühls stark auf die römische Literatur ein.

Elektra: Tochter des Atlas (1), Geliebte des Zeus, dem sie den Dardanos gebar.

Eleusis: Attische Stadt nordwestlich von Athen, Hauptstätte des Kults der Ceres, die L I 163 als „Mutter von Eleusis" bezeichnet wird.

Elis: Landschaft im Nordwesten der Peloponnes; in der Nähe ihrer Hauptstadt Pisa liegt Olympia mit den Wettkampfstätten der Olympischen Spiele.

Elysium, auch *Elysische Fluren:* Ein Teil der Unterwelt, der als Aufenthaltsort für die Seelen der Gerechten bzw. für läuterungswürdige Seelen bestimmt ist. Vgl. Anm. zu A VI 744.

Emathien: Älterer Name für Makedonien, das als römische Provinz (L I 492) die Landschaft Thessalien sowie einen Teil des südlichen Thrakien, damit auch die Gebiete der Schlachten von Pharsalos und Philippi, mitumfaßte.

Emathion: Ein Trojaner.

Enipeus: Rechter Nebenfluß des Peneus.

Enkelados: Ein Gigant, den Jupiter mit dem Blitz lähmte und lebend unter dem Ätna begrub.

Ennius: Quintus Ennius (239–169 v. u. Z.), größter römischer Dichter der archaischen Zeit, Verfasser des vorvergilischen Nationalepos „Annalen", das die römische Geschichte von der Flucht des Aeneas aus Troja bis in seine Zeit nach Homerischem Vorbild unter erstmaliger Verwendung des Hexameters behandelte, Nachdichter griechischer Tragödien, auch selbst Verfasser von Dramen und Prosaerzählungen. Seine Werke sind nur fragmentarisch erhalten.

Entellos: Ein sizilischer Faustkämpfer.

Epeios: Ein griechischer Zimmermann, Erbauer des Trojanischen Pferdes.

Ephialtes: Ein Riese, der mit seinem Bruder Otos durch Aufeinandertürmen der Gebirge Pelion und Ossa den Himmel zu stürmen gedachte. Beide wurden von Apollo getötet.

Ephyra: Eine Nymphe.

Epidaurus: Stadt in der Landschaft Argolis, bekannt durch Pferdezucht.

Epikur(os): Aus Samos, griechischer Philosoph (342–271 v. u. Z.), entwarf im Anschluß an die von Leukippos und Demokritos entwickelte Atomistik – die Lehre des Aufbaus der Welt aus Atomen, „unteilbaren" winzigen Teilchen – eine im wesentlichen materialistische Weltanschauung, die den Menschen von Aberglauben, Götterfurcht und Todesangst befreien sollte. Nach ihm besteht der Sinn des Daseins im Streben nach „Lust", wobei diese nicht vorrangig sinnlich, sondern vielmehr geistig-seelisch als „Freisein von Schmerz", als Ausgeglichenheit und Seelenruhe begriffen wird. Seine humane Einstellung äußerte sich u. a. auch darin, daß er Frauen und Sklaven an seinem Unterricht teilnehmen ließ. Die literarisch bedeutsamste Darstellung seiner Lehre – von seinen eigenen Schriften sind nur Fragmente sowie einige Briefe und Hauptlehrsätze erhalten – findet sich im Epos des Lukrez. → Einl. S. XIV. XXIV. XXXf.

Epirus (g Epeiros): Nordwestgriechische Landschaft, entsprach teilweise dem heutigen Albanien.

Epulo: Ein Rutuler.

Epytide: „Sohn des Epytos", ein von Vergil nicht mit dem eigenen Namen genannter Trojaner, Begleiter des Iulus. Bei Homer (Ilias XVII 324) ist es ein Herold namens Periphas.

Erato: Eine der Musen.

Erebos: „Finsternis", Bezeichnung der Unterwelt.

Eretum: Kleine Stadt im Lande der Sabiner.

Erichthonios: Mythischer König von Athen.

Eridanos: Der heutige Po (l Padus). Sein Flußgott wurde gleich anderen mit einem Stierhaupt dargestellt; seine goldenen Hörner bezeichnen wohl die außergewöhnliche Fruchtbarkeit der von ihm durchflossenen Gebiete, vielleicht auch die Goldhaltigkeit seines Wassers.

Eriketes: Ein Trojaner.

Erinys, Mz. *Erinyen:* Weibliche Rachegeister der Unterwelt, verkörpertes „böses Gewissen", schlangenhaarige, fackelschwingende Frauengestalten mit grausig verzerrten Gesichtern, oft zu dritt (Allekto, Tisiphone, Megaira), aber auch einzeln auftretend. Ihr Name wird auf andere Götter des Unheils wie auf fluchbeladene Menschen übertragen. In der römischen Mythologie entsprechen ihnen die Furien.

Eriphyle: Eine Argeierin. Ihr Gatte, der Seher Amphiaraos, sah die Niederlage im Feldzug der Sieben gegen Theben voraus und versteckte sich, um sich der Teilnahme an dem Kriege zu entziehen. Für ein goldenes Armband verriet Eriphyle das Versteck, worauf Amphiaraos an dem Feldzug teilnehmen mußte und dabei den Tod fand. Sein Sohn Alkmaion erschlug als Rächer des Vaters die Mutter.

Erulus: Sohn der Feronia, von der Mutter mit dreierlei Leben beseelt.

Erymanthos: Gebirge auf der nördlichen Peloponnes zwischen Elis und Arkadien. Einen wilden Eber, der dort sein Unwesen trieb, erlegte Herkules.

Erymas: Ein Trojaner.

Eryx: 1. Sohn der Venus, sizilischer Heros, berühmt als Faustkämpfer. Als Herkules mit der Herde des Geryoneus zurückkehrte, ihm ein Stier entlief und Aufnahme bei Eryx fand, kam es zum Faustkampf zwischen den beiden Helden, wobei Eryx unterlag und den Tod erlitt.

2. Ein Berg im nordwestlichen Sizilien, unter dem Eryx (1) begraben liegen sollte. A I 570. V 23. 630. 759. X 36. XII 701.

Etrurien: Landschaft im Westen der italischen Halbinsel, nördlich von Latium (heute: Toscana).

Etrusker: Die Bewohner Etruriens, den griechischen Tyrrhenern entsprechend.

Euadne: Tochter des Iphis aus Argos (2), Gattin des Kapaneus, der als einer der Heerführer des Zuges der Sieben gegen Theben im Kampfe fiel. Als sein Leichnam verbrannt wurde, stürzte sie sich aus Treue zu dem Gefallenen in den lodernden Scheiterhaufen.

Euander (g Euandros): Sohn des Merkur und der Carmentis, arkadischer König, wanderte mit zahlreichen Landsleuten nach Italien aus und gründete an der Stätte des späteren Rom die Stadt Pallanteum.

Euböa: Die der ostgriechischen Küste vorgelagerte langgestreckte Insel mit der Hafenstadt Chalkis. „Euböergestade" heißt wegen der Nähe → Cumaes auch der Strand von Baiae.

Eudoxos: Von Knidos, griechischer Mathematiker, Astronom, Geograph und Arzt, Freund Platons (etwa 408–335 v. u. Z.).

Eumedes: Ein Trojaner, Sohn des Dolon.

Eumelos: Ein Trojaner.

Eumeniden: „Wohlwollende", eine beschönigende und begütigende, auf Abwehr von Unheil bedachte Bezeichnung der Erinyen.

Euneos: Ein Trojaner.

Euphrat(es): Bezeichnet nicht nur den Strom, sondern auch die angrenzenden Gebiete samt ihren Bewohnern, zuweilen die Völker des Ostens überhaupt.

Europa: 1. Der nach Europa (2) gebildete Name bezeichnet in der Regel nicht den gesamten heute so genannten Erdteil, sondern, im Gegensatz zu Asien, vorwiegend Griechenland und Italien.

2. Tochter des phoinikischen Königs Agenor, Geliebte des Jupiter, der sie in Gestalt eines Stieres nach Kreta entführte und mit ihr die unsterblichen Söhne Minos und Rhadamanthys sowie den sterblichen Sarpedon zeugte.

Eurotas: Hauptstrom Spartas, an dessen Ufern auch die Hauptstadt lag. In seiner Nähe befanden sich mehrere Kultstätten Apollos.

Euros: Südostwind und -sturm.

Euryalos: Ein junger Trojaner, Freund des Nisos (2).

Eurydike: Gattin des Orpheus.

Eurypylos: Ein Grieche.

Eurystheus: König von Mykene. Hera ließ ihn durch eine gegen Zeus gerichtete Intrige früher zur Welt kommen als Herkules (Ilias XIX 90–133), so daß letzterer ihm lange Zeit dienstbar sein und die berühmten „zwölf Arbeiten“ für ihn verrichten mußte.

Eurytion: Ein Trojaner, Bruder des Pandaros (1).

Eurytus: Vater des Clonus.

Fabaris: Linker Nebenfluß des Tiber (heute: Farfa).

Fabii (d Fabier): Ein römisches Patriziergeschlecht. Als seine namhaftesten Vertreter sind anzusehen Quintus Fabius Pictor, der um 220 v. u. Z. in griechischer Sprache das – nur in wenigen Fragmenten erhaltene, aber bei späteren Historikern fortwirkende – älteste römische Geschichtswerk (Annalen) verfaßte, und Quintus Fabius Maximus, der 217 v. u. Z. als Diktator durch hinhaltendes Operieren – daher sein Beiname Cunctator, „Zauderer“ – den Siegeslauf Hannibals stoppte.

Fabricius: Gaius Fabricius, römischer Konsul 281 und 278 v. u. Z., bewährte sich im Kampf gegen Pyrrhos (2) als legendär gewordener Typ altrömischer Einfachheit, Unbestechlichkeit und Ausdauer.

Fadus: Ein Rutuler.

Falerner: Wein aus dem im nördlichen Kampanien gelegenen ager Falernus, dem „falernischen Gebiet“, einer der edelsten Weine Italiens.

Falisker: Italischer Volksstamm. „Faliskische Äquer“ sind wahrscheinlich die Bewohner der im südlichen Etrurien liegenden Stadt Aequum Faliscum. Daß der Originaltext („Aequosque Faliscos“) auch im Sinne von „gerechte Falisker“ verstanden werden kann, wird von Vergil wohl beabsichtigt sein, wenn auch die Gründe sich schwerlich erschließen lassen.

Fama: „Gerücht“, „Gerede“, als Göttin personifiziert.

Fatum: „Göttlicher Ausspruch“, Götterwillen, dann die von einer nicht näher bestimmten Gottheit verhängte Weltordnung, das Schicksal, annähernd vergleichbar der homerischen, als ein Wesen begriffenen Moira. → Einl. S. XXXV f.

Faunus: Sohn des Picus, Enkel des Saturnus, von der Nymphe Marica Vater des Latinus, von der Nymphe Dryope des Tarquitus, latinischer Gott der Natur, Beschützer der Bauern und Seefahrer, der Hirten und Herden, der Äcker und Weiden, auch Prophet, in mehreren Einzelzügen dem griechischen Pan angenähert. Die *Faune* entsprechen als lüsterne Waldgeister den griechischen Satyrn und Silenen.

Feronia: Italische Fruchtbarkeitsgöttin, Mutter des Erulus.

Feszenniner: Bewohner der Stadt Fescennium im südlichen Etrurien.

Fidenae: Stadt im nördlichen Latium.

Fides: „Treue", als Göttin personifiziert. Ihr war seit dem 3. Jahrhundert v. u. Z. in Rom ein Tempel geweiht.

Flamen: „Opferer" (?), ein für eine bestimmte Gottheit tätiger Priester.

Flavina: Ein Gebiet im südlichen Etrurien.

Fortuna: Die als Göttin personifizierte Macht des Schicksals, im Sinne des „Zufalls", deren Spielraum Glück wie Unglück im einzelnen wie die äußeren Lebensverhältnisse im ganzen, auch den materiellen Besitz umfaßte. Sie entspricht in wesentlichen Zügen der griechischen Tyche, deren Walten gleichfalls keinerlei grundsätzliche ethische Bindungen oder auch nur halbwegs berechenbare Gesetzmäßigkeiten kennt.

Foruli: Ortschaft im Land der Sabiner (heute: Civitatomassa).

Forum: „Marktplatz" als Mittelpunkt des öffentlichen Lebens, insbesondere das Forum Romanum, das Forum von Rom, ostwärts des Kapitols.

Fuciner See: Im Gebiet der Äquer und Marser (heute: Lago di Celano).

Furien: Die den griechischen Erinyen entsprechenden Rächerinnen von Verbrechen, Unheilsgöttinnen.

Furor: „Wut", „Raserei", personifiziert als Kriegsdämon.

Gabii: Stadt ostwärts von Rom, westlich von Praeneste, mit Junokult. Als „gabinisch" bezeichnete man eine rituelle Trageweise der Toga, bei der ein Zipfel des Gewandes über die linke Schulter und den Rücken unter dem rechten Arm hindurch bis vor die Brust gezogen und verknotet wurde.

Gaetuler: Nordafrikanischer Volksstamm.

Gaia: Die Erde als göttliche Urmutter, entspricht der römischen Terra.

Galaesus: 1. Ein Latiner. A VII 535. 575.
2. Ein Fluß bei Tarent, mit „dunklem", wohl tiefblauem, Wasser (heute: Galaso). L IV 126.

Galatea: 1. Tochter des Nereus, Meeresnymphe. H 7,37. 9,39. A IX 103.
2. Mädchenname. H 1,29. 31. 3,64. 72.

Gallien: Im wesentlichen das Gebiet des heutigen Frankreichs, der westlichen Schweiz und Belgiens, von Caesar (1) 58–50 v. u. Z. unterworfen. Aus der Sicht des Römers gliederte es sich in die zwei Hauptteile Gallia cisalpina, „Gallien diesseits der Alpen“, die norditalische, stellenweise sumpfige Tiefebene – die wohl K 13, 12 mit „Lehmloch Gallien“ gemeint ist –, und Gallia transalpina, „Gallien jenseits der Alpen“, das eigentliche Gallien.

Gallier: 1. Die überwiegend keltischen Bewohner Galliens allgemein.
2. Keltischer Volksstamm, durch weite Eroberungszüge berüchtigt. A VI 858. VIII 656. Letztere Stelle meint den Versuch der bis dahin siegreichen Gallier, 389 v. u. Z. durch einen Überraschungsangriff das von Marcus Manlius Capitolinus verteidigte Kapitol zu nehmen; nach der Legende soll das Schnattern der „kapitolinischen Gänse“ die schlafenden Verteidiger rechtzeitig geweckt und den Angriff vereitelt haben. Darum wurde das Standbild einer „silbernen Gans“ zur Erinnerung an das Ereignis errichtet.

Gallus: Gaius Cornelius Gallus, der älteste römische elegische Dichter (69–26 v. u. Z.), auch Feldherr und Staatsmann, Freund des Oktavian und des Vergil, nach dem Sieg bei Actium Präfekt von Ägypten. Er verscherzte sich, sei es durch Prahlsucht und übertriebenen Ehrgeiz, sei es – was wahrscheinlicher ist – durch allzu freimütige Kritik die Gunst des Kaisers, wurde verbannt und verübte Selbstmord. „Undankbar und böswillig“ nennt ihn Sueton, Augustus 66. Von seinen Gedichten sind nur wenige Verse erhalten, so daß seine poetische Leistung schwer einzuschätzen ist. Sein starker Einfluß auf das Schaffen Vergils bleibt unbestreitbar. → Einl. S. XLII.

Ganges: Der nordindische Strom gilt als Beispiel orientalischer Ferne und Fruchtbarkeit, aber auch eines mächtigen Flusses überhaupt.

Ganymedes: Sohn des Tros, Hirt und Jäger, wurde auf Grund seiner Schönheit von Jupiter in der Gestalt eines Adlers auf den Olymp entführt und dort als Mundschenk der Götter eingesetzt. Ihn traf der eifersüchtige Haß der Juno. → Laomedon.

Garamanten: Oasenbewohner des Saharagebietes. Die „garamantische Nymphe“ ist Garamantis, Geliebte des Ammon, von diesem Mutter des Iarbas.

Garganus: Berg im nördlichen Apulien (heute: Monte di S. Angelo).

Gargara: Ein Gipfel des Ida (2), L I 113 personifiziert als Beobachter der zu seinen Füßen liegenden fruchtbaren Fluren.

Gela: Stadt an der Südküste Siziliens (heute: Terranova), am „grausamen", d. h. wilden und wirbelreichen, Flusse Gelas.

Gelonen: Ein skythischer Volksstamm.

Germanien: Das von den in zahlreiche Stämme gegliederten Germanen besiedelte Gebiet zwischen Weichsel, Donau und Rhein.

Geryon(eus): Ein dreileibiger Riese, der auf Erytheia, einer der Südwestküste Spaniens vorgelagerten Insel, eine stattliche Rinderherde besaß. Im Auftrag des Eurystheus überwältigte ihn Herkules und trieb die Herde als Beute über Spanien, Südgallien, Italien und Sizilien nach Griechenland.

Geten: Thrakischer Volksstamm.

Glaukos: 1. Prophetischer Meeresgott, Vater der Deiphobe. L I 437. A V 823.

2. König von Potniai, verwehrte den Stuten, die er als Rennpferde hielt, die Befriedigung der Brunst und wurde von den rasenden Tieren zerrissen. L III 267.

3. Fürst der Lykier, Verbündeter der Trojaner im Kampf um Troja. A VI 483.

4. Ein Gefährte des Aeneas aus Lykien, Sohn des Imbrasos, Bruder des Lades. A XII 343.

Gloria: Göttin des Ruhmes.

Goldenes Vlies: Das Fell des von Hermes geschenkten goldenen Widders, auf dem die thebanischen Königskinder Phrixos und Helle vor den Nachstellungen ihrer Stiefmutter Ino durch die Lüfte entflohen. Während Helle über der Meerenge der heutigen Dardanellen abstürzte und ertrank – seitdem hieß die Enge Hellespont, „Meer der Helle" –, erreichte Phrixos das Ziel der Flucht, Kolchis, wo er von König Aietes freundlich aufgenommen wurde, den Widder dem Zeus opferte und das Vlies dem König schenkte. Dieser hängte es im Hain des Ares (Mars) auf und ließ es von einem hundertäugigen Drachen behüten. Später raubte es Jason mit Hilfe Medeas.

Gorgonen: Drei geflügelte, von Schlangenhaaren umwimmelte, jeden, der sie anblickte, versteinernde Ungeheuer, Stheno, Euryale und Medusa. Letztere, die einzige sterbliche der drei, wurde von dem Heroen Perseus erlegt und enthauptet. Zum Dank für die Hilfe, die ihm Athene für den Kampf gewährt hatte, schenkte Perseus das Haupt der Göttin, die es fortan auf ihrem Schilde trug. Dieses Haupt meint Vergil A II 616 und VIII 438. Die „Gorgonen" A VI 289 sind nach der Vorstellung des Dichters wahrscheinlich nur allgemein bezeichnete furchtbare Unterweltsungeheuer, die den Betrachter ähnlich entsetzen wie die Gorgonen.

Und die „vom Gifte der Gorgo“ durchdrungene Allekto A VII 341 sprüht Tod und Verderben wie jene.

Gortynia: Das Gebiet von Gortyna, einer Stadt auf Kreta. „Gortynisch“ bedeutet so viel wie „kretisch“.

Gracchen: Die dem plebejischen Zweig des Geschlechtes der Sempronier angehörenden Brüder Tiberius Sempronius Gracchus (Volkstribun 133 v. u. Z.) und Gaius Sempronius Gracchus (Volkstribun 123 und 122) suchten durch Beschränkung des Grundbesitzes und durch Landzuteilungen an mittellose Bürger der Entwicklung zum Großgrundbesitz, der von Massen von Sklaven bearbeitet wurde, Einhalt zu gebieten. Sie scheiterten am erbitterten Widerstand der Großgrundbesitzer und bezahlten ihren Einsatz gleich vielen ihrer Anhänger mit dem Leben. Das Urteil über ihre politische Rolle schwankte je nach dem sozialen Status der Urteilenden lange Zeit, wenn auch ihr persönlicher Mut und ihre Lauterkeit schon bald nach ihrem Tode fast allgemein anerkannt wurden. Daß Vergil sie uneingeschränkt unter die Zahl der großen Römer rechnet, entspricht seiner im Lied vom Landbau vorgetragenen Grundeinstellung. → Einl. S. VI. XXXII f. XLIII f.

Gradivus: Beiname des Mars („gewaltig Vordringender“?).

Gräßliche (l Dirae, d Diren): Dämonen des Schreckens und Entsetzens (A XII 845 ff.), zuweilen den Furien gleichgesetzt.

Graviscae: Küstenstadt im südlichen Etrurien.

Grynion: Stadt in Mysien mit Apollokult, dessen Stätte nach ihr auch als „grynischer Hain“ bezeichnet wird.

Gyaros: Hoch aus dem Meere ragende Kykladeninsel (heute: Chiura).

Gyas: 1. Ein Trojaner.
2. Ein Latiner. A X 318.

Gyges: Ein Trojaner.

Gylippos: Ein Arkader.

Hades: → Orkus.

Haemon: 1. Ein Rutuler. A IX 685.
2. Vater eines als „Haemons Sohn“ bezeichneten latinischen Priesters des Apollo und der Diana. A X 537.

Haemus: Gebirgskette in Thrakien (heute: Balkan).

Halaesus: Ein Anführer italischer Stämme auf der Seite des Turnus. Die Bezeichnung „Agamemnons Gefährte“ (Verwandter?) A VII 723 hat noch keine überzeugende Erklärung gefunden. In Ovids Liebeselegien (Amores) III 13,31 ff. flieht ein Halaesus, ein wohl unehelicher Sohn Agamemnons, auf Grund der Ermordung seines Vaters nach Italien und wird Ahnherr der Falisker. A X 417 ff. freilich führt Vergil den Vater des – oder eines anderen? – Halaesus ohne Namensnennung als einen treulich um seinen Sohn besorgten Mann vor, der nach dem Zusammenhang ein Italer sein müßte.

Halios: Ein Trojaner.

Halys: Ein Trojaner.

Hannibal: Karthagischer Staatsmann und Feldherr, griff im zweiten Punischen Krieg nach kühnem Zug über die Alpen von Spanien aus die Römer in ihrem eigenen Lande an und brachte sie in schwere Bedrängnis – u.a. durch seinen Sieg bei Cannae in Apulien 216 v.u.Z. –, scheiterte aber letzten Endes an der Zähigkeit der Gegner.

Harpalyke: Eine mythische Jägerin aus Thrakien.

Harpyien: „Raffende“, den Furien ähnliche Plagegeister, Mischwesen aus Mädchen- und Vogelleibern, entraffen den von ihnen gequälten Menschen das Essen und machen das, was sie zurücklassen, durch ekelhafte Besudelung ungenießbar.

Hasenwein: Ein feuriger, schnell berauschender griechischer Wein, vielleicht nach der Farbe der Trauben so benannt.

Hebros: 1. Fluß in Thrakien (heute: Maritza). H 10,65. L IV 463. 524. A I 317. XII 331.
2. Ein Trojaner. A X 696.

Hekabe (l Hecuba): Tochter des thrakischen Königs Kisseus, Gattin des Priamos (1).

Hekate: Der Unterwelt zugehörige, aber auch im Himmel und auf der Erde mächtige, wohl aus diesem Grunde „dreigestaltig“ vorgestellte Göttin der Zauberei und des nächtlichen Spuks. Wie die römische Göttin (des Mondes) Diana, der sie oft gleichgesetzt wird, gilt sie als → Trivia.

Hektor: Sohn des Priamos (1) und der Hekabe, erster Gatte der Andromache, tapferster Verteidiger Trojas, fiel im Zweikampf gegen Achilles.

Helena: Tochter des Zeus bzw. des Tyndareos und der Leda, Gattin des Menelaos. Nach einer Mythenversion entstammte sie einem Schwanenei (K 12,27), da Zeus sich in Gestalt eines Schwanes mit Leda vereinigte. In der Aeneis hebt Vergil Helenas göttliche Abkunft nicht hervor; sie erscheint als die verführerisch schöne, aber treulose Frau, die sich von Paris entführen ließ und damit den Trojanischen Krieg verschuldete.

Helenor: Ein Trojaner.

Helenos: Sohn des Priamos (1) und der Hekabe. Seher, nach dem Fall Trojas Gefangener des Pyrrhos, nach dessen Tod Gatte der Andromache und Herrscher von Buthroton.

Helikon: Ein als Musenstätte gepriesenes Gebirge in Böotien.

Helios: → Sol.

Hellenismus: Die von dem Historiker Johann Gustav Droysen 1836 eingeführte Bezeichnung („Richtiges Griechisch-Sprechen", dann auch „Verbreitung griechischer Kultur unter Nichtgriechen") der Epoche zwischen den Eroberungszügen Alexanders des Großen und der Eingliederung Ägyptens, des letzten „hellenistischen" Staates, in das römische Reich (etwa 323–31 v.u.Z.). Wichtigste Stilmittel der hellenistischen Poesie sind: Bevorzugung der kleinen, aber technisch ausgefeilten Form (Gegensatz zwischen dem Hauptverfechter dieses Grundsatzes, Kallimachos, und dem gleichwohl diesen Mitteln im wesentlichen verhafteten Epiker Apollonios von Rhodos); psychologische Feinheit in der Darstellung der Menschen und ihrer Handlungen einschließlich der Liebesbeziehungen; Natur- und Genrebilder; thematische Einbeziehung der Welt des „kleinen Mannes"; „gelehrtes" Spielen mit mythischen – auch entlegenen – Stoffen und Versionen.

Hellespont: → Goldenes Vlies. → Priapus.

Heloros: Fluß im südlichen Teil der Ostküste Siziliens (heute: Abisso).

Helymos: Ein Sizilier, Gefährte des Akestes.

Hephaistos: → Vulcanus.

Herkules (g Herakles): Sohn des Zeus und der Alkmene (→ Amphitryon), der volkstümlichste Heros der Griechen, wirkte über die ihm von Eurystheus aufgetragenen zwölf Arbeiten hinaus als Wohltäter der Menschheit, indem er zahlreiche Unholde und Ungetüme von menschlicher wie tierischer Gestalt überwand und tötete. Mit den von ihm errichteten „Säulen des Herkules" sind die Felsen von Gibraltar und Ceuta gemeint.

Hermes: → Mercurius.

Herminius: Ein Etrusker auf der Seite des Tarchon.

Hermione: Tochter des Menelaos und der Helena, Verlobte des Orestes, jedoch mit Pyrrhos (1) verheiratet, der einem Mordanschlag des erbitterten Verlobten zum Opfer fiel.

Hermos: Fluß in der kleinasiatischen Landschaft Lydien, der, gleich seinem linken Nebenfluß Paktolos, goldhaltigen Sand mit sich führte (heute: Jedis Tschay).

Herniker: Italischer Volksstamm im östlichen Latium.

Heros, Mz. *Heroen:* „Held“, Bezeichnung für Menschen, die, in der Regel einem göttlichen Elternteil entstammend, von der Nachwelt für hervorragende Leistungen göttliche Ehren empfingen. Ihre Kulte waren überwiegend örtlich gebunden.

Hesiod(os): Nachhomerischer epischer Dichter der Griechen, aus Kleinasien stammend, später in Askra heimisch (um 700 v.u.Z.), Verfasser der Epen „Entstehung der Götter“ und „Werke und Tage“; im Mittelpunkt des letzteren stehen nach den Jahreszeiten geordnete Anweisungen für die Arbeiten des Bauern.

Hesione: Tochter des Laomedon, Schwester des Priamos (1), Gattin des Telamon, Königs von Salamis.

Hesperiden: Töchter des Atlas (1) und der Nacht, bewohnen jenseits des Atlas (2) einen herrlichen Göttergarten und hüten darin die goldenen Äpfel, die Gaia als Hochzeitsgabe dem Zeus und der Hera schenkte. Unterstützt werden sie bei der Wache von einem hundertköpfigen Drachen.

Hesperien: „West- bzw. Abendland“, bezeichnet allgemein die westlichen Länder des Mittelmeeres, vor allem Italien.

Hiketaon: Vater des Trojaners Thymoites (2).

Himella: Ein Fluß nordwestlich des Fuciner Sees, durchfließt die Gebiete der Äquer, Äquikuler und Sabiner (heute: Salto).

Hippokoon: Ein Trojaner.

Hippodameia: 1. Tochter des Oinomaos, des Königs von Elis. Dieser wollte seine Tochter nur dem zur Frau geben, der ihn im Wagenrennen überwand. Die Bewerber durchbohrte er, wenn er sie überholte, mit seinem Speer. L III 7.
2. Gattin des Peirithoos.

Hippolyte: Eine Amazonenkönigin.

Hippolytos: Sohn des Theseus und der Amazone Antiope bzw. Hippolyte, begeisterter Jäger und Schützling der Artemis, Verächter Aphrodites. Seine Stiefmutter Phaidra, die ihrer Liebe zu ihm nachgeben wollte, wies er entrüstet zurück. Die Verschmähte verleumdete ihn bei seinem Vater, er habe ihre Ehre antasten wollen. Im Jähzorn bat Theseus Poseidon – der in dieser Mythenversion als sein Vater erscheint – um Vernichtung des vermeintlichen Übeltäters. Poseidon ließ aus dem Meere einen wilden Stier auftauchen, der das Gespann des Hippolytos zum Scheuen brachte, so daß die Rosse ihren Herrn zu Tode schleiften. Phaidra verübte Selbstmord. Hippolytos aber wurde wieder zum Leben erweckt (A VII 767 ff.) und verband sich unter dem Namen Virbius mit der Nymphe Aricia (2), die ihm einen Sohn gebar. Dieser trug den zweiten Namen seines Vaters.

Hippomanes: „Rossewut", der zu Liebeszauberzwecken benutzte Brunstschleim der Stuten. Den gleichen Namen trugen ein Fleischauswuchs auf der Stirn neugeborener Fohlen sowie eine Pflanze, deren Genuß angeblich Pferde in eine wilde Raserei versetzte.

Hippotes: Ein Trojaner, Vater des Amastrus.

Hirnea: Ein Krug zum Trinken; K 15,8 fingierter Spottname für eine „zweite Tochter" des Schwiegervaters Atilius, d.h. für seine Trunksucht, die der Schwiegersohn „mitheiratet".

Hisbo: Ein Rutuler.

Hister: Der Unterlauf der Donau, deren Oberlauf bei den Römern Danuvius hieß.

Homer(os): Der legendäre Dichter der beiden griechischen Epen Ilias und Odyssee, der in seiner Art unerreichte Meister epischer Kunst (8. Jahrhundert v. u. Z.).

Homole: Nördlicher Ausläufer des Ossagebirges, Heimstatt der Kentauren.

Horaz: Quintus Horatius Flaccus (65–8 v. u. Z.), neben Catull größter römischer Lyriker, Freund des Vergil, der ihn in den Kreis um Maecenas einführte. Mehrere seiner Oden propagieren Augusteische Vorstellungen.

Horen: Göttinnen der Jahreszeiten; allgemein Überwacherinnen des zeitlichen Ablaufs.

Horta: Stadt im südlichen Etrurien, am rechten Ufer des Tiber, nördlich der Mündung des Nar (heute: Orte).

Hund: Die Sternbilder des Großen wie des Kleinen Hundes, letzterer südlich des Äquators, ersterer am nördlichen Sternenhimmel, nach dem Mythos der Hund des Orion. Sein hellster Stern ist der Sirius (g Seirios „Glühender", „Heißer"), der in der zweiten Julihälfte die „Hundstage" bringt.

Hyaden: „Regenbringerinnen" (?), Sterngruppe im Haupte des Stiers, im Mythos Schwestern der Plejaden. Ihr Aufgang im Mai zeigte den Beginn regnerischen Wetters an.

Hyakinthos: Ein von Apoll geliebter schöner Jüngling. Beim Diskuswerfen lenkte der eifersüchtige Zephyros den Diskus Apolls aus seiner Bahn tödlich gegen den Kopf des Geliebten. Aus dem Blut des Toten ließ Apollo die Hyazinthe sprießen.

Hybla: Hybla Megara, Stadt an der Ostküste Siziliens, durch ihren Reichtum an würzigen Kräutern ein Paradies „hybläischer Bienen" und Erzeugerin eines berühmten Honigs. Nicht identisch mit → Megara.

Hybris: Freveltat, verbrecherische Überheblichkeit.

Hydaspes: Ein Trojaner.

Hylaios: Ein Kentaur, der in dem Kampfe gegen die Lapithen von der Hand des Herkules fiel.

Hylas: Ein junger Held und Geliebter des Herkules, den er auf der Argonautenfahrt begleitete. Bei einer Landung in Bithynien ging er zu einer Quelle, um Wasser zu holen. Da zogen ihn die von seiner Schönheit ergriffenen Quellnymphen in die Tiefe hinab, und die Rufe des Herkules und der übrigen Argonauten nach dem verschwundenen Gefährten verhallten ergebnislos.

Hylax: „Kläffer", Name eines Hundes.

Hymenaeus: Der Gott der Hochzeit bzw. der Paarung.

Hypanis: 1. Ein Trojaner. A II 340. 428.
2. Ein Fluß nördlich des Schwarzen Meeres (heute: Kuban). L IV 369.

Hyperboreer: Ein mythisches Volk im hohen Norden. „Hyperboreisch" heißt soviel wie „nördlich".

Hyrkaner: Volksstamm südlich des Kaspischen Meeres.

Hyrtakos: Name zweier Trojaner 1. Vater des Hippokoon. A V 492.
2. Vater des Nisos (2). A IX 176. 406.

Iacchus: Kultname des Bacchus.

Iaira: Eine Bergnymphe.

Janiculum: Ein Bergrücken westlich des Tiber, benannt nach dem Herrn der auf ihm errichteten Burg, dem Janus.

Janus: Alter italischer Gott des Ein- und Ausgangs, d. h. des Beginns und des Endes, der vom Janiculum aus Latium beherrschte, den Saturnus freundlich aufnahm und ihm den Platz auf dem Kapitol, jenseits des Tiber, als Wohnsitz zuwies. Doppelköpfig dargestellt, war er befähigt, gleichzeitig nach zwei Seiten zu schauen. Der auf dem Forum Romanum nach der Legende unter Numa Pompilius errichtete Janustempel, ein Doppeltor mit gemeinsamer Überwölbung, symbolisierte die Aufgabe des Gottes, wichtige Unternehmen in allen Bereichen, vor allem einen Kriegsbeginn, von Anfang an zu schützen. In Friedenszeiten war der Tempel geschlossen. Dies soll während der ganzen Geschichte Roms bis zum Regierungsantritt des Augustus nur zweimal der Fall gewesen sein, während Augustus sich rühmte, seine Regierung allein habe den Tempel dreimal geschlossen gesehen. → Einl. S. XII.

Iapetus: Ein Titan, Vater des Prometheus.

Iapyger: → Iapyx (1).

Iapyx: 1. Ein Kreter, mythischer Besiedler Südapuliens und Kalabriens, deren Bewohner nach ihm auch *Iapyger* hießen. „Iapygisch" bedeutet soviel wie „apulisch".
2. Ein Trojaner, Arzt. A XII 391 f. 400. 420. 425.

Iarbas: Sohn des Ammon und der Nymphe Garamantis, König der Gaetuler.

Iasios: 1. Nach einer von Vergil aufgenommenen Mythenversion Bruder des Dardanos. A III 168.
2. Vater des Palinuros. A V 842.
3. Vater des Iapyx (2). A XII 391.

Iberien: Der östliche und zentrale Teil des heutigen Spanien. „Iberisch" bedeutet so viel wie „spanisch".

Ida: 1. Phrygische Bergnymphe, Mutter des Nisos. A IX 177.
2. Gebirge in Phrygien, südostwärts von Troja, bekannt durch Pechgewinnung und Waldreichtum, Schauplatz des Parisurteils, heilig der Kybele, der „Mutter vom Ida". L III 450. IV 41. A II 801. III 6. V 253. 449. IX 80. 619. X 158 (→ Anm. zu 157 f.). XII 547.
3. Gebirge auf Kreta. L II 84. A XII 412.

Idaios: 1. Ein Trojaner, der als Wagenkämpfer bzw. -lenker vor Troja fiel. A VI 485.
2. Ein anderer Trojaner. A IX 500.

Idalia: Beiname der Venus.

Idalion, auch *idalischer Berg:* Gebirge und Stadt im östlichen Zypern und Kultstätte der Venus (heute: Dalia). K 17,2. A I 681. 692. X 52. 86.

Idas: 1. Ein Trojaner. IX 575.
2. Ein Thraker. X 351.

Idmon: Ein Rutuler. XII 75.

Idomeneus: Enkel des Minos, Fürst von Kreta, Verbündeter der Griechen im Trojanischen Krieg.

Idumäa: Edom in Palästina, berühmt durch Palmenhaine. „Idumäische Palmenzweige" sind der Ehrenschmuck eines siegreichen Dichters.

Ilia: Durch Mars die Mutter der Zwillinge Romulus und Remus, nach Vergil „vom Assarakosstamm" (A VI 778), sinnfällig gemacht durch den Namen selbst, „Ilierin", d.h. „Trojanerin". Nach der sonstigen Mythenversion hieß die Mutter des Romulus und des Remus Rhea (2) Silvia, Tochter des Königs von Alba, Numitor, aus dem Geschlecht der Silvier. Dieses Geschlecht leitete sich von Silvius her, dem Sohne des Aeneas und der Lavinia, und herrschte in Alba Longa.

Ilion: Anderer Name für Troja, nach Ilos (1). „Ilisch" bedeutet soviel wie „trojanisch", „troisch".

Ilione: Tochter des Priamos und der Hekabe.

Ilioneus: Ein Trojaner, treuer Gefährte des Aeneas.

Illyrien: Landschaft und römische Provinz (Illyricum. → Pannonien) im Nordwesten der Balkanhalbinsel. „Illyrische Bucht" (A I 243) heißt der nördliche Teil der Adria.

Ilos: 1. Bruder des Assarakos (1), Vater des Laomedon und Großvater des Priamos (1).
2. Ursprünglich ein anderer Name für Ascanius (1), Iulus.
3. Ein Rutuler. A X 400. 402.

Ilva: Das heutige Elba, in der Antike durch reiche Eisengruben berühmt.

Imaon: Ein Italer auf der Seite des Turnus.

Imbrasos: 1. Ein Trojaner, Vater des Asios. A X 123.
2. Ein Lykier, Vater des Glaukos (4) und des Lades. A XII 343.

Impluvium: Der – oft von Säulen, auch von Grünanlagen umgebene – freie Hofraum des römischen Hauses mit einem Bassin zur Aufnahme des Regen- und Schmelzwassers.

Inachos: Gott des gleichnamigen Flusses der Argolis, mythischer Gründer und König von Argos (2), Vater der Io. Als Vorfahr des Akrisios ist er Ahnherr des Turnus.

Inarime: Das heutige Ischia.

Inder: Seit dem Ausgang der römischen Republik belebten sich die Handelsbeziehungen zwischen dem Römerreich und dem als fruchtbares Wunderland eingeschätzten Indien. Eine auch nur teilweise reale politische Abhängigkeit des letzteren von Rom hat es nicht gegeben, wohl aber erschienen wiederholt indische Gesandtschaften bei Augustus. Vergil benutzt, gleich anderen Dichtern, den Namen der Inder – wie auch den anderer östlicher Völker – zum Ausdruck teils der Ferne, teils der Pracht des Orients, auch zur übertreibenden Ausmalung der Weite Augusteischer Machtentfaltung. Inwieweit im Einzelfall (z. B. L IV 291) geographische Unkenntnis oder bewußte poetische Freiheit für nach heutiger Kenntnis falsche Angaben verantwortlich zu machen sind, bleibt nicht weniger umstritten als die Frage, für welches andere orientalische Volk (z.B. Äthiopier, Serer, Pygmäen) gelegentlich die Inder genannt sind.

Ino: Tochter des Kadmos, zweite Gattin des thebanischen Königs Athamas, Mutter des Learchos und Melikertes, Feindin der Kinder des Athamas aus dessen erster Ehe mit Nephele, Phrixos und Helle (→ Goldenes Vlies). Athamas tötete in einem Wahnsinnsanfall den Learchos, während Ino und Melikertes vor dem Rasenden flohen und ins Meer sprangen. Dort wurden sie in Meeresgottheiten verwandelt, Ino in Leukothea, Melikertes in Palaimon.

Inuus: → Castrum Inui.

Io: Tochter des Inachos, Geliebte des Zeus, von diesem, der sie vor dem eifersüchtigen Haß der Hera schützen wollte, in eine Kuh verwandelt, aber von Hera mit Hilfe des Argos (1) streng bewacht. Als Hermes im Auftrage des Zeus den Argos einschläferte (nach anderer Version: tötete), ließ Hera die Kuh durch eine Stechfliege von Land zu Land jagen. Durch Eingreifen des Zeus fand Io in Ägypten Ruhe, erhielt ihre menschliche Gestalt wieder und gebar den Epaphos, der in Ägypten König wurde.

Iollas: 1. Ein reicher Grund- und Herdenbesitzer. H 2,57. 3,76. 79.
2. Ein Trojaner. A XI 640.

Ionisches Meer: Der Teil des Mittelmeeres, der im Norden von der Adria, im Westen vom südlichsten Teil Italiens, im Osten von der Westküste Griechenlands begrenzt wird, benannt nach den Ionern, einem der Hauptstämme der Griechen.

Iopas: Ein Sänger und Harfenspieler am Hofe der Dido.

Iphitos: Ein Trojaner.

Iris: „Regenbogen", geflügelte Botin der Götter. Ihr Sinnbild ist der Regenbogen, den sie oft gleichsam als Brücke auf ihren Wegen zwischen Göttern und Menschen benutzt.

Isisgeklapper: Im Kult der ägyptischen Göttin Isis, die von den Griechen und Römern oft der Demeter-Ceres, der Aphrodite-Venus oder der Io gleichgesetzt wurde, bedienten die Priester sich neben anderen Instrumenten auch metallener Klappern.

Ismaros: 1. Ein Gebirgszug im südlichen Thrakien.
2. Ein Trojaner. A X 139.

Italus: Mythischer italischer König, der dem Lande den Namen gab.

Ithaka: Insel im Ionischen Meer, der Küste Akarnaniens vorgelagert, der Herrschaftsbereich des Odysseus.

Ituräer: Arabischer Volksstamm im südlichen Syrien, berühmt durch die meisterhafte Handhabung von Pfeil und Bogen.

Itys: 1. Sohn der Prokne. → Philomela.
2. Ein Trojaner. A IX 574.

Jugurtha: König von Numidien (etwa 155–104 v. u. Z.), kämpfte unter Ausnutzung der im römischen Amtsadel herrschenden Korruption lange Zeit erfolgreich gegen Rom, unterlag schließlich der energischen Kriegführung vor allem des Marius, wurde beim Triumphzug des letzteren mitgeführt und dann hingerichtet.

Iulische Wellen: Der Iulius portus. → Averner See.

Iulius: Gaius Iulius Caesar Divi filius („Sohn des Göttlichen") hieß Oktavian A I 288. Vgl. Anm. zu H 9,47.

Iulus: Der von Ilos (2) abgeleitete Name des Ascanius, von dem das patrizische julisch-claudische Kaisergeschlecht sich herleitete.

Jungfrau: Das Tierkreiszeichen, nach dem Mythos die unter die Sterne versetzte Göttin der Gerechtigkeit Dike bzw. Astraia. → Anm. zu H 4,6.

Juno: Die der griechischen Hera entsprechende Tochter des Saturnus, Schwester und Gattin des Jupiter, Schutzherrin der Ehe, die ranghöchste Göttin, eifersüchtige Feindin aller Geliebten ihres Gatten. Als „Juno des Orcus" wird Proserpina bezeichnet.

Jupiter: Der dem griechischen Zeus entsprechende Sohn des Saturnus und der Rheia, der „Vater der Götter und Menschen", als Wettergott mit Donner und Blitz bewaffnet, der Ranghöchste der Unsterblichen, Schutzgott Latiums und der Römer überhaupt, auf dem Kapitol verehrt. Seine Mutter Rheia hatte ihn gleich nach der Geburt in einer Grotte des Diktegebirges auf Kreta versteckt, wo die Kureten durch ihr Getöse das Schreien des kleinen Kindes übertönten. Dank dieser Maßnahme entging Jupiter den Nachstellungen seines Vaters, der seine Kinder, aus der – nicht unbegründeten – Furcht, durch eines von ihnen dereinst seine Weltherrschaft zu verlieren, zu verschlingen pflegte. Später wurde er tatsächlich von Jupiter entthront und gezwungen, die bereits verschlungenen Kinder wieder auszuspeien. Über das Verhältnis Jupiters zu den Bienen → L IV 149–152.

Juturna: Eine Quellnymphe, Schwester des Turnus, Geliebte Jupiters.

Ixion: König der Lapithen, versuchte Juno zu vergewaltigen, wurde aber durch ein von Jupiter geschaffenes, der Juno äußerlich gleichendes Wolkentrugbild getäuscht; aus der Verbindung gingen die Kentauren hervor. Zur Strafe für seine Tat wurde Ixion in der Unterwelt mit Schlangen an ein sich ewig drehendes Rad gebunden.

Kadmos: Mythischer Gründer und König von Theben.

Kaineus: 1. Ursprünglich Kainis, eine Lapithin, Geliebte des Neptunus, der sie auf ihre Bitte in einen unverwundbaren Mann verwandelte, wurde im Kampf gegen Kentauren von diesen unter einem Haufen von Baumstämmen erstickt und erhielt in der Unterwelt ihre weibliche Gestalt wieder. A VI 448.
2. Ein Trojaner. A IX 573.

Kaïkos: 1. Ein Trojaner. A I 183. IX 35.
2. Fluß in Mysien (heute: Bakir-tschay). L IV 370.

Kalabrien: Landschaft im äußersten Südosten Italiens (der „Absatz des Stiefels").

Kalchas: Seher und Opferpriester der Griechen vor Troja.

Kallimachos: Aus Kyrene, neben Theokritos Hauptvertreter der hellenistischen Lyrik (um 300–240 v. u. Z.).

Kalliope, auch *Kalliopeia:* „Schönstimmige", eine der Musen, Göttin insbesondere der epischen Dichtung, Mutter des Orpheus.

Kalybe: Eine Priesterin der Juno im Lande der Rutuler.

Kalydon: Hauptstadt Ätoliens. Ihr König Oineus vernachlässigte die der Diana geschuldeten Opfer, worauf die erzürnte Göttin das Gebiet von einem riesigen Eber verwüsten ließ. In der „Kalydonischen Jagd", an der namhafte Helden aus ganz Griechenland teilnahmen, gelang die Erlegung des Untiers nur unter schweren Verlusten, und ein nachfolgender Zwist unter den Jägern, der zu einem Kriege zwischen Kalydon und der Nachbarstadt Pleuron führte, forderte weitere Menschenleben.

Kamarina: Stadt an der Südküste Siziliens (heute: Torre di Camarina). Apollo hatte ihre Einwohner gewarnt, an den Sumpf zu rühren, der in der Nähe der Stadt lag und den sie, da er die Luft durch seine Ausdünstungen verpestete, trockenlegen wollten. Die Bürger kehrten sich nicht an die Warnung, und wenig später vermochten Feinde über das trockengelegte Gelände hinweg die Stadt zu erobern. Seitdem wurde Apollos Orakelspruch „Rühr Kamarina nicht an, das bringt viel größeren Nutzen" sprichwörtlich.

Kampanien: Italische Landschaft südostwärts von Latium.

Kaphereus: Südostkap der Insel Euböa. An ihm scheiterten zahlreiche Schiffe der von Troja heimkehrenden griechischen Flotte. → Palamedes.

Kapitol (l Capitolium): Der höchste (südwestliche) Gipfel des kapitolinischen Hügels (mons Capitolinus) zu Rom, westlich vom Forum. Auf ihm erhoben sich die Tempel des Jupiter, der Juno und der Minerva. Ihm gegenüber lag, auf demselben Hügel, die eigentliche Burg. Der Name wurde zuweilen auf den ganzen Hügel ausgedehnt. → Triumph.

Kapys: 1. Ein Trojaner, Namengeber der Stadt Capua. A I 183. II 35. IX 576. X 144.
2. Ein König von Alba. A VI 768.

Karer: Bewohner der Landschaft Karien an der Südwestküste Kleinasiens.

Karpathisches Meer: Teil des östlichen Mittelmeers, erstreckt sich südlich und ostwärts der Inseln Rhodos und Karpathos.

Karthago: Die von Tyros aus (nach dem Mythos von Dido) gegründete phönizische Handelsstadt auf einer Halbinsel nordostwärts der heutigen Stadt Tunis, ursprünglich zur Sicherung des Handels mit Spanien angelegt, hatte sich um 600 v.u.Z. zum wichtigsten Handelszentrum im westlichen Mittelmeer entwickelt. Im Kampf um die Vorherrschaft wurde es von Rom in den drei Punischen Kriegen (264–241, 218–201, 149–146 v.u.Z.) niedergerungen und 146 zerstört. Caesar (1) und Augustus gründeten es neu als Kolonie und leiteten eine zweite Blütezeit ein, die nach mannigfachem Machtwechsel während der Völkerwanderung schließlich durch die arabische Eroberung (698 u. Z.) in einem schnellen Verfall ihr Ende fand.

Kaspische Reiche: Vergil weist auf Völker und Staaten im Gebiet des Kaspischen Meeres hin, um Ausdehnung und Macht der Augusteischen Herrschaft zu unterstreichen. In Wirklichkeit gehörten südwestliche Küstengebiete des Kaspischen Meeres (Teile der heutigen Sowjetrepubliken Georgien, Armenien und Aserbaidshan) erst seit der Regierung Trajans (98–117 u. Z.) zum Römischen Reich.

Kassandra: Tochter des Priamos (1) und der Hekabe, Braut des Koroibos, war von Apollon mit der Gabe der Weissagung betraut, aber – da sie die Liebe des Gottes verschmähte – mit dem Fluch geschlagen worden, niemanden von der Wahrheit ihrer Prophezeiungen überzeugen zu können.

Kastalia: Eine dem Apollon und den Musen heilige Quelle am Fuße des Parnaß, nahe der Orakelstätte des Gottes zu Delphi.

Kastor: Mit seinem Zwillingsbruder Pollux (g Polydeukes) Sohn des Zeus und der Leda, daher beide auch als Dioskuren, „Zeussöhne", bezeichnet, als Rossebändiger, der letztere auch als Faustkämpfer berühmt, beide verehrt als Nothelfer der Menschheit, besonders als Retter aus Seenot. Nach einer Sagenversion war nur Pollux unsterblich, vereinte aber aus brüderlicher Liebe sein Los mit dem des anderen, indem er in regelmäßigen Zeitabständen den Platz in der Unterwelt mit ihm tauschte. Beiden war auf dem Forum Romanum ein Tempel geweiht, vor dem die Prätoren Recht zu sprechen pflegten. → K 13,23 ff.

2. Ein Trojaner. A X 125.

Kaukasus: Er war für die Römer Sinnbild eines fernen und rauhen, gewaltigen Gebirges. Der „kaukasische Adler" spielt auf die Strafe des Prometheus an.

Kaulon: Stadt an der Südostküste von Bruttium.

Kekrops: Mythischer König von Athen. „Kekropisch" bedeutet so viel wie „athenisch", „attisch", z. B. „kekropische Bienen", da Attika schon früh eines der Zentren der Bienenzucht war.

Kelaino: Eine der Harpyien.

Kentauren: Nachkommen des Ixion, Mischwesen mit Haupt und Brust eines Menschen und dem Leibe eines Pferdes, mit wenigen Ausnahmen (so Chiron) tierisch roh sowie trunk- und streitsüchtig.

Kilikien: Landschaft im Südosten Kleinasiens.

Kimbern und Teutonen: Germanische Stämme aus der Gegend des heutigen Jütland, zogen um 120 v. u. Z. mit einigen anderen Stämmen nach Süden, besiegten zweimal die Römer, wurden schließlich von Marius 102 bzw. 101 v. u. Z. vernichtend geschlagen.

Kisseus: 1. Thrakischer König, Vater der Hekabe. A V 536.
2. Ein Latiner, Sohn des Melampus (2). A X 318.

Kithairon: Bewaldetes Gebirge zwischen Attika und Böotien, dem Bacchus geweiht und Schauplatz seiner Orgien.

Klaros: 1. Stadt an der kleinasiatischen Westküste mit Apollokult. A III 360.
2. Ein Lykier auf der Seite des Aeneas. A X 126.

Kleinasien: Die vorderasiatische, heute der Türkei zugehörige Halbinsel, das „Hochland von Anatolien", im Norden begrenzt vom Marmara- und vom Schwarzen Meer, im Westen und Süden vom östlichen Mittelmeer (Ägäis und Zyprisches Meer).

Kleopatra: Name mehrerer Frauen aus dem in Ägypten herrschenden griechischen Fürstengeschlecht der Ptolemäer. Historisch bedeutend ist K. VII., Geliebte Caesars (1), später des Antonius. Nach dem Siege Oktavians bei Actium verübte sie Selbstmord, indem sie sich von giftigen Schlangen beißen ließ.

Klienten: „Sich Anlehnende", persönlich freie römische Bürger, die sich in den (juristischen und ökonomischen) Schutz eines der führenden römischen Geschlechter begaben, in der Regel wirtschaftlich Schwächere (Handwerker, kleine und mittlere Bauern bzw. Gutsbesitzer, Pächter; auch freigelassene Sklaven, die sich oft an ihren ehemaligen Herrn anschlossen). Ihr Patronus, „Schirmherr", lieh ihnen notfalls seine Unterstützung und konnte seinerseits auf ihre Stimme bei der Wahl zu Ämtern sowie allgemein bei der Stärkung seines öffentlichen Einflusses rechnen.

Klio: 1. Muse der Geschichtsschreibung. K 7,10.
2. Eine Meeresnymphe. L IV 341.

Kloanthos: Ein Trojaner, Stammvater des römischen Geschlechts der Cluentier.

Klonios: Name zweier Trojaner. 1. A IX 574. 2. A X 749.

Klymene: Meeresnymphe.

Klytios: Ein Trojaner.

Knossos (l Gnosus): Stadt auf Kreta, Residenz des Minos. „Knossisch" bedeutet soviel wie „kretisch". Das „Sternbild von Knossos" ist die Krone der → Ariadne.

Kokytos (l Cocytus): „Jammerstrom", Fluß in der Unterwelt. Sein Name wird zuweilen auf die Unterwelt als Ganzes ausgedehnt.

Kolchis: Landschaft an der nordöstlichen Schwarzmeerküste, etwa dem heutigen Georgien entsprechend.

Kolophon: Stadt an der Westküste Kleinasiens.

Konsul: → Ämter.

Korinth: Griechische Handelsstadt westlich der Landenge, des Isthmus von Korinth, der Mittelgriechenland mit der Peloponnes verbindet. Sie wurde 146 v. u. Z. von Lucius Mummius erobert, ihrer reichen Kunstschätze beraubt und zerstört, 44 v. u. Z. als römische Kolonie neu gegründet. → Anm. zu K 5,1.

Koroibos: Sohn des Mygdon, Verlobter der trojanischen Königstochter Kassandra.

Korsika: Die Insel war bekannt durch die auf ihr wachsenden Eiben, in denen man den Grund für den dort erzeugten bitteren Honig sah.

Korybanten: Priester der Kybele.

Korynaios: Ein Trojaner. A VI 228. XII 298. Nicht klar ist seine Nationalität A IX 571, wo auch der ihn tötende Gegner Asilas (2) umstritten ist. Möglich erscheint die Vermutung, es handle sich um zwei Trojaner des gleichen Namens. Die Stelle läßt aber auch die Deutung zu, daß Korynaios hier ein Kämpfer des Turnus, Asilas dagegen ein Trojaner ist.

Korythos: Stadt im östlichen Etrurien (später: Cortona). Nach dem von Vergil übernommenen Mythos wurde sie von dem Heroen Korythos gegründet, der ein Sohn des Zeus, ein Gatte der Elektra und Vater des Iasios (1) sowie des Dardanos war (Anspielung A III 168–171).

Kottabos: Ein Spiel beim Gelage. Es bestand darin, Weintropfen von dem im Trinkgefäß verbliebenen Rest um die Wette nach bestimmten Zielen zu schleudern.

Kreta: Im Mythos das Geburtsland Jupiters. Die Bewohner der Insel waren als Waffenfabrikanten sowie als vorzügliche Bogenschützen berühmt.

Kretheus: 1. Ein Trojaner, ein Sänger und Harfenspieler. A IX 774. 2. Ein Grieche auf der Seite der Trojaner. A XII 538.

Krëusa: Tochter des Priamos (1) und der Hekabe, erste Gattin des Aeneas, Mutter des Ascanius.

Krieg: A I 293. VI 279 *(Kriegsgott).* VII 607. Bezeichnet an diesen Stellen nicht Mars oder Bellona, sondern den Krieg allgemein als unglückbringenden Dämon.

Kronide: „Kronossohn", d. h. Zeus bzw. Jupiter.

Kronos: Der Jüngste der → Titanen.

Kureten: Priester der Kybele.

Kybele: 1. Eine – nach der von Vergil aufgenommenen Version – gleich der Rheia von Kreta stammende (A III 111) phrygische Göttin, als „Große Göttermutter" von den Griechen und Römern der Rheia, Tochter des Uranos und der Gaia, gleichgesetzt. Damit war sie Schwester und Gattin des Kronos-Saturnus und Mutter des Zeus-Jupiter. Vorwiegend wurde sie als auf Berggipfeln thronend gedacht, auch als Lenkerin eines mit Löwen oder Panthern bespannten Wagens. Korybanten und Kureten umschwärmten sie unter lärmender Musik von Zimbeln und Pauken und leiteten ihren orgiastischen Kult.
2. Ein Berg in Phrygien, einer der Wohnsitze Kybeles (1). A III 111.

Kydippe: Eine Nymphe.

Kydon: Ein Italer im Heere des Turnus.

Kydone: Einwohner der nordwestkretischen Stadt Kydonia. „Kydonisch" bedeutet soviel wie „kretisch".

Kykladen: „Die im Kreise (um Delos) Liegenden", eine Inselgruppe im Südwestteil des Ägäischen Meeres.

Kyklopen: Ein Volk ungeschlachter einäugiger Riesen, teils als rohes Hirtenvolk auf Sizilien lebend, teils als Schmiede in der Werkstatt des Vulcanus tätig.

Kyllene: Gebirge im Nordosten Arkadiens, Geburtsstätte des Merkur (Hermes), der deshalb auch als „Kyllenier" bezeichnet wird. Die „von Kyllene stammende Flamme" meint den nach dem Götterboten benannten Planeten.

Kymodoke, Kymodokeia: „Wogenempfangende", eine Meeresnymphe.

Kymothoë: „Wogenschnelle", eine Meeresnymphe.

Kynthos: Ein Berg auf der Insel Delos, nach dem Apollo auch als „kynthischer Gott" bezeichnet wird.

Kypros: Das heutige Zypern, in der Antike berühmt durch seinen Venuskult.

Kyrene: 1. Eine Nymphe, Tochter oder Enkelin des Peneus, von Apollo, der sie nach Libyen entführte, Mutter des Aristaeus, L IV 321. 353. 357. 530.
2. Die nach ihr benannte Hafenstadt an der libyschen Küste. Zur „kyrenischen Lyrik" → Anm. zu K 12,61.

Kythera: Eine Insel vor der Südostspitze der Peloponnes, neben Kypros eine der Hauptkultstätten der Venus, die deshalb auch als „Kythereia", „Göttin von Kythera", bezeichnet wird.

Labiker: Einwohner von Labici, einer Stadt südostwärts von Rom.

Lakedaimon: Anderer Name für Sparta.

Lakinion: Ein Vorgebirge an der Ostküste von Bruttium (heute: Capo delle Colonne), mit berühmtem Tempel der Juno, „Lakinions Göttin".

Lades: Ein Trojaner.

Ladon: Ein Trojaner.

Laërtes: Fürst von Ithaka, Vater des Odysseus.

Lagus: Ein Rutuler.

Lamus: Ein Rutuler.

Lamyrus: Ein Rutuler.

Laokoon: Priester des Poseidon (Neptunus) zu Troja.

Laodameia: Die frischvermählte Gattin des thessalischen Fürsten Protesilaos, der bei der Ankunft der griechischen Flotte an der Küste vor Troja als erster von seinem Schiff an Land sprang und von Hektor erschlagen wurde. Die untröstliche junge Frau folgte dem Gatten freiwillig in den Tod.

Laomedon: Vater des Priamos (1), König von Troja. Er ließ sich von Apollo und Poseidon die Mauern Trojas errichten, zahlte ihnen aber den vereinbarten Lohn nicht aus. Zur Strafe brachte Apollo eine Seuche über die Stadt, und Poseidon schickte ein Meerungeheuer, das Menschen und Vieh verschlang. Gemäß einem Orakelspruch setzte Laomedon, um das Land von den Plagen zu befreien, seine Tochter Hesione dem Ungeheuer zum Fraße aus, versprach aber gleichzeitig demjenigen, der das Ungetüm erlegen und Hesione vor dem Tode retten würde, die göttlichen Rosse, die einst Zeus, als Ausgleich für den entführten → Ganymedes, dem Großvater Laomedons, Tros, geschenkt hatte. Herakles vollbrachte die Tat, erhielt aber gleichfalls nicht den versprochenen Lohn, zog zur Rache später mit einem Heere gegen Troja, zerstörte es und tötete Laomedon. Priamos (1) erbaute die Stadt aufs neue.
Der zweimalige Wortbruch des Laomedon steht in einer Reihe

mit dem Bruch des Gastrechts durch Paris in Sparta, dem Anlaß des (zweiten) Trojanischen Krieges. Der Gedanke an diesen Wortbruch schwingt mit in L I 501 f., wo Troja im Originaltext als „laomedontisch" bezeichnet wird.

Lapithen: Ein mythisches Volk in Thessalien. → Peirithoos.

Larides: Ein Italer, Zwillingsbruder des Thymber.

Larina: Gefährtin der Camilla.

Larissa: Stadt in Thessalien. „Larissäer" bedeutet soviel wie „Thessalier".

Larius: Der Comer See in den Südalpen (Lago di Como).

Latagus: Ein Trojaner.

Latinus: Mythischer König von Latium, Urenkel des Saturnus, Enkel des Picus, Sohn des Faunus und der Marica, Gatte der Amata, Vater der Lavinia.

Latium: Italische Landschaft an der mittleren Westküste Italiens mit der Hauptstadt Rom, das Kernland der römischen Weltmacht. Der Name läßt sich deuten als „Stätte des Ver- bzw. Geborgenseins"; vgl. A VIII 322f. Latiums Bewohner heißen *Latiner.* Doch weitet Vergil die Bezeichnung zuweilen auf alle im Heer des Turnus vereinten italischen Stämme aus, auch auf jene, die außerhalb Latiums lebten.

Latona: Die der griechischen Leto entsprechende Titanin, Geliebte des Zeus, von ihm Mutter der Zwillingsgeschwister Apollo und Diana, die sie auf der Insel Delos zur Welt brachte.

Laurentum: Mythische Hauptstadt von Latium, Residenz des Latinus.

Laurentisch: „latinisch".

Lausus: Etrusker, Sohn des Mezentius.

Lavinia: Tochter des Latinus und der Amata, Verlobte des Turnus, später zweite Gattin des Aeneas.

Lavinium: Eine nach dem Mythos von Aeneas gegründete Stadt in der Nähe der Küste südlich von Rom (heute: Pratica di mare). Aeneas gab ihr den Namen zu Ehren seiner zweiten Gattin.

Leda: Gattin des Tyndareos, Geliebte des Zeus, der sich ihr in der Gestalt eines Schwanes nahte, Mutter der jeweils aus einem Schwanenei hervorgehenden Zwillingspaare Kastor und Pollux sowie Helena und Klytaimestra. Nach anderer Version waren lediglich Pollux und Helena Kinder des Zeus, während Kastor und Klytaimestra von Tyndareos stammten.

Leleger: Kleinasiatischer Volksstamm.

Lemnos: Vulkanische Insel im Nordteil des Ägäischen Meeres, mit Kult des Vulcanus, des „lemnischen Gottes".

Lenaeus: Wohl „zur Kelter gehörig", Beiname des Bacchus, des Gottes bzw. des „Vaters der Kelter".

Lerna: See, Fluß und Stadt in der Argolis, südlich von Argos (2). In ihrer Gegend hauste die neunköpfige Schlange, der für jeden abgeschlagenen Kopf zwei neue nachwuchsen. Herkules erlegte sie, indem er die Stümpfe der durchtrennten Hälse mit einer Fackel ausbrannte. Mit dem Gift des Untiers tränkte er seine Pfeile.

Lesbos: Kleinasien vorgelagerte Insel im Nordosten des Ägäischen Meeres.

Lethe: Der Strom des „Vergessens" in der Unterwelt.

Leto: → Latona.

Leukas: Eine der akarnanischen Küste südwestlich von Actium vorgelagerte Insel, deren südwestliches Vorgebirge „Leukate" sich spitz in das Meer hinaus erstreckt.

Leukaspis: Ein Trojaner.

Liber: Vielleicht „der (von Sorgen) Befreiende", ein italischer Fruchtbarkeitsgott, der im Sinne des Lyaios dem Bacchus gleichgesetzt wurde.

Libethrion: Eine den Musen geweihte Quelle am westlichen Helikon.

Liburner: Bewohner eines illyrischen Küstengebietes, das etwa den Westen des heutigen Kroatiens und den Norden Dalmatiens umfaßt.

Libyen: Der Name der nordafrikanischen Landschaft, die sich von Ägypten im Osten bis etwa an die Große Syrte erstreckt, wird oft auf weitere Gebiete Afrikas und auf Afrika überhaupt ausgedehnt.

Lichas: Ein Latiner.

Ligea: Eine Nymphe.

Liger: Ein Latiner.

Ligurer, auch *Ligurier:* Nordwestitalischer Volksstamm, im Gebiet der Stadt Genua, an entbehrungsreiche, harte Arbeit gewöhnt, aber auch durch List und Bosheit berüchtigt.

Likymnia: Eine Sklavin, Mutter des Helenor.

Lilybaion: Stadt an der Westküste Siziliens.

Linus: Mythischer Sänger, Sohn des Apollo und einer der Musen, nach Vergil auch ein Hirt.

Lipara: Die größte der Liparischen (auch: Äolischen; → Aiolos 1) Inseln (zusammengefaßt auch unter dem Namen Äolien), vulkanischen Ursprungs, Sitz des Vulcanus.

Liris: Ein Etrusker im Heere des Tarchon.

Livius: Titus Livius aus Patavium, römischer Historiker (59 v. u. Z. bis 17 u. Z.), mit Augustus befreundet, verfaßte eine Römische Geschichte „Seit Gründung der Stadt" bis zum Jahre 9 v. u. Z. in 142 Büchern, von denen die Bücher 1–10 und 21–45 erhalten, die Inhalte der übrigen durch die überlieferten kurzen Zusammenfassungen bekannt sind.

Lokrer: 1. Narykische Lokrer, Bewohner der Stadt Naryx in der mittelgriechischen Landschaft Lokris – die nach ihrer Hauptstadt Opus als Opuntisches Lokris bezeichnet wird – nördlich von Böotien, am Malischen Meerbusen. Ein Teil von ihnen war nach Bruttium ausgewandert und hatte an dessen Südostküste die Stadt Lokroi gegründet. A III 399.
2. Gefolgsleute des → Ajax, gleichfalls aus dem Opuntischen Lokris stammend, die sich gemäß einer von nachhomerischen Dichtern befolgten Mythenversion nach dem Tode ihres Fürsten in Nordafrika niederließen. A XI 265.

Longos: Verfasser der Hirtengeschichte „Daphnis und Chloë" (um 200 u. Z.), gestaltete Motive der Bukolik in Romanform.

Lucagus: Ein Latiner.

Lucan(us): Marcus Annaeus Lucanus, römischer Dichter (39–65 u. Z.), Verfasser des zum größten Teil erhaltenen Epos „Der Bürgerkrieg". → Einl. S. XLV.

Lucas: Ein Latiner.

Luccius: → Anm. zu K 16,35.

Lucetius: Ein Italer.

Lucifer: „Lichtbringer", der Morgenstern.

Lucina: „Die zum Licht Fördernde", Geburtsgöttin.

Lucriner See: → Averner See.

Lukanien: Landschaft im Südwesten Italiens, zwischen Kampanien im Norden, Apulien im Nordosten und Bruttium im Süden.

Lukrez: Lucretius Carus (etwa 96–55 v. u. Z.), Dichter und Philosoph, Verfasser des Epos „Das Wesen der Welt", das auf epikureisch-materialistischer Grundlage Natur und Gesellschaft darstellt und deutet. Er hat einen starken Einfluß auf Vergil ausgeübt. → Einl. S. XXXf.

Luna: Die der griechischen Selene entsprechende Göttin des Mondes, oft der Diana gleichgesetzt.

Lupercal: Grotte mit Kultstätte des Faunus an der Nordwestseite des Palatinus, benannt nach einem „wölfeabwehrenden" Gott Lupercus, der dem Faunus bzw. dem lykäischen Pan (→ Lycaeus) als Beschützer der Herden gleichgesetzt wurde.

Luperker: Die nur mit einem Bocksfell bekleideten Priester des Faunus-Lupercus (→ Lupercal).

Lyaios: „Löser", „Erlöser", Beiname des Bacchus als des Befreiers von Sorgen.

Lycaeus (g Lykaios): Gebirge im südwestlichen Arkadien (heute: Diaphorti), als Aufenthaltsort des Pan verehrt. Bei der Nennung des „lykäischen Pan" schwingt auch die Rolle des Beschützers der Herden gegen Wölfe mit (lykos: „Wolf") und erleichtert die Gleichsetzung mit dem römischen Lupercus (→ Lupercal).

Lycidas: Hirtenname.

Lycisca: „Wölfchen", Name einer Hündin.

Lycoris: Geliebte des Gallus, in seinen Elegien besungen.

Lydien: Landschaft und Königreich im westlichen Kleinasien (L IV 210. A IX 546), als Herkunftsland der Etrusker angesehen. So werden letztere zuweilen als „Lyder" bezeichnet (A IX 11. X 155), der ihr Gebiet durchfließende Tiber als „lydisch" (A II 781), desgleichen ihr Volksstamm als Ganzes (A VIII 480).

Lykaon: 1. Mythischer König Arkadiens; seine Tochter Kallisto, Geliebte des Zeus, gebar diesem den Arkas, wurde daraufhin von der eifersüchtigen Hera – nach anderer Version von Artemis – in eine Bärin verwandelt, von Zeus jedoch als Sternbild der Bärin an den Himmel versetzt. L I 138.
2. Ein – sonst nicht bekannter – kretischer Kunstschmied. A IX 305.

Lykier: Bewohner der Landschaft Lykien im südwestlichen Kleinasien, während des Trojanischen Krieges Verbündete der Troer und später Gefährten des Aeneas. Lykien selbst war berühmt insbesondere durch seinen Apollokult und dessen Orakelstätten sowie durch die Qualität der von seinen Bewohnern hergestellten Bogen und Pfeile.

Lykorias: Eine Nymphe.

Lykos: 1. Name mehrerer Flüsse. Der von Vergil L IV 367 gemeinte ist nicht eindeutig zu lokalisieren.
2. Name zweier Trojaner. a) A I 211. b) A IX 545. 556.

Lyktos: Stadt auf Kreta.

Lynkeus: Ein Trojaner.

Lyrnessos: Stadt in der Troas.

Machaon: Arzt der Griechen vor Troja.

Macrobius: Ambrosius Theodosius Macrobius, römischer Beamter und Gelehrter (um 400 u. Z.), verfaßte u. a. „Gespräche an den

Saturnalien", in denen römische Altertümer aller Art, vorzugsweise Vergil betreffend, erörtert werden.

Maecenas: Gaius Cilnius Maecenas, römischer Ritter aus etruskischem Geschlecht (etwa 75–8 v. u. Z.), Freund und Ratgeber des Augustus, auch Diplomat in dessen Diensten, Förderer poetischer Talente, u. a. des Vergil, Horaz, Properz.

Maenalus: Gebirgskette im südöstlichen Arkadien, als Aufenthaltsort des Pan verehrt. Als „mänalische Verse" werden Hirtenlieder bezeichnet.

Mäonien: Älterer Name für → Lydien, daher zuweilen zur Bezeichnung der Urheimat der Etrusker gebraucht (A VIII 499), manchmal auch des östlichen Nachbarlandes Phrygien; die „mäonische Haube" (A IV 216) ist die phrygische Mitra, eine turbanähnliche Kopfbedeckung, die den Italern als Inbegriff unmännlicher Weichlichkeit galt.

Maeotis, auch *Mäotien:* Das heutige Asowsche Meer und das angrenzende Gebiet, zum Lande der Skythen gehörig.

Maevius: → Bavius.

Magus: Ein Latiner.

Maja: Tochter des Atlas (1), eine der Plejaden, Bergnymphe, Geliebte des Zeus, Mutter des Hermes.

Maion: Ein Rutuler.

Makedonien: Nordostgriechische Landschaft, zwischen Illyrien im Westen und Thrakien im Osten.

Malea: Das von den Seefahrern gefürchtete Südostkap der Peloponnes (heute: Malio di S. Angelo).

Manen: Die Seelen bzw. Schattengeister der Verstorbenen, manchmal das Schattenreich als Ganzes bezeichnend, d. h. die Unterwelt. Die Mehrzahl steht auch für den Schatten nur *einer* Person.

Manlius: → Gallier (2).

Manto: Eine italische Nymphe, Prophetin, gebar dem Tiber den Ocnus.

Mantua: Die nach Manto benannte, von den Etruskern gegründete oberitalische Heimatstadt Vergils.

Marcellus: 1. Marcus Claudius Marcellus, im Zeitraum von 222 bis 208 v. u. Z. fünfmal Konsul, unterwarf die Gallier in Oberitalien, schlug Hannibal bei Nola in Kampanien und eroberte Syrakus, galt als „Schwert Roms". Er überwand im Zweikampf den gallischen Feldherrn Virdumarus und gewann in dessen Rüstung A VI 854 die „rühmliche Beute".

2. Marcus Claudius Marcellus, der Neffe des Augustus und von diesem als Nachfolger in Aussicht genommen, heiratete Julia,

die Tochter des Kaisers, starb jedoch bereits als Zwanzigjähriger 23 v. u. Z. A VI 860–885 (883).

Mareotis: Ein See im westlichen Teil des Nildeltas, an dessen Ufern berühmte Weinsorten gediehen.

Marica: Laurentische Nymphe, Mutter des Latinus.

Marius: Gaius Marius, römischer Feldherr und Staatsmann (156 bis 86 v. u. Z.), Gatte der Tante Caesars (1), siebenmal Konsul, Reorganisator des römischen Heeres, Besieger des Jugurtha sowie der Kimbern und Teutonen, kämpfte im Bürgerkrieg gegen die Optimaten, vernichtete politische Gegner mit äußerster Grausamkeit.

Marpesische Klippen: Klippen, so hart wie der Marmor, den man vom Berge Marpesos auf der Insel Paros gewann.

Mars: Der dem griechischen Ares entsprechende Gott des Krieges, Vater der Zwillinge Romulus und Remus. Sein Name bezeichnet zuweilen Heere, tapfere Kämpfer, auch den Kampf und den Krieg. Heilig ist ihm der reißende Wolf. Als seine Tochter galt Penthesilea, als sein Land Thrakien. Rom wurde als „Marsstadt" gerühmt.

Marser: Italischer Volksstamm südlich des Fuciner Sees.

Marus: Ein Rutuler.

Massicus: 1. Berg zwischen Latium und Kampanien. Seine Hänge und die an seinen Fuß grenzenden Gebiete („Massikerfluren") waren durch die dort wachsenden vortrefflichen Weinsorten berühmt.
2. Etruskischer Truppenführer im Heere des Tarchon. A X 166.

Massyler: Ein numidischer Volksstamm.

Mauretaner: Die Bewohner der nordwestafrikanischen Landschaft Mauretanien, die etwa dem heutigen westlichen Algerien sowie Marokko entspricht.

Maximus: „Größter", ehrender Beiname von Göttern, besonders des Jupiter, sowie von verdienten Persönlichkeiten, so des Diktators Quintus Fabius Maximus (→ Fabii).

Medeia: Tochter des Kolcherkönigs Aietes, Enkelin des Helios, neben Circe größte Zauberin des griechischen Mythos. Aus Liebe zu Iason (→ Argonauten) half sie dem Helden, das Goldene Vlies zu gewinnen, und floh mit ihm nach Griechenland. Dort von ihm zugunsten der Tochter des Königs Kreon von Korinth im Stich gelassen, tötete sie zur Rache die Nebenbuhlerin und deren Vater sowie ihre eigenen, aus der Ehe mit Iason stammenden Kinder.

Meder: In der Landschaft Medien (dem heutigen Westteil des Hochlandes von Iran) ansässiger Volksstamm, der im 6. Jahrhundert v. u. Z. von den südlich angrenzenden Persern unterworfen wurde. Mit ihrem Namen bezeichneten römische Dichter auch teils die Perser, teils die Orientalen überhaupt.

Medon: Ein Trojaner.

Megaera: Tochter der Nacht, Schwester der → Gräßlichen, Unterweltsscheusal, auch eine der Furien.

Megarerbucht: Die Bucht der Stadt Hybla Megara im Südteil der sizilischen Ostküste.

Megara: Hauptstadt der Landschaft Megaris westlich von Attika. → aber Hybla M.

Megasthenes: Griechischer Geograph und Ethnograph, weilte um 300 v. u. Z. in Indien und berichtete in einem umfangreichen – nur fragmentarisch erhaltenen – Werk über seine Erkenntnisse.

Melampus: 1. Sohn des Amythaon, Arzt, Prophet und Zauberer. L III 550.
2. Ein Latiner, Gefährte des Herkules, Vater des Kisseus (2) und des Gyas (2). A X 320.

Meliboeus: Hirtenname.

Meliboia: Stadt in Thessalien im Herrschaftsbereich des Philoktetes, bekannt durch die Anfertigung von Purpurstoffen.

Melikertes: Sohn der → Ino.

Melite: Eine Meeresnymphe.

Mella: Ein Fluß westlich von Brixia, mündet in den Ollius (heute: Oglio), einen linken Nebenfluß des Po.

Memmiergeschlecht: Römisches plebejisches Geschlecht mit dem Gentilnamen Memmius, das Vergil auf den Trojaner Mnestheus zurückführt. Memmier traten während der republikanischen Zeit wiederholt als Volkstribunen hervor. Ein Gaius Memmius war mit Cicero befreundet, wohl auch der Adressat des Epos „Wesen der Welt" von Lukrez.

Memnon: Sohn des Tithonos und der Aurora, König von Äthiopien, focht im Trojanischen Krieg auf der Seite der Troer, fiel von der Hand des Achilles.

Menalcas: Hirtenname.

Menelaos: Sohn des Atreus, Bruder des Agamemnon, Gatte der Helena, König von Sparta.

Menestheus: Ein Trojaner.

Menoites: 1. Ein Arkader. A XII 517.
2. Ein Trojaner. V 162. 164. 167. 175. 178.

Mercurius (d Merkur): Sohn des Jupiter und der Maja, Vater des Euander, der dem griechischen Hermes entsprechende Götterbote, der auf Flügelsandalen, in der Hand einen mit Zauberkräften versehenen Stab, mit Windeseile die ihm aufgetragenen Weisungen überbringt.

Merops: Ein Trojaner.

Messapus: Etruskischer Fürst und Truppenführer auf der Seite des Turnus, nach Vergil ein Sohn des Neptun.

Messala: Marcus Valerius Messala Corvinus (etwa 64 v. u. Z. bis 8 u. Z.), Konsul 31 v. u. Z., Politiker, Redner, Heerführer und Schriftsteller, vorübergehend Anhänger des Antonius, sammelte, ähnlich dem Maecenas, einen Kreis von Dichtern, darunter Tibull, um sich. Das patrizische Geschlecht der Valerier, dem er angehörte („Messalageschlecht" K 12,40), hatte wiederholt dem römischen Staate wertvolle Dienste geleistet, die mit dem Ehrentitel „Freunde des Volkes" (Poplicolae) belohnt wurden.

Metabus: Vater der Camilla.

Methymna: Stadt auf Lesbos.

Metiscus: Ein Rutuler.

Mettus: Fufetius Mettus, Fürst von Alba, Verbündeter des römischen Königs Tullus Hostilius gegen Fidenae und Veji, übte Verrat und wurde auf Befehl des Königs von zwei Pferdegespannen zerrissen.

Mezentius: Etruskischer König, Vater des Lausus, auf Grund seiner Grausamkeit mitsamt seinem Anhang von den Etruskern verjagt, Verbündeter des Turnus.

Micon: Hirtenname.

Milesische Wolle: Einer der Hauptausfuhrartikel der reichen griechischen Hafen- und Handelsstadt Milet im südlichen Teil der Westküste Kleinasiens.

Mimas: Ein Trojaner.

Mincius: Aus dem Gardasee (→ Benacus) strömender, Mantua berührender linker Nebenfluß des Po (heute: Mincio). Sein Flußgott dient A X 205 als Schiffsfigur.

Minerva: Die der griechischen Pallas Athene entsprechende, dem Haupte Jupiters entsprungene jungfräuliche Göttin, Förderin des Handwerks, aller Kunstfertigkeit und jeglichen klugen Planes, durfte die Waffen ihres Vaters Jupiter führen, unterstützte im Trojanischen Krieg zunächst die Griechen, um sie dann angesichts der von ihnen bei der Eroberung Trojas begangenen Frevel grausam zu verfolgen. Ein „Minervaberg", eine von einem Tempel Minervas gekrönte Höhe, erhob sich an der kalabrischen Südostküste. Heilig war der Göttin der Ölbaum, den sie ihrer Stadt Athen als kostbarste Gabe schenkte. Ein Bildnis von ihr, das Palladion, das unter der Regierung des Ilos (1) vom Himmel gefallen sein sollte, befand sich auf der Burg von Troja. An seinen dortigen Verbleib war das Wohl der Stadt geknüpft. Diomedes und Odysseus raubten es auf einem nächtlichen Spähergang. → Tritonisch.

Minio: Fluß im südlichen Etrurien (heute: Mignone).

Minos: Sohn des Jupiter und der Europa (2), König von Kreta, Gatte der Pasiphaë, Vater des Androgeos (1) und der Ariadne, nach seinem Tode Richter der Seelen in der Unterwelt.

Minotaurus: Sohn der Pasiphaë und eines von Poseidon gesandten Stiers, ein menschenfressendes Ungeheuer (→ Androgeos 1) mit Menschenleib und Stierhaupt, von Theseus mit Hilfe der Ariadne getötet.

Misenos: Sohn des Aiolos (1), im Trojanischen Krieg Gefährte des Hektor, danach des Aeneas; Signalbläser. Seinen Namen trägt noch heute das Kap Misenum (Capo di Miseno) am Nordwestausgang des Golfs von Neapel, südlich des antiken Bajä.

Mnasylos: Ein Hirte.

Mnestheus: Gefährte des Aeneas, Ahnherr des Memmiergeschlechts.

Moeris: 1. Hirtenname.
2. Ein Zauberer. H 8,93.

Moira: „Anteil", griechische Schicksalsgöttin. Zu dritt, als *Moiren*, entsprechen sie den → Parzen. → Fatum.

Molorchos: Nach der Erlegung des Löwen von Nemea fand Herkules bei dem nahebei wohnenden armen Weinbauern Molorchos gastliche Aufnahme. Der „Hain des Molorchos" bezeichnet die Stätte der von Herkules begründeten Nemeischen Festspiele, dann auch die Festspiele selbst.

Molosser: Volksstamm in Epeiros, im Mythos benannt nach Molossos, dem Sohn des Pyrrhos (Neoptolemos) und der Andromache (→ A III 325ff.). Die Molosser waren berühmt u. a. durch die von ihnen gezüchteten vortrefflichen Hunderassen.

Monoecusburg: Burg und Ortschaft mit Hafen im Westteil der Küste Liguriens (heute: Monaco). Die Bezeichnung geht zurück auf einen dem Herkules beigelegten Namen, Monoikos, „allein hausend", der noch keine überzeugende Deutung gefunden hat („einzig in seiner Tapferkeit"? „als einziger hier verehrt"? „eine Zeitlang hier allein lebend"?). Auch über den Zug des Heroen in den Westen gegen Geryoneus und seinen Rückweg liegt, soweit es Taten an dieser Stelle angeht, keine klare Überlieferung vor, lediglich die der allgemeinen Tendenz des Mythos angemessene Mitteilung, Herkules habe über die unwirtlichen „Seealpen" zum Nutzen der Nachwelt den Weg gebahnt. Caesar (1) jedenfalls hat die Alpen weiter ostwärts überschritten. Dem Dichter kam es offenbar nur auf eine poetisch gewichtige allgemeine Kennzeichnung des Wegs an.

Mopsus: Hirtenname.

Moriner: Keltischer Volksstamm an der gallischen Kanalküste.

Murranus: Ein Latiner.

Musa: Octavius Musa, ein in jungen Jahren verstorbener, mit Vergil befreundeter Dichter.

Musaios: Ein als Schüler des Orpheus betrachteter mythischer Sänger der Griechen.

Musen: Die neun Töchter des Zeus und der Mnemosyne, der Göttin der „Erinnerung", Göttinnen der Künste und Wissenschaften, deren Chor von Apollo geleitet wird, Helferinnen der Dichter und Sänger. „Musen Siziliens" heißen sie insbesondere als Förderinnen der sizilischen Hirtendichtung.

Mutusca: Trebula Mutusca, Ortschaft im Gebiet der Sabiner.

Mykene: Stadt in der Argolis, Residenz des Agamemnon, bekannt u. a. durch ihre Pferdezucht.

Mykonos: Kykladeninsel.

Mygdon: Phrygischer König, Vater des Koroibos.

Myrmidonen: Thessalischer Volksstamm, beherrscht von Achilles.

Mysien: Landschaft im Nordwesten Kleinasiens, südostwärts der Troas.

Nacht: Als Göttin personifiziert (g Nyx, l Nox), Tochter des Chaos und Schwester des Erebos.

Naevius: Gnaeus Naevius, römischer Dichter nach Andronicus (Ende des 3. Jahrhunderts v. u. Z.), Bearbeiter griechischer und Verfasser römischer Tragödien und Komödien, schrieb in Saturniern ein Epos über den von ihm miterlebten Ersten Punischen Krieg, worin er die Feindschaft zwischen Karthago und Rom aus der Vorzeit, speziell den Schicksalen des Aeneas, entwickelte. Seine Werke sind nur in wenigen Fragmenten erhalten.

Najade: Quell- bzw. Flußnymphe.

Nar: Linker Nebenfluß des Tiber, trennt das Gebiet der Sabiner im Süden von dem der Umbrer im Norden (heute: Nera). Er führt schwefelhaltiges Wasser.

Naryx, narykisch: → Lokrer (1).

Narzissentränen: Wahrscheinlich hängt diese Bezeichnung des Blütensaftes mit dem Mythos von dem schönen Jüngling Narkissos zusammen, der die Liebe der Nymphe Echo ausschlug und dafür von Aphrodite mit verzehrender Liebe zu sich selbst bestraft wurde: Als er sich zum Trinken über eine Quelle beugte, verliebte er sich in sein Spiegelbild und siechte aus Kummer über die Unstillbarkeit seines Sehnens in Tränen dahin, bis er in die nach ihm benannte Blume verwandelt wurde.

Nautes: Ein Trojaner.

Naxos: Die größte Insel in der Gruppe der Kykladen, Kultstätte des Bacchus.

Neaera: Geliebte des Aegon.

Nealkes: Ein Trojaner.

Nearchos: Admiral Alexanders des Großen, erkundete, mit Onesikritos als leitendem Steuermann, den Seeweg zwischen den Mündungen des Euphrat und des Indus.

Nemea: Waldiges Tal und Ortschaft in der Argolis, das Revier des Löwen, den Herakles erlegte. Die seit dem 6. Jahrhundert v. u. Z. dort alle zwei Jahre durchgeführten Nemeischen Spiele führte man auf den Heroen als Begründer zurück. → Molorchos.

Neoptolemos: Anderer Name für Pyrrhos (1).

Neoteriker: → Einl. S. XIII.

Neptun(us): Sohn des Saturnus und der Rheia, Bruder des Jupiter und der Juno, Vater des Messapus, der dem griechischen Poseidon entsprechende, mit dem Dreizack, der antiken „Harpune", ausgerüstete Beherrscher des Meeres. Troja ist seine Stadt insofern, als er ihre Mauern im Auftrage des → Laomedon miterbaute. Durch einen Stoß mit dem Dreizack hat er aus dem Erdreich das erste Pferd entspringen lassen, jenes Tier, das ihm in besonderem Maße heilig war.

Nereus: Meeresgott, Gatte der Okeanostocher Doris, Vater der fünfzig Nereiden, „Nereustöchter", freundlicher und hilfreicher Meeresnymphen.

Neritos: Ein Gebirge auf Ithaka, von Vergil als Name einer bei Ithaka gedachten Insel gebraucht.

Nersae: Stadt im Gebiet der Äquikuler.

Nesaie: Eine Meeresnymphe.

Nestor: König von Pylos an der Südostküste der Peloponnes, ältester Grieche vor Troja, berühmt als kluger Ratgeber und geistreicher Redner.

Nikandros: Griechischer Dichter (um 200 v. u. Z.), Autor zweier erhaltener Lehrgedichte über Mittel gegen Vergiftungen sowie eines nur fragmentarisch auf uns gekommenen Lehrgedichts über den Landbau, auch eines, gleichfalls nur in Fragmenten vorliegenden, Epos über Verwandlungssagen.

Niphaeus: Ein Rutuler.

Niphates: Berg im südlichen Armenien, bezeichnet L III 30 die Armenier.

Nisaia: Eine Meeresnymphe.

Nisos: 1. Mythischer König von Megara. Seine Macht und Unsterblichkeit waren an den Besitz einer auf seinem Haupte gewachsenen purpurnen Haarlocke gebunden. Als Minos Megara belagerte, verliebte sich Skylla, die Tochter des Nisos, in den feindlichen König, schnitt ihrem Vater im Schlaf die Locke ab und wollte sie Minos überreichen. Doch dieser nahm die Verräterin gefangen, eroberte nach dem inzwischen eingetretenen Tode des Nisos die Stadt und ließ Skylla an das Heck seines Schiffes fesseln, um sie durch das Meer zu schleifen. Vergil folgt dieser Hauptversion des Mythos nicht. H 6,74ff. läßt er Skylla in das Meeresungetüm Skylla (2) verwandelt werden, L I 404ff. aber in den Meervogel Ciris, ihren Vater in den Seeadler, der die verräterische Tochter auch in ihrer neuen Gestalt grimmig verfolgt.
2. Ein Trojaner, Sohn des Hyrtakos (2) und der Ida (1), treuer Freund des Euryalos. A V 294 u.ö. IX 176 u.ö.

Noëmon: Ein Trojaner.

Nomentum: Eine Stadt nordostwärts von Rom.

Noricum: Über das eigentliche Noricum hinaus, das etwa der heutigen Steiermark, Kärnten und Krain entspricht, versteht Vergil unter dem Namen allgemein das Ostalpenland bis nach Dalmatien hin.

Notos: Südwind bzw. -sturm.

Numa: 1. Numa Pompilius, nach Romulus der zweite legendäre König Roms, der insbesondere als Gesetzgeber, Organisator sowie als Begründer der wichtigsten Götterkulte wirkte. Ohne Namensnennung erwähnt A VI 810.
2. Zwei Rutuler. a) A IX 454. b) A X 562.

Numanus: Ein Rutuler, Schwager des Turnus.

Numicus: Ein Quell und Fluß im Mündungsgebiet des Tiber, von noch ungeklärter Lage.

Numider: Nordafrikanischer Volksstamm im Gebiet des heutigen Algerien und Tunis.

Numitor: 1. Legendärer König von Alba, Vater der Rhea Silvia. A VI 768. → Ilia.
2. Ein Rutuler. A X 342.

Nursia: Gebirgsstadt im Gebiet der Sabiner (heute: Norcia).

Nymphen: Göttinnen der natürlichen Landschaft, der Bäume, der Berge, Täler und Grotten, der Quellen, Flüsse und Seen sowie des Meeres.

Nysa: 1. Ein in Indien gedachter Berg, auf dem Bacchus von den Nymphen erzogen wurde. A VI 805.
2. Geliebte des Hirten Damon. H 8,18. 26.

Oaxes: Nach Vergil H 1,65 ein Fluß „auf Kreta", sonst nicht bekannt. In den Zusammenhang würde eher ein Strom des fernen Ostens, etwa der Oxus (heute: Amu Darja) passen. Der Vers ist in der Deutung umstritten.

Ocnus: Mythischer Gründer von Mantua, Truppenführer im Heere des Tarchon.

Odysseus: Erscheint bei Vergil mit der lateinischen Namensform Ulixes, der durch List und Ausdauer ausgezeichnete Held der Homerischen Odyssee, dessen Charakter bei dem römischen Dichter vorwiegend in seinen schlechten Zügen ausgeprägt ist.

Oebalus: Fürst von Capri und kampanischer Gebiete, Truppenführer im Heere des Tarchon.

Oeta: Gebirge in Mittelgriechenland, westlich vom Malischen Meerbusen.

Oiagros: Mythischer König von Thrakien, Vater des Orpheus.

Oichalia: Stadt auf Euböa. Ihr König Eurytos hatte die Hand seiner Tochter Iole demjenigen versprochen, der ihn und seine Söhne im Bogenschießen überträfe. Herkules erfüllte die Bedingung, erhielt aber Iole nicht. In einem Rachefeldzug eroberte er Oichalia und tötete Eurytos und dessen Söhne.

Oileus: König in Lokris, Vater des Ajax.

Oinotria: Ursprünglich Bezeichnung des Südwestteils der Appeninenhalbinsel, später in der Dichtersprache auf ganz Italien ausgedehnt.

Okeanos (l Oceanus, d Ozean): Bei Homer der die als Scheibe gedachte Erde umfließende Weltstrom; später, nach Erkennen der Binnenlage des Mittelmeeres und dem Aufkommen der Theorie von der Kugelgestalt der Erde, das große Weltmeer; als Inbegriff des Elementes Wasser, im Sinne auch des Naturphilosophen Thales (etwa 624–546 v.u.Z.), „Vater des Alls".

Oktavian (l Octavianus): Ursprünglich Gaius Octavius, wurde von seinem Großonkel mütterlicherseits Caesar (1) durch testamentarische Verfügung 44 v. u. Z. adoptiert und damit in das Geschlecht der Julier aufgenommen; er hieß seitdem Gaius Iulius Caesar Octavianus. → Augustus. Der am 23. September 63 v.u.Z. in Rom Geborene gewann durch den Seesieg bei Actium 31 v. u. Z. die unumschränkte Herrschaft über das Römische

Reich, die er, als erster der Caesaren (Kaiser), bis zu seinem Tode am 19. August 14 u. Z. innehatte. → Einl. S. VIII–XII.

Olearos: Eine Kykladeninsel, südwestlich von Paros (heute: Antiparo).

Olympia: Ort in der Landschaft Elis, südwestlich von Pisa, Stätte der alle vier Jahre stattfindenden nationalgriechischen Olympischen Spiele; die „olympische Palme" winkte dem Sieger als Preis.

Olymp(us): Höchster Berg Griechenlands (2918 m) zwischen Makedonien und Thessalien, der schneebedeckte Wohnsitz der Olympier, der Hauptgötter. Der Name dient auch zur Bezeichnung des Himmels.

Onesikritos: → Nearchos.

Onites: Ein aus Theben stammender Rutuler.

Opheltes: Ein Trojaner, Vater des Euryalos.

Opis: Eine thrakische Nymphe, Gefährtin Dianas.

Optimaten: Etwa „zu den Besten Gehörende", die meist den patrizischen Geschlechtern entstammenden Konservativen der römischen Republik, die als Angehörige des Amtsadels sich selbst als Aristokraten und wahre Patrioten gegenüber den Popularen, der „Volkspartei", empfanden.

Orestes: Sohn des Agamemnon und der Klytaimestra, erschlug zur Rache für die Ermordung seines Vaters die Mutter und wurde von den Erinyen gehetzt. Er war Verlobter der → Hermione.

Oreithyia: Tochter des athenischen Königs Erechtheus. Boreas hatte sie entführt und zur Frau genommen.

Orikos: Hafenstadt im südlichen Illyrien, bekannt durch ihre Pistazienhaine.

Orion: Mythischer riesiger Jäger, der – aus verschieden überlieferten Motiven – von Artemis getötet wurde. Als Sternbild an den Himmel versetzt, bringt er durch seinen Untergang im Oktober Regen und Sturm.

Orkus: Der dem griechischen Hades entsprechende Gott und Beherrscher der Unterwelt; auch Name der Unterwelt selbst.

Ornytos: Ein Etrusker im Heere des Tarchon.

Orodes: Ein Trojaner.

Orontes: Ein Lykier, Gefährte des Aeneas.

Orpheus: Sohn des Apollo – nach anderer Version des Oiagros – und der Kalliope, aus Thrakien stammend, der größte mythische Sänger der Griechen.

Orses: Ein Trojaner.

Orsilochos: Ein Trojaner.

Ortygia: 1. Ursprünglicher Name der Insel Delos.

2. Dem Hafen von Syrakus vorgelagerte Insel mit dem Quell Arethusa, gemäß ihrem Dianakult benannt nach Ortygia (1).

Ortygius: Ein Rutuler.

Osinius: König von Clusium.

Osiris: Ein Rutuler.

Osker: Altitalischer Volksstamm.

Ossa: Gebirge im Nordosten Thessaliens, im Norden durch das Tempetal vom Olympos getrennt.

Othrys: 1. Ein Trojaner, Vater des Panthus. A II 318.
2. Gebirge im südlichen Thessalien. A VII 676.

Otos: Bruder des → Ephialtes.

Ovid(ius): Publius Ovidius Naso, römischer Elegiker und Epiker (43 v. u. Z.–18. u. Z.), Verfasser u. a. der „Liebeskunst" und der „Verwandlungssagen", Meister der formalen Gestaltung und psychologischen Durchdringung des Stoffes, nächst Vergil der meistgelesene und wirkungsreichste Dichter Roms. Seine Liebesdichtung entsprach nicht den sittlichen Reformbestrebungen des Augustus (→ Einl. S. XI) und war der Hauptgrund seiner Verbannung nach Tomi am Schwarzen Meer (heute: Konstanza), deren äußerer Anlaß freilich in seiner Mitwisserschaft um einen Ehebruch der verheirateten Enkelin des Kaisers, Julia, bestand. → Einl. S. XXXIV.

Pachynum: Kap an der Südspitze Siziliens (heute: Passaro).

Padus: Der heutige Po (g Eridanos).

Padusa: Südlichster Mündungsarm des Po.

Paestum: Stadt an der Westküste Lukaniens.

Paion: Ein Götterarzt, oft mit Apollo gleichgesetzt.

Paktolos: → Hermos.

Palaemon: Ein Hirt.

Palaimon: → Ino.

Palamedes: Sohn des Königs Nauplios von Euböa, nach Vergil ein Nachkomme des Belos (1), klug und erfindungsreich, dem Odysseus verhaßt. Hatte doch letzterer sich der Teilnahme am Trojanischen Krieg entziehen wollen und sich wahnsinnig gestellt. Zum Beweise seines Schwachsinns pflügte er einen Acker, wobei er einen Ochsen und ein Pferd vor den Pflug schirrte, und säte Salz in die Furchen. Palamedes entlarvte seine Heuchelei dadurch, daß er den kleinen Sohn des Odysseus vor das Gespann legte, worauf Odysseus anhielt bzw. auswich, damit seine Zurechnungsfähigkeit eingestand und am Kriege teilnehmen mußte. Vor Troja rächte sich Odysseus, indem er im Zelt des Palamedes heimlich Gold vergrub und einen gefälschten Brief des Priamos (1) herstellte, aus dem hervorging, daß Palamedes von dem troischen König eine Bestechungssumme erhalten hätte. Auf Anzeige des Odysseus wurden die betrügerischen Beweismittel entdeckt und Palamedes wegen Hochverrats gesteinigt. Nauplios nahm seinerseits Rache an den Griechen; vom Kap → Kaphereus aus gab er nachts der nach dem Fall Trojas heimkehrenden Flotte irreführende Feuersignale und lockte sie auf die Klippen.

Palatium, auch *Palatin(us mons):* Der Palatinische Berg, einer der sieben Hügel, auf denen Rom errichtet wurde, südostwärts des Kapitol, von diesem durch das Forum getrennt, nördlich des Aventinus (2). Auf ihm gründete Euander seine Siedlung, hier soll auch Romulus gewohnt haben; auf ihm errichtete schließlich Augustus die Paläste der kaiserlichen Residenz.

Pales: Italische Schutzgöttin der Hirten und Bauern, der Weiden und Äcker.

Paliken: Zwillingsdämonen auf Sizilien. Ihr Altar befand sich südlich des Flusses Symaithos bei dem schwefelhaltigen Palikensee (heute: Lago dei Palici).

Palinuros: Der Steuermann des Aeneas. Ein Vorgebirge an der lukanischen Küste südlich Velia trägt noch heute seinen Namen (Capo di Palinuro).

Palladion: → Minerva.

Pallanteum: Die von Euander auf und an dem Palatin gegründete Niederlassung.

Pallas: 1. Beiname der Minerva. H 2,61. A I 39. 479. II 163. 615. III 544. V 704. VII 154. VIII 435. XI 474.
2. Arkadischer Ahnherr des Euander. Nach ihm trug die von Euander gegründete Siedlung ihren Namen. A VIII 51.
3. Der Sohn des Euander. A VIII 104 u. ö. X 160 u. ö. XI 26 u. ö. XII 943. 948.

Pallene: Die westliche der drei Landzungen der makedonischen Halbinsel Chalkidike.

Palmys: Ein Trojaner.

Pan: Der in mehreren Einzelzügen dem römischen Faunus entsprechende griechische, am ganzen Leibe behaarte und mit Ziegenhörnern und -beinen versehene Gott der Hirten und Herden, der Jäger und zuweilen auch der Fischer, dessen überraschender Anblick „panischen Schrecken“ hervorruft. Der Bergwald Arkadiens bietet ihm die liebsten Aufenthaltsorte. Die Hirtenflöte (→ Syrinx) gilt als seine Erfindung.

Panathenäen: Ein in Athen alle vier Jahre gefeiertes Fest zu Ehren der Athene, in dessen Mittelpunkt, neben sportlichen und musischen Wettkämpfen, eine prächtige Prozession stand; dabei wurde ein von attischen Mädchen gewebtes neues Gewand für das Standbild der Göttin auf die Akropolis getragen.

Panchaia: Mythische, der arabischen Küste vorgelagerte, weihrauchreiche Insel im Roten Meer. „Panchäisches Feuer" verzehrt den Weihrauch auf den Altären.

Pandaros: 1. Ein Trojaner, der nach der Ilias (IV 68–140) auf Betreiben des Zeus, der Hera und der Athene während des Waffenstillstands einen Pfeil auf Menelaos abschoß und damit den allgemeinen Kampf wieder aufflammen ließ. Sein Bruder ist Eurytion, gleichfalls ein guter Bogenschütze. A V 495ff.
2. Ein anderer Trojaner, Bruder des Bitias. A IX 672. 722. 736. XI 396.

Pangäische Gipfel: Gipfel des südthrakischen Gebirges Pangaion.

Pannonien: Römische Provinz – Beginn der Eroberung 35 v. u. Z. –, die das Gebiet zwischen den östlichen Ausläufern der Alpen im Westen, der Donau im Norden und Osten sowie der Save im Süden umfaßte. Sie wurde nach der Niederwerfung des großen Aufstandes (6–9 u. Z. → Einl. S. XII) durch den von Augustus beauftragten späteren Kaiser Tiberius zunächst als nördlicher Teil der Provinz →Illyrien, seit etwa 50 u. Z. als Pannonien bezeichnet.

Panopeia: Eine Meeresnymphe.

Panopes: Ein Sizilier, Gefährte des Akestes.

Pantagias: Fluß an der Ostküste Siziliens (heute: Fiume di Porcari).

Panthus: Trojanischer Priester des Apollo.

Paphos: Stadt an der Südwestküste von Kypros, eine der Hauptkultstätten der Venus.

Paris: Sohn des Priamos (1) und der Hekabe. Als Hirt am Ida (2) entschied er den Schönheitsstreit der Juno, Minerva und Venus zugunsten der letzteren, die ihm als Lohn die schönste Frau Griechenlands versprochen hatte, und entführte daraufhin unter Bruch des ihm von Menelaos gewährten Gastrechts Helena, die ihm willig folgte, von Sparta nach Troja. Im Krieg bewährte er sich als Bogenschütze, seinem – von Apollo gelenkten – Pfeil erlag Achilles. Er selbst fiel einem Pfeil des Philoktetes zum Opfer. Den Feinden Trojas galt er als Sinnbild phrygischer Tücke wie phrygischer Verweichlichung und Genußsucht.

Parnassos (d Parnaß): Zweigipfliger Berg in der mittelgriechischen Landschaft Phokis. An seinem Fuße lag Delphi, die dem Apollo heilige Tempel- und Orakelstadt.

Paros: Eine Kykladeninsel, bekannt durch den „parischen Marmor".

Parrhasia: Stadt und Landschaft im südlichen Arkadien. „Parrhasisch" steht oft im Sinne von „arkadisch".

Parthenios: 1. Ein Trojaner. A X 748.
2. Ein vom „parthenischen Walde" bedecktes Gebirge an der Ostgrenze Arkadiens. H 10,57.

Parthenopaios: Sohn der Atalante und des Hippomenes, arkadischer Fürst, einer der „Sieben gegen Theben".

Parther: Iranischer Volksstamm, bildete seit etwa 250 v. u. Z. einen Staat, der für ein halbes Jahrtausend das Erbe des Persischen Reiches übernahm und für die Römer eine ernste Gefährdung ihrer Ostgrenze darstellte. 53 v. u. Z. vernichteten die Parther bei Karrhai ostwärts des Euphrat ein von Marcus Licinius Crassus geführtes römisches Heer. Augustus gelang es auf diplomatischem Wege, einen – freilich nur begrenzten – Frieden mit ihnen zu schließen und die von ihnen erbeuteten römischen Feldzeichen 20 v. u. Z. zurückzuerhalten. Die Parther kämpften als berittene Bogenschützen. Eine ihrer Taktiken bestand im Scheinrückzug, während dessen sie, aus dem Sattel rückwärts schießend, dem Feind noch Verluste beibrachten, und einem plötzlichen Gegenangriff.

Parzen (l Parcae): Die den griechischen Moiren entsprechenden drei Schicksalsgöttinnen, von denen Klotho den Lebensfaden des Menschen spann und Lachesis ihn durch ihre Finger gleiten ließ, bis Atropos ihn durchschnitt.

Pasiphaë: Gattin des Minos. Dieser hatte von Poseidon als Zeichen der Bestätigung seiner Herrschaft einen Stier gewünscht, den er dem Gotte zu opfern versprach. Nachdem aber Poseidon einen stattlichen Stier aus dem Meere hatte aufsteigen lassen, brach Minos sein Versprechen und nahm den Stier unter seine Herden auf. Zur Strafe versetzte Poseidon den Stier in Raserei, ließ jedoch gleichzeitig in Pasiphaë eine widernatürliche Leidenschaft zu dem Tier entbrennen. Der Verbindung entstammte der Minotaurus.

Patavium: Das heutige Padua.

Patrizier: Die Angehörigen der ältesten, ökonomisch meist auf Großgrundbesitz und Viehzucht gestützten römischen Adelsfamilien, Nachkommen der patres, der „Väter", die in der legendären Königszeit den Senat des Herrschers, den „Rat der Alten", gebildet hatten. Nach dem Aufkommen der Plebejer blieben ihnen in republikanischer Zeit einige Vorrechte, deren politisch wichtigstes darin bestand, daß sie in der Ämterlaufbahn das Amt

bieten nach und nach unter den Einfluß bzw. die Herrschaft Roms, während der Osten größtenteils der Macht der Parther unterlag. Erst das iranische Fürstengeschlecht der Sassaniden nahm im 3.Jahrhundert u.Z. die Tradition des Persischen Reiches wieder auf. Römische Dichter gebrauchen den Namen vielfach frei zur Bezeichnung des Orients und seiner Bewohner.

Perusia: Stadt in Etrurien (heute: Perugia), wurde im Bürgerkrieg 40 v.u.Z. von Oktavian erobert und eingeäschert.

Petelia: Stadt im nordöstlichen Bruttium in Küstennähe.

Phaëthon: „Strahlender". 1. Beiname des Sol. A V 105.
2. Sohn des Sol und der Klymene, erbat von seinem Vater die Erlaubnis, für einen Tag den Sonnenwagen lenken zu dürfen, und verlor bei der Fahrt die Gewalt über die Rosse. Diese stürmten aus ihrer Bahn und auf die Erde zu. Schon drohte eine Brandkatastrophe über die Welt hereinzubrechen, als Jupiter noch rechtzeitig mit seinem Blitzstrahl den unglücklichen Lenker vom Wagen herab in den Eridanos stürzte. Phaëthons Schwestern beweinten den Bruder am Ufer des Flusses, wobei sie selbst in Pappeln bzw. Erlen, ihre Tränen in Bernstein verwandelt wurden.

Phaiaken: Mythisches Seefahrervolk, dessen Wohnsitze man auf der Epeiros vorgelagerten Insel Kerkyra (heute: Korfu) lokalisierte.

Phaidra: Tochter des Minos und der Pasiphaë, zweite Gattin des Theseus und Stiefmutter des Hippolytos.

Phaleris: Ein Trojaner.

Phanae: Gebirge an der Südspitze von Chios, berühmt durch den „König von Phanae", eine erlesene Weinsorte.

Pharsalos: Ort im südlichen Thessalien, bei dem 48 v. u. Z. Caesar (1) dem Pompeius die entscheidende Niederlage beibrachte.

Pharus: Ein Rutuler.

Phasis: Fluß in der Landschaft Kolchis (heute: Rion).

Phegeus: Name zweier Trojaner. 1. A V 263. IX 765.
2. A XII 371.

Pheneos: Stadt im nördlichen Arkadien.

Pheres: Ein Trojaner.

Philippi: Stadt im südwestlichen Thrakien, bei der 42 v. u. Z. die Caesarmörder Brutus (2) und Cassius in zwei aufeinander folgenden Schlachten von Oktavian und Antonius geschlagen wurden. Sie lag, wie Pharsalos, auf dem Gebiet der römischen Provinz Makedonien. Römische Dichter haben die Namen der beiden Städte in Anbetracht ihrer Lage wie ihrer im grundsätzlichen gleichen historischen Bedeutung zuweilen miteinander vertauscht.

Philoktetes: Thessalischer Fürst, Freund des Herkules, der ihm seinen Bogen und seine Pfeile vererbte. Auf der Fahrt nach Troja empfing er während einer Zwischenlandung auf einer Insel – der Mythos schwankt zwischen Lemnos, Chryse bei Lemnos sowie Tenedos – durch Schlangenbiß eine eiternde, übelriechende Wunde, auf Grund deren die Griechen ihn auf Lemnos aussetzten. Im zehnten Kriegsjahr erhielten die Griechen das Orakel, ohne den Einsatz des Bogens des Herkules könne Troja nicht erobert werden. Daraufhin holten sie den Kranken nebst seinen Waffen zum Kriegsschauplatz, wo er Heilung fand und durch einen Pfeilschuß Paris tötete. Nach einer von Vergil befolgten Version hat er nach der Rückkehr von Troja seine alte Heimat verlassen und in Bruttium die Stadt Petelia gegründet.

Philomela: Tochter des Königs Pandion von Athen, Schwester der Prokne. Tereus, König von Thrakien, heiratete Prokne, stellte aber ihrer Schwester nach, vergewaltigte sie und schnitt ihr, um eine Enthüllung seiner Tat zu verhindern, die Zunge aus. Doch gelang es Philomela, ihrer Schwester durch Zeichen, die sie einem Gewebe einfügte, das Geschehene mitzuteilen. Daraufhin nahm Prokne an ihrem Mann furchtbare Rache. Sie tötete ihren eigenen, mit Tereus gezeugten Sohn Itys und setzte ihn dem Vater zur Mahlzeit vor. Bei Aufdeckung des Sachverhalts geriet Tereus in Raserei, er wollte seine Frau und deren Schwester umbringen. Während die Frauen vor ihm flohen, wurden sie alle drei in Vögel verwandelt, Tereus in einen Wiedehopf, Prokne in eine Nachtigall, Philomela in eine Schwalbe. Nach späterer Version wurde Philomela zur Nachtigall und Prokne zur Schwalbe.

Phineus: König der thrakischen Stadt Salmydessos, nach der von Vergil aufgenommenen Version ein blinder Seher, der den an seiner Küste landenden Argonauten den Weg nach Kolchis erklären wollte, sofern sie ihn von der Plage der Harpyien befreiten. Den Söhnen des Boreas, Kalais und Zetes, gelang es, die Untiere zu verscheuchen und bis zu den Strophaden zu jagen.

Phlegethon: „Flammender", ein feuriger Strom in der Unterwelt.

Phlegyas: Mythischer thessalischer Fürst, Vater des Ixion und der Koronis. Apollo hielt sich Koronis als Geliebte, ließ sie dann aber, weil sie ihm die Treue brach, von seiner Schwester Artemis erschießen. Aus Rache steckte Phlegyas den Apollotempel zu Delphi in Brand und büßte dafür in der Unterwelt mit ewiger Qual.

Phöbe: „Strahlende", Beiname der Diana als Mondgöttin.

Phöbus: „Strahlender", Beiname Apollos als Lichtgottes.

Phoinix: Ein Grieche, Erzieher und Begleiter des Achilles.

Phönizien: Das Land der Phönizier (g Phoiniker, wohl „Purpurverkäufer"), des semitischen Handels- und Seefahrervolkes, ein Küstenstreifen im südlichen Syrien.

Pholoë: Eine kretische Sklavin.

Pholos: 1. Ein Kentaur, Gastfreund des Herkules, fand bei einem – im Mythos unterschiedlich motivierten – Kampf des Heroen gegen andere Kentauren aus Versehen den Tod. L II 456. A VIII 294.
2. Ein Trojaner.

Phorkos: 1. Ein Meeresgott. A V 240. 824.
2. Ein Rutuler. A X 328.

Phrygien: Name zweier Landschaften in Kleinasien. 1. „Kleinphrygien" an der Südküste des Hellespont und der Propontis, dessen westlichen Teil die Troas bildet.
2. „Großphrygien" in der Mitte der Halbinsel, ostwärts von Mysien und Lydien. Der Name ihrer Bewohner, der „Phryger", bezeichnet insbesondere auch die Trojaner, allgemein die Orientalen überhaupt, im Munde der Italer oft mit dem verächtlichen Nebensinn der Verweichlichung und des übertriebenen Luxus.

Phthia: Stadt und Gebiet im südlichen Thessalien, Herrschaftsbereich des Peleus und Achills.

Phyllis: Ein Mädchenname.

Phyllodoke: Eine Meeresnymphe.

Picenum: Landschaft an der Ostküste Italiens, südlich und ostwärts von Umbrien.

Picus: Sohn des Saturnus, Vater des Faunus, römischer Gott der Wälder und Fluren, erster König von Latium. Circe, deren Liebe er ausschlug, verwandelte ihn in einen Specht.

Pierien: Landschaft nordostwärts des Olymps, Heimat der Musen, die nach ihr auch „pierische Mädchen" heißen.

Pietas: „Pflichtbewußtsein", gegenüber den Göttern Frömmigkeit, gegenüber Eltern, Angehörigen und Freunden Liebe und Treue, gegenüber dem Vaterlande Patriotismus. → Einl. S. XXXVII ff.

Pilumnus: Römischer Gott der Ehe und des Kindersegens, nach Vergil Vater des Daunus, Großvater des Turnus.

Pinarier: Römisches Geschlecht, Betreuer des Herkuleskultes.

Pindus: Gebirge zwischen Thessalien im Osten und Epeiros im Westen.

Pisa: Stadt in Elis, nördlich des Alpheus, nordostwärts von Olympia, als Wettkampfstätte oft mit letzterem gleichgesetzt.

Pisae: Stadt im nördlichen Etrurien (heute: Pisa), nach Vergil vom elischen (alpheischen) Pisa aus gegründet.

Platon: → Akademie.

Plebejer: In Rom zum Unterschied von den Patriziern die Angehörigen der „Plebs", der „Menge", im wesentlichen die persönlich freien kleineren Bauern, Handwerker und Händler. Ihr jahrhundertelanger Kampf um politische Gleichberechtigung erreichte den entscheidenden Erfolg mit dem 367 v. u. Z. legalisierten Grundsatz, daß einer der beiden Konsuln Plebejer sein müsse. Allerdings beschränkte sich die Gleichberechtigung auf die wirtschaftlich stärksten Plebejer, die sich ihrerseits in Geschlechtern organisierten und mit den Patriziern gemeinsam den Amtsadel (die Nobilität) bildeten. Seit Beginn der Kaiserzeit umfaßte der Begriff mehr und mehr, meist in verächtlichem Sinne, die Massen der mittellosen Freien überhaupt.

Plejaden: Die sieben Töchter des Atlas (1) und der Pleione, als Sterngruppe im Nacken des Stiers an den Himmel versetzt. Ihr Aufgang im Mai bezeichnete den Beginn, ihr Untergang im November das Ende der Schiffahrt und damit den Winteranfang. Im Mythos befinden sie sich auf der Flucht vor dem ihnen nachstellenden Orion.

Plemmyrion: Eine südlich des großen Hafenbeckens von Syrakus vorspringende Landzunge, deren nördliche Spitze dem Südausläufer der Insel Ortygia (2) gegenüberliegt. Zwischen ihnen erstreckt sich die Hafeneinfahrt.

Pluto(n): Der Gott und Beherrscher der Unterwelt.

Podaleirios: Ein Trojaner.

Polites: Ein Sohn des Priamos (1).

Pollio: Gaius Asinius Pollio, römischer Staatsmann, Feldherr und Schriftsteller (76 v. u. Z.–4 u. Z.), nahm unter Caesar (1) und Antonius am Bürgerkrieg teil, war 40 v. u. Z. Konsul und vermittelte zwischen Oktavian und Antonius den Friedensschluß von Brundisium. Schon in früher Jugend mit Catull befreundet, verfaßte er – nur in wenigen Bruchstücken erhaltene – Tragödien und zeitgeschichtliche Werke, widmete sich auch der Literaturkritik und gründete in Rom im Tempel der Libertas („Freiheit") die erste öffentliche Bibliothek auf italischem Boden. Besondere Anteilnahme und Förderung ließ er Vergil und Horaz angedeihen.

Pollux: Zwillingsbruder des → Kastor.

Polydoros: Der jüngste Sohn des Priamos (1) und der Hekabe.

Polyphemos: Der von Odysseus geblendete Kyklop.

Polypoites: Ein Trojaner, Priester der Ceres.

Pometia: Stadt im mittleren Latium.

Pompeius: Gnaeus Pompeius, einer der erfolgreichsten Heerführer Roms, dem Ritterstand angehörig, Gegner Caesars (1) und von diesem 48 v. u. Z. bei Pharsalos geschlagen, auf der Flucht in Ägypten ermordet. Sein Sohn Sextus Pompeius kämpfte als Flottenkommandant lange Zeit gegen Antonius und Oktavian, erlag 36 v.u.Z. dem Agrippa.

Pontifex maximus: „Höchster Brückenbauer" (Name noch nicht abschließend gedeutet, wohl im Sinne des Durch- bzw. Überschreitens einer von bösen Dämonen gefährdeten Zone zu verstehen), Titel des höchsten römischen Priesters, der den gesamten Kultus leitete.

Pontus: „Meer", bezeichnet in der Regel das Schwarze Meer, im einzelnen auch angrenzende Gebiete, so H 8,95 Kolchis, die an giftigen Kräutern reiche Heimat der Medeia, L I 58 eine nicht näher bestimmbare Küstengegend als Ursprungsland des als Heilmittel gegen Krämpfe begehrten Bibergeils.

Populonia: Stadt an der Küste Etruriens, nordostwärts der Insel Ilva.

Porsenna: Legendärer etruskischer König, versuchte die aus Rom vertriebenen Tarquinier gewaltsam wieder in ihre Herrschaft einzusetzen, scheiterte aber an der Entschlossenheit, mit der die Römer ihre neugegründete Republik verteidigten.

Portunus: Römischer Gott des rettenden Hafens.

Poseidon: → Neptunus.

Pothos: „Sehnsucht", „Verlangen", anderer Name für Amor. Vgl. Anm. zu K 10.

Potitius: Legendärer Begründer des römischen Herkuleskultes.

Potniai: Stadt in Böotien, beherrscht von Glaukos (2).

Praeneste: Eine ostwärts von Rom auf einem Berge gelegene Stadt (heute: Palestrina).

Präfekt: „Vorgesetzter", Kommandierender höheren Ranges, oft Statthalter.

Prätor: → Ämter.

precischer Wein: Eine nicht näher bestimmbare Sorte.

Priamos: 1. Sohn des Laomedon, Gatte der Hekabe, letzter König von Troja.
2. Enkel des Priamos (1), Sohn des Polites. A V 565.

Priapus: Fruchtbarkeitsgott, Beschützer der Gärten, Felder und Weiden, dargestellt mit aufgerecktem Gliede. Eine seiner Hauptkultstätten war die Stadt Lampsakos am Ostufer des Hellespont. Seine Standbilder dienten meist als Vogelscheuche und Diebesschreck.

Privernum: Stadt der Volsker im mittleren Latium (heute: Priverno).

Privernus: Ein Rutuler.

Prochyta: Eine dem Kap Misenum vorgelagerte Insel (heute: Procida).

Proitos: König von Tiryns. Seine Töchter wurden von Bacchus, dessen Kult sie sich widersetzten (nach anderer Version von Hera, die sie an Schönheit zu übertreffen wähnten), mit Wahnsinn geschlagen und hielten sich für Kühe.

Prokas: Ein König von Alba.

Prokne: Schwester der → Philomela.

Prokris: Tochter des attischen Königs Erechtheus, Gattin des Hermessohnes Kephalos. Beide waren leidenschaftliche Jäger. Aurora entführte Kephalos als Geliebten. Er sehnte sich nach Prokris zurück. Auf den Rat der Aurora erprobte er in der Gestalt eines Fremdlings die Treue seiner Gattin und vermochte sie zu verführen. Als er sie, in seiner wahren Gestalt, wegen ihrer Untreue bedrohte, floh sie zu Minos nach Kreta, der ihr Asyl gewährte. Nach später erfolgter Aussöhnung mit ihrem Gatten erweckten seine allzu langen Jagdzüge ihre Eifersucht, sie folgte ihm heimlich und beschlich ihn im Dickicht. Da tötete er sie durch einen Speerwurf, im Glauben, ein Wild vor sich zu haben.

Prometheus: Der Titan, der den Menschen gegen den Willen Jupiters das Feuer brachte und zur Strafe an den Kaukasus geschmiedet wurde, wo ein Adler an seiner immer wieder nachwachsenden Leber fraß.

Promolos: Ein Trojaner.

Properz: Sextus Propertius, römischer Elegiker (um 47–15 v. u. Z.), gehörte dem Kreise des Maecenas an.

Propontis: „Vormeer" (auf dem Wege vom Mittelmeer zum Schwarzen Meer), zwischen Hellespont und Bosporos (heute: Marmarameer).

Proserpina: Die der griechischen Persephone entsprechende Tochter des Jupiter und der Ceres, von Pluto in den Orkus entführt und als seine Gattin Herrscherin der Unterwelt. Auf Bitten der Mutter durfte sie zeitweilig zur Oberwelt zurück.

Proteus: Ein prophetischer Meeresgott, der sich in mannigfache Gestalten verwandeln konnte. „Des Proteus Säulen" meinen die dem westlichen Nildelta vorgelagerte, von Proteus bewohnte Insel Pharos, die, als Gegenstück zu den im fernen Westen gelegenen „Säulen des Herkules", als markanter Punkt des Ostens angesehen wird.

Provinz: Durch Eroberung gewonnener Teil des Römischen Reiches außerhalb Italiens. Die erste Provinz war Sizilien (seit 241 v. u. Z.), als letzte folgten Armenien und Mesopotamien (115 bis 117 u.Z.).

Prytanis: Ein Trojaner.

psithische Reben: Eine Weinsorte, aus deren getrockneten Trauben man sektähnlichen Rosinenwein gewann.

Punier: Römische Bezeichnung der Phönizier bzw. Karthager. „Punisch" kann auch soviel wie „afrikanisch" bedeuten.

Purpurwein: Eine wahrscheinlich nach ihrer prächtigen Farbe benannte, nicht näher bestimmbare Sorte.

Pygmalion: Sohn des Belos (2), Bruder der Dido.

Pyrakmon: Etwa „flammender Amboß", ein Kyklop in der Schmiede des Vulkan.

Pyrgi: Hafenstadt im südlichen Etrurien (heute: S. Severa).

Pyrgo: Eine Trojanerin, Amme der Kinder des Priamos (1).

Pyrrha: Gattin des Deukalion.

Pyrrhos: 1. Auch Neoptolemos genannt, Sohn des Achilles und der skyrischen Königstochter Deidameia. Er zeigte sich bei der Eroberung Trojas besonders grausam, erhielt aus der Kriegsbeute Andromache als Sklavin und wurde von ihr Vater des Molossos, heiratete Hermione, die mit Orestes verlobte Tochter des Menelaos und der Helena, und fiel der Rache des Verlobten zum Opfer.

2. König von Epeiros (319–272 v. u. Z.), führte zur Erlangung einer Großmachtstellung zahlreiche Kriege mit wechselndem Erfolge, landete auch in Italien, wurde aber trotz einiger, freilich mit schweren Verlusten erkaufter Siege von den Römern zum Rückzug gezwungen.

Quercens: Ein Rutuler.

Quinctio: Früherer Name des → Sabinus (2).

Quirinus: Altrömischer Kriegsgott, ursprünglich wohl Beschützer des römischen Hügels Quirinalis, später dem unter die Götter erhobenen Romulus gleichgesetzt. L III 27 scheint der Name auf Oktavian bezogen zu sein. Der „quirinalische Krummstab" war das Abzeichen des Romulus, noch in historischer Zeit der Auguren, aber auch ein Rangzeichen für Herrscher schlechthin.

Quiriten: Ehrenvolle staatsrechtliche Benennung der römischen Bürger unter den Bedingungen des Friedens, zum Unterschied von der politisch-militärischen Bezeichnung Romani („Römer") und der speziell militärischen milites („Soldaten"). Für letztere galt die Benennung Quiriten sogar als Kränkung.

Rapo: Ein Etrusker auf der Seite des Mezentius.

rätischer Wein: Eine im Gebiet der römischen Provinz Rätien – die etwa das heutige Tirol, Graubünden, Teile der nordöstlichen Schweiz, Bayerns und Schwabens bis zur Donau umfaßte – gedeihende Sorte.

Remulus: 1. Ein Latiner aus Tibur. A IX 362.
2. Beiname des Numanus. A IX 593. 633.
3. Ein Rutuler. A XI 636.

Remus: 1. Zwillingsbruder des → Romulus. L II 533. A I 293.
2. Ein Rutuler. A IX 330.

Rhadamanthys: Sohn des Jupiter und der Europa (2), mit seinem Bruder Minos sowie mit Aiakos – dem Sohn des Jupiter und der Nymphe Aigina, dem Vater des Peleus – Richter der Seelen in der Unterwelt.

Rhaebus: Das Streitroß des Mezentius.

Rhamnes: Truppenführer und Weissager im Heere des Turnus.

Rhea: 1. Mutter des Aventinus (1). A VII 660.
2. → Ilia.

Rheia: → Kybele. → Saturnus.

Rhesos: Thrakischer König, kam während des Trojanischen Krieges den Troern zu Hilfe und fiel einem nächtlichen Spähergang des Diomedes und des Odysseus zum Opfer.

Rhetor: „Redner", Bezeichnung des berufsmäßigen Lehrers der Redekunst, dann des guten Redners überhaupt, im weiteren Sinne des (in der Öffentlichkeit sprechenden) Juristen und Staatsmanns, auch im ironischen Sinne.

Rhipäische Berge: Ein mythisches, in Finsternis gehülltes Gebirge im hohen Norden. „Rhipäisch" bedeutet zuweilen soviel wie „nördlich", auch „stürmisch" oder „eisig kalt".

Rhipeus: Ein Trojaner.

Rhodope: Gebirge im südwestlichen Thrakien (heute: Rhodopen), Heimat des Orpheus.

Rhodos: „Roseninsel", der Südwestküste Kleinasiens vorgelagert.

Rhoetus: Ein Rutuler.

Rhoiteion: Ein Vorgebirge an der Nordküste der Troas, an der westlichen Einfahrt in den Hellespont, nördlich von Troja. Der Name wird manchmal auch zur Umschreibung der Troas gebraucht.

Rhoiteus: Ein Rutuler.

Rhoitos: 1. Ein Kentaur. L II 456.
2. Vater des Anchemolos. A X 388.

Ritter: Ein Stand der freien römischen Bevölkerung, der nach dem Amtsadel als zweiter anerkannt wurde und als „Geldadel" seit den Punischen Kriegen eine zunehmende Bedeutung gewann. Seine Angehörigen dienten im Heer als Reiter ohne Besoldung und standen dem Range nach vor der übrigen in Vermögensklassen eingeteilten Bevölkerung (→ Volksversammlung). Er setzte sich im wesentlichen aus Großkaufleuten und Großgrundbesitzern zusammen, die sich vor allem als Steuerpächter an der Ausbeutung der Provinzen bereicherten, den Geldumlauf beherrschten und teilweise riesige Vermögen zusammenbrachten.

Rom: Die „Burgen von Rom" A IV 234 sind die sieben Hügel, auf denen Rom errichtet wurde (→ Aventinus 2, Capitolinus bzw. → Kapitol, Caelius, Esquilinus, Palatinus bzw. → Palatium, Quirinalis nach → Quirinus, Viminalis).

Romulus: Sohn des Mars und der Ilia, Zwillingsbruder des Remus, mythischer Gründer und erster Beherrscher Roms, der nach seinem Tode als → Quirinus unter die Götter erhoben wurde. Ilias Vater Numitor war von seinem Bruder Amulius zur Abdankung gezwungen worden. Letzterer befahl, Ilias Söhne gleich nach der Geburt zu ertränken. Die Kleinen wurden in einem Trog im Hochwasser führenden Tiber ausgesetzt. Als der Fluß zurückging, blieb der Trog auf dem Trockenen stehen. Eine Wölfin nahm sich der Kinder an und säugte sie, bis der Hirte Faustulus und seine Frau Acca sie fanden und aufzogen. Vgl. Anm. zu A VI 778f. Unter den Hirten herangewachsen, bekamen Romulus und Remus Kenntnis von ihrem Großvater, erschlugen Amulius und setzten Numitor wieder in seine Rechte ein. Zur Gründung Roms → Asyl. → Palatium. → Sabiner. Vgl. Anm. zu A I 274f. und VIII 653f.

Roseaflur: Eine fruchtbare Tallandschaft nördlich der Sabinerstadt Reate (heute: Rieti), durchströmt von dem Flusse Avens, der, neben anderen Zuflüssen, den See Velinus speist und danach in den Nar mündet. Die Niederung heißt heute Le Roscie.

Rufrae: Stadt in Kampanien, wahrscheinlich das heutige S. Felice a Ruvo zwischen Venafrum (nahe dem heutigen Venafro) und Teanum Sidicinum (heute: Teano).

Rutuler: Volksstamm im nordwestlichen Latium, südlich von Rom, mit der Hauptstadt Ardea. Der Name bezeichnet manchmal auch allgemein die italischen Gefolgsleute des Turnus.

Saba: Land im Süden der arabischen Halbinsel (etwa dem heutigen Jemen entsprechend), berühmt durch die Erzeugung von Weihrauch und Gewürzen, legendäres Sinnbild des orientalischen Luxus. Der Name der Bevölkerung, der „Sabäer", diente bei Dichtern zuweilen allgemein zur Bezeichnung der Orientalen.

Sabeller: Name von Volksstämmen sabinischen Ursprungs, bezeichnet oft die Sabiner.

Sabiner: Italischer Volksstamm nordostwärts von Rom, Sinnbild altitalischer kerniger Kraft. „Sabinische Mädchen" sind die Opfer des sogenannten Raubes der Sabinerinnen: Nach dem Mythos hatte Romulus, um die fast ausschließlich aus Männern bestehenden Einwohner der eben gegründeten Stadt Rom mit Frauen zu versorgen, festliche Spiele angeordnet, zu denen er die Bewohner der Nachbarstädte, insbesondere Sabiner, mit Frauen und Kindern einlud. Während des Festes fielen die Römer über die Töchter der zahlreich Gekommenen her und entführten sie in ihre Wohnstätten. Daraufhin rüsteten die Sabiner zu einem Rachefeldzug und rückten unter Führung ihres Königs Titus Tatius gegen Rom. Kurz vor Ausbruch des Kampfes auf dem späteren Forum Romanum warfen sich die geraubten Sabinerinnen zwischen die beiden Heere und vermittelten den Friedensschluß, auf Grund dessen die Sabiner das römische Bürgerrecht erhielten und Titus Tatius als Mitregent an die Seite des Romulus trat. A VIII 635–641.

Sabinus: 1. Ahnherr der Sabiner, einer der mythischen Begründer des Weinbaus in Italien. A VII 179.
2. Der nachmalige Name des Quinctio. K 13,1 und 8.
3. Sextus Sabinus, ein nicht näher bekannter Jugendfreund Vergils. K 8,6f.

Saces: Ein Rutuler.

Sacrator: Ein Etrusker auf der Seite des Mezentius.

Sagaris: Ein Trojaner.

Sakraner: Eine nicht näher bestimmbare altitalische Völkerschaft.

Salamis: Insel im südlich von Attika gelegenen Saronischen Meerbusen, westlich der Stadt Athen und von dieser durch die Meerenge von Salamis getrennt, Herrschaftsbereich des Telamon und seiner Gattin Hesione. Nach dieser Insel benannte Teukros (1) die von ihm auf Kypros gegründete Stadt.

Salier: „Tänzer", zwei römische patrizische Priesterkollegien, Bewahrer der heiligen länglich-runden Schilde, eines „echten", der in der Regierungszeit Numas (1) als Unterpfand römischer Macht vom Himmel gefallen war, und elf auf Numas Befehl nachgemachter, deren Vorhandensein einem Diebstahl des echten vorbeugen sollte. Die Salier feierten im März und im Oktober im Schmuck altertümlicher Waffen mit kultischen Tänzen und Gesängen den Mars und den Herkules.

Salios: Ein Akarnane.

Salius: Ein Etrusker auf der Seite des Mezentius.

Sallentiner: Ein Volksstamm im südlichen Kalabrien.

Salmoneus: Sohn des Aiolos (3), König in Elis, suchte, um sich als Zeus feiern zu lassen, künstlich Blitz und Donner nachzuahmen, und wurde als Gottesverächter von Zeus durch einen Blitzstrahl zu ewiger Strafe in die Unterwelt geschleudert.

Same: Insel mit gleichnamiger Hauptstadt westlich und südlich von Ithaka, später Kephallenia genannt.

Samniter: Sammelname mehrerer Völkerschaften in der italischen Landschaft Samnium, die im Nord- und Südwesten an Latium und Kampanien, im Süden an Lukanien, im Südosten an Apulien und im Nordosten an die Adria grenzt.

Samos: 1. Eine dem südlichen Teil der Westküste Kleinasiens vorgelagerte Insel mit berühmtem Junokult. A I 16.
2. Älterer Name von Samothrake. A VII 208.

Samothrake: Eine der Südküste Thrakiens vorgelagerte Insel, Sitz mehrerer Kulte.

Sappho: Von Lesbos, größte griechische Lyrikerin (um 600 v. u. Z.).

Sardonische Kräuter: Eine auf Sardo, dem heutigen Sardinien, wachsende bitter schmeckende und giftige Ranunkelart, deren Genuß den Mund des Essenden zu einem krampfartigen Lachen verzerrt.

Sarnus: Fluß in Kampanien (heute: Sarno).

Sarpedon: Sohn des Jupiter und der Europa (2), Fürst der Lykier, focht im Trojanischen Krieg auf der Seite der Troer und fiel von der Hand des griechischen Helden Patroklos.

Sarrasten: Volksstamm im südlichen Kampanien.

Satikuler: Bewohner der Stadt Saticula im südwestlichen Samnium (vielleicht des heutigen S. Agata dei Goti).

Satura: Scheint ein Teilgebiet der Pomptinischen Sümpfe an der mittleren Küste Latiums zu bezeichnen.

Saturei: Bohnen- bzw. Pfefferkraut.

Saturnia: Die auf dem Kapitol errichtete mythische Burg des Saturnus.

Saturnier: Ältester römischer Vers, seit Ennius allmählich aus der Literatur verdrängt. Grundschema (noch teilweise umstritten) ◡ — ◡ — ◡ — ◡ | — ◡ — ◡ — ◡. → auch Saturnus.

Saturnus: Ein altrömischer, später dem griechischen Kronos gleichgesetzter Gott der Saaten und des Ackerbaus, Gatte der Ops, der römischen Erntegöttin, die ihrerseits der griechischen Kybele bzw. Rheia angeglichen wurde, Vater des Jupiter, des Neptunus, des Pluto und der Juno. Zu seinen Symbolen gehörte vorrangig das Winzermesser. Von Jupiter der Weltherrschaft beraubt, fand er Zuflucht in Latium, wo ihm Janus einen freundlichen Empfang bereitete. Unter seiner Herrschaft erlebten die Menschen das von Sorgen, Kriegen und Schuld freie Goldene Zeitalter. Als seine Kinder heißen Jupiter auch „Saturnier", Juno „Saturnierin". Das von ihm beherrschte Gebiet, Latium, aber manchmal auch ganz Italien, galt als „Reich, Land des Saturnus". Das ihm gewidmete Volksfest waren die Saturnalien, die ab 17. Dezember mehrere Tage lang begangen wurden und in froher Geselligkeit (u.a. Aufhebung des Unterschiedes zwischen Herren und Sklaven) an das Goldene Zeitalter erinnern sollten.

Satyrn: Die halbtierischen, mit Pferdeohren, Pferdeschwänzen und -hufen, nach späterer Vorstellung auch den Attributen der Ziegenböcke versehenen ausgelassenen, lüsternen Begleiter des Bacchus.

Schiffsschnabel: Eisenbeschlagene Ramme (Rammsporn) an Kriegsschiffen, in der Regel mit mehreren Spitzen, unterhalb des Bugs angebracht.

Schlange: Auch als Drachen bezeichnet, ein Sternbild des nördlichen Himmels zwischen den beiden Bären, „riesig" oder „glühend", nach dem Mythos der unter die Sterne versetzte Drachen der Hesperiden.

Scipionen: Das den Beinamen Scipio, „Herrscherstab" (Zepter), führende patrizische Geschlecht der Cornelier, das mehrere bedeutende Heerführer und Staatsmänner hervorbrachte. Zwei errangen besonderen Ruhm: Publius Cornelius Scipio mit dem ehrenden Titel Africanus maior („älterer"), lebte 235–183 v.u.Z., war wiederholt Konsul und Prokonsul, entschied 202 als Sieger über Hannibal bei Zama südwestlich von Karthago den zweiten Punischen Krieg zugunsten Roms. Nach ihm sein Adoptivenkel Publius Cornelius Scipio Aemilianus Africanus minor („jüngerer") Numantinus, lebte 185–129 v.u.Z.; er war ein Sohn des Lucius Aemilius Paullus und wurde vom Sohn des Africanus maior adoptiert. Nach erfolgreicher Teilnahme an Feldzügen in Makedonien und Spanien beendete er als Konsul 146 mit der Zerstörung Karthagos siegreich den dritten Punischen Krieg, wirkte 142 als Zensor und eroberte 133 die nordostspanische Stadt

Numantia, den Mittelpunkt des Widerstands der spanischen Bevölkerung gegen die römische Unterdrückung. Sozialpolitisch widersetzte er sich entschieden den Bestrebungen der Gracchen, kulturpolitisch förderte er mit nachhaltigem Erfolg den griechischen Kultureinfluß.

Sebethis: Eine Nymphe, von Telon Mutter des Oebalus.

Selinus: Stadt an der Südwestküste Siziliens.

Selius: Ein nicht weiter bekannter Rhetor.

Semela (g Semele): Tochter des Kadmos, Geliebte des Jupiter. Auf Drängen der eifersüchtigen Juno wünschte sie sich von dem Liebhaber, er möge ihr in seiner eigentlichen göttlichen Gestalt mit Donner und Blitz erscheinen. Jupiter wußte, daß die Erfüllung ihr den Tod bringen würde, hatte sich aber verpflichtet, ihr einen Wunsch zu gewähren. So verbrannte Semela denn an der Flamme des Blitzes. Den kleinen Bacchus, mit dem sie schwanger ging, barg Jupiter in seinem Schenkel und trug ihn aus.

Senat: „Rat der Alten", in republikanischer Zeit neben der Volksversammlung Träger der Regierungsgewalt, setzte sich aus – von den Zensoren ausgewählten – ehemaligen Quästoren, Ädilen, Prätoren und Konsuln zusammen. Bis zum Ausgang der Republik hatte seine Mitgliederzahl etwa 600 erreicht. Die Anrede an die Senatoren, patres, „Väter", ging auf die legendäre Königszeit zurück, in der die jeweils Ältesten der Patrizierfamilien den königlichen Rat gebildet haben sollen. In der Kaiserzeit blieb der Senat zwar bestehen, verlor aber seine Bedeutung. → Einl. S. IX.

Serer: → Chinesen.

Serestos: Gefährte des Aeneas.

Sergestos: Gefährte des Aeneas, Ahnherr der Sergier.

Sergier: Ein römisches Patriziergeschlecht mit dem Namen Sergius.

Serranus: 1. Von Vergil als „Säender" gedeutet. Gemeint ist A VI 844 wahrscheinlich Gaius Atilius Calatinus aus dem plebejischen Geschlecht der Atilier, den die Gesandten, die ihm seine Wahl zum Konsul mitteilten, auf dem Acker beim Säen angetroffen hatten. Er war Konsul 258 und 254 v. u. Z., Diktator 249, Zensor 247 und zeichnete sich als Heerführer im ersten Punischen Krieg aus.

2. Ein Rutuler. A IX 334. 454.

Servius: Maurus (?) Servius Honoratus (?), Grammatiker (4. Jahrhundert u. Z.), Verfasser eines der besten – erhaltenen – antiken Kommentare zu den Werken Vergils.

Severus: Berg im Grenzgebiet zwischen dem Sabinerland und Picenum.

Sibylle: Von einer Gottheit begeisterte weissagende Frau. → Cumae.

Sidiziner: Volksstamm im nördlichen Kampanien.

Sidon: Hafenstadt in Phönizien. „Väter Sidons" nennt A IV 682f. Anna die (aus Sidon stammenden) Karthager.

Sieben gegen Theben: Die sieben griechischen Helden, die unter Führung des Adrastos Theben erobern wollten. Der mit ihrer Niederlage endende Krieg galt dem Versuch, dem thebanischen Thronerben Polyneikes, dem von seinem Bruder Eteokles die Macht vertragswidrig vorenthalten wurde, zu seinem Recht zu verhelfen.

Sigeion: Ein Vorgebirge nordwestlich von Troja, vor der Einfahrt in den Hellespont.

Sikyon: Stadt nordwestlich von Korinth, eines der Zentren des Olivenanbaus.

Sila: Bewaldetes Gebirge im südlichen Bruttium, reich an Triften.

Silarus: Fluß im nördlichen Lukanien, der im Unterlauf die Grenze zu Kampanien bildet.

Silenus: Erzieher und Begleiter des Bacchus, erscheint in der Regel als dickbäuchiger, stumpfnasiger, glatzköpfiger, ständigem Weingenuß huldigender, auf einem Esel reitender Alter, Freund von Musik und Gesang wie von Tanz, Liebhaber der Nymphen, im allgemeinen umgänglich und aufgeschlossen, zuweilen auch weise. In Scharen auftretende „Silene" unterscheiden sich kaum von den Satyrn, allenfalls durch Überwiegen der Attribute, die sie als zweibeinige Pferdewesen (Ohren, Schwänze, zuweilen Hufe) kennzeichnen.

Silius: Tiberius Catius Silius Italicus, römischer Epiker (etwa 25 bis 101 u. Z.), Konsul 68, Autor eines – erhaltenen – Epos über den zweiten Punischen Krieg nach dem Vorbild Vergils.

Silvanus: Italischer Gott der Wälder und Fluren.

Silvia: Tochter des Tyrrhus.

Silvius: Silvius Aeneas, der Sohn des Aeneas und der Lavinia. Der Umstand, daß Lavinia ihn „in den Wäldern" (A VI 764f.) aufzieht, hat noch keine voll befriedigende Erklärung (Livius I 6, *er sei durch einen Zufall in den Wäldern geboren* worden) gefunden. Servius spricht von einer Feindschaft, die Ascanius gegen den nach dem Tode des Aeneas Geborenen gehegt habe und vor der Lavinia ihr Kind habe schützen wollen. Vergil aber läßt Aeneas noch am Leben sein („gealtert" VI 763), als Silvius geboren wird, möchte also, aus guten Gründen, das Verhältnis des ersten Herrschers von Alba Longa zu seinem Nachfolger nicht durch persönliche Eifersüchteleien oder gar Machtkämpfe belasten. Daß Silvius bei Übernahme der Herrschaft nicht mehr jung ist, ergibt sich zwanglos aus dem Altersunterschied. → Ilia.

Simóeis: Ein Fluß nördlich von Troja, der in den Xanthos (1) mündet.

Sinon: Ein Grieche vor Troja.

Sirenen: Göttliche Mischwesen, halb Vogel, halb Mädchen, mit bezauberndem Gesang begabt. Sie lockten von ihrer Insel aus durch ihre herrlichen Stimmen vorüberfahrende Seeleute zur Landung und zerfleischten sie, sobald sie den Fuß an den Strand gesetzt hatten. Die auch durch vorgelagerte Klippen gefährliche Insel („Riffe der Sirenen") wurde später im Golf von Paestum lokalisiert.

Sirius: → Hund.

Sirmio: Stadt auf einer Landzunge am Südufer des Lacus Benacus, bei der Catull ein Landgut besaß (heute: Sirmione).

Siro: Ein Epikureer, der auf den jungen Vergil einen starken Einfluß ausübte. → Einl. S. XIV.

Skaiisches Tor: Das im Trojanischen Krieg besonders hart umkämpfte Westtor Trojas. Helenos bildete es bei seiner Gründung eines „Trojas im kleinen" nach.

Skorpion: Das Tierkreiszeichen, nach dem Mythos der unter die Sterne versetzte Skorpion, der im Auftrag der Artemis den Orion tötete.

Skylakion: Eine Stadt in der Nähe der Ostküste Bruttiums (heute: Squillace), „Schrecken der Seeleute" infolge der ihr vorgelagerten Klippen.

Skylla: 1. Tochter des → Nisos (1).

2. Ein in der Meerenge zwischen Sizilien und Italien, der Charybdis gegenüber, in einer Höhle lauerndes, zwölffüßiges, bellendes, mit sechs Drachenköpfen alles erreichbare Lebendige verschlingendes Untier, nach der häufigsten Version gezeugt von Phorkos (1) und der Meeresnymphe Krataiis. H 6,73 (→ Nisos 1). A I 200. III 420. 424. 431. 685. Als Schiffsname V 123 und 229. Wieder als Ungeheuer VII 302. Mit „Skyllen" VI 286 sind neben den Kentauren mehrere der Skylla ähnliche teils menschen-, teils tiergestaltige Unterweltsscheusale gemeint.

Skyros: Insel des Ägäischen Meeres, ostwärts des nördlichen Euböas, Geburtsstätte des Pyrrhos (1), der von dort aus nach dem Tode seines Vaters mit Gefährten zur Teilnahme am Trojanischen Kriege aufbrach.

Skythen: Zusammenfassender Name für die Volksstämme nördlich des Schwarzen und des Kaspischen Meeres, die teils seßhaft, teils noch nomadisierend seit dem 7. Jahrhundert v. u. Z. lebhafte wirtschaftliche und kulturelle Beziehungen zu den griechischen Pflanzstädten an der Schwarzmeerküste unterhielten und als kampfstarke Reitertruppe 514 v. u. Z. einen Eroberungsversuch der Perser vereitelten. Antiken Dichtern galten sie vielfach als Sinnbild des fernen Nordens und Ostens.

Sisyphos: Mythischer König von Korinth, Sohn des Aiolos (3), ein Ausbund von Schlauheit und verbrecherischer List, mußte zur Strafe für seine Übeltaten in der Unterwelt einen Felsblock auf eine Berghöhe wälzen, der ihm kurz vor dem Ziele immer wieder entglitt und in die Tiefe zurückrollte.

Sol: Der dem griechischen Helios gleichgesetzte römische Sonnengott, der bei Tage auf seinem von vier feuerschnaubenden geflügelten Rossen gezogenen Sonnenwagen den Himmel überquert, um bei Nacht in einem goldenen „Becher" über den Okeanos nach Osten zum Ausgangspunkt der Tagesfahrt zurückzukehren. Als Sohn des Titanen Hyperion und der Titanin Theia ist er selbst ein Titan und wird dementsprechend auch, wie seine Schwester Selene (Luna), als „Titanengestirn" bezeichnet.

Sophokles: Neben dem älteren Aischylos und dem jüngeren Euripides klassischer Tragiker Athens (496–406 v. u. Z.).

Soracte: Ein Berg im südöstlichen Etrurien, mit Apollokult.

Sorrent (l Surrentum): Hafenstadt in Kampanien an der Südostseite des Golfs von Cumae, mit Venuskult (heute: Sorrento).

Spanischer Purpur: Er besaß eine besonders dunkle Färbung.

Sparta: Die von den Spartanern beherrschte südöstliche Landschaft der Peloponnes mit gleichnamiger Hauptstadt (auch Lakedaimon genannt), Machtbereich des Menelaos und der Helena. Spartanische Mädchen wurden wie die Jungen erzogen und für Kampf und Jagd ausgebildet und gekleidet. Berühmt waren die in Sparta gezüchteten Jagdhunde.

Speio: Eine Meeresnymphe.

Spercheus (g Spercheios): Fluß im südlichen Thessalien in landschaftlich reizvoller Lage.

Statius: Publius Papinius Statius, römischer Dichter (um 40–96 u. Z.), Autor des Epos Thebais (über den Kampf der „Sieben gegen Theben") nach dem Vorbild Vergils und einer Gedichtsammlung (Silvae, „Wälder", im Sinne von „Allerlei"). Beide sind erhalten. Unvollendet blieb das Epos Achilleis, „Taten des Achilles".

Steropes: „Blitzer", ein Kyklop, Schmiedegeselle des Vulcanus.

Stesichoros: Griechischer Lyriker (um 600 v. u. Z.).

Sthenelos: 1. Ein Grieche vor Troja. A II 261.
2. Ein Trojaner. A XII 341.
Sthenios: Ein Rutuler.
Stier: Das Tierkreiszeichen, im Mythos der Stier, in dessen Gestalt Jupiter Europa (2) nach Kreta entführte.
Stimichon: Ein Hirt.
Stoa: Eine philosophische Richtung, die von dem Zyprioten Zenon um 310 v. u. Z. in Athen begründet wurde. Ihren Namen erhielt sie von der Stoà poikíle, der „bunten (mit Gemälden geschmückten) Säulenhalle" in Athen, dem Hauptsitz ihrer Anhänger, der Stoiker. Ihre Naturlehre und Logik, die materialistische und dialektische Züge aufwiesen, traten im Laufe der Entwicklung hinter der Ethik zurück. Trotz der Anerkennung eines dem Sterblichen überlegenen und nicht beeinflußbaren Fatums forderte der Stoizismus den Menschen zum Streben nach Glück und zur gesellschaftlichen Aktivität auf, die von den Hauptspielarten der „Tugend": Gerechtigkeit, Einsicht, Tapferkeit und Besonnenheit (die auch die „Mäßigung" einschließt) bestimmt werden müsse. Mit seiner kosmopolitischen Weltanschauung, die alle Menschen ungeachtet ihrer Nationalität, Rasse, Religion und sozialen Stellung, also auch die Sklaven, umfaßte, trug er wesentlich zur Herausbildung des Humanitätsgedankens bei, wirkte freilich mit der Propagierung einer alle Menschen verbindenden „Freundschaft" auch gesellschaftlichen Veränderungen entgegen. Zahlreiche Anhänger fand er unter den Angehörigen des römischen Amtsadels, für deren politische Zwecke er sich als brauchbar erwies. Das stoische Ideal des Weisen, der unter Schicksalsschlägen seine heitere Ruhe bewahrt, aber auch frei die Entscheidung über einen Selbstmord fällen kann, trat besonders in der frühen Kaiserzeit hervor.
Strophaden: „Umkehr-Inseln", zwei Inseln westlich der Peloponnes. Auf ihnen hausten die Harpyien, nachdem sie von Kalais und Zetes aus Salmydessos (→ Phineus) vertrieben worden waren. Die beiden Helden hatten die Plagegeister über die lange Strecke bis hierher verfolgt und waren dann umgekehrt. Seitdem trugen die vorher als „Schwimmer" bezeichneten Inseln ihren Namen.
Strymon: 1. Grenzfluß zwischen Makedonien und Thrakien (heute: Struma). Sein Name bedeutet aus griechischer Sicht oft die Nordrichtung; „Kraniche von Strymon" heißen bei Dichtern die vom Norden zum Süden fliegenden Zugvögel. L I 113. IV 508. A XI 580.
2. Strymon(ios), ein Trojaner. A X 413.

Styx: „Die Verhaßte", Fluß bzw. Sumpf in der Unterwelt, Schwurzeuge der Götter. „Stygisch" bedeutet soviel wie „zur Unterwelt gehörig", „düster", auch „tödlich".

Sucro: Ein Rutuler.

Sueton(ius): Gaius Suetonius Tranquillus, römischer Schriftsteller (etwa 70–140 u. Z.). Neben anderen nur fragmentarisch erhaltenen Werken verfaßte er die fast vollständig überlieferten Biographien der ersten zwölf Kaiser (Caesar 1 bis Domitianus).

Sulmo: Ein Rutuler.

Sulla: Lucius Cornelius Sulla, Offizier unter Marius, dann dessen Gegner und gleich ihm äußerst grausam, festigte im Bürgerkrieg die Stellung des Senats, legte die ihm 82 v. u. Z. übertragene nichtbefristete Diktatur 79 nieder, starb 78.

Sybaris: Ein Trojaner.

Sychaios: Gatte der Dido.

Symaithos: Fluß an der sizilischen Ostküste.

Syrakus (l Syracusae): Hafenstadt an der Ostküste Siziliens, Heimat des Theokritos.

Syrinx: Die nach dem Mythos von Pan erfundene, aus Rohrhalmstücken verschiedener Länge mittels Wachs stufenweise gefügte und durch ein Querband zusätzlich zusammengehaltene Hirtenflöte. Benannt war sie nach der Nymphe Syrinx, die sich, von Pan verfolgt, in einen Schilfrohrbuschen verwandelte; als Pan die Rohre abschnitt und küßte, brachte sein Lufthauch sie zum Tönen.

Syrische Birnen: Eine geschätzte, reichtragende Sorte.

Syrte: Name zweier Buchten an der Nordküste Afrikas, von den Seefahrern wegen ihrer Brandungen und Untiefen gefürchtet.

Taburnus: Gebirge im südwestlichen Samnium.

Tacitus: Publius Cornelius Tacitus, der größte römische Historiker (etwa 55–120 u. Z.), verfaßte – zum größten Teil erhaltene – „Annalen" und „Historien" sowie die kleineren Schriften „Leben und Charakter des Iulius Agricola" (seines Schwiegervaters, der in den Jahren 70–73 die Provinz Britannien bis zur Südgrenze Schottlands unterwarf), die „Germania" und das „Gespräch über die Redner".

Taenarum: Die Südspitze der Peloponnes, an der man einen Zugang zur Unterwelt vermutete.

Tagus: 1. Fluß im mittleren Spanien (heute: Tajo). K 12,52.
2. Ein Rutuler. A IX 418.

Talassio: Ein altitalischer Zuruf an Hochzeitspaare, Ausdruck fröhlichen Glückwunsches.

Talos: Ein Rutuler.
Tanager: Fluß im nordwestlichen Lukanien (heute: Nagro).
Tanais: 1. Der heutige Don, in der Zeit Vergils als Grenze zwischen Europa und Asien sowie als Inbegriff des rauhen Nordens angesehen. L IV 518.
2. Ein Rutuler. A XII 514.
Tantalos: Vater des → Pelops, einer der bekanntesten Büßer in der Unterwelt (Odyssee XI 582–592).
Tarchon: Etruskischer Fürst, Führer des gegen Mezentius ziehenden Heeres der etruskischen Aufständischen.
Tarent(um): Reiche Handels- und Hafenstadt an der Nordwestküste Kalabriens, an der Nordseite des nach ihr benannten Meerbusens, nach einer Mythenversion von Herkules gegründet.
Tarpeja: 1. Gefährtin der Camilla. A XI 656.
2. Legendäres römisches Mädchen, das bei einer Belagerung Roms durch die Sabiner gegen ausbedungenen Lohn das Kapitol an die Feinde verriet, aber nach einer Version von diesen erschlagen, nach einer anderen von dem nach ihr benannten „tarpejischen Felsen“ zu Tode gestürzt wurde. Noch in historischer Zeit diente der steile Felshang an der Südseite des Kapitols zur Hinrichtung von Verbrechern. A VIII 347. 652.
Tarquinier: Etruskisches Fürstengeschlecht, dem zwei (K 12,36 und A VI 817) legendäre Könige Roms angehörten: 1. Lucius Tarquinius Priscus („der Ältere“). 2. Lucius Tarquinius Superbus („der Stolze“). Letzterer herrschte mit tyrannischer Strenge. Die Vergewaltigung der Patrizierin Lucretia durch seinen Sohn Sextus gab den äußeren Anlaß zur Vertreibung der Könige und zur Errichtung der römischen Republik. A VIII 647.
Tarquitius: Ein Rhetor.
Tarquitus: Sohn des Faunus und der Nymphe Dryope, ein Rutuler.
Tartarus: Der zur Aufnahme der schuldbeladenen Seelen bestimmte Teil der Unterwelt, aber auch Bezeichnung der Unterwelt im allgemeinen. Der „Tartaruswachhund“ ist der Zerberus.
Tatius: Titus Tatius, König der Sabiner.
Tauris: „Land der Taurer“, eines Volksstamms auf der heutigen Krim. Dort bestand ein Kult der Diana, der mit Menschenopfern begangen wurde.
Taygete: Eine der Plejaden.
Taygetus: Ein die Landschaft Sparta an der Westseite von Norden nach Süden durchziehendes Gebirge, dem Bacchus heilig und bei den ihm geweihten Feiern von Mädchen durchschwärmt.
Tegea: Stadt im südöstlichen Arkadien.

Teleboer: Nach Vergil ein auf Capri ansässiger Volksstamm, im Mythos sonst auf der Akarnanien vorgelagerten Insel Taphos angesiedelt.

Tellus: Römische Erdgöttin, in Einzelzügen der römischen Terra wie der griechischen Gaia bzw. Demeter angenähert, als Fruchtbarkeitsspenderin auch Förderin der Ehe.

Telon: König auf Capri.

Tempe: Das vom Peneus durchströmte, durch seine landschaftliche Schönheit berühmte Tal zwischen dem Olymp im Norden und dem Ossa im Süden.

Tenedos: Eine der Ostküste der Troas vorgelagerte Insel.

Tereus: 1. Thrakischer König. → Philomela. H 6,78.
2. Ein Trojaner. A XI 675.

Terra: Die in Einzelzügen der Tellus wie der griechischen Gaia bzw. Demeter angenäherte römische Göttin der Erde, meist auf das Land Italien bezogen, aber auch Mutter der Fama wie der Titanen.

Tethys: Meeresgöttin, Gattin des Okeanos.

Tetrica: Gebirgszug im Norden des Sabinerlandes (heute: Monti Sibillini).

Teukrer: Anderer Name der Trojaner, nach → Teukros (2).

Teukros: 1. Sohn des Telamon und der Hesione, Halbbruder des „großen" Ajax (→ Ajax), der aus der Ehe Telamons mit Eriboia stammte. Obwohl der „große" Ajax der nächst Achilles tapferste griechische Held vor Troja war, erhielt er nach dem Tode des Achilles nicht die ihm zustehenden Waffen des gefallenen Helden als Ehrengabe; vielmehr empfing sie infolge einer Intrige Odysseus. Darüber verfiel Ajax in Wahnsinn und verübte Selbstmord. Als nun Teukros aus dem Kriege heimkehrte, beschuldigte ihn sein Vater, für den Halbbruder keine Rache geübt zu haben, und verbannte ihn. Teukros wandte sich auf der Suche nach einer neuen Heimat an Belos (2) und erhielt von diesem Kypros als Herrschaftsbereich zugewiesen, wo er, nach dem Namen seiner Heimat Salamis, eine Stadt dieses Namens gründete. Durch seine Mutter Hesione war er, obwohl im Trojanischen Kriege ein Gegner Trojas, ein „Nachfahre" des Geschlechtes der Teukrer. A I 619–629.
2. Der älteste mythische König in der Troas, nach einer Version ein Sohn des kretischen Königs Skamandros (dieser ist nicht identisch mit dem gleichnamigen Fluß bzw. Flußgott; → Xanthos). Er wanderte von Kreta nach der Troas aus und gab seine Tochter Bateia dem → Dardanos zur Frau. Nach ihm nannten

die Trojaner sich auch Teukrer. A I 235. III 107. IV 230. VI 500. 648.

Teuthras: Ein Arkader.

Teutonen: → Kimbern und Teutonen.

Thaemon: Ein Lykier.

Thalia: „Blühende", „Fröhliche". 1. Eine der Musen, insbesondere Schutzherrin der Komödie und der heiteren Künste überhaupt. H 6,1.
2. Eine Meeresnymphe. L IV 338. A V 826.

Thamyros: Ein Trojaner.

Thapsos: 1. Stadt an der Megarerbucht, zwischen Hybla Megara und Syrakus. A III 689.
2. Stadt südostwärts von Karthago, 46 v. u. Z. Schauplatz der Schlacht, in der Caesar (1) die Pompejaner schlug.

Thasos: Insel in der nördlichen Ägäis.

Thaumas: Sohn des Okeanos und der Gaia, Gatte der Elektra, Vater der Iris.

Theano: Eine Trojanerin, Gattin des Amykos. Ihr Sohn Mimas wurde in derselben Nacht wie Paris geboren.

Thebe: Stadt in der Troas, südostwärts von Troja. A IX 697.

Theben: Hauptstadt von Böotien. A IV 470.

Themillas: Ein Trojaner.

Theokrit(os): Aus Syrakus gebürtiger vielseitiger Lyriker (1. Hälfte des 3. Jahrhunderts v. u. Z.), erhob die in Sizilien gepflegte volkstümliche Kunst des Hirtengesangs zu literarischem Rang.

Theophrast(os): Aus Eresos auf Lesbos, Schüler und Freund des Aristoteles sowie sein Nachfolger in der Leitung der peripatetischen Schule (372–288 v. u. Z.), Verfasser zahlreicher, auch naturwissenschaftlicher Schriften, die größtenteils nicht erhalten sind.

Thermodon: Fluß im nördlichen Kleinasien, der ins Schwarze Meer mündet, in der mythischen Heimat der Amazonen. Vergil verlegt ihn A XI 659 nach Thrakien.

Theron: Ein Rutuler.

Thersilochos: 1. Ein Trojaner, der im Trojanischen Kriege fiel. A VI 489.
2. Ein Trojaner, der von der Hand des Turnus fiel. A XII 363.

Theseus: Sohn des Aigeus und der Aithra, Heros und König von Athen. *Enkel des Theseus* nennen sich die Athener. → Peirithoos.

Thessalien: Nordöstliche Landschaft Griechenlands, im Westen von Epirus, im Norden von Makedonien, im Osten vom Nordteil des Ägäischen Meeres begrenzt.

Thessandros: Ein Grieche vor Troja.

Thestylis: Eine Magd.
Thetis: Meeresnymphe, Tochter des Nereus und der Doris, Gattin des Peleus, Mutter des Achilles.
Thoas: 1. Ein Grieche. A II 263.
2. Ein Trojaner. A X 415.
Thrakien: Landschaft ostwärts von Makedonien, im Süden vom Ägäischen, im Osten vom Schwarzen Meer, im Norden vom Haemus begrenzt, für die Griechen Inbegriff der rauhen Welt des Nordens. Ihre Bewohner, die in zahlreiche Stämme geteilten Thraker, im Mythos größtenteils Verbündete der Troer, behaupteten als „Barbaren" lange ihre Unabhängigkeit und wurden erst 46 v. u. Z. als Provinzialen in das Römische Reich eingegliedert.
Thronios: Ein Trojaner.
Thukydides: Griechischer Historiker aus Athen (etwa 455 bis 400 v. u. Z.), Verfasser der „Geschichte des Peloponnesischen Krieges" in acht Büchern.
Thule: Eine Insel im Nordmeer, die den Zeitgenossen Vergils als nördlichster Punkt der Erde galt, vielleicht Island oder eine der Shetlandinseln.
Thybris: Altitalischer König, gab dem Flusse Thybris (→ Tiber) und seinem Flußgott den Namen.
Thyestes: Bruder und erbitterter Feind des Atreus. Letzterer setzte ihm, Versöhnung heuchelnd, das Fleisch des eigenen Sohnes zum Essen vor. („Thyestesmahlzeit").
Thymber: Ein Rutuler, Zwillingsbruder des Larides.
Thymbra: Landschaft und Stadt südostwärts von Troja, mit Apollonkult.
Thymbraios: Ein Trojaner.
Thymoites: Name zweier Trojaner. 1. Nach einer Sagenversion ein Sohn des Laomedon, Mitglied des Ältestenrates des Priamos (1). Seine Frau kam mit einem Sohn an dem Tage nieder, an dem Hekabe den Paris gebar. Gemäß einem Orakelspruch sollte nun von einem an diesem Tage geborenen Knaben Verderben über Troja gebracht werden. Darum ließ Priamos Gattin und Sohn des Thymoites umbringen. Darauf, daß letzterer sich mit seinem Rat, das Hölzerne Pferd in der Stadt aufzustellen, möglicherweise rächen wollte, spielt Vergil A II 34 mit den Worten „sei es aus Tücke" an.
2. Ein Sohn Hiketaons. A X 123. XII 363.
Thyrsis: Name eines Hirten.
Thyrsus: Der efeu- bzw. weinlaubumwundene Stab, den die ekstatischen Verehrer(innen) des Bacchus schwangen.

Tiber, auch *Thybris:* In Umbrien entspringender Fluß, mit gleichnamigem Flußgott. Er bildet zunächst die Grenze zwischen Etrurien und Umbrien bzw. dem Lande der Sabiner, durchströmt dann den nordwestlichen Teil Latiums mit der Stadt Rom und mündet bei Ostia in das Tyrrhenische Meer.

Tibull(us): Albius Tibullus, römischer Elegiker (etwa 50–17 v. u. Z.), gehörte dem Kreise des Messala an.

Tibur: Stadt ostwärts von Rom (heute: Tivoli).

Tiburtus: Mit seinen Brüdern Coras und Catillus Gründer von Tibur, Kämpfer auf der Seite des Turnus.

Tigris: Der Strom gilt als der für das Partherreich charakteristische Fluß.

Timavus: Ein Fluß nördlich von Tergeste, dem heutigen Triest. Er durchströmt streckenweise unterirdisch die Kalkhochflächen Istriens und quillt erneut in neun Mündungen an die Oberfläche (heute: Timavo).

Tiphys: Der Steuermann der Argo.

Tiryns: Stadt in der Argolis, südostwärts von Argos (2), Geburtsort des Herkules, der nach ihm auch als „Tirynthier" oder „Sieger aus Tiryns" bezeichnet wird.

Tisiphone: Eine der Furien.

Titanen: Söhne des Uranos und der Gaia, das „vorolympische" Göttergeschlecht. Der jüngste von ihnen, Kronos, stürzte seinen Vater und entmannte ihn, wurde aber seinerseits später von seinem Sohne Zeus gestürzt und, nach einem in der Titanenschlacht gescheiterten Aufstandsversuch, mit den übrigen Titanen, die sich an dem Aufstand beteiligt hatten, in den Tartarus geworfen. Lange Zeit später erst wurde er begnadigt: Er übernahm die Herrschaft über die Inseln der Seligen, die im Mythos als am Westrand der Erde gelegene paradiesische, mit ewigem Frühling beglückte Stätten der Gerechten und Frommen dem → Elysium gleichgesetzt wurden. Diese letzte Funktion des Titanen Kronos führte zu seiner Verbindung mit der Theorie von den Zeitaltern, deren sich Vergil mit der Aufnahme der römischen Version von der Rolle des → Saturnus in Latium bedient.

Tithonos: Sohn des Laomedon, Gatte der Aurora, die ihn entführt und von Jupiter für ihn ewiges Leben erbeten, dabei aber die ewige Jugend vergessen hatte. So schrumpfte er denn alternd zusammen und wurde schließlich in eine Heuschrecke verwandelt.

Tityos: Ein Riese, Sohn der Terra, wollte sich an Latona vergreifen und wurde von Apollo und Diana erschossen. In der Unterwelt mußte er grausam büßen.

Tityrus: Ein Hirtenname.
Tmaros: Gebirge in Epirus.
Tmolus: Gebirge in Lydien, berühmt durch seine Weinsorten, von Vergil auch wegen seines Reichtums an Safran gepriesen.
Toga: Das Obergewand des römischen Bürgers, ein oval geschnittenes, etwa 5 m langes und 2 m breites Tuch aus weißer Wolle, das in kunstvoller Faltenanordnung getragen wurde. Neben der einfarbigen Ausführung, der Tracht der Männer (toga virilis) vom 16. Lebensjahr an, gab es für Priester, Beamte und freigeborene Knaben die toga praetexta mit eingewebtem Purpursaum sowie weitere Ausführungen für besondere Zwecke (Trauer, Amtsbewerbung, Triumph u.a.).
Tolumnius: Ein Rutuler, Augur.
Torquatus: Titus Manlius Torquatus, „der mit der Halskette (eines im Zweikampf überwältigten Galliers) Geschmückte", soll als Konsul um 300 v.u.Z. vor dem Feinde seinen eigenen Sohn wegen eigenmächtigen – wenn auch siegreichen – Handelns haben hinrichten lassen und galt deshalb als ein Muster altrömischer Disziplin.
Trabea: Ein weißer, scharlachrot quergestreifter Mantel, den die Könige, später hohe Beamte bei feierlichen Anlässen trugen.
Tribus: Ursprünglich Bezeichnung der römischen Stammesverbände, später Einteilung der freien Bevölkerung Roms nach Wohnsitzen, etwa unserem „Bezirk" entsprechend. Ihre Zahl wuchs bis auf 35 an.
Triptolemos: „Dreimalpflüger", Fürst von Eleusis, führte auf Weisung der Ceres den Ackerbau ein.
Triton: Sohn des Neptun und seiner Gattin Amphitrite, ein Meeresgott, halb Mensch, halb Fisch; in der Mehrzahl neben den Nereiden als ein Schwarm von Begleitern des Neptun dargestellt. Er diente auch als Schiffsfigur und -name.
Tritonisch: Eine schon in der Antike verschieden gedeutete, auch heute nicht eindeutig geklärte Eigenschaft der Minerva, die mit ihrem griechischen Beinamen Tritogeneia, „vom Tritos (Triton?) Geborene", im Sinn übereinzustimmen scheint. Unter Triton verstand man in der Antike einen libyschen See bzw. Fluß, an dessen Ufer die Göttin geboren worden sein soll. Tritos läßt sich von ihrem Vater Jupiter als „Drittem" verstehen, d.h. als Schiedsrichter, der zwischen zwei streitenden Parteien vermittelt bzw. Recht spricht.
Triumph: Die vom Senat zuerkannte höchste Auszeichnung eines siegreichen römischen Feldherrn, die nur Diktatoren, Konsuln

und Prätoren gewährt werden durfte, ein vom Volke festlich begrüßter „triumphaler" Umzug, der unter Beteiligung aller höheren Beamten und des Senats die herrlichsten und kostbarsten Beutestücke, die prominenten Gefangenen, dann den Feldherrn in goldbesticktem Purpurgewand mit einem Lorbeerkranz, auf einem von vier Schimmeln gezogenen Prunkwagen, schließlich die gleichfalls lorbeergeschmückten Soldaten vom Marsfeld durch die Stadt über das Forum auf das Kapitol führte. Dort wurde dem Jupiter ein Dankopfer dargebracht. Ein Volksfest mit Bewirtung der Bürger und der Soldaten schloß sich an. Zu den Triumphzügen des Augustus vgl. Anm. zu A VIII 714. 720. 722.

Trivia: „An Dreiwegen (d. h. an Straßenkreuzungen bzw. -abzweigungen) Verehrte". Dieser Beiname und der entsprechende Kult wurden den Göttinnen Hekate, Diana und Luna zuteil.

Troas: Die an der Nordwestküste Kleinasiens, als westlicher Teil Phrygiens (1), gelegene Landschaft mit der Hauptstadt Troja.

Troilos: Sohn des Priamos (1), fiel im Trojanischen Krieg von der Hand des Achilles.

Troja: Die auch als Ilion bezeichnete Hauptstadt der Trojaner oder Troer.

Trojanischer Krieg: Der infolge des Raubes der Helena (→ Paris) von den vereinigten Griechen unternommene Krieg gegen Troja, der nach zehnjährigen wechselvollen Kämpfen durch die dem Odysseus von Minerva eingegebene List mit dem Hölzernen Pferde zur Eroberung und Zerstörung der Stadt führte. Ein gleiches Schicksal hatte die Stadt infolge eines Wortbruchs unter → Laomedon heimgesucht.

Tros: Enkel des Dardanos, Vater des Assarakos (1), Gründer, erster Herrscher und Namengeber der Stadt Troja.

Tryphon: Ein Fuhrunternehmer.

Tucca: Plotius Tucca, Freund des Vergil und Horaz, gab mit Varius die Aeneis heraus.

Tulla: Eine Gefährtin der Camilla.

Tullus: Tullus Hostilius, dritter der römischen Könige, zeigte sich nach dem friedliebenden Numa als Kriegsmann, der die Macht Roms durch Eroberungen erweiterte. Er zerstörte u. a. Alba Longa und siedelte seine Bewohner in Rom an.

Turnus: Sohn des Daunus und der Nymphe Venilia, König der Rutuler, Bruder der Juturna, Verlobter der Lavinia, der italische Hauptgegner des Aeneas.

Tusker: Anderer Name der Etrusker.

Tydeus: Sohn des ätolischen Königs Oineus, Vater des „Tydiden“ Diomedes, fiel als einer der Sieben gegen Theben.

Tyndareos: König von Sparta, Gatte der → Leda, der „sterbliche Vater“ der Helena.

Typhon: „Wirbelsturm“, Sprößling des Tartarus und der Gaia, ein Ungeheuer mit hundert flammenspeienden Drachenköpfen, von Zeus mit dem Blitz gelähmt und unter dem Ätna begraben, Inbegriff vulkanischer Glut und heißer Winde.

Tyres: Ein Rutuler.

Tyros: Phönizische Hafen- und Handelsstadt, Tochterstadt Sidons, Mutterstadt Karthagos, berühmt insbesondere durch die Herstellung und Ausfuhr von Purpur und purpurnen Stoffen. Der Name ihrer Bewohner, der „Tyrer“, wird oft auf die Karthager, zuweilen auch auf die Phönizier überhaupt angewandt.

Tyrrhener: Griechischer Name der Etrusker, die nach dem Mythos unter der Führung des lydischen Fürsten Tyrrhenos von Lydien nach Italien auswanderten. Als „Tyrrhenisches Meer“ bezeichnet man den der mittleren und südlichen Westküste Italiens vorgelagerten Teil des Mittelmeeres (heute: Mare Tirreno).

Tyrrhus: Ein Latiner, Jagd- und Herdenmeister des Latinus.

Ufens: 1. Ein Latiner, Truppenführer des Turnus. A VII 744. VIII 7. X 518. XII 460. 641.
2. Fluß im Gebiet der Volsker. A VII 801.

Ukalegon: Ein Trojaner.

Umbrien: Italische Landschaft zwischen Etrurien im Westen und Picenum im Osten. Der Name ihrer Bewohner, der „Umbrer“, gilt auch für Jagdhunde umbrischer Zucht.

Umbro: Ein Marser, Truppenführer und Priester im Heere des Turnus.

Uranos: Der Gott des Himmels, Gatte der Gaia, Vater der Titanen, als eine die Erde befruchtende Naturkraft Ahnherr aller Götter.

Valerius Flaccus: Römischer Epiker (2. Hälfte des 1. Jahrhunderts u.Z.), verfaßte nach dem Vorbild des Apollonios von Rhodos ein Epos über den Argonautenzug, das stark von Vergil beeinflußt ist.

Valerus: Ein Etrusker.

Varius: Lucius Varius Rufus (2. Hälfte des 1. Jahrhunderts v. u. Z.), epischer und dramatischer Dichter Roms, Freund des Horaz und Vergil, Angehöriger des Maecenaskreises, mit Plotius Tucca Herausgeber der Aeneis. Von seinen eigenen Werken sind nur geringe Fragmente erhalten.

Varro: Marcus Terentius Varro (116–27 v. u. Z.), größter römischer Altertumsforscher, Historiker, Grammatiker und Literaturkenner, auch landwirtschaftlicher Schriftsteller und Verfasser von Satiren, von dessen umfangreichem Werk – es soll über 600 Titel umfaßt haben – nur weniges, zum Teil fragmentarisch, erhalten ist. Inwieweit K 8,3 mit seinem abschätzigen Urteil auf diesen schon zu seinen Lebzeiten anerkannten Gelehrten zielt, ist umstritten. Vielleicht will der Verfasser der Verse auch nur andeuten, daß die hier verunglimpften Lehrer die Werke Varros zum Überdruß der Schüler ausgeschlachtet haben.

Varus: Alfenus Varus, im Auftrag Oktavians als Statthalter in Oberitalien Nachfolger Pollios, ein Freund und Förderer Vergils.

Veji: Etruskische Stadt nördlich von Rom (das heutige Isola di Farnese).

Velia: Küstenstadt in Lukanien.

Velinus: Fluß und See im nördlichen Gebiet der Sabiner, nahe der Grenze zu Umbrien.

Venilia: Italische Nymphe, Gattin des Daunus, Mutter des Turnus und der Juturna.

Venulus: Ein Latiner.

Venus: Die der griechischen Aphrodite entsprechende römische Göttin der Schönheit und sinnlichen Liebe, Tochter des Jupiter und der Dione, Gattin des Vulcanus, Geliebte des Mars, dem sie den Amor gebar. Ihrem Liebesabenteuer mit Anchises entsprang Aeneas. Ihr Name bezeichnet auch die Liebe allgemein, im Einzelfall (so H 3,68) die geliebte Person.

Vesta: Römische Schutzgöttin des Herdes, besonders im staatlichen, selten im familiären Sinne. In ihrem Tempel zu Rom an der Nordseite des Palatin brannte eine ewige Flamme, die von den Vestalinnen gehütet wurde.

Vesulus: Alpengipfel im nordwestlichen Italien (heute: Monte Viso, in den Kottischen Alpen).

Victoria: Römische Göttin des Sieges.

Virbius: → Hippolytos.

Virgil(ius): Eine seit dem 5. Jahrhundert nachweisbare Form des Namens Vergilius.

Volcens: Ein Latiner, Reiterführer im Heere des Turnus.

Volkstribun: → Ämter.

Volksversammlung: Die neben dem Senat und den Beamten ursprünglich – später nur theoretisch – gleichberechtigte Instanz der römischen Regierungsgewalt. Ihre Durchführung war an bestimmte rituelle Voraussetzungen, wie Himmelsschau, Beobachtung des Vogelfluges, gebunden. Sie gliederte sich in „Zusammenkünfte" (contiones), die lediglich zur Kenntnisnahme politischer und militärischer Mitteilungen stattfanden, und in die „offiziellen Versammlungen" (comitia), die ein Beschlußrecht ausübten; diese fanden als patrizische, plebejische oder Vollversammlungen statt. Letztere waren einmal nach den militärischen Verbänden der „Hundertschaften" (centuriae; daher comitia centuriata) organisiert und vertraten die gesetzgebende Gewalt durch Wahl der höchsten Beamten außer den Volkstribunen sowie durch Überprüfung der wichtigsten Gerichtsfälle (z. B. Todesstrafe gegen einen römischen Bürger); zum anderen nach den „Stadtbezirken" (→ Tribus; daher comitia tributa), in denen die Volkstribunen und niederen Beamten (Quästoren und Ädilen) gewählt und lokale Probleme behandelt wurden. Die älteste Art der Volksversammlung, organisiert nach Kurien, den patrizischen Geschlechterabteilungen (comitia curiata), beschränkte sich mit dem Wachsen des plebejischen Einflusses mehr und mehr auf die Erledigung kultischer Fragen. In den comitia tributa besaß jede Tribus eine gemeinsame Stimme, so daß in vielen Fällen die Tribus, die als erste nach der Stimmabgabe der Hälfte der Gesamtzahl ihre Stimme abgab, bereits die Wahl entschied und eine Fortsetzung unnötig machte. In den comitia centuriata stimmte man ebenfalls nicht nach der Kopfzahl der Mitglieder ab; die Stimmenzahlen ergaben sich aus dem jeweiligen ökonomischen Leistungsvermögen der fünf besitzenden Klassen, die jeden Bürger zu entsprechender Ausrüstung für den Kriegsdienst auf eigene Kosten verpflichteten. Die außerhalb der Vermögensklassen stehenden Bürger, die nur ihre Nachkommenschaft (proles) – aber kein Vermögen – beisteuerten, bildeten als „Proletarier" lediglich eine, die letzte der insgesamt 193 centuriae (d Zenturien), von denen die Ritter und die erste Klasse allein 98, also die absolute Mehrheit, stellten. An dem Prinzip, den an Kopfzahl stärkeren, an Vermögen schwächeren Klassen so wenig Stimmen zuzubilligen, daß sie niemals einen Ausschlag geben konnten, änderten auch wiederholte Reformen des Wahlrechts nichts. In der Kaiserzeit verloren die Volksversammlungen ihre Bedeutung völlig.

Volsker: Italischer Volksstamm im mittleren und südlichen Latium.

Volturnus: Fluß im nördlichen Kampanien (heute: Volturno).

Volusus: Ein Rutuler.

Vulcanus (d Vulkan): Der dem griechischen Hephaistos gleichgesetzte römische Gott des Feuers, der Schmiedekunst und handwerklichen Tätigkeit überhaupt, Sohn des Jupiter und der Juno, Gatte der Venus.

Waage: Als Tierkreiszeichen ursprünglich ein Teil des Skorpions, erst später als selbständiges Zeichen betrachtet.

Xantho: Eine Nymphe.

Xanthos: 1. Auf dem Ida (2) entspringender Fluß, bei Homer Skamandros genannt. Er durchfließt die Troas von Süden nach Norden und nimmt vor seiner Mündung in den Hellespont den Simoeis auf.
2. Fluß in Lykien. A IV 143.

Zakynthos: Eine der nordwestlichen Peloponnes vorgelagerte Insel.

Zeitalter: Wie hart von den antiken Menschen die gesellschaftliche Wirklichkeit empfunden wurde, geht aus dem pessimistischen, in verschiedenen Varianten überlieferten Mythos von den vier bzw. fünf Weltzeitaltern hervor, die sich von Stufe zu Stufe verschlechtern. Nur das von Kronos-Saturnus gelenkte Goldene Zeitalter schenkte den Menschen Frieden, Gesundheit und Wohlstand. Im Silbernen und Ehernen Zeitalter begannen die Sitten zu verrohen; das Heroische brachte eine leichte Besserung; das als gegenwärtig dargestellte Eiserne treibt auf einen Zustand völliger Rechtlosigkeit und Unordnung zu. Über den Versuch, diesem Mythos einen Sinn und eine wenigstens teilweise positive Bedeutung abzugewinnen, vgl. Anm. zu H 4,4–7.

Zensor: → Ämter.

Zephyr(os): Der Westwind, Zeichen des Frühlingsbeginns.

Zerberus: Der den Eingang zur Unterwelt bewachende riesige Hund mit drei schlangenumwimmelten Köpfen.

Zeus: Der von den Römern dem Jupiter gleichgesetzte höchste Gott der Griechen.

Zwietracht: Die als Göttin personifizierte Herrin des Streites und der Streitsucht (g Eris, l Discordia).

Zwillinge: Als Tierkreiszeichen die an den Himmel versetzten Dioskuren (→ Kastor).

ZU DIESER AUSGABE

Als Textgrundlagen und Haupthilfsmittel wurden genutzt:

Für das Gesamtwerk Vergils die Ausgaben von O. Ribbeck, Leipzig 1859–1868, 5 Bde.

R. Sabbadini, Rom 1930, 2 Bde.

W. Janell, Leipzig ^{2}1930.

Lateinisch-deutsche Ausgabe von J. und M. Götte, München, Tusculum-Bücherei. I. Landleben, ^{2}1977. II. Aeneis, ^{4}1979.

Für die Hirtengedichte Vergil, Eclogues ed. by R. Coleman, Cambridge 1977.

Zur Erklärung Th. Ladewig, C. Schaper, P. Deuticke, P. Jahn, Vergils Gedichte, Berlin 1912–1916, 3 Bde.

Aeneis Buch VI, erklärt von E. Norden, Leipzig ^{3}1927 (Neudruck Darmstadt 1957).

Aeneis (Text und Kommentar) von R. D. Williams, Glasgow 1972, 2 Bde.

Einzelkommentare der Clarendon Press, Oxford: Aeneis I 1971, II 1964, IV 1955, VI 1977 von R. G. Austin; III 1962, V 1960 von R. D. Williams; VI 1972 von F. Fletcher; VIII 1976 von K. W. Gransden; XII 1953 von W. S. Maguinness.

Aeneis (Text, Übersetzung, Erläuterungen) I–IV von J. Perret, Paris 1977.

Catalepton erklärt von R. E. H. Westendorp-Boerma, Assen/Holland. I 1949, II 1963.

Georgica herausgegeben und erklärt von W. Richter, München 1957.

Der vorwiegend belletristische Zweck auch dieses – zu Ehren des 2000. Todestages Vergils – herausgegebenen Bandes bestimmte die Art der Übertragung und den Umfang sowie die Anlage des Anhangs. Zur Methodik seines Bemühens, griechische und lateinische Verstexte deutsch wiederzugeben, verweist der Übersetzer auf die im Nachwort „Zu dieser Ausgabe" des Bandes „Griechische Lyrik", Berlin und Weimar ^{2}1980, S. 656 zitierten Arbeiten sowie auf den Tagungsbeitrag „Zwischen Übersetzung und Nachdichtung. Methodologische Probleme der Übersetzung als eines Mittels der Popularisierung altertumswissenschaftlicher Forschungsergebnisse", Wiss. Zeitschr. der Universität Rostock, 27. Jahrg. 1978, Gesellschafts- und sprachwiss. Reihe, Heft 7, S. 503 ff. Hier sei lediglich eines gesagt: Um den der Originale nicht mächtigen Leser an Vergil heranzuführen, hat sich der Übersetzer oft, was paradox klingen mag, von Vergil entfernt. Dies tritt besonders gegenüber der syntaktischen Versordnung und -einordnung in Erscheinung. Wer die spezifischen Schönheiten Vergilischer Sprach- und Verskunst auf sich wirken lassen möchte, der muß die Originale zur Hand nehmen. Wenn die Sprache unserer Zeit sich selbst treu bleiben will, kann sie bestimmte Stilmittel und Satzfügungen des augusteischen Lateins nur in beschränktem Umfang und auch dann nur annähernd übernehmen. Daß der Übersetzer sein Verfahren als *einen* Versuch unter mehreren möglichen einschätzt, möchte er unterstreichen.

Für die Metrik sei verwiesen auf den Abschnitt „Zur Metrik“ des o. g. Bandes, S. 648–654, und auf die Nachbemerkung in „Homer. Werke in zwei Bänden“, Berlin und Weimar ^{2}1976, 2. Bd., S. 428 ff. Das dort Gesagte gilt auch für die im Catalepton verwandten lyrischen Versmaße, das Distichon (Verbindung von daktylischem Hexameter und Pentameter; 1, 4, 6, 7, 10, 11, 12, 14, 17, 18), den jambischen Sechsheber (Grundform ⏑ — ⏑ — ⏑ — ⏑ — ⏑ — ⏑ —; 2, 9, 13, 15), den Hinkjambus (Grundform ⏑ — ⏑ — ⏑ — ⏑ — ⏑ — — ⏓; 5, 8), die Verbindung von jambischem Sechsheber und Vierheber (sog. Epode; 16) sowie die Verbindung von Glyconeus und Pherecrateus (Grundform — ⏓ — ⏑ ⏑ — ⏑ — | — ⏓ — ⏑ ⏑ — —; 3), vom Übersetzer in daktylischem Rhythmus wiedergegeben.

Bei der Umschrift der griechischen und lateinischen Namen und Begriffe ist auch diesmal eine strenge Konsequenz nicht möglich, in einigen Fällen auch nicht rätlich gewesen. So werden vor allem in der Aeneis Namen, die in der Homerischen Prägung im deutschen Sprachgebiet heimisch geworden sind, auch in griechischer Umschrift gegeben (z. B. Odysseus statt Ulixes); wo es erforderlich schien, wird die lateinische Form im Wörterverzeichnis angeführt. Bei der Erwähnung rein griechischer bzw. voll aus dem Griechischen übernommener Mythenversionen wurden ebenfalls die griechischen Formen bevorzugt. Umgekehrt wurden bei den Hirtengedichten zur Wahrung des römischen Gesamtkolorits – das naturgemäß ohnehin dominiert – die Namen der als Sprecher bzw. Sänger auftretenden Hirten in der lateinischen Form belassen. Wo der Duden eine verbindliche Schreibweise vorgibt, erhielt diese den Vorzug. In einigen Fällen hat der Übersetzer um der jeweiligen Betonung innerhalb der metrischen Bindung des deutschen Textes willen auch griechische und lateinische Formen nebeneinander benutzt. Auch dies wird im Wörterverzeichnis berücksichtigt. Für derartige und andere Kompromisse, wie sie im übrigen sinngemäß auch das Original nach seinen sprachlichen Voraussetzungen bietet, erbittet der Übersetzer Verständnis.

Lesern, die in das Werk des Dichters tiefer einzudringen wünschen, seien – außer den eingangs aufgeführten Ausgaben – einige Titel empfohlen, die, zum Teil populärwissenschaftlichen Charakters, ihre Kenntnis erweitern und sie an die reiche Sekundärliteratur heranführen können.

R. Heinze, Virgils epische Technik, Leipzig ^{3}1915 (mehrfach nachgedruckt).

W. F. Jackson Knight, Roman Vergil, London 1944.

J. Perret, Virgile, L'homme et l'œuvre, Paris 1952.

H. Oppermann (Herausg. und Mitverf.), Wege zu Vergil. Drei Jahrzehnte Begegnungen in Dichtung und Wissenschaft, Darmstadt 1963.

Fr. Klingner, Virgil, Zürich – Stuttgart 1967.

I. Trencsényi-Waldapfel, Von Homer bis Vergil, Berlin und Weimar 1969.

V. Pöschl, Die Dichtkunst Virgils, Wiesbaden 1950. Berlin ^{3}1977.

E. Burck (Herausg. und Mitverf.), Das römische Epos, Darmstadt 1979.

W. Hering, Die künstlerische Meisterschaft Vergils (in Vorbereitung).

Die redaktionelle Betreuung der Ausgabe lag in den Händen von Herbert Greiner-Mai.

INHALTSVERZEICHNIS

62.–